Ellen Eidt,
Claudia Schulz (Hrsg.)

Evaluation im Diakonat
Sozialwissenschaftliche Vermessung
diakonischer Praxis

Verlag W. Kohlhammer

ISBN 978-3-17-023014-9

Inhalt

Vorwort

Zirkel und Winkelmaß, die Werkzeuge der Geometrie und der Architekten und Baumeister, schmückten oft die Titelseiten der frühen abendländischen Enzyklopädien – neben den übrigen Symbolen der sieben freien Künste. Mit diesen Bildern wurde, auf den ersten Blick und für alle sichtbar, der Anspruch markiert, dass hier das Weltwissen der Zeit in allen seinen Dimensionen umfassend dargestellt sei.

Mit den Werkzeugen der empirischen Sozialforschung waren Wissenschaftlerinnen und Wissenschaftler fünf Jahre lang unterwegs, um das Projekt „Diakonat – neu gedacht, neu gelebt" der Evangelischen Landeskirche in Württemberg zu evaluieren. Im Laufe der Zeit eröffnete sich vor ihren Augen ein Mikrokosmos diakonischer Praxis. Er erlaubte es ihnen, mehr als eine Siebenzahl an diakonischen Handlungsfeldern auszuloten und sie aus immer neuen Perspektiven zu betrachten. Die Ergebnisse dieser sozialwissenschaftlichen Vermessung des Diakonats liegen nun vor. Einer Enzyklopädie vergleichbar lädt dieser Band zum neugierigen Blättern und auswählenden Lesen ein. Er hält für Wissenschaft und Praxis überraschende Einsichten bereit und will zum Weiterdenken und zu eigenen Praxiserprobungen anregen.

„Und siehe, es war sehr gut." In biblischer Tradition (Gen 1,31) kann man Gott selbst als den verstehen, der sein Schöpfungsprojekt evaluiert und es in die Verantwortung der Menschen entlässt, denen er zugleich die Freiheit zur eigenen Gestaltung zumutet. Auch am Ende der Evaluationsforschung in der Welt des Diakonats und in der diakonischen Praxis wird ein großes Projekt aus der ständigen Beobachtung entlassen. Die Verantwortung für die Weiterarbeit mit den Ergebnissen liegt in anderen Händen.

Ermöglicht hat die praktische Arbeit in den fünfzehn Teilprojekten und deren wissenschaftliche Evaluation die Evangelische Landeskirche in Württemberg. Mit der wissenschaftlichen Begleitforschung und Evaluation hat die Evangelische Hochschule Ludwigsburg die Reflexion dieser Praxis enorm befördert. Ohne den Mut und die Offenheit der Diakoninnen und Diakone in den Teilprojekten, ohne die vielen Ehrenamtlichen, die verschiedenen Projektpartnerinnen und Gesprächspartner wäre dieser Evaluationsprozess nicht möglich gewesen. Tanja Kaiser, Annika Kohlrausch und Marie Lottmann haben diesem Band den letzten Schliff gegeben. Ihnen allen gilt unser Dank.

Stuttgart im Januar 2013

Ellen Eidt und Claudia Schulz

I. Einleitung und Übersicht

Ellen Eidt/Claudia Schulz

Zugänge der Evaluationsforschung zu Diakonat und diakonischer Praxis

Lässt sich die Qualität der Arbeit von Diakoninnen und Diakonen wiegen und messen? Ist es möglich, die Bedeutung des Diakonats in der empirischen Wirklichkeit, in den Niederungen alltäglicher Arbeit und in den Perspektiven der unterschiedlichen Beteiligten zu ergründen? Als die Evangelische Landeskirche in Württemberg im Frühjahr 2008 das Großprojekt „Diakonat – neu gedacht, neu gelebt" startete, war das Ziel, damit zukunftsweisende diakonische Arbeit in unterschiedlichen Handlungsfeldern zu entwickeln und zu erproben.[1] Diese Arbeit sollte von einer gründlichen Auswertung begleitet werden, die die Erkenntnisse der Projektarbeit sichert und zugleich förderliche Rahmenbedingungen für diakonisches Handeln erschließt.

In 15 Teilprojekten haben 20 Diakoninnen und Diakone über fünf Jahre hinweg in Zusammenarbeit mit ihren Begleitgremien und den anderen ehrenamtlichen und hauptamtlichen Mitarbeitenden vor Ort verschiedene Anliegen verfolgt, Vorhaben umgesetzt und Ergebnisse gesichert. Ihre Arbeit ist der Kern des Projekts, ihr Engagement hat die Vielzahl der hier vorgestellten Projektergebnisse erst möglich gemacht. Die Darstellungen der einzelnen Projekte erfolgt in Band I dieser Publikationsfolge.[2] Eine knappe Übersicht zur Orientierung findet

---

[1]   Evangelische Landeskirche in Württemberg 2007 (1): S. 5f. Die Ziele des Projekts waren unter anderem, Modelle diakonischer Verantwortungsübernahme angesichts gesellschaftlicher Herausforderungen zu entwickeln, das diakonische Bewusstsein in Einrichtungen und Gemeinden und ebenso die Entwicklung diakonischer Netzwerke zu stärken, darin die missionarische Präsenz im Alltag der Menschen zu verdeutlichen, Konzepte für eine diakonisch orientierte Gemeindeentwicklung zu erarbeiten und darin eine „diakonische Innenarchitektur" in Gemeinden und Kirchenbezirken zu begünstigen, den Diakonat durch entsprechende Dienstaufträge zu profilieren und schließlich Konzepte der Aus-, Fort- und Weiterbildung im Sinne einer entsprechenden Profilierung des Diakonats weiterzuentwickeln.

[2]   Band I der Publikationsfolge erscheint abschließend als Gesamtdarstellung des Projekts „Diakonat – neu gedacht, neu gelebt" und übernimmt darin zugleich die Funktion einer grundlegenden Einführung.

sich im Anhang dieses Bandes. Diese Arbeit wäre insgesamt nicht möglich gewesen ohne das Engagement in den Projekten, und die Evaluation konnte nur gelingen, weil viele Menschen bereit waren, uns Einblicke in ihre Erfahrungen und Perspektiven zu gewähren.

Die zentrale Verantwortung für dieses Projekt lag im Dezernat „Kirche und Bildung" des Evangelischen Oberkirchenrates.[3] Mit der wissenschaftlichen Evaluation des Projekts und der Begleitforschung wurde die Evangelische Hochschule in Ludwigsburg beauftragt,[4] das Diakoniewissenschaftliche Institut der Universität Heidelberg mit der externen Begleitung des Evaluationsprozesses.[5] Um den formativ angelegten Evaluationsprozess in enger Zusammenarbeit der beteiligten Organisationen zu steuern, wurde ein Projektkernteam gebildet, dem von Seiten des Oberkirchenrats KR Dieter Hödl und Ellen Eidt und von Seiten der Evangelischen Hochschule Ludwigsburg Prof. Dr. Annette Noller, Prof. Dr. Claudia Schulz und Dr. Thomas Fliege angehörten.

Die vorliegende Publikation macht nun im Auftrag der Evangelischen Landeskirche in Württemberg die zentralen Ergebnisse der überwiegend qualitativen Evaluation dieses Projekts und der sozialwissenschaftlichen Begleitforschung zugänglich. Dabei liegt der methodische Weg der Datenerhebung und Auswertung in der Verantwortung der Autorinnen und Autoren der Einzelstudien. Sie haben im Einzelfall darüber entschieden, wie empirisches Material erhoben und genutzt und in welche Diskurskontexte die Ergebnisse gestellt wurden. In diesem Buch geht es nun zum einen darum, zentrale Fragen des Diakonats zu untersuchen: seine Bedeutung für Diakoninnen und Diakone und die Verantwortlichen für die Handlungsfelder, in denen sie arbeiten. Es geht um grundsätzliche Fragen der Einbettung in kirchliches Handeln insgesamt sowie Chancen und Spielräume der Gestaltung. Zum anderen geht es darum, in der Projektarbeit aktuelle Themen näher zu betrachten, die von Seiten der Evangelischen Landeskirche in Württemberg, aber auch in diakoniewissenschaftlichen und kirchentheoretischen Fachdiskursen als zentral für zukünftige Arbeit markiert werden.

Nach fünf Jahren in der Evaluation und Begleitforschung im Projekt möchten wir es so ausdrücken: Dass Diakoninnen und Diakone für kirchliches Handeln wichtig sind und ihr Tun große Chancen gerade mit Blick auf zukünftige Herausforderungen bietet, lässt sich auf diesem Weg nicht beweisen. Aber in zahlrei-

---

[3]   Diese Verantwortung war im Oberkirchenrat auf verschiedene Schultern verteilt: OKR Werner Baur übernahm als Dezernent die Leitung der Projektsteuerungsgruppe, die von der Präsidentin der Evangelischen Landessynode in Württemberg mit der strategischen Steuerung des Projekts beauftragt worden war und in die Vertreterinnen und Vertreter aller Interessengruppen im Hinblick auf Weiterentwicklungsprozesse im Diakonat berufen waren. Die operative Projektleitung lag in den Händen von KR Dieter Hödl. Die Leitung der Projektgeschäftsstelle und Teilaufgaben der wissenschaftlichen Evaluation wurden der Diakoniewissenschaftlerin und Diakonin Ellen Eidt übertragen.

[4]   Die Verantwortung dafür übernahmen Prof. Dr. Annette Noller und Prof. Dr. Claudia Schulz.

[5]   Vertreten durch Prof. Dr. Heinz Schmidt. Vgl. die Projektskizze: Evangelische Landeskirche in Württemberg 2007 (2): S. 6.

chen Analysen lässt sich detailliert nachzeichnen, welche Bedeutung diese Arbeit für die Beteiligten hat, wie echte Fortschritte erzielt werden können, wo Stolpersteine warten und wie diakonisches Handeln in diesem Sinn theoretisch beschrieben werden kann. Nicht ob etwas gelingt, wird hier untersucht, sondern wie, auf welchen Wegen, unter welchen Bedingungen – oder auch: warum nicht oder nur mit Einschränkungen. In diesem Sinn ist das vorliegende Buch eine Vermessung diakonischer Arbeit. Es bietet innovative empirische Zugänge, von denen wir hoffen, dass sie weit über Württemberg hinaus die Konzeptarbeit für den Diakonat bereichern werden.

1. Evaluation des Diakonats im Kontext fachlicher Diskurse und kirchenpolitischer Entwicklungen

Die diakonische Praxis der Kirchen und die Frage nach den notwendigen Professionalitätsstandards derer, die im Auftrag der Kirche in sozialen Handlungsfeldern tätig werden, stoßen derzeit auf großes öffentliches Interesse.[6] Diakonische Unternehmenskultur und Gemeinwesendiakonie haben als diakoniewissenschaftliche Themen Hochkonjunktur. Alter, Armut, Behinderung und Bildung werden theologisch und fachlich reflektiert.[7] Die Frage nach der Bedeutung des diakonischen Handelns für die Rolle der Kirche in der Gesellschaft spielt in den aktuellen Kirchenentwicklungsprozessen[8] eine wichtige Rolle. Bereits in dieser thematischen Aufzählung deutet sich eine enge Verknüpfung von wissenschaftlichen, fachlichen und kirchenpolitischen Diskursen an. Diese kann als typisch für das Feld einer Diakoniewissenschaft gelten, die sich sowohl mit dem helfenden Handeln Einzelner und der professionalisierten Diakonie als Lebens- und Wesensäußerung der Kirche als auch mit dem verbandlichen und unternehmerischen Engagement aus christlicher Motivation beschäftigt.

Im Projekt „Diakonat – neu gedacht, neu gelebt" engagierten sich Diakoninnen und Diakone – also kirchlich berufene Professionelle in Sachen Diakonie – in Demenz- und Armutsprojekten, waren in der Schulsozialarbeit ebenso tätig wie in der Gemeinde- und Kirchenbezirksdiakonie oder in diakonischen Unternehmen. Wenn also hier die Arbeit dieser Einzelprojekte und die dazugehörigen größeren inhaltlichen und strukturellen Zusammenhänge evaluiert und erforscht

---

[6]   Zuletzt etwa in der Diskussion um die Umschulung der so genannten „Schlecker-Frauen" zu Erzieherinnen oder Altenpflegerinnen; vgl. Rest 2012 (Süddeutsche Zeitung am 12. Juni 2012). Die öffentliche Diskussion um die Prinzipien der Tariffindung auf dem „Dritten Weg" wurde in erster Linie an Beispielen aus diakonischen Unternehmen und ihren gewerblichen Ausgründungen geführt. Vgl. Gemeinschaftswerk der Evangelischen Publizistik 2012: S. 5–22.

[7]   Einen guten Überblick dazu bieten zwei Kompendien: Ruddat/Schäfer 2005 und Herrmann/Horstmann ²2008.

[8]   Ausgehend vom so genannten „Diakonieleuchtfeuer" (Leuchtfeuer 6) des EKD-Positionspapiers „Kirche der Freiheit". Vgl. Kirchenamt der EKD 2006.

werden, so stehen einerseits die Erkenntnisfunktion, andererseits die Dialog-
bzw. Lernfunktion der Evaluation im Vordergrund.[9] Es werden also einerseits
Ergebnisse erwartet, die das Verständnis diakonischen Handelns (im Allgemeinen wie im fachlich Besonderen) vertiefen, der zukünftigen Arbeit nützen und
neue Optionen erschließen. Andererseits stellt die Evaluation ein fundiertes
Angebot dar, mit den Beteiligten in Kirche, Einrichtungen, Kommunen und der
Wissenschaft ins Gespräch zu kommen und daraus wiederum Lerneffekte zu
gewinnen. So geschieht Evaluation fast zwangsläufig in unmittelbarer Verknüpfung mit den aktuellen fachlichen Diskursen und ist eingebettet in zeitgleiche
kirchenpolitische Entwicklungen. In beide Richtungen können und sollen die
Evaluationsergebnisse Impulse setzen und neues Nachdenken anregen, auch
wenn in diesem Zusammenhang nicht verschwiegen werden soll, dass die verschiedenen Ansprüche von Wissenschaft und Kirchenpolitik nur selten gleichzeitig zu erfüllen sind. Eine hinreichende Trennschärfe musste auch innerhalb
des Evaluationsprozesses immer wieder erarbeitet werden und ist auch nicht
immer in zufriedenstellender Form erreicht. Die Einteilung der großen Kapitel
dieses Bandes trägt diesen unterschiedlichen Schwergewichten der evaluativen
Arbeit Rechnung.

In vier Schritten soll deshalb das Feld vermessen werden, in dem sich Evaluationsforschung und kirchenpolitische Positionierungen dieses Bandes bewegen,
laufende Diskurse aufnehmen und Anknüpfungspunkte zur Verfügung stellen:

(1.) Im diakoniewissenschaftlichen Diskurs um Diakoninnen und Diakone,
ihre Beauftragung und ihre Kompetenzen spielt die These eine große Rolle, dass
diese Diakoninnen und Diakone die qualifizierten Fachleute für diakonische
Unternehmensentwicklung und Vernetzung zwischen diakonischen Einrichtungen und parochialen Kirchengemeinden seien.[10] Insofern bietet dieser Band –
fokussiert auf die Rolle von Diakoninnen und Diakonen und derjenigen, die für
deren Anstellung die Verantwortung tragen, – sowohl empirisch fundierte als
auch kirchenpolitisch motivierte Beiträge zur Weiterentwicklung gemeinwesenorientierter Diakonie[11] und zur Frage nach einer christlich profilierten
Unternehmenskultur.[12]

(2.) Themen wie Armut[13] und fehlende Bildungsgerechtigkeit[14], die Inklusion
von Menschen mit Behinderungen[15] oder Fragen nach einem guten Umgang mit
einer wachsenden Vielfalt an religiösen, kulturellen und ästhetischen Orientie-

---

[9]   Einen Überblick über Funktionen von Evaluation und ihre Anwendung bietet Stockmann
        [3]2006.
[10]   Vgl. dazu etwa Eschen 2008 oder Benedict 2006.
[11]   Vgl. zuletzt Herrmann/Horstmann 2010 und Horstmann/Neuhausen 2010.
[12]   Vgl. zuletzt als historischer Überblick zu dieser Fragestellung: Henkelmann/Jähnichen/Kamins-
        ky/Kunter 2012.
[13]   Vgl. Eurich/Barth/Baumann/Wegner 2011.
[14]   Vgl. Eurich/Oelschlägel 2008.
[15]   Vgl. Eurich/Lob-Hüdepohl 2011.

rungen[16] und die Rolle ehrenamtlichen Engagements in der Zivilgesellschaft[17] nehmen in gesellschaftspolitischen Auseinandersetzungen zurzeit breiten Raum ein und prägen viele fachliche Diskurse im Bereich der Sozialen Arbeit und der Diakoniewissenschaft. Darauf nahm bereits die Projektausschreibung[18] des hier evaluierten Diakonatsprojekts nachdrücklich Bezug. Dementsprechend liefern insbesondere die in diesem Band präsentierten Evaluationsergebnisse, die sich unmittelbar auf die Arbeit in den Einzelprojekten beziehen, eine ganze Reihe empirisch fundierter Impulse zu diesen Themen.

(3.) Ein zentraler Aspekt innerhalb der laufenden Kirchenentwicklungsprozesse ist die Frage nach den gesellschaftlichen Aufgaben der Kirche und ihrer Rolle in einer durch spätmoderne Reflexivität und Multioptionalität ebenso wie durch soziale Verwerfungen und persönliche Verunsicherungen geprägten Gesellschaft. Wichtigstes Instrument zur Bewältigung der damit für die Kirche verbundenen Herausforderungen ist das kirchliche Personal, und darauf bezogen stellt sich dann auch die Frage nach Amt und Ämtern in der Kirche. Bisher war der Hauptfokus in diesem Zusammenhang stets auf das Pfarramt und die Profession der Pfarrerinnen und Pfarrer gerichtet.[19] Dem stellt dieser Band einerseits die empirische Perspektive auf Diakoninnen und Diakone und ihre Professionalität zur Seite und kann darin andererseits gar nicht anders, als zugleich eine kirchenpolitisch mehr oder weniger explizierte Position zu beziehen.[20] Zugleich bieten die hier vorgelegten Ergebnisse qualitativer Evaluationsprozesse möglicherweise die Chance – in der Theoriediskussion ebenso wie in kirchenpolitischen Auseinandersetzungen – längst eingefahrene Gleise der Ämterdebatte um Diakonat und Pfarramt zu verlassen[21] und neue Perspektiven zu gewinnen.[22]

(4.) In einer engen Verknüpfung mit Fragen der Kirchenentwicklung ist auch die Kompetenzdiskussion im Hinblick auf die kirchlichen Berufe zu verstehen. Mit zeitlicher Verzögerung, aber in vielen Aspekten parallel zum Prozess der Professionalisierung in der Sozialen Arbeit, entwickelten sich auch in den Berufen des Diakonats Professionalisierungsstrategien.[23] Im Zuge des Bologna-Prozesses wurden eine ganze Reihe neuer Bachelorstudiengänge für Berufe im Diakonenamt eingeführt und die Akademisierung der diakonischen Berufe durch Masterstudiengänge weiter vorangetrieben. Die nur noch schwer überschaubare Vielfalt möglicher Qualifikationen und Berufsprofile für diakonisch-gemeindepädagogische Berufe und Schwierigkeiten hinsichtlich der wechselseitigen An-

---

[16]   Vgl. Neff 2012 sowie das gesamte Heft 1/2012 der Zeitschrift „Wege zum Menschen".
[17]   Vgl. Olk/Hartnuß 2011 und Seidelmann 2009.
[18]   Vgl. Evangelische Landeskirche in Württemberg 2007 (1).
[19]   Vgl. Karle 2010 mit Bezug auf Kirchenamt der EKD 2006.
[20]   Vgl. dazu grundlegend die abschließende Reflexion von Claudia Schulz (Diakonat evaluieren) in diesem Band.
[21]   Vgl. zur Diakonatsdiskussion in der EKD seit 1996: Eidt 2011: S. 95–99.
[22]   Erste Ansätze dazu finden sich bereits bei Noller/Eidt/Schmidt 2013.
[23]   Vgl. grundlegend Horstmann 2008.

erkennung in den verschiedenen Landeskirchen führte in der EKD zur Berufung einer Ad-hoc-Kommission, die mit diesbezüglichen Klärungen beauftragt wurde.[24] Auch dieser Professionalisierungsdiskurs, den die Verantwortlichen in der Weiterentwicklung der Diakonenausbildungen an den verschiedenen Ausbildungsstätten und Hochschulen und die in den Kirchen mit den kirchenrechtlichen Klärungsprozesse Beauftragten miteinander führen, erhält durch die vorgelegten Evaluationsergebnisse eine vertiefte Grundlage. Sie können die hier gewonnenen Einsichten in die Wahrnehmungslogiken von Anstellungsverantwortlichen und Professionellen im Diakonat für ihren jeweiligen Bedarf nützen und sich auf entsprechende Positionierungen beziehen.

Am bisher Gesagten wird deutlich, dass die Evaluation des Projekts „Diakonat – neu gedacht, neu gelebt" eine Verbindung bildet zwischen Projektarbeit und kirchlicher Organisationentwicklung. Im Idealfall funktioniert eine solche Gelenkstelle „wie geschmiert" und es gelingt im Sinne formativer Evaluation, verschiedene Interessen, Bedarfe und Erkenntnisse konstruktiv und wechselseitig fruchtbar zu machen. Häufiger jedoch entstehen Schnittstellen, die mit schmerzhaften Abstimmungsprozessen verbunden sind, wenn Erkenntnisse auf der einen Seite den Erwartungen der anderen Seite nicht nur nicht entsprechen, sondern diese grundlegend in Frage stellen, oder wenn Zeitplanungen nicht der reinen Lehre sondern taktischen Interessen folgen müssen. Im konkreten Fall wurde die Komplexität solcher Vermittlungsprozesse zwischen wissenschaftlichen und kirchenpolitischen Ansprüchen noch dadurch erhöht, dass natürlich auch eine mit der wissenschaftlichen Evaluation beauftragte Hochschule nicht ohne Interessen sein kann, wenn sie Diakoninnen und Diakone ausbildet, und dass zugleich ein Teil des wissenschaftlichen Evaluationsauftrages in der Projektgeschäftsstelle des Oberkirchenrates der Evangelischen Landeskirche in Württemberg wahrgenommen wurde. So manche Ambivalenzen dieses Evaluationsprozesses spiegeln sich im vorgelegten Band, der an vielen Stellen im Interesse möglicher Lerneffekte auf Harmonisierungen verzichtet. Dazu, dass das in dieser Weise möglich wurde, hat die Projektleitung im Dezernat Kirche und Bildung viel beigetragen. In diesem Zusammenhang konnte das – aus den Verantwortlichen in der Evangelischen Hochschule in Ludwigsburg und im Evangelischen Oberkirchenrat in Stuttgart zusammengesetzte – Projektkernteam seine Fähigkeit schulen, auf mehreren Ebenen zugleich zu arbeiten und die Vielschichtigkeiten auch wissenschaftlich zu bewältigen.

---

[24]   Vgl. Evangelische Kirche in Deutschland 2011: Abschnitt (2).

2.   Das Vorhaben: Evaluation und Begleitforschung, Planung und Methoden

Die wissenschaftliche Arbeit im Projekt war in drei Forschungssträngen konzipiert: in der Evaluation der Teilprojekte (A), in der Gesamtevaluation in Bezug auf die Projektziele (B) und in der Begleitforschung (C).

(A) Evaluation der Teilprojekte	(B) Gesamtevaluation der Projektziele	(C) Begleitforschung
▸ Entwicklung von Evaluationsdesigns	▸ Dokumentation	▸ Theologische Arbeit: Theologie des Diakonats
▸ Auswertung der Ergebnisse	▸ Evaluation von Einzelthemen	▸ Interviews m. Anstellungsverantwortlichen
▸ Erstellen von „Tiefenbohrungen"		▸ Gruppendiskussionen mit Diakoninnen u. Diakonen
▸ Abschlusspräsentation	▸ Prozess-Evaluation	▸Projekttagebücher

(A) In den 15 diakonischen Projekten evaluierten die dort tätigen Diakoninnen und Diakone ihre Arbeit, um Ergebnisse zu sichern und ausreichend Einblicke in Strukturen des Gelingens zu ermöglichen. Die Projektgeschäftsstelle im Oberkirchenrat und die Evangelische Hochschule Ludwigsburg begleiteten die Inhaberinnen und Inhaber der Projektstellen in der Entwicklung ihres Evaluationsdesigns und unterstützten spezielle Anliegen. Die Methoden dieser Evaluation wurden jeweils innerhalb der einzelnen Projekte an den dortigen Erkenntnisinteressen ausgerichtet. Ziel war es, jeweils die fachlichen Besonderheiten der Arbeit an ausgewählten Stellen zu betrachten: in Interviews mit Klientinnen und Klienten, in Gruppendiskussionen mit Ehrenamtlichen und Steuerungsgruppen, in Dokumentationen und standardisierten Befragungen. Auf diesem Weg konnten in direktem Zusammenhang mit dem jeweiligen Arbeitsfeld zentrale Ergebnisse gesichert werden. Die Ergebnisse solcher Projektevaluationen sind in etlichen der hier publizierten Texte auszugsweise dargestellt worden.[25] Eine Publikation der Ergebnisse der einzelnen Projekte erfolgt an anderer Stelle.[26]

(B) Um basierend auf der konkreten Projektarbeit darüber hinaus die Ziele der Projekts zu verfolgen und Ergebnisse im Sinne des Gesamtprojekts hin auf einen zukunftsfähigen Diakonat zu sichern, sorgten die Mitglieder des Projektkernteams für gezielte Analysen in einzelnen Themenfeldern wie Ehrenamt, Armut, Netzwerkarbeit von Diakoninnen und Diakonen, Seelsorge, Zielgrup-

---

[25]   Beispielhaft in den Texten Eidt (Ehrenamtliche), Schulz (Diakonisches Arbeiten), Noller (Diakonat und Seelsorge), Fliege (Armutsbekämpfung).

[26]   Geplant ist eine zusammenfassende Publikation zentraler Projektergebnisse und einiger landeskirchlicher Projektberichte in Band I dieser Publikationsfolge.

penarbeit oder Gemeinwesenorientierung. Darüber hinaus standen auch Kompetenzfragen sowie eine Reflexion der Arbeit unter Projektbedingungen im Fokus. Unter thematischen Überschriften wurden jeweils in der Verantwortung der Autorinnen und Autoren der Beiträge dieses Bandes ein Forschungsdesign entworfen und in Einzelstudien anhand ausgewählter Projekte Ergebnisse gewonnen.

(C) Zunächst unabhängig von der Arbeit in den Einzelprojekten entwickelten Mitglieder des Projekt-Kernteams eigene Studien im Rahmen der wissenschaftlichen Begleitforschung. Zum Teil sind diese historischer oder überwiegend theoretischer Art und an anderer Stelle publiziert worden.[27] Zum Teil sind hier jedoch ebenfalls empirische Untersuchungen durchgeführt worden wie die Interviews mit Anstellungsverantwortlichen in unterschiedlichen Arbeitsfeldern von Diakoninnen und Diakonen[28] oder die Gruppendiskussionen mit Diakoninnen und Diakonen[29] in verschiedenen Berufsgruppen im Diakonat. Die Ergebnisse aus solchen Erhebungen sind, soweit möglich, eng auf die Ergebnisse des Projekts im Teil (B) bezogen worden. Ziel war es, das grundsätzliche Verständnis für die Konstruktion des Diakonats aus unterschiedlichen Perspektiven zu erweitern. Die Ergebnisse der Begleitforschung stellen den Teil II dieses Bandes dar und werden in weiteren Einzelbeiträgen aufgenommen.[30]

Insgesamt haben die unterschiedlichen fachlichen Prägungen und Interessen der an der Auswertungsarbeit im Team beteiligten Menschen die jeweilige Zielsetzung der Analysen und die Art der Ergebnisse erheblich beeinflusst. Es werden auf diesem Weg sehr verschiedene Herangehensweisen an Themen und Materialien sowie eine jeweils eigene Logik in der Auswahl von Erhebungs- und Interpretationsmethoden sichtbar. Im Prozess des Projekts sind im Rahmen von Begleittreffen, Tagungen und einer Abschlussveranstaltung immer wieder Ergebnisse präsentiert und mit Anwenderinnen und Anwendern und Fachleuten unterschiedlicher Prägung diskutiert worden. Dieser Austausch hat die wissenschaftliche Arbeit bereichert und spiegelt sich zuweilen auch in den Analysen wieder.

---

[27] Diese Arbeit war beispielsweise in Tagungen während des Projektverlaufs sichtbar, die in Band III der Publikationsfolge dokumentiert sind; vgl. Noller/Eidt/Schmidt 2013.

[28] Geplant und durchgeführt von Claudia Schulz. Die Auswertung findet sich in den Texten von Claudia Schulz (Diakoninnen und Diakone unter Vertrag) und Ellen Eidt (Diakonat in diakonischen Einrichtungen) in diesem Band.

[29] Diese Befragungen wurde von Ellen Eidt und Claudia Schulz konzipiert und im Rahmen von Forschungswerkstätten an der Evangelischen Hochschule Ludwigsburg unter Mitarbeit von Studierenden durchgeführt und ausgewertet.

[30] Dies geschieht im vorliegenden Band vor allem in dem Text Schulz (Im Spannungsfeld Gemeindediakonie) und ist in Band I dieser Publikationsfolge noch ausführlicher zu erwarten.

3. Methodische Zugänge und Prinzip der Darstellung

Auf dem Weg dieser Evaluations- und Begleitforschung wurden, abhängig vom Erkenntnisinteresse im jeweiligen Themenfeld, diverse Methoden der sozialwissenschaftlich-empirischen Forschung angewandt. In den Einzelanalysen sind die Anwendungsmodi dieser Methoden und das spezielle Erkenntnisinteresse jeweils benannt. Zuweilen sind Methoden kombiniert und Daten themenübergreifend genutzt worden. An dieser Stelle stellen wir knapp die verwendeten Erhebungsmethoden und den Erkenntnisgewinn vor, den sie in ihren Anwendungskontexten bieten:

Die standardisierte schriftliche Befragung: Dieses hypothesengeleitete Verfahren eröffnet den Zugang zu einer größeren Zahl von Befragten und deren Perspektiven.[31] Es wurde angewandt, um Diakoniebeauftragte und Synodale eines Kirchenbezirks auf ihre Einschätzung des Diakonats im Bezirk und die Funktion der Diakoniebeauftragten in den Gemeinden hin zu befragen.[32]

Das leitfadengestützte Interview[33] mit Klientinnen und Klienten oder Expertinnen und Experten im Arbeitsfeld sollte als Verfahren der qualitativen Sozialforschung die subjektiven Sichtweisen und Erfahrungen der Menschen im Arbeitsfeld erschließen. Teilweise sind hier stark narrative Anteile enthalten, teilweise sind aber auch handlungsleitendes Wissen sowie Einschätzungen und Bewertungen erfragt worden.

Die Gruppenbefragung[34]/*ermittelnde Gruppendiskussion*[35] ermöglichte es, Erfahrungen, Einschätzungen, Sinndeutungen und Bewertungen von einer exemplarischen Gruppe zu erfassen. Diese Methode wurde genutzt, um etwa in Gesprächen mit verschiedenen Begleitgremien deren Sicht auf Projektprozesse und die Professionalität der dort agierenden Diakoninnen und Diakone zu erheben oder um die spezifischen Erfahrungen der Hauptamtlichen im Diakonat mit einem spezifischen Anliegen, z.B. der Seelsorge, zu erfassen. In dieser Methode stehen nicht die Diskurse in der Gruppe, sondern die Meinungen oder Sinndeutungen der einzelnen Befragten im Vordergrund.

---

[31]   Vgl. beispielhaft Diekmann ¹⁵2006.

[32]   Die Ergebnisse finden sich in der Analyse zur Arbeit von Ehrenamtlichen im Beitrag Eidt (Ehrenamt).

[33]   Vgl. Nohl ³2009: S. 20–23; Meuser/Nagel ³2009 und Bogner/Menz ³2009.

[34]   In der Tradition der „focus group" als Gruppen-Pendant zum leitfadengestützten Einzelinterview nach Merton/Fiske/Kendall 1956. Diese Form der Befragung wird in Anlehnung an den angelsächsischen Sprachgebrauch zuweilen als „Gruppendiskussion" bezeichnet, auch in diesem Band. Dieses Verfahren darf aber nicht verwechselt werden mit dem „Gruppendiskussionsverfahren", das mit offenen Stimuli arbeitet (s.u.).

[35]   Nach Lamnek ⁴2005: S. 416.

Das Gruppendiskussionsverfahren[36] wurde als weitere Methode der qualitativen Sozialforschung immer dann eingesetzt, wenn im Kontext eines gemeinsamen Erfahrungshintergrundes der Befragten diskursiv erzeugtes, handlungsleitendes oder im Verhalten verankertes Wissen und gemeinschaftliche Orientierungen erhoben werden sollten. Diskurse der Befragten werden hier zunächst durch offene Gesprächsimpulse angeregt und durch immanente Nachfragen unterstützt. In der Auswertung des daraus gewonnenen Datenmaterials spielen deshalb Fragen der Diskursorganisation und thematische Fokussierungen durch die Gruppe eine entscheidende Rolle.

Die Sozialraum-Analyse war Bestandteil der Arbeit in den Teilprojekten. Sie sollte dazu dienen, zu Beginn der Arbeit die Projektziele wo nötig zu überarbeiten und auf die konkrete Situation im Sozialraum hin zu reflektieren.[37] Diese Sozialraumanalysen erfassten, ausgehend von einer Definition des jeweils relevanten Sozialraums, die räumliche Situation am Ort, die Sozialstruktur sowie die unmittelbare Arbeitsumgebung (z.B. Gemeinden, Einrichtungen, Schulen) und die Zielgruppen der jeweiligen Projektarbeit. Diese Sozialraumanalysen bestehen aus einer Datensammlung für den jeweiligen Bedarf sowie einer Interpretation dieser Situation auf die Projektziele hin.[38]

Die leitfadengestützte schriftliche Befragung als qualitatives Erhebungsinstrument wurde eingesetzt, um Erfahrungen und Deutungen der Diakoninnen und Diakone in den Teilprojekten zu erheben. Diese Erhebungsmethode wurde in zwei Formen angewandt: Zum Ersten diente das Instrument des Projekttagebuches der fortlaufenden Evaluation des Projektprozesses aus der Perspektive der einzelnen Diakoninnen und Diakone in den Teilprojekten.[39] In regelmäßiger Folge waren dort offene Impulse zu Fragen der Projektgestaltung, zur Kommunikation mit Zielgruppen und Gremien sowie zur fachlichen und theologischen Deutung des eigenen Handelns gegeben. Im letzten Drittel der Projektlaufzeit waren die Leitfragen weniger offen und fokussierten persönliche Konzepte zu Fragen des Amts- und Gemeindeverständnisses sowie zum verkündigenden und seelsorgerlichen Handeln in den Handlungsfeldern.

Zum Zweiten wurde das Verfahren in einer „Schreibwerkstatt" im Rahmen eines Studientages für die Diakoninnen und Diakone in den Teilprojekten im letzten Drittel des Projekts angewandt. In anonymer Form antworteten die Teilnehmenden auf Fragen nach ihrer seelsorgerlichen Tätigkeit im Projekt. Dieses Material wurde mit Hilfe der Inhaltsanalyse ausgewertet.[40]

---

36 Vgl. Bohnsack [7]2008: S. 105–121 und Przyborski/Wohlrab-Sahr [3]2010: S. 271–309.
37 Für die Methodik vgl. Budde/Früchtel/Cyprian 2007.
38 Im Sinne einer „Raumdeutung" als Rekonstruktion von Bedeutungen der gewonnenen Daten mit der subjektiven Haltung der Diakoninnen und Diakone; vgl. Reutlinger 2009.
39 Vgl. Moser [4]2008: S. 72–74.
40 Vgl. Lamnek [4]2005: S. 478–512.

Das Verbatim (Gedächtnisprotokoll) ist eine Methode der Rekonstruktion professionellen Handelns, die in Ausbildungskontexten der Pastoralpsychologie angewandt wird und hier als Methode der Generierung von Daten zu Forschungszwecken genutzt ist.[41] Die Diakoninnen und Diakone notieren im Anschluss an ein Seelsorgegespräch aus dem Gedächtnis den Gesprächsverlauf. In einem weiteren Schritt kommentieren sie dieses Gedächtnisprotokoll, so dass zugleich Gesprächsverläufe und deren Deutung durch die Seelsorgerinnen und Seelsorger erfasst werden.

Darüber hinaus sind weitere Materialien analysiert worden, die Diakoninnen und Diakone im Rahmen der Projektarbeit angefertigt haben. Dazu gehören Verlaufsdokumentationen von Prozessen diakonischer Begleitung von Klientinnen und Klienten sowie Gottesdienstentwürfe und Einzelfalldokumentationen.[42] Die Struktur solcher Aufzeichnungen wurde vor Ort und nach Bedarf festgelegt. Die Methoden der Auswertung dieser Materialien sind in den Einzelbeiträgen dargestellt.

4.   Überblick über die Studien und Stellungnahmen

Der vorliegende Band zur Evaluation der Arbeit von Diakoninnen und Diakonen beginnt – im Anschluss an diesen Einführungsteil – mit einem Kapitel (II.), das sich den empirischen *Perspektiven auf Diakoninnen und Diakone in Kirche und Diakonie* widmet. Dabei spielt der aktuelle Theoriediskurs zur Ämterfrage im Hinblick auf den Diakonat eine nicht zu unterschätzende Rolle.[43] Darin wird deutlich, wie sich Überschneidungen und Brüche zwischen theologischer und soziologischer Theoriebildung sowie der sozialwissenschaftlich-empirischen Forschung darstellen und welche wechselseitigen Anregungen im Diskurs zu erwarten sind. Die Eröffnung dieses Wechselspiels übernimmt *Claudia Schulz*, indem sie die wichtigsten professionellen Akteurinnen und Akteure im Feld zu Wort kommen lässt: In ihrem ersten Beitrag sind dies zunächst die Diakoninnen und Diakone selbst, deren – im Kontext der verschiedenen Berufsgruppen im Diakonat rekonstruiertes – Selbstverständnis hier dargestellt wird. Dem stellt sie im nächsten Schritt die Sicht der Anstellungsverantwortlichen in Kirche und Diakonie zur Seite und weitet darin zugleich den Blick über Tätigkeit, Qualifika-

---

[41]   Vgl. Roser 2007. Findet sich in dieser Form im Beitrag von Annette Noller (Diakonat und Seelsorge).

[42]   Aus solchen Dokumentationen wird zitiert im Beitrag von Thomas Fliege (Armutsbekämpfung).

[43]   Der aktuelle Stand dieses Diskurses ist in Band III dieser Publikationsfolge unter dem Titel „Diakonat – theologische und sozialwissenschaftliche Perspektiven auf ein kirchliches Amt" dokumentiert.

tion und Amt hinaus auf organisationsbezogene und kirchenstrukturelle Fragestellungen hin. Für den Bereich der diakonischen Einrichtungen und Dienste
nimmt *Ellen Eidt* beide Perspektiven in unmittelbarer Gegenüberstellung auf und
arbeitet spezifische Konfliktlinien und mögliche Chancen für Weiterentwicklungen heraus, die vor allem den Bereich der diakonischen Unternehmensentwicklung betreffen.

Den Blick in die unmittelbare Praxisevaluation öffnet das nächste Kapitel (III.),
in dem sieben verschiedene Teilprojekte anhand ihrer thematischen Schwerpunkte wissenschaftlich evaluiert und auf Lerneffekte hin abgeklopft werden, die
über den Horizont der Einzelprojekte hinaus für Wissenschaft, Kirche und Gesellschaft interessant sind. Eine Tiefenbohrung zu Fragen kirchlich-diakonischer
Arbeit mit Menschen aus verschiedenen Zielgruppen und Milieus nimmt *Claudia Schulz* im Zusammenhang eines Schulsozialarbeits- und eines Familienpro-
jekts vor. Sie rekonstruiert zu diesem Zweck die grundlegenden Orientierungen
von Ehrenamtlichen und kontrastiert diese mit denjenigen der jeweiligen Zielgruppen, um in der Analyse und für mögliche Weiterentwicklungen die Milieuperspektive fruchtbar werden zu lassen. Auch *Ellen Eidt* fokussiert in ihrer re-
konstruktiv angelegten Evaluation von drei Teilprojekten, die sich der Entwicklung eines Familienpatenmodells, der Arbeit mit Diakoniebeauftragten und dem
Aufbau eines Diakoniekaufhauses widmeten, die Perspektive der Ehrenamtlichen. Sie zielt darin auf die spezifischen Herausforderungen für verschiedene
Segmente des Ehrenamtlichen-Managements. Dem thematischen Feld diakonischer Armutsbekämpfung widmet sich *Thomas Fliege* in seinem evaluativen
Blick auf die Arbeit eines Diakoniekaufhauses und eines Kinderarmutsprojekts.
Seine an aktuellen Armutsdiskursen geschulte Analyse weist auf Nachholbedarf
im Hinblick auf die gesellschaftspolitische Funktion anwaltschaftlicher Diakonie
in den Teilprojekten hin. Auch seine – den Abschluss dieses Kapitels bildende –
Evaluation von drei verschiedenen Schwerpunktbildungen in Schulsozial-
arbeitsprojekten fragt nach dem spezifisch kirchlich-diakonischen Beitrag zu
Entwicklungsprozessen im Bildungsbereich der Gesellschaft und nach profilierten Aufgabenstellungen für Diakoninnen und Diakone in diesem Kontext.

Mit dem IV. Kapitel wird der Blick – zunächst ausgehend von Beobachtungen
innerhalb des Projekts „Diakonat – neu gedacht, neu gelebt", dann aber auch im
Projektumfeld der Evangelischen Landeskirche in Württemberg – auf Projektprozesse und diejenigen Rahmenbedingungen und Strukturen gerichtet, auf die
sich die Projektarbeit bezog und in die sie eingebettet war: In einem ersten Artikel arbeitet *Ellen Eidt* Zusammenhänge zwischen Grundorientierungen diakonischen Selbstverständnisses und gesundheitlichem Belastungserleben heraus. Sie
erhebt diese Zusammenhänge auf dem Weg der dokumentarischen Interpretation von Gruppendiskussionen aus Projektkontexten. In einem weiteren Beitrag
rekonstruiert sie die Netzwerkkonzepte der Praktikerinnen und Praktiker im

Diakonatsprojekt und eröffnet damit einen Diskurs um die Generierung von sozialem Kapital durch diakonische Netzwerkarbeit. Die diakoniewissenschaftliche Rezeption des Diskurses um die Entstehung und Nutzung von Sozialkapital in kirchlich-diakonischen Zusammenhängen steckt noch in den Kinderschuhen. Eine zentrale Rolle spielt darin jedoch die Wiederentdeckung der Bedeutung der Diakonie in der Parochialgemeinde. In der Darstellung der Vielfalt von Interessen und Optionen in diesem spezifischen „Spannungsfeld Gemeindediakonie" erschließt *Claudia Schulz* in ihrer Analyse von Interviews mit Anstellungsverantwortlichen und einer Gruppendiskussion mit Gemeindediakoninnen und Gemeindediakonen ein komplexes Feld. Für dessen Bearbeitung steht die Entwicklung eines Gesamtkonzeptes sowohl in kirchenstruktureller als auch in handlungspraktischer Hinsicht noch aus. Mit den vorliegenden Evaluationsergebnissen sind die Grundlagen für weitere Konzeptentwicklung geschaffen worden.

Die Bewältigung der Herausforderungen, die gesellschaftliche Entwicklungsprozesse an das soziale Handeln der Kirche stellen, erfordert bei den Hauptamtlichen im Diakonat verschiedenste Kompetenzen. In welchen Ausprägungen sich diese aus Projektwahrnehmungen ablesen lassen und wie sie für die Ausgestaltung des diakonischen Auftrags der Kirche fruchtbar gemacht werden können, damit beschäftigen sich *Annette Noller* und *Thomas Fliege* im V. Kapitel. Ausgehend von – in Verbatims protokollierten und im Rahmen einer ermittelnden Gruppendiskussion vertieften – Beobachtungen seelsorgerlicher Interaktionen in diakonischen Handlungsfeldern, die anhand von Einzelfallprotokollen kontextualisiert werden, entwickelt *Annette Noller* zunächst ein Verständnis diakonischer Seelsorge, um dann in einem weiteren Beitrag im Kontext der homiletischen Arbeit von Projektdiakoninnen und -diakonen deren theologische Kompetenzen herauszuarbeiten und ihre Bedeutung für ein sichtbares diakonisches Amt in einer diakonischen Kirche hervorzuheben. Möglichkeiten für die Kompetenzentwicklung im Hinblick auf sozialräumlich orientierte diakonische Konzeptionsarbeit entwickelt *Thomas Fliege* aus der Beschäftigung mit Sozialraumanalysen, die in einer frühen Projektphase für alle örtlichen Teilprojekte erstellt wurden. Er liefert damit zugleich die Grundlegung für den dieses Kapitel abschließenden Beitrag von *Annette Noller*, die ihre Wahrnehmungen der sozialraumorientierten Arbeit von Diakoninnen und Diakonen in verschiedenen Teilprojekten mit dem aktuellen diakoniewissenschaftlichen Diskurs zur Gemeinwesenorientierung verknüpft und daraus zehn Thesen für die Rolle des Diakonats in diesem Kontext ableitet.

Das Kapitel VI. bietet abschließend in den Beiträgen von *Claudia Schulz, Dieter Hödl, Ellen Eidt* und *Thomas Fliege* Bündelungen der Ergebnisse aus der Perspektive der Evaluationsforschung, der Gestaltung des Diakonats von Seiten der Landeskirche und der Projektarbeit mit Blick auf diakoniewissenschaftliche Belange und Kirchenentwicklung. Das Buch ist konzipiert als Diskussionsbeitrag und endet mit einem inhaltlichen Doppelpunkt: Die Ergebnisse bedürfen der

Weiterarbeit, wie wir sie hoffentlich in Fachgesprächen, Gremien und vor allem im Engagement vieler Menschen in der zukünftigen Arbeit erleben werden.

Literatur

Benedict, Hans Joachim (2006): Zukünftige Aufgaben der Diakone und Diakoninnen aufgrund veränderter kirchlicher, diakonischer und gesellschaftlicher Rahmenbedingungen. In: Eurich, Johannes (Hg.): Diakonisches Handeln im Horizont gegenwärtiger Herausforderungen. Heidelberg. S. 203–224.

Bogner, Alexander/Menz, Wolfgang ([3]2009): Das theoriegenerierende Experteninterview. Erkenntnisinteresse, Wissensformen, Interaktion. In: Bogner, Alexander/Littig, Beate/Menz, Wolfgang (Hg.): Experteninterviews: Theorien, Methoden, Anwendungsfelder. Wiesbaden. S. 61–98.

Bohnsack, Ralf ([7]2008): Rekonstruktive Sozialforschung. Einführung in qualitative Methoden. Opladen/Farmington Hills.

Budde, Wolfgang/Früchtel, Frank/Cyprian, Gudrun (2007): Sozialer Raum und Soziale Arbeit, Bd. 2: Fieldbook: Methoden und Techniken. Wiesbaden.

Diekmann, Andreas ([15]2006): Empirische Sozialforschung. Grundlagen, Methoden, Anwendungen. Reinbek.

Eidt, Ellen (2011): Der evangelische Diakonat. Entwicklungslinien in Kirche und Diakonie am Beispiel Württembergs. Stuttgart.

Eschen, Barbara (2008): Wer soll das diakonische Profil diakonischer Einrichtungen stärken? Zur Bedeutung des Berufsbildes Diakon/Diakonin. In: Merz, Reiner/Schindler, Ulrich/Schmidt, Heinz (Hg.): Dienst und Profession. Diakoninnen und Diakone zwischen Anspruch und Wirklichkeit. Heidelberg. S. 240–253.

Eurich, Johannes/Barth, Florian/Baumann, Klaus/Wegner, Gerhard (Hg.) (2011): Kirchen aktiv gegen Armut und Ausgrenzung. Theologische Grundlagen und praktische Ansätze für Diakonie und Gemeinde. Stuttgart.

Eurich, Johannes/Lob-Hüdepohl, Andreas (Hg.) (2011): Inklusive Kirche. Behinderung – Theologie – Kirche. Stuttgart.

Eurich, Johannes/Oelschlägel, Christian (Hg.) (2008): Diakonie und Bildung. Heinz Schmidt zum 65. Geburtstag. Stuttgart.

Evangelische Kirche in Deutschland (Hg.) (2011): Kirche auf dem Weg. Bericht des Rates der EKD. 4. Tagung der 11. Synode der EKD. November 2011. Magdeburg. Verfügbar unter: http://ekd.de/synode2011/berichte/78763.html (03.01.2013).

Evangelische Landeskirche in Württemberg (Hg.) (2007) (1): Diakonat – neu gedacht, neu gelebt. Das Angebot für Kirchenbezirke, Kirchengemeinden, Landeskirchliche Werke und Einrichtungen und Freie Träger. Stuttgart. Verfügbar unter: https://www.service. elk-wue.de/oberkirchenrat/kirche-und-bildung/diakonat/projekt-diakonat-neu-gedacht-neu-gelebt.html (18.12.2012).

Evangelische Landeskirche in Württemberg (Hg.) (2007) (2): Projektskizze „Diakonat – neu gedacht, neu gelebt". Weiterentwicklung des Diakonen- und Diakoninnenamts in der Evangelischen Landeskirche in Württemberg zur Stärkung der Kirchengemeinden und Kirchenbezirke in der Wahrnehmung ihrer diakonischen Verantwortung. Stuttgart. Verfügbar unter: https://www.service.elk-wue.de/fileadmin/dezernate/dezernat2/

Ref.2.3_-_Projekt_Diakonat/Projektskizze_Diakonat_Stand_Juli_2007_Beschluss_FA.pdf (29.12.2012).

Gemeinschaftswerk der Evangelischen Publizistik (GEP) (Hg.) (2012): Evangelischer Pressedienst. epd Dokumentation online. 48/2012 vom 27.11.2012. S. 5–22. Verfügbar unter: http://www.epd.de/sites/default/files/12-48DritterWeg-Beschneidung.pdf (03.01.2013).

Henkelmann, Andreas/Jähnichen, Traugott/Kaminsky, Uwe/Kunter, Katharina (Hg.) (2012): Abschied von der konfessionellen Identität? Diakonie und Caritas im Prozess der Modernisierung des deutschen Sozialstaates seit den 1960er Jahren. Stuttgart.

Herrmann, Volker/Horstmann, Martin (Hg.) (²2008): Studienbuch Diakonik. Bd. I: Biblische, historische und theologische Zugänge zur Diakonie. Bd. II: Diakonisches Handeln, diakonisches Profil, diakonische Kirche. Neukirchen-Vluyn.

Herrmann, Volker/Horstmann, Martin (Hg.) (2010): Wichern drei – gemeinwesendiakonische Impulse. Neukirchen-Vluyn.

Horstmann, Martin/Neuhausen, Elke (2010): Mutig Mittendrin. Gemeinwesendiakonie in Deutschland. Eine Studie des Sozialwissenschaftlichen Instituts der EKD. Berlin.

Horstmann, Martin (2008): Professionalisierungsstrategien des Diakonenberufs. In: Merz, Reiner/Schindler, Ulrich/Schmidt, Heinz (Hg.): Dienst und Profession. Diakoninnen und Diakone zwischen Anspruch und Wirklichkeit. Heidelberg. S. 140–156.

Karle, Isolde (2010): Kirche im Reformstress. Gütersloh.

Kirchenamt der EKD (Hg.) (2006): Kirche der Freiheit. Perspektiven für die Evangelische Kirche im 21. Jahrhundert. Ein Impulspapier des Rates der EKD. Hannover. Verfügbar unter: http://www.ekd.de/download/kirche-der-freiheit.pdf (03.01.2012).

Lamnek, Siegfried (⁴2005): Qualitative Sozialforschung. Lehrbuch. Weinheim/Basel.

Merton, Robert K./Fiske, Marjorie/Kendall, Patricia L. (1956): The Focused Interview. A Manual of Problems and Procedures. Glencoe, IL.

Meuser, Michael/Nagel, Ulrike (³2009): Experteninterview und der Wandel der Wissensproduktion. In: Bogner, Alexander/Littig, Beate/Menz, Wolfgang (Hg.) (³2009): Experteninterviews: Theorien, Methoden, Anwendungsfelder. Wiesbaden. S. 35–60.

Moser, Heinz (⁴2008): Instrumentenkoffer für die Praxisforschung. Eine Einführung. Zürich.

Neff, Matthias (2012): Kirche auf dem Markt der Religionen – Zu religiösen Trends und Orientierungen in den Sinus Milieus. In: Wege zum Menschen (WzM) 64. Jg. H. 1/2012. S. 52–64.

Nohl, Arnd-Michael (³2009): Interview und dokumentarische Methode. Anleitungen für die Forschungspraxis. Wiesbaden.

Noller, Annette/Eidt, Ellen/Schmidt, Heinz (Hg.) (2013): Diakonat – theologische und sozialwissenschaftliche Perspektiven auf ein kirchliches Amt. Stuttgart.

Olk, Thomas/Hartnuß, Birger (Hg.) (2011): Handbuch Bürgerschaftliches Engagement. Weinheim/Basel.

Przyborski, Aglaja/Wohlrab-Sahr, Monika (³2010): Qualitative Sozialforschung. Ein Arbeitsbuch. München.

Reutlinger, Christian (2009): Raumdeutungen. Rekonstruktion des Sozialraums „Schule" und mitagierende Erforschung „unsichtbarer Bewältigungskarten" als methodische Felder von Sozialraumerforschung. In: Deinet, Ulrich (Hg.): Methodenbuch Sozialraum. Wiesbaden. S. 17–32.

Rest, Tanja (2012): „Schlag in die Magengrube." Ein Interview mit Ursula Günster-Schö-

ning. In: Süddeutsche Zeitung 9. Juni 2012. München. Verfügbar unter: http://www.
sueddeutsche.de/leben/vorschlag-zur-umschulung-von-schleckerfrauen-schlag-in-die-
magengrube-1.1377834 (02.01.2013).

Roser, Traugott (2007): Spiritual Care. Ethische, organisationale und spirituelle Aspekte
der Krankenhausseelsorge. Stuttgart.

Ruddat, Günter/Schäfer, Gerhard K. (Hg.) (2005): Diakonisches Kompendium. Göttingen.

Seidelmann, Stephan (2009): Evangelisch engagiert – Tendenz steigend. Sonderauswertung des dritten Freiwilligensurveys für die evangelische Kirche. Hannover.

Stockmann, Reinhard (^{3}2006): Evaluation in Deutschland. In: Stockmann, Reinhard (Hg.):
Evaluationsforschung. Grundlagen und ausgewählte Forschungsfelder. Münster.
S. 15–46.

II. Perspektiven auf Diakoninnen und Diakone in Kirche und Diakonie

Claudia Schulz

Konstruktion des Diakonats zwischen Tätigkeit, Qualifikation und Amt

Wahrnehmungen aus Berufsgruppen im Diakonat

1. Zugänge zur erlebten Wirklichkeit des Diakonats

Was der Diakonat bedeutet – als kirchliches Amt, als Form der Tätigkeit und als Ergebnis von Ausbildungsprozessen – wird in der Theorie beschrieben und von Seiten der Evangelischen Kirche immer wieder neu diskutiert. Ebenso im Projekt „Diakonat – neu gedacht, neu gelebt" der Evangelischen Landeskirche in Württemberg,[1] das Ausgangspunkt der hier dargestellten Evaluationsforschung war. Darin spielen historische und theologische Aspekte eine Rolle,[2] ebenso kirchenpolitisch-strukturelle Verhältnisse[3] sowie konzeptionelle Fragen in Bezug auf die Zukunft des Diakonats.[4] An dieser Stelle geht es nun um die andere Seite der Wirklichkeit, um die Konstruktion des Diakonats aus Sicht derer, die Trägerinnen und Träger dieses Amtes sind und in ihrer Arbeit auf die eine oder andere Weise auf diesen Bedeutungskomplex Diakonat jeweils in ihrer eigenen Logik Bezug nehmen. Die Analyse solcher Konstruktionen bedeutet gleichzeitig zunächst eine parteiliche Perspektive.[5] Es geht mir darum, die Logik der Diakonin-

---

[1] Vgl. die Konzeption dieses diakonischen Großprojekts: Evangelische Landeskirche in Württemberg 2007.

[2] Vgl. die Diskursbeiträge von Eidt 2013 und Noller 2013 in Band III dieser Publikationsfolge.

[3] Diese spiegeln sich etwa in der Entwicklung rechtlicher und struktureller Rahmenbedingungen, wie sie in der Evangelischen Landeskirche in Württemberg mit der Neufassung des „Kirchlichen Gesetzes über die Rechtsverhältnisse der Diakoninnen und Diakone" zum Ausdruck kamen; vgl. Diakonengesetz 1995.

[4] Hier werden theologische und kirchentheoretische Fragen relevant, aber ebenso Bezüge zu gesellschaftstheoretischen Fragen diskutiert; vgl. exemplarisch Eidt 2011 und Bubmann 2013.

[5] Die explorative sozialwissenschaftliche Forschung erschließt nicht eine soziale „Wirklichkeit", sondern ergründet Konstruktionen – Perspektiven von Menschen auf einen Gegenstand; vgl.

nen und Diakone wahrzunehmen und gewissermaßen „von innen heraus" das
Gebäude Diakonat auszuleuchten: wie es aus dieser Perspektive insgesamt be-
schaffen ist, welche Ebenen, Zimmer und Flure sich hier finden, wo zentrale und
wo eher abgelegene Bereiche auszumachen sind oder wo im Gang durch dieses
Gebäude Klarheit und wo Verwirrung herrscht. Und nicht zuletzt soll es, wenn
auch nur in Ansätzen, darum gehen, wie es sich denn in diesem Gebäude lebt.
Hier ist tatsächlich eine zweite Ebene der Diskussion eingezogen, weil die hier
dargestellten Konstruktionen des Diakonats natürlich nicht den Anspruch haben, eine – wie auch immer geartete – Wirklichkeit umfassend darzustellen. Im
Mittelpunkt steht die durch die beteiligten Subjekte konstruierte Welt. Dahinter
steht die Annahme, dass es sich lohnt, von beiden Seiten zu schauen, aus der
Theorie und der empirischen Wirklichkeit, ohne dass einer der beiden Seiten per
se die Definitionsmacht über den Diakonat zugestanden würde.[6]

Zur Diskussion steht in diesem Sinn die Konstruktion des Diakonats durch
Diakoninnen und Diakone, die in unterschiedlichen Berufsgruppen im Diakonat
tätig sind. Im Rahmen des Projekts „Diakonat – neu gedacht, neu gelebt" wurden
mit Vertreterinnen und Vertretern aus sechs Berufsgruppen Gruppendiskussionen geführt.[7] In dieser Form der explorativen Befragung stehen das in den Gruppen im Diskurs erarbeitete und mitsamt allen Abweichungen und Brüchen dargestellte Wissen und die darin enthaltenen Konstruktionen des gedanklichen
Gebäudes Diakonat im Zentrum. Gefragt wurde nicht nach bestimmten Aspekten wie Qualifikation, Anstellung, struktureller Einbindung etc., sondern nach
komplexen Sichtweisen wie dem Verständnis des Diakonseins allgemein oder
den zum Diakonat gehörigen Aspekten der Tätigkeit. Dieser explorative – auch
qualitativ genannte – Zugang mit der Befragungsmethode der Gruppendiskussion bedeutet einerseits die Möglichkeit, tatsächlich zu einer Sicht auf das untersuchte Gebäude „von innen heraus" vorzudringen, mitsamt allen Chancen, die
sich daraus ergeben, dass die Befragten die sehr offen gehaltenen Frageimpulse
tatsächlich dazu genutzt haben, ihre jeweils eigene Sicht auf das Thema zu entwickeln.[8] Andererseits ist hierdurch keine sogenannte Repräsentativität gegeben:

Bohnsack [7]2008. Damit nimmt sie in ihrer Methodologie (in Erhebung und Auswertung)
unwillkürlich Partei für die Befragten und ihre „Wirklichkeit", während wissenschaftliche Erkenntnisse erst im nächsten Auswertungsschritt mit den Ergebnissen in Diskurs gebracht werden können.

[6]   Vgl. theoretische Grundüberlegungen zur empirischen Forschung im theologischen Kontext bei
Schulz 2012.

[7]   Dies geschah in fünf Diskussionen mit (1.) Religionspädagogen und -pädagoginnen, (2.) Jugendreferenten und -referentinnen, (3.) Sozial- und Pflegediakonen und -diakoninnen – in einer gemeinsamen Diskussion erfasst, (4.) Gemeindediakonen und -diakoninnen und (5.) Diakoninnen und Diakonen in beruflichen Gremien und mit anderen Aufgaben. Die Gruppen umfassten
zwischen fünf und acht Personen.

[8]   Zur Methodologie der Gruppendiskussion siehe Eidt/Schulz (Zugänge der Evaluationsforschung) im Einleitungsteil dieses Bandes. So geht es in der vorliegenden Analyse um die Bündelung des von den Befragten Gewussten und um die von den Befragten in ihrer Weltsicht entwickelten Diskurslinien, von denen anzunehmen ist, dass sie zugleich Aufschlüsse über allge-

Die Befragten stehen nicht für ihre Berufsgruppe, sie bilden nicht die „Wirklichkeit" in der diakonischen Arbeit ab. Aus ihren Konstruktionen lassen sich grundlegende Informationen über die Logik von Diakoninnen und Diakonen und die Welt der Begründungen und Bezüge aus ihrer Perspektive erschließen, aber keinerlei Informationen über die Ansichten aller im Diakonat Tätigen gewinnen.

So ist dieser Beitrag geprägt von der Art der zu erwartenden Ergebnisse: Nach einer kurzen Übersicht über Grunderkenntnisse der Auswertung (1.) stelle ich – formal getrennt nach Berufsgruppen und in den Inhalten orientiert an den Diskurslinien der Befragten – die jeweilige Konstruktion des Diakonats dar (2.). Abschließend bündele ich die Erkenntnisse und zeige auf, wie in Zuordnung zu bereits existierenden Diskurslinien das hier Erkannte für die theoretische und praktische Weiterarbeit genutzt werden kann (3.). Es wird dabei deutlich, wie sehr diese Befragung (nur) ein Auftakt ist zu einer intensiven Auseinandersetzung mit den in der Praxis des Diakonats Tätigen. Viele der Ergebnisse verlangen nach einer umfassenderen Überprüfung der in den Diskussionen dargebotenen Haltungen und Meinungen, was zum Teil in den vertiefenden, thematisch orientierten Evaluationsstudien geschieht,[9] zum Teil aber auf weitere, zukünftige Forschung verweist.

2. Das Verständnis des Diakonats in den diakonischen Berufsgruppen

Das Datenmaterial, das mit den anonymisierten Gruppendiskussionen zur Verfügung steht, zeigt eine hohe thematische Breite und könte durchaus die Basis bilden für eine umfangreiche Analyse der einzelnen Berufsgruppen und damit der Unterschiede im Arbeitsfeld von Diakoninnen und Diakonen. An dieser Stelle beschränke ich mich auf die Darstellung von Grundzügen – sowohl in der Konstruktion von Diakonat als auch in der Analyse von berufsgruppenspezifischen Sichtweisen.

In der Interpretation des Materials fällt zunächst auf, welche engen Bezüge die Befragten zwischen den Themen herstellen, die sie insgesamt miteinander verhandeln. Jedes diskutierte Thema scheint mit nahezu allen anderen in Bezug zu stehen, die Verdichtung der Bezüge und Begründungen ist hoch, die Gespräche scheinen zuweilen „im Kreis" zu verlaufen. Bei näherer Betrachtung zeigt diese Verdichtung ein spezifisches Muster von dimensionalen Bezügen, die sich im Dreieck von „Beruf", „Ausbildung" und „Amt" darstellen lassen: Die Befragten

---

mein relevante Diskurslinien im Themenfeld ermöglichen; vgl. Przyborski/Wohlrab-Sahr [3]2010: S. 101–109.

[9] Zum Beispiel dort, wo die Ausrichtung der Arbeit auf neue Zielgruppen angestrebt wird und sich dahinter Haltungen gegenüber der Kirchengemeinde und dem diakonischen Arbeiten verbergen, die für das Verständnis des Prozesses wichtig sind. Vgl. Schulz (Diakonisches Arbeiten an den Rändern) in diesem Band.

betrachten aktuelle Fragen ihrer Tätigkeit erstens in Bezug auf ihr konkretes Tätigkeitsprofil im gegenwärtigen Anstellungsverhältnis, sie fragen darin nach dem, was sie genau tun und wie sich dieser Beruf präzise bezeichnen lässt. Sie sprechen zweitens darüber, was sie können, was sie in Ausbildungsgängen und bisheriger Praxis erlernt haben und jetzt als komplexe Qualifikation vorweisen können. Und sie diskutieren drittens, was sie durch ihre Beauftragung im Amt der Diakonin oder des Diakons sind – zunächst unabhängig von konkreter Tätigkeit und Qualifikation. Diese drei Dimensionen stehen jeweils in Bezug zur eigenen Person, sie erschließen in diesen die Bezüge zwischen dem, was jemand als die eigene berufliche Identität erfasst, welche Ausbildungsbestandteile als stimmig mit dem Beruf und den eigenen Interessen betrachtet werden und welche Bedeutung dafür das Amt bzw. die kirchliche Beauftragung bekommt.

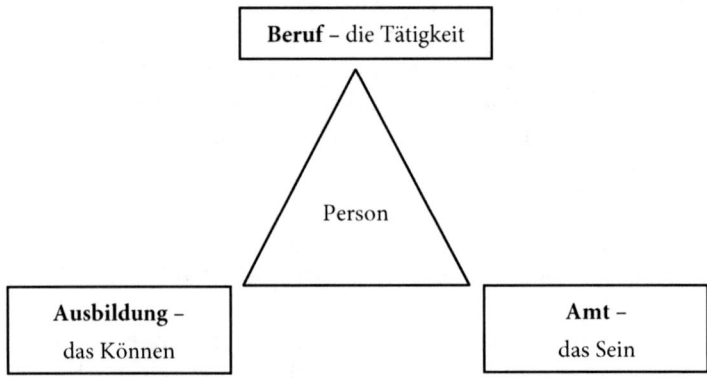

In den Gruppendiskussionen stehen nun nicht die Positionen Einzelner zur Debatte, sondern das gemeinsam Gewusste, das sich aus dem Diskurs herauslesen lässt.[10] Und dabei, so zeigt sich, scheint es den Befragten kaum möglich zu sein, einen Teilaspekt ihres Daseins als Diakon/-in ohne die anderen zu diskutieren. Dies beschreibe ich im Folgenden als ein Kennzeichen des Diskurses von Diakoninnen und Diakonen über den Diakonat. Insgesamt werden in diesem diskursiven Feld eine Vielzahl von spezifischen Fragen besprochen, die Gegenstand dieses Kapitels sein werden: das spezifisch kirchlich-diakonische Arbeitsfeld, die fachlichen Herausforderungen in der gegenwärtigen Arbeit, die Anstellung und der Bezug zur Landeskirche, darin Strukturen wie Berufsgruppen, Fortbildungsmöglichkeiten, Mitspracherecht und Beteiligungsformen oder die Situation von Religion und Kirche.

---

[10]   In der Evaluationsforschung lassen sich mit dem Gruppendiskussionsverfahren explizit zum Ausdruck gebrachte Bewertungen ebenso zeigen wie die kollektiven Orientierungen „hinter" diesen Bewertungen; vgl. die methodologische Reflexion aus dem sozialarbeiterischen Kontext bei Streblow 2010.

Um die wesentlichen Grundlagen für eine Konstruktion des Diakonats aufzuzeigen, und darin sowohl die genannte, typische Sortierung entlang der Dimensionen „Beruf", „Ausbildung" und „Amt" als auch die spezifischen Sichtweisen der Berufsgruppen dazustellen, soll nun ein Thema im Mittelpunkt stehen, das in allen Gruppendiskussionen als Diskurslinie erscheint und als „Aussichtsplattform" auf den Diakonat aus der Perspektive der Diakoninnen und Diakone dient: die Frage der *Erkennbarkeit als Diakon/-in*. Hierin zeigen sich weiterhin Anschlussstellen für zahlreiche weitere Diskussionspunkte, die ich jeweils markiere, aber nicht vertieft ausführen kann.[11]

2.1 „Ich sehe mich immer als Jugendreferent" – Die Verortung des Diakonats

Die Befragten aus der Berufsgruppe der Jugendreferentinnen und -referenten erkunden das Terrain des Diakonats, indem sie sich mit der Grundfrage ihres Diakon(-in)seins befassen. Das folgende Zitat stammt aus der dritten Gesprächsrunde nach der Vorstellungsrunde und der Sichtung aktueller Fragen in der Arbeit und ist in Etappen dargestellt:

Interviewerin:	Ich glaube, da sind wir schon beim nächsten Punkt. Was bedeutet das denn für Sie, dass Sie Diakone/Diakoninnen sind? (Gelächter, Durcheinanderreden)
Hr. Dreher:	Ich komme mit dem Wort „Diakon" (Gelächter) ich sehe mich immer als Jugendreferent. Und wenn ich Diakon genannt worden bin, fühl ich mich nicht angesprochen (Gelächter) erst mal (Gelächter), obwohl ich Diakon bin. Ich arbeite in der Jugend –
Hr. Keller:	Ja das ist irgendwie schon so ein bisschen, ja. Wobei ich fühl mich schon als Diakon, aber man arbeitet halt als Jugendreferent. Man wird mit dem Diakon eingesegnet, das ist klar. Aber ja ich tue mich manchmal mit dem Begriff „Diakonat" schon schwer, was das jetzt genau, was man da, ja wie das jetzt genau definiert ist. (…)
Hr. Müller:	Ist vielleicht ein bisschen schwierig, gell, wenn man halt als Jugendreferent angestellt ist, klar du machst die diakonische Ausbildung, bist Diakon. Das qualifiziert dich dann aber auch dazu. Man schafft halt als Jugendreferent, gell, ich sag immer: Ich schaffe als Jugendreferent. Ja genau. Bin aber auch Diakon. Wir

---

[11] Insgesamt bietet das Material Stoff für zahlreiche spezifische Auswertungen, etwa zu den oben genannten Themen. In Ansätzen bieten wir dies in anderen Texten dieses Bandes; vgl. Eidt (Diakonat in diakonischen Einrichtungen) und Schulz (Im Spannungsfeld Gemeindediakonie).

	haben das neulich mal, haben wir alle unsere Mails in den Text untendrunter mitaufgenommen, nicht nur Jugendreferent, sondern Diakon und Jugendreferent, weil wir das viel, also das auch noch mal schärfer wollten.
Hr. Dreher:	Ja. Also ich sehe mich schon natürlich in dem großen Pool der Diakone, sehe ich mich schon aufgehoben. Aber ich bin halt als Jugendreferent angestellt und sehe mich selber auch als Jugendreferent und nicht als Gemeindediakon oder so was. Sondern ich bin dafür da, Jugendarbeit zu machen und da habe ich natürlich schon spezielle Anforderungen (…) In erster Linie ist mein Ziel, Jugendliche mit dem Evangelium und Jesus bekannt zu machen. Und da Verkündigungsarbeit zu leisten auf meine Art und Weise. Für das bin ich auch angestellt. (…)
Fr. Heller:	Also mir geht's ähnlich, wie ihr vorhin gesagt habt, dass ich als Jugendreferentin arbeite und bin im Bezirk angestellt. Ich mach Bezirksjugendarbeit und bin aber auch Diakonin. Und ich fühl mich oft gar nicht als Diakonin. (…) Obwohl ich eingesegnet worden bin als Diakonin [berichtet von verschiedenen Einsegnungen und Einführungen zum Ausbildungsabschluss und beim Berufseinstieg im Kirchenbezirk] und das war halt, weil man das machen muss. Gut ich bin jetzt eingesegnet als Diakonin, ist auch okay für mich, aber ich fühl mich jetzt nicht unbedingt als Diakonin, sondern als Bezirksjugendreferentin.

(Gruppendiskussion Jugendreferentinnen und -referenten)

Die Befragten markieren im Diskurs zunächst die drei Bezüge des „Diakon/-in-Seins": erstens den Beruf und die Berufsgruppe, wobei der „Diakonat" in der gemeinsamen Wahrnehmung der Befragten hier bereits sprachlich in Konflikt mit der Berufsbezeichnung „Jugendreferent/-in" gerät, zweitens das Amt und die Beauftragung als Begründung des Amtes, wobei der Diakonat vor allem zu dem beiträgt, was die Befragten nach ihrer Wahrnehmung nun sind, und drittens die Ausbildung, die zum einen die Basis für das Diakon/-in-Sein, zum anderen die formale Qualifikation zum Einstieg in den Beruf darstellt. Diese diskursive Bewegung wird zunächst in dichter Form von der gesamten Gruppe nachvollzogen. Zentral ist in diesem Diskurs für die Gruppe, „was ich arbeite". Daneben steht, verknüpft mit der Einsegnung, das „Gefühl", Diakon/-in zu sein, was jedoch bei den Teilnehmenden gepaart ist mit einer erheblichen Unsicherheit über dessen genaue Bedeutung. Die Brisanz dieser nie ganz gelingenden Konstruktion des Diakonats im beschriebenen Dreieck kommt am dichtesten im Beitrag des Jugendreferenten zum Ausdruck, den wir Herrn Müller genannt haben: Er versucht, mit viel Verständnis für die Tücken der Thematik, die genannten Aspekte „Beruf" und „Amt" darzustellen, indem er die dritte Kategorie der *Ausbildung* einführt: Sie „*qualifiziert*", was für ihn vermutlich stärker einen formalen Zugang als einen Zugewinn an relevanten Fähigkeiten bedeutet. Damit ermöglicht er gedanklich, dass das Diakonsein nun die Funktion eines Status („*bist Diakon*") erhält, womit der Konflikt zwischen den Bezeichnungen „*Diakon*" und „*Jugend-referent*" weitgehend entschärft wird: Diakon „*ist*" er und als Jugendreferent „*schafft*" er. Diesen Lösungsvorschlag eines bipolaren Verständnisses von „Dia-konat als Beruf und Amt" untermauert er, indem er von der Entscheidung seines Teams im Kirchenbezirk berichtet, „*Diakon und Jugendreferent*" als angemessene Selbstdarstellung zu wählen.

Dieser Konsensvorschlag wird einerseits durch die Gruppe bestätigt, indem die folgenden Teilnehmenden sowohl ihr „Gefühl" des Diakon/-in-Seins als auch ihre Identität mit dem Beruf „Jugendreferent/-in" zum Ausdruck bringen. Ande-rerseits erscheinen im nächsten Diskursgang sogleich neue Bruchstellen, wie etwa die Kontroverse zwischen dem Bezug zur Gemeindearbeit gegen den Bezug zur Jugendarbeit oder (hier noch eher implizit) die Kontroverse zwischen der Orientierung der Arbeit am Sozialen und der Orientierung an der Verkündi-gung. Und ausschlaggebend im Konflikt ist hier offenkundig für die Befragten, wofür diese „*angestellt*" sind, was also die derzeitige berufliche Einbindung dar-stellt. Im weiteren Gesprächsverlauf (hier ohne Zitat) benennen die Teilnehmen-den weitere Bruchstellen, etwa die Trennung der Fortbildungsangebote für ver-schiedene Berufsgruppen, wodurch für Jugendreferentinnen und Jugendrefe-renten diakonische Aspekte kirchlicher Arbeit (hier verstanden als explizit sozialdiakonische Aspekte) kaum vorkommen, außerdem ganz allgemein man-gelnde Kontaktflächen zwischen den Berufsgruppen sowie, wie im zitierten Beitrag der Diakonin Heller, einige Lücken in der Plausibilität von Einsegnungen und Einführungen. In diesem letzten Wortbeitrag zeigt sich eine Bruchstelle etwa dort, wo für die Diakonin einerseits der Abschluss der Ausbildung die Grundlage für eine Einsegnung bildet, andererseits die Beauftragung durch die Landeskirche tragendes Moment ihrer Einsegnung als Diakonin ist.

Damit haben die Befragten das Feld des Diakonats erstmals abgeschritten und darin das Grundproblem einer großen Unsicherheit im Verständnis aufgezeigt, ebenso wie das Vorgehen der Wahl: die Einordnung des Diakonats in die Kate-gorien „Beruf" und „Amt", ergänzt durch die Dimension der „Ausbildung". Mit diesem Schema lassen sich tragbare Lösungen für unsichere Zuordnungen entwi-ckeln, so dass der Diakonat tatsächlich ein Thema der Gruppe sein kann, in dem Einzelne sich mit ihrer beruflichen Identität und ihrer Sicht auf Kirche und Amt einordnen können. Von hier aus können nun auch die zahlreichen weiteren Aspekte des Diakonats und die damit verbundenen Diskurse angegangen wer-den. Im weiteren Gespräch sammeln die Befragten nun, quasi erleichtert durch die erste Vermessung des Terrains, Aspekte einer Relevanz des Diakonats. Ein Beispiel dafür ist das Thema der Bezeichnung „Diakon/-in". Deren Bedeutung wird immer wieder ausgeleuchtet, wie das folgende Textbeispiel zeigt:

Hr. Müller:	Aber wenn du jetzt Diakon bist, finde ich, das schließt mich noch mal mehr ein in den Kreis der Kirche, macht mir eine gewisse Verantwortung bewusst, für mich jetzt als Diakon. Dass es ein Amt ist irgendwie das ich hab. (…) Das hat schon eine gewisse Ebene einfach, dass man sich immer wieder bewusst macht, dass man da eine Verantwortung hat so für die Kirche. Klar, ob ich jetzt Diakon bin oder ob ich von der Bibelschule komm, habe ich trotzdem die Verantwortung, das ist klar. Aber es macht einfach noch mal mehr bewusst: Ich bin eingesegnet worden, ich darf mich so nennen, so ein Titel, ja, wertet es noch mal auf.
Fr. Heller:	Ja aber macht es der Titel? (Gemurmel)
Hr. Busch:	Ich finde bei unserer Arbeit nicht, aber an und für sich schon. Also ich habe jetzt einen Artikel für eine Zeitung schreiben müssen (…) und da habe ich mir schon überlegt: Mit was unterschreib ich? Und dann hab ich Jugendreferent und Diakon (geschrieben), weil ich schon finde, wenn man mit Älteren redet, ist Diakon und dann „Oh, der ist Diakon" (…).

(Gruppendiskussion Jugendreferentinnen und -referenten)

Auch an dieser Diskussionsrunde beteiligen sich die Befragten intensiv. Obwohl kaum klar ausgesprochen wird, worin nun die Bedeutung der Bezeichnung „Diakon/-in" genau liegt, kommt ein bewegendes Moment zum Vorschein: Das Diakon/-in-Sein wirkt sich sowohl auf die eigene Person aus (*„macht Verantwortung bewusst"*) als auch nach außen (*„hat eine gewisse Ebene"*, *„wertet auf"*). In der Außenwirkung wird dann jedoch nochmals unterschieden, ob die Tätigkeit zur eigentlichen Arbeit gehört, wo der Sinn des Titels „Diakon/-in" weniger plausibel erscheint, oder ob „nach außen" gerichtet gedacht wird, etwa in der Öffentlichkeitsarbeit oder gegenüber älteren Menschen. Besonders hier, in der Außenwirkung, sind sich die Gruppenmitglieder über die Relevanz der Bezeichnung einig, und sie benennen zahlreiche Gelegenheiten, zu denen diese wichtig wird, etwa im Kontakt mit freikirchlichen Gruppen, wo die Zugehörigkeit zur Landeskirche ausgedrückt werden soll. Dabei ist dann zwar das Amt relevant, schwächer wird jedoch, wie schon in der Unterscheidung zwischen der eigentlichen Arbeit und der Außenwirkung, der Bezug zur beruflichen Tätigkeit. Dies wird deutlich, indem die Gruppe an mehreren Stellen in der Diskussion ausgerechnet solche Begebenheiten als relevant für die Bezeichnung „Diakon/-in" anführt, die sich gar nicht innerhalb ihres beruflichen Kontextes befinden:

Interviewerin:	Können Sie eine Situation aus Ihrer Arbeit erzählen, in der Ihnen ganz deutlich wurde, wird, jetzt bin ich als Diakon oder Diakonin unterwegs? (…)

Hr. Busch:	Witzigerweise, ich darf nächsten Sonntag oder jetzt heute in einer Woche, predigen in einer Freikirche, bei einem Sonntagsgottesdienst, und da sehe ich mich echt als Diakon. Bei der Vorstellung interessanterweise. Weil ich da denk ich, da geh ich hin und tu mich vorstellen, und da find ich schon, meine, auch das Diakonenamt ist auch verwurzelt in der Landeskirche und ich bin eigentlich schon ein Stück weit für die Landeskirche da, positionier mich zu der Landeskirche und da ist mir echt wichtig zu sagen: Ich bin Diakon. (…)
Hr. Müller:	Ist das dienstlich dann?
Hr. Busch:	Nein das ist privat. Ich bin da …
Hr. Keller:	Hast deine gebuchte Stunden? (Gelächter)
Hr. Busch:	Ha ja stimmt, ist ja anonym. Ich bin da im Hauskreis (Gelächter) (…)
Hr. Müller:	Wo ich mal eine Hochzeit gemacht hab, eine Goldene Hochzeit von meiner Tante und eine Hochzeit von meinem Schwager, das war dann nicht … das war nicht hier in C., sondern dann woanders. Und das, da hab ich mich dann schon als Diakon gefühlt. Weil ich wusste, ich hab da eine Qualifikation, ich hab da, bin eingesegnet, berufen und so was, dann schon. Da war ich dann nicht unbedingt als Jugendreferent, sondern als Diakon.
Hr. Keller:	Ich find das schon gut mal zu sehen: Zusammenhang zwischen Amt und Kasualien. Der ist schon, egal ob Abendmahl oder Hochzeit oder so was, der ist dann schon noch mal da.

(Gruppendiskussion Jugendreferentinnen und -referenten)

Mit viel Gelächter begleitet die Gruppe das gemeinsame Schlittern beim Versuch, die Bedeutung des Diakonats als kirchliche Beauftragung zu erfassen und dies zugleich der Ausbildung und dem Beruf zuzuordnen. Wenig kompliziert ist Ersteres: Dafür, dass die Befragten predigen oder in Ausnahmefällen eine Amtshandlung übernehmen, bildet die Qualifikation die Grundlage für die Nutzung der Bezeichnung „Diakon/-in". Die Zuordnung zum Beruf jedoch fällt den Jugendreferentinnen und -referenten schwer: An den Orten, an denen die Bezeichnung „Diakon/ in" für sie plausibel wird, machen sie immer zugleich eine Differenz zum Beruf aus – und können damit ihr Ringen um eine sinnvolle Einordnung des Diakonats an keiner Stelle abschließen.

Ein weiterer Diskurs, der oben bereits in Ansätzen sichtbar war, wird in dieser Befragung exemplarisch auch für Gruppendiskussionen in anderen Berufsgruppen virulent: Es steht zur Debatte, inwieweit der Diakonat mit dem thematischen Komplex der Zuwendung zu sozial Benachteiligten, explizit von Seiten der Kirche, verbunden ist oder – als Gegenstück dazu – welche Rolle die Verkündigung hierbei spielt und Rahmen der Beauftragung spielen kann:

Hr. Dreher:	Ja ich glaube der Begriff „Diakon" wird halt oft eher gleichgesetzt mit tätiger Liebe, Dienst. Ja, Dienst am Nächsten, das habe ich im Kopf. Aber ich bin nicht nur das. Ich mache Verkündigungsarbeit. (…) Dazu bin ich ausgebildet worden. (…) Da hab ich Begabung und so. Aber da das im Diakonengesetz auch vorkommt, dass man als Jugendreferent die Verkündigungsaufgabe in seinem Dienst wahrnehmen kann, deshalb kann ich auch sagen: Gut, ich kann auch als Diakon das. Aber wenn das nicht so wäre, dann hätte ich ein Problem damit, Diakon zu sein. (…) Aber dazu sehe ich mich ausgebildet und berufen.
Hr. Busch:	Bei mir war das auch andersrum, vorher habe ich gedacht (…) an der Evangelischen Hochschule während der Zeit mit den Sozialpädagogik-Anteilen, dass das schon ein Teil ist vom Diakonat, sich um die Schwächsten zu kümmern. Wie man das auch immer formulieren will. Und ich schon gedacht hab: Jugendarbeit ist, find ich, oftmals so gute Mittelschicht, die wir erreichen, und dann zu sagen: Okay, wenn ich jetzt Diakon und Jugendreferent bin, will ich noch mal speziell darauf gucken, wo kann ich da eigentlich irgendwas Soziales noch aufziehen? Aber in einem dreiviertel Jahr (*der ersten Anstellung als Jugendreferent*) hat sich da mein Blick noch mal geändert. Jetzt denk ich, von der normalen Arbeit her würde ich das schon als diakonisch bezeichnen. Weil egal ob die, die müssen jetzt nicht unbedingt am Bahnhof rumhängen und Alkohol trinken, um diakonisch tätig zu sein. Weil die Jugendlichen und Kinder können genauso kaputt sein, genauso bedürftig sein.
Fr. Heller:	Probleme haben.
Hr. Busch:	Probleme haben, wenn sie auch nur aus der Mittelschicht kommen. Und ich finde, da erfüllst du schon genauso dieses diakonische Profil. (…)

(Gruppendiskussion Jugendreferentinnen und -referenten)

Unter den Jugendreferentinnen und -referenten erscheint der Diakonat insgesamt von der jetzigen beruflichen Warte betrachtet eher als etwas Fremdes und er wird dem Bereich des Sozialen zugeordnet. Es rückt damit nun, mit diesem Verständnis des Diakonats als sozialdiakonisches Herangehen, die Beauftragung im Diakonat in Differenz mit der Ausbildung und dem Beruf, und es entsteht nahezu ein Gegensatz von Sozialem und Verkündigung, mit dem das so verstandene Amt des Diakons oder der Diakonin nicht recht zum Beruf passt (der hier mit der Ausbildung begründet wird). Die Verkündigung wird zum Gegenüber des sozialen Handelns, wobei zunächst eine affektive Abstoßung beider spürbar ist. Diese beiden scheinen weniger gut miteinander vereinbar zu sein. Zugleich aber bieten die Befragten – sehr bemüht – zahlreiche Ansätze zur Auflösung dieser Differenz: Es wird die Härte der Abstoßung sprachlich immerzu gemildert (*„nicht nur"*, sondern *„auch"*). Dann finden sich argumentative Versuche, den (als soziales Handeln verstandenen) Diakonat mit der Verkündigungsarbeit zu verknüpfen, beispielsweise über das Diakonengesetz der Landeskirche[12] oder über eine Neudefinition des eigenen Arbeitsfeldes als sozialdiakonische Herausforderung, die durch den Berufsanfänger (Herr Busch) als Reflexion seiner Einpassung ins Berufsfeld des Jugendreferenten vorgenommen wird: Auch die Kinder und Jugendlichen der Mittelschicht können Probleme haben und bedürfen der Zuwendung. Hierin findet die Gruppe einen Konsens mit dem Ergebnis, dass – so gesehen – auch der von ihnen primär als Verkündigungsauftrag verstandene Diakonat mit ihrer Ausbildung und ihrer beruflichen Tätigkeit in Einklang gebracht werden kann.

Als die Interviewerin die Frage stellt *„Können Sie eine Situation aus Ihrer Arbeit erzählen, in der Ihnen ganz deutlich wurde, jetzt bin ich als Diakon oder Diakonin unterwegs?"*, eröffnet sich ein weiterer Diskurs, der nun innerhalb einer diakonischen Ausrichtung die Differenz zwischen Beruflichem und Privatem eröffnet:

Hr. Keller:	Ja ich überleg gerade, was, was diakonisch ist. Wann fühl ich mich als Diakon und wann fühle ich mich als Christ? Also es ist ja auch christliche Nächstenliebe. Zufälligerweise kann ich jetzt ein bisschen angeben: Ich habe heute Morgen einer alten Frau (einer klatscht) die Tasche die Treppe hochgetragen. Weil es einfach gepasst hat. (Gelächter) Sieht mich die als Diakon oder als christliche Nächstenliebe? Die Frau weiß das gar nicht, weil sie hat gefragt ob ich Schüler bin oder Student (Gelächter) und dann hab ich es hier halt hochgetragen.
Hr. Müller:	Ha das ist ja keine, keine Amtshandlung.
Hr. Keller:	Eben. Eigentlich nicht. Schon eher christliche Nächstenliebe und das ist halt die Frage: wo fühle ich mich als Amt, wo ist ... Was ist eine Amtshandlung?

(Gruppendiskussion Jugendreferentinnen und -referenten)

---

[12] Kirchliches Gesetz über die Rechtsverhältnisse der Diakoninnen und Diakone in der Evangelischen Landeskirche in Württemberg; vgl. Diakonengesetz 1995.

Was zunächst als heiterer Gesprächsgang erscheint, wird in der Folge zu einer
ernsten Frage: Dass das diakonische Element (hier verstanden als Aufmerksamkeit für Schwache oder Benachteiligte) ein wichtiges Element ihrer Arbeit ist,
haben die Befragten zwar argumentativ bewältigt. Hier entsteht jedoch bei nähe-
rem Hinsehen ein Folgediskurs, weil das diakonische Handeln vom privat-
christlichen Handeln kaum zu unterscheiden ist. Bezeichnenderweise folgen im
weiteren Gesprächsverlauf mehrere Beispiele aus dem Privatleben der Befragten.[13] Im Vergleich möchte ich eine andere, ebenfalls mit Kindern und Jugendlichen tätige Berufsgruppe und deren Konstruktionen heranziehen. Hier ist ebenfalls die Frage nach dem beruflichen Auftrag virulent.

2.2 „Ich hab da keinen Auftrag offiziell" –
Die Legitimation des Diakonats in der Schule

Die Gruppe der befragten Religionspädagoginnen und Religionspädagogen bemüht sich, angeregt durch den Schuldekan im Bezirk, um eine Reflexion des
Diakonats. Dies geschieht in der Arbeit dieser Berufsgruppe eher selten, wie die
Gruppenmitglieder immer wieder betonen. So war dann die implizite Fragestellung dieser Gruppe, wie denn der Diakonat in ihrem Arbeitsfeld verstanden und
wie diakonisches Handeln in diesem Feld gesehen und verstärkt werden kann.
Die erste Phase des Gesprächs verwendet die Gruppe darauf, Anknüpfungspunkte für diakonisches Handeln, vor allem unter dem Aspekt der Zuwendung
zu Benachteiligten und der Beschäftigung mit Problemen im Schulalltag, zu
beschreiben. Hierbei spielt die Verbindung zwischen Schule und Ortsgemeinde
eine wichtige Rolle, ebenso wie andere Kontaktflächen (Kollegium, Kommune,
Jugendamt) und spezifische Spielräume, etwa in der Gestaltung von Schulgottes-
diensten. Verhalten klingen bereits Schwierigkeiten an, es ist die Rede von einer
„unsichtbaren Wand" zwischen Pfarramt und Religionspädagogik und damit
zuweilen auch zwischen dem Religionsunterricht an Gymnasien und dem an
anderen weiterführenden Schulen, von Kontaktproblemen in Bezug zu den Gemeinden, von gegenseitigen Abgrenzungen der Lebensräume Schule und Gemeinde. Schließlich versucht ein Gruppenmitglied, das Gesagte zu sortieren und
in eine Konstruktion des Diakonats einzuordnen:

Hr. Meier:	Natürlich die diakonische Einstellung, das sehe ich bei mir so, ich habe da keinen Auftrag, offiziell, als Diakon, sag ich mal, der Gemeinde da auch eine Brückenfunktion offiziell wahrzuneh-

---

[13]   Im Gegensatz von beruflich-diakonischem und privat-christlichem Handeln verbirgt sich
ebenso – wenn auch in dieser Gruppe wenig explizit – der Diskurs um die Professionalisierung
des Helfens, wie er in anderen Berufsgruppen stärker zum Ringen um ein Verständnis des Diakonats gehört.

men, weil ich ausschließlich im Religionsunterricht bin. Und die Frage war ja, wo sehe ich mein Diakonsein in der Schule. Also ganz stark wird das wahrgenommen von Kollegen. Und zwar wenn es Probleme gibt, Spannungen, Kollegen, Schulleitung, dass ich da schon ab und zu, ja, Franz, was soll ich machen. Dass ich da so mit meiner Person und mit meinen, ja, diakonischen Fähigkeiten, Ausbildung als Religions- und Sozialpädagoge, dass ich da schon gezeigt habe, ok, mit mir kann man reden, und auch Lösungswege aufzeigen. Also das, was den Diakon ausmacht, den Anderen auch zu befähigen, wieder Luft zu kriegen, selber nach Lösungen zu suchen. Aber das sehe ich eher nicht als meinen primären Auftrag, mein Auftrag ist ja Religionsunterricht, sondern das ist dann das Beiwerk, was ich dann als Mensch mache und wo mir dann mein Diakonsein, auch meine Ausbildung hilft, den Kollegen beizustehen. (…) Aber da hört es eigentlich schon auf, weil in der Schule, Schüler begleiten geht einfach nicht, das würde jeglichen Rahmen sprengen. Da wird, denke ich manchmal, das Diakonsein wirklich zur Privatsache beziehungsweise zur persönlichen Motivation, manche Dinge eher anzusprechen, anstatt die einfach laufen zu lassen.

Fr. Kohler: Ja, ich finde, man kann das Diakonsein gar nicht so leben. Also, du bist als Lehrer angestellt.

(Gruppendiskussion Religionspädagoginnen und -pädagogen)

Auch dieser Religionspädagoge betrachtet, ausgehend von seiner primären Berufstätigkeit als Pädagoge, sein Diakonsein mit dem Augenmerk auf etwas, das in seiner Tätigkeit nicht zentral ist: die *„Brückenfunktion"* zur Gemeinde einerseits und die Beschäftigung mit Menschen mit Bedarf an Zuwendung oder Hilfestellung andererseits. Man möchte meinen, als Diakon müsste er in seinen Augen, um dies angemessen auszufüllen, als Gemeindediakon oder Sozialdiakon beschäftigt sein. Zum Beruf tritt die Ausbildung: Auch wenn er dafür nicht unmittelbar zuständig ist, nutzt er seine *„diakonischen Fähigkeiten"*, das was er in seiner Ausbildung gelernt hat, um Menschen im Kollegium beizustehen. In dieser Konstruktion ist eine Einpassungsschwierigkeit des Amtes des Diakons zu beobachten: Zwar ist der Befragte ohne Zweifel Diakon, aber wo diese (für ihn: gemeindebezogene und soziale) Dimension nicht zu seinem *„offiziellen Auftrag"* gehört, ist sie nur schwer ins Gesamtbild zu integrieren. An dieser Stelle wird eine gedankliche Hilfskonstruktion sichtbar, die von den Jugendreferentinnen und -referenten ebenso genutzt worden war: die Person, das private Können und Wollen, mit der er *„als Mensch"* sein Können nutzt und *„das Diakonsein"* als *„Privatsache"* am Arbeitsplatz ausübt. Mit dieser Argumentation ist es zwar gelungen, mit Hilfe der Person als quasi innere Auftraggeberin nun die Beauftragung als Diakon (hier: das Diakonsein) in den Zusammenhang von Ausbildung

und Beruf zu integrieren, dies produziert jedoch ein neues Problem: den unge-
lösten Zusammenhang von beruflich und privat. Das Diakonsein rückt in den
Bereich des Privaten, der Person, und kann nur in diesem Verständnis „gelebt"
werden, wie die Kollegin es nennt, nicht aber professionell umgesetzt werden.

Interessant ist in dieser Konstruktion der Begriff des *„Auftrags"*, der in dieser
Diskussion immer wieder auftaucht, und der angesichts der landeskirchlichen
Regelungen des Diakonats verwirren mag: Der *„offizielle Auftrag"* zu diakonischem Handeln wird für den hier befragten Diakon, und dies ist Konsens für die
gesamte Gruppe, offenbar durch seine Tätigkeit im Schulunterricht gegeben,
nicht mit der Einsegnung und Beauftragung. Der diakonische Auftrag, also die
Anforderung, Bezüge unterschiedlicher Lebensräume zur Kirchengemeinde
herzustellen und Menschen zu begleiten, steht aus dieser Sicht nicht im Konflikt
mit den Rahmenbedingungen und Erfordernissen der aktuellen Tätigkeit, sondern er wird diesen untergeordnet. Der diakonische Auftrag wird privatisiert, er
rückt als „Diakonsein" in den Bereich der individuellen Ausgestaltung der Tätigkeit (durch freiwillige, unentgeltliche Mehrarbeit) und wird im Konfliktfall auf
die „persönliche Motivation" reduziert oder, wie bei der Kollegin im Anschluss
anklingt, klar hinter die Anstellung und ihre Anforderungen zurückgestellt.

Von der Gruppe der Jugendreferentinnen und -referenten unterscheiden sich
die hier Diskutierenden, indem für sie dieses diakonische Unterstützen anderer
Menschen nicht eine Sache des einfachen Christseins bleibt, sondern mit der
Ausbildung und damit der spezifischen Kompetenz verknüpft wird. Und ein
weiteres Moment ist bereits in der vorigen Diskussion deutlich geworden: Der
Diakonat wird in der Wahrnehmung der Befragten auch durch die Zuschreibung
von anderen bestätigt und in gewissem Sinn damit auch legitimiert: Wo die Jugendreferentinnen und -referenten die Bedeutung des Diakonats aus dem Reflex
seiner Außenwirkung (aus der Öffentlichkeit, aus Freikirchen etc.) beschrieben
hatten, erscheint hier das Kollegium der Religionspädagoginnen und -pädagogen
als Resonanzkörper diakonischer Beauftragung: Hier wird das Diakonsein gesehen und daraus werden Erwartungen an entsprechendes Handeln formuliert.

2.3 *„Wichtig ist, dass ich selbst es merke"* –
   Der diakonische Auftrag in der Sozialen Arbeit

Die Berufsgruppe der Sozialdiakoninnen und Sozialdiakone ist durch ihre berufliche Einbindung sowohl näher am Begriff des Diakonats als auch in der täglichen Arbeit dichter an dem, was die beiden genannten Gruppen mit „dem Diakonischen", dem Handeln zugunsten von Benachteiligten, beschrieben haben.
Daher war zu erwarten, dass diese Befragten sich weniger mit der Frage auseinandersetzen, ob sie sich nun selbst als Diakone und Diakoninnen verstehen.
Auf die Eingangsfrage der Interviewerin *„Sie sind alle Diakoninnen und Diakone.
Wenn Sie auf Ihre Arbeit schauen, was beschäftigt Sie da im Moment am meis-*

ten?" steigen die Befragten dieser Gruppe unmittelbar mit ihren Themen zur Situation des Diakonats in ihrem beruflichen Kontext ins Gespräch ein. Offenbar war für diese Befragten das Bedürfnis, sich über Fragen des Diakonats auszutauschen, und möglicherweise auch der Wunsch, auf diesem Weg wichtige Themen und Anregungen an die Landeskirche weiterzugeben, eine Motivation, an der Befragung teilzunehmen. Die Gruppe trägt sehr vielfältige Interessen zusammen, angefangen mit dem Interesse an einer erneuerten Form der Zusammenkunft von Diakoninnen und Diakonen über den Berufsverband bis hin zu spezifischen Anliegen, etwa der Verknüpfung von diakonischer Arbeit der Träger und der Kirchengemeinde am Ort oder der Stärkung des diakonischen Profils der eigenen Einrichtung. Die Befragten beklagen die geringe Zahl von Diakoninnen und Diakonen in der Mitarbeiterschaft, wodurch sie die Anforderung, diakonische Anliegen in die Arbeit einfließen zu lassen, unmittelbar auf sich beziehen.

In dieser Gruppe von Sozialdiakoninnen und -diakonen treten in der Konstruktion des Diakonats die konstitutiven Faktoren „Beruf/Tätigkeit" und „Ausbildung" in den Hintergrund. Vermutlich ist das so, weil für diese Gruppe von Befragten die Einbindung in diakonische Unternehmen und die Qualifikation als Diakon oder Diakonin nicht zur Diskussion stehen. Damit rücken der Bereich des Diakonseins und die damit verbundene Beauftragung in den Mittelpunkt der Diskussion. Hier geht es weniger um das Amt selbst als vielmehr um das inhaltliche und religiöse Anliegen sowie um die eigene Person und das Diakonsein, das damit verbunden ist. In den Fokus des Interesses rücken nun Fragen, die sich um dieses diakonische Sein drehen und von denen ich hier die drei wichtigsten als zentrale Diskurslinien darstellen möchte. Zum Ersten: Woher kommen Impulse oder Anlässe für diakonisches Wirken und wer verantwortet diese? Oder anders: Wer investiert hier im Wesentlichen – die Einrichtung, das Team mit diakonischem Auftrag oder vor allem die Einzelperson? Zum Zweiten – durch das Erste bedingt: Geht es um einzelne Bestandteile diakonischen Handels oder stärker um ein Gesamtgebäude des Diakonischen, wobei Diakonie dann als komplexe Arbeitsweise oder sogar als Lebensform erlebbar würde? Und zum Dritten: Wie macht sich Diakonie – diakonisches Handeln – bemerkbar und was sind Indikatoren für diakonisches Wirken? Ist es in dieser Hinsicht in das berufliche Handeln integriert oder ist es vor allem Privatsache?

In den von den Befragten beschriebenen beruflichen Situationen geht die Verantwortung für das Diakonische in der Tätigkeit aus der Sicht der Gruppe von der Einrichtung selbst aus. Dies wird sehr kritisch betrachtet, weil das Engagement der Einrichtungen von den meisten der Befragten als zu gering bewertet wird: Einerseits stellen die Unternehmen nur eine geringe Zahl von Diakoninnen und Diakonen ein bzw. nehmen deren geringe Zahl hin, andererseits sind die Strukturen diakonischer Arbeit derart gestaltet, dass die diakonisch Tätigen sich als Einzelpersonen, nicht als Team, angesprochen und aufgerufen fühlen, das diakonische Anliegen umzusetzen. Anhand eines Textbeispiels möchte ich das zeigen:

Hr. Buck:	Bei uns ist es einfach so, jeder wurstelt vor sich selber hin. Also jeder tut irgendwas, es gibt keine klaren Vorgaben. Also letztendlich hängt es und fällt es mit dem Mitarbeiter, der eben vor Ort etwas macht oder auch nicht. Und ja, das ist ein Thema, wo mich jetzt schon seit Jahren beschäftigt. Und wir haben einiges entwickelt bei uns, eigentlich gute Sachen. Aber das Problem ist, es hängt an der Mitarbeiterschaft und wenn einer weg geht, wo das getragen hat, dann kann es sein, das ganze schläft wieder ein. (…)
Fr. Pausch:	Was ist Diakonie, wie können wir Diakonie leben, innerhalb der Einrichtung, zwischen den Einrichtungen und bei den Mitarbeitern. Das sind dann Sachen, klar die Andacht, die es bei uns seit Jahren gibt und sonstige Geschichten, Weihnachtsfeiern, wo das mit gelebt wird. Schwierig find ich zu sagen, wie vernetzt man das komplett bei den Mitarbeitern, einfach von der Größe, die wir hier haben. Mit [Anzahl der Mitarbeitenden], noch dazu über mehrere Landkreise verstreut. Ist eigentlich fast schon zu groß, um zu sagen ok, da wird Diakonie gelebt, jeder kennt jeden Bereich, das geht nicht mehr, weil die Arbeitsfelder von vor der Geburt bis nach dem Tod irgendwo vorhanden sind. Das einzige wo finde ich Diakonie vorkommt, zwischen den Mitarbeitern, wie wir miteinander umgehen. Und dann sicherlich in der Arbeit vor Ort, das ist klar (…)

(Gruppendiskussion mit Diakoninnen und Diakonen/Diakonie)

Die Gruppe der Diakoninnen und Diakone in sozialdiakonischen Einrichtungen unterscheidet hier zwischen Elementen im Arbeitsleben, an denen Diakonie sichtbar wird (wie etwa Andachten) und einer diakonischen Grundstruktur der konkreten Arbeit oder des Einrichtungsprofils.[14] Einzelne Elemente müssen von einzelnen Mitarbeitenden *„entwickelt"* und dann *„getragen"* werden, während Diakonie insgesamt eher einer Lebensform gleichkommt, die sich die Befragten einhellig wünschen: Diakonie soll „gelebt werden". Dazu gehören für die hier sprechende Diakonin eine quasi familiäre Vertrautheit (was in großen Einrichtungen dann unter Umständen zum Problem wird) sowie gewisse Umgangsformen und implizite diakonische Bestandteile der konkreten Arbeit. Diese Zweigestalt des Diakonischen in konkret beschreibbaren Elementen einerseits sowie in seiner Erscheinungsweise als Lebensform andererseits diskutiert die Gruppe in mehreren Durchgängen als Kennzeichen des Diakonischen gegenüber Mitarbeitenden und der Klientel:

---

[14]   Zu dieser Berufsgruppe der Diakoninnen und Diakone in Einrichtungen enthält der Beitrag von Ellen Eidt (Diakonat in diakonischen Einrichtungen) weiterführende Analysen, während hier die grundlegende Konstruktion des Diakonats fokussiert ist.

Hr. Horch:	Ich finde das jetzt auch nicht so unbedingt, also was ich jetzt ein bisschen herausgehört habe, dass man so eine ganz bestimmte Form noch wahrt, also dann morgens ein Impuls ist oder eine Andacht macht oder so was. Das wäre mir zu wenig, wenn man sagt, dadurch lässt es sich erkennen, dass man Diakon ist.
Fr. Merler:	Nein. Es kommt ja auch auf die Atmosphäre an, und wenn in dem Haus eine gute Atmosphäre ist, dann merkt man den Geist, der in dem Haus ist. Das ist Abschiedskultur und und und, das zieht sich ja dann wie ein roter Faden, das ist also nicht bloß, ich bin über die Mitarbeiterführung darauf gekommen, dass man auch da immer wieder innehält und dass es Momente gibt (*verweist auf früheren Wortbeitrag, wo sie diakonische Aspekte der Mitarbeiterführung dargestellt hatte*).
Hr. Horch:	Mhhm.
Hr. Buck:	Aber das kann ja auch ein Anfang sein. Ich würde das nicht so klein reden. Ich meine die Frage ist, wie fängt man irgendwas an? Also wenn, wenn du allein als Diakon da bist und das heißt nicht, dass man dazu Diakon sein muss. Es gibt ja auch viele andere Berufsgruppen, die einen diakonischen Geist mitbringen. Das könnte ja auch – es geht ja um die … Aber ich denke, das ist ein Anfang. Da kann man ansetzen. Und über Jahre kann sich etwas entwickeln.

(Gruppendiskussion mit Diakoninnen und Diakonen/Diakonie)

Die Konstruktion des Diakonats wird hier von den Gruppenmitgliedern gewissermaßen im Kreis diskutiert, der zugleich einen zirkulären Zusammenhang von Wirkung und Problematik darstellt: In der Tradition diakonischer Geschichte möchten sich die Befragten nicht damit abfinden, dass das diakonische Profil einer Einrichtung von einzelnen engagierten Personen abhängt und nur durch einzelne Elemente verdeutlicht wird. Erstrebenswert ist eine (wie auch immer gestaltete) Organisation, die das Diakonische erkennbar macht. Hier bedarf es jedoch der Anfänge, der Positionierungen und des Engagements Einzelner. Dies sind Diakoninnen und Diakone – aber natürlich kann ein diakonischer Impuls auch von anderen ausgehen. Wo jedoch einzelne Mitarbeitende das Engagement für die Bestandteile diakonischer Arbeit bis hin zu einer komplexen Unternehmenskultur ("*Atmosphäre*" oder "*roter Faden*") tragen oder, wie oben beschrieben, erst "*entwickeln*" müssen, fühlen sich die Befragten eher überfordert und durch die insgesamt wenigen Möglichkeiten, das Diakonische als Lebensgefühl zu pflegen, wenig unterstützt. Hier findet die Gruppe keinen Konsens: Während einige diese Situation als belastend bewerten, sieht eine andere Teilnehmerin sie optimistisch, indem sie als Pflegediakonin die Frage nach dem Diakonat stark aus der Perspektive der Leitung denkt. Hier kann sie in ihrer Wahrnehmung tatsächlich auch als einzige Diakonin ihrer Einrichtung etwas bewegen, was dann schließlich eine komplexe diakonische Arbeitsumgebung darstellt.

Insgesamt finden die Gruppenmitglieder einen Konsens darin, dass das diakonische Element sehr stark von einzelnen Personen abhängt, die versuchen, den Diakonat sichtbar zu machen. Die Sichtbarkeit des Diakonats ist im Diskurs der Gruppe zentral. Eine Gefährdung dieser Sichtbarkeit ist einerseits durch die geringe Zahl an diakonisch ausgebildeten Mitarbeitenden gegeben (was in Zukunft aus der Sicht der Gruppe noch stärkeres Gewicht bekommen dürfte) und andererseits durch die ungeheuer große Aufgabe, als Einzelpersonen und mit einzelnen Maßnahmen diakonische Impulse zu bieten und diese sogar zu einem komplexen „gelebten Diakonat" auszuführen. An dieser Stelle entsteht in der befragten Gruppe eine implizite Diskurslinie, auf der die Beteiligten darum ringen, eine Erkennbarkeit des Diakonischen in ihrem Handeln auszumachen und darin die Fragen zu klären, wo diese Erkennbarkeit entsteht, wie festgestellt werden kann, dass sie entstanden ist, und wie der Diakonat in dieser Hinsicht in das berufliche Handeln integriert ist. Anhand des folgenden Zitats wird dies deutlich:

Interviewerin:	Können Sie eine Situation aus ihrer Arbeit erzählen, an der es ganz deutlich wurde, dass Sie als Diakonin oder als Diakon unterwegs waren? (…)
Hr. Horch:	Ich kann jetzt keine Einzelaktion herausheben, ich leb's authentisch so was. Also versuche ich auch mich einzubringen in mein, ich bin Diakon. Ich merk das auch bei Klienten, dass es eine andere Wirkung hat, wenn einer das hat, also man hat Vertrauensvorschuss auch. Ich bin gleichzeitig in der Sozialarbeit und Seelsorger, also noch mal habe eine besondere Position eigentlich. In unserem Team auch. Und das wissen die auch, dass ich der Diakon bin. (…) Es muss nicht nur in der Form die Andacht sein, das kann sich auch so ergeben, dass man als solches identifiziert wird.
Fr. Aue:	Also mir fallen zwei Sachen ein, *[erläutert Rahmenbedingungen]* ich bin dann mal von einer Kollegin angesprochen worden, ob ich nicht mit ihr ein Gespräch führe auch mit Seelsorge. Also so denke ich, ist es Thema geworden bei uns. Und das Zweite war dass die Klientin, die ich jetzt acht Jahre begleite, deren Mutter ist gestorben. Und ich hatte da zufällig Nachtdienst, und der Vater hat mich dann nachts um zwei angerufen. War dann aufgelöst und so und so verwirrt von dem Tod und dann hab ich mir einfach die Zeit genommen in der Nacht. Und auch am nächsten Morgen dann auch noch mal mir Zeit genommen, der Tochter das zu vermitteln. Da war jetzt nichts im speziellen Religiöses dabei, aber ich glaube die Art, wie ich es vermittelt habe,

> war einfach annehmend, und das würde ich verbinden mit dia-
> konisch. Das hätte auch vielleicht jemand anders auch so ge-
> macht, aber für mich war's irgendwie so.
>
> (Gruppendiskussion mit Diakoninnen und Diakonen/Diakonie)

Zunächst fällt auf, dass die Befragten, exemplarisch für die anderen Mitglieder in
dieser Gesprächsrunde, zwei Varianten der Erkennbarkeit des Diakonseins bieten: den an *„Einzelaktionen"* oder konkreten Situationen sichtbaren Diakonat
sowie den impliziten, *„gelebten"*, mit der ganzen Person dargestellten Diakonat.
Besonders deutlich wird außerdem beim Sozialdiakon, der hier Herr Horch genannt ist, der Beruf (*„Sozialarbeit"*) von der Qualifikation und Beauftragung
unterschieden (*„Seelsorger"*, *„der Diakon"*). Der Clou liegt in der Gleichzeitigkeit:
Während eine an sich rein fachlich ausgerichtete Arbeit geschieht, lagert sich
über diese Ebene eine zweite, die hier nur zaghaft und wenig präzise skizziert
wird: eine *„andere Wirkung"*, ein *„Vertrauensvorschuss"*, eine *„besondere Position"* ermöglichen einen wie auch immer konkret gefüllten diakonischen Mehrwert, machen *„ein Thema"* möglich. Dies wird nun wiederum dem Diakon und
der Diakonin von außen zugeschrieben: Andere Menschen, sei es im Kollegium
oder unter den Klientinnen und Klienten und ihren Angehörigen, nehmen diesen
Mehrwert wahr, zeigen ihrerseits Interesse, entweder nur mit der Aufmerksamkeit für diese Besonderheit oder sogar mit konkreten Anfragen nach Seelsorge
und Lebensbegleitung. Interessanterweise ist hier der spezifisch religiöse Gehalt
kaum noch zu explizieren, für die befragten Diakoninnen und Diakone ebenso
wie für die Menschen, die in den Genuss dieses Mehrwertes kommen.

Im Votum der Diakonin, die hier Frau Aue genannt ist, kommt dies noch
stärker zum Ausdruck, indem diese zwar ganz deutlich die Erkenntnis des
Mehrwertes bei der Kollegin, der Klientin bzw. deren Vater ausmacht, jedoch die
Erkenntnis des spezifisch Religiösen oder Diakonischen eigens hinterfragt. Dafür
bietet sie eine Lösung, die immer wieder in den Diskursen der Diakoninnen und
Diakone aus den verschiedenen Berufsgruppen auszumachen ist: Die Deutung
und damit Qualifizierung einer diakonischen Handlung als eine solche obliegt
der Diakonin selbst. Sie kann beurteilen, dass eine Haltung gegenüber anderen
ebenso wie die Bereitschaft zum Handeln sowie die Fähigkeit zur diakonisch-
kompetenten Seelsorge oder Begleitung in ihrem Diakonin-Sein begründet liegt
– wenngleich dies nicht trennscharf gegen andere Impulse abgegrenzt werden
kann. Die Diakonin selbst vergibt an eine Handlung das Label „diakonisches
Handeln", was einerseits eine Erkennbarkeit für andere in gewisser Weise er-
übrigt, andererseits die Möglichkeit der Diakonin stärkt, sich als diakonisch
Handelnde zu erleben – unabhängig vom Verständnis anderer Menschen.[15]

---

[15]   Diese Frage nach der Erkennbarkeit diakonischen Handelns und darin die Frage nach der
Notwendigkeit einer solchen Erkennbarkeit war Gegenstand einer evaluations-methodologi-
schen Reflexion; vgl. Schulz 2013: S. 110–116.

Insgesamt lassen sich aus dieser sozialdiakonischen Perspektive auf den Diakonat etliche theoretische Fragen ableiten, über die in der Nutzung der Ergebnisse des Projekts zu sprechen sein wird: Wie ist es einzuschätzen, dass der hier von den Befragten dargestellte Diakonat derart häufig und intensiv in dieser unspezifischen Weise beschrieben wird – ohne Merkmale, die ihn vom sozialarbeiterisch-fachlichen oder vom alltäglich-menschlichen Handeln abgrenzen ließen und ohne eine klare Kennzeichnung als kirchlich-religiöses Handeln? Wie ist darüber hinaus die Rolle der Einzelnen zu bestimmen, hier speziell im Rahmen der Einrichtung, in der die Arbeit geleistet wird?[16] Im Folgenden wird nun mit der Perspektive auf die Gemeindediakonie die Sichtung der Konstruktion aus den Berufsgruppen abgeschlossen.[17]

2.4 „Diakonsein ist ein Auslaufmodell" – Restbestände des Diakonats in der Gemeinde

Zwei Diakoninnen und fünf Diakone aus dem Arbeitsbereich Gemeindediakonie trafen sich für eine Befragung ihrer Berufsgruppe. Obwohl in allen befragten Gruppen die Entwicklung der Berufsgruppe und der Situation von Diakoninnen und Diakonen kritisch diskutiert wurde, wird in dieser Gruppe nun der Eindruck der Bedrohtheit des diakonischen Arbeitens massiv zum Ausdruck gebracht. Positiv gesprochen leistet diese Gruppe eine besonders explizite Konstruktion des Diakonats im Dreiecksverhältnis von „Beruf", „Ausbildung" und „Amt", was ich anhand des folgenden Gesprächsausschnittes zeigen möchte. Er zeigt einen sehr frühen Moment in der Diskussion und folgt direkt auf die Vorstellungsrunde:

Interviewerin:	Ihr seid alle Diakoninnen und Diakone, wenn Ihr auf eure Arbeit schaut, was beschäftigt Euch da im Moment am meisten?
Hr. Hoffmann:	Mit dem Diakonsein?
Hr. Schmidt:	Ja, das wollte ich gerade auch fragen. Auf was beziehst du die Frage, auf die Arbeit oder unser Diakonsein oder auf den Beruf des Diakons oder …
Interviewerin:	Im Prinzip ist beides möglich.
Hr. Schmidt:	Das ist ein großer Unterschied manchmal.

---

[16]   Zur spezifischen Sicht auf die Arbeit von Diakoninnen und Diakonen in diakonischen Einrichtungen vgl. Eidt (Diakonat in diakonischen Einrichtungen) in diesem Band.

[17]   Eine grundlegende, multiperspektivische Sichtung der Gemeindediakonie findet sich bei Schulz (Im Spannungsfeld Gemeindediakonie) in diesem Band.

Hr. Weise:	Also Diakonsein ist ein Auslaufmodell. In der Landeskirche und auf der Karlshöhe[18] auch, (…) ich gehöre zu einer aussterbenden Art als Gemeindediakon, und wenn ich mal aufhöre in ein paar Jahren, dann wird meine Stelle gestrichen beziehungsweise die Kirchengemeinde muss überlegen, für was sie jemanden brauchen könnte, der ganz konkrete Prozentpunkte hätte. Also dieses Gefühl, eigentlich ist man überflüssig, von der Kirche her gesehen, aber für die Gemeinde und für die Menschen in der Gemeinde ist man sehr wichtig.
Hr. Berg:	Von daher glaube ich, dass es kein auslaufendes Modell ist oder hoffe es zumindest. Also mein Eindruck ist von dem, was ich auf der Karlshöhe studiert habe und mitbekommen habe, findet sich das in meinem Arbeitsfeld wieder, mal mehr, mal weniger, (…) von der grundständigen Ausbildung denke ich schon. Also dieses Sozialwissenschaftliche, das Theologische und das Pädagogische in diesem Zusammenhang und in dem arbeite ich und da finde ich mich tagtäglich wieder.

(Gruppendiskussion Gemeindediakonie)

Zunächst reagiert die Gruppe auf die Zuschreibung *„Ihr seid Diakoninnen und Diakone"* und differenziert in die drei Felder *„Arbeit"* (die aktuelle berufliche Anbindung), *„Diakonsein"* und *„Beruf"* (die erworbene Qualifikation, die nun die Zugehörigkeit zur Berufsgruppe ermöglicht).[19] Berücksichtigt man die Reaktion des Nachredners, hier Herr Weise genannt, scheint das *„Diakonsein"* dabei als Überschrift oder gemeinsamer Nenner aller drei Dimensionen zu fungieren. Dies lässt sich mit der Analyse dieser Krisenwahrnehmung im hier genutzten Modell näher erläutern: Die Bedrohung des Diakonseins wird in den beiden, die diakonische Beauftragung ergänzenden Dimensionen festgemacht: *„In der Landeskirche"*, mit Bezug auf die Chancen beruflicher Integration in diakonisches Handeln in Form von *„Stellen"* in der Gemeindediakonie, sowie in der Ausbildungsstätte *„auf der Karlshöhe"*, wo der Diakon einen quantitativen Abbruch in der Ausbildung zum Diakonat ausmacht. So erscheint die eigene *„Art"* einerseits als *„aussterbend"* und zugleich als *„gestrichen"* und damit bewusst abgeschafft. Wo die beiden Säulen *„Berufstätigkeit im Diakonat"* und *„Ausbildung zum Diakonat"* auf diese Weise wegbrechen, ist schließlich auch das Diakonsein insgesamt bedroht. Einzig durch die *„Menschen in der Gemeinde"* erhält dieses noch seine Bedeutung.

---

[18]   „Karlshöhe" meint die ursprüngliche Diakonen-Ausbildungsstätte der Evangelischen Landeskirche in Württemberg, die heute nur noch mit der berufsbegleitenden Diakonenausbildung beauftragt ist. Umgangssprachlich meint diese Bezeichnung ebenso die heutige Evangelische Hochschule Ludwigsburg, die sich ebenfalls „auf der Karlshöhe" befindet.

[19]   Die Interviewerin nimmt hier spontan nur zwei Alternativen wahr.

Und darin ist bereits ein Konsens unter den Befragten angelegt, der später immer wieder zum Tragen kommt: Die Gemeinde ist das Zentrale des diakonischen Handelns. Hier ist das Diakonische nun für die Befragten greifbar, hier erfährt das Diakonsein – und nun wieder einschließlich seiner Ausbildungsgänge und der notwendigen Stellen – seine (auch: religiöse) Legitimation. Als Choreographie dieser Gruppendiskussion bekräftigt dies wiederum der Nachredner, indem er die Argumentation in den Bereich des Positiven spiegelt und das Diakonsein nun explizit wieder mit Ausbildung (oder Ausbildungsbestandteilen) und beruflicher Anwendung verbindet. Von dieser gemeinsamen Deutung der Situation wendet sich der Diskursverlauf hin auf die daraus folgende Fragestellung, wie der Diakonat jetzt – über die Gemeinde hinaus – einheitlich als integraler Bestandteil kirchlichen Handelns beschrieben werden kann:

Hr. Schmidt: Ich finde mich in meinem Beruf auch wieder mit dem, was ich auf der Karlshöhe noch in der anderen Ausbildungsphase gelernt und studiert habe, warum ich angetreten bin, warum ich den Beruf auch gerne mache. Entdecke aber schon, wie der Joachim [Herr Weise], dass es berufspolitisch oder auch kirchenpolitisch schwierig wird um unseren Berufsstand, wenn es darum geht, welche Stellen man abbauen kann, an welche Arbeitsbereiche, an welche Berufe weniger gedacht wird. (…) Erlebe aber in Stadt B, da bin ich jetzt das siebte Jahr tätig im Kirchenkreis, dass einfach viel mehr nach der Sozialarbeiterin, dem Sozialarbeiter, nach dem Religionspädagogen, nach der sonstigen Qualifikation geschaut wird und weniger Diakon. Ganz konkret: Es werden durchaus schon seit Jahren Kompromisse gemacht, dass auf Diakonenstellen, obwohl eigentlich die nur belegt werden dürfen mit Diakonen, man Kompromisse macht und Sozialarbeiter einstellt ohne evangelischen Fachhochschulabschluss, einfach ganz normale Sozialarbeiter, und da denke ich schon: Was tut sich da Kirche an, dass sie dieses Diakonat, wo man mal angetreten ist, qualifiziert zu arbeiten, dass man das einfach wegnimmt. Theologisch zum Beispiel, das fällt dann weg, es wird nicht automatisch vom Sozialarbeiter erwartet, dass er dies können muss.

Hr. Hoffmann: Also mir geht es so, dass ich aus, ich komme aus der Jugendarbeit (…) und habe mich während meiner Zeit als Jugendreferent und Diakon auch sehr stark berufspolitisch engagiert, war im Leitungskreis tätig auf der Karlshöhe und habe das so erlebt, dass im Bereich der Jugendarbeit ein viel geschlosseneres Bild von Diakonsein, also Jugenddiakon-Sein. Das gibt es zwar nicht, den Jugenddiakon, aber dort ist irgendwie ein viel höherer Organisierungsgrad. Das ist viel homogener, wie man tätig ist. (…) Und ich denke, wenn ich so die klassischen Gemeindediakone anschaue, das franst immer mehr aus. Der Organisierungsgrad un-

> ter Gemeindediakonen ist weit nicht so hoch wie unter den Jugendreferenten, ich denke, das hängt einfach auch damit zusammen, dass sich die Tätigkeitsfelder so aufsplitten. (…)
>
> Fr. Berg: Bei uns im Bezirk gibt es diesen klassischen Gemeindediakon gar nicht mehr. Für meine Stelle gilt eigentlich: Heute hier morgen dort, bin kaum da, muss ich fort. Weil alle X Jahre ist wieder ein Wechsel, da werden die Arbeitsbereiche wieder neu dem Gemeindediakon zugeteilt (…)
>
> (Gruppendiskussion Gemeindediakonie)

Nun melden sich weitere Befragte zu Wort und positionieren sich, wobei das Diakonsein als Amt oder Beauftragung nun mit dem Begriff des „Berufs" belegt wird, der sich (wie das Amt) zusammensetzt aus den Ausbildungsschwerpunkten und der persönlichen Motivation. Insgesamt gerät jedoch den Befragten als Gruppe die Begrifflichkeit, obwohl immer wieder sortiert, kontinuierlich in Verwirrung, und zwar weil der Gemeindiakonat hier einerseits als Beruf (etwa im Gegensatz zur Religionspädagogik) gedacht ist und andererseits als kirchliches Pendant zu einer rein säkularen Qualifikation (wie etwa der Sozialen Arbeit). So lassen sich entsprechend zwei Problemstränge der Arbeit festmachen: die Stellenstreichungen im Bereich der Gemeindediakonie sowie die geringe Aufmerksamkeit für eine diakonisch-theologische Zusatzqualifikation bzw. die kirchliche Beauftragung der eingesetzten Professionellen. Insofern erscheint das berufspolitische Problem der Berufsgruppe hier in zweierlei Gestalt: Zum einen ist die Organisation (und damit die Stellen sichernde Interessenvertretung) weniger stark, zum anderen erscheint Gemeindediakonie deutlich weniger als komplexer Bereich professionellen diakonischen Handelns, als das in anderen Berufsgruppen der Fall ist. Deutlich ist darin jedoch, das sei hier am Ausschnitt aus dem weiteren Gesprächsverlauf beschrieben, wie stark einerseits das soziale Handeln, andererseits der Gemeindebezug für die Befragten nicht nur ihr klassisches Arbeitsfeld kennzeichnen, sondern vor allem die Basis sind für das diakonische Selbstverständnis:

> Interviewerin: Was bedeutet denn für Euch, dass Ihr Diakone und Diakoninnen seid?
>
> Hr. Groth: Also für mich bedeutet es die Gemeinde, eben weil ich mein Berufsbild auch ganz stark in der Gemeinde sehe. Für mich bedeutet in der Gemeinde zu sein, die Gemeinde so zu unterstützen, dass sie ihr diakonisches Handeln auch wirklich wahrnehmen kann und sie dabei zu unterstützen.

Fr. Berg:	Dass Glaube Hand und Fuß hat. Einmal das, und dann aber auch wirklich diakonische Stimme zu sein in der Gemeinde oder im Kirchenbezirk, weil viele Gemeinden haben zum Beispiel ein Altenheim in der Gemeinde, aber da gibt es wenig Kontakt, keine Verknüpfung oder auch die am Rand stehen. Das Diakonische in der Gemeinde möchte ich. Und einfach Hand und Fuß, also nicht nur von der Kanzel, sondern Glauben leben.
Hr. Schmidt:	Ja, ich würde es anders, vielleicht frömmelnder formulieren, aber mir fällt nichts anderes ein: Kirche Jesu Christi mitgestalten, und das ist die Gemeinde (…) mit dem Amt des Pfarrers oder der Pfarrerin und mit den anderen Ämtern, die es in der Kirche auch gibt. Also des Kirchengemeinderats, der Verwaltungsarbeit und so weiter, aber meine Profession ist schon, dass ich diese Gemeinde, dass ich diese Kirche mit Kräften mitbauen kann (…).

(Gruppendiskussion Gemeindediakonie)

Von den Befragten wird „*das Diakonische*" kaum inhaltlich gefüllt, jedoch wird der Bezug zur Gemeinde und deren sozialen Aufgaben als Angelpunkt des Diakonischen insgesamt beschrieben. Darin bieten diese Gemeindediakoninnen und Gemeindediakone tatsächlich – verglichen mit der Gruppe der Jugendreferentinnen und -referenten – eine komplementäre Konstruktion des Diakonischen, das tatsächlich im Verständnis des Begriffs „Diakonat" von diesen Grundlagen ausgeht. Von hier aus bemängeln die Befragten, dass sich Mitglieder anderer Berufsgruppen, vor allem Jugendreferentinnen bzw. -referenten und Religionspädagoginnen bzw. -pädagogen, schwer tun, sich als Fachkräfte im hauptamtlichen Diakonat zu bezeichnen oder gar zu fühlen. Und hier, im Vergleich der Berufsgruppen, markieren die Befragten dieser Gruppe die Ausweglosigkeit aus der begrifflichen Unschärfe und beschreiben diese im Weiteren als ein Kernproblem des Diakonats:

Hr. Steiner:	Und dann finde ich berufspolitisch geht es mir ähnlich wie dir, ich komme auch als Jugendreferent von der Schiene her, habe in Freiburg studiert, aber das Berufsbild irgendwie Jugendreferent ist irgendwie klassischer auch in den Gemeinden, da musst du nicht lang erklären wie und was jetzt, was in zwölf Jahren Diakonengesetz da ja noch nicht gelungen ist, zu sagen, dass alle Diakone und Diakoninnen sind, auch die Religionspädagogen, die 100% an der Schule sind, die würden von sich nie sagen oder ganz wenige sagen: Ich bin Diakon, ich bin Diakonin. Die sagen: Ich bin Religionslehrer. Und die Jugendreferenten, da gibt es wahrscheinlich keinen einzigen, der das sagt. Und bei uns ist dann immer so die Schwierigkeit: Diakon, ja klar, und dann kommt auch noch der Gemeindediakon mit dazu. Also ich finde

> diese Vermischung vom Berufsbild oder von dem, was wir alle
> eigentlich sind und dann im Grunde schon so die Aufgabenbe-
> schreibung, das finde ich gerade auch im Zusammenhang mit
> dem Diakonengesetz die allerschwierigste Aufgabe, das irgend-
> wie auch so transparent zu bekommen, wann spricht wer von
> welchem Bild, das er hat.
>
> (Gruppendiskussion Gemeindediakonie)

Die Ausbildungen und Tätigkeiten (das heißt: die ausgeübten Berufe) im Diakonat überlagern regelmäßig den eigentlichen Kern des Diakonats, nämlich die
kirchliche Beauftragung und Funktion – ganz unabhängig von diesen Ausbildungen und Tätigkeiten. Im Folgenden fasse ich, nun über die Spezifik der Berufsgruppen hinweg, die Erkenntnisse aus der berufsgruppenspezifischen Analyse der Thematik zusammen.

3. Die Konstruktion des Diakonats – Zusammenschau und Auftakt für neue Diskurse

Insgesamt lassen sich aus dieser Analyse etliche Erkenntnisse gewinnen, die als
Anregungen genutzt werden dürften, um mit hypothesenprüfenden Methoden
die Bedeutung von bestimmten Diakonatskonstruktionen, Bewertungen, Wünschen oder auch Problemanzeigen auf die Gesamtzahl der Diakoninnen und
Diakone hin zu erkunden. Auffällig war zunächst in der Analyse dieser sehr
engagiert geführten Gespräche, dass sich hier Menschen zusammengefunden
haben, die es für relevant halten, sich selbst als Diakon, als Diakonin zu verstehen, und die ein explizites Interesse am Diakonat und seiner Weiterentwicklung
haben. Umso mehr überrascht es insgesamt, wie uneinheitlich der Diakonat, in
der sprachlichen Ausgestaltung wie im inhaltlichen Erfassen, von den Befragten
aller Gruppen verstanden wird. Weder gibt es ein einheitliches Verständnis dessen, was mit dem Begriff „Diakon/Diakonin" genau beschrieben sein soll – die
Tätigkeit, die Ausbildung, das Amt –, noch werden innerhalb dieses Diakon/-in-
Seins spezifische Merkmale dieses Daseins beschrieben, sei es in professionell-
fachlicher Hinsicht, sei es im Bereich des Religiösen. Es ist eine erhebliche Verwirrung über die Frage spürbar, ob der Diakonat vor allem als berufliche Identität (etwa im Pendant zu weltlichen Qualifikationen und Tätigkeiten) gedacht ist
oder vor allem als institutionell-kirchliches Handeln als Pendant zum rein
menschlichen, individualisiert christlichen Handeln verstanden werden soll.
Dies bedeutet nach meiner Einschätzung nicht, dass die im Diakonat Tätigen
nicht jeweils über ein implizites Verständnis ihres Diakonats verfügten. Ebenso
lassen sich ja durchaus, wie im Dreieck von „Beruf/Tätigkeit", „Ausbildung" und
„Amt" gezeigt, gleichförmige Diskurslinien beschreiben, auf denen der Diakonat

in allen Berufsgruppen auf wechselnden Säulen ruhend konstruiert wird. Es kann aber nicht die Rede sein von einem einheitlichen (Selbst-)Verständnis, das etwa als Grundlage aller im Diakonat Tätigen verwendet werden könnte.[20]

Einer der wichtigsten Faktoren dieser Unschärfe in den Konstruktionen und damit eine der zentralen Bruchstellen in den Diskursen – auch im Vergleich zwischen den Berufsgruppen – scheint mir zu sein, dass der „Diakonat" in der Wahrnehmung der meisten hier befragten Diakoninnen und Diakone vorrangig als soziales Handeln der Kirche, als Zuwendung zu Schwachen und Ausgegrenzten verstanden wird. Dies wird zwar insofern aufgebrochen, als eine implizite Sensibilität für menschliche Probleme auch in der pädagogischen Arbeit angenommen wird und die Verkündigung darin als diakonisches Handeln definiert ist. Im Nachgang durch die Diskurse der Gruppen erscheint dies jedoch eher als Kitt für eine Bruchstelle, die sich immer wieder neu zeigt, sei es im Weiterbildungsprogramm der Berufsgruppen, sei es in der gemeinsamen Interessenvertretung. Interessanterweise wird diese Bruchstelle von beiden Seiten ausgemacht: von Seiten der explizit diakonisch Tätigen in Einrichtungen oder Gemeinden (indem für diese Befragten tatsächlich das soziale Handeln in der Gemeinschaft den Kern des Diakonischen darstellt) ebenso wie von Seiten derer, die um eine Zugehörigkeit zu einem stark sozialdiakonisch verstandenen Diakonat ringen und sich zeitweise auch wieder von ihm distanzieren möchten.

Ein weiterer, vielleicht der wichtigste, Lerneffekt aus den Gruppendiskussionen scheint mir das Ringen um die angemessene Umsetzung des diakonischen Impulses im eigenen Tätigkeitsbereich und damit um einen „sichtbaren Diakonat" zu sein: Wo die Kriterien nur in aller Unschärfe verzeichnet werden, mit denen das Handeln einer Diakonin oder eines Diakons als diakonisches Handeln qualifiziert werden kann, ist das Bemühen darum, das Diakonische zu verdeutlichen (zwischen diakonischen Einzelelementen, der Atmosphäre und der Amtsbezeichnung als Angebot für eine externe Zuschreibung und Nachfrage) ein Kernbestandteil diakonischen Arbeitens geworden. Während einige wenige der Befragten wichtige Impulse diakonischen Handelns bereits aus ihrer beruflichen Umgebung, etwa der Einrichtung oder Gemeinde, ziehen können, beschreibt die Mehrheit die Umsetzung des diakonischen Anliegens als eine Aufgabe, die ihnen – wohl oder übel – selbst zufällt, und zwar häufig in ihrer Person, losgelöst von der konkreten Tätigkeit und ihrer Beauftragung. Hier haben die Befragten eine

---

[20]   Dies spiegelt sich in der Evangelischen Landeskirche in Württemberg etwa in den verschiedenen Positionierungen der Berufsgruppenvertretungen und den unterschiedlichen inhaltlichen Akzenten der Gemeinschaften im Diakonat. Das Bemühen um eine Vereinheitlichung des Selbstverständnisses von Diakoninnen und Diakonen auf der Ebene der EKD wird am Internetauftritt des VEDD (Verband Evangelischer Diakonen-, Diakoninnen und Diakonatsgemeinschaften in Deutschland e.V.) deutlich; vgl. VEDD 2012 (v.a. http://www.vedd.de/.cms/30). Möglicherweise prägt diese Problematik auch die Schwierigkeit in der EKD einheitliche Regelungen für den Diakonat zu finden; vgl. VEDD 2012 (v.a. http://www.vedd.de/.cms/155) und im historischen Überblick Pfisterer 2003.

Lösung der Unschärfeproblematik entwickelt, die aber auch ganz anders vorstellbar wäre, etwa indem eine Landeskirche, ein Kirchenbezirk oder eine diakonische Einrichtung selbst Zuschreibungen des Diakonischen vornimmt und derartige Deutungen in Strukturen verankert. Möglicherweise ist ebenso eine theoretische Weiterarbeit hilfreich, etwa indem diakonisches Handeln grundsätzlich in seiner Kontextgebundenheit verstanden und von hier aus konstruiert wird.[21] Zu reflektieren ist außerdem die Zuordnung des Diakonats zum Feld des Berufs – sowie die mögliche Verankerung in der Person und dem privaten Bereich der Diakoninnen und Diakone.

Diskutiert man über ein kirchliches Amt, ist grundsätzlich die Unterscheidung zwischen dem Beruflichen und dem Privaten sicherlich keine sinnvolle Kategorie, weil die Beauftragung in ein Amt ja gegenüber der Person vorgenommen wird, die dann in ihrer Tätigkeit als Beauftragte erkennbar wird. Wenn jedoch, wie hier gezeigt, in der Konstruktion eines erheblichen Teils der Befragten erstens das *„Entwickeln"* und zweitens das *„Tragen"* des diakonischen Handelns sowie drittens schließlich das Bewerten des Handelns als diakonisch diesen Diakoninnen und Diakonen überantwortet wird, sollte dies Gegenstand der Diskussion und schließlich der Weiterarbeit von Konzeptionen des Diakonats sein. Organisationssoziologisch ausgedrückt wäre damit die Problemanzeige genannt, dass die Kirche zwar Menschen in das Amt der Diakonin/des Diakons beruft und damit einen expliziten Auftrag erteilt und die in diesem Amt Handelnden als Teil ihrer selbst definiert, dass die derart Beauftragten jedoch die Kirche nur selten als Mit-Handelnde verstehen und schließlich das diakonische Handeln sowie dessen Bewertung stark privatisieren – als vorrangig eigenes Interesse als Diakon oder Diakonin verstehen: Es ist mir selbst ein Anliegen – und es ist besonders wichtig, dass ich selbst in meinem beruflichen Handeln den diakonischen Gehalt sehe. Die Privatisierung des Diakonischen ist in den Diskussionen als individueller Lösungsweg für Schwierigkeiten der Umsetzung und Bewertung diakonischer Impulse erschienen. Die Befragten bewältigen damit sowohl so manche Überforderungsgefühle als auch manche Unsicherheit im Verständnis des Diakonats. Dass eine Kirche jedoch langfristig hinnehmen kann, dass die von ihr Beauftragten sich selbst in einer derartig wenig mit der Organisation Kirche zusammenhängenden Form der Tätigkeit sehen, scheint mir wenig plausibel. Ebenso ließe sich umgekehrt die Frage nach den Orten stellen, an denen eine Kirche ihre Definitionsmacht für „das Diakonische" markiert und die persönliche Beauftragung im Amt mit Strukturen untermauert, die Relevanz und Bedeutung dieses Amtes ein weiteres Mal zum Ausdruck bringen.

---

[21]   Dazu liegen bisher nur Reflexionen zu Einzelaspekten vor: Dirk Baecker beschäftigt sich mit der Frage nach der situativen Differenzierung von Hilfe und Nichthilfe als Grundproblem Sozialer Arbeit; vgl. Baecker 2007 [1994]. Ellen Eidt zeigt die Kontextgebundenheit theologischer Ämterkonstruktionen und damit auch des diakonischen Amtsverständnisses; vgl. Eidt 2013. Darüber hinaus stellt die Ausarbeitung dieses Denkansatzes ein Desiderat dar.

Als Anregung für die weitere Diskussion ist, nun etwas spezieller auf die Tätigkeit der Diakoninnen und Diakone hin formuliert, die offene Frage aufzunehmen, wer in der konkreten Arbeit den Diakonat tragen kann, wo diakonische Impulse ihren Ausgang finden und welche Rolle hier die vielen, am Diakonat insgesamt beteiligten Organisationen oder Personen spielen können oder sollen. In der Ausbildung von Diakoninnen und Diakonen, in der diese Befragung mehrfach vorgestellt und Gruppendiskussionen gemeinsam gelesen und interpretiert wurden, haben diese bereits einen erheblichen Impuls für alle Beteiligten geboten, miteinander ins Gespräch zu kommen, offene Fragen gemeinsam zu beleuchten und ein nachhaltiges professionelles Verständnis diakonischer Tätigkeit zu entwickeln.

Literatur

Baecker, Dirk (2007 [1994]): Soziale Hilfe als Funktionssystem der Gesellschaft. In: Baecker, Dirk (Hg.): Wozu Gesellschaft? Berlin. S. 206–236.

Bohnsack, Ralf ([7]2008): Rekonstruktive Sozialforschung. Einführung in qualitative Methoden. Opladen/Farmington Hills.

Bubmann, Peter (2013): Amt, Ämter und Dienste der Kommunikation des Evangeliums – aktuelle Herausforderungen in der Ämterfrage. In: Noller, Annette/Eidt, Ellen/Schmidt, Heinz (Hg.): Diakonat – theologische und sozialwissenschaftliche Perspektiven auf ein kirchliches Amt. Stuttgart. S. 85–104.

[Diakonengesetz (1995)] Frisch, Michael (2012): Das Recht der Evangelischen Landeskirche in Württemberg (Hg.). Ergänzbare Rechtsquellensammlung vom 31. Juli 1996 (Stand November 2012). Neuwied. Verfügbar unter: http://www.kirchenrecht-wuerttemberg.de/showdocument/id/17945 (18.12.2012).

Eidt, Ellen (2011): Der evangelische Diakonat. Entwicklungslinien in Kirche und Diakonie am Beispiel Württembergs. Stuttgart.

Eidt, Ellen (2013): Kirchliche Ämter im Gesellschaftsbezug. Eine Typologie und ihre Konsequenzen – nicht nur für den Diakonat. In: Noller, Annette/Eidt, Ellen/Schmidt, Heinz (Hg.): Diakonat – theologische und sozialwissenschaftliche Perspektiven auf ein kirchliches Amt. Stuttgart. S. 123–141.

Evangelische Landeskirche in Württemberg (Hg.) (2007): Projektskizze „Diakonat – neu gedacht, neu gelebt". Weiterentwicklung des Diakonen- und Diakoninnenamts in der Evang. Landeskirche in Württemberg zur Stärkung der Kirchengemeinden und Kirchenbezirke in der Wahrnehmung ihrer diakonischen Verantwortung. Verfügbar unter: https://www.service.elk-wue.de/oberkirchenrat/kirche-und-bildung/diakonat/projekt-diakonat-neu-gedacht-neu-gelebt/wissenschaftliche-projektbegleitung-und-evaluation.html (18.12.2012).

Noller, Annette (2013): Der Diakonat – historische Entwicklungen und gegenwärtige Herausforderungen. In: Noller, Annette/Eidt, Ellen/Schmidt, Heinz (Hg.): Diakonat – theologische und sozialwissenschaftliche Perspektiven auf ein kirchliches Amt. Stuttgart. S. 42–84.

Pfisterer, Dietrich (2003): Chronologie des Diakonats. Stuttgart. Verfügbar unter: http://rdlive2.diakonie-server.de/Pfisterer-ChronologieDiakonat.pdf (18.12.2012).

Przyborski, Aglaja/Wohlrab-Sahr, Monika (³2010): Qualitative Sozialforschung. Ein Arbeitsbuch. München.

Schulz, Claudia (2012): Mehr „Wirklichkeit" für die Theorie!? Nutzen und Herausforderung der empirischen Sozialforschung für die Praktische Theologie. In: Wegner, Gerhard (Hg.): Gott oder die Gesellschaft? Das Spannungsfeld von Theologie und Soziologie. Würzburg. S. 155–174.

Schulz, Claudia (2013): Diakonisches Handeln der Kirche mit gesellschaftlicher Relevanz. Von den Chancen und Begrenzungen der sozialwissenschaftlichen Perspektive. In: Noller, Annette/Eidt, Ellen/Schmidt, Heinz (Hg.): Diakonat – theologische und sozialwissenschaftliche Perspektiven auf ein kirchliches Amt. Stuttgart. S. 105–122.

Streblow, Claudia (2010): Sichtweisen, Aktionismen und Orientierungen von Nutzer(inne)n eines Projekts der Schulsozialarbeit. In: Bohnsack, Ralf/Przyborski, Aglaja/Schäffer, Burkhard (Hg.): Das Gruppendiskussionsverfahren in der Forschungspraxis. Opladen. S. 137–149.

VEDD (Verband Evangelischer Diakonen-, Diakoninnen und Diakonatsgemeinschaften in Deutschland e.V.) (Hg.) (2012): Unser Tun will reden, unser Wort arbeiten. Internetauftritt. Verfügbar unter: www.vedd.de (19.12.2012).

Claudia Schulz

Diakoninnen und Diakone unter Vertrag

Vom diakonischen Mehrwert und strukturellen Baustellen aus der Perspektive von Anstellungsverantwortlichen

Wer eine Diakonin oder einen Diakon unter Vertrag nimmt, hat eine eigene Perspektive auf den Diakonat. In dieser Perspektive erscheinen die bereits bekannten Fragen von Profession und Amt, Person und Beruf, Theologie, Kirche und Unternehmertum in einem neuen Licht. Dieser Beitrag zeigt die spezifische Sicht von Anstellungsverantwortlichen im Bereich der Evangelischen Landeskirche in Württemberg auf den Diakonat sowie auf die zahlreichen Fragen, die sich aus dessen Konstruktion ergeben. Dieser Zweig der Begleitforschung im Gesamtprojekt „Diakonat – neu gedacht, neu gelebt" basiert auf neun Leitfaden-Interviews mit Expertinnen und Experten in Dekanaten, Schuldekanaten und Vorständen von diakonischen Unternehmen.[1] Diese Auswertung bildet den interpretativen Grundstock zu den spezielleren Auswertungen, die später mit dem Schwerpunkt auf bestimmte diakonische Arbeitsfelder noch folgen werden.[2]

1. Bei Anstellungsverantwortlichen zum Gespräch – Der Zugang zum Feld

Es ist nicht ohne Brisanz, wenn eine Wissenschaftlerin aus einer Evangelischen Hochschule mit den Anstellungsverantwortlichen der Landeskirche ins Gespräch kommt, in deren Trägerschaft und auf deren Territorium sich die Hochschule befindet. In einer Phase, in der der Diakonat kirchenpolitisch immer wieder zum Thema wird, ist vor allem für Dekaninnen und Dekane ihre Positionierung in diesem Diskursfeld nicht ganz einfach. In den Interviews war allerdings sehr deutlich, dass die Befragten es gewohnt sind, befragt zu werden. Manchmal erschien das als Tondatei erfasste und später verschriftlichte Gespräch den Beteiligten wie ein Interview, das durch Vertreterinnen und Vertreter der Medien und mit der „Gewohnheit" einer gewissen Öffentlichkeit geführt wird. Nur in einem Fall erschien das Gespräch der befragten Person derart heikel, dass das Interview

---

[1] Die immer noch sehr geringe Zahl von Frauen, die aktuell in solchen Positionen zu finden sind, hat uns dazu veranlasst, weibliche Befragte, wenn es sie denn einmal gab, um der Anonymität willen hier nicht als solche zu kennzeichnen.

[2] Nämlich bei Eidt (Diakonat in diakonischen Einrichtungen) und Schulz (Im Spannungsfeld Gemeindediakonie).

im eigenen Haus verschriftlicht wurde und nur als anonymisierte Textdatei zugänglich war.

Diese Experten-Interviews mit einer Dauer von einer bis anderthalb Stunden habe ich zwischen Herbst 2008 und Frühjahr 2009 geführt. Der Leitfaden war sehr knapp und offen gehalten, so dass die Interviewten viele Möglichkeiten hatten, die Themen jeweils in ihrem eigenen Duktus zu bearbeiten und miteinander zu verbinden.[3] Nach einer Einstiegsfrage zum eigenen Bezug zum Thema Diakonat und einer ersten Annäherung an die bisherigen Erfahrungen und Vorstellungen der Befragten, standen Kompetenzen, Ausbildungsfragen und -formen, Anstellungsfragen und schließlich theologische Einordnungen im Vordergrund.[4]

Die erheblichen Unterschiede zwischen den Verantwortungsbereichen der Anstellungsverantwortlichen in Kirchenbezirk, Schule und diakonischen Einrichtungen schlagen sich in der Befragung ebenso deutlich nieder wie die Prägung durch Ausbildung und berufliche Vorerfahrungen der Befragten: Die Situation in einem diakonischen Unternehmen ist in vieler Hinsicht nicht mit der eines Kirchenbezirks zu vergleichen. Wo dann aber ein Vorstand eines diakonischen Unternehmens sich vor allem als Pfarrer präsentiert und auf seine früheren Erfahrungen in verschiedenen Kirchenbezirken rekurriert, ist die inhaltliche Nähe zu einem amtierenden Dekan manchmal größer als zum Personalverantwortlichen ohne theologische Ausbildung in einem anderen diakonischen Unternehmen. Auch ist in den Interviews deutlich spürbar, dass ein Schuldekan – durch die zentrale Anstellung der Diakoninnen und Diakone im Bereich der schulischen Religionspädagogik – nicht in derselben Weise für die Anstellung verantwortlich ist wie ein Dekan oder ein Unternehmensvorstand. Insgesamt bieten diese Interviews als Präsentationen von Konstruktionen des Diakonats aus der speziellen Perspektive der Anstellung und der Gemeinde- oder Unternehmensentwicklung ein großes Spektrum von Sichtweisen.

Betrachtet aus der Sicht derjenigen Menschen, die sich in wissenschaftlichen Fragen von Kirchenentwicklung und Diakonie oder in Fragen der Ausbildung mit dem Diakonat befassen, fällt auf, wie vergleichsweise groß der innere Abstand der hier befragten Verantwortlichen gegenüber den andernorts geführten Diskursen ist. So manche dort brennende Frage rückt, von Seiten der Anstellungsverantwortlichen aus betrachtet, in die Ferne oder stellt sich in einer ganz anderen Richtung. Manche Begriffe bekommen nun eine andere Bedeutung oder verlieren ihre Trennkraft. So wurde der Begriff der „Doppelqualifikation" von

---

3   Vgl. Meuser/Nagel (³2009). Ein Überblick über die in der Evaluation verwendeten Methoden findet sich bei Eidt/Schulz (Zugänge der Evaluationsforschung) im Einleitungsteil dieses Bandes.

4   An der Auswertung dieser Interviews waren über das konstante Team der Begleitforschung hinaus seit dem Sommersemester 2009 Studierende der Diakoniewissenschaft, der Sozialen Arbeit und der Religionspädagogik in der Forschungswerkstatt an der Evangelischen Hochschule Ludwigsburg beteiligt.

etlichen der Befragten in einer anderen Auslegung verwendet als im Diakonengesetz der Landeskirche,[5] etwa als (zunächst unspezifische) zusätzliche Qualifikation einer Jugendreferentin, die diese vor einer beruflichen-biographischen Sack-
gasse schützt, ganz unabhängig von der fachlichen Kopplung von Diakonie und
sozialer bzw. pädagogischer Qualifikation. Dies zeigt, wie sehr eine solche Vielfalt der Perspektiven die Diskussion um die Berufsgruppen von Diakoninnen
und Diakonen ebenso wie um das diakonische Amt bereichert und welche neuen
Herausforderungen sich aus einer solchen Perspektivenvielfalt ergeben.

Hier soll es nun um eine Darstellung der spezifischen, in sich durchaus vielschichtigen Sicht der Anstellungsverantwortlichen auf den Diakonat gehen. In
zwei Schritten stelle ich zunächst den Zugang der Befragten zum Themenfeld
Diakonat vor und darin die Einordnung des Diakonats, den die Befragten im
Kontext ihrer jeweiligen Verantwortlichkeit vornehmen (2.), und erschließe von
hier aus die jeweiligen Perspektiven auf einzelne Dimensionen des Diakonats in
spezifischer Ausbildung bzw. Kompetenz, der Persönlichkeit, der Sichtbarkeit
oder Wirksamkeit des Diakonats sowie in der Frage des Amtes bzw. der kirchlichen Beauftragung (3.). Ziel ist es, die spezifischen Perspektiven zu rekonstruieren, die sich aus der Anstellungsverantwortung ergeben, und diese als Diskussionsbeitrag aufzubereiten, etwa für den Vergleich mit den Anliegen von Diakoninnen und Diakonen oder spezifische Diskussionen einzelner Themenbereiche.
Einen Ausblick auf solche Diskussionen und eine Einordnung meiner Ergebnisse
in bereits bestehende Diskurse nehme ich im abschließenden Abschnitt vor (4.).
Wie üblich hätte das Material auch deutlich umfangreichere Untersuchungen
ermöglicht. So verzichte ich hier auf einen umfangreichen Vergleich der Perspektiven von Verantwortlichen in verschiedenen Arbeitsbereichen, ebenso berücksichtige ich spezifische Unterschiede in der aktuellen Situation im Verant-
wortlichkeitsbereich nur dort, wo dies für das Verständnis der Texte eine Rolle
spielt.

2. „Die Mitarbeitenden, die wir brauchen ..." – Die Einpassung des Diakonats ins Arbeitsfeld

Der Diakonat ist für die meisten der von mir befragten Anstellungsverantwortlichen ein Thema, das in der üblichen Reflexion des Arbeitsfeldes nicht so häufig
vorkommt. Ein Schuldekan berichtet heiter von seinem Treffen mit einem Kollegen und Freund:

---

[5] „Kirchliches Gesetz über die Rechtsverhältnisse der Diakoninnen und Diakone in der Evangelischen Landeskirche in Württemberg"; vgl. Diakonengesetz 1995.

Hr. Bader:	Gestern war ein Kollege mit seiner Frau da, Freunde von uns. (…) Wir haben so eine offene Küche, dann kann man diskutieren. Da habe ich gefragt: Morgen kommt jemand und fragt mich zum Diakonat. Was fällt denn dir ein zum Diakonat? Das war auch dann interessant, dem ist nicht viel eingefallen, aber der ist Gemeindepfarrer. (lacht) Doch, das ist nicht wahr. Ein paar Dinge hat er schon gesagt. Nämlich das ist eine Gemeinde, wo der Diakon mit 50 Prozent in der Gemeinde arbeitet und mit 50 Prozent in einer anderen. Und dann haben alle beiden Gemeinden den Eindruck, er ist nie da, er ist immer in der anderen. (…) Das ist natürlich eine verschobene Wahrnehmung, aber das entsteht durch die Konstruktion.

(Interview 6 mit Schuldekan Bader)

Auf diese Weise haben alle Befragten selbstverständlich zur Frage des Diakonats etliches beizutragen, zumeist stehen strukturelle Fragen im Vordergrund und häufig wird auch der innere Abstand zu dieser Frage immer wieder deutlich. Der Diakonat ist für Anstellungsverantwortliche ein Thema, das immer wieder einmal bedacht werden muss, in der alltäglichen Arbeit aber kaum eine Rolle zu spielen scheint. Während der hier befragte Schuldekan jedoch zum Diakonat selbst durchaus wichtiges beizutragen hat, tut sich sein Kollege Kühl mit der Reflexion des Diakonseins kirchlicher Lehrerinnen und Lehrer schwer. Auf die Frage der Interviewerin: „Welche Rolle spielt es denn, dass es Diakone sind?" antwortet er: „Ja in der Regel sind es halt Diakone. Das muss man ja sehen."[6] Für ihn ist der Diakonat an sich noch keine zu reflektierende Kategorie. Er richtet stattdessen seine Aufmerksamkeit auf Fragen der Kompetenz und der Einsetzbarkeit der Mitarbeitenden im Diakonat. Im Folgenden soll nun zunächst diese spezifische Herangehensweise der Anstellungsverantwortlichen an den Diakonat dargestellt und interpretiert werden.

2.1 Die Spezifik des Diakonats in unterschiedlichen Handlungsfeldern

Die Notwendigkeit, sich um diese Berufsgruppe Gedanken zu machen, wird von den Befragten sehr unterschiedlich eingeschätzt, wobei ich hier deutliche Unterschiede zwischen den Verantwortlichen in den verschiedenen Bereichen ausmachen konnte: Die Schuldekane sehen aus ihrer Arbeit heraus zunächst wenig Notwendigkeit einer intensiven Reflexion des Diakonats. Aber, auf das Thema explizit angesprochen und um eine fachliche Einschätzung gebeten, zeigen sie Interesse an Fragen der Aus- und Weiterbildung der Diakoninnen und Diakone

---

6   Interview 8 mit Schuldekan Kühl.

oder, wie der zuerst zitierte Dekan Bader, ein vor allem theologisches Interesse an der Verortung der Berufsgruppe im Diakonat. Eine eigene Sicht auf den Diakonat zeigen die Positionierungen der Verantwortlichen aus diakonischen Einrichtungen: Ob Mitarbeitende in den Diakonat berufen sind, spielt zunächst eine eher untergeordnete Rolle. Manche der Befragten sind nur ungenau orientiert, was die Zahl der im Unternehmen beschäftigten Diakoninnen und Diakone anbetrifft. Das Diakonsein und erst recht das Diakonenamt treten in ihrer Bedeutung zurück gegenüber anderen Faktoren wie dem Auftreten der Mitarbeitenden oder ihrem Interesse, an religiösen Angeboten oder einem spezifisch kirchlichen Erscheinungsbild ihrer Arbeit mitzuwirken. Anders als die Schuldekane haben ja die Unternehmensverantwortlichen zunächst streng genommen keine Verpflichtung, Diakoninnen und Diakone zu beschäftigen und ihnen ihrer Qualifikation entsprechende Stellenbeschreibungen zu verschaffen. Beide sehen in ihren jeweiligen Strukturen die Freiheit, den Diakonat auf ihre Weise zu verstehen und ihre Konstruktionen mit anderen Themenfeldern ihres Arbeitsbereiches zu verbinden. Sowohl die klare Regelung, dass Religionspädagoginnen und -pädagogen im kirchlichen Dienst immer auch Diakoninnen und Diakone sind, als auch die von der Landeskirche unabhängige Personalpolitik der diakonischen Einrichtungen scheinen diese Freiheit zu eröffnen.

Wo sich jedoch die Verantwortlichen mit dem Diakonat im Handlungsfeld Kirchenbezirk und darin mit der Jugendarbeit befassen, wird der Diakonat über Fragen der Anstellung, der Personalentwicklung und Chancen oder Hindernisse der Kirchen- oder Gemeindeentwicklung durchaus sehr lebhaft reflektiert. Zunächst erscheint hier jedoch der Bedarf an Sortierung der unterschiedlichen Diskussionsebenen in aller Deutlichkeit: Die Vielfalt der Berufsgruppen – oder umgekehrt: die Zuordnung von Kompetenzen und Einsatzfeldern zu den Berufsgruppen – stellt eine Herausforderung dar. Einmal, indem der Diakonat gewissermaßen hinter stärker gebrauchten Berufsbezeichnungen wie „Jugendreferent" zurücktritt und nicht deutlich ist, in welchem Verhältnis dazu die Bezeichnung „Diakon/-in" steht, und ein weiteres Mal, indem sich hinter den Berufsgruppen noch weitere Segmentierungen verbergen wie Ausrichtungen des Interesses in Bezug auf Verkündigung, pädagogisches Handeln, Gemeindebezüge oder soziale Fragen, wodurch der Begriff „Diakon/-in" zwar die kirchliche Anbindung ausdrückt, aber darüber hinaus wenig aussagekräftig ist. Ein Dekan mit großem Interesse an diakonischer Arbeit schildert diese Situation so:

| Hr. Krüger: | Ich komme jetzt auf ein Problem, das uns hier immer wieder Mühe macht, dass in unserem Diakonat verschiedene Berufsgruppen zusammengefasst sind. Und diese Berufsgruppen sind einmal die gemeindeklassischen Menschen, die sich als Gemeindediakone verstehen, die gemeindenah arbeiten wollen, mit einer Kirche verbunden sein wollen, mit einer Gemeinde was anfangen können, die den Spagat zwischen Verkündigung und Diakonie |

leben mit gewissen Schwerpunkten. Die einen je nach Ausbildungsstätte wollen lieber vor allem verkünden und die anderen haben ein deutlicheres diakonisches Feeling. Und dann haben wir die Jugendreferenten, die ja im Diakonat nach dem gleichen Muster beschäftigt sind, die aber überregional, übergemeindlich Freizeiten machen, Fortbildungen, die in der Regel nicht so gemeindenah sind und vor allem auf Jugendarbeit spezialisiert sind und mit der Diakonie und Sozialarbeit sehr unterschiedlich zu tun haben. Und dann haben wir noch die Leute, die gibt es nur noch ganz wenige, die in der Religionspädagogik tätig sind, also im Schul- und Religionsunterricht, die auch nach dem Muster des Diakonats sind, die wissen mit dem Wort „diakonisch" sicher gar nicht viel anzufangen. Und dann haben wir noch Leute, die sozusagen von der Diakonenausbildung herkommen und dann arbeiten in diakonischen Werken oder im Diakonieverband. Das ist nochmal ein anderes Berufsfeld. Ich finde es nahezu nicht möglich, ein Bild des Diakons oder der Diakonin zu werfen.

(Interview 7 mit Dekan Krüger)

Hier ist zu beobachten, wie ein Anstellungsverantwortlicher zwar einerseits großes Interesse an bestimmten Bereichen kirchlicher Arbeit zeigt, die klar mit der Tätigkeit von Diakoninnen und Diakonen verbunden sind, andererseits jedoch dieses Interesse zwangsläufig mit Teilberufsgruppen und deren Bezeichnung verknüpft wird und nicht mit der komplexen Bezeichnung Diakonat, weil der sich als Bezeichnung für ein bestimmtes kirchliches Handeln gar nicht eignet und umgekehrt eher Verwirrung schafft. Oder umgekehrt ausgedrückt scheint hier eine gemeinsame Bedeutung von „Diakonat" jenseits der Ausbildungs-, Anstellungs- und Tätigkeitsmodalitäten nicht zugänglich zu sein.

Ebenso, dies wird in anderen Interviews noch stärker sichtbar, machen sich für die Anstellungsverantwortlichen die organisationalen Zuordnungen der Diakoninnen und Diakone bemerkbar: Wo etwa ein Diakon Jugendreferent ist, spielt die Zuordnung zum Dekanat sowie zum Jugendwerk eine Rolle. Und wo die Zuordnung im Vordergrund steht, rückt wiederum stärker die Tätigkeit – und damit die fachliche Qualifikation jenseits der kirchlichen Beauftragung – in den Fokus. Wo dann eine auf der Stelle einer Diakonin beschäftigte Sozialarbeiterin oder Pädagogin nicht über eine theologische Qualifikation verfügt und entsprechend nicht eingesegnet ist, sind begriffliche und anstellungsrechtliche Verwirrung die Folge. Hier ist über den Diakonat kaum zu sprechen ohne kontinuierliche Klarstellungen und Differenzierungen. Es scheint, als ob in jedem einzelnen Fall dasjenige, was von einem der Befragten über den Diakonat ausgesagt wird, in seinem Bedeutungsumfang erst bestimmt und von anderen Bedeutungsebenen des Diakonats abgetrennt werden muss. So schildert ein Vorstand eines größeren Werkes, wie speziell auch im Bereich theologischer Qualifikationen in seinem Unternehmen Bedarf entsteht und darum speziell die theologische Seite des Diakonats Beachtung verdient. Hier verschiebt sich dann bezeichnenderweise immer wieder der Fokus vom Diakonat auf die Theologie und damit auf das Pfarramt, wie aus dem folgenden Gesprächsausschnitt deutlich wird:[7]

Interviewerin:	Die Frage ist, noch einen Schritt weiter, wofür braucht es das Amt, die Einsegnung, die Berufung ins Diakonenamt? Das ist ja strukturell gesehen eine andere Ebene.
Hr. Gärtner:	Wenn jemand als Betriebswirt in einer diakonischen Einrichtung tätig ist, dann kann er das natürlich ein Stück weit stärker lösen von seiner eigenen Person. Er kann dieses Betriebswirt- oder Kaufmannsein an verschiedensten Stellen ausüben. (…) Die diakonisch-professionelle Entwicklung und Vertiefung kann und darf man aus meiner Sicht nicht von der Person lösen. Sie greift sehr stark in die Person ein und hat sicher auch mit dem urtümlichen religiösen Phänomen der Berufung zu tun. Also insofern würde ich nicht von vorne herein sagen, dass eine Einsegnung hier falsch am Platz wäre. Die Frage ist neben der subjektiven Wirkung dieser Einsegnung: Welche Wirkung hat sie im kollektiven Zusammenhang?
Interviewerin:	Es ist die Landeskirche, die beruft, und das ist ja für eine diakonische Einrichtung noch einmal etwas Besonderes, wenn die religiöse Institution nicht mit der Einrichtung identisch ist.
Hr. Gärtner:	Das ist ganz in Ordnung so, dass die Landeskirche beruft. Die Landeskirche ist für uns ein Stück Gewährsträger auch in dieser diakonischen Dimension. Ich glaube nicht, dass wir gut beraten wären, wenn wir uns hier von der landeskirchlichen Tradition trennen würden. Wir müssten ja dann im Grunde eine eigene kirchliche Tradition gründen, wenn wir es ernsthaft angehen wollten. Wir haben zum Beispiel hier in der Einrichtung eine Pfarrerin mit einer Ausbildung im Personalbereich, es ist sehr wertvoll, dass sie in dieser Doppelqualifikation an dieser Stelle arbeitet, dass sie diese kirchliche Formation mitbringt. Sie kann sehr viel für die diakonische Profilierung tun (…). Wenn jemand nicht in der Verkündigung, nicht in der Seelsorge direkt und überwiegend tätig ist, dann ist das Diakonsein, das Pfarrer-Sein doch etwas, was einen wirksamen Hintergrund darstellt.

(Interview 5 mit Herrn Gärtner)

[7] Dieser Textausschnitt wird im Text von Ellen Eidt (Diakonat in diakonischen Einrichtungen) ebenfalls verwendet und im dortigen Analysekontext interpretiert.

Hier steht zunächst die Frage des Amts im Vordergrund – das Amt wird dabei vom Befragten ganz klar von einer Qualifikation unterschieden und argumentativ eindeutig von der Qualifikation abgetrennt. Das Amt bedeutet hier eine „Formation" der Mitarbeiterin, die deren Arbeit deutlich prägt. Noch wichtiger als ein solcher kirchlicher Hintergrund und eine bestimmte Qualifikation ist aber an dieser Stelle etwas anderes, nämlich die Wirkung für das gesamte Unternehmen. Der Diakonat (oder in diesem Beispiel: das Pfarramt) bildet den „Hintergrund", vor allem aber wird er vor diesem für das Unternehmen „wirksam".

2.2 Vom „Diakonatsminderwertigkeitskomplex" – Diakonat als Pendant zum Pfarramt

Nicht nur in organisationaler Logik gerät der Diakonat mit seinem möglichen Beitrag zum diakonischen Handeln in eine interessante Position gegenüber dem Pfarramt. Auch dort, wo die Befragten nun einmal inhaltlich füllen, worin denn der Diakonat besteht, was seine Funktion oder Bedeutung ausmacht und wie er in kirchlicher Perspektive eingeordnet werden sollte, lässt sich eine typische Denkbewegung ausmachen, in der der Diakonat inhaltlich als Pendant zum Pfarramt konstruiert wird. Dies möchte ich zunächst an einer der Eingangspassagen des Interviews mit einem Schuldekan zeigen, der den Diakonat als inhaltlich zu wenig profiliert betrachtet, was zu einer Defizitdiagnose führt:

Hr. Bader:	Was mich immer beschäftigt, wenn ich an Diakone denke, und das betrifft alle Diakoninnen und Diakone, die ich bisher erlebt habe, ist, dass sie im Grunde in ihrem Geschäft als Diakone theologisch nicht verankert sind. Also der Pfarrer ist theologisch verankert, (…) er ist für die Verkündigung und die Sakramentsverwaltung zuständig. Was er sonst macht, Besuche und alles, ist alles sekundär. Er hat hier eine klare Definition seines Amtes (…). Das empfinde ich zunächst als ein Defizit, weil es den Diakon und die Diakonin immer zum Gehilfen des Pfarrers macht. Er erscheint immer nur, wenn der Pfarrer mal nicht kann und dann immer in einer minderen Funktion. (…) Das müsste man an dieser Stelle klären.

(Interview 6 mit Schuldekan Bader)

Der befragte Schuldekan stellt hier zunächst ein Defizit in der theologischen „Verankerung" des Diakonats fest und leitet dies aus dem Vergleich mit dem Pfarramt ab. Dabei ist die Verankerung des Pfarramts für ihn offenbar unzweifelhaft gegeben und mit der Zuordnung eines Kernbestandteils der Tätigkeit unterfüttert. Die fehlende „Verankerung" von Diakoninnen und Diakonen ist allerdings, folgt man der sprachlichen Gestaltung dieses Arguments, vom konkreten Fall abhängig – sie findet sich in den *„erlebten"* Personen, nicht im Diakonat im Allgemeinen. An der *„Verankerung"* des Diakonats ließe sich also etwas tun, und zwar vor allem mit einer Beschreibung von Kernaufgaben oder spezifisch diakonischen Handlungsfeldern. Der Befragte mahnt im weiteren Verlauf diese Unklarheit zu beseitigen, nicht zuletzt im Interesse der Pfarrerinnen und Pfarrer. Eine ungeklärte Funktion im Diakonat führt in seinen Augen nicht nur zu der (bestehenden) verwirrenden Situation, sondern auch dazu, dass Diakoninnen und Diakone eben keine eigene, sondern nur die im pastoralen Handeln noch übrigen Funktionen erfüllen können und so die Gesamtheit kirchlichen Handelns unzulänglich bleibt:

Hr. Bader:	Da merke ich, dass der Landeskirche nicht klar ist, was Pfarrer tun sollen und was dann Diakone und vielleicht die Jugendreferenten tun sollen. Das ist alles gegenseitig, nein eben nicht gegenseitig, der Pfarrer kann alles und dann beginnen die Defizitkonstruktionen. Damit wird der Pfarrer überfordert und es wird kein theologisches, geistliches Team gestaltet.

(Interview 6 mit Schuldekan Bader)

Andere Befragte schildern an dieser Stelle genauer, worin denn die spezifischen Kerntätigkeiten im Diakonat bestehen können, und sie konstruieren diese ebenso vorrangig auf der Basis des Pfarramts und von hier aus anhand der Defizite, die dort auszumachen sind: Was Pfarrerinnen und Pfarrer nicht leisten (können), sollen Diakoninnen und Diakone leisten. Parallel sollen Ausbildungsgänge in den Diakonat eben die Kompetenzen dafür eröffnen. Ein Anstellungsverantwortlicher aus einer diakonischen Einrichtung, den wir hier Herrn Wagner genannt haben, skizziert das so:

Interviewerin:	Wie würden Sie denn das Verhältnis von Diakon und Pfarrer beschreiben? Das ist ein paar Mal aufgetaucht in unserem Gespräch.
Hr. Wagner:	Ich habe schon vorhin gesagt, dass ich nicht ganz glücklich bin, mit dem Diakonengesetz, was das anbelangt, dass ich da spüre, dass es einen Diakonatsminderwertigkeitskomplex gibt, wo man meint, den übers Diakonatsgesetz ausgleichen zu können. Der Meinung bin ich nicht, sondern man müsste viel mehr dafür sorgen, dass es zu diesem Minderwertigkeitskomplex gar nicht kommt. Und das kann man bloß durch Profilierung und Stärkung auch des berufsständischen Selbstbewusstseins erreichen. Aber in deutlicher Abgrenzung zu dem, was die Diakone angeblich gern sein wollen, nämlich Pfarrer.

Interviewerin:	Und was können dann Diakone, was Pfarrer nicht können? Kann man so was beschreiben?
Hr. Wagner:	Diakone müssen meiner Ansicht nach noch besser können, was ich von einem Pfarrer auch erwarte, nämlich Netzwerker sein. Gemeindenetzwerker, natürlich auch bezogen auf Jugendarbeit oder Altenarbeit. Und das möglichst integrativ verstanden, und katechetische Arbeit. Aber Netzwerker heißt die Fähigkeit, Menschen zusammenzubringen auf der Ebene der Kirchengemeinde. Und zwar verschiedenartige Menschen. Und zu dieser Verschiedenartigkeit gehört dann meiner Ansicht nach auch die ganze Bewohnerschaft und Mitarbeiterschaft einer Einrichtung dazu. Und das muss, glaube ich, neu in den Blick genommen werden. Bis hin zur Entwicklung des Pfarrplans künftig (…).

(Interview mit Herrn Wagner)

Hier wird die diakonische Funktion vor allem als integrative Funktion entwickelt: Vernetzung dient als Oberbegriff für das zwar zielgruppenorientierte, aber vor allem auf die Gesamtheit der Kirchengemeinde (und dann auch der diakonischen Einrichtung) bezogene Handeln. Hier wird nun – übrigens wiederum abgeleitet aus einer Kompetenz, die auch im Pfarramt gegeben sein soll – eine diakonische Kernkompetenz beschrieben. Etwas unklar bleibt, ob denn diese diakonische Kompetenz vor allem durch Aufgabenteilung (Zuständigkeit, zeitliche Ressourcen) zwischen Diakonat und Pfarramt oder vor allem durch einen tatsächlichen, gravierenden Unterschied in den Kompetenzen gegeben sein soll.

Insgesamt fällt auf, wie einheitlich die Befragten den Diakonat vor allem gegen das Pfarramt abheben und darin für eine Trennung der Arbeitsbereiche plädieren. Ebenso auffällig ist, wie vehement sie aber zugleich den Diakonat ganz wesentlich aus dem Pfarramt ableiten, entweder durch Identifikation der Arbeit, die von Pfarrerinnen und Pfarrern nicht geschafft werden kann, oder durch Konstruktion eines diakonischen Komplementärs des pastoralen Handelns, etwa indem ein Pfarrer Seelsorge im Einzelfall leistet, während sich die Diakonin stärker um die Gemeinschaft bemüht, oder indem eine Pfarrerin im „Kern" der Gemeinde Gottesdienste gestaltet, während der Diakon sich um weniger präsente Menschen „außen" kümmert. Berücksichtigt man die aktuellen Diskurse um den Diakonat,[8] so lässt dieser Befund vermuten, dass von Seiten der Anstellungsverantwortlichen auf der einen Seite durchaus eine große formale Wertschätzung gegenüber dem Diakonat auszumachen ist und ebenso der Wunsch nach einem klar kirchlich wie fachlich positionierten Diakonat. Auf der anderen Seite fällt es

---

[8] Vgl. Zippert 2008 zum Miteinander von Diakonat und Pfarramt sowie Eidt 2011 (besonders Kapitel 4 ab S. 101) zum Diakonat als Beruf bis hin zur aktuellen Situation.

den Anstellungsverantwortlichen jedoch schwer, den Diakonat als eine Beauftragung mit eigenen Kompetenzbereichen zu begreifen.

2.3 Der Diakonat aus dem Verständnis von Kirche, Gemeinde und Diakonie abgeleitet

Eine weitere Beobachtung lässt sich aus den Beiträgen der Anstellungsverantwortlichen gewinnen: Dort, wo Anstellungsverantwortliche den Diakonat stark in Bezug auf die Kirche konstruieren (und nicht etwa aus den spezifischen Interessen eines diakonischen Unternehmens heraus), findet sich der Diakonat eingebettet in einen kirchentheoretischen Entwurf. Zwei Beispiele möchte ich hierfür anfügen, zum einen den gemeindetheologischen Entwurf eines Dekans, den wir hier Herrn Keppler nennen, zum anderen den eher liturgischen Entwurf des schon zitierten Schuldekans Bader. Der hatte das Pfarramt als vor allem in Gottesdienst und Liturgie verankert beschrieben, von dort her ist den Pfarrerinnen und Pfarrern das liturgische Handeln, *„Verkündigung und die Sakramentsverwaltung"*, als Kerntätigkeit zugeschrieben, und von dort her eröffnet er die Defizitkonstruktion für den Diakonat: *„In der katholischen Kirche hat der Diakon diese Erscheinungsmöglichkeit im liturgischen Zusammenhang auch. Bei uns nicht."*

In dieser Logik, wo die Liturgie den Kern von Kirche und Gemeinde und darin auch den Kern kirchlichen Handelns ausmacht, ist es kaum möglich, den eigenen Ort für den Diakonat in der Kirche in Handlungsfeldern und Kompetenzprofilen zu bestimmen, außer aus diesem liturgischen Grundverständnis heraus. Als Schuldekan entwickelt der Befragte auch unmittelbar Lösungsansätze, wie – aus seinem Kirchenverständnis heraus – der Diakonat als relevantes kirchliches Handeln sichtbar und von hier aus auch bedeutsam werden kann: Das gottesdienstliche Auftreten von Diakoninnen und Diakonen muss gestärkt werden, ausgehend von der Einsegnung, die, für alle Diakoninnen und Diakone zentral durchgeführt, im Diakonat für die Gemeinden nicht sichtbar ist. Umgekehrt erhalten hierdurch andere Berufsgruppen ihre Legitimation: *„Die kirchlichen Lehrerinnen, das gilt für die Pfarrer vergleichsweise, bilden immer eine Brücke hin zur Gemeinde. Die Einsegnung kriegt die Schule gar nicht mit, und das ist ein Problem. Auch wenn ich einen Studienleiter neu einführe, also die Einführung im Gottesdienst, ist natürlich hier ein Zentralort. In dem Fall ist seine Schule daneben und da kommt der Rektor. Aber sehr häufig ist das eben nicht der Fall und deshalb wäre ein regelmäßiger Ort in der Gemeinde, in der Liturgie, das ist einfach der Ort der Sichtbarkeit."* Im Handlungsraum zwischen Kirche und Schule entwickelt der Diakonat dort seine Bedeutung, wo Familiengottesdienste, Schulgottesdienste oder andere Angebote entstehen: *„Religionspädagoginnen und Religionspädagogen haben da wenig Möglichkeiten, wenn nicht die Ortspfarrerin dann auf die zukommt und die was gemeinsam machen, also schon sowieso im Team arbei-*

ten, dann erscheinen sie natürlich auch in Familiengottesdiensten zum Beispiel in der Funktion. Von daher müsste, aus meinem Blick, die Einsegnungsschiene eher verstärkt werden, hin zu einem festen liturgischen Ort."

Dieselbe Entwicklung des Diakonats aus einem grundlegenden Kirchenverständnis heraus zeigt Dekan Keppler. Er sieht die Kirche vor allem in ihrer Funktion als Gemeinschaft der Glaubenden am Ort. Entsprechend finden hier sowohl das Pfarramt als auch der Diakonat seine Positionierung dergestalt, dass sie diese lokale Gemeinschaft fördern und in allem auf sie hin wirken. Dieser Befragte zieht am Ende seiner Ausführungen ein drastisches Resümee seiner Überlegungen über den Diakonat: *„Und ich persönlich sehe es etwas dramatisch und sage: Wenn wir nichts ändern, ist in 20 Jahren dieser Beruf kaputt".* Auswege sieht er, abgesehen von anstellungsrechtlichen Veränderungen,[9] in einer Ausgestaltung des Diakonats auf die Gemeinde hin, was er am Beispiel eines älteren Mitarbeiters beschreibt:

Hr. Keppler:	Er [der Diakon] war ehemaliger Jugendreferent im Kirchenbezirk und ist nun Gemeindediakon, aber hauptsächlich in der Jugendarbeit. Er ist inzwischen 50 Jahre alt. Er sehnt sich nach einer anderen Arbeit.
Interviewerin:	Was wäre das, wenn Sie die Möglichkeit hätten?
Hr. Keppler:	Genau in dem Bereich, in dem ich ihm jetzt etwas anbiete, Richtung Diakoniestation, wo er auch in seinen Gemeinden, wo er vorher war, verankert wäre, und könnte das Projekt in diesen Gemeinden vorantreiben.
Interviewerin:	Das wäre eine Verschiebung vom Jugendbereich auf den sozialdiakonischen Bereich?
Hr. Keppler:	Auf den gemeindediakonischen Bereich, indem er auch neu entdeckt: Die Diakoniestation ist nicht nur ein Wirtschaftsbetrieb, sondern es ist unsere Diakoniestation, sie betreut unsere Kranken. Und nun schauen wir, wie wir miteinander auch die Seelsorge an diesen kranken Personen machen können. Das wäre natürlich auch eine Stärkung der Diakoniestation. Damit würde sie ein Stück weit fast konkurrenzlos werden, weil sie ein Betreuungsangebot nach sich ziehen würde, was ein privater Träger gar nie tun kann. Aber warum soll man das nicht ernst nehmen, dass eine Diakoniestation Diakonie der Kirche ist, und das mal leben, was wir immer auf dem Papier haben.

---

[9]   Hier wünscht sich der Befragte die Zentralanstellung, um Flexibilität in Stellenwechseln und persönlicher Weiterentwicklung zu stärken.

Interviewerin:	Wie sehen das die Gemeinden?
Hr. Keppler:	Das ist etwas das Problem, was ich beobachte. Aber ich muss ehrlich sagen, ich habe sie auch so gesehen und erst seit ich als Dekan mit Diakoniestation-Sanieren beschäftigt bin, sehe ich plötzlich die Möglichkeiten, die da wären. Aber man hat sich damit abgefunden, dass man Diakonie delegiert hat. Die Krankenbetreuung, das macht die Diakoniestation.

(Interview 2 mit Dekan Keppler)

Hier zeichnet der befragte Dekan seine kirchentheoretischen Voraussetzungen – die Gemeinde als Angelpunkt von Kirche, das Wir der Gemeinschaft vor Ort – in den Diakonat ein. Nicht die Handlungsfelder im Diakonat stehen damit für ihn zur Diskussion, es geht ihm nicht um viel oder wenig Jugendarbeit oder sozialdiakonisches Engagement. Im Grunde geht es ihm, wie er hier am Beispiel in seiner klaren Korrektur der thematischen Angebote der Interviewerin deutlich macht, um die Handlungsoptionen eines Diakons hin auf die Gemeinde. Sie wird durch diakonisches Handeln um einen weiteren Aspekt bereichert und erfüllt darin einmal mehr ihre wichtigste Funktion, nämlich den christlichen Glauben zu „leben". Interessant ist, wie sich damit, auch in der Konstruktion des diakonischen Handelns, die Logik von Ortsgemeinde als sozialer Nahraum, Familie und Nachbarschaft durchsetzt: Dort – also in der Nachbarschaft wie in der theologisch gedeuteten Gemeinde als Nachbarschaft – werden alle sozialen Grundfunktionen erfüllt, also auch die Betreuung „unserer Kranken". In dieser zumindest partiellen Überlagerung von Familie/Nachbarschaft einerseits und religiöser Gemeinschaft andererseits liegt zugleich die Problematik, die sich damit unwillkürlich entwickelt: „Die Gemeinde" versteht die Versorgung der Kranken nun entweder als Privatsache, die familiär geregelt wird, oder als professionelles Handeln, das dann aber mit Familie und Nachbarschaft nicht mehr geleistet werden kann, also sinnvollerweise an Facheinrichtungen ausgelagert wird. Hier muss der Dekan, will er den Diakonat in diesem Gefüge verorten, eine explizit professionelle, aber dennoch nachbarschaftlich verortete Handlungsebene einziehen, was ihm hier mit dem Konzept der „Seelsorge" gelingt.

Auf diese Weise lässt sich nachzeichnen, wie auf der Basis von kirchentheoretischen Grundlagen der Diakonat jeweils an diese Grundlage angepasst und zugleich innerhalb des gewählten Schemas in seiner Besonderheit konstruiert wird. Daraus ergeben sich mindestens zwei wichtige Lerneffekte: Zum einen erscheint mir der Entwurf des Diakonats auf der Basis eines umfassenden Kirchenverständnisses als konsequentes Verfahren, damit in der Folge alle Dimensionen eines solchen Entwurfs ein stimmiges Ganzes ergeben. Zum anderen ist zu sehen, dass sich dann, je nach gewähltem Grundverständnis, durchaus sehr unterschiedliche Konstruktionen des Diakonats ergeben sowie erheblich davon vorgezeichnete Spielräume für Aussagen über Qualifikationen, Ausbildungswege, Handlungsfelder und sinnvolle Anstellungsstrukturen. So müssen, wie vor allem im letzten Beispiel deutlich zu sehen, die aus kirchentheoretischen Modellen abgeleiteten Konstruktionen des Diakonats in der weiteren Ausarbeitung daraufhin überprüft werden, welche impliziten Vorstellungen (wie hier die der Gemeinde als quasi familiäres oder nachbarschaftliches Miteinander) sich mit welchen Konsequenzen auswirken.

3. „Das ist etwas, das mir einleuchtet" – Das Wesen des Diakonats

Im nun folgenden Schritt steht die Konstruktion des Diakonats selbst im Vordergrund, also die Vorstellung der Anstellungsverantwortlichen davon, worin denn das Wesen des Diakonats besteht und was diesen in den unterschiedlichen Handlungsfeldern insbesondere ausmacht. Dabei stehen Vorstellungen über Kompetenzen und fachliche Schwerpunkte neben Vorstellungen über das Verhältnis von Person und Beauftragung oder Einschätzungen der Chancen, diakonische Anliegen in der Arbeit von Diakoninnen und Diakonen sichtbar werden zu lassen. Diese Aspekte eines umfassenden Verständnisses des Diakonats bilden die Überschrift über die folgenden Abschnitte. Erwartungsgemäß sind die Perspektiven der Anstellungsverantwortlichen aus den verschiedenen Bereichen sehr unterschiedlich, was jedoch nur insofern Gegenstand der Betrachtung sein soll, als es die jeweilige Denkfigur stark beeinflusst.

3.1 Was Diakoninnen und Diakone können sollen

Insgesamt lässt sich feststellen, dass alle hier befragten Anstellungsverantwortlichen – wenn auch mehr oder weniger umfassend ausgeführt – von einer Art diakonischer Grundkompetenz ausgehen, mit der sich einerseits beschreiben lässt, was Diakoninnen und Diakone können sollen, mit der sich andererseits deren Position im Gegenüber zum Pfarramt (siehe Abschnitt 2.2), zu Ehrenamtlichen und manchmal auch im Gegenüber zu Fachkräften ohne kirchliche Beauftragung abgrenzen lässt. Eine solche, allen Diakoninnen und Diakonen grundsätzlich eigene Kompetenz ist dann zunächst unabhängig vom Einsatzbereich formuliert, wie dies oben schon im Gespräch mit einem Verantwortlichen einer diakonischen Einrichtung, den wir Herrn Wagner genannt haben, sichtbar war: „*Diakone müssen (…) Netzwerker sein. Gemeindenetzwerker, natürlich auch bezogen auf Jugendarbeit oder Altenarbeit. Und das möglichst integrativ verstanden, und katechetische Arbeit. Aber Netzwerker heißt die Fähigkeit, Menschen zusammenzubringen auf der Ebene der Kirchengemeinde. Und zwar verschiedenartige Menschen.*" Diese Gesamtschau denkt dieser Befragte von der Kirchengemeinde aus – wenngleich er unmittelbar darauf den Nutzen des so verstandenen Diakonats auch für eine diakonische Einrichtung beschreibt, die dann parallel zu einer Gemeinde verstanden ist: *„Und zu dieser Verschiedenartigkeit gehört dann meiner Ansicht nach auch die ganze Bewohnerschaft und Mitarbeiterschaft einer Einrichtung dazu."* In derselben Logik findet sich diese diakonische Grundkompetenz in anderen Interviews auch übertragen auf das Handlungsfeld Schule. In dieser, für die Kirchengemeinde konstruierten und von dort auf andere Handlungsfelder übertragenen Grundkompetenz ist in der Folge nicht nur die Kirchengemeinde der Angelpunkt allen diakonischen Handelns, sondern die jeweilige Landeskirche auch entsprechend in der Pflicht, die von ihnen beauftragten Personen in ihrer strategischen Arbeit zu berücksichtigen und die finanziellen Mittel dafür bereit zu stellen: *„Und das muss, glaube ich, neu in den Blick genommen werden. Bis hin zur Entwicklung des Pfarrplans künftig."*

Im gleichen Duktus, aber nun mit stärker inhaltlicher Entfaltung skizziert ein Dekan, den wir hier Krüger genannt haben, die diakonische Grundkompetenz. Voraus geht eine längere Sequenz (vgl. Abschnitt 2.1), in der die innere Differenzierung des Diakonats in Berufsgruppen problematisiert wird. In dem hier dargestellten Gesprächsgang wird der Dekan nun explizit nach einer möglichen übergeordneten Kompetenzstruktur des Diakonats gefragt:

Interviewerin:	Und wenn Sie auf dieses Gesamtbild schauen, (…) würden Sie dann sagen, diese [Berufs-]Gruppen müssen alle das Gleiche können? Oder würden Sie sagen, jede Gruppe braucht etwas anderes.
Hr. Krüger:	Wenn ich jetzt träumen darf, dann glaube ich, dass es gewisse Grundkompetenzen gibt, die man, wenn man sie im einen Feld erwirbt, wenn man wirklich gut ist da drin, dann auch übertragen können müsste. Das ist meine Vision.
Interviewerin:	Nämlich?
Hr. Krüger:	Ich glaube, dass jemand, der mit einer gewissen theologischen Grundkompetenz ausgestattet ist, eine gewisse Basisgrundkompetenz [hat]. Es muss kein wissenschaftliches Studium sein, aber sie muss doch vielleicht mal was von kritischer Methode im Umgang mit dem biblischen Wort gehört haben, damit sie mit den Widersprüchen in diesem Buch auch kompetent nach außen umgehen kann. Hier gewisse Basisgrundkompetenzen, einschließlich dann einer gewissen Sprachfähigkeit dazu, auch im Spirituellen. Dann die Fähigkeit einer Sozialraumerfassung, einfach Kompetenzen, wie man das erfasst, man muss das ja nicht alles wissen, aber man muss gewisse Methoden habe, wie man das erfasst, wie man da hin gucken muss, dass man gegebenenfalls auch mal eine Statistik zur Hand nimmt. Das würde ich

> einfach erwarten als eine Grundkompetenz. Und dann eine be-
> stimmte pädagogische Fähigkeit bis hin auch so was wie Grup-
> pendynamik zu kennen, würde für mich jetzt in den Bereich der
> Pädagogik gehören. Es ist sicher nicht vollständig (…). Und
> dann meine ich, dass man diese Grundkompetenzen, die kann
> man im Jugendbereich anwenden, die kann man, wenn man ar-
> beitet mit älteren Menschen, anwenden, die kann man, wenn
> man mit Familien zu tun hat, benutzen. Also von meinem Bild
> her könnte ich mir gut vorstellen, dass man da in den unter-
> schiedlichen Bereichen arbeiten kann.
>
> (Interview 7 mit Dekan Krüger)

Hier finden sich theologische, sozialwissenschaftliche und pädagogische Kompetenzen zu einem Gesamtentwurf von diakonischen Kompetenzen vereint, der
zunächst unabhängig von Anwendungsbereichen konstruiert ist. Die darüber
hinausgehende, möglicherweise stark spezifische Anwendung auf verschiedene
Zielgruppen ist als Spielraum in der Anwendung dieser Kompetenzen ausdrücklich eingeschlossen. Obwohl dieser Befragte zuvor ausdrücklich die Abgrenzungen zwischen Berufsgruppen und die unterschiedlichen Ausrichtungen speziell
von Diakoninnen und Diakonen in der Jugendarbeit, der Religionspädagogik
und Gemeindediakonie als Störfaktor für die Gestaltung des Diakonats beschrieben hatte, ist darin nun die Möglichkeit einer gesamtdiakonischen Konzeption
gegeben. Weniger ausgeführt, aber in der Konzentration auf Grundkompetenzen
noch jenseits der Berufsgruppenzugehörigkeit, findet sich diese Konzeption auch
in den anderen Interviews. Oder umgekehrt gesagt: Die von mir befragten Anstellungsverantwortlichen gehen zwar davon aus, dass unterschiedliche Einsatz-
bereiche auch jeweils eigene Kompetenzen erfordern, sie gehen darüber hinaus
jedoch von einer gemeinsamen diakonischen Kompetenz aus, auch wenn diese
eher schematisch und abstrakt und weniger elaboriert und mit den gängigen
Diskursen kompatibel geboten wird.[10] Keine Rolle spielten in den Interviews die
verschiedenen Profile der möglichen Ausbildungsstätten oder Studiengänge.[11]

Nun lassen sich – ganz nach der Logik der qualitativen, vor allem in ihrem
explorativen Effekt nützlichen Forschung, die hier betrieben ist, – aus einigen
Interviews keine Schlüsse auf die Positionen von Anstellungsverantwortlichen im
Allgemeinen ziehen. Dass diese jedoch vom Diakonat als einer zunächst (theore-
tisch) einheitlichen Kompetenzstruktur ausgehen und erst mit Blick auf konkrete
Handlungsfelder differenziertere Erwartungen formulieren, legt zumindest die

---

[10] Etwa in Bezug auf die Kompetenzmatrix. Vgl. VEDD 2004.
[11] Zuweilen äußern die Befragten hier ihr Unwissen oder sie stellen fest, dass in der Praxis stärker
      die Frage nach der Person und ihrer Prägung im Vordergrund steht (vgl. 3.2). Möglicherweise
      ist die Frage nach dem Ausbildungsweg aber auch schlicht für die Anstellungsverantwortlichen
      wenig interessant.

Vermutung nahe, dass hier vielleicht die Relevanz des Diakonats in Frage steht, nicht aber dessen Konstruktion aus kirchlicher Beauftragung einerseits und theologisch-sozialwissenschaftlicher bzw. pädagogischer Kompetenz andererseits. Von hier aus richtet sich das Augenmerk nun auf einen mit der Frage nach den Kompetenzen eng verknüpften Themenbereich, nämlich dem der eigenen Person des Diakons oder der Diakonin. Es lässt sich zeigen, wie stark in der konkreten Reflexion des Diakonats nicht das Kompetenzprofil selbst interessiert, sondern eben jene Kopplung von Kompetenz und Person.

3.2 Welche Rolle die Persönlichkeit der im Diakonat Tätigen spielt

In der Sichtung der Interviews lässt sich die folgende These entwickeln: Wo Anstellungsverantwortliche über die Qualifikation – oder dann in Folge auch über den Diakonat – nachdenken, befassen sie sich zuweilen auf der sprachlichen Ebene mit Qualifikationsfragen, haben aber dabei sehr häufig die Persönlichkeit der Diakoninnen und Diakone vor Augen.[12] Die Persönlichkeit – gewissermaßen als Grundlage alles zu Lernenden und aller konkreten Fähigkeiten verstanden – bildet die Basis für alles Weitere. Auch dort, wo Befragte durchaus eine große Wertschätzung für Qualifikationen haben, steht die Person der Diakonin und des Diakons im Vordergrund, wie im Gespräch mit dem Schuldekan, den wir Herrn Bader genannt haben, sichtbar wird. Von der Interviewerin gefragt: *„Worauf kommt es an, bei den Kompetenzen von Diakonen?"*, antwortet er ganz direkt: *„Wenn Sie so fragen, würde ich in erster Linie natürlich weniger das Theologische, Diakonische oder Diakoniewissenschaftliche in den Vordergrund stellen. Das muss eine Persönlichkeit sein. In der Persönlichkeitsbildung weit fortgeschritten und gereift. Wobei ich nicht sagen möchte, dass es bloß alte Leute sein können."* Dem Befragten ist durchaus bewusst, dass hier die Interviewerin auch in der Rolle als Ausbildungsverantwortliche fragt, und er trägt diesem Interesse Rechnung, indem er seinen Überlegungen eine Reflexion der Chancen einer akademischen Ausbildung anfügt: *„Und das ist natürlich auch manchmal schwierig, kann ich mir vorstellen, wenn ich mich in Ihre Situation hinein versetze. Wie kann man Persönlichkeiten prägen und bilden? Und nicht bloß sozusagen, Wissen anhäufen. Abfragbares Wissen oder so. (lacht) Also das gehört natürlich schon mit dazu, dass so jemand nach außen hin diakonische Motivation, diakonische Aufgabenstellungen auch formulieren kann und so formulieren kann, dass es überzeugend ist und wirkt."*
Von dieser starken Wertschätzung für die Persönlichkeit aus wird dann für die Anstellungsverantwortlichen nicht nur die Frage der Qualifikation, sondern zugleich die Frage nach dem Erwerb solcher Qualifikationen nachrangig. Ein

---

[12]   Vgl. dazu die Ergebnisse von Ellen Eidt (Diakonat in diakonischen Einrichtungen), in denen ebenfalls die Persönlichkeit eine wichtige Rolle spielt.

Beispiel dafür bietet ein Dekan, den wir Herrn Vogel genannt haben. Explizit nach den Erfahrungen mit einer *„guten Diakonin"* oder einem *„guten Diakon"* gefragt, berichtet er zunächst über diese Person und dann über seine Einschätzung, was genau dazu beigetragen hat:

Hr. Vogel:	Das ist eine junge Frau, jetzt im Moment ist sie im Bezirksjugendwerk (…) und das sind sehr gute Erfahrungen auch mit der Art wie die Mitarbeiterin erstens einfach sehr schnell sich eingefunden hat in ihre Arbeitsbereiche, sehr selbständig strukturieren konnte, sie war eine der ersten dieser jüngeren Generation, die also schon mit einem Fachhochschulabschluss kamen, und was ich bei ihr wahrgenommen habe, war einfach so diese Doppelqualifikation, die sie mitbringt als Theologin und Religionspädagogin. Dass sich das wirklich auch positiv bemerkbar macht, dass sie nicht an der einen oder anderen Stelle dann doch Mühe hat, zum Beispiel auch theologische Fragen von Jugendlichen oder von Mitarbeitern zu bearbeiten, so was wie Vermittlung von Sinnfragen (…) und gleichzeitig aber eben auch die religionspädagogische Kompetenz, Jugendliche da ins Gespräch zu bringen oder auch einfach methodenreich und vielfältig Aktionsformen zu generieren. (…) Ja, was mir besonders aufgefallen ist, seit sie da war, dass wir im Bezirksjugendwerk relativ schnell die Schulung der ehrenamtlichen Mitarbeiter [*berichtet über die Entwicklung von Schulungen*], und ich fand das sehr interessant, wie sie das dann methodisch aufgearbeitet hat, und mir ist aufgefallen, dass die Schulungen mittlerweile einen hohen Zulauf haben. (…) Oder, was mir auch aufgefallen ist, da war sie vielleicht nicht der Auslöser, aber sie hat das doch sehr mit getragen, die X-Initiative ist hier im Kirchenbezirk schnell und intensiv aufgenommen worden, und da hatte ich den Eindruck, es ist einfach gut, wie von Seiten des Bezirksjugendwerks dann die Vernetzung zu Kirchengemeinden läuft. Und da habe ich gemerkt, dass sind Kompetenzen, die jemand mitbringt, der einfach diese unterschiedlichen Ebenen miteinander in Beziehung bringen kann. Oder das andere ist, sie macht eine ganz kontinuierliche Jungschararbeit, ist auch auf landeskirchlicher Ebene da engagiert beim Landesjugendwerk, und da profitieren einfach die Jungscharen vor Ort ziemlich davon. Also so merke ich da einfach, es ist wenn ich mir ankucke, was die Mitarbeiterin an Ideen hat und wie sie es umsetzt, und wenn ich höre, dass das eigentlich auch immer Resonanz findet. Dass da nichts so verhallt so im luftleeren Raum, da dran merke ich, dass sie die Sachen sehr gut durchdacht immer angeht. Und das ist etwas, das mir einleuchtet, wo ich denke, da kommt genau die Stärke dieser Doppelqualifikation zum Tragen.

Interviewerin: Was vermuten Sie, wo hat sie das gelernt?

Hr. Vogel: Also gut, sie hat, wenn ich recht weiß, natürlich schon eine Vor-
                   geschichte, sie ist selber sozialisiert im Bereich verbandlicher Ju-
                   gendarbeit und hat sich deshalb eben für diesen Beruf entschie-
                   den, da konnte sie das, was sie mal ehrenamtlich kennen gelernt
                   hat, sehr positiv umsetzen, kam mit einer hohen persönlichen
                   Motivation und ich denke aber, sie hat einfach ihr Studium auch
                   im hohen Maße genutzt. Also, das ist jemand, da habe ich wahr-
                   genommen, auch auf der theoretischen Ebene motivierte Person,
                   aber gleichzeitig auch jemand mit ganz praktischen, organisato-
                   rischen, in Anführungszeichen handwerklichen, einfach so für
                   die konkreten Aufgaben in der Gemeinde begabte und aber auch
                   ausgebildete Mitarbeiterin.

(Interview 1 mit Dekan Vogel)

Auf die Nachfrage hin „*Was vermuten Sie, wo hat sie das gelernt?*" wird deutlich,
wie dieser befragte Dekan zwar die Fähigkeiten einer in seinen Augen auffallend
erfolgreich arbeitenden Diakonin umfassend benennt, wie sie sich an den konkreten Folgen ihrer Arbeit ablesen lassen, wie er aber zugleich diese Fähigkeiten
weniger einer Ausbildung zuschreibt, sondern zuerst der jahrelangen Vorerfahrung der Diakonin als Beteiligte in ihrem heutigen Arbeitsfeld (*„sozialisiert im
Bereich verbandlicher Jugendarbeit"*) und danach dem selbstbestimmten Suchen
der auf diese Weise vorgeprägten Person innerhalb der ihr im Ausbildungsgang
zur Verfügung stehenden Chancen (Nutzung der *„theoretischen Ebene"*). Begabung und Ausbildung bedingen sich hier gegenseitig, es ist offenbar nicht möglich, den Gewinn der Ausbildung darzustellen, ohne die Persönlichkeit der Diakonin, ihre Erfahrungen als Jugendliche oder ihre Begabung als wesentliche
Wirkfaktoren mit zu benennen. Diese Denkfigur, die Begründung der heutigen
Leistungsfähigkeit oder des heutigen Erfolgs einer Diakonin oder eines Diakons
mit deren Begabung und deren Vorerfahrungen in der Kindheit und/oder Jugend, findet sich in zahlreichen Interviews wieder.

In derselben Logik schildert ein anderer Dekan, den wir Herrn Keppler genannt haben, wie ein Diakon in seinem Bezirk pädagogisch geschickt mit sozial
belasteten Jugendlichen umgeht. Auf die Frage „*Wo hat er das gelernt?*" antwortet er: „*Er hat seine Ausbildung in Unterweissach*[13] *gemacht. Aber vielleicht war es
auch eine Naturbegabung. Er hat vorher ein paar Semester an der Pädagogischen
Hochschule studiert und dann festgestellt: Nein das ist nicht meines, ich möchte
Diakon werden. Aber dieser pädagogische Ansatz, der war einfach da.*" Aus dieser

---

[13]   Gemeint ist die Evangelische Missionsschule der Bahnauer Bruderschaft GmbH in Weissach im
        Tal. Mit einer anschließenden landeskirchlichen Aufbauausbildung können Absolventinnen
        und Absolventen in den Diakonat der Evangelischen Landeskirche in Württemberg eingesegnet
        werden.

ungeheuren Bedeutung, die die Persönlichkeit der Diakoninnen und Diakone in den Augen der Befragten bekommen – fast im Gegensatz zu der Bedeutung der Ausbildungsstätten, die immer erst auf Nachfrage genannt und deren Funktion immer eine untergeordnete bleibt, – wird dann auch verständlich, warum berufsbegleitende Ausbildungsgänge wie eine von diakonischen Einrichtungen mit getragene berufsbegleitende Diakonenausbildung[14] eine so wichtige Rolle im Denken der Anstellungsverantwortlichen spielen: Im Wesentlichen dient – so die Logik – ein explizit diakonischer Ausbildungsgang dazu, die bereits vorhandenen Begabungen und die bereits erworbene Erfahrung zu einem Gesamtprofil diakonischer Kompetenz abzurunden. Der folgende Abschnitt zeigt, wie im Ringen um die Bedeutung von Qualifikation und Persönlichkeit die letztere das deutlich größere Gewicht erhält:

Interviewerin:	Wenn Sie Diakoninnen und Diakone einstellen im Kirchenbezirk, spielt es eine Rolle, wo sie ausgebildet sind?
Hr. Keppler:	Nein. Für mich ist es entscheidend, was ist es für eine Persönlichkeit, die mir gegenüber sitzt? Ist es eine überzeugende Persönlichkeit, ist sie auch fachlich gut qualifiziert? Und da spielt es für mich keine Rolle, woher sie kommt.
Interviewerin:	Die Ausbildungsmodelle sind doch sehr unterschiedlich. Ich bin ja nun neu in diesem Bereich, aber ist das nicht ein Unterschied, wo man studiert hat oder ausgebildet wurde?
Hr. Keppler:	Ich habe jetzt ein paar Besetzungsverfahren mitgemacht und nach der Ausbildung ist nur am Rande gefragt worden. Es war aber nie ein Kriterium der Einstellung. (…) Entscheidend war immer, was für eine Persönlichkeit ich vor mir habe.
Interviewerin:	Wenn Sie von der Persönlichkeit sprechen, ist ja die Frage, was man überhaupt noch lernen kann. Was kann man in einer Ausbildung professionell noch an Menschen herantragen, wenn es die Persönlichkeit hergibt – oder nicht.
Hr. Keppler:	Ja, (nachdenklich) wie muss eine Ausbildung sein, um die Persönlichkeit zu stärken?

(Interview 2 mit Dekan Keppler)

Die Interviewerin kontrastiert den Befragten mit einer logischen Wendung: Wenn die Persönlichkeit im Vordergrund steht und die Ausbildung nachrangig

---

[14] Eine berufsbegleitende Qualifizierung für Fachkräfte aus diakonischen Handlungsfeldern, mit deren Abschluss ebenfalls die Berufung in den Diakonat möglich wird.

ist, wie ist dann grundsätzlich die mögliche Leistung einer Ausbildung oder eines Studiums einzuschätzen? Ist diese in der Lage, das Kompetenzprofil der Auszubildenden zu erweitern, wo nicht bereits eine Begabung oder eine wichtige Vorerfahrung vorliegt? Und hier spielt der Befragte – als Antwort wie zugleich als Korrektur der Idee, eine Ausbildung könne, über die Persönlichkeit hinaus, Wesentliches zum Profil einer Person beitragen – wiederholt seine Haltung ein: Eine Ausbildung ist (nur) dazu da, die Persönlichkeit des Menschen zu stärken, weshalb es auf die Persönlichkeit zentral ankommt.

Noch zugespitzter findet sich der Diskurs um Persönlichkeit und Qualifikation im Gespräch mit einem Anstellungsverantwortlichen einer diakonischen Einrichtung, den wir Herrn Gärtner genannt haben und der von sich aus über eine *„diakonische Identität"* und ein *„diakonisches Selbstbewusstsein"* spricht. Gefragt nach seiner Einschätzung, ob dies eine *„Sache der Persönlichkeit"* sei oder ob es *„erlernt"* werden könne, antwortet er: *„Eine persönliche Frömmigkeit gehört, denke ich, einfach dazu. Die Frömmigkeit muss aber auch hinterlegt sein oder verknüpft sein mit einer integren Persönlichkeit."* Hier wird zwar die Vorstellung der Person in ihrer „frommen" Grundstruktur nicht ohne weitere Entwicklung als ausreichend behauptet, ein Ausbildungsgang ist jedoch zur Entwicklung der *„integren Persönlichkeit"* in diesem Modell nicht notwendig. Im weiteren Gespräch wird dies auf Nachfrage der Interviewerin erneut Thema:

Interviewerin:	Wir fragen uns natürlich in der Hochschule: Was können wir tun – oder: Was müssen die Studierenden lernen, um es hinterher gut zu können?
Hr. Gärtner:	Soll ich Ihnen jetzt ein Curriculum entwerfen?
Interviewerin:	Denken Sie, es liegt am Curriculum?
Hr. Gärtner:	Die Persönlichkeit kann man nur bedingt verändern. Prägungen, die ganz primär sind, die kann man in einer Ausbildungsphase, wenn sie 20 und mehr Jahre alt sind, so nicht wiederholen. Das geht einfach nicht. Aber wir sind ja alle in einem Lern- und Entwicklungsprozess und dabei spielt Ausbildung eine große Rolle.

(Interview 5 mit Herrn Gärtner)

Im Folgenden erläutert dieser Befragte ausführlich sein Profil der Anforderungen an Diakoninnen und Diakone.[15] Deutlich wird jedoch bereits hier, wie unterschiedlich die Vorstellungen darüber sind, was auf ein diakonisches Profil der

---

[15]   Im Text von Ellen Eidt (Diakonat in diakonischen Einrichtungen: Abschnitt 2.2) ist dieser Gesprächsausschnitt in einer längeren Fassung dargestellt und auf das Erwartungsprofil hin ausführlich reflektiert.

Professionellen hin überhaupt entwickelt werden kann und muss, wo Spielräume sind und wem die Aufgabe zukommt, Menschen wesentlich zu prägen. Überspitzt gesagt trägt nach der hier dargestellten Logik der Anstellungsverantwortlichen die gemeindliche oder verbandliche Jugendarbeit wesentliche Verantwortung, weil hier die zukünftigen Diakoninnen und Diakone sozialisiert werden. Mit der gleichen Logik bekommen religiöse Angebote, vor allem für junge Menschen, eine große Funktion, während Bildungsangebote auf wissenschaftlich-professioneller Ebene ganz anders ansetzen und darum – mit dieser Prämisse betrachtet – weniger relevant für die Ausbildung von Professionellen im Diakonat sind. In einer möglichen Befragung einer großen Zahl von Anstellungsverantwortlichen wäre zu überprüfen, ob diese Sicht auf Person und Ausbildung tatsächlich die Perspektive der Mehrheit der Verantwortlichen spiegelt. Und es wäre im Weiteren zu klären, wie diese Sicht auf die Entwicklung eines diakonischen Berufsprofils sich zu rein fachlichen Kompetenzdimensionen verhält, deren Relevanz von den Befragten vermutlich kaum bestritten wird. Und an dieser Stelle wäre – auf der Gegenseite, in der Sicht von Diakoninnen und Diakonen – zu fragen, in welchem Verhältnis für diese ihre Person und die Bestandteile ihrer Ausbildung stehen. Schließlich sollte es gelingen, die Perspektiven der insgesamt drei Seiten (Anstellungsverantwortliche, Diakoninnen und Diakone, Ausbildungsverantwortliche) zusammenzuführen.

3.3 Wie sich professionelles diakonisches Handeln zum Privaten verhält

Eine weitere These aus der Analyse der Interviews lautet: Indem die Person der Diakonin oder des Diakons im Mittelpunkt steht, nicht ihre Qualifikation, ihre Arbeitsleistung oder ihr Amt/ihre Beauftragung, rückt nun das Diakonsein sehr nah ans Privatleben dieser Professionellen – wenn nicht im Einzelfall diakonische Professionalität und Privatleben übereinander gelagert werden. Wo die Anstellungsverantwortlichen die Person und ihre Prägung als wesentlich für die diakonische Arbeit betrachten und die Prägung in Kindheit und Jugend als zentrale Prägung für den Beruf der Diakonin oder des Diakons verstehen, verschwimmen die Grenzen vom Beruflichen zum Privaten. Verdeutlichen möchte ich diesen Effekt zunächst anhand eines Interviewausschnitts, in dem ein Schuldekan auf die Frage nach Qualitätsfaktoren diakonischer Arbeit im Schulunterricht und die Bedeutung der Ausbildung angesprochen wird:

Interviewerin:	Was macht das aus: eine gute Arbeit? Woran erkennen Sie das?
Hr. Kühl:	Dass sie sich engagieren über den Religionsunterricht hinaus. Dass sie, wenn wir zum Beispiel im Kirchenbezirk etwas machen, eine Synode oder so, sagen: Da beteiligen wir uns, da machen wir mit. Dass sie sagen, wenn man einen Gottesdienst macht für die

> Religionslehrer: Das nehmen wir in die Hand und machen einen
> ganz tollen Gottesdienst und so. Die bringen sich ein, haben
> auch viele Begabungen, Fähigkeiten. Das ist schon toll, ja. Also
> das Engagement ist, denke ich, gut. (…)
>
> Interviewerin: Und wo haben sie das her – wo haben sie das gelernt?
>
> Hr. Kühl: Also ich denke, dass es da so ist, wie bei den meisten Leuten, die
> solche Berufe ergreifen. Dass das irgendwie schon bei der Berufs-
> auswahl eine Rolle spielt, ob man sich gerne engagiert. Das sind
> einfach Leute, denke ich, die sich schon in der Kirche engagiert
> haben und engagieren wollen.
>
> (Interview 8 mit Schuldekan Kühl)

Vielleicht ist im Arbeitsfeld Schule die Besonderheit von Diakonen oder Diakoninnen im Schuldienst vor allem dort auszumachen, wo diese sich über den Unterricht hinaus für eine Verbindung von Schule und Gemeinde, Unterricht und
Gottesdienst einsetzen. Dass dies kaum im Rahmen der Anstellung selbst zu
leisten ist, sondern vor allem „darüber hinaus" geschafft werden muss, mag in
der Natur der Sache liegen. Interessant ist jedoch, wie stark die Anstellungsverantwortlichen dieses persönliche Engagement zugleich als Merkmal für Qualität
– also zum Kern der beruflichen Tätigkeit selbst gehörig – betrachten. Wenn
starkes Engagement über den Kernauftrag hinaus die Qualität diakonischen
Handelns ausmacht, müsste sie als ein Aspekt des Beruflichen betrachtet werden.
Der hier Befragte geht stattdessen noch einen Schritt weiter und macht dieses
wichtige Qualitätsmerkmal gänzlich in der Person der Diakoninnen und Diakone fest: Es sind Menschen, die sich einfach gern in der Kirche „engagieren".
Wo sie es vor der Berufswahl unentgeltlich taten, tun sie es jetzt – streng genommen immer noch unentgeltlich – im Beruf, nur dass dies jetzt zum Wesen
ihres Berufs gehört. Vermutlich ist dieses Verständnis ganz eng mit der Perspektive vieler im sozialen und/oder kirchlichen Bereich engagierten Menschen verknüpft, wonach sich Berufliches und Privates gerade wegen des eigenen Engagements für andere Menschen oder für die Sache des Evangeliums kaum trennen
lassen. Wie sehr dies jedoch im Weiteren das Verständnis von Beruflichkeit,
Professionalität und Qualität diakonischen Handelns beeinflusst, ist wohl kaum
zu unterschätzen.

Dass diese Beobachtung vermutlich keine diakonatsspezifische, sondern eine
allgemein kirchliche ist, aber dennoch das Verständnis des Diakonats wesentlich
beeinflusst, zeigt eine Reflexion eines der befragten Dekane, der aus eigener Erfahrung – und dann übertragen auf diakonisches Handeln – diese Problematik
von Beruflichem und Privatem bedenkt:

Hr. Keppler:	Das ist etwas, wo ich eine Kritik habe am Jugendwerk. Ich habe sehr gute Jugendreferenten. Aber wenn ich mir die Zeitpläne anschaue, dann sieht es so aus, wenn sie eine Freizeit machen, dann wird diese Freizeit sehr stark stundenmäßig bewertet, und die Folge ist, dass Jugendreferenten nicht mehr mit auf Freizeiten gehen. Das halte ich für ein Verhängnis. Wenn irgendwo ein Kontakt zu jungen Menschen geschehen soll, dann auf Freizeiten. Und wenn man da den Jugendreferenten nur wegen einer merkwürdigen Stundeneinteilung rausnimmt, dann wird es schwierig. Das konterkariert eigentlich den Beruf.
Interviewerin:	Heißt das dann: In diesem Beruf müssen auch andere Strukturen von Arbeit sein?
Hr. Keppler:	Das ist eine schwierige Frage, weil es auch in das Arbeitsrecht reingeht. Aber für mich ist das schon die Frage. Wenn ich eine Freizeit mache, und als Gemeindepfarrer habe ich sehr viele Freizeiten gemacht, war die Frage immer, wie das berechnet wird. Mein erster Dekan sagte immer: „Keppler, eine Jugendfreizeit ist Dienst, es ist nicht Urlaub, es ist Dienst, rechnen Sie es so ab". Der zweite Dekan sagte: „Keppler, Sie haben doch auch Ihr Vergnügen auf der Freizeit, nehmen Sie halbe-halbe". Ich konnte das gut akzeptieren. Das kann man vielleicht nicht als Vorbild nehmen, das ist mir auch klar. Vielleicht kann man es etwas anders berechnen. Aber dass ich sage, es sind 12 Stunden Dienst pro Tag, dieser Stundensatz ist zu hoch.

(Interview 2 mit Dekan Keppler)

Der Befragte positioniert sich nicht eindeutig in diesem Diskurs um die Zuordnung einer Jugendfreizeit in den Bereich des Beruflichen oder Privaten. Zudem hinkt der Vergleich zwischen einem Pfarrer und einem Jugendreferenten in Bezug auf die anstellungsrechtlichen Rahmenbedingungen, was dem Befragten durchaus bewusst ist. Und die Bewertung seines früheren Vorgesetzten, so eine Freizeit sei doch zumindest teilweise auch sein privater Raum, klingt heiter und nicht wie ein ernst gemeintes Argument. Aber zugleich wertet er den Anspruch an die Arbeit (sie muss „Kontakt zu jungen Menschen" ermöglichen) höher als den Anspruch an eine wirklichkeitsgetreue Stundenberechnung. Im Zweifelsfall, wie diese Frage einen darstellt, sollte ein Jugendreferent mit einem hohen Anspruch an das Gelingen seiner Arbeit die Bewertung von Arbeitszeit im Übertrag ins Private hinein vornehmen. Viele der Befragten sehen das Dilemma, das mit solchen Bewertungen verbunden ist, aber einmütig entscheiden sie sich für eine zumindest partielle Verlagerung beruflicher Aufgaben ins Private – und machen implizit die Bereitschaft zu dieser Verlagerung zum Wesensmerkmal des diakonischen Selbstverständnisses.

In den Konstruktionen der befragten Anstellungsverantwortlichen aus diakonischen Einrichtungen wird diese Überlappung mit dem Privaten einmal mehr brisant, weil hier ja zumeist, in den Augen der hier Befragten, der Diakonat eher als nicht unmittelbar notwendiges Moment des beruflichen Profils hinzukommt. So schildert ein Verantwortlicher, den wir Herr Wagner nennen, wie zunächst die im Verlauf der Berufstätigkeit zusätzlich durchlaufene Ausbildung zum Diakon und zur Diakonin für die Betreffenden einen persönlichen Fortschritt darstellt: Wagner diagnostiziert einen *„Bedarf einer persönlichen Glaubensvergewisserung und Glaubensstärkung und Glaubensbewusstseinsmachung"*, weswegen die bereits im Unternehmen Beschäftigten gern diese Anstrengung auf sich nehmen. Das Unternehmen formuliert nun auch seinerseits Erwartungen an diese neu ausgebildeten Diakoninnen und Diakone:

Hr. Wagner:	Und bei all den Personen, die diese Ausbildung gemacht haben, war natürlich von uns auch erfragt und erwartet, aber auch bestätigt von den Absolventen, dass sie bereit sind, natürlich entsprechend in ihrem beruflichen Umfeld, in ihrer Einrichtung auch diakonisch tätig zu sein. Was sie vorher auch schon waren, also beispielsweise, dass sie eine Andacht gehalten haben in regelmäßigen oder unregelmäßigen Abständen. Aber es geht, glaube ich, schon noch weiterhin um eine Profilfindung der Aufgaben und Tätigkeitsmöglichkeiten. Und das ist natürlich für uns als Einrichtung auch noch mal wichtig, wenn wir solche Erwartungen haben, ob wir dann sagen, das macht ihr so nebenher, in der Freizeit oder beruflich nebenher. Oder, ob wir dann auch tatsächlich den Stellenanteil dann auch zur Verfügung stellen. Da sind wir am Überlegen, aber da sind uns auch elementar Grenzen gesetzt, das ist ganz klar, von den Rahmenbedingungen her.
(Interview 9 mit Herrn Wagner)	

Ganz klar ist dem Verantwortlichen hier die unvermeidliche Überschneidung von Beruflichem und Privatem: Die Mitarbeitenden streben selbst eine persönliche Weiterentwicklung an, während das Unternehmen seinen Gewinn in der diakonischen Profilierung der Arbeit und der Erweiterung konkreter Angebote sieht. Ein implizites diakonisches Profilieren der Arbeit ist dabei unproblematisch, schwierig wird es dort, wo zeitliche Möglichkeiten fehlen, wo Stellenanteile umgewidmet werden müssten. Hier formuliert der Befragte vorsichtig, eine Andachtsgestaltung oder ein Seelsorgegespräch in Form unbezahlter Überstunden ist nicht einzufordern, andererseits sind die finanziellen Spielräume des Unternehmens zu berücksichtigen. Das Dilemma wird hier nicht aufgelöst, allerdings in einem anderen Bereich diakonischen Handelns überraschend anders bewertet:

Hr. Wagner:	Der weitere Punkt, ich habe ihn schon genannt: der Wohnort des Diakons, der Diakonin, das war auch immer eine Frage. Geben wir uns auch in unserem privaten Umfeld als Diakone zu erkennen? Und wenn wir uns als solche zu erkennen geben, sagen wir dann auch: Wir sind für unsere Heimatgemeinde als Diakone tätig oder ansprechbar? Das ist das eine und dann die einrichtungsinterne Erwartung und Betätigungsmöglichkeit. Und dann ist für mich noch der dritte Punkt eigentlich der, inwieweit können wir das Diakonat oder Leute, die im Diakonat stehen, auch dazu bewegen, die Verbindung zwischen der Einrichtung und der örtlichen Kirchengemeinde, also der Einrichtungskirchengemeinde, hier verstärken? Gibt es hier Aufgaben? Ohne dass wir damit sagen wollen, da muss man ja immer vorsichtig sein, dass wir die Kirchengemeinde aus ihrer seelsorgerlichen Verantwortung entbinden wollen. Das kann es nicht sein. Also das sind alles Fragen, auf die wir zurzeit erst noch Antworten suchen.
Interviewerin:	Was könnte das denn sein, als Diakon/Diakonin am Wohnort als solche erkennbar sein?
Hr. Wagner:	Das könnte natürlich darin bestehen, dass sich Diakone ehrenamtlich in Projekten der Kirchengemeinde, die sich diakonisch versteht, ich bin sowieso dafür, dass sich Kirchengemeinden noch viel mehr diakonisch verstehen sollten, dass sie da sozusagen eine Speerspitze bilden. Um die Gemeinde diakonisch auszurüsten und zuzurüsten, das wäre eine Möglichkeit – jetzt sehr abstrakt formuliert, aber dann natürlich einfach, dass man sich da ehrenamtlich mit einbringt. Ich weiß von einigen von unseren Diakonen, die sind im Kirchengemeinderat, im Posaunenchor, also schon sehr gut integriert in der Gemeinde. Und die könnten natürlich, wenn sie jetzt die Ausbildung gemacht haben, sich auch sehr gut im seelsorgerischen, gottesdienstlichen Bereich vielleicht auch betätigen. Wenn da die entsprechende Gegenliebe von der Gemeinde aus auch da ist und wenn das auch gewollt ist.

(Interview mit Herrn Wagner)

Wo nun das Handlungsfeld für das (neue) diakonische Kompetenzprofil nicht die Einrichtung ist, in der ganz klar alle Beschäftigten nach Stellenplänen und in einer Abrechnung von Arbeitsstunden tätig sind, sondern dort wo die Ortsgemeinde das Handlungsfeld ist, wird die Überlappung von Beruflichem und Privatem nun deutlich nicht eingefordert, sondern als normal vorausgesetzt: Mit der Beauftragung im Diakonat endet die berufliche Zuständigkeit und beginnt eine persönliche Verantwortlichkeit, die in der Folge ehrenamtliches Engagement nicht fordert, sondern automatisch nach sich zieht. Probleme struktureller Art gibt es dort, wo sich eine Ortsgemeinde in ihrer seelsorgerlichen Verantwortung für eine diakonische Einrichtung durch das freiwillige Wirken eines Diakons zwischen Gemeinde und Einrichtung entbunden sehen und damit die Ressourcen der diakonischen Einrichtung weiter vermindern könnte. Die Mehrarbeit des Diakons, der sich auf diese Weise schlicht „zu erkennen gibt" und dann tut, was nun einmal seinem (persönlichen) Anliegen entspricht, wird hier nicht problematisiert. Auch hier mag im Hintergrund das Denkmuster des Pfarramts stehen, nach dem ein Pfarrer in einem Sonderdienst quasi selbstverständlich auch außerhalb seiner offiziellen Wirkungsstätte Gottesdienste hält und für Seelsorge zur Verfügung steht. Wo jedoch, wie hier mit dem Konzept, „Gemeinde diakonisch auszurüsten und zuzurüsten", ein professionelles Handlungsmodell ins Private des Diakons hineingeplant wird, entsteht Bedarf an Reflexion. Dieser Befund weist auf eine Herausforderung hin, die Frage nach der Beruflichkeit und zugleich dem persönlichen Engagement im Diakonat neu zu überdenken, sowohl berufstheoretisch als auch theologisch, ohne das persönliche Anliegen der Betreffenden auszublenden.

3.4   Was der kirchliche Auftrag der Diakoninnen und Diakone bedeutet

Die Beauftragung im Diakonat und damit das Thema des Amtes von Diakoninnen und Diakonen werden von den befragten Anstellungsverantwortlichen kaum angesprochen. Diese Dimension des Diakonats erscheint in deren Nachdenken über die Bedeutung des Diakonats, über Handlungsfelder, Kompetenzen und Entwicklungsmöglichkeiten als eher nebengeordnet. Sehr wohl jedoch wird registriert, dass das Thema durch synodale Prozesse und gesetzliche Veränderungen in den vergangenen Jahrzehnten in der Evangelischen Landeskirche in Württemberg auf der Tagesordnung kirchlicher Gremien stand, und ebenso teilen die Befragten die Meinung, es sei nützlich, sich über diese kirchliche Beauftragung im Diakonat und grundsätzlich über die Ämter und Aufgabenverteilung in der Kirche Gedanken zu machen. Wo das Amt angesprochen wird – meistens also von Seiten der Interviewerin – wird das Amt der Diakonin/des Diakons von den Befragten als Pendant zum Pfarramt verstanden und in dieser gedanklichen Spur diskutiert (vgl. Abschnitt 2.2). Vielfach unterscheiden die Befragten nicht zwischen Amt und Beruf. Diese Unschärfe kann ich an dieser Stelle nicht ausgleichen, nur markieren und berücksichtigen.

Explizit angesprochen auf das Thema „Beauftragung" oder „Amt" zeigen sich nur geringe Unterschiede zwischen den Befragten und ihren Haltungen zum Diakonat: Einige akzeptieren das diakonische Amt ausdrücklich und wünschen sich durch dieses eine Stärkung des diakonischen Handelns in der Kirche, andere äußern Problemanzeigen, wie sie hier nun genannt werden sollen. Dabei bieten die Ergebnisse eines überschaubaren Samplings von Interviews keinen Überblick über die Ansichten der Gesamtzahl der Anstellungsverantwortlichen, aber es ergeben sich daraus wichtige Hinweise auf Argumentationen und vor allem auf die sich dahinter verbergenden Denkmuster in Bezug auf den Diakonat. Darstellen möchte ich an dieser Stelle eine auffällige Denkfigur, die sich mehrfach in den Interviews wiederfindet: Die Bedeutung des Diakonats wird von vielen der Befragten, vor allem von denen aus explizit kirchlicher Verantwortung in Dekanaten und Schuldekanaten, nicht nur vom Pfarramt aus konstruiert, sondern – in der Frage nach der Notwendigkeit eines zweiten Amtes neben dem Pfarramt – von der Gemeinde und den dort unter den Verantwortlichen oder Aktiven geteilten Denkmustern her gedacht: Ob der Diakonat als sinnvolle Institution gesehen wird, ist aus der Notwendigkeit zusätzlicher Hauptamtlicher (also in einem Arbeitsverhältnis Beschäftigter) neben dem Pfarramt oder aus der Notwendigkeit stärker diakonischen Handelns der Gemeinden heraus diskutiert.[16] Nicht die Landeskirche als eine außerhalb der Gemeinden angesiedelte Größe, die christliches Handeln als organisationales Handeln in der Fläche entwirft und verantwortet, handelt in dieser Logik, indem sie Diakoninnen und Diakone beruft. Vielmehr steht die einzelne Gemeinde hier im Mittelpunkt der Diskussion um den Sinn des Diakonats. Ein Interviewausschnitt mit einem Dekan verdeutlicht dieses Denkmuster:

Interviewerin:	Ich würde gerne noch wissen, auf der theologischen Ebene, wie würden Sie das denn sagen, wozu braucht die Kirche mit einem Blick auf die Zukunft Diakoninnen und Diakone?
Hr. Vogel:	Im Sinn eines zweiten Amtes?
Interviewerin:	Ja.
Hr. Vogel:	Sie hören ein langes Schweigen. Also, es ist jetzt fast so, dass ich denke, das kann man überhaupt nicht laut sagen, aber ich bin mir nicht sicher, ob wirklich dieses zweite Amt, das ja in vieler Hinsicht in den letzten zehn, zwölf, fünfzehn Jahren auch theologisch traktiert worden ist, ob wir das wirklich bekommen haben. Es ist nicht im Blick der Gemeinden, zum Beispiel, es ist auch immer wieder so, dass man den Eindruck hat, letzten Endes geht es doch darum, eine bestimmte Berufsgruppe irgendwie einzubringen, und nicht so, dass man den Eindruck hat, es gibt den Bedarf an diesem Amt echt. Von daher würde ich sagen, wir haben wirklich den Bedarf an der fachlichen Qualifikation, die unsere Diakone und Diakoninnen mitbringen, aber ich sehe noch nicht wirklich, dass wir dieses zweite Amt als Diakonat als eine auch für Außenstehende oder auch für Gemeindeglieder klar umrissene Größe brauchen. Faktisch meinen Gemeindeglie-

---

[16] Hier steht weniger das Amt, sondern die berufliche Zuständigkeit, die Hauptamtlichkeit, zur Diskussion.

der, wenn sie sagen: Aber wir brauchen doch einen Diakon, meinen sie eben nicht dieses zweite Amt, sondern meinen sie den, der für diesen Arbeitsbereich in dem wir gerade sind, Seniorenarbeit oder Jugendarbeit, Zeit und ein offenes Ohr hat und Ideen hat und der sich dafür noch mal mehr einsetzen kann, als das Pfarrer oder Pfarrerinnen tun können. Weil die, das ist die Wahrnehmung, müssen sich ja aufteilen und für die verschiedenen Altersgruppen und für die verschiedenen Aufgaben und für Gottesdienste und für Seelsorge und Unterricht da sein. (…) Dieses kerngemeindliche Bewusstsein, unsere Aktivitäten, dafür brauchen wir doch jemanden, so nehme ich es wahr, als die Anforderung: Wir Ehrenamtlichen brauchen den Hauptamtlichen, der ganz für uns da ist. Und das ist das, was bei mir am ehesten ankommt, wofür wir Diakone und Diakoninnen brauchen. (…)

Interviewerin: Sie sagen, von Kirchenmitgliederseite ist das speziell Diakonische nicht so relevant, da geht es mehr um die konkrete Arbeit, die Diakoninnen/Diakone tun. Das würde vielleicht noch einmal anders aussehen, wenn man sich auf die Kirchenseite stellt und fragt: Was wollen wir eigentlich haben? Denken Sie, dass sich aus dieser Perspektive das noch etwas anders formuliert, wenn man überlegt: Wofür brauchen wir als Kirche Diakoninnen und Diakone?

Hr. Vogel: Das würde sich dann wahrscheinlich anders darstellen, aber es bliebe immer, nach meiner Wahrnehmung, bisher immer ein Konstrukt. Wir sagen: Wir müssen gemeindediakonisch tätig werden, aber die Gemeinden, die sie danach fragen, wollen das dann konkret, wenn sie in einen Zielfindungsprozess gehen, nicht machen. (…)

Interviewerin: Also diesen diakonischen Auftrag der Kirche muss man der Gemeinde hinterher tragen? Oder wie würden Sie das sagen?

Hr. Vogel: Ja, das wird so aktiv nicht aufgenommen. Und das andere ist sozusagen ein riesiger Bedarf, der da ist und formuliert wird. Und der auch tatsächlich als Desiderat empfunden wird, wo ihm nicht entsprochen wird. Deswegen bin ich da skeptisch, ob die Formulierung eines Diakonats als Amt mit einem stärker gemeindediakonischen Auftrag, ob das nicht nach wie vor ein Konstrukt ist. Ich will nicht sagen: Das muss es immer bleiben. Aber im Moment erlebe ich das in hohem Maße.

(Interview 1 mit Dekan Vogel)

Die Erwartungen der Gemeinde an eine hauptamtliche Kraft zur Unterstützung für „kerngemeindliche" Aktivitäten bilden hier das argumentative Schwergewicht in der Diskussion um den Diakonat: Der Gemeinde muss die Vorstellung einer Beauftragung im Diakonat oder auch eine funktionale Beschreibung von Diakoninnen und Diakonen entsprechen. Die Ausrichtung diakonischen Handelns ist – ganz abgesehen von der eigenen theologischen Ansicht des hier Befragten – von den Gemeinden und ihren Erwartungen abzuleiten. Explizit angesprochen auf „die andere Seite" der Diskussion, die Sicht der Kirche selbst und ihre theologischen Leitlinien, macht der Befragte deutlich, wie wenig eine solche Sicht der Dinge in seinen Augen weiterführt: Der Bedarf der Gemeinden bzw. der dort „kerngemeindlich" Engagierten bildet das zentrale Kriterium dafür, welche Funktionen dem Diakonat zugeschrieben werden kann und inwiefern es sich dabei dann um ein spezifisches Amt oder eher um eine unspezifische Hilfstätigkeit für Gemeinden handeln kann – oder: Ob der Diakonat als bedeutsam oder als „Konstrukt", also als sinnloses Gedankengebäude, verstanden werden kann.

Wo zum einen die unbedingte Ausrichtung auf die Gemeinde und ihre Wirklichkeit als Kriterium für die Bedeutung des Diakonats behauptet wird, ist noch etwas anderes in diesem Beispiel klar ersichtlich, das für die befragten Anstellungsträger typisch ist: Die aufgabenspezifische Sicht auf den Diakonat einerseits und die unspezifisch-arbeitskraftorientierte Sicht auf Diakoninnen und Diakone – ganz unabhängig von Handlungsfeldern, Qualifikationen und Beauftragungen – andererseits werden kaum oder gar nicht als zwei unterschiedliche Betrachtungsweisen wahrgenommen. Der Diakonat erscheint hier zum einen als ein Instrument derjenigen, die soziales Handeln der Kirche durch explizite Beauftragungen stärken wollen, zum anderen als ein Instrument derer, die schlicht ihren Teil an den verfügbaren Ressourcen sichern oder vergrößern wollen. Ein Rangunterschied, etwa zwischen gemeindlichem Wünschen und ekklesiologisch fundierter Steuerung, wird nicht behauptet oder nicht als bedeutsam erachtet.[17] In dieser Logik, die sich bei etlichen Befragten findet, ist darum auch die in obigem Zitat mehrfach benannte Wahrnehmung der Verhältnisse, Wünsche und gemeindlichen Sichtweisen entscheidend für die eigene Positionierung dazu, welche Bedeutung der Diakonat denn für die Zukunft haben kann oder muss. Anders gesagt: Was in Gemeinden nicht verstanden wird, ist nach dieser Logik nicht umsetzbar oder nicht vermittelbar. Organisationales Gestaltungshandeln der Landeskirche – etwa in der Gestaltung von Ämtern oder Beauftragungen –

---

[17] Hier wäre etwa die Position denkbar, die eine kirchentheoretische, theologische Fundierung des Diakonats in den Vordergrund stellt und von der empirischen Wirklichkeit in Gemeinden oder gar den Wünschen der aktiven Gemeindemitglieder zunächst unabhängig wäre. Überlegungen dieser Art finden sich dagegen in der diakoniewissenschaftlichen Literatur in unterschiedlichen Akzentuierungen: Thomas Zippert begründet das diakonische Amt in der Tradition Schleiermachers und Ernst Langes mit der kirchlichen Aufgabe zur Kommunikation des Evangeliums, von der niemand durch soziale Ungleichheit ausgeschlossen werden darf (Zippert 2008), während etwa Wilfried Brandt den Diakonat und seine Notwendigkeit für die Kirche stärker in Anlehnung an Johann Hinrich Wichern vom Wesen Gottes und seiner liebenden Zuwendung zu den Menschen her begründet (Brandt 2001).

wird Abbild der in den Gemeinden sichtbaren Denkmuster und Verhältnisse. Wo die Entscheidung darüber fallen könnte, ob es den Diakonat „braucht", bleibt undiskutiert. Dass von Seiten der Diakonatsvertretungen die Stärkung des Amts gefordert und vorangetrieben wird, ist hier dann als Intention der Absicherung einer Berufsgruppe gesehen – möglicherweise deshalb, weil hier der unmittelbare Abgleich mit den Bedürfnissen der Gemeinden unterbleibt.

In der Diskussion um das Amt wäre der hier begonnene Diskurs in Gruppengesprächen mit Anstellungsträgern weiterzutreiben, denn diese knappe Analyse zeigt, wie deutlich hier Verständnisse von Rollen in kirchlichen Entwicklungsprozessen, Visionen für die weitere Entwicklung und Zuschreibungen für Verantwortlichkeiten im Hintergrund stehen und sich stark auf mögliche Konzeptionen des Diakonats auswirken.

4. Rückblick: Diakonat im Spannungsfeld von Qualifikation, Amt und Person

In dieser Analyse standen die Konstruktionen des Diakonats durch Anstellungsverantwortliche von Diakoninnen und Diakonen in unterschiedlichen Positionen und aktuellen Herausforderungen im Vordergrund. Zunächst ließ sich die argumentative Einpassung des Diakonats in kirchliche oder diakonische Handlungsfelder erschließen. Hier fiel ins Auge, wie stark der Diakonat in unterschiedlichen Handlungsfeldern von den Befragten mit der jeweils eigenen Spezifik reflektiert wird. Dabei scheint der Bedarf an einer Reflexion des Diakonats und der Situation von Diakoninnen und Diakonen eher selten und vor allem dort gegeben zu sein, wo es, wie beispielsweise in Kirchenbezirken, den Befragten darum geht, die Berufsgruppen im Diakonat in ein Gesamtkonzept von kirchlich-diakonischem Handeln einzubinden. Die Befragten in Schuldekanaten und diakonischen Einrichtungen fühlen sich offenbar zunächst frei, losgelöst eigene Konstruktionen des Diakonats zu entwerfen, ohne sich dafür mit landeskirchlichen Konzepten oder diakoniewissenschaftlicher Diskussion auseinanderzusetzen. Hier ist das Verständnis des Diakonats vor allem durch die eigene ekklesiologische (und zum Teil: unternehmerische) Vorstellungswelt geprägt. In diakonischen Einrichtungen ist die Bedeutung des Diakonats zwar gewissermaßen mit dem Grundprinzip diakonischen Handelns als Sozialunternehmen gegeben, wird jedoch von den Befragten kaum argumentativ ausgeführt. Hier stehen die berufliche Qualifikation (und darin die Zuordnung zu bestimmten Berufsgruppen) und vor allem die Persönlichkeit und das theologische Interesse der Mitarbeitenden im Vordergrund. Die landeskirchliche Beauftragung tritt dagegen in ihrer Bedeutung zurück.

Der Diakonat wird von den Befragten sehr deutlich als Pendant zum Pfarramt verstanden. Beide Ämter werden stark gegeneinander abgehoben und aus dieser Trennung heraus wird die Unterschiedlichkeit der Zuständigkeiten und Kompetenzen entwickelt. Daneben spielt vor allem die jeweilige kirchentheoretische Grundkonstruktion der Befragten eine Rolle, wenn es darum geht, den Diakonat in ein Gesamtverständnis kirchlichen Handelns einzubetten. An zwei Beispielen konnte ich dies aufzeigen: anhand der Konzeptionen des Diakonats aus einem liturgischen Verständnis[18] und aus einem gemeinschaftsorientierten Verständnis von Kirche,[19] Gemeinde und Diakonie heraus. Die Funktion des Diakonats als Beauftragung (nicht als berufliche Zuordnung) geschieht hier im Rahmen der in der jeweiligen Konstruktion treffenden Logik. Entsprechend sind auch Kompetenzprofile und Visionen für den Diakonat von der jeweiligen ekklesiologischen Grundkonstruktion abhängig.

Im Weiteren standen die Konstruktionen der Anstellungsverantwortlichen bezüglich des Wesens des Diakonats im Mittelpunkt: Hier ist ersichtlich, wie sehr die Befragten von einem Gesamtprofil von Kompetenzen im Diakonat ausgehen, das zunächst unabhängig vom jeweiligen Berufsprofil oder Einsatzbereich ist, und wie sehr diesem insgesamt eine hohe Bedeutung beigemessen wird. So mag im Einzelfall – etwa in der Besetzung einer Stelle in einer diakonischen Einrichtung – die Relevanz des Diakonats in Frage stehen, insgesamt überzeugt jedoch die Idee der Kombination von theologischer Kompetenz und kirchlicher Beauftragung einerseits und theologisch-sozialwissenschaftlicher oder auch pädagogischer Kompetenz andererseits. Die Persönlichkeit der im Diakonat Tätigen spielt darin aus der Perspektive der Befragten eine erhebliche – wenn nicht die entscheidende – Rolle: Die Persönlichkeit wird als Ausgangspunkt aller Aus- und Weiterbildungen und als wesentliches Kriterium für die individuelle Leistungsfähigkeit bewertet. In dieser Logik erhalten die religiöse Sozialisation und die organisationale Einbindung idealerweise im Jugendalter – etwa über die evangelische Jugendarbeit – für die Befragten zentrale Bedeutung. Was Bildungsangebote auf wissenschaftlich-professioneller Ebene leisten können, ist den Befragten entweder kaum bekannt oder es tritt zurück hinter die grundlegende Konstruktion von der Persönlichkeit als wichtigstem Faktor im Diakonat. Darin scheint ein Ansatzpunkt für eine weitere Diskussion gegeben zu sein: Wo die Möglichkeiten und Effekte von Aus- und Weiterbildung für verschiedene Berufsgruppen im Diakonat in der Konstruktion des Diakonats durch Anstellungsverantwortliche kaum eine Rolle spielen, ist zu klären, ob hier vor allem ein Informationsdefizit vorliegt oder ob hier (und möglicherweise auch in der Breite) in erster Linie von einer grundsätzlichen Unterordnung von Kompetenzen unter Aspekte der Persönlichkeit gesprochen werden muss, wo es um die Konstruktion des Diako-

---

[18] Ein liturgisches Verständnis des Diakonats prägt die katholische Tradition (zuletzt dargestellt bei Sander 2013). Ausgehend von Johann Hinrich Wichern und in seiner Tradition finden sich theologische Anknüpfungspunkte für ein liturgisches Verständnis des Diakonats auch in der evangelischen Theologie (vgl. Wichern 1968 [1856]). Vgl. dazu auch die nächste Anmerkung.

[19] Indem das Abendmahl als Zentrum christlicher Gemeinschaft in den Fokus der Begründung des Diakonats gestellt wird, treten liturgische und gemeinschaftliche Begründungsform in einen engen Zusammenhang (vgl. Noller 2008).

nats geht. Denn die Befragten bestreiten in keiner Weise die Relevanz fachbezogener Kompetenzen für die jeweilige Tätigkeit, brüchig ist lediglich die Zuordnung dieser Kompetenzen zur kirchlichen Beauftragung im Diakonat.

Weitere Analysen zeigen, wie stark an dieser Stelle die diakonische Beauftragung von Hauptamtlichen (nicht das berufliche Handeln als Diakon oder Diakonin) zumindest partiell als Privatsache verstanden wird. Daneben lässt sich zeigen, als wie wichtig im Diskurs um die Notwendigkeit von Hauptamtlichen im Diakonat der Aspekt der Hauptamtlichkeit selbst einzuschätzen ist. Nicht selten sind Diakoninnen und Diakone vor allem in ihrer Bedeutung als Arbeitskräfte, weniger in ihrer Bedeutung als spezifisch kompetente Fachkräfte und in ihrer Beauftragung Zuständige gefragt. Dabei spielt es für die Zuschreibung einer Funktion an den Diakonat eine große Rolle, dass es für die Befragten ausschlaggebend oder zumindest höchst relevant ist, was eine Einrichtung und vor allem eine Kirchengemeinde an Erwartungen und Bedarfen gegenüber dem Diakonat formuliert. Das Handeln der Landeskirche oder theologisch-kirchentheoretische Argumente treten dahinter zurück.

Vor allem in der Debatte um solche Konstruktionen dürften für die Zukunft große Potenziale liegen, was die Entwicklung des Diakonats als relevante Größe im Gefüge des kirchlich-diakonischen Handelns angeht: In den Handlungsfeldern der hier Befragten entscheiden zumeist die verantwortlichen Gremien in Unternehmen und Kirchenbezirken über Einstellung und Zuständigkeit von Diakoninnen und Diakonen. Darin sind die Konstruktionen der Verantwortlichen zentral, was die Ausgestaltung des Diakonats vor Ort angeht. Soll der Diakonat – und zwar über persönliche Einschätzungen, kirchentheoretische Entscheidungen von Einzelpersonen und lokale Bedarfe hinaus – gestaltet werden, ist eine umfassende Sichtung notwendig, etwa auf der Ebene einer landeskirchlichen Diskussion und Strategiebildung auf der Basis einer theologisch fundierten und organisationslogisch durchdachten Kirchentheorie.

Literatur

Brandt, Wilfried (2001): Für eine bekennende Diakonie. Beiträge zu einem evangelischen Verständnis des Diakonats. Neukirchen.

Eidt, Ellen (2011): Der evangelische Diakonat. Entwicklungslinien in Kirche und Diakonie am Beispiel Württembergs. Stuttgart.

[Diakonengesetz (1995)] Frisch, Michael (2012): Das Recht der Evangelischen Landeskirche in Württemberg (Hg.). Ergänzbare Rechtsquellensammlung vom 31. Juli 1996 (Stand November 2012). Neuwied. Verfügbar unter: http://www.kirchenrecht-wuerttemberg.de/showdocument/id/17945 (18.12.2012).

Meuser, Michael/Nagel Ulrike (³2009): Experteninterview und der Wandel der Wissensproduktion. In: Bogner, Alexander/Littig, Beate/Menz, Wolfgang (Hg.) (³2009): Experteninterviews: Theorien, Methoden, Anwendungsfelder. Wiesbaden. S. 35–60.

Noller, Annette (2008): Diakonat und Pfarramt – biblische und professionstheoretische Überlegungen. In: Merz, Rainer/Schindler, Ulrich/Schmidt, Heinz (Hg.): Dienst und Profession. Diakoninnen und Diakone zwischen Anspruch und Wirklichkeit. Heidelberg.

Sander, Stefan (2013): Diakonat – Perspektiven der katholischen Theologie. In: Noller, Annette/Eidt, Ellen/Schmidt, Heinz (Hg.): Diakonat – theologische und sozialwissenschaftliche Perspektiven auf ein kirchliches Amt. Stuttgart. S. 236–254.

VEDD (Verband Evangelischer Diakonen- und Diakoninnengemeinschaften in Deutschland e.V.) (Hg.) (2004): Was sollen Diakone und Diakoninnen können? Kompetenzmatrix für die Ausbildung von Diakoninnen und Diakonen im Rahmen der doppelten Qualifikation. Erarbeitet und beschlossen von der „Ständigen Konferenz der Ausbildungsleiter und -leiterinnen im VEDD" im Frühjahr 2004. Impuls III/2004. Berlin. Verfügbar unter: http://www.vedd.de/obj/Bilder_und_Dokumente/pdf-Daten/Impulse/Impuls200403.pdf (14.01.2013).

Wichern, Johann Hinrich (1968 [1856]): Gutachten über die Diakonie und den Diakonat. In: Johann Hinrich Wichern: Sämtliche Werke. Hg. von Peter Meinold. Bd. III/1. Die Kirche und ihr soziales Handeln. Berlin. S. 128–184.

Zippert, Thomas (2008): Das Diakonenamt in einer Kirche wachsender Ungleichheit. Neubegründung seiner „Normalität" neben Pfarr- und Lehramt. In: Merz, Rainer/Schindler, Ulrich/Schmidt, Heinz: Dienst und Profession. Diakoninnen und Diakone zwischen Anspruch und Wirklichkeit. Heidelberg. S. 46–69.

Ellen Eidt

Empirische Perspektiven auf den Diakonat in diakonischen Einrichtungen und Diensten

Person, Beruf und Amt aus der Sicht von Anstellungsverantwortlichen und diakonischen Fachkräften

1. „Wo bleibt das Diakonatsmoment in einer Einrichtung?"[1] –
    Situationsbeschreibung, Forschungsinteresse und Datenbasis

Die Rolle des Diakonats in diakonischen Einrichtungen und Diensten war in den letzten 50 Jahren erheblichen Veränderungen unterworfen. Verschiedene Akteure nahmen und nehmen diese Veränderungen aus unterschiedlichen Perspektiven wahr, bewerten die Veränderungsprozesse unterschiedlich und ziehen daraus unterschiedliche Schlüsse. Auf der Grundlage einer kurzen Übersicht über diese verschiedenen Akteure in diesem Feld und über ihre Zugänge zur Thematik werde ich zunächst die Fragestellung der Begleitforschung zum Projekt „Diakonat – neu gedacht, neu gelebt" skizzieren und dann den forschenden Gang ins Feld darstellen.

Als Direktor der Stiftung Karlshöhe – die als Kinder- und Brüderanstalt die Wurzel der württembergischen Diakonatstradition war und sich auch heute noch stark für die Aus- und Weiterbildung von Diakoninnen und Diakonen engagiert – beschreibt Frieder Grau diesen Veränderungsprozess als einen fortschreitenden Bedeutungsverlust für den Diakonat, den er in einen Zusammenhang mit einem grundlegenden Paradigmenwechsel in der Diakonie stellt: „Bis in die 1970er Jahre hinein war, zumindest in Württemberg, klar: An der Spitze einer diakonischen Einheit steht ein Hausvater, in der Regel ein Diakon. (…) Im familialen Modell von Diakonie verkörpert er das diakonische Selbstverständnis dieser Einrichtung. (…) Dann hatte das familiale Modell ausgedient. An die Stelle der väterlich-brüderlichen Fürsorge trat die fachlich sozialpädagogische

---

[1]   Diese Fragestellung entwickelt einer der interviewten Anstellungsverantwortlichen aus einem Rückblick auf die nach und nach in den Ruhestand verabschiedeten „alten Karlshöher Diakone" (Die Erklärung dieses Begriffs erfolgt im nächsten Abschnitt). Um die Anonymisierung auch angesichts einer kleinen und exponierten Zielgruppe zu gewährleisten, werde ich hier durchgängig nur von Interviewten (aus dem Bereich der diakonischen Einrichtungen und Dienste) sprechen, ohne dass diese als Personen oder Typen erkennbar gemacht werden. Da es in vergleichbaren Positionen nur wenige Frauen gibt, wird in diesem Zusammenhang ausnahmsweise auch auf eine gendergerechte Sprache verzichtet.

und später auch betriebswirtschaftliche Kompetenz. Der Diakon – inzwischen auch die Diakonin – blieben mehr oder weniger auf der Strecke."[2]

Die hier vorgetragene These scheint sich unmittelbar in der Verunsicherung von Diakoninnen und Diakonen zu spiegeln, die im Bereich diakonischer Einrichtungen und Dienste angestellt sind. Denn es ist gegenwärtig die Regel, dass sie als Fachkräfte auf der Basis ihrer sozialberuflichen oder pflegerischen Qualifikation beschäftigt werden. Ihre nachgewiesenen theologisch-diakoniewissenschaftlichen Qualifikationen scheinen im beruflichen Alltag keine – oder zumindest eine untergeordnete – Rolle zu spielen, denn ihre Dienstaufträge weisen eher selten diakonatsspezifische Aufgabenstellungen aus.

Junge Menschen, die sich für diakoniewissenschaftliche Studiengänge interessieren, und Studierende fragen mit Nachdruck nach expliziten Berufsperspektiven in diakonischen Einrichtungen und Diensten. Auch die Frage nach der Bedeutung eines kirchlichen Amtes außerhalb kirchlicher Anstellungsstrukturen beschäftigt Studierende. Die Beobachtung, dass Absolventinnen und Absolventen eines sozialarbeiterischen Studiengangs ohne theologisch-diakoniewissenschaftliche Qualifikation und ohne Berufung in das diakonische Amt der Kirche in diakonischen Einrichtungen und Diensten häufig dieselben Anstellungsperspektiven vorfinden, trägt zusätzlich zur Schärfung dieser Fragestellungen bei.

In der einschlägigen Fachliteratur ist dagegen die These zu finden, dass Diakoninnen und Diakone – auf der Grundlage ihrer doppelten Qualifikation – eine wichtige Funktion im Hinblick auf die diakonische Profilbildung in diakonischen Einrichtungen und Diensten haben können. Diese These wird ergänzt durch die Idee, dass sie auf der Basis ihres Fachwissens und ihrer Feldkenntnis in Diakonie und Kirche in besonderer Weise für Vernetzungsaufgaben zwischen beiden qualifiziert seien.[3] Entsprechend dieser fachwissenschaftlichen Überzeugung erachten kirchliche Hochschulen und diakonisch-missionarische Ausbildungsstätten ihre Absolventinnen und Absolventen als gut ausgebildet und zur praktischen Umsetzung in kirchlich-diakonischen Handlungsfeldern befähigt. Dieser Anspruch findet jedoch in der Personalpolitik diakonischer Einrichtungen und Dienste bisher keine Resonanz, weil sie in der Regel gegenüber Diakoninnen und Diakonen – oft mit dem Hinweis auf fehlende Refinanzierungsmöglichkeiten – keine expliziten Beauftragungen für diese Kompetenzbereiche aussprechen.

Einzelne Anstellungsträger und Personalverantwortliche in diakonischen Einrichtungen und Diensten stellen die Frage nach beispielhaften, diakonatsspezifischen Dienstaufträgen, nach geistlich-theologischen und fachlichen Fortbildungen, die besonders die aktuellen Fragestellungen und Herausforderungen innerhalb der Diakonie aufnehmen. Außerdem wurden bereits unter Mitwirkung diakonischer Träger Angebote für eine berufsbegleitende Diakonenausbil-

---

[2] Grau 2008: S. 225.
[3] Vgl. Eschen 2008 und Grau 2008.

dung[4] installiert. Diese Beobachtung kann als wachsende Sensibilität und zuneh-
mendes Engagement für Fragen des Diakonats in diakonischen Einrichtungen
und Diensten gedeutet werden. Außerdem gibt es immer wieder Ideen und Initiativen zur Stärkung des Diakonats auf der Seite der Interessenvertretungen[5] der
Diakoninnen und Diakone.

Es fällt aber auf, dass diese Thematik bisher in erster Linie unter wenigen
Insidern aus einzelnen diakonischen Unternehmen, Spezialisten in der Diakoniewissenschaft[6] und in den Interessenvertretungen des Diakonats[7] diskutiert
wird. Über diesen engen Kreis hinausgehend liegen Haltungen und Einschätzungen zur Frage nach Bedeutung und Entwicklungsperspektive der Hauptamtlichen im diakonischen Amt bisher weitgehend im Dunkeln. Außerdem ist wahrzunehmen, dass auch in den Unternehmen, die sich offiziell für die Belange des
Diakonats stark machen, zwischen Theorie und Praxis hinsichtlich der gegenwärtigen Rolle von Diakoninnen und Diakonen eine deutlich wahrnehmbare
Differenz besteht.

An dieser Stelle setzt die Begleitforschung zum Projekt „Diakonat – neu gedacht, neu gelebt" mit ihrem Interesse an einer Erweiterung bisheriger Wahr-
nehmungshorizonte an. Die Evangelische Hochschule Ludwigsburg wurde mit
der wissenschaftlichen Begleitung des Projekts „Diakonat – neu gedacht, neu
gelebt" beauftragt und in diesem Rahmen wurde von Claudia Schulz eine umfassende Forschungskonzeption für die sozialwissenschaftliche Evaluation und
Begleitforschung entwickelt.[8] Dieses Forschungskonzept ist darauf ausgerichtet,
die Perspektiven von Anstellungsverantwortlichen einerseits und Diakoninnen
und Diakonen andererseits zu erheben. Das erkenntnisleitende Interesse zum
Themenbereich „Diakonat in diakonischen Einrichtungen und Diensten" bildet
sich in den folgenden Forschungsfragen ab:
(1.) Wie sehen Anstellungsverantwortliche in diakonischen Diensten und Ein-
     richtungen „ihre" Diakoninnen und Diakone?

---

[4] Die Weiterbildungen setzen in der Regel eine dreijährige soziale oder pflegerische Ausbildung
     voraus und werden mit kirchlich anerkannten Examina abgeschlossen.
[5] Etwa des VEDD (Verband Evangelischer Diakonen-, Diakoninnen und Diakonatsgemeinschaf-
     ten in Deutschland e.V.), der Berufsgruppen der Sozialdiakoninnen und der Pflegediakone im
     Karlshöher Diakonieverband e.V. und des Diakonen- und Diakoninnentags der Württembergi-
     schen Landeskirche.
[6] Vgl. den Tagungsband unter dem Titel: „Dienst und Profession. Diakoninnen und Diakone
     zwischen Anspruch und Wirklichkeit" (Merz/Schindler/Schmidt 2008).
[7] Entsprechende Verlautbarungen sind auf der Homepage des Verbands Evangelischer Diako-
     nen-, Diakoninnen- und Diakonatsgemeinschaften in Deutschland e.V. dokumentiert
     (www.vedd.de).
[8] Eine zusammenfassende Darstellung der theoretischen Grundlagen und des methodischen
     Vorgehens für diesen Teil der Begleitforschung findet sich in der Einleitung dieses Bandes. Eine
     ausführliche Darstellung der gesamten Forschungskonzeption wird im Band I dieser Publika-
     tionsfolge veröffentlicht. Den theologischen Teil der Begleitforschung verantwortete Annette
     Noller.

(2.) Welche Aufgaben nehmen Diakoninnen und Diakone in den Unternehmen wahr?

(3.) Welche Kompetenzen werden von ihnen erwartet?

(4.) Welche Themen beschäftigen Diakoninnen und Diakone in diakonischen Unternehmen?

(5.) Wie verstehen Diakoninnen und Diakone in diakonischen Einrichtungen und Diensten sich selbst, ihren Beruf und ihr Amt?

(6.) Wie sehen deren Vorstellungen von der Zukunft des Diakonats aus?

Als Datenbasis zur Erforschung der Perspektive der Anstellungsverantwortlichen in diakonischen Einrichtungen und Diensten dienen drei leitfadengestützte Interviews, die Claudia Schulz im Frühjahr 2009 führte.[9] Die ausgewählten Personen wurden als Experten befragt, weil sie an der Spitze ihrer Unternehmen diejenigen sind, deren Haltung und Meinung mit großer Wahrscheinlichkeit wesentlichen Einfluss auf die strategische Personalpolitik des Unternehmens besitzt. Vor diesem Hintergrund kann erwartet werden, dass das Wissen (hier im doppelten Sinn von explizit-diskursivem und implizit-handlungsleitendem Wissen), das sie in Interviews präsentieren, in besonderer Weise praxiswirksam wird. Ihr Expertenwissen wird also nicht als besonders wirklichkeitsadäquates Wissen zum Thema „Diakonat" verstanden, sondern als Wissen, das soziale Relevanz aufweist und die Bedingungen, unter denen Diakoninnen und Diakone in diakonischen Unternehmen arbeiten, entscheidend prägt. Das Besondere des erwarteten Expertenwissens besteht für Interviews, die an Deutungswissen interessiert sind, also in dessen Wirkmächtigkeit.[10]

Um die Perspektive von Diakoninnen und Diakonen aus diakonischen Einrichtungen und Diensten entsprechend der Forschungskonzeption zu erheben, führten Studierende der Evangelischen Hochschule Ludwigsburg im Frühjahr 2010 eine Gruppendiskussion mit sechs Diakoninnen und Diakonen, die in verschiedenen diakonischen Handlungsfeldern der Einrichtungsdiakonie beschäftigt sind. Vor dem gemeinsamen Erfahrungshintergrund einer Tätigkeit in einem diakonischen Unternehmen wurden mit Hilfe eines Impulsleitfadens die diskursiven Eigenkonstruktionen der Befragten erhoben, um diese als Datenbasis im weiteren Forschungsprozess zu nutzen.

Im Folgenden werden die Ergebnisse der Datenauswertung in Form dichter Beschreibungen[11] der Zugangsperspektiven zum Thema Diakonat im Zusam-

---

9   Insgesamt liegt eine Serie von sieben Interviews vor. Vier Interviews wurden mit Dekanen und Schuldekanen als den Anstellungsverantwortlichen im Bereich der Kirchenbezirke geführt. Dieses Datenmaterial wurde von Claudia Schulz in ihrem Beitrag (Im Spannungsfeld Gemeindediakonie) ausgewertet.

10   Vgl. dazu insgesamt Meuser/Nagel ³2009; hier speziell: Bogner/Menz ³2009: S. 72.

11   Dieser methodische Begriff wurde von dem Kulturanthropologen Clifford Geertz geprägt. Dichte Beschreibungen versuchen die Perspektive der Beobachtenden in ihre Darstellung einzubeziehen, ohne den Anspruch zu vernachlässigen, darin die Perspektive der Beobachteten möglichst präzise zu erfassen. Vgl. Geertz 1987.

menhang der jeweiligen Erfahrungsräume bei Anstellungsverantwortlichen einerseits (2.) und Diakoninnen und Diakonen andererseits (3.) rekonstruiert. Dem folgt (4.) eine Gegenüberstellung und Relationierung dieser beiden Perspektiven mit dem Ziel, charakteristische Gemeinsamkeiten und Unterschiede pointiert zu fassen und zentrale Spannungspole ebenso wie Ansatzpunkte für gemeinsame Entwicklungsprozesse sichtbar werden zu lassen. Die Analyse dieser subjektiven Wirklichkeitskonstruktionen der einzelnen Befragten bzw. deren sozial generierte Deutungsmuster erlauben dann in einem letzten Schritt (5.) dreierlei: die Generierung erster Hypothesen zu Prozessdynamiken im Hinblick auf Rolle und Aufgaben von Diakoninnen und Diakonen in diakonischen Einrichtungen und Diensten, die Ableitung daraus erwachsender Herausforderungen sowohl für strukturelle als auch für aus- und weiterbildungsbezogene Entwicklungsprozesse im Diakonat und die Beschreibung weiterer Forschungsbedarfe.

2. Die Perspektive der Anstellungsverantwortlichen in den Experteninterviews

Was geschieht, wenn Vorstände und Personalverantwortliche diakonischer Unternehmen in teilstrukturierten Leitfadeninterviews nach den Diakoninnen und Diakonen in ihrem Verantwortungsbereich gefragt werden? Sie nehmen sich die Freiheit, ihre ganz eigenen Antworten zu geben – oft ziemlich unabhängig von den Fragen, die gestellt wurden. Sie reden tatsächlich über das, was sie beschäftigt und über ihre ganz persönliche Sicht der Dinge. Sie sprechen dabei dennoch oft im Duktus eines Repräsentanten ihres diakonischen Unternehmens, oft sogar mit einem Unterton, der zum Ausdruck bringt: „Wir als Verantwortliche in der Diakonie". Diese Wir-Perspektive der Anstellungsverantwortlichen lässt sich in der vergleichenden Interpretation der drei Interviews für zentrale Themenbereiche deutlich herausarbeiten. Dies geschieht nachfolgend in drei Schritten. Zunächst beschreibe ich grundlegend die gemeinsamen Charakteristika der Perspektive, die Anstellungsverantwortliche in diakonischen Einrichtungen und Diensten in ihrem Nachdenken über den Diakonat einnehmen (2.1). Daran anschließend rekonstruiere ich, wie die Anstellungsverantwortlichen die Rolle von Diakoninnen und Diakonen in den Unternehmen verstehen (2.2) und welche Vorstellungen sie zum Verhältnis von Persönlichkeit und Fachlichkeit bei dieser Berufsgruppe entwickeln (2.3).

2.1 Charakteristika der Wahrnehmungsperspektive von Anstellungsverantwortlichen

Schon der Einstieg in das Themenfeld „Diakonat" strukturiert sich bei den Befragten in charakteristischer Weise. Sie beginnen mit einem summarisch angelegten Rückblick auf die Zeit, als es noch die althergebrachten Karlshöher Diakone gab. Diese waren – meist nach einigen Jahren Berufserfahrung in einem handwerklichen Beruf – an der Ludwigsburger Brüderanstalt ausgebildet und dann vom dortigen Direktor in Einrichtungen entsandt worden. Dort wirkten sie in der Regel als Hausväter. Mit ihrer Erinnerung an diese Leitungspersönlichkeiten stellen die Interviewten ein für sie eindrückliches Moment des Diakonischen in der Geschichte ihrer Unternehmen dar und verknüpfen es mit dem Diakonat. Diese „Altdiakone", die „Karlshöher Diakone", werden hier zum Inbegriff der diakonischen Dimension, an die in der Gegenwart angeknüpft werden soll, auch wenn es genau diese Diakone nicht mehr gibt. Dieses alte Bild scheint im Verlauf der Interviews immer wieder als eine Art impliziter Cantus firmus zu fungieren, als Grundtenor, der die Konstruktion anderer Aspekte mitbestimmt.

Ähnlich inhaltsprägend wirken grundsätzliche Beschreibungen zum diakonischen Selbstverständnis der einzelnen Unternehmen, das jeweils – in unterschiedlicher Akzentuierung – charakterisiert wird durch eine diakonische Tradition, die grundsätzliche Kirchennähe und die konkreten Verbindungen zu den örtlichen Kirchengemeinden samt der Einbindung in deren gemeindliche Abläufe. Diakoninnen und Diakone kommen hier auf drei verschiedene Weisen in den Blick: (1.) Sie werden wahrgenommen als externe Fachkräfte (meist Gemeindediakone und Gemeindediakoninnen), die Seelsorgeaufgaben in den Heimen wahrnehmen und Gottesdienste gestalten. Damit sind diese Diakoninnen und Diakone jedoch kirchlich verortet und die Interviewten haben mit diesen Diakoninnen und Diakone nicht in ihrer Funktion als Anstellungsträger zu tun und in der Regel auch wenig direkten Kontakt. Insofern die Befragten von Diakoninnen und Diakonen im eigenen Unternehmen sprechen, differenzieren sie zwischen zwei weiteren Gruppen von Diakoninnen und Diakonen: Einerseits (2.) kommen Diakoninnen und Diakone als bewährte Persönlichkeiten in den Blick, die in der mittleren Führungsebene des Unternehmens schon lange Zeit Leitungsaufgaben wahrnehmen und sich darin als diakonisch motiviert erwiesen haben. Die Anknüpfung an die alte Diakonatstradition erfolgt bei diesen Fachkräften aus der Sicht der Anstellungsverantwortlichen dort, wo diese im Rahmen der berufsbegleitenden Diakonenausbildung Gelegenheit zur vertieften Reflexion ihrer kirchlichen Prägungen erhalten und sich selbst mit einer Kirchengemeinde verbunden fühlen. Andererseits (3.) stellen Anstellungsverantwortliche fest, dass es darüber hinaus entweder gar keine Diakoninnen und Diakone im Unternehmen gibt, oder dass diese in Aufgabenbereichen tätig sind, die genauso gut von anderem Fachpersonal übernommen werden könnten: *„Die Leute sind in der Regel in Tätigkeiten, die auch von anderen Personen ausgeübt werden könnten. Die Vo-*

raussetzung ist nicht, dass man Diakon oder Diakonin sein muss. Das Diakonsein ist sozusagen ein Plus."[12] Daran wird noch einmal deutlich, dass im Zentrum der Wahrnehmungen der hier befragten Anstellungsverantwortlichen Diakoninnen und Diakone – in Vergangenheit und Gegenwart – in erster Linie mit Leitungstätigkeiten assoziiert werden: früher an der Spitze der überschaubaren, familial strukturierten Einrichtungen und heute auf der mittleren Führungsebene, der aus verschiedenen Zusammenschlüssen entstandenen Großunternehmen.

Dadurch, dass diese Aussagen in programmatischer Weise gleich zu Beginn der Interviews formuliert werden, können wir davon ausgehen, dass es sich hier tatsächlich um Explikationen eines auch in den Unternehmen handlungsleitenden Programms handelt.[13] Der erzählgenerierende Impuls der Interviewerin *„Wenn Sie an Diakoninnen und Diakone denken, die in Ihrer Einrichtung tätig sind: Fällt Ihnen jemand ein, den Sie besonders schätzen, der oder die sehr gute Arbeit macht?"*[14] bleibt aber jeweils bis zum Ende der Interviews weitgehend unbeantwortet. Die Ausführungen der Leitungs- und Personalverantwortlichen bleiben – zumindest was Diakoninnen und Diakone angeht – über weite Strecken relativ abstrakt und auf grundsätzliche, eher konzeptionell orientierte Beschreibungen und Argumentationen begrenzt.[15] Äußerungen über einzelne Diakone und Diakoninnen dagegen sind auf wenige Sätze beschränkt, allgemein oder vage und schemenhaft. Im Hintergrund dieses Verhaltens könnte stehen, dass die Verortung auf der höchsten Führungsebene großer Unternehmen keinen Einblick in alltägliche Arbeitszusammenhänge einzelner Mitarbeitenden mehr erlaubt und deshalb tatsächlich zu wenig Berührungspunkte mit Einzelpersonen im diakonischen Amt bestehen, um detaillierte und kenntnisreiche Beispielerzählungen zu ermöglichen.[16]

Deshalb ist zu vermuten, dass die Äußerungen der Leitungsverantwortlichen zum Thema Diakonat in erster Linie nicht auf direkten Erfahrungen mit Diakoninnen und Diakonen beruhen, sondern anderen, noch zu eruierenden Zusammenhängen zuzuordnen sind. Die beiden nachfolgend näher beleuchteten Aspekte der Diakonatsthematik, nämlich die Rolle und Funktion von Diakoninnen und Diakonen in diakonischen Unternehmen einerseits und die Frage nach dem

---

[12]   Aus einem Interview mit einem Anstellungsverantwortlichen/Diakonie. Vgl. Anm. 1.

[13]   Vgl. Schütze 1987: S. 149, der davon spricht, dass solchen Statements im Kontext dokumentarischer Interpretation ein starker, inhaltlicher Bezug zum Gegenwartsstandpunkt des Interviewten zugemessen werden könne. Diese These wird im konkreten Fall auch dadurch gestützt, dass der Interviewpartner zunächst erwartet hatte, dass ihm die Interviewfragen im Vorfeld zur persönlichen Vorbereitung zur Verfügung gestellt werden. Die Vermutung liegt also nahe, dass vor allem zu Beginn des Interviews thematisch vorbereitete Passagen zu erwarten sind.

[14]   Aus einem Interview mit einem Anstellungsverantwortlichen/Diakonie. Vgl. Anm. 1.

[15]   Vgl. zur Bedeutung unterschiedlicher Fragestile für die Produktion verschiedener Textsorten Witzel 2002: S. 5–6.

[16]   So z.B. äußerte etwa ein Anstellungsverantwortlicher aus dem Bereich diakonischer Einrichtungen und Dienste im Interview explizit: „Mit Situationen ist es schwierig, weil ich die Leute ja nicht ständig begleite."

Verhältnis von Persönlichkeit und Fachlichkeit andererseits, spielen für die Anstellungsverantwortlichen eine zentrale Rolle und werden stets aus Leitungsperspektive und unter konzeptionellen Gesichtspunkten thematisiert.

2.2 „Jemand, der Kulturträger sein kann, ist immer interessant."[17]
   ### Die Rolle von Diakoninnen und Diakonen im Unternehmen

Diakoninnen und Diakone sind gemäß den Schilderungen der hier befragten Anstellungsverantwortlichen in den Unternehmen vor allem in Leitungspositionen beschäftigt oder nehmen auf der mittleren Ebene der Unternehmen zumindest teilweise auch Leitungsaufgaben wahr. Deshalb verwundert es nicht weiter, dass alle Befragten recht rasch darauf zu sprechen kommen, dass Diakoninnen und Diakone für ihre Unternehmen als Kulturträger interessant sind. Am pointiertesten kommt dies in der folgenden Äußerung zum Ausdruck: „Hintergrund unseres Interesses (an der Erkennbarkeit des Diakons/der Diakonin im Arbeitsfeld) ist natürlich auch dieses, dass wir sehen, dass wir nicht mehr – schon gar nicht selbstverständlich – voraussetzen können, dass alle Mitarbeiter mit Diakonie und Kirche so verbunden sind, wie wir es uns wünschen. (…) Wir brauchen schon Leute, die leuchtturmartig irgendwo eine diakonische Sensibilität, eine diakonische Spiritualität auch leben. Und das auch erkennbar leben."[18]

Im Anschluss an diese Äußerung wird die Leuchtturmfunktion mit Blick auf einen alten Karlshöher Diakon, der als Leiter eines Alten- und Pflegeheimes dort auch die Abendandachten gehalten habe, veranschaulicht. Bei diesem Diakon – so erinnert sich der Interviewpartner – seien in beispielhafter Weise ein pflegerischer und ein seelsorgerlicher Effekt zusammengekommen. Die Bewohner haben – so wird erzählt – nach dessen Andachten besser geschlafen als sonst und natürlich habe dieser Diakon auch Andachten mit Sterbenden und zum Abschied von Verstorbenen gehalten. An anderer Stelle berichtet derselbe Anstellungsverantwortliche in einem ähnlichen Zusammenhang von „Gesprächskreisen über Gott und die Welt"[19], die Diakoninnen und Diakone in sozialpsychiatrischen Tageskliniken mit guter Resonanz anbieten. Es geht ihm demnach zunächst darum, das diakonische Profil durch entsprechende charakteristische Angebote in den Einrichtungen sichtbar werden zu lassen. Wenn alltägliche Aufgaben und explizite geistliche Impulse von Leitungsverantwortlichen in einer Person miteinander verknüpft werden können, dann ist damit in den Augen dieses Interviewpartners ein diakonisches Ideal vorbildlich verkörpert.

Daneben heben die Interviewten aber auch immer wieder hervor, dass „das Diakonische" integraler Bestandteil der normalen, alltäglichen Arbeit sein müsse.

---

[17] Aus einem Interview mit einem Anstellungsverantwortlichen/Diakonie. Vgl. Anm. 1.
[18] Ebd.
[19] Ebd.

Dann liegt der Akzent bei den Interviewten auf dem praktischen Handeln, an dem „das Diakonische" sichtbar werden müsse. Dieses praktische Handeln kann dann auch unabhängig von einer expliziten persönlichen Glaubenshaltung oder von theologischen Kenntnissen als diakonisches Handeln angesehen werden. In diesem Zusammenhang spielt für die Interviewten die Atmosphäre in einer Einrichtung eine besondere Rolle. An ihr soll jeder, der ein Haus betritt, den diakonischen Geist spüren. Auch diese Aufgabe wird dann eng mit Leitungshandeln assoziiert. Denn über vorbildliches Handeln auf der Leitungsebene können Mitarbeitende in dieser Hinsicht motiviert werden. Deshalb versteht es sich fast von selbst, dass einer entsprechend ausgeübten Mitarbeiterführung, in der „das Diakonische" in sensibler Art und Weise zum Tragen kommen soll, zentrale Bedeutung für die diakonische Profilierung einer Einrichtung zugemessen wird: *„Das ,Diakonische' kann man nicht mit der Brechstange durchsetzen, sondern man kann es nur vorleben. Man kann auch innerhalb einer Einrichtung Bündnisse schaffen und so dann – vielleicht mit einer Pressure-Group – versuchen, das Profil einer Einrichtung versuchen zu prägen"*[20], wie einer der Interviewten eine mögliche Strategie beschreibt.

Insgesamt lassen sich drei Charakterisierungen des diakonischen Profils in einem Unternehmen bündeln: (1.) konkrete Angebote in den Bereichen Seelsorge, Gottesdienst und Religionspädagogik, (2.) Ausgestaltung des alltäglichen Handelns und der Atmosphäre in einer Einrichtung und (3.) Mitarbeiterführung. Teilweise werden diese Vorstellungen von den verschiedenen Aspekten des diakonischen Profils in einen engen Zusammenhang mit den Diakoninnen und Diakonen in den Unternehmen gebracht. Entsprechende Erwartungen werden dann an diese Berufsgruppe gerichtet, ohne diesbezüglich jedoch exklusiv zu denken. Vielmehr wird dann betont, dass z.B. Mitarbeitende schon im Vorfeld einer späteren, berufsbegleitenden Diakonenausbildung vergleichbares Engagement entfaltet hätten. Zugleich wird dann – zumindest in Andeutungen – die Problematik wahrgenommen, die mit einer allzu exklusiven Wahrnehmung geistlicher Aufgaben einhergehen kann. Nicht bei allen interviewten Anstellungsverantwortlichen ist jedoch die Verknüpfung zwischen diakonischem Profil und Diakoninnen und Diakonen gleich stark ausgeprägt. Immer jedoch wird die Verbindung zwischen diakonischem Profil und Leitungshandeln deutlich hervorgehoben.

Neben dieser Orientierung auf die Innenseite diakonischer Profilbildung spielt im Nachdenken über Diakoninnen und Diakone auch die Beziehung zu Kirchengemeinden immer wieder eine Rolle. In diesem Zusammenhang fällt jedoch auf, dass alle Äußerungen ausgesprochen suchenden und fragenden Charakter haben. Zwar ist theoretisch klar, dass Kirchengemeinden und ihre Pfarrerinnen und Pfarrer einen diakonischen Auftrag haben, der sich auch auf diakonische Einrichtungen erstreckt. Wie sich genau ein gelingendes Miteinander zwi-

---

[20]   Ebd.

schen diakonischen Einrichtungen und Kirchengemeinden gestalten kann und soll, wie genau sich die Rolle von Diakoninnen und Diakonen in diesem Zusammenhang darstellen könnte und welche Erwartungen dann an die diesbezügliche Verantwortungsverteilung zwischen Landeskirche und diakonischen Unternehmen zu richten wäre, das ist ganz offensichtlich Gegenstand eines noch unabgeschlossenen Denkprozesses.

Im Zentrum der Suchbewegungen steht immer wieder die Erwartung an Diakoninnen und Diakone, dass sie sich in besonderer Weise für die Verbindung zwischen Kirche und Diakonie verantwortlich fühlen sollen. An einer Stelle nimmt die Interviewerin dieses Thema auf und fragt nach:

Interviewerin:	Wie würden Sie denn diese Verbindung von Kirche und Diakonie beschreiben?
Interviewter:	Das steht bei uns im Ausschreibungstext, das ist Standard: Erwartet wird Verbundenheit mit Kirche und Diakonie. Bei Führungsfunktionen und -positionen sowieso Mitgliedschaft in der Evangelischen Kirche. (…) Verbundenheit heißt, dass auch außerhalb der Einrichtung Kontakt zur örtlichen Kirchengemeinde gehalten und gepflegt wird. (…) Dafür kann es dann bloß äußere Belege geben, wenn jemand noch zusätzlich im Posaunenchor ist und irgendwelche Aktivitäten da noch entwickelt oder entwickelt hat. (…)
Interviewerin:	Das heißt, das ist bei Ihnen auch Thema, es wird darüber gesprochen?
Interviewter:	Das ist fester Bestandteil des Bewerbungsgespräches. Das wir auch sehr strukturiert durchführen und bestimmte Themen einfach immer wieder abfragen und das ist ein ganz wichtiges Thema. Es soll jeder und jede wissen, wenn sie zu uns kommen, was wir da erwarten.

(Interview mit einem Anstellungsverantwortlichen/Diakonie)

Hier wird also zunächst recht spontan die Verbindung zwischen Diakonie und Kirche in der Person von Mitarbeitenden verankert. Von ihnen werden – vor allem in Leitungsfunktionen – die Mitgliedschaft in der Evangelischen Kirche und das aktive Engagement in einer Kirchengemeinde erwartet. Hier argumentiert der Interviewte ganz in seiner Rolle als Leitungsverantwortlicher und betont, dass er an dieser Stelle für sein Unternehmen spricht, indem er auf standardisiertes Vorgehen im Umgang mit Stellenbesetzungen verweist. Er räumt ein, dass diese Erwartungen relativ formaler Natur sind, aber sie erscheinen als die einzige Möglichkeit und als eine Art Garantie dafür, dass ein Bewerber oder eine

Bewerberin es mit seinem/ihrem „Evangelischsein" ernst meint. Mit dem Unternehmen oder mit der Ausrichtung der beruflichen Tätigkeit hat dieses Kriterium nichts zu tun, und es erscheint hier als völlig selbstverständlich, dass sich Arbeitgebererwartungen über die reine Berufstätigkeit hinaus ins Privatleben hinein erstrecken.

Erst eine weitere Nachfrage der Interviewerin evoziert dann die Bezugnahme auf den Diakonat:

Interviewerin:	Ich frage mich immer wieder, wie dieses Miteinander von Landeskirche und Diakonie eigentlich sinnvollerweise sein kann. (…) Wie ist dieses Verhältnis zu beschreiben? Oder wie würden Sie es sich wünschen?
Interviewter:	Ich könnte mir natürlich vorstellen, dass das Diakonat so eine Scharnierstelle sein kann zwischen diakonisch selbstständiger Einrichtung und der Landeskirche. (…) Ich könnte mir auch vorstellen, durchaus, wenn sich die Landeskirche sagt, die Bewohner, Bewohnerinnen, Beschäftigten einer diakonischen Einrichtung sind unsere Gemeindeglieder, dann ist natürlich dafür der hauptamtliche Pfarrer, die hauptamtliche Pfarrerin zuständig. Aber da könnte ja auch ein Diakonatsanteil mit dabei sein, für die Zuständigkeit. Ich könnte mir durchaus vorstellen, jetzt ideal gesprochen, dass die Landeskirche sagt, hier und dort haben wir solche Leuchtturmposten Diakonat und die unterstützen wir. Wir gewähren da einen bestimmten Anteil. Das müsste man natürlich genau formulieren, was da gemacht wird, das kann nicht bloß sozusagen der Einrichtung zu Gute kommen, sondern das muss natürlich der Einrichtung in Verbindung mit der Kirchengemeinde zu Gute kommen. Im Idealfall gedacht könnte ich mir gut vorstellen, was es glaube ich noch gar nicht gibt, dass es einen Diakon, eine Diakonin gibt, die einen Gemeindeauftrag hat und einen Einrichtungsauftrag. (…)
Interviewerin:	Es ist ja eine Frage der Kapazitäten, wer hat überhaupt Zeit, das eigentlich ‚Diakonische' zu tun. Über die reine Pflege und Hilfeleistung hinaus.
Interviewter:	Wir sind ja jetzt noch in einer Situation, dass das alles noch so nebenher ist. Und dass man das sozusagen dem Zufall und dem guten Willen überlässt, inwieweit das Diakonische gelebt wird. Ich glaube schon, dass man irgendwann mal in die Situation kommt, oder bereits ist, wo man überlegt, wie müssten wir das eigentlich strukturell aufbauen. Und was müssten wir an Ressourcen personeller und finanzieller Art zur Verfügung stellen. (…)

(Interview mit einem Anstellungsverantwortlichen/Diakonie)

Erst hier kommt also der Diakonat der Landeskirche in den Blick, und die Aufgabe der Vernetzung zwischen diakonischen Einrichtungen und Landeskirche wird dann aber als genuin kirchliche Aufgabe beschrieben, in der Diakoninnen und Diakone eine zentrale und für Orientierung sorgende Funktion wahrnehmen könnten. Als möglicher Konfliktpunkt wird die Frage der Abgrenzung oder Zuordnung dieses Aufgabenbereiches zwischen Pfarramt und Diakonat angesprochen. Sehr deutlich macht der Interviewte aber auch, dass er an dieser Stelle noch nicht von realen Verhältnissen, sondern von denkbaren Zukunftsoptionen spricht, die im Moment – seiner Einschätzung nach – allenfalls zufällig irgendwo schon in Teilen funktionieren. Insgesamt entsteht der Eindruck, dass diese Vernetzungs- und Zuordnungsfragen erst noch auf eine konzeptionelle, strukturelle und finanzielle Ausgestaltung warten. In der Schwebe bleibt am Ende, ob der hier befragte Anstellungsverantwortliche auch diakonischen Unternehmen in diesem Zusammenhang eine gewisse Mitverantwortung zuschreibt, da er vom anfänglichen, auf die Landeskirche hin orientierten „sie" bzw. „man" zum inkludierenden „wir" wechselt, ohne dies von sich aus näher zu explizieren.

Den Gewinn aus Vernetzungsprozessen zwischen diakonischen Einrichtungen und Kirchengemeinden sieht der hier Befragte bei allen Beteiligten in unterschiedlicher Ausprägung: Die Einrichtungen können ihre „Ghettoisierung[21]" durchbrechen und ehrenamtliche Unterstützung in ihren Aufgaben erfahren, während in Kirchengemeinden das diakonische Moment verdeutlicht, soziales Lernen intensiviert und ehrenamtliches Engagement gestärkt werden könnte. Auf eine weitere Nachfrage der Interviewerin hin bezieht der Interviewte dann auch die berufsbegleitend ausgebildeten Diakoninnen und Diakone in der mittleren Führungsebene seines Unternehmens vorsichtig fragend in seine Überlegungen mit ein und eröffnet die gedankliche Möglichkeit, dass auch sie einen Beitrag zum Brückenbau zwischen Einrichtung und Ortskirchengemeinde leisten könnten.

Was von einem der Interviewten hier – in aller Vorläufigkeit – doch recht konkret beschrieben wird, bleibt bei den anderen Gesprächspartnern deutlich abstrakter. Eine Querverbindung zwischen dem diakonischen Profil einer Einrichtung und der evangelischen Landeskirche gilt als konstitutiv. Innerhalb dieser Grundvorstellung kann die Landeskirche aber auch als Gewährsträgerin für die diakonische Dimension verstanden und alle Funktionen in diesem Zusammenhang können an die Rolle der Pfarrerinnen und Pfarrer in Kirchengemeinden und an der Spitze diakonischer Unternehmen geknüpft werden. Zum Maßstab für das diakonische Profil einer Einrichtung kann dann in den Augen eines Interviewpartners auch die Intensität ihrer Beziehung zur örtlichen Kirchengemeinde werden.

---

21 Diesen Begriff verwendet einer der Interviewpartner, um die unerwünschte Ausgrenzung von dezentral angesiedelten Zweigeinrichtungen zu beschreiben.

Als Zwischenergebnis kann deshalb an dieser Stelle festgehalten werden, dass das diakonische Profil eines Unternehmens für alle befragten Anstellungsverantwortlichen immer eine Innen- und eine Außendimension hat, für die in erster Linie Führungspersönlichkeiten auf unterschiedlichen Ebenen die Verantwortung tragen. Wenn Diakoninnen und Diakone Leitungsaufgaben wahrnehmen, kommt ihre zusätzliche Qualifikation als möglicher Vorzug in den Blick. Eine grundsätzliche Verknüpfung der Verantwortung für das diakonische Profil eines Unternehmens mit dem Diakonenamt oder einer diakonischen Ausbildung findet jedoch nicht statt. Im Detail noch offen bleibt jedoch die Frage danach, wie sich die Interviewten den Prozess einer diakonischen Profilbildung auf den unterschiedlichen Ebenen eines Unternehmens – über die reine Vorbildfunktion von Vorgesetzten hinaus – vorstellen. Eine elaborierte Konstruktion zu dieser Fragestellung bietet die folgende Interviewpassage:

Interviewter: Dass wir Diakonie sind, muss an jeder Stelle sichtbar werden: Es muss vor allem sichtbar werden in den Begegnungen zwischen den Mitarbeitenden und den Menschen, für die wir arbeiten. Entsprechend unserem Selbstverständnis kann man das nirgends abblenden. Ich glaube nicht, dass wir an irgendeiner Stelle, wo Diakoninnen oder Diakone tätig sind, im Anforderungsprofil explizit stehen haben: Hier muss ein Diakon/eine Diakonin arbeiten. Es gibt in unserem Unternehmen zwei Stellen, wo spezifische Anforderungen gestellt sind in dieser Richtung. [Beide Stellen sind aber eindeutig Pfarrstellen.]

Interviewerin: Sie haben vorhin gesagt, Sie brauchen im Haus eine Kultur, in der das diakonische Miteinander explizit möglich ist. Wie schaffen Sie denn diese Kultur oder wie haben Sie sie geschaffen? Was haben Sie dafür getan oder was braucht's?

Interviewter: Bei uns hat sich, so glaube ich, an dieser Stelle viel entwickelt dadurch, dass wir vor einigen Jahren die Balanced Scorecard eingeführt haben. Über diese BSC ist die diakonische Dimension mit ihren Fragestellungen an allen Stellen unseres Stiftungshandelns präsent. Man muss sich das so vorstellen: Wir machen Zielvereinbarungen und diese Zielvereinbarungen sind gerastert nach den Dimensionen der BSC. Es fängt an mit der diakonischen Dimension. (…) Wie ist die Situation im Blick auf Mitarbeiterqualifikation an dieser Stelle? Gibt es Leute, die für so eine diakonische Weiterqualifikation in Frage kämen? (…) Dann gibt es natürlich auch auf Klienten bezogene Fragestellungen, die zu behandeln sind; etwa die Frage, wie Menschen Seelsorge erfahren wollen. Sind dann Seelsorger/Seelsorgerinnen da? Vermitteln wir diese Leute? Sind wir im Kontakt mit der Kirchengemeinde, dass das funktioniert? Wenn Menschen Gottesdienste besuchen

> wollen, ermöglichen wir das? Unterstützen wir das? Wie leben
> wir Spiritualität auch bei uns? Dann gibt es auch den Horizont
> des Kontaktes zu den Kirchengemeinden, also zu der vor Ort
> vorhandenen kirchlichen Struktur unter der Überschrift der
> Gemeinwesenorientierung. (…) Hat das ‚Diakonische' einen Ort
> in unserer Arbeit und in unserer Einrichtung, so dass es nie ver-
> gessen wird? Das hat unterschiedliche Intensitäten an verschie-
> denen Stellen. (…)
>
> (Interview mit einem Anstellungsverantwortlichen/Diakonie)

In dieser Passage des Interviews wird zweierlei ganz deutlich: In diesem Unternehmen sind es nicht die expliziten Stellenbeschreibungen, die die entscheidende
Rolle für das diakonische Profil des Unternehmens spielen. Als wesentliches
Instrument auf diesem Weg wird vielmehr eine entsprechende Management-
methodik, die Balanced Scorecard, eingesetzt. Die Balanced Scorecard ist ein
Managementinstrument, das sich eng an die jeweilige Unternehmensstrategie
anpassen lässt. Mit Hilfe dieser Methode wird operationalisiert, welche Faktoren
aus der Perspektive der jeweiligen Unternehmensstrategie zur diakonischen
Profilbildung beitragen, und in regelmäßigen Abständen wird der Stand in den
verschiedenen Dimensionen bewertet. Im Rahmen von Zielvereinbarungsprozes-
sen werden auf diesem Überprüfungsprozess aufbauend weitere Umsetzungs-
schritte geplant, die der Unternehmensstrategie entsprechen, auf der die Balanced Scorecard in diesem Unternehmen aufbaut. In den Augen des Interviewten
hat sich die Strategie der diakonischen Profilbildung im Unternehmen und auch
das Instrument zur Umsetzung dieser Strategie bewährt. Deshalb gibt es in dieser
Hinsicht für diesen Befragten auch keinen Veränderungsbedarf. Er ist deshalb
auch davon überzeugt, dass die aktuelle strukturelle Festlegung, die im ganzen
Unternehmen nur zwei Pfarrstellen vorsieht, sich im Hinblick auf die Anforderungen der diakonischen Profilbildung angemessen ist. Wobei im Moment noch
nicht eindeutig festzustellen ist, was seine Akzentuierung hinsichtlich der Pfarrstellen im Detail bedeutet.[22] Deshalb können in diesem Zusammenhang noch
keine eindeutigen Schlüsse im Hinblick auf die Rolle und Aufgaben von Diakoninnen und Diakonen in diesem Zusammenhang gezogen werden.

Möglicherweise erschließt sich aber von hier ausgehend ein Aspekt dessen,
was dieser Interviewpartner zu Beginn gemeint haben könnte, als er auf die Frage
danach, was Diakoninnen und Diakone können sollen, antwortete, dass sie das
„Diakonische *verkörpern* müssen."[23] Im Zusammenhang der Anwendung der
Balanced Scorecard als zentrales Instrument der diakonischen Unternehmensstrategie wird nicht erwartet, dass Mitarbeitende im Alltagsgeschäft einer diako-

---

22 Dieser Frage soll erst im nächsten Abschnitt ausführlich nachgegangen werden.
23 Die komplette Passage, aus der dieses Stichwort entnommen ist, wird im Rahmen des folgenden
   Kapitels noch Gegenstand detaillierter Untersuchungen sein.

nischen Einrichtung eigene Visionen des „Diakonischen" entwickeln. Dies ist
Aufgabe der Unternehmensführung und geschieht in den Augen dieses Anstellungsverantwortlichen im Wesentlichen in der Auslegung der kirchlich-diakonischen Tradition. Auf dem Weg der Zielvereinbarungsprozesse wird die Vision
über Strategien und operationalisierte Handlungsschritte an die Unternehmens-
basis transportiert und in konkretes Handeln umgesetzt. Wer nicht in der
obersten Leitungsebene angesiedelt ist, muss deshalb auch nicht unbedingt über
eine eigenständige Auslegungskompetenz hinsichtlich der diakonischen Tradition verfügen. Es genügt, wenn er oder sie mit dieser Tradition persönlich vertraut, ist und es ist sinnvoll und nützlich, *„wenn eine gewisse Menge, eine gewisse*
Zahl, eine gewisse Lösungsdichte – wenn man es einmal physikalisch sagt – von
kirchlich qualifizierten Leuten da ist. Für unsere Einrichtung würde ich das so
sehen. (…) Ja, die Prise Salz sollte nicht fehlen."[24] Dafür bedarf es aber nicht unbedingt der Diakoninnen und Diakone, sondern lediglich „kirchlich" qualifizierter
Menschen.[25] Die genaue Verteilung dieser in besonderer Weise mit der christlichen Tradition verbundenen Menschen muss nicht über spezifische Stellenbe-
schreibungen festgelegt werden, sondern kann im Einzelfall durch entsprechende
Personalentwicklungsmaßnahmen den Erfordernissen angepasst werden. Für die
Rolle von Diakoninnen und Diakonen im diakonischen Unternehmen heißt das
aus der Sicht dieses Leitungsverantwortlichen: Es wird erwartet, dass sie ihren
Beitrag zum diakonischen Profil entsprechend den Zielvereinbarungen für ihren
Arbeitsbereich leisten und durch die kirchliche Prägung ihrer Person zur *„Prise*
Salz" werden, die für den „Diakonischen Geschmack" im Unternehmen notwen-
dig ist.

   Entscheidend für die Rolle von Diakoninnen und Diakonen in diakonischen
Unternehmen ist also – in der Perspektive der Interviewten – zunächst nicht ihre
diakonische Qualifikation oder ihr diakonisches Amt, sondern die Frage nach
ihrer Position in der Hierarchie des Unternehmens. Als Führungskräfte der
allerersten Reihe sind sie bei den befragten Leitungsverantwortlichen nicht im
Blick. Diese Rolle wird aktuell ausschließlich mit Pfarrerinnen und Pfarrern oder
mit Finanzfachleuten assoziiert. Für Führungsaufgaben in kleineren Unterneh-
menseinheiten oder im Mittelbau größerer Unternehmen sind sie als christlich-
diakonische Kulturträger sehr interessant, besitzen in den Augen der Befragten
aber offensichtlich kein Alleinstellungsmerkmal[26], das ihre Anstellung in bestimmten Positionen zwingend erscheinen ließe. Die detaillierten Vorstellungen
und Erwartungen, die die befragten Anstellungsträger im Bereich der diakonischen Einrichtungen und Dienste im Hinblick auf Persönlichkeit und Fachlich-

---

[24]   Aus einem Interview mit einem Anstellungsverantwortlichen/Diakonie. Vgl. Anm. 1.
[25]   Was der Interviewte darunter genau versteht und welche Akzentuierung dieses Thema bei den
      anderen Befragten findet, wird im nächsten Abschnitt dargestellt.
[26]   Als solches gilt in der diakoniewissenschaftlichen Diskussion die sogenannte „Doppelqualifika-
      tion" von Diakoninnen und Diakonen. Vgl. dazu z.B. Noller/Fliege 2013.

keit der Kulturträgerinnen und Kulturträger in ihrem Unternehmen haben, sind Gegenstand des folgenden Abschnitts.

2.3 „Aber die Person muss auch fachlich überzeugen" – Persönlichkeit und Fachlichkeit von Diakoninnen und Diakonen

Wenn die befragten Leitungsverantwortlichen über Diakoninnen und Diakone in ihren Unternehmen sprechen, dann steht offensichtlich deren Funktion für das Unternehmen im Vordergrund. In den entsprechenden Funktionen aber müssen sie bestimmte Erwartungen erfüllen, die von allen Interviewpartnern in einem Spannungsfeld zwischen Persönlichkeit und Fachlichkeit beschrieben werden. Allerdings lässt sich keiner der Interviewpartner auf ein Denkmodell ein, dass Persönlichkeit als eine Achse und Fachlichkeit als andere Achse einer Matrix nützt, die zur Einordnung der Eignung einer Person verwendet werden könnte. Vielmehr ringen alle in beschreibender, argumentierender und teilweise auch erzählender Form darum, die Genese einer ihren Erwartungen entsprechenden idealen Persönlichkeit und das für sie optimale Zusammenwirken von Persönlichkeit und Fachlichkeit angemessen zu konstruieren. Programmatisch formuliert einer der Interviewpartner gleich in den anfänglichen Sequenzen des Interviews:

Interviewerin:	Kennen Sie jemanden in der Einrichtung, von dem Sie sagen würden: Das ist ein richtig guter Diakon? Oder: Die Diakonin macht das richtig großartig? So sieht ein Vorbild aus! Können Sie so jemanden beschreiben?
Interviewter:	Die Leute haben wir schon. Das sind Personen, die in dem fachlichen Bereich oder in der Führungsaufgabe, in der sie tätig sind, gut sind. Und die dieses ‚gut sein' eben vermehren dadurch, dass sie ganz ausgezeichnete Träger sind in dem, was eine diakonische Stiftung ausmacht – das Spirituelle, das diakonische Selbstverständnis. Sie verstehen es, in dieser Verantwortung das Fachlich-Inhaltliche, die Leitungsverantwortung zu verknüpfen eben (…) mit den weichen Fragen des diakonischen Selbstverständnisses.
Interviewerin:	Wenn Sie überlegen, was Diakoninnen und Diakone können sollten, was würden Sie sagen, worauf kommt es vor allen Dingen an? Was ist das Wichtigste?
Interviewter:	Sie müssen ein diakonisches Selbstbewusstsein, eine diakonische Identität haben. Sie müssen ein klares Bewusstsein und auch ein Gefühl dafür haben, was Diakonie mit der Kirche, mit der christlichen Tradition zu tun hat. Das müssen sie einerseits ver-

> körpern. Andererseits müssen sie gerade in der Diakonie natürlich auch in der Lage sein, dieses Selbstverständnis in die Kommunikation zu bringen mit Leuten, die nicht so dezidierte Prägungen haben oder die andere Prägungen haben. Und sie müssen die Fähigkeit haben, diese Prägung, diese Haltung auch in ein „to do" umzusetzen, also dass Handlung daraus erfolgt, z.B. in dem Sinne, dass Kooperationen mit Kirchengemeinden oder mit sonst gesellschaftlich engagierten Kräften und so weiter entstehen.
>
> (Interview mit einem Anstellungsverantwortlichen/Diakonie)

Hier geschieht etwas Erstaunliches: Obwohl der Befragte in der Beschreibung eines vorbildlichen Diakons oder einer vorbildlichen Diakonin in seinem Unternehmen fachliche und Führungsqualität an erster Stelle nennt und die Verkörperung des diakonischen Selbstverständnisses additiv hinzukommen lässt, vertieft er dann, auf eine Nachfrage hin, die die Fachlichkeit akzentuiert, gerade den Aspekt der Persönlichkeit und der diakonischen Identität. Möglicherweise erscheint ihm die Fachlichkeit als Selbstverständlichkeit, über die er – zumindest wenn es nun gerade um Spezifika von Diakoninnen und Diakonen gehen soll – eigentlich nicht viele Worte machen will. Zugleich ist an dieser Stelle jedoch auch noch nicht klar, was genau er mit Fachlichkeit meint. Deshalb fragt die Interviewerin in der nachfolgenden Interviewsequenz noch einmal nach:

> Interviewerin: Wie stark ist eine diakonische Identität oder ein diakonisches Selbstbewusstsein dann eine Sache der Persönlichkeit oder der Fachlichkeit? Was kann man lernen?
>
> Interviewter: Früher hat man das klassische Wort „fromm" gehabt – natürlich von der Geschichte her nicht unbelastet. So eine persönliche Frömmigkeit gehört, denke ich, einfach dazu. Die Frömmigkeit muss aber auch hinterlegt sein oder verknüpft sein mit einer integren Persönlichkeit. Also keine Differenz zwischen dem, was als Frömmigkeit sichtbar und verbalisiert wird und dem, was die Persönlichkeit sonst ausstrahlt. (…)
>
> Interviewerin: Wo und wie kann man das lernen?
>
> Interviewter: Ich glaube, dass diese Leute, die ich vor Augen habe, diese Prägung schon aus ihrer Familie mitgebracht haben, aus ihrer Gemeinde, aus ihrem Kirchturmshorizont, in dem sie groß geworden sind, wo sie in vielen Fällen als junge Menschen beteiligt und engagiert waren.
>
> (Interview mit einem Anstellungsverantwortlichen/Diakonie)

Auch diese erneuten Nachfragen der Interviewerin evozieren wieder Äußerungen, die mit einigem Nachdruck die diakonische Persönlichkeit ins Zentrum der Darlegungen rücken. Diese diakonische Persönlichkeit zeichnet sich in der Konstruktion des Interviewten aus durch ein entsprechendes (Selbst-)Bewusstsein und beinhaltet auch ein Gefühl für die Beziehung zwischen Diakonie und Kirche, zwischen Diakonie und christlicher Tradition. Es geht ihm also darum, dass Gefühl und Bewusstsein gemeinsam eine diakonische Identität ausmachen und dass nur in der Verbindung dieser beiden Aspekte das Wesen der Diakonie, das Wesen ihrer christlich-kirchlichen Tradition erfasst werden kann. Insofern hängen „Haben" (*diakonisches Bewusstsein*) und „Sein" (*diakonische Identität*) in seiner Beschreibung aufs engste miteinander zusammen und werden so auch von guten Diakoninnen und Diakonen erwartet. Diese Erwartung ist dann erfüllt, wenn sie diese diakonische Existenz (*Haltung/Prägung*) auch in konkrete Handlungen oder Sprache übersetzen (können). Im Idealfall besteht also, aus der Sicht dieses Anstellungsträgers, bei einem guten Diakon keine Differenz zwischen Fachlichkeit und Persönlichkeit, weil die *persönliche Frömmigkeit* alles Tun durchwirkt und als *Lebensdimension* nie abschaltbar ist.

Diese tiefgreifende, die ganze Person umfassende Prägung wird – nach Auffassung des Interviewten – schon sehr früh erworben: In der Familie und in der kirchlichen Jugendarbeit. Keine spätere Ausbildung kann Vergleichbares bewirken, sie kann immer nur auf diese frühen Prägungen aufsetzen. Hierin spitzt sich für ihn die zentrale Problematik der Genese einer „diakonischen Persönlichkeit" zu. Hier formuliert der Befragte sehr allgemeingültig, nützt häufig „man", spricht auch von „wir". Danach folgt eine Passage, in der er sehr breit und mit persönlicherer Färbung (hier sagt er fast durchgängig „ich") beschreibt, welche Funktion Aus- und Weiterbildung – aufbauend auf einer entsprechenden persönlichen Prägung – haben kann: Sie macht Menschen einerseits reflexionsfähig hinsichtlich der Tradition (*Text*) und in Bezug auf die aktuelle Situation (*Kontext*), so dass sie die klassischen Formen kirchlichen Lebens (*Gottesdienst, Kasualien, Rituale*) angemessen gestalten können, und sie andererseits zum selbstkritischen Umgang mit eigenen weltanschaulichen Prägungen befähigt. Dabei ordnet der Befragte die Reflexionsfähigkeit hinsichtlich der christlichen Tradition und deren Vermittlung in die aktuelle Situation, durch den Bezug auf die Formen kirchlichen Lebens, implizit der theologischen Ausbildung zu.

Die Betonung der Verknüpfung von Theorie und Praxis und der bekräftigende Einschub *„Ich glaube schon, dass man daran mit Leuten arbeiten kann"*[27] legen die Vermutung nahe, dass ihm hier vor allem das Vikariat, als zweite Ausbildungsphase auf dem Weg in den Pfarrdienst, als Folie für sein Nachdenken dient. In dieses Schema passt dann auch die Bedeutung, die er der berufsbegleitenden Diakonenausbildung beimisst, die sich erst an eine längere Zeit der sozialpädagogischen oder pflegerischen Berufstätigkeit anschließt. Sie ist es, die in

---

[27] Aus einem Interview mit einem Anstellungsverantwortlichen/Diakonie. Vgl. Anm. 1.

seinen Augen in besonderer Weise erlaubt, dass reife Persönlichkeiten ihre Lebenserfahrungen als Basis für eine vertiefte Beschäftigung mit der christlichen Tradition nutzen. Dadurch wird noch einmal sein Modell bekräftigt, in dem Aus- und Weiterbildung vor allem dann Wirkung entfalten können, wenn Erfahrung und Prägung als Grundlage bereits in guter Weise vorhanden sind.

In diesem Zusammenhang überrascht es dann etwas, dass der Interviewte den Erwerb der Fähigkeit zur Reflexion eigener weltanschaulicher Prägungen insbesondere der Sozialpädagogik bzw. einer sozialwissenschaftlichen Ausbildung zuschreibt. Theologische Ausbildungsanteile innerhalb eines sozialpädagogischen Studiums[28] tauchen explizit überhaupt nicht in seinem Darstellungshorizont auf. Außerdem ist er eher skeptisch, was die Möglichkeiten einer differenzierten Reflektion eigener Prägungen bei jungen Absolventinnen und Absolventen angeht. In seinen Augen ist die entscheidende Voraussetzung dafür Lebens- und Berufserfahrung.

Wiederholte Versuche der Interviewerin nach dem Besonderen diakonischer Sozialarbeit und möglichen Motivationen zur Anstellung von Diakoninnen und Diakonen in diesem Horizont zu fragen, laufen weitgehend ins Leere. Sie veranlassen den Befragten lediglich zu einer – in seinen Augen abschließenden – Darstellung. Er beschreibt seine Motivation zur Anstellung eines Diakons oder einer Diakonin so: *„Wenn die Person überzeugt, jederzeit. (…) Jemand, der die Kultur unserer Einrichtung versteht, Kulturträger sein kann, ist immer interessant. Aber die Person muss an der entsprechenden Stelle auch fachlich überzeugen.“*[29] Damit schließt er argumentativ den Kreis zu seinem anfänglichen Votum.

Diese Fokussierung auf die „integrierte diakonische Persönlichkeit" findet sich in unterschiedlichen Zuspitzungen bei allen Interviewpartnern. Ein Interviewpartner formuliert besonders pointiert: *„Wenn Sie so fragen (Interviewerin: Worauf kommt es an bei den Kompetenzen von Diakonen?), würde ich in erster Linie natürlich weniger das Theologische, Diakonische oder Diakoniewissenschaftliche in den Vordergrund stellen. Das muss eine Persönlichkeit sein. In der Persönlichkeitsbildung weit fortgeschritten und gereift."* Dabei führt er die persönlichen Kompetenzen auf den persönlichen Werdegang zurück, räumt aber durchaus ein, dass in diesem persönlichen Werdegang auch die Ausbildung eine nicht zu unterschätzende Rolle spielt, wenn es um den Erwerb entsprechender Sprachfähigkeit hinsichtlich der diakonischen Inhalte und Motivationen geht.

Ein anderer Interviewpartner akzentuiert stärker die Integration von persönlichem Engagement, einer grundsätzlich den Menschen zugewandten Haltung und umfassender fachlicher Reflexionsfähigkeit. Für ihn spielt Ausbildung eine deutlich zentralere Rolle. Er hat durchaus konzeptionelle Vorstellungen über die notwendigen fachlichen Ausbildungsschwerpunkte, auch wenn für ihn der mög-

---

[28]   Diese sind für viele – auf eine Doppelqualifikation angelegte – Ausbildungsgänge charakteristisch, die für den hauptamtlichen Diakonat qualifizieren.

[29]   Aus einem Interview mit einem Anstellungsverantwortlichen/Diakonie. Vgl. Anm. 1.

lichst intensive Praxisbezug letztlich doch im Zentrum seiner Überlegungen steht. Sobald es aber um die Frage nach der möglichen Motivation für die Einstellung einer Diakonin oder eines Diakons geht, steht auch für ihn die Persönlichkeit (kombiniert mit dem Blick auf Leitungspositionen) wieder im Vordergrund. Er verknüpft diesen Aspekt der Persönlichkeit jedoch weniger mit der Frage nach der Prägung, also dem „Woher", als mit der Frage der Motivation, also dem „Wohin". Die entsprechende sozial- oder pflegeberufliche Fachlichkeit bildet dabei für ihn den selbstverständlich vorausgesetzten und gesetzlich vorgeschriebenen Hintergrund, die theologische Fachlichkeit wird dort interessant, wo sie entsprechende Praxisvollzüge (*Andachten/Maßnahmen*) fundiert.

Abschließend lässt sich festhalten: Für alle Befragten steht die Persönlichkeit des Diakons oder der Diakonin im Zentrum. Von ihr her wird die Fachlichkeit verstanden, auf sie hin Fachlichkeit eingeordnet. Die verschiedenen Zugänge der Befragten zum Thema Persönlichkeit sind aufgespannt im Feld zwischen Werden und Wollen, Lebensgeschichte und Motivation. Hinsichtlich der Fachlichkeit wird mehr oder weniger deutlich unterschieden zwischen der sozialberuflichen, pflegeberuflichen oder betriebswirtschaftlichen Fachlichkeit und der theologisch-diakoniewissenschaftlichen Fachlichkeit. Als unhinterfragte Voraussetzung und selbstverständlichen Hintergrund jeder qualifizierten Tätigkeit im Bereich der Diakonie behandeln alle eine dem Aufgabengebiet entsprechende sozialberufliche Ausbildung oder ein entsprechendes Studium. Die Bedeutung einer theologisch-diakoniewissenschaftlichen Fachlichkeit hingegen erscheint für die Befragten schwerer fassbar und weniger eindeutig mit einer theoretischen Ausbildung verknüpft. Mit drei Aspekten beschreiben die Befragten das, was sie sich als Nutzen von einer theologisch-diakoniewissenschaftlichen Fachlichkeit versprechen, aber durchaus auch in weiten Teilen einer entsprechenden persönlich-lebensgeschichtlichen Prägung zuschreiben: Sprachfähigkeit hinsichtlich der christlichen Tradition, die Fähigkeit, christliche Angebote durchzuführen oder geeignete Maßnahmen für eine diakonische Atmosphäre zu ergreifen. Seinen wahren Nutzen können diese fachlichen Kompetenzen aber in den Augen aller drei Befragten ohne eine Persönlichkeit mit dem Gefühl für das „Diakonische" nicht entfalten.

3. Die Perspektive der Diakoninnen und Diakone in der Gruppendiskussion

Im Anschluss an die Perspektive der Anstellungsträger in diakonischen Einrichtungen und Diensten wird nun die eigene Sicht der Diakoninnen und Diakone dargestellt. Dies geschieht in drei Schritten: Die ersten interessanten Erkenntnisse zur Situation von Diakoninnen und Diakonen in diakonischen Einrichtungen und Diensten konnten bereits auf dem Weg in das zu untersuchende Forschungsfeld gewonnen werden. Die Darstellung dieser Erkenntnisse bildet den

Anfang (3.1). Nachfolgend zeige ich in der Form einer dichten Beschreibung, wie Diakoninnen und Diakone in der Gruppendiskussion ihre Situation in diakonischen Einrichtungen und Diensten analysieren und wie sie ihrem Lebensgefühl in diesem Zusammenhang Ausdruck verleihen (3.2). Daran schließe ich dann eine Darstellung dessen an, wie sie über die Gestaltung des „Diakonischen" unter den aktuellen gesellschaftlichen Bedingungen denken (3.3).

3.1 Erkenntnisse auf dem Weg in das Forschungsfeld

Wer Gruppendiskussionen als Methode qualitativer Sozialforschung einsetzen will, benötigt zunächst einen guten Zugang zum Forschungsfeld,[30] um die Reichhaltigkeit, Tiefe und Breite der Daten ressourcenschonend zu gewährleisten. Darüber hinaus spielt die Gewinnung der für die Fragestellung typischen Fälle eine wichtige Rolle.[31] Deshalb sah das Forschungsdesign zunächst verschiedene Gruppendiskussionen vor. Diakoninnen und Diakone aus dem Bereich der Einrichtungs- und Kirchenbezirksdiakonie und die Berufsgruppen der Sozialdiakone und der Pflegediakoninnen sollten jeweils in getrennten Gruppendiskussionen erfasst und dann vergleichend ausgewertet werden. Für den Feldzugang sollte das Adressmaterial genutzt werden, das im Evangelischen Oberkirchenrat, bei den Mitgliedseinrichtungen des Diakonischen Werkes in Württemberg e.V. und bei den verschiedenen Verbänden im Diakonat vorliegt. Der Versuch, diese Zugangswege zu beschreiten, führte zu der Erkenntnis, dass die Landeskirche selbst für diese Berufsgruppen und damit für eine Vielzahl von berufenen Diakoninnen und Diakonen nur über sehr unzureichendes Adressmaterial verfügt. Auch war die Bereitschaft zur Unterstützung beim Versand des entsprechenden Informationsmaterials nicht bei allen Verbänden im Diakonat gleichermaßen gegeben. Der Weg über die Mitgliedseinrichtungen des Diakonischen Werkes in Württemberg e.V. scheiterte weitgehend daran, dass nur wenige Einrichtungen über komplette Adresslisten von Diakoninnen und Diakonen verfügen. Dieses Personalmerkmal wird von den Anstellungsträgern häufig gar nicht erfasst, weil es für Stellenbeschreibung, Stellenbesetzung oder tarifliche Eingruppierung nicht als relevant betrachtet wird. Dieser Umstand reduzierte vor allem die Zahl der für die Forschung erreichbaren Pflegediakoninnen und Pflegediakone und der Diakoninnen und Diakone in Diakonischen Bezirksstellen erheblich und markiert zugleich deutlich die schwache Stellung des Diakonats, sowohl innerhalb der Evangelischen Landeskirche in Württemberg als auch im Bereich der diakonischen Einrichtungen und Dienste.

---

[30] Vgl. Przyborski/Wohlrab-Sahr ³2010: S. 67–78. Eine kurze Information über die Methode der Gruppendiskussion findet sich in Kapitel I dieses Bandes. Die methodologischen Grundlagen dieser Erhebungsform finden sich bei Bohnsack ⁷2008. Eine eingehende Einleitung in die Durchführung von Gruppendiskussionen bieten Przyborski/Wohlrab-Sahr ³2010: S. 67–90.

[31] Vgl. dazu Lamnek ³1995: S. 193–195.

So wurde am Ende eine Gruppendiskussion geführt, an der neben fünf grundständig ausgebildeten Sozialdiakoninnen und -diakonen eine Pflegediakonin teilnahm, die ihre Ausbildung zur Diakonin berufsbegleitend absolviert hatte. Diese bewegten das Thema Diakonat vor dem Hintergrund ihrer Erfahrungen in unterschiedlich großen Unternehmen und ganz verschiedenen Arbeitsfeldern. Zwei Diakone gehörten der mittleren Leitungsebene großer Unternehmen an, eine Diakonin leitete einen Einrichtungsteil mit etwa 170 Mitarbeitenden, drei Teilnehmende arbeiteten an der Basis im Gruppendienst oder in ambulanten Arbeitsfeldern. Die Teilnehmenden dieser Gruppendiskussion waren sich teilweise schon gelegentlich begegnet, waren einander aber persönlich nicht näher bekannt.

Im Verlauf der Gruppendiskussion wird die hohe Teilnahmemotivation derer deutlich, die sich dann tatsächlich zu dieser Gruppendiskussion zusammenfanden: Die Beteiligten erhoffen sich, dass ihre Stimme im wissenschaftlichen und kirchlichen Kontext gehört wird und im Zusammenhang mit dem Projekt „Diakonat – neu gedacht, neu gelebt" das notwendige Gewicht erhält. Sie engagieren sich, damit der Diakonat in Kirche und Diakonie gestärkt wird. Bei allen klingt an, was zwei Diakone stellvertretend betonen: *„Und deswegen bin ich hier"*[32]. Bereits der offene Einstiegsimpuls: *„Sie sind Diakoninnen und Diakone. Wenn Sie auf Ihre Arbeit schauen: Was beschäftigt Sie da im Moment am meisten?"*[33] motiviert eine fast komplette Inszenierung derjenigen Themen, die auch den weiteren Verlauf der Diskussion prägen. Nachfolgend wird nun zunächst beschrieben, wie die an der Gruppendiskussion beteiligten Diakoninnen und Diakone miteinander ihre Situation in diakonischen Einrichtungen und Diensten konstruieren und mit welchem Lebensgefühl dies einhergeht. Daran schließt sich eine Darstellung dessen an, wie sie über die Gestaltung des „Diakonischen" unter den aktuellen Bedingungen denken.

3.2 „Dass Diakonen-spezifische Sachen gar nicht mehr so vorkommen" – Situationsanalyse und Lebensgefühl

Wie nehmen Diakoninnen und Diakone, die in diakonischen Einrichtungen und Diensten beschäftigt sind, sich selbst und ihre Situation wahr? Als großer, alles andere übergreifender Konsens bildet sich in der Gruppe der Diakoninnen und Diakone sehr schnell die gemeinsame Beobachtung heraus, dass das „Diakonische" in diakonischen Unternehmen bedroht ist. Sie strukturieren diese Beobachtung auf unterschiedlichen Ebenen und aus verschiedenen Perspektiven.

---

[32] Aus der Gruppendiskussion mit Diakoninnen und Diakonen/Diakonie. Die einzelnen Diskussionsteilnehmenden erhalten zum Zweck der Anonymisierung Phantasienamen. Die darüber hinaus verwendeten Orts- und sonstige Eigennamen sind ebenfalls frei erfunden.

[33] Aus der Gruppendiskussion mit Diakoninnen und Diakonen/Diakonie.

Manches lässt sich dabei für die Beteiligten gut auf den Punkt bringen, anderes erscheint wenig griffig und schwer präzise zu erfassen. Immer wieder erhält der Begriff des „Diakonischen" zwischendurch eine Art Containerfunktion und steht für alles, was – ausgehend von den persönlichen oder geteilten Idealen – im Alltag moderner, diakonischer Unternehmen nur schwer realisierbar ist. Dieser Konsens bewegt sich deutlich wahrnehmbar zwischen einer klaren Analyse konkreter Sachverhalte und einem eher allgemeinen Lebensgefühl.

Auch die Diakoninnen und Diakone konstruieren immer wieder einen Vergleich zwischen der Situation, die sie mit einem „Früher" assoziieren, und der Situation, die sie im „Heute" wahrnehmen. In diesem Vergleich spielen – ähnlich wie bei den Anstellungsträgern – Diakoninnen und Diakone als Kulturträger eine Rolle. Aber es sind nicht die herausragenden Führungspersönlichkeiten, die da in den Blick kommen, sondern es ist die Zahl. Das Gefühl der Diakoninnen und Diakone scheint zu sagen: „Früher waren wir mehr", einige bringen im Hinblick auf ihre Einrichtungen zum Ausdruck: *„Ich bin die einzige Diakonin bei uns in der Einrichtung"* oder *„Wir haben nur zwei Diakone – männliche Diakone – im ganzen Verein von 80 Mitarbeitern sozusagen"*[34] und die Einrichtungsleiterin sieht beim Blick in das kirchengemeindliche Umfeld ihrer Einrichtung, *„dass viele Stellen, die eigentlich in den Gemeinden auch ausgeschrieben sind für Sozialdiakone, dann einfach mit Sozialarbeitern besetzt werden, dass da der Diakon letztendlich fehlt."* Damit verbindet sich dann die Frage nach den Wurzeln der Einrichtungen, ja des „Diakonischen" überhaupt – und das sehen die Diakoninnen und Diakone in dieser Gruppendiskussion eng verknüpft mit der Geschichte der Diakone und Diakonissen.

Den Gegenpol zu dieser gemeinsamen Konstruktion der Ursprünge der Diakonie bildet für alle das moderne Dienstleistungsunternehmen in seiner Konkurrenzsituation am Sozialmarkt. Aber es besteht keineswegs Einigkeit darüber, wie dramatisch sich die damit verbundenen Implikationen auswirken auf die prinzipielle Möglichkeit „Diakonisches" zu gestalten. Unter einer klaren Leitungsmaxime, die Diakoninnen und Diakone als Kulturtragende und Leitungspersönlichkeiten vorsieht, erscheinen die Spielräume dafür, trotz enger wirtschaftlicher Rahmenbedingungen, tatsächlich gegeben. Als Gegenbild dazu fungieren dann Unternehmen, in denen Leitungsverantwortliche menschliche Qualitäten höher gewichten als eine persönliche Nähe zur Kirche, oder zumindest eine formale Kirchenmitgliedschaft. Wo dies der Fall ist, dort werden die Möglichkeiten für diakonische Impulse als eher begrenzt eingeschätzt.

Als ausgesprochen problematisch für eine diakonische Profilbildung erleben die Diakoninnen und Diakone in dieser Gruppendiskussion ganz offensichtlich die Konkurrenzsituation diakonischer Unternehmen am Sozialmarkt:

---

[34]   Aus der Gruppendiskussion mit Diakoninnen und Diakonen/Diakonie.

Fr. Jung:	Und ich denke, man muss von verschiedenen Seiten aufeinander zugehen. Man muss ja auch Signale setzen. Oder, dass ich mich mit den Mitbewerbern am Markt, dass man eine Gruppe bildet und sagt, man macht gemeinsame Themen. (…) Klar sind wir zum Teil Konkurrenten und Mitbewerber, aber gemeinsam sind wir doch stärker als alleine für manche Sachen. Dieser Gedanke ist noch viel zu fremd in vielen Köpfen. Weil jeder für sich kämpft und sagt ich muss vorne hinkommen und meine Zahlen müssen nachher stimmen. Meine Zahlen stimmen nachher trotzdem, auch wenn ich vernetzt bin! Ja!
Hr. Thoma:	Das kommt darauf an, wie man sich vernetzt. (…) Ich kriege es ja nicht so mit, weil das der Vorstand quasi oder der Geschäftsführer … Es ist schon so, dass wir das nicht mitbekommen. Erst, wenn es ausgegoren ist. wenn es Verbindungspunkte gibt: [zwischen unseren sozialpsychiatrischen Angeboten und der] Familienpflege zum Beispiel. Das macht bei uns im Landkreis eine andere Einrichtung und wie kann man das miteinander verbinden. Darum geht es mir auch. Aber in anderen Landkreisen ist die Konkurrenzsituation viel härter, ja. Also von privaten Anbietern, die die Fachleistungsstunden um die Hälfte anbieten.

(Gruppendiskussion mit Diakoninnen und Diakonen/Diakonie)

Als erster Aspekt kommt die Konkurrenz um die besten Bilanzen zur Sprache, die in den Augen der Befragten den Blick dafür verstellt, dass es Themen gibt, deren gemeinsame Bearbeitung allen Beteiligten nutzen würde und keinen wirtschaftlichen Nachteil mit sich brächte. Mit einem positiven Beispiel wird dieses Argument zunächst untermauert, um unmittelbar anschließend die Preispolitik privater Anbieter jedoch als Grenzlinie aufzuzeigen, die ein Ausmaß an Konkurrenzdruck mit sich bringt, dem auch gute Zusammenarbeit möglicherweise nichts mehr entgegenzusetzen hätte.[35] Schon in dieser das Themenfeld einleitenden Sequenz kommt sehr deutlich zum Ausdruck, dass nicht nur Leitungsverantwortliche sich Gedanken über mögliche Strategien zur Verwirklichung des „Diakonischen" machen, sondern dass auch Diakoninnen und Diakone an der Basis sich nicht nur als Betroffene oder Opfer der Unternehmenspolitik betrachten, sondern eigene Perspektiven für ein diakonisches Profil entwickeln wollen. Offensichtlich geht es ihnen dabei jedoch nicht um eine grundlegende Ablehnung des Konkurrenzgedankens, sondern um die Frage, wie diese Konkurrenz

---

[35] Interessant ist hier die Seitenbemerkung dazu, wie hier die Strategien der Unternehmensleitung von Diakoninnen und Diakonen wahrgenommen werden. Die Auswirkungen dieser Wahrnehmung auf die Einschätzung des eigenen Handlungsspielraumes durch Diakoninnen und Diakone werden im folgenden Kapitel ausführlicher bedacht.

einem diakonischen Profil angemessen gestaltet werden könnte. Dies wird in der unmittelbar nachfolgenden Sequenz noch deutlicher:

Fr. Hauber:	Ich merke auch, dass es den Konkurrenzgedanken gibt und wir sind in unserer Großstadt eine ganz kleine Einrichtung. Und bei den großen Trägern, da war es ja früher so, dass Menschen mit Hilfebedarf dann in das Heim gekommen sind, also nach Reutlingen oder nach Stetten und was es alles gibt. Und jetzt gibt es die Regionalisierung (…). Und wenn jetzt die jetzigen Menschen sterben, die Hilfebedarf haben, dann kommen weniger nach, weil jetzt bleiben die Leute zum Teil auch da in dem Ort, wo sie auch herkommen. Das heißt die große Trägerin meiner kleinen Einrichtung hat einfach Zukunftssorgen und -ängste und versucht deshalb, sich zu stärken auch außerhalb ihres ursprünglichen Landkreises. (…) Also mein Chef kämpft darum, dass meine Trägerin größer wird und mehr Einfluss bekommt und das ist schon das … wo jetzt nicht gerade mit harten Bandagen gekämpft wird, aber es wird schon deutlich. Aber es sind einfach Zukunftsängste. (…)
Hr. Fischer:	Und das ist auch legitim, denke ich! Also jetzt wie du das beschreibst. (…) Jetzt sind bei uns drei diakonische Träger, ja vier sogar. Und dann ist die Frage, ja ich mein, wer sich nicht flexibilisiert, bleibt auf der Strecke. Und dann geht es darum, halt die Mitarbeiter entweder entlassen oder dann gucken, dass ihr euch flexibilisiert. Also von daher, das finde ich ist eine Notwendigkeit, die nun einmal da ist, und gegen die wird es auch keine Argumente geben. (…)

(Gruppendiskussion mit Diakoninnen und Diakonen/Diakonie)

Hier steigt eine weitere Diakonin aus persönlicher Betroffenheit in das Gespräch über die Konkurrenzsituation ein. Sie erklärt aus ihrer Perspektive diese Konkurrenz als Existenzangst eines großen diakonischen Trägers. In dieser Konstruktion wird die Unternehmensstrategie für sie verständlich. Das Agieren des Vorgesetzten, das Hineindrängen in neue Märkte wird von ihr in diesem Zusammenhang als Kampf erlebt. Und was sie selbst nicht ausspricht, bringt dann der vierte Diakon, der sich in diesen Diskurs einschaltet, auf den Punkt: Es geht im Konkurrenzkampf auch um den Erhalt der Arbeitsplätze für die Mitarbeitenden. Wer am Markt nicht besteht, der ist auch schnell vom Markt gefegt, und die Folgen treffen dann vor allem die Mitarbeitenden. Die hier thematisierte Konkurrenzsituation wird demnach als Trigger für die Angst der Mitarbeitenden um ihre Arbeitsplätze erlebt.

Im nächsten Gesprächsgang erfolgt dann in einem ersten Schritt eine Differenzierung nach verschiedenen Feldern der Konkurrenz. In diesem Diskurs arbeiten die Diakoninnen und Diakone mit sehr scharfen Bewertungen. Es gibt in ihren Augen nicht nur die Konkurrenz verschiedener diakonischer Träger innerhalb des Sozialmarktes. Vielmehr bedroht ihrer Ansicht nach auch das Auseinanderreißen von Wort und Tat das „Diakonische" von der Wurzel her. Insofern halten sie die Trennung von Diakonie und Kirche für ein Grundübel, das die alltägliche diakonische Praxis belastet. Diese funktionale Differenzierung erleben aber auch Diakoninnen und Diakone privat und beruflich als nur schwer überbrückbar: Auch wer als Diakonin oder Diakon eigentlich gerne für die diakonische Verantwortung der eigenen Kirchengemeinde einstehen würde, hat dafür neben dem Arbeitsalltag, der oft außerhalb des Wohnumfeldes verortet ist, keine Kraft mehr. Und dort, wo in ambulanten Arbeitsfeldern die Einzugsgebiete groß sind, lässt sich eine grundsätzlich gewollte Vernetzung am Arbeitsort kaum verwirklichen. Neben durchaus als unvermeidlich akzeptierten Aspekten der Konkurrenz, die sowohl die Diakonie der Kirche als auch das „Diakonische" in diakonischen Unternehmen gefährden, sehen die Diakoninnen und Diakone in dieser Gruppendiskussion auch noch eine grundsätzlich problematische Orientierung:

Fr. Schwarz:	Aber es ist schon auch gewollt (…) wenn ich an die Synode denke, wo es dann eben um den Tarif ging in der Diakonie. Wo ich gedacht habe zwischendrin, warum hat mir niemand meine revidierte Luther zugeschickt, die neue, wo drin steht: Ihr sollt dem Mammon dienen, dem Mammon dienen und dem Mammon dienen. Es ging nur ums Geld und wenn dann solche Einwände gebracht werden, wie es aussieht – wenn überhaupt noch – in der Einrichtung selbst geputzt wird und nicht outgesourct ist: (…) Dass ja nichts dabei ist, wenn die Mutter mit ihren Kindern aufstockend von Arbeitslosengeld II leben müsste. Und das im Vergleich mit dem, was die Kirche zur Armut oder zur Kinderarmut herausgebracht hat. Mir ist schlecht geworden. Da muss ich sagen, hat sich auch sehr viel entfernt. Also zu überlegen, ja, wie billig muss Diakonie noch sein oder was ist es? Ist es noch ein Feigenblatt oder sind wir inzwischen beim Efeu angelangt? Im Rahmen von „wir müssen konkurrenzfähig bleiben, wir müssen marktfähig bleiben und egal wie viel es ist, wir verkaufen es auch. Oder man nimmt die Position ein zu sagen „nein und das Feigenblatt ist das Mindeste. Wir erklären kein Efeu zum Feigenblatt". (…)

(Gruppendiskussion mit Diakoninnen und Diakonen/Diakonie)

Für diese Diakonin ist dann ein Maß an Unglaubwürdigkeit erreicht, das mit Sachzwängen nicht mehr erklärt werden kann und darf, wenn die Unterordnung unter die Gesetze des Geldes dazu führt, dass Reden und Handeln von Kirche und Diakonie sich diametral widersprechen. Sie schildert ihre diesbezüglichen Erfahrungen mit aller Heftigkeit. Diese Schilderung geht so weit, dass sie von geradezu körperlichem Unbehagen spricht, um zum Ausdruck zu bringen, wie tief ihre persönliche Erschütterung in diesem Zusammenhang reicht. Daraus erklärt sich dann auch der Sarkasmus, mit dem sie auf die von ihr wahrgenommenen Missstände reagiert. Die von ihr beschriebene Form der Kommerzialisierung pervertiert das „Diakonische" von Grund auf und ist in ihren Augen mit nichts zu rechtfertigen. Sie nützt das Bild vom Feigenblatt, um deutlich zu machen: Ich weiß, dass auch die Diakonie die Welt mit ihren Gesetzen nicht aus den Angeln heben kann, aber ich erwarte, dass gewisse Minimalanforderungen erfüllt werden, dass getan wird, was möglich ist, und dass klar benannt wird, was nicht mehr diakonisch heißen darf.

Es verwundert nicht, dass an dieser Stelle die Diakonin in Leitungsverantwortung noch einmal in den Diskus eingreift. Sie versucht zu zeigen, in welches Dilemma diakonische Unternehmen durch eine gerechte Lohnstruktur geraten können und stellt zugleich dar, dass dieses Problem nicht ausschließlich durch geschicktere Verhandlungen mit Kostenträgern zu lösen ist, zumindest dort, wo Pflegesätze letztlich auch unmittelbar von Kunden getragen werden müssen. Doch ihre Argumente überzeugen die anderen Diakoninnen und Diakone nicht.

Fr. Jung:	(…) von der Finanzierung her, hat ja mein Geschäftsführer einen riesen Schritt nach vorne gemacht und das obliegt jetzt uns, an den Unternehmen, das umzusetzen. Wir sind jetzt im AVR DW-EKD, vom TVöD raus. (…) Ich hab Bestandsschutz für meine Mitarbeiter und habe für die jüngeren Leute, die ich einstelle, höhere Gehälter. Die niedrigen Gehaltsstufen verdienen mehr. Ich kann aber keinen Pflegesatz erhöhen. (…) Das zahlt mir nachher niemand mehr, und wo bin ich dann am Markt, wenn ich nachher meine Plätze nicht belegt bekomme? (…)
Fr. Hauber:	Wobei ich finde, es ist schon eine problematische Entwicklung, dass die Verantwortung immer mehr nach unten delegiert wird (…). Du bist jetzt sozusagen Verantwortliche, das mit dem finanziell gegebenen Budget hinzubekommen. Das finde ich persönlich den Hammer. Ich finde eigentlich die Vorgehensweise müsste ganz anders sein, nämlich die ganzen großen Träger (…) müssten sich gegenüber der Politik hinstellen und sagen, so geht es nicht mehr. Und in den Altenheimen (…) die rennen wie blöd. Also zumindest bei uns (…) die machen sich tot. Die rasen rum wie die Deppen. Also die sind echt gestresst. Und das kann, das kann es, nee, und dann finde ich, ich finde es ist echt kein guter Schritt, was Dein Chef gemacht hat. Ich finde es eine Unverschämtheit, das herunter zu delegieren. Ich bin eigentlich der Meinung, es muss ein Schulterschluss gesucht werden gegenüber der Politik.

Fr. Jung:	(…) und sie bekommen es ja insofern auch hin (…) dass wir mit den Kostenträgern höher kommen. (…) Das ist alles recht und gut, wenn ich vom Kostenträger her das finanziert bekomme. Bloß wenn mir der Kunde nachher wegbleibt, weil er es eben noch mehr finanzieren muss. (…) Aber es ist halt die Frage, wer kann sich das noch leisten? Ich könnte es mir heute nicht mehr leisten, also wenn ich pflegebedürftig würde, ich könnte es nicht finanzieren.
Hr. Martin:	Ja, es gibt ja auch welche (…), die finanzieren z.B. die Zeiten (…), die sich nicht finanziert bekommen über diese Abrechnungsgeschichten, machen sie über Spenden oder über diese Stiftung, die sie gemacht haben. Das heißt, da kann die Schwester bei Schwerstpflegebedürftigen eben mal fünf Minuten länger bleiben, und wenn es nur fünf sind oder zehn Minuten sind, aber das wird dann eben über diese Schiene finanziert. (…) Also ich denke und da gebe ich Ihnen, Fr. Hauber, schon recht, also man muss, man sollte das nicht nach unten geben zu den Mitarbeitern. (…)
Hr. Thoma:	Diese Gesetze dieser Welt. Sie sprechen von Kunden. Wissen sie, im Grunde denke ich auch, der Mammon regiert uns auch inzwischen. Das ist einfach so. Und da ist auch wieder etwas, etwas grundsätzlich anderes … eine andere Herangehensweise (…) so, wie der Luther gesagt hat: Hey, guckt, was ist eigentlich los? Was macht ihr da? Ist das noch im Sinne dessen, was eigentlich mal gedacht war? Oder?

(Gruppendiskussion mit Diakoninnen und Diakonen/Diakonie)

Die aus der Leitungsperspektive beschriebene Dilemmasituation wird als solche in unterschiedlichen Facetten auch von den übrigen Diakoninnen und Diakonen deutlich wahrgenommen. Der Konflikt, der hier ausgetragen wird, entzündet sich jedoch an der Fragestellung, ob tatsächlich auch von Leitungsseite und vor allem von Verbandsseite alle politischen Möglichkeiten für denkbare Verbesserungen der aktuellen Situation ausgeschöpft werden, oder ob eine falsche Grundorientierung dies gerade verhindert. Der Vergleich zur Reformation Martin Luthers soll offensichtlich den fundamentalen Charakter der hier beschriebenen Problematik unterstreichen.

Die eigene Verunsicherung dieser Diakoninnen und Diakone kommt vor diesem Hintergrund der grundsätzlichen Gefährdung des „Diakonischen" zum Tragen. Diakoninnen und Diakone in diakonischen Unternehmen erleben offensichtlich ihre persönliche Situation im beruflichen Umfeld als symptomatisch oder zumindest eng verknüpft mit der fundamentalen Frage danach, ob die Wertorientierung in Kirche und Diakonie tatsächlich deren normativen Grundlagen entspricht. Der Verdacht, dass es hier – nicht nur punktuell – zum Verrat kommt, bedroht zunächst die Identifikation mit der eigenen Kirche und dem eigenen Unternehmen: *„Also, wenn man die Grundideen verleugnet ... find ich das ... das was Jesus als Gründer quasi gewollt hat (...) dann sollen die ... dann kann mein Chef andere einstellen.“*[36] Aber es geht damit für einige auch die Infragestellung ihres kirchlichen Amtes als Diakonin oder Diakon einher. Um sich in ihrem Diakon- oder Diakonin-Sein unabhängiger zu machen von dem, was in der Kirche gerade geschieht, verstehen sie ihr Amt letztlich als ein auf Jesus Christus bezogenes Amt. So verschaffen sie sich eine innere Freiheit gegenüber dem – als wenig eindeutig oder gar verräterisch empfundenen – Verhalten ihrer Kirche in Sachen Diakonie und Diakonat: *„Wenn sie keine Stelle mehr bekommt. Dann ist sie halt nur noch ... Diakonin Jesu Christi und nicht mehr der Evangelischen Landeskirche in Württemberg. Wenn die das meinen ... Dann sind wir auch keine Diakone mehr, wenn Kirche ... sich zurückzieht, wenn wir nicht dazugehören sollen, bloß weil sie da irgendwo was sparen ...“*[37]

Den relativen Konsens dieser Diakoninnen und Diakone aus diakonischen Einrichtungen und Diensten fasst eine Diakonin pointiert zusammen: *„Also ich sag im Moment ist es schwer Diakon zu sein, weil die Rahmenbedingungen sind, wie sie sind.“*[38] Und sie treffen sich in dem Wunsch nach einer *„gewissen Wertschätzung für das, was wir machen ... (...) und dass die Kirche so dazu steht, dass wir dazugehören und nicht außen vor sind“*[39] und nach der Anerkennung ihrer fachlichen Fähigkeiten, durch die sie sich durchaus auch für Leitungsfunktionen, die bisher Pfarrerinnen und Pfarrern vorbehalten sind, qualifiziert sehen. Doch diese Grundstimmung hat keineswegs zur Folge, dass die Befragten ihr an einer positiven Vision orientiertes Nachdenken aufgeben oder ihr diesbezügliches Engagement einschränken. Vielmehr beschreiben sich die an der Gruppendiskussion beteiligten Diakoninnen und Diakone durchgehend als diejenigen Mitarbeiterinnen und Mitarbeiter, die in der alltäglichen Praxis für das „Diakonische" in ihren Unternehmen einstehen.

3.3   *„Wie können wir Diakonie leben?“ –*
in diakonischen Unternehmen und darüber hinaus

Wie beschreiben und verstehen Diakoninnen und Diakone ihren Einsatz für die diakonische Dimension unter den von ihnen als wenig förderlich empfundenen Rahmenbedingungen? Dieser Fragestellung widmet sich der folgende Abschnitt.

Schon in der Vorstellungsrunde zu Beginn der Gruppendiskussion wird diese Frage mehrfach als eine Frage laut, die zu den momentan als vordringlich erleb-

---

[36]   Aus der Gruppendiskussion mit Diakoninnen und Diakonen/Diakonie.
[37]   Ebd.
[38]   Ebd.
[39]   Ebd.

ten Themen gehört und die von den Diakoninnen und Diakonen in dieser Gruppendiskussion als eine Frage dargestellt wird, die sie ganz persönlich umtreibt. Dafür wird ein beispielhaftes Setting benannt, an dem die Situationsanalyse verdeutlicht wird: Es wird ein Arbeitskreis in einem großen Unternehmen geschildert, in dem sich ein Teil der Diakoninnen und Diakone zusammen mit der Einrichtungsleitung Gedanken über das diakonische Profil der Einrichtung machen. Dort sollen die Aktivitäten und Ideen gebündelt und koordiniert werden. Aber letztlich gibt es in der Wahrnehmung des Diakons keine klaren Vorgaben von der Unternehmensleitung und er hat den Eindruck, dass letztlich doch jeder macht, was er will. Das führt in seinen Augen zu dem Ergebnis, dass es letztlich dabei bleibt, dass diakonisches Engagement an einzelnen Mitarbeitenden hängt und mit deren Weggang dann auch wieder verloren geht. Diese Wahrnehmung – so drängt sich der Eindruck in der Analyse dieser Gruppendiskussion auf – knüpft wiederum unmittelbar an das Lebensgefühl der Diakoninnen und Diakone an: Sie erleben auch hier das „Diakonische" im Unternehmen nicht als Gegenstand strategischer Planung und operativer Umsetzung, sondern als etwas mehr oder weniger Zufälliges, ins Belieben der einzelnen Mitarbeitenden Gestelltes, das durch die herrschenden Rahmenbedingungen und die gefährdete Orientierung an der normativen Basis ständig bedroht ist.

Diese Beobachtung wird von den Diakoninnen und Diakonen in unterschiedlichen Zusammenhängen immer wieder dadurch bekräftigt, dass Beispiele erzählt werden, die zeigen sollen: Die große Verantwortung für das „Diakonische" hängt in „unseren" Unternehmen immer wieder letztlich an einzelnen, engagierten Personen. Das sind oft Diakoninnen und Diakone, von denen erwarten es Vorgesetzte und zum Teil auch Klientinnen und Klienten. Aber es können durchaus auch andere Personen sein, die sich das „Diakonische" auf ihre Fahnen schreiben. Aber es sind immer wenige und sie nehmen ihre Verantwortung unter schwierigen Rahmenbedingungen wahr.

Vor diesem Hintergrund suchen die Befragten nach ihren je eigenen Möglichkeiten, das „Diakonische" in unterschiedlichen Dimensionen, jeweils im Kontext ihres Tätigkeitsfeldes und Verantwortungshorizontes zu gestalten: Die Einrichtungsleiterin entwickelt im Diskurs ein Selbstverständnis, dem zufolge sie ihre Hauptaufgabe in der Mitarbeiterführung sieht und den Mitarbeitenden persönlich zugewandt begegnen und bestmögliche Gehälter bezahlen will. Sie schildert sich als eine Verantwortliche, die sich darüber hinaus auch redlich um die Öffnung ihres Hauses für Gruppen aus der Kirchengemeinde bemüht und die regelmäßige Kontakte zum Pfarramt pflegt. Und wenn es ihr dann noch hin und wieder gelingt, Impulse in Form von Andachten und seelsorgerlichen Gesprächen zu setzen, dann hat sie in ihren Augen schon das erreicht, was der anstrengende Führungsalltag so eben gerade zulässt.

Im Konzept der an dieser Diskussion beteiligten Diakoninnen und Diakone sind es die kleinen Dinge, die einzelnen Impulse, die Verweischarakter besitzen auf das, was den Geist und die Atmosphäre ihrer Einrichtungen prägen soll.

Denn die Spielräume – auch für solche punktuellen Impulse – werden aus verschiedenen Gründen als eng begrenzt erlebt. Im stationären Bereich sehen die
Diakoninnen und Diakone den Grund darin, dass es nur wenige Mitarbeitende
sind, die diesbezüglich Mitverantwortung übernehmen; auch wenn ganz selbstverständlich das Engagement derjenigen Mitarbeitenden mitgezählt wird, die
keine formale Qualifikation dafür mitbringen.

Für den Bereich der Schulsozialarbeit im beruflichen Schulwesen entwickelte
die Diakonin, die in diesem Handlungsfeld tätig ist, ein anders akzentuiertes
Konzept: Sie geht davon aus, dass sich die „diakonischen Impulse" beschränken
auf die seltenen Gelegenheiten zum interreligiösen Dialog und die Einzelgesprä-
che, in denen Jugendliche auf der Suche nach Berufsperspektiven plötzlich einmal fragen: „Was hast du denn gelernt?"[40] So werden, gerade in ambulanten
Arbeitsfeldern, die Möglichkeiten im Rahmen der alltäglichen Aufgaben genutzt.
Und manchmal bringt das persönliche Engagement eines Diakons auch eine
größere Aktion in Gang, wie etwa den Bau einer Kapelle im Rahmen der Tages-
struktur einer Einrichtung, den Spenderinnen, Ehrenamtliche und Bewohner
gemeinsam bewerkstelligten.

Solche einzelnen Impulse ziehen dann oft Kreise und regen andere zum Mit-
machen an: „Es braucht halt jemand, wo da dann vielleicht dann noch mehr
Interesse hat, dass so etwas gemacht wird, in irgendeiner Form, wie vielleicht alle
anderen ... Und dann ist das ein Selbstläufer, also da brauchst gar nicht viel zu
machen ... wenn der Spatenstich erst mal gemacht ist, dann klinken sich da auch
andere ein."[41] Oder ein Impuls in Form einer Andacht zieht dann verschiedene
Seelsorgegespräche nach sich oder gewachsenes Vertrauen von Hilfebedürftigen
und deren Angehörigen gewinnt in existenziellen Situationen plötzlich auch eine
religiöse Dimension: „Bei der mobilen Jugendarbeit (...) war ein [drogenabhängi-
ger] Jugendlicher, der (...) hat sich eine Überdosis gesetzt und lag dann über ein
halbes Jahr im Wachkoma ... und dann ihn zu begleiten ... und die Mutter, ...
und die Angehörigen ... und dann natürlich die ganzen Jugendlichen im Stadtteil.
Und dann kommt natürlich die Frage nach dem Tod (...) und was kommt danach?
(...) Oder nach bewaffneten Überfällen, die die Jugendlichen erlebt hatten und
sonstige Geschichten. Wenn dann in der Begleitung das Tun auch zum Wort wird,
also wenn Jugendliche dadurch weiterkommen und ganzheitlich aufgehoben
sind."[42] In solchen Erfahrungen und bei derartigen Tätigkeiten erleben die Diakoninnen und Diakone ihre Spielräume für das, was ihr diakonisches Selbstverständnis ausmacht. Darin fühlen sie sich authentisch und auch im Hinblick auf
die Gestaltung des „Diakonischen" in ihren Unternehmen wirksam. Dabei fällt
auf, dass in ihren verschieden akzentuierten Konzepten letztlich kaum Ansätze
für eine weitergehende Strategieentwicklung zu finden sind.

---

[40]   Ebd.
[41]   Ebd.
[42]   Ebd.

Darüber hinaus wird von den Diakoninnen und Diakonen in dieser Diskussionsrunde ein weiterer Aspekt entfaltet, mit dem sich ihr Gefühl diakonischer Wirksamkeit verknüpft. Wenn es ihnen da und dort gelingt, Hilfe jenseits der bürokratischen Gesetzmäßigkeiten des bundesdeutschen Sozialstaates zu vermitteln oder selbst zu geben, dann sehen sie darin einen Teil der Verwirklichung ihres diakonischen Anspruchs. Für diesen Aspekt der eigenen Konstruktion des „Diakonischen" wird dann – trotz einer gewissen inneren Distanz doch mit bewunderndem Unterton – eine Beleggeschichte erzählt, in deren Mittelpunkt eine alte Diakonisse steht, die zwei der Befragten noch in Aktion erlebt hatten:

Hr. Martin:	Also ich erinnere mich da immer, ich war eine Zeitlang bei der Schwester Margret, die hat so ein Café, wie heißt das nochmal?
Fr. Schwarz:	Café Muckefuck.
Hr. Martin:	Ja genau, Café Muckefuck.
Fr. Schwarz:	Bei der Samuelisstiftung.
Hr. Martin:	Die hat immer versucht uns Leute von der Straße zu vermitteln, aber sehr unbürokratisch und das hat meistens nicht funktioniert, weil halt … natürlich, die ist halt eine Diakonissenschwester, aber das funktioniert halt in dem Hilfesystem nicht, gell, also oft wie sie denn das im Prinzip gerne hätte. Da bringt die jemand geschwind vorbei und dann (…) aber so müsste es eigentlich sein. Ja … also zumindest für einige ganz schwache Personen im Hilfesystem.

(Gruppendiskussion mit Diakoninnen und Diakonen/Diakonie)

Die beiden Diskutierenden erzählen diese Geschichte nicht unter der Überschrift „früher war alles besser". Die Funktion dieser Geschichte ist es zu zeigen, was das „Diakonische" jenseits des sozialstaatlichen Hilfesystems in ihren Augen ausmacht. Diese Geschichte wird, so wie sie hier erzählt wird, zu einer Geschichte gegen die Hilflosigkeit in einem System, dessen Überregulierung in den Augen der Befragten gerade die Schwächsten der Schwachen – mit deren Hilfebedarf sich die Diakoninnen und Diakone identifizieren – oft genug ohne angemessene Hilfe lässt. Das „Diakonische" müsste sich in den Augen dieser Diakoninnen und Diakone in ihrem Hilfeverständnis darin zeigen, dass es auch für diejenigen noch Wege gibt, die ansonsten durch die Raster fallen. Diese Diakoninnen und Diakone verstehen solches Handeln jenseits sozialstaatlicher Normierung als Handeln im Namen und im Sinne Jesus, der ihnen als Vorbild und letzte Norm in Sachen Diakonie gilt. Deshalb engagieren sie sich immer wieder auf der Suche nach Wegen, wie diese Form der Hilfe ermöglicht werden kann – auch und gerade unter Ausschöpfung aller denkbaren betriebswirtschaftlichen Spielräume.

Neben den Grenzen, die wirtschaftliche, bürokratische und personelle Rahmenbedingungen ihrem diakonischen Engagement setzen, erleben sie aber in der Kooperation mit Kirchengemeinde noch eine andere Problematik im Hinblick auf die Spielräume für gestaltendes Handeln in Kirche und Diakonie:

Hr. Martin:	Also das ist genauso mit dem Kontakt zur Kirchengemeinde. Das ist eine sehr schwierige Geschichte. Haben es aber zumindest über das Pfarramt hinbekommen, aber über die Kirche, über die Gemeindeglieder, das ist eher spärlich, weil wir eben sehr schwierige Leute haben, und dass man da irgendwie Kontakt oder ehrenamtlich irgendetwas aufbaut, das ist sehr schwer.

(Gruppendiskussion mit Diakoninnen und Diakonen/Diakonie)

Und an anderer Stelle:

Hr. Thoma:	(…) Und die Gemeinwesenorientierung, das finde ich auch extrem schwierig also, weil viele Kirchengemeinden die Einrichtungsdiakonie immer so als Stiefkinder betrachten. Wir gehören eigentlich nicht zur Gemeinde. Das macht sich bei uns bemerkbar: Für einen Fachtag haben wir das Gemeindehaus gemietet und haben dafür den vollen Preis gezahlt, also wie wenn wir gar nicht zur Kirche gehören würden. Also … so sehr distanziert ist das. Und eben, der [gemeinsame] Diakoniesonntag, das war immer mal wieder Thema, ist aber irgendwie nie zustande gekommen, weil man die … unsere Leute sind halt … mit denen kann man nicht planen, sagen wir mal so. Wir wollten eben Betroffene mit einbeziehen. Und das ist nicht zustande gekommen, weil es nicht planbar war.

(Gruppendiskussion mit Diakoninnen und Diakonen/Diakonie)

Sie beschreiben die Personengruppen, mit denen sie in ihren diakonischen Einrichtungen arbeiten, als wenig kompatibel zu den Erwartungen einer normalen Kirchengemeinde. Das macht es – auch in den Augen der Diakoninnen und Diakonen – durchaus zu einer besonderen Herausforderung für eine Gemeinde, sich auf die Kooperation mit einer diakonischen Einrichtung einzulassen. Aber wenn zugleich beschrieben wird, dass auch eine Weiterbildungsveranstaltung für Mitarbeitende – zumindest, was deren Einstufung in die Gebührenordnung angeht – als Fremdkörper betrachtet wird, dann hat dies in ihren Augen mit den besonderen Anforderungen, die besondere Menschen mit sich bringen, nichts mehr zu tun. Dies scheint dann für eine institutionalisierte oder programmatische Fremdheit zu sprechen, die Handlungsspielräume für diakonisches Engagement ebenfalls begrenzt und Zweifel an der Ernsthaftigkeit des diakonischen Engagements der verfassten Kirche nährt – auch wenn es sich um einen Einzelfall handelt.

Obwohl die Spielräume zur Gestaltung des „Diakonischen" aus vielen Gründen als begrenzt erlebt werden, klingt doch immer wieder an, dass überschaubare Strukturen so etwas wie ein diakonisches Miteinander oder eine diakonische Atmosphäre erlebbar werden lassen. Wo – wie in den großen Komplexeinrichtungen – letztlich Anonymität sich breit macht und Strukturen unüberschaubar werden, dort sehen die an dieser Gruppendiskussion beteiligten Diakoninnen und Diakone nur wenig Chancen für die Verwirklichung eines diakonischen Profils, das tatsächlich diesen Namen verdient und nicht am Ende weniger als nur Feigenblattcharakter besitzt. Entsprechend schätzen sie auch die eigenen Möglichkeiten, das „Diakonische" zu leben, in solchen überschaubaren Strukturen, höher ein als anderswo. Das persönliche Engagement ist allen Beteiligten selbstverständliches Anliegen, ohne dessen Verwirklichung sie auch ihre berufliche Identität und ihr kirchliches Amt als gefährdet oder gar als bedroht erleben.

4. Konfliktfelder zwischen den Perspektiven

Arbeitgeberinnen und Arbeitgeber haben andere Interessen und Wahrnehmungsperspektiven als Arbeitnehmerinnen und Arbeitnehmer. Das ist eine Binsenweisheit und erstaunt niemanden. Umso auffälliger ist, wie intensiv sich aufs Ganze gesehen in den konkreten Interviews und in der Gruppendiskussion eine gemeinsame Perspektive durchsetzt: Es geht um das diakonische Profil von diakonischen Einrichtungen. Die Suche nach Chancen und Möglichkeiten dem „Diakonischen" in den Unternehmen der Diakonie eine sichtbare, spürbare und erlebbare Dimension zu geben, eint hier die Arbeitgeberseite und die Arbeitnehmerseite, wenn über Diakoninnen und Diakone nachgedacht wird. Erst in einigen Details und in den jeweiligen Konkretionen liegen dann die Unterschiede. Eine erste Konfliktlinie kristallisiert sich rund um die Frage heraus, welche Rolle die Diakoninnen und Diakone für die Gestaltung des „Diakonischen" in ihren Unternehmen übernehmen sollen oder wollen. Diese Konfliktlinie ist bereits an der vorangegangenen Darstellung weitgehend offen ablesbar und muss nur noch gebündelt und in der unmittelbaren Gegenüberstellung pointiert werden. Eine zweite Konfliktlinie, die die Rolle der Kirche und des kirchlichen Diakonenamtes betrifft, muss im zweiten Teil des folgenden Abschnitts erst noch präzise herausgearbeitet werden.

4.1 Die Rolle von Diakoninnen und Diakonen für eine diakonische Kultur

Um die verschiedenen Vorstellungen der Rolle der Diakoninnen und Diakone für die Gestaltung einer diakonischen Kultur in Sozialunternehmen einander gegenüberzustellen, ist es zunächst notwendig, genau zu bestimmen, wie weit die Gemeinsamkeiten reichen und an welchen Punkten die Unterschiede zu Konflikten führen. Diakonische Kultur wird sowohl von Anstellungsverantwortlichen als auch von Diakoninnen und Diakonen in ganz ähnlichen phänomenologischen Dimensionen beschrieben: Es geht darum, dass sie sich im Verhalten gegenüber Klientinnen und Klienten ausdrückt und in der Dienstgemeinschaft der Mitarbeitenden. Diakonisches Profil zeigt sich in der Kooperation von Unternehmen und Kirchengemeinden, und diakonische Kultur hat eine lange Tradition, die biblisch begründet und von den Gründervätern und -müttern des vorletzten Jahrhunderts neu belebt wurde. Die Atmosphäre einer Einrichtung muss das „Diakonische" spürbar und erlebbar machen. Soweit sind sich alle an dieser kleinen Studie Beteiligten einig. Aber es fällt auf, dass die befragten Anstellungsverantwortlichen das „Diakonische" in ihren Unternehmen zunächst als etwas durch die christliche Tradition Gegebenes, immer schon Vorausgesetztes und Vorhandenes betrachten, das nur jeweils – angesichts sich verändernder gesellschaftlicher Rahmenbedingungen – neu ausgelegt, gestaltet und verkörpert werden muss, während Diakoninnen und Diakone ganz explizit davon ausgehen, dass es etwas – sowohl durch unternehmensinterne, wie auch durch unternehmensexterne Bedingungen – grundsätzlich Gefährdetes, je neu zu Gewinnendes darstellt. Vermutlich würden auf entsprechende explizite Nachfragen beide Seiten die Perspektive der jeweils anderen auf dieser Ebene der Abstraktion nicht für falsch halten und relativ selbstverständlich auch diese andere Akzentuierung teilen.

In der Konkretion im Hinblick auf die Rolle von Diakoninnen und Diakonen für die Gestaltung des „Diakonischen" in den Unternehmen scheint aber genau dieser grundlegend anders akzentuierte Zugang zum Thema dann doch mit sehr unterschiedlichen Konsequenzen einherzugehen: Wenn die christliche Tradition als Vorhandenes zum Ausdruck gebracht und verkörpert werden soll, dann geschieht dies nach Auffassung der interviewten Leitungsverantwortlichen am besten dadurch, dass jemand, der bis in die Tiefen seiner Person davon geprägt ist, es einfach lebt und mit seinem ganzen Dasein und Handeln sichtbar werden lässt. Vor allem in verantwortlichen Leitungspositionen ist dafür in den Augen der Interviewten auch eine gewisse Reflexions- und Sprachfähigkeit notwendig. Im alltäglichen Handeln der Mitarbeitenden an der Basis jedoch genügt dafür die Bereitschaft, bestimmte vorgegebene Verhaltensweisen und Ausdrucksformen mitzuvollziehen und mitzutragen. Diakoninnen und Diakone sind deshalb in dieser Perspektive vor allem für Leitungspositionen im mittleren Management interessant, weil dort die Fähigkeit benötigt wird, dieses Vorgegebene aktiv-gestaltend innerhalb gegebener Rahmenbedingungen zu reflektieren, also denkend und verstehend mitzuvollziehen, umzusetzen und zu vertreten.

Die selbstbestimmte (Neu-)Gestaltung diakonischer Ordnungen im Sinne von grundlegenden Visionen oder weitreichenden Strategien wird dagegen eher mit der Rolle von Pfarrerinnen und Pfarrern identifiziert. Diese Sichtweise wird von einem der Interviewten fast schon fundamentaltheologisch begründet und als grundlegendes pfarramtliches Selbstverständnis formuliert:

Interviewter:	Ich würde sagen, die pfarramtliche Funktion ist natürlich auch eine Leitungsaufgabe. Aber eine geistliche Leitungsaufgabe. Das ist schwierig, da eine Abgrenzung zu ziehen, natürlich sind Diakone auch theologisch gebildet und müssten eigentlich auch befähigt sein, ihre Leitungsaufgabe theologisch zu reflektieren und zu begründen. Aber ich würde schon denken … Die Abgrenzung des Pfarramtes zum Diakonat besteht darin, dass hier Leitung und Verwaltung in einem gesehen werden. Entsprechend der Barmer These, dass auch die Ordnungen Verkündigungscharakter haben. Also dass wir, als Pfarrer, in der Art und Weise, wie wir leiten und unsere Ordnungen setzen, die es notwendigerweise braucht, zeigen und etwas darüber aussagen, was uns bewegt und was wir bewegen wollen … Sehr theoretisch gesagt.

(Interview mit einem Anstellungsverantwortlichen/Diakonie)

Der Interviewte argumentiert hier ganz von einem pfarramtlichen Selbstverständnis her, dem er überindividuelle Bedeutung zumisst, indem er von *„wir, als Pfarrer"* spricht. Dabei verknüpft er einerseits Leitungsaufgaben eng mit der Setzung von Ordnungen und andererseits geht er mit Bezug auf eines der zentralen Bekenntnisse der Evangelischen Kirche davon aus, dass Ordnungen Verkündigungscharakter haben. Unausgesprochen denkt er vermutlich hier mit, dass Verkündigung eine zentrale, exklusiv pfarramtliche Aufgabe ist und dass dies die spezifische Differenz zwischen Pfarramt und diakonischem Amt ausmacht. Denn nur unter dieser Bedingung erscheint das hier formulierte pfarramtliche Leitungskonzept schlüssig.

Viel pragmatischer, aber mit denselben Konsequenzen für die Rolle von Diakoninnen und Diakonen und die diakonische Profilierung stellt ein anderer Interviewpartner dies im Hinblick auf die Anforderungsprofile im Stellenplan seines Unternehmens dar: Spezifische, geistlich-theologische Anforderungen sieht er nur für die theologische Leitung und für den Seelsorger oder die Seelsorgerin des Unternehmens – und beide Stellen sind als Pfarrstellen ausgewiesen.

Diakoninnen und Diakone jedoch sehen sich selbst als diejenigen, die – egal in welcher Position innerhalb eines diakonischen Unternehmens – für die Verwirklichung des „Diakonischen" eintreten, soweit es ihre Rahmenbedingungen zulassen. Sie erleben sich als diejenigen, die ein geschärftes Bewusstsein für das „Diakonische" haben, die so nahe an den Hilfebedürftigen oder ihren Mitarbeiterinnen und Mitarbeitern sind, dass sie spüren, wo das „Diakonische" eben nicht ihren Maßstäben entsprechend umgesetzt wird oder umgesetzt werden kann, und die selbst Impulse geben können für die Umsetzung dessen, was in der Person Jesu und seinem Handeln normativ vorgegeben ist. Dabei erleben sie sich oft in einer Rolle, in der sie für ihre Ideen kaum Umsetzungsspielräume finden. Es ist für sie deshalb gleichermaßen schmerzlich und immer wieder frustrierend, wenn sie sich durch mangelnde Transparenz hinsichtlich der Unternehmensstrategien[43] nicht selbst kreativ in solche Gestaltungsprozesse einbringen können oder wenn zwar Arbeitskreise mit der Unternehmensleitung bestehen, die sich um das diakonische Profil mühen, daraus aber weder erkennbare übergreifende Strategien noch klare Beauftragungen erwachsen.

Insgesamt entsteht hier die Situation, dass Diakoninnen und Diakone sich aus ihrem Selbstverständnis heraus als eine wichtige Ressource für das „Diakonische" in einem Unternehmen erleben, die nicht in für sie befriedigender Form genutzt wird. Dies wiederum steht in der Perspektive der Diakoninnen und Diakone in einem engen Zusammenhang damit, dass es keinen übergreifenden Verständigungsprozess in den Unternehmen zu geben scheint, der die Art und Weise der Umsetzung diakonischer Handlungsmaximen auf allen Ebenen des unternehmerischen Handelns auch für alle Mitarbeitenden transparent, mitgestaltbar und im Zweifelsfall einforderbar macht. Gerade die Zufälligkeit, die einer der Interviewten beschreibt, macht den Diakoninnen und Diakonen zu schaffen:

Interviewter:	Wir sind ja in einer Situation, dass das alles noch so nebenher ist. Und dass man das sozusagen dem Zufall und dem guten Willen überlässt, inwieweit das ‚Diakonische' gelebt wird. Ich glaube schon, dass man irgendwann mal in die Situation kommt, oder bereits ist, wo man sich dann überlegt, wie müssen wir das eigentlich strukturell aufbauen. Und was müssen wir an Ressourcen personeller und finanzieller Art zur Verfügung stellen?

(Interview mit einem Anstellungsverantwortlichen/Diakonie)

Vor diesem Hintergrund wird deutlich, dass sich hier wohl im Denken der an dieser Studie Beteiligten in konflikthafter Weise Kreise schließen: Wenn von Seiten der Anstellungsverantwortlichen alles „Diakonische" letztlich als an der Person, als an der christlich geprägten Persönlichkeit hängend gedacht wird, dann lässt sich das nur schwer konzeptionell fassen oder gar im Hinblick auf

---

[43] Einer der Diakone formuliert in der Gruppendiskussion mit Diakoninnen und Diakonen aus diakonischen Einrichtungen und Diensten diesen Eindruck wie folgt: „… *ich kriege das ja nicht so mit, weil das der Vorstand quasi oder die Geschäftsführung … es ist schon so, dass wir das gar nicht mitbekommen. Erst wenn es ausgegoren ist.*"

Stellenbeschreibungen operationalisieren. Diakoninnen und Diakone aber sind unzufrieden damit, dass das „Diakonische", dort wo es konkret werden soll, von einzelnen Personen erwartet wird, ohne dass diese dafür einen klaren Auftrag und entsprechende strukturell verankerte Handlungsspielräume erhalten. Erschwerend kommt für alle Beteiligten hinzu, dass das ganze Feld der Begrifflichkeiten „Diakonie", „diakonisch" und „Diakonat" ein nur schwer zu fassendes ist, das sich gegenüber klaren Operationalisierungen und scharfen Abgrenzungen immer wieder als sperrig erweist und es deshalb schwer macht, eindeutige Positionen zu entwickeln, oder gar zum Ausweichen einlädt:

Interviewerin:	Was ist jetzt das Besondere, was ist das „Diakonische" an der Sozialarbeit?
Interviewter:	Der Glaube gibt die Freiheit, diese Frage nicht jeden Tag beantworten zu müssen.

(Interview mit einem Anstellungsverantwortlichen/Diakonie)

Gerade diese zuletzt gezeigte Schwierigkeit stellt eine hohe Herausforderung im Hinblick auf die Beschreibung eines diakonischen Profils dar und macht deutlich, dass das „Diakonische" nur immer neu diskursiv und prozesshaft zu gewinnen ist, sich begrifflich und noch viel mehr in der Praxis abschließenden Definitionsbestrebungen immer wieder entzieht. Umso komplexer gestaltet sich vor diesem Hintergrund die Operationalisierung im Hinblick auf Stellen- und Anforderungsprofile. Wird darauf jedoch verzichtet, so gefährdet dies ganz eindeutig die Mitarbeiterzufriedenheit und die Mitarbeiterbindung gerade bei Mitarbeitenden im Diakonat, deren Potenzial von diakonischen Unternehmen durchaus gesehen wird.

4.2 Die Rolle der Kirche und des Diakonenamtes

Das Ringen darum, wie das Verhältnis von Kirche und Diakonie und wie die Aufgabenverteilung zwischen beiden zu gestalten sei, ist nicht neu. Spätestens seit dem Deutschen Evangelischen Kirchentag 1848 und Wicherns berühmt gewordener, programmatischer Stehgreifrede in Wittenberg[44] wird dieses Thema auch immer wieder öffentlichkeitswirksam verhandelt. Genauso alt sind die Diskussionen der diakoniewissenschaftlichen Fachleute und der Interessenvertretungen der Diakoninnen und Diakone um die Rolle, die im Kontext diakonischer Handlungsfelder ein kirchliches Diakonenamt spielen soll.[45] Welche Rolle

---

[44] Vgl. Wichern 1962 [1848].
[45] Vgl. dazu ausführlich Eidt 2011.

spielt diese Thematik in der Praxis diakonischer Unternehmen? Welche Haltungen von Anstellungsträgern werden in der Praxis wirksam? Und wie beschreiben Diakoninnen und Diakone ihre Haltung dazu? Erste Antworten auf diese Fragen wurden in dem zur Verfügung stehenden Datenmaterial gefunden und im Zuge der Interpretation rekonstruiert. Sie sollen einander nun in zusammengefasster und teilweise zugespitzter Form gegenübergestellt werden.

Zunächst fällt auf, dass nur einer der befragten Anstellungsverantwortlichen von sich aus die landeskirchliche Berufung in den Diakonat anspricht. Daran knüpft er die Erwartung an die Landeskirche, sich auch über den Akt der Berufung hinaus für Diakoninnen und Diakone verantwortlich zu zeigen, indem sie diese weiterhin in Form von Begleitung und Weiterbildungsangeboten wahrnimmt. Mit dieser Erwartung verknüpft er im weiteren Verlauf des Interviews auch die Idee, dass die seelsorgerliche Verantwortung für Menschen, die in diakonischen Einrichtungen leben, durchaus auch von Seiten der Kirchengemeinden wahrgenommen werden könnte und dass darin neben den Pfarrerinnen und Pfarrern auch Diakoninnen und Diakone eine wichtige Aufgabe – in landeskirchlicher Verantwortung und mit landeskirchlicher Finanzierung – bekommen könnten. Seine Erwartungen an Diakoninnen und Diakone hinsichtlich des diakonischen Profils im Inneren seiner Einrichtung verknüpft er jedoch nirgendwo mit deren kirchlichem Amt.

Die beiden anderen befragten Anstellungsträger sprechen im Interview das kirchliche Amt der Diakoninnen und Diakone nicht an, bevor die Interviewerin explizit danach fragt. Dieser Sachverhalt bekommt besonderes Gewicht dadurch, dass sehr wohl alle Befragten von sich aus die Beziehung ihrer einzelnen Einrichtungen zu den jeweiligen Kirchengemeinden thematisieren und mehr oder weniger explizit auch die Bedeutung der kirchlichen Tradition für das diakonische Profil ihrer Unternehmen im Blick haben. Auf die konkrete Frage der Interviewerin *„Wofür braucht es das Amt, wofür braucht's die Einsegnung, die Berufung ins Diakonenamt?"* lassen sich dann folgende Argumentationsstränge beobachten.

Dort, wo vorher sehr stark von der Bedeutung der christlich geprägten Persönlichkeit die Rede ist, wird auch das kirchliche Amt von der persönlichen Berufung her konstruiert: Die hauptsächliche Bedeutung der Einsegnung wird dann zunächst der subjektiven Wirkung für die Berufenen zugeschrieben. Die Bedeutung für den Unternehmenszusammenhang oder die Diakonie an sich (*„kollektiver Zusammenhang"*) wird zuerst als offenbleibende Frage formuliert. Erst das weitere Insistieren der Interviewerin auf den kirchlichen Bezug der Berufung veranlasst den interviewten Anstellungsträger dann zu einer allgemeinen Bemerkung über die Rolle der Kirche für die Diakonie: *„Das ist ganz in Ordnung so, dass die Landeskirche beruft. Die Landeskirche ist für uns ein Gewährsträger auch in dieser diakonischen Dimension. Ich glaube nicht, dass wir gut beraten wären, wenn wir uns hier von der landeskirchlichen Tradition trennen würden. Wir müssten ja dann eine eigene kirchliche Tradition gründen, wenn wir es ernsthaft* *angehen wollten.*" Die Erläuterung dafür, was das in der Unternehmenspraxis bedeutet, erfolgt dann allerdings am Beispiel eines Pfarrers, dessen Tätigkeit in der Personalabteilung sich deshalb als besonders wirksam für die diakonische Profilbildung erweist, weil sein Pfarrer-Sein einen wirksamen Hintergrund seiner Personalarbeit bildet, der sich darin zeigt, dass kirchlicher Erfahrungsschatz sich in diakonischer Tätigkeit niederschlägt.

Diese Funktion kann sich der Interviewpartner in ähnlicher Form auch für die Auswirkungen des Diakon- oder Diakonin-Seins vorstellen. Kirche wird von ihm formal als Gewährsträgerin christlicher Tradition verstanden, und diese Gewährsträgerschaft wird in seinen Augen dort konkret, wo einzelne Personen Erfahrungen aus dem binnenkirchlichen Raum[46] in ein diakonisches Unternehmen hineintragen und ihre berufliche Aufgabe in diesem Sinne wahrnehmen. Dies bewertet er ausgesprochen positiv, wehrt aber im selben Augenblick ein überhöhtes Amtsverständnis ab, das er als klerikales Missverständnis bewertet, wenn damit ein Anspruch auf Unangreifbarkeit im innerbetrieblichen Diskurs verbunden wird.

Spannend ist, dass derselbe Interviewpartner wenig später noch einmal von sich aus von *„Amtspersonen"* spricht, damit dann aber die Führungskräfte im eigenen Unternehmen meint, denen – neben der allgemeinen Verantwortung aller Mitarbeitenden im Sinne des allgemeinen Priester- oder Diakonentums – die besondere Verantwortung für die diakonische Kultur des Unternehmens übertragen ist – völlig unabhängig von einer entsprechenden kirchlichen Berufung. Daran wird deutlich, dass der Amtsbegriff hier mehrdeutig verwendet wird, ohne dass diese Deutungen in eine nachvollziehbare Relation zueinander gesetzt werden.

Daneben lässt sich bei einem weiteren Interviewpartner beobachten, dass er mit der Idee, dass ein kirchliches Amt innerhalb einer diakonischen Einrichtung eine Bedeutung haben könnte, kaum etwas anfangen kann. Der Interviewte betrachtet in seinen Ausführungen das kirchliche Diakonenamt ausschließlich im Hinblick auf seine Funktion in Kirchengemeinden. Dass Diakoninnen und Diakone eine kirchliche Berufung mitbringen, zeigt sich in seinem Unternehmen dort, wo sie Verantwortung für Angebote übernehmen, die kirchliche Lebensäußerungen innerhalb diakonischer Einrichtungen präsent halten. Die kirchliche Berufung spielt aber ansonsten in seinen Darlegungen keine Rolle.

In den Interviews zeigt sich sehr deutlich, dass das kirchliche Amt der Diakoninnen und Diakone für die Interviewpartner keine herausgehobene Rolle spielt, sondern zunächst als Gegebenheit im Hintergrund akzeptiert wird bzw. als selbstverständlich mit dem Abschluss einer kirchlichen Ausbildung verbunden in den Blick kommt. Diese grundlegende Akzeptanz kommt vielleicht am pointier-

---

[46]   Leider wird hier vom Interviewten nicht weiter expliziert, was er genau mit diesen „kirchlichen Erfahrungen" meint. Möglicherweise hat diese Formulierung eher den Charakter einer rhetorischen Chiffre.

testen dort zum Ausdruck, wo einer der Interviewpartner das kirchliche Diakonenamt verknüpft mit der Gewährsträgerschaft der Kirche für die kirchlich-
diakonische Tradition: Diese Gewährsträgerschaft ist da, selbstverständlich vorhanden und im Hintergrund absichernd wirksam – aber ähnlich der finanziellen
Gewährsträgerschaft der Kirchen für die diakonischen Einrichtungen, Dienste
und Verbände ist es auch gut, wenn sie keine konkreten Aktivitäten entfaltet,
weil dafür keine akute Notwendigkeit besteht. Diese Akzeptanz steht nur dort in
Frage, wo es in der Form einer Überhöhung des Amtsverständnisses zu einem
Missbrauch kommt, der aber in der Praxis keine größere Rolle zu spielen
scheint.

Das Feld der Bedeutungszuschreibungen für das Diakonenamt spannt sich in
den drei Experteninterviews zwischen drei verschiedenen Aspekten auf: Zunächst wird der persönliche Nutzen für die Berufenen betont. Daneben spielt
eine gewisse Hintergrundwirksamkeit durch den – an die Person einzelner
Amtsträgerinnnen und Amtsträger gebundenen – Erfahrungstransfer von der
Kirche in diakonische Einrichtungen eine wichtige Rolle. Zuletzt kommt auch
die Erwartung an die Landeskirche in den Blick, sie möge ihre seelsorgerlich-
diakonische Verantwortung bis in die diakonischen Einrichtungen hinein durch
eine entsprechende Beauftragung von Diakoninnen und Diakonen und deren
lebenslange Begleitung wahrnehmen.

Eine grundlegend andere Haltung bringen die Diakoninnen und Diakone im
Rahmen der Gruppendiskussion zum Ausdruck, auch wenn im Vergleich mit
den Experteninterviews gewisse Parallelen in der Strukturierung des Themenfeldes zu beobachten sind: Diakoninnen und Diakone unterscheiden zwischen der
Bedeutung, die das Amt für sie persönlich besitzt, und der Rolle, die es in ihrem
Verhältnis zur Landeskirche und für ihre Arbeit in diakonischen Handlungsfeldern spielt. Die persönliche Bedeutungsgewichtung hängt eng damit zusammen,
von welcher dieser drei möglichen Ausgangsperspektiven die Einzelnen ausgehen. Diejenigen, die von einer zentralen und hohen persönlichen Bedeutung
ihres Amtes sprechen, verknüpfen dies durchgehend damit, dass sie in ihrer
Berufung durch die Kirche letztlich die Berufung Gottes und die Verpflichtung
auf ein Handeln im Namen Jesu sehen. Diese transzendenzbezogene Letztverankerung ihres Amtsbewusstseins gibt ihnen zuverlässigen Halt und klare
Orientierung auch dort, wo sie die Diakonie- und Amtsvergessenheit ihrer Kirche kritisieren. Diese höhere Verpflichtung spüren auch diejenigen, die mit grö
ßerem Nachdruck von ihrem ambivalenten Verhältnis zum Amt sprechen. Ihre
Zweifel finden Nahrung in der erlebten praktischen Bedeutungslosigkeit des
kirchlichen Amtes, das von kaum jemandem in ihrer Umgebung verstanden
wird, das im beruflichen Alltag ohne Relevanz bleibt und ihrem Eindruck
nach auch von der berufenden Landeskirche nicht besonders ernst genommen
wird.

In der gemeinsamen Erinnerung an die Formulierung der Amtsverpflichtung
der Evangelischen Landeskirche in Württemberg, die mit den Worten „*Im Auf-*

sehen auf Jesus Christus"[47] beginnt, finden sich jedoch alle Beteiligten gemeinsam wieder. Der Blick auf den Ursprung und die Norm aller Diakonie wird für diese Diakoninnen und Diakone zum Maßstab für das, was sie in der verfassten Kirche und im Bereich der Unternehmensdiakonie an diakonischem Bemühen oder an Diakonievergessenheit erleben. Diesem Maßstab fühlen sie sich durch ihr Amt verpflichtet, und er hat für diese Diakoninnen und Diakone zugleich motivierende Funktion. Aber von diesem Maßstab her kritisieren sie auch sehr scharf, was sie beobachten und erleben. Ob nun gerade Überzeugungen und Kritik, die vor dem Hintergrund dieses Amtsverständnisses von Diakoninnen und Diakonen vorgebracht werden, als Überhöhung oder Immunisierung im Diskurs erlebt und von Anstellungsträgern deshalb abgelehnt werden – diese Frage lässt sich auf der Basis des vorhandenen Materials leider noch nicht beantworten.

Besonders auffallend ist jedoch, wie wenige Berührungspunkte zwischen dem, was in der diakonischen Praxis mit der Frage nach dem kirchlichen Diakonenamt verbunden wird, der fachwissenschaftlichen Diskussion zum Amt der Diakoninnen und Diakone und den kirchenrechtlichen Klärungsversuchen bestehen. Darüber hinaus steht die Frage im Raum, wie das hier gezeichnete Bild der verfassten Kirche gegenüber den Diakoninnen und Diakonen in der Diakonie bewertet werden soll, wie es einzuordnen ist in den Gesamtzusammenhang der Frage nach dem Verhältnis von Kirche und Diakonie und welche Weiterentwicklungsoptionen sich vor diesem Hintergrund ergeben.[48]

5. Ansatzpunkte für Weiterentwicklungen

Diese empirische Untersuchung über Diakoninnen und Diakone im Bereich diakonischer Einrichtungen und Dienste kann als Ansatzpunkt für Weiterentwicklungen in ganz unterschiedlichen Bereichen und auf unterschiedlichen Ebenen genutzt werden. Allerdings wird es dabei grundsätzlich nicht darum gehen, den Erkenntnisgewinn im Sinne eines einfachen Theorie-Praxistransfers umzusetzen, vielmehr ergeben sich vor allem neue Fragestellungen, die in unterschiedlichen Zusammenhängen auf nachfolgende Prozesse ausgerichtet sind.

Für die diakoniewissenschaftliche Forschung ist die Beobachtung von hohem Interesse, wie ganz anders sich in der diakonischen Praxis die Frage nach den Kompetenzen von Diakoninnen und Diakonen darstellt. Während in der Diskussion der Fachleute sich die Kompetenzmatrix[49] als Raster zur Beschreibung diakonischer Kompetenzen in den unterschiedlichen Handlungsfeldern durchgesetzt hat, ist vor allem in den Anstellungsträgerinterviews zu erkennen, dass

---

[47]   Vgl. Evangelische Landeskirche in Württemberg 1985.
[48]   Ausführlich wird es um diese und ähnliche Fragestellungen der Kirchenentwicklung in Band I der Publikationsfolge gehen.
[49]   Vgl. VEDD 2004.

offensichtlich die Bedeutung der Persönlichkeit so hoch eingeschätzt wird, dass die Frage nach den konkreten Kompetenzen dahinter immer wieder zurücktritt. Vor diesem Hintergrund gilt es einerseits die Frage danach, wie sich „diakonische Persönlichkeiten" entwickeln – zum Beispiel im Rahmen biographischer Interviews – weiterzuverfolgen[50] und andererseits die Mechanismen diakonischer Bildung näher zu untersuchen, um daraus ein weiterführendes Ausbildungskonzept zu gewinnen, das Aspekte der Persönlichkeitsentwicklung stärker mit den bisher im Fokus stehenden Zielen diakonischer Kompetenzentwicklung verknüpft. Diese Herausforderung gewinnt vor allem deshalb an Bedeutung, weil die Zahl der informell christlich-diakonisch sozialisierten jungen Menschen angesichts gesellschaftlicher Entwicklungstendenzen auf lange Sicht rückläufig sein wird und die Anforderungen an frühzeitig einsetzende Prozesse zur Gewinnung neuer Mitarbeitenden deshalb wachsen.

Ganz pragmatisch und auf eher kurzfristig erreichbare Fortschritte ausgerichtet, stehen natürlich auch die Fragen im Raum, welche Bedeutung in diesem Zusammenhang eine verbesserte Information von Anstellungsverantwortlichen über die mit einem diakonischen Ausbildungsabschluss heute verbundenen Kompetenzen und deren möglichen Nutzen für die diakonische Praxis haben können und welche Rolle hier außerdem eine verbesserte Sprachfähigkeit und Selbstvermarktungskompetenz bei Diakoninnen und Diakonen spielen könnte. Doch diese Fragen stellen sich vor allem aus der Perspektive derer, die im Interesse der Diakoninnen und Diakone denken.

Dahinter verbirgt sich letztlich ein weit grundlegenderer, an Fragen der Kirchenentwicklung orientierter, Klärungsbedarf: Welches Gewicht soll diakonisches Handeln in Zukunft in Kirche und Gesellschaft haben und welche Rolle wird Diakoninnen und Diakonen bzw. dem diakonischen Amt der Kirche in diesem Zusammenhang zugedacht? Wie will sich die verfasste Kirche hier positionieren? Will sie sich zufrieden geben mit der Rolle, in der sie von den Anstellungsverantwortlichen und Diakoninnen und Diakonen gesehen wird? Will sie als Gewährsträgerin für eine alte Tradition nur im Hintergrund und quasi als Folie wirken? Oder will sie als Anwältin des „Diakonischen" aktiv auftreten und darin ihre – im öffentlichen Diskurs immer wieder angegriffene – diakonische Glaubwürdigkeit wiedergewinnen? Und wie stellt sich die Evangelische Kirche zu einem diakonischen Amtsverständnis, das sich – *„im Aufsehen auf Jesus Christus"* – von der Praxis der Kirche distanziert, die von manchen Diakoninnen und Diakonen als diakonievergessen empfunden wird? Erst vor dem Hintergrund klarer normativer Entscheidungen in Kirche und diakonischen Unternehmen

---

[50]   Erste Ansätze dazu finden sich z.B. bei Merz 2007: S. 120–278, der sechs Lebens- und Berufsgeschichten von Sozialdiakoninnen und Sozialdiakonen untersuchte. Die Leitfrage der Studie von Reiner Merz lautete: „Mit welchem beruflichen Selbstverstehen oder auch mit welcher beruflichen Identität oder beruflichem Selbstkonzept bewältigen Sozialdiakoninnen und Sozialdiakone die speziellen Anforderungen, Paradoxa und Dilemmata ihres Handlungsfeldes?" Merz 2007: S. 109.

lassen sich dann gegebenenfalls Strategien für die Weiterentwicklung des Diakonats ableiten.

Möglicherweise spiegelt das jahrzehntelange Scheitern an der Herausforderung einer eindeutigen Positionsbestimmung im Hinblick auf den Diakonat, wie es am EKD-Diakonatsprozess[51] beispielhaft sichtbar wird, ja tatsächlich die Problematik der grundsätzlichen Verhältnisbestimmung von Kirche und Diakonie. Möglicherweise lassen sich aber auch gerade deshalb mit Diakoninnen und Diakonen beispielhafte Prozesse gestalten und Formen erfinden, unter den aktuellen gesellschaftlichen Bedingungen eine Neubestimmung zu ermöglichen. Erste Experimente hinsichtlich einer intensiveren Begleitung der Diakoninnen und Diakone, die sich nicht in einem kirchlichen Anstellungsverhältnis befinden, zeigen, dass darin das Aufeinandertreffen unterschiedlicher Kulturen, die sich in Kirche und Diakonie zwischenzeitlich herausgebildet haben, eingeübt, Wertschätzung für die Arbeit von Diakoninnen und Diakonen in diakonischen Unternehmen zum Ausdruck gebracht und ein Prozess des gemeinsamen Nachdenkens in Gang gebracht werden kann.[52]

Aber erst auf der Basis echter normativer Entscheidungen können dann beispielhafte Stellen- und Anforderungsprofile für Diakoninnen und Diakone in der Diakonie entwickelt werden,[53] wie sie von den Anstellungsverantwortlichen gewünscht sind. Nach einer weitergehenden Analyse bereits bestehender Fortbildungsangebote in Diakonie und Kirche und auf der Basis einer möglichst breit angelegten Bedarfserhebung bei Anstellungsverantwortlichen und Diakoninnen und Diakonen können in Ausrichtung an diesen normativen Perspektiven die notwendigen Aus-, Fort- und Weiterbildungsangebote für Diakoninnen und Diakone und evtl. auch für Anstellungsträger und Personalverantwortliche in allen Bereichen diakonischer Einrichtungen und Dienste entwickelt werden.

Und erst vor dem Hintergrund eindeutiger Zielbestimmungen und eines entsprechenden Strategiekonzeptes lassen sich dann auch klare Beauftragungen für Diakoninnen und Diakone mit den entsprechenden finanziellen und zeitlichen Ressourcen hinterlegen und es können Partizipationsprozesse entwickelt werden, die Diakoninnen und Diakone eine aktive Mitwirkung an der Gestaltung diakonischer Profile in den Einrichtungen und Diensten entsprechend der Reichweite ihres jeweiligen Stellenprofils und ihrer diakonischen Kompetenz erlauben. Möglicherweise wäre es sogar denkbar, dass Diakoninnen und Diakone in einem solchen Prozess auf verschiedenen Ebenen von Unternehmen die Hauptverantwortung übernehmen.

---

[51] Vgl. dazu Eidt 2011: S. 94–100.

[52] Das Experiment eines sogenannten „Geordneten Kontaktgesprächs" zwischen Einrichtungsleitung, Diakoninnen und Diakonen und Mitgliedern der Kirchenleitung im Rahmen einer Kirchenbezirksvisitation.

[53] Dafür bilden die von der Konferenz der Ausbildungsleiterinnen und Ausbildungsleiter der Diakonenausbildung bereits entwickelten Tätigkeitsprofile eine ausbaufähige Grundlage. Vgl. VEDD 2008.

Die denkbaren Synergieeffekte, die im Rahmen eines zielgerichteten Zusammenwirkens von diakonischen Anstellungs- und Amtsträgerinnen und -trägern im Interesse diakonischer Profilentwicklung in dieser Studie da und dort aufscheinen, lassen hoffen, dass alle weiteren Forschungs-, Bildungs- und Gestaltungsaktivitäten vielfachen Nutzen für alle beteiligten Interessengruppen mit sich bringen.

Literatur

Bogner, Alexander/Menz Wolfgang ([3]2009): Das theoriegenerierende Experteninterview. Erkenntnisinteresse, Wissensformen, Interaktion. In: Bogner, Alexander/Littig, Beate/Menz, Wolfgang (Hg.): Experteninterviews: Theorien, Methoden, Anwendungsfelder. Wiesbaden. S. 61–98.

Bohnsack, Ralf ([7]2008): Rekonstruktive Sozialforschung. Einführung in qualitative Methoden. Opladen/Farmington Hills.

Eidt, Ellen (2011): Der evangelische Diakonat – Entwicklungslinien in Kirche und Diakonie. Stuttgart.

Eschen, Barbara (2008): Wer soll das diakonische Profil diakonischer Einrichtungen stärken? Zur Bedeutung des Berufsbildes Diakon/Diakonin. In: Merz, Rainer/Schindler, Ulrich/Schmidt, Heinz: Dienst und Profession. Diakoninnen und Diakone zwischen Anspruch und Wirklichkeit. Heidelberg. S. 240–253.

Evangelische Landeskirche in Württemberg (Hg.) (1985): Kirchenbuch für die Evangelische Landeskirche in Württemberg. Zweiter Teil. Sakramente und Amtshandlungen. Teilband Einführungen. Stuttgart.

Geertz, Clifford (1987): Dichte Beschreibung. Beiträge zum Verstehen kultureller Systeme. Frankfurt a.M.

Grau, Frieder (2008): Diakoninnen und Diakone in diakonischen Einrichtungen. In: Merz, Rainer/Schindler, Ulrich/Schmidt, Heinz: Dienst und Profession. Diakoninnen und Diakone zwischen Anspruch und Wirklichkeit. Heidelberg. S. 225–239.

Lamnek, Siegfried ([3]1995): Qualitative Sozialforschung. Bd. I. Methodologie. Weinheim.

Merz, Reiner (2007): Diakonische Professionalität. Zur wissenschaftlichen Rekonstruktion des beruflichen Selbstkonzeptes von Diakoninnen und Diakonen. Heidelberg.

Merz, Rainer/Schindler, Ulrich/Schmidt, Heinz (Hg.) (2008): Dienst und Profession. Diakoninnen und Diakone zwischen Anspruch und Wirklichkeit. Heidelberg.

Meuser, Michael/Nagel Ulrike ([3]2009): Experteninterview und der Wandel der Wissensproduktion. In: Bogner, Alexander/Littig, Beate/Menz, Wolfgang (Hg.) ([3]2009): Experteninterviews: Theorien, Methoden, Anwendungsfelder. Wiesbaden. S. 35–60.

Noller, Annette/Fliege, Thomas (2013): Diakonat und doppelte Qualifikation – drei Typen diakonischen Handelns. Ein Werkstattbericht. In: Noller, Annette/Eidt, Ellen/Schmidt, Heinz (Hg.): Diakonat – theologische und sozialwissenschaftliche Perspektiven auf ein kirchliches Amt. Stuttgart. S. 179–195.

Przyborski, Aglaja/Wohlrab-Sahr, Monika ([3]2010): Qualitative Sozialforschung. Ein Arbeitsbuch. München.

Schütze, Fritz (1987): Das narrative Interview in Interaktionsfeldstudien. Studienbrief der Universität Hagen. Teil 1. Hagen.

VEDD (Verband Evangelischer Diakonen- und Diakoninnengemeinschaften in Deutschland e.V.) (Hg.) (2004): Was sollen Diakone und Diakoninnen können? Kompetenzmatrix für die Ausbildung von Diakoninnen und Diakonen im Rahmen der doppelten Qualifikation. Erarbeitet und beschlossen von der „Ständigen Konferenz der Ausbildungsleiter und -leiterinnen im VEDD" im Frühjahr 2004. Impuls III/2004. Berlin. Verfügbar unter: http://www.vedd.de/obj/Bilder_und_Dokumente/pdf-Daten/Impulse/Impuls200403.pdf (14.01.2013).

VEDD (Verband Evangelischer Diakonen-, Diakoninnen- und Diakonatsgemeinschaften in Deutschland e.V.) (Hg.) (2008): Tätigkeitsprofile von Diakoninnen und Diakonen. Ein Arbeitspapier der KAL (Konferenz der Ausbildungsleiterinnen und -leiter der Diakonenausbildung) im VEDD. Stand: Frühjahr 2008. Impuls I/2008. Verfügbar unter: http://www.vedd.de/obj/Bilder_und_Dokumente/pdf-Daten/Impulse/Impuls200801.pdf (14.01.2013).

Wichern, Johann Hinrich (1962 [1848]): Stegreifrede vom 22. September 1848 auf dem Wittenberger Kirchentag. In: Johann Hinrich Wichern: Sämtliche Werke. Hrsg. von Peter Meinhold. Bd. I. Berlin. S. 155–171.

Witzel, Andreas (2002): Das problemzentrierte Interview. In: Mruck, Katja (Hg.): Forum Qualitative Sozialforschung. 1. Jg. H. 1/2002. Berlin. Verfügbar unter: www.qualitative-research.net/index.php/fqs/article/view/1132 (17.08.2012).

III. Evaluation der Praxis diakonischer Projekte

Claudia Schulz

Diakonisches Arbeiten „an den Rändern"

Über Anspruch und Wirklichkeit der Ausrichtung auf Zielgruppen und Milieus

Die evangelische Kirche erreicht nicht alle Menschen gleichermaßen. Diese Einsicht hat sich in den vergangenen Jahrzehnten durchgesetzt. Wo ein erheblicher Teil der Kirchenmitglieder die Angebote der Ortsgemeinden nur in Ausnahmefällen oder nie nutzt und die Angebote der kasuellen Lebensbegleitung, etwa die Taufe oder die Beerdigung, nicht mehr in Anspruch nimmt, wird deutlich, dass zu einer Volkskirche zwar prinzipiell alle Menschen gehören können, dass aber in den konkreten Abläufen viele derjenigen Menschen „unsichtbar" bleiben, die rechnerisch zum Mitgliederbestand gehören.[1] Das kirchliche Leben gestaltet sich, ebenso wie das Leben jeder sozialen Gruppierung, derart, dass die einen davon berührt und mit hineingenommen werden, andere dazu keinen Zugang finden oder finden mögen. Seniorenkreise, Kindergruppen, Jugendfreizeiten, Gottesdienste – sie sprechen die einen an und können die anderen nicht begeistern. In den vergangenen Jahren wächst die Zahl von Projekten im kirchlichen Raum, die explizit diese „anderen",[2] die nicht erreichten Mitglieder oder auch Nichtmitglie-

---

[1] Die wohl berühmteste Bündelung dieses Gedankens hat Niklas Luhmann mit seiner kirchentheoretischen Analyse dieses Themas geleistet; vgl. Luhmann 1972. In der Kirchenmitgliedschaftsforschung der EKD seit 1962 war zunächst über Jahrzehnte die gegenteilige Beobachtung im Fokus: Obwohl sich der Mitgliederbestand in Deutschland stark verringert, fühlen sich die Mitglieder ihrer Kirche deutlich verbunden. Zugleich ist das Element der Distanz oder auch der Irrelevanz wahrgenommen worden; vgl. Schloz 2006. In der kirchlichen Praxis spielt jedoch die Frage nach der Beteiligung eine größere Rolle, auch hier mit einer Defizitwahrnehmung: Zu viele Mitglieder der Evangelischen Kirche, besonders solche aus bestimmten Zielgruppen kirchlicher Arbeit, beteiligen sich nicht oder nur selten am kirchlichen Leben; vgl. Schulz 2009.

[2] Formulierungen wie „die anderen" oder „die Menschen an den Rändern" werden in Konzepten der Gemeindeentwicklung genutzt, um aus Sicht der sogenannten Kerngemeinde Zielgruppen zu beschreiben, die wenig Kontakt zum kirchlichen Angebot haben. Diese in bestehende oder

der ansprechen und die darüber die Offenheit der Kirche für alle Menschen zum Ausdruck bringen sollen.[3]

Im Projekt der Evangelischen Landeskirche in Württemberg, „Diakonat – neu gedacht, neu gelebt" ist dieses Bemühen um mehr Sensibilität für verschiedene, oft wenig beachtete Zielgruppen und Milieus in mehreren Projekten sichtbar. Wie, unter welchen Voraussetzungen und mit welchem Ziel eine solche Sensibilität hergestellt oder gestärkt werden soll, wie dies im Einzelnen gelingt und was sich daraus für die Weiterarbeit lernen lässt, soll dieser Beitrag zeigen. Zunächst führe ich in die Zielperspektive diakonischen Arbeitens für bestimmte Zielgruppen und Milieus ein (1.), um anschließend anhand von zwei Beispielen aus Projekten im Gesamtprojekt Diakonat zu zeigen, was ein solches Vorgehen leisten kann und welche Bruchstellen und neuen Herausforderungen sich daraus ergeben (2. und 3.). Abschließend sollen Ergebnisse gebündelt und für die Weiterarbeit nutzbar gemacht werden (4.).

1.   Wer sind „die anderen"?
   Das Anliegen und seine Umsetzung in diakonischen Projekten

Diakonisches Handeln gewinnt in diesem Themenfeld eine wichtige Funktion: Oftmals sind diejenigen Menschen, die in der Arbeit einer christlichen Parochialgemeinde aus dem Blick geraten, zugleich solche, die „am Rand der Gesellschaft" stehen, die aufgrund eines geringen sozialen Status Ausgrenzung erfahren. Natürlich macht dieser diakonisch erfasste „Rand" kirchlicher Gruppierungen nicht die Gesamtzahl derer aus, die kirchliches Leben wenig interessiert. Aber von Seiten diakonischer Arbeit kann, so die Annahme, das Problem der Differenz zwischen den einen und den anderen bearbeitet werden, so können Ausgrenzungseffekte der christlichen Gemeinschaft zumindest gemildert werden oder auch das Interesse derer geweckt werden, die mit der christlichen Kirche und der Gemeinde am Ort bisher wenig Berührungsfläche hatten.[4] Hierin werden zwei Denkrichtungen deutlich: Zum einen rücken die kirchlichen Ausgrenzungsprozesse „von innen" in den Blick: Kirchliche Gruppierungen möchten herausfinden, wo sie in ihrem Handeln Menschen ausgrenzen oder – auch ohne es zu wollen – Signale der Unerwünschtheit senden. Zum anderen werden „die

---

neue Angebote zu integrieren, wird als „Erreichen" beschrieben. Dabei bleibt die vorherrschende Perspektive die der bereits Aktiven.

[3]   So wissenschaftlich begleitete, zielgruppenspezifische Angebote in den Landeskirchen, beispielhaft ein Projekt mit milieusensiblen Gottesdienstangeboten in der Evangelisch-lutherischen Landeskirche Hannovers, das für die theoretische Weiterarbeit interessante Erkenntnisse bietet; vgl. Ahrens/Wegner 2008. Auch kommerzielle Angebote für Milieu- und Zielgruppenstudien aus der Marktforschung werden zunehmend von Landeskirchen in Anspruch genommen, erhebliche finanzielle Mittel werden dafür zur Verfügung gestellt, wobei die theoretisch-konzeptionelle Arbeit zur Anwendung der Erkenntnisse bisher wenig Beachtung findet.

[4]   Vgl. Fußnote 2.

anderen" selbst bedacht: Welche Gruppierungen in der Gesellschaft sind es, die zu wenig berücksichtigt sind oder deren Kommunikationsgewohnheiten zu wenig Beachtung finden, so dass sie schließlich am kirchlichen Leben wenig beteiligt sind?

An dieser Stelle ist in den vergangenen Jahrzehnten analytische Arbeit in großem Umfang geleistet worden. Zunächst zeigten Konzepte zum zielgruppenspezifischen Arbeiten auf, worin die spezifischen Interessen einzelner Gruppen in der Gesellschaft bestehen und was dies für kirchliches Handeln bedeutet.[5] Milieu- und Lebensstiltypologien[6] erschließen die spezifischen „Dimensionen der Verschiedenheit"[7], wodurch transparenter wird, welche Faktoren es sind, die Menschen einladen oder ausschließen, die Zugehörigkeit und Ausschluss ermöglichen und verstärken. Wo nun diese Analyse gelingt und – beispielhaft in einer Kirchengemeinde – ein vertieftes Verständnis für die entsprechenden Prozesse ermöglicht, steht zugleich die Strategie einer Weiterarbeit mit den Erkenntnissen zur Debatte.[8] Will man auf die noch nicht „erreichten" Zielgruppen oder Milieus zugehen und speziell für diese eigene Angebote vorhalten oder soll die Arbeit insgesamt so gestaltet werden, dass weniger Ausgrenzung geschieht oder speziell Verbindendes gestärkt wird.

Diese strategischen Fragen entpuppen sich dann in der Praxis als Herausforderung: Aus der sozialen Differenzierung ergeben sich ja nicht nur für die christlichen Kirchen diverse Probleme, sondern für alle Organisationen, die die Bevölkerung in der Breite ansprechen wollen. Und es ist möglicherweise nicht hilfreich, diese Differenzierung als Problem an sich anzusehen. Sie ist Ausdruck der „natürlichen" sozialen Prozesse, die zu Zugehörigkeiten und Abgrenzungen führen. Wie man auch ansetzt, ob man Milieus miteinander verbinden will oder eher spezifisches Vorgehen anstrebt, immer wird auf der anderen Seite der Fläche ein Teil der sozialen Wirklichkeit übersehen oder nicht berücksichtigt. Eine ähnliche Lesart ergibt sich, nutzt man die Ergebnisse der Milieu- und Lebensstilforschung, um aus den Resultaten der Analysen vor Ort strategische Überlegungen abzuleiten: Selbst wenn die Anziehungs- und Abstoßungseffekte zwischen den Menschen aus verschiedenen Milieus verstanden sind, führt dies noch lange nicht zu einer Verbesserung dahingehend, dass künftig nun doch „alle Menschen" angesprochen werden, auch nicht mit einem stärker differenzierten oder passgenauen Angebot. Viele Menschen in solchen „neuen Zielgruppen", ob sozial Ausgegrenzte oder anderweitig Benachteiligte, mögen gar nicht an Angeboten einer Kirchengemeinde teilnehmen, die intensive sprachliche Kommuni-

---

[5]   Für die gemeindepädagogische Perspektive vgl. Schulz 2012.
[6]   Vgl. die forschungsgeschichtlich zentralen Werke: Bourdieu 1982, Schulze 1992, speziell für die Lebensstilanalyse Otte 2004.
[7]   Vgl. die vereinfachte Erfassung milieu- und lebensstilspezifischer Unterschiede in einer Übersicht bei Schulz/Hauschildt/Kohler 2010: S. 17.
[8]   Das Problem zielgruppenspezifischer und -übergreifender kirchlicher Arbeit ist z.B. reflektiert in Schulz/Hauschildt/Kohler 2010: S. 256–258 und 278–280; vgl. auch Ahrens/Wegner 2013.

kation mit sich bringen, mögen sich nicht mit Sinnfragen oder Fragen der Lebensgestaltung auseinandersetzen oder ihre Situation in der Gruppe bewältigen.[9] So bietet die Arbeit der Kirche für bestimmte Zielgruppen oder Milieus enorme Chancen, löst aber nicht alle Probleme, die sich aus der Bildung sozialer Gruppen für die Kirche ergeben.

In den hier evaluierten Projekten wird nun die Schnittstelle zweier Problemfelder für die Leistung kirchlicher Aktivitäten hin auf mehr soziale Kohäsion bearbeitet, also die Problematik der Exklusion bestimmter Zielgruppen und Milieus einerseits und – als diakonisches Anliegen – die Problematik der sozialen Exklusion aufgrund anderer Benachteiligungsfaktoren (z.B. Armut) andererseits. Nun erfassen die beiden Begriffe – „Zielgruppe" ebenso wenig wie „Milieu" – nicht zwingend auch soziale Ausgrenzungsprozesse aufgrund anderer Faktoren. Und die Arbeit auf dieser Schnittstelle ist deswegen nicht ganz leicht, weil hier nicht nur unterschiedliche Argumentationen zusammenlaufen,[10] die nicht in jedem Fall zusammenpassen, sondern weil hier eine Schnittstelle angenommen und bearbeitet wird, die nur für einen Teil der betroffenen Gruppen überhaupt existiert: Zum einen bilden die sozial benachteiligten Menschen nur einen Teil derer ab, die vom Angebot einer Kirchengemeinde wenig angesprochen sind. Kirchengemeinden sind beispielsweise ebenso wenig inklusiv gegenüber Menschen mit hohen Konsumwünschen oder einer Abneigung gegenüber Kontakt und Gemeinschaft. Zum anderen sind Menschen aus Milieus mit hohen Risikofaktoren für eine soziale Exklusion durchaus nicht per se vom sozialen Leben (auch: dem einer Kirchengemeinde) ausgeschlossen. Manche sind dort durchaus präsent – oder sie werden durch ganz andere Faktoren als dem niedrigen Sozialstatus ausgeschlossen oder verzichten ihrerseits aus welchen Gründen auch immer auf eine Beteiligung am kirchlichen Leben.

Das diakonische Anliegen, die Arbeit in der Kirchengemeinde stärker für Menschen aus bestimmten Zielgruppen und Milieus (zunächst unabhängig von deren Zugehörigkeit zur Evangelischen Kirche) zu öffnen, ist darum zugleich interessant und Erfolg versprechend, aber auch in der Planung und Deutung sehr anspruchsvoll. Hier sollen nun zwei Projekte dargestellt und auf ihre Ergebnisse in Bezug auf eine solche diakonische Arbeit, die auf bestimmte Zielgruppen und Milieus hin ausgerichtet ist, befragt werden. Dabei stehen nicht die einzelnen Aktivitäten im Vordergrund, sondern solche Details, die das Funktionieren von Ausgrenzungsprozessen und die Chancen der Projektarbeit verdeutlichen helfen. Die beiden Projekte unterscheiden sich in ihrer Intention gegenüber den angestrebten Zielgruppen: Während das eine die reine Öffnung der Gemeinde und ihrer Gruppen für „die anderen" anstrebt, wie sie in den Familien des Gemeindekindergartens gesehen werden (2.), fokussiert das andere über die Ausrichtung

---

[9]   Vgl. Hauschildt/Kohler/Schulz 2012: S. 67–68.
[10] Etwa Begründungen für eine „Kirche für alle Milieus" einerseits und für eine „Kirche für Ausgrenzte" oder „Kirche mit den Armen" andererseits.

der kirchlichen Kinder- und Jugendarbeit explizit Kinder und Jugendliche aus Familien mit geringerem sozialen Status (3.).

2. Die „Familienfreundliche Gemeinde" – Das Problem von „innen" und „außen"

Eine Kirchengemeinde ist Trägerin eines Kindergartens und stellt fest, dass es kaum mehr Kontakte der Kinder und ihrer Familien zur Kirchengemeinde gibt. Viele Kinder sind nicht mehr evangelisch getauft, über die Hälfte der Eltern gehört keiner christlichen Kirche an, nur selten nehmen Kinder aus dem Kindergarten spezifische Angebote der Gemeinde wahr, und die Kontaktfläche ist nahezu begrenzt auf den Diakon und einzelne wenige Gemeindemitarbeiter, die regelmäßig im Kindergarten präsent sind. In den Gremien der Gemeinde wird der Wunsch nach einer größeren Kontaktfläche laut. Mit dem Projekt „Familienfreundliche Gemeinde" soll nicht nur eine Öffnung der Familienarbeit der Gemeinde möglich werden, sondern zugleich eine grundlegende Reflexion möglicher Öffnungen und Weiterentwicklungen der gemeindlichen Gruppen insgesamt. Diese Reflexion enthält ein deutlich diakonisches Element, indem die soziale Diversität im Stadtteil sowie die Situation sozial belasteter Familien berücksichtigt werden. Dass zumindest Teile des Stadtteils als soziale Brennpunkte verstanden werden können, ist den Aktiven der Gemeinde bewusst, ebenso wie die Tatsache, dass viele Familien in so genannten neuen Lebensformen leben und die lebensweltliche Passung zur Gemeinde möglicherweise eine Herausforderung darstellt.[11] Darüber hinaus ist jedoch in diesem Projekt von „Milieus" oder „Zielgruppen" nicht die Rede. Vielmehr steht in den Zielen für diese Arbeit im Vordergrund, dass „*der evangelische Kindergarten sich als aktiver Teil der Kirchengemeinde erlebt*" und die Gemeinde ganz allgemein „*ein Raum des Miteinanders für Familien in unterschiedlichen Lebenslagen*" wird.[12]

Wie stark diese Sicht der Aktiven in der Gemeinde auf ein „Innen" und „Außen" fokussiert ist, zeigt sich an der Begrifflichkeit der „familienfreundlichen Gemeinde". Offenbar sind die den Kindergarten nutzenden Familien nicht potenziell als selbstverständlicher Teil der Gemeinde angesehen, da sie den Kindergarten der Gemeinde nutzen, aber überwiegend nicht zur Gemeinde gehören. Sie müssen explizit willkommen geheißen werden. Die Handlungsziele des Projekts gehen aber darüber deutlich hinaus, vielmehr strebt die Gemeinde an, dass „*die Familien des evangelischen Kindergartens ihre Interessen und Ansprüche benennen*" und, unterstützt von der Gemeinde, „*gemeinsame Vorhaben verwirklichen*".

---

[11]　Dies ergab unter anderem die Sozialraumanalyse des Diakons vor Ort; vgl. dazu im vorliegenden Band: Fliege (Diakonat, Sozialraum und Sozialraumanalyse) mit erläuternden Ausführungen zur Verwendung der Sozialraumanalyse als Methode der diakonischen Projektarbeit.

[12]　Zitate aus Projektunterlagen (unveröffentlicht).

Um dies zu erreichen, sind „*Haupt- und Ehrenamtliche*" in der Gemeinde gefragt, „*Familien aus dem Kindergarten und ihre Lebenslagen kennen*" zu lernen,
ebenso sollen „*Familien und Erzieherinnen des evangelischen Kindergartens verschiedene Bereiche der Kirchengemeinde und ihre Beteiligungsmöglichkeiten kennen*" lernen. Die Gemeinde ihrerseits „*eröffnet Mitwirkungsmöglichkeiten in
unterschiedlichen Formen und Intensitäten*". Im Kontakt zwischen Familien in
Kindergarten und Gemeinde spielt das soziale Wohl der Familien eine wichtige
Rolle. Es ist beispielsweise angestrebt, dass „*Familien ihre sozialen Netzwerke
aktiv gestalten*" und „*Beratungs- und Unterstützungsangebote von Kirche, Diakonie und anderen Trägern kennen und nützen*". Darin wird ein Thema der Gemeindeentwicklung (Kontakte stärken, Beteiligungsmöglichkeiten öffnen) mit
einem diakonischen Anliegen verknüpft. Insgesamt, so die Zielentwicklung im
Projekt, will die Gemeinde mit diesem Projekt ihre „*diakonische Innenarchitektur
stärken*".

2.1 Der Blick von „innen": Die Mitarbeitenden in der Familienarbeit

Anhand einer Gruppendiskussion[13] mit Gemeindemitgliedern, die sich ehrenamtlich engagieren, lässt sich die Dynamik nachvollziehen, in der diese Mitarbeitenden einerseits für „*Neue*" offen sind und Zuwachs für ihre Arbeit dringend
brauchen, in der sie aber andererseits die Schwierigkeiten sowohl für die Öffnung
als auch für tatsächliche Inklusionsprozesse vor Augen haben. Der folgende
Gesprächsausschnitt zeigt die Konstruktion der Problematik:

Fr. Wüst:	Für die Kinderferienwoche hatten wir die letzten Jahre immer ganz guten Zulauf, und in diesem Jahr läuft die Anmeldung recht schleppend. Da hab ich mir überlegt, ob das ja schon so ein Wandel ist, dass es weniger Kinder, kleinere, jüngere Kinder gibt, dass die Altersstufe vielleicht gar nicht mehr so angesprochen wird. Das spiegelt sich auch irgendwie in Gemeindeaktionen wi-der, dass weniger Kinder da sind, wo wir uns bemühen, ein attraktives Programm zu bieten, aber es kommen gar nicht so viele Neue, auch übern Kindergarten. Vielleicht erübrigt sich un-sere Arbeit irgendwann. Vielleicht nicht so schnell, aber grund-sätzlich ist es rückläufig, es gibt auch weniger Familien. Allein-erziehende kommen eigentlich wenig zu unseren Aktionen, es sind wirklich Familien, obwohl, so gesellschaftlich, alleinerzie-hende Väter oder Mütter mit Kindern genauso willkommen wä-

---

[13] Zur Methode des Gruppendiskussionsverfahrens enthält die Einleitung dieses Bandes ausführli-
che Hinweise; vgl. Eidt/Schulz (Zugänge der Evaluationsforschung). Vgl. überdies Przyborski
/Wohlrab-Sahr [3]2010: S. 101–109.

	ren, aber die kommen gar nicht. Ich weiß nicht, wo da die Hemmschwelle liegt oder wo dran es liegt.
Hr. Berger:	Meinst du eine Hemmschwelle? Ich denk auch, dass da im Leben, schau dir Peter an, dass die Kinder einfach dann bei der Mutter sind, und dann immer hin und her an den Wochenenden, ich meine, Familie ist kein Thema.
Fr. Wüst:	Mhm, klar!
Hr. Berger:	Und dass es weniger Kinder werden, ist auch klar.
Fr. Roth:	Im Moment grad sind unsere Kinder halt alle, wir haben noch die kleineren mit dabei, aber ich denk halt auch, dass es über kurz oder lang, wenn die halt auch älter werden und keine mehr nachkommen, das einfach wegfällt oder wir hier stellenweise auch Privatparty für uns machen, weil keine anderen kommen.
Hr. Berger:	Wir kochen im eigenen Saft, mehr oder weniger.

(Gruppendiskussion Ehrenamtliche/Familienarbeit)

Es wird zunächst deutlich, wie stark die Konstruktion von „innen" und „außen" trägt, die Unterscheidung in diejenigen, die *„Programm bieten"* und denen die *„kommen"*. Interessant ist, dass hier (wie oft in derartigen gemeindlichen Konstellationen) die Ehrenamtlichen zugleich ihre erste Zielgruppe sind, die eigenen Kinder mitbringen und nun in Schwierigkeiten geraten, wo diese Verbindung nachlässt und nun tatsächlich „die anderen" zur einzigen Zielgruppe werden. Hier entsteht eine Situation der biografischen Entfremdung von der Lebenswelt, die durch die bisherige ehrenamtliche Beteiligung entstanden war, was durch das Gespräch hinweg immer wieder von Befragten sehr persönlich thematisiert wird:

Fr. Wüst:	Wobei unsere Kinder jetzt ja Konfirmanden sind, also da ist einfach so der Bruch, also dass die Eltern so rausfallen und wir auch die Kinder nicht mehr sehen für diese Aktionen, die wir hier oft machen, also wenn wir basteln oder das mit dem Volkstanz oder so, haben sich ja unsere eigenen Kinder nachher schon zum Teil ausgeklinkt und gesagt: Nö, macht ihr mal eures. Dass man sich nachher überlegt, für wen machen wir es denn jetzt eigentlich. Diese letzte Aktion, da war ich ja ziemlich gefrustet danach. So mit den Konfirmanden, das ist einfach alles mir fremd mittlerweile, wie so eine Omi schon.

(Gruppendiskussion Ehrenamtliche/Familienarbeit)

Gleichzeitig findet sich eine zweite Ebene der Diagnostik, und zwar was die Zielgruppen selbst anbetrifft. Abgesehen von der grundsätzlich zurückgehenden Anzahl potenziell einzuladender Kinder und ihrer Eltern bestimmt die Gruppe nun weitere Faktoren, die eine Passung mit dem bisherigen Angebot verkomplizieren: Wo Kinder zwischen den Elternteilen auch räumlich hin- und herziehen, wo die Fokussierung der Menschen auf Familienaktionen abnimmt, wo Menschen von vorneherein aufgrund religiöser oder auch kultureller Unterschiede eine größere Distanz zur Kirche haben, werden die Kontaktflächen schwieriger bestimmbar. Dieser Duktus mit diagnostischen Anteilen in Bezug auf die Bevölkerung im Stadtteil durchzieht ebenso das Gespräch und wird immer wieder aufgegriffen wie hier von der Befragten, die wir Frau Fuchs genannt haben:

Fr. Fuchs:	Aber ich find auch, wir haben ein sehr großes Ausländerpotential hier. Die sind doch gern für sich und es ist ganz schwierig, an sie ranzukommen, also die fühlen sich dann hier nicht willkommen oder trauen sich auch nicht. Also ich kenne ja doch schon sehr viele hier im Ort und spreche sie auch an, und da ist eine ganz große Hemmschwelle, also da haben wir sehr viele Kulturen hier, das macht schon auch was aus, nicht wahr?

(Gruppendiskussion Ehrenamtliche/Familienarbeit)

In dieser Konstellation überrascht, dass die Befragten zwar die Distanz zwischen der (von Einheimischen geprägten) Gemeindearbeit und anderen, neuzugezogenen und in vieler Hinsicht differenten Familien wahrnehmen, dies aber vor allem als Unterschied in den Stilen der Lebensführung deuten: *„Sie sind doch gern für sich"* oder *„sie trauen sich nicht"*. Diese Differenz ist in den Augen der Gruppenmitglieder zumindest potenziell überwindbar, etwa indem das Interesse der Gemeinde an diesen Familien stärker zum Ausdruck kommt, Menschen sich stärker willkommen fühlen und auf diesem Weg die *„Hemmschwelle"* abgesenkt wird. Unberücksichtigt bleibt jedoch die religiöse Differenz. Sie tritt in der Deutung der diskutierenden Gruppe hinter die kulturelle oder ganz schlicht lebensweltliche Differenz (Alleinerziehende) zurück und wird damit (gedanklich) überbrückbar.

Zwei Schlüsselmotive durchziehen damit diese Gruppendiskussion: einerseits die *„Hemmschwelle"* als Chiffre für das Grundproblem der Zugangsschwierigkeiten „neuer" Menschen in der gemeindlichen Familienarbeit, das es hier insgesamt zu überwinden gilt, andererseits Vereinzelung oder auch Vereinsamung der gemeindlichen Ehrenamtlichen, ausgedrückt mit der *„Privatparty"* und dem *„Kochen im eigenen Saft"*, was mit Vehemenz die dramatische Situation der Befragten zum Ausdruck bringt. Wo die Teilnehmenden an den Angeboten weniger werden, erweist sich für die Befragten implizit auch die Logik der eigenen Arbeit als unzulänglich. Hier ist nicht nur das Gelingen des gegenwärtigen Engagements in der Gemeinde in Frage gestellt, sondern zugleich der Wert dieser Arbeit insgesamt. Im Rückgriff auf die eigenen Erfahrungen der Befragten fokussieren diese schließlich den Kindergarten, aus dem potenziell neue Teilnehmende erwachsen könnten.

Während die Gruppe nun über eine lange Strecke ihre Problematik reflektiert und argumentativ die eigenen Erwartungen untermauert, wird hinter den bislang dargestellten Themen des Diskurses die eigentliche Dramatik dieser Situation für die Befragten sichtbar. Dies lässt sich anhand der folgenden Abschnitte in zwei Themensträngen herausarbeiten:

Fr. Lang:	Bei unserem Volkstanz oder letztes Jahr beim Spielenachmittag sind wir unter uns geblieben.
Fr. Wüst:	Und beim Familienausflug auch. Als es das letzte Mal so geregnet hat, wo wir dieses Spontangrillen gemacht haben.
Fr. Sauer:	Ja. Wobei ich denk, manchmal ist es für manche ein bisschen schwierig, oje, wir sind ja schon die Familien alle zusammen und trauen sich manchmal auch nicht dazu, das Gefühl habe ich jetzt manchmal, wenn ich so ein paar Bemerkungen mitbekomme. Und oft ist es dann so, dann würde vielleicht die Mutter gerne, aber wenn der Mann dann nicht mitzieht, dann ist es auch schon eine Hemmschwelle, dass man zum Beispiel am Sonntag an solchen Aktionen teilnimmt, denk ich. (…)
Fr. Fuchs:	Also, ich finde es überhaupt schön die Familie zusammenzubekommen. Ich bin ja die, die jetzt hier noch tätig ist, aber so, mit den Kindern, verschiedene Interessen, der Mann will am Wochenende auch eher seins und dann ist das schwierig, dann versucht man eher die Familie zusammen zu halten, als dann sich an die Gemeinde zu orientieren. Dann ist Familie wichtig. Weil unter der Woche doch jeder so seine Sachen hat, und dann ist er doch froh, wenn man dann ein paar Stunden nur für die Familie, sich da organisiert. Also bei euch läuft das ja gut mit Kinderkirche, aber
Fr. Wüst:	Lena geht gar nicht mehr in die Kinderkirche.
Fr. Fuchs:	Auch nicht?
Fr. Wüst:	Die geht sonntags morgens immer Fechten. Also.
Hr. Berger:	Das ist den Kindern lieber. (mehrere reden durcheinander)
Fr. Fuchs:	So hat es bei uns auch angefangen mit dem Sport und Turniere und so.

Fr. Wüst:	Ja, so ist es.
Fr. Fuchs:	Am Wochenende ausschlafen.
Fr. Wüst:	Aber diese gemeinsamen Aktionen, da gehe ich auch alleine mit den Kindern, weil es dem Walter oft nicht rein passt (bestätigendes Gemurmel), aber trotzdem kommen wir irgendwie. Das ist ja nur alle paar Monate, dass wirklich irgendwas für alle ist. (bestätigendes Gemurmel)
Fr. Fuchs:	Ja, aber ich möchte es dann schon mit der Familie nutzen, also mit Mann, muss ich schon sagen. Da schauen wir schon immer alle, dass wir zusammensitzen, was können wir aus dem Samstag oder Sonntag machen.
Fr. Roth:	Gut, aber wenn dann natürlich alle oder viele so denken, dann ist bei uns natürlich auf Dauer gesehen halt wirklich wenig was kommt, (bestätigendes Gemurmel) und tröpfelt dann voll dahin, und wir uns dann echt auch überlegen, für was machen wir es?

(Gruppendiskussion Ehrenamtliche/Familienarbeit)

Ausgehend von ihrer Sichtung der Beteiligungsproblematik erschließen die Gruppenmitglieder jetzt die Veränderungen in der Freizeitgestaltung der Familien. Sie tasten sich an diese Problematik vorsichtig heran („*dann würde vielleicht die Mutter gern*") und stellen zunächst fest, dass unterschiedliche Interessen innerhalb der Familie die Teilnahme für manche Menschen erschweren können. Die Gruppenmitglieder erarbeiten nun ihre jeweils eigene Sicht auf diese Thematik, womit sich ein interessanter Diskurs innerhalb der Gruppe eröffnet. Frau Fuchs bezieht eine Position, die in der Gruppe sehr kritisch beantwortet wird: Sie schildert das Dilemma zwischen der Teilnahme (oder sogar Mitarbeit) an Gemeindeveranstaltungen und Unternehmungen mit der Familie, und sie bekennt sich dazu, an dieser Stelle zuweilen ihre Prioritäten gegen die Gemeinde zu setzen. Nachdem das Gespräch zunächst eine weitere Schleife nimmt, in der auch die anderen Beteiligten ihre familiäre Situation betrachten, entwickelt sich nun ein echter Gegensatz zwischen der Position, die durch Frau Fuchs dargestellt wird, die sich im Zweifelsfall für die Familie entscheidet, sowie der Position, die durch Frau Wüst dargestellt wird, in der unter der Voraussetzung, dass die Belastung überschaubar bleibt, die Gemeinde den Vorzug erhält („*trotzdem kommen wir irgendwie. Das ist ja nur alle paar Monate*"). Jetzt wird deutlich, dass dieses Gegenüber durchaus Sprengstoff bietet, denn eine Entscheidung für die Familie läuft dem Engagement der anderen durchaus zuwider und gefährdet das gemeinsame Projekt: „*wenn alle oder viele so denken …*". Dieser Moment ist von einer hohen interaktiven Dichte gekennzeichnet, sehr viele beteiligen sich, sehr viel Zustimmung wird gleichzeitig zum Ausdruck gebracht. Hier ist die Gruppe offenbar in ihrem Mark getroffen – der Dissens fördert zutage, wie es für das gemeinsame Projekt und den Zusammenhalt der Gruppe bedrohlich werden kann, wenn die biografisch veränderte, familiäre Situation der Beteiligten nicht mehr wie früher organisch mit der gemeindlichen Familienarbeit zusammenpasst. Das Vorgehen, innerhalb der Kirchengemeinde ein Programm zu entwickeln und umzusetzen, das für sich, die eigene Familie und befreundete Familien passend ist, und dies dann auch für andere zu öffnen, ist nun nicht mehr zielführend, die Entwicklung ist nicht rückgängig zu machen und die eigene Strategie damit an einer natürlichen Grenze angekommen.

Aber noch in einem weiteren Themenstrang verorten die Gruppenmitglieder die gegenwärtige Problematik: Im Rückblick – zuerst auf die Erfahrungen mit Angeboten der Gemeinde, dann auf die Anfangszeit des gemeinsamen Engagements – erschließen die Ehrenamtlichen die tiefe Bedeutung, die ihre Nähe zueinander für sie bekommen hat, und die wichtige Rolle, die ihre lebensweltliche Nähe durch die ersten Jahre als junge Familien darin gespielt hat:

Fr. Lang:	Ich finde es halt auch schwierig, ich hab das schon zur Christel gesagt, ich mein, dieser Volkstanznachmittag, ich fand den ganz witzig (Gemurmel, Lachen). Die waren zwar ein bisschen gefrustet, dann habe ich gesagt: Klar, wenn man jetzt schaut, es hat sich niemand einladen lassen von außen. Ja, da kann man gefrustet sein und auf der anderen Seite, wann haben wir denn auch mal was, wo wir als Gruppe (bestätigendes Gemurmel) mal Zeit haben, und dann kommen diese Effekte schon durch, wenn ich auf einen Wandertag gehe, dass ich nämlich auch einmal froh bin, Zeit zu haben, mit irgendjemand hier von euch zu reden, und dann nicht Lust habe, immer nur auf die Fremden in Anführungszeichen (lacht) zuzugehen und die irgendwie zu integrieren, weil ich auch mal das Bedürfnis habe (bestätigendes Gemurmel), dass man die Beziehungen, mit denen man immer arbeitet, auch mal pflegen kann, und das find ich dann halt auch das Schwierige. Da dann so eine Balance dann hin zu bekommen, und dann wird es halt manchmal so, gell, dass man dann so zum Krümelclub wird, weil man selber mal froh ist, dass man einmal Zeit miteinander verbringt. (…)
Fr. Fuchs:	Ich muss sagen, grad die Manu oder auch die Sandra oder der Frank, das ist alles was Gewachsenes, das hat sich eigentlich eher dann über sportliche Aktivitäten ergeben, dass man sich kennen gelernt hat, (bestätigendes Gemurmel) ist doch bei uns so – Kinderturnen und dann das Kinderschwimmen, so alles übers Alter hin und dann erst Gemeindearbeit.
Fr. Wüst:	Alles was hier im Stadtteil als Kern war. Aber wenn die Kinder älter werden, sprengen sie aus dem Viertel raus.

Fr. Fuchs:	Auch so kamen wir zusammen (bestätigendes Gemurmel), dann auch in die Gemeindearbeit, aber eigentlich war es nicht über die Gemeinde (bestätigendes Gemurmel), sondern darüber dass wir Kinderschwimmen zusammen gemacht haben.
Fr. Sauer:	Vielleicht jemand kennen gelernt hat, der halt auch da ist, und dann ist man mal hin und so, also über direkte Kontakte.

(Gruppendiskussion Ehrenamtliche/Familienarbeit)

Zum einen gesteht sich die Gruppe zu, mit ihrem Engagement durchaus eigene Interessen in der Pflege des alten Freundeskreises zu verfolgen. Wo dieses private Interesse durch Zufall (weil keine „Fremden" zum Wandertag gekommen waren) das Interesse, gemeindliche Familienangebote zu gestalten, überlagert, wird die gewachsene Nähe zwischen den Familien als großer Schatz deutlich. Hier wurzelt möglicherweise die Sicht auf „drinnen" und „draußen" in der Gemeinde, die das Denken dieser Gruppe stark prägt. Wie sehr aber umgekehrt die gegenwärtige Problematik darin wurzelt, dass der Kontakt der engagierten Familien mit der Logik eines Freundeskreises durch lebensweltliche Nähe (vor über zehn Jahren) entstanden ist, das wird im Gesprächsgang ebenfalls deutlich: Diese Engagierten haben sich nicht durch die Gemeindearbeit kennen gelernt, sondern durch die Aktivitäten der jungen Mütter („*Kinderschwimmen*"). Das gemeinsame Engagement in der kirchlichen Familienarbeit war damals ein Nebenprodukt, vielleicht gefördert durch die Chance, nicht nur ein Angebot nutzen zu können, sondern in der Kirchengemeinde Gestaltungsspielraum zu bekommen. Schließlich beschreiben die Befragten den Weg, auf dem sie selbst den Kontakt bekommen haben: Man knüpft – organisch, irgendwo im lebensweltlichen Kontext – Kontakte und wird von hier aus zur Mitarbeit in der Gemeinde gewonnen: Man *„lernt jemanden kennen, der halt auch da ist"*. Dass dieses Muster, schon allein durch die biografische Differenz zwischen den hier Befragten und den jungen Eltern der Kindergartenkinder, nicht ohne weiteres auf neue Zielgruppen übertragen werden kann, liegt auf der Hand. Darin wird ein weiteres Moment der Problematik sichtbar, das selbst durch großes Engagement nicht überwunden werden kann. Es geht um tiefer liegende Herausforderungen, wenn der Kindergarten als Zielbereich der Familienarbeit in den Blick gerät.

2.2 Der Blick von „außen": Eltern der Kinder im Kindergarten der Gemeinde

Als Gegenüber zur Rekonstruktion der Situation und des Anliegens gemeindlicher Familienarbeit wurde außerdem eine Gruppendiskussion mit Eltern der Kinder geführt, die den gemeindlichen Kindergarten besuchen – den Kindergarten, auf den sich ein wichtiger Teil der Erwartungen der gemeindlichen Ehrenamtlichen richtet. Hier haben sich sieben Eltern, vier Frauen und drei Männer mit unterschiedlichen Nationalitäten und religiösen/konfessionellen Zugehörigkeiten getroffen, um über ihr Leben im Stadtteil, ihre Vorstellungen für ihre Kinder und ihre Perspektiven auf die evangelische Kirchengemeinde und ihren Kindergarten zu sprechen. Auffällig ist das erhebliche Engagement, mit dem diese Eltern über ihre Kinder und deren Bedarf sprechen. Obwohl in einer Vorstellungsrunde die Kirche und ihr Kindergarten mit einem Stadtplan und Symbolen anschaulich in den Mittelpunkt gestellt wurden und die Eltern sich mit ihrer Wohnsituation dazu in Bezug gebracht haben, spielte in der ersten Gesprächsrunde über die Lebensführung und Bedarfe der Kinder die Kirche überhaupt keine Rolle.[14] Auch in einem Gesprächsgang über den Kindergarten und dessen Angebote wurde die Kirchengemeinde nicht thematisiert. Im Vergleich mit der Gruppe der Ehrenamtlichen fällt auf, wie hier ganz ähnliche Muster einer gelungenen Freizeitaktivität für Familien konstruiert werden, in denen der Kontakt und eine für alle Beteiligten angenehme, die ganze Familie beteiligende Gestaltung ausschlaggebend sind und die Kinder zunächst im Mittelpunkt stehen. Zugleich zeigt sich auch hier eine Spannung zwischen der Begeisterung für die Angebote und Kontaktflächen einerseits und einer gewissen Distanz durch die vielfältigen anderen Interessen der Befragten andererseits, wie der folgende Gesprächsausschnitt zeigt:

Fr. Novak:	Ich finde es gut, nach jedem Elternabend haben wir Kaffee und Kuchen und Saft für Kinder und alles Mögliche, Brezeln und ja.
Hr. Schmidt:	Und diese Vater-Wanderung ist ja eigentlich auch ganz nett.
Fr. Novak:	Ja genau, auch das machen sie. Also Kinder nur mit Vater und ohne Mamas.
Hr. Demir:	Also ich
Hr. Schmidt:	Wenn zu viel angeboten wird, muss man sich auch überlegen, weil ich bin mir nicht sicher, ob jeder dann immer einen Termin frei halten will für unseren Kindergarten. Weil man doch viele Termine selber auch hat. Zu viele Angebote, denke ich, bringen nichts.
Fr. Novak:	Ja.

---

[14]   Dies war in weiten Strecken des Gruppengesprächs mit den Ehrenamtlichen auch der Fall. Die Berichte von deren Kennenlernen, das zentrale Engagement für die eigenen Kinder zu Anfang, lesen sich als Parallele zum Gespräch der Eltern im Kindergarten.

Fr. Koricic:	Es würde mehr bringen, wenn sie für die Kinder mehr Angebote machen würden.
Fr. Bergmann:	Hm, hm.
Fr. Koricic:	Wo man sie mal eine Stunde oder zwei hinbringen könnte.
Fr. Bergmann:	Ja genau.
Fr. Koricic:	Das würde uns glaube ich allen mehr bringen.
Hr. Demir:	Also ich hoffe, dass die Erzieherin, um auf die mal zu kommen, dass die mal hier mal grillen oder irgendwo ein kleines Fest im Kindergarten so (allgemeine Zustimmung)
Fr. Bergmann:	So ein Piratenfest haben die doch mal gemacht. Letztens.
Fr. Novak:	Ja, Piratenfest. Da haben die Kinder mitgemacht, und Sport und so.
Hr. Schmidt:	Das war auch so ein Projekt, ein Projekt Bewegung.
Fr. Novak:	Genau. War auch ganz toll. Da haben dann auch Kaffee, Kuchen (kichert) jeder hat noch was mitgebracht.
Hr. Schmidt:	Ja genau.
Fr. Novak:	Und da draußen haben wir gegessen.

(Gruppendiskussion Kindergarteneltern)

Die Eltern äußern in diesem Beitrag wie an unzähligen anderen Orten in der Diskussion das Interesse an „Angeboten" für ihre Kinder, und zwar sowohl an einer besseren, mehr Zeit umfassenden Betreuung für die Kinder als an mehr Bildungsangeboten. Die Erwartungen richten sich dabei auf das gesamte Feld der Möglichkeiten wie sportliche Angebote, Erlebnis- und Erkundungsangebote oder musikalische Angebote. Das Vertrauen der Befragten in die Erzieherinnen scheint an dieser Stelle, wie auch ganz grundsätzlich im Gespräch zu spüren, sehr hoch zu sein. Die Kirche als Trägerin des Kindergartens ist den Eltern in der Person des Diakons bekannt, der im Kindergarten häufig präsent ist. Kirchliche Angebote werden von den Eltern formal wie inhaltlich ganz ähnlich wahrge-nommen wie die zuvor im Gruppengespräch thematisierten anderen möglichen Bildungsangebote. Als eine der Interviewerinnen schließlich gezielt nach der Bedeutung der evangelischen Kirche als Trägerin des Kindergartens fragt, kon-struieren die Eltern sowohl ein Verständnis von Kirche als Bildungseinrichtung als auch von Kirche als Dienstleisterin für Wertevermittlung und Fürsorge für Kinder:[15]

Interviewerin:	Ihr Kindergarten gehört zur evangelischen Kirche. Was bedeutet das denn für Sie?
Fr. Koricic:	Speziell jetzt auf den Glauben bezogen, oder wie?
Interviewerin:	Ja, dass der zur evangelischen Kirche gehört.
Fr. Novak:	Ich finde es ganz toll, in diesem Kindergarten. Herr Becker [der Diakon] macht alles, macht er auch ganz viel Angebote, Basteln und so. Wie jetzt so Ostern, gibt es ganz viel Angebote mit Kindern hinkommen, Basteln, die wollen gar nicht mehr raus von der Kinderkirche am Sonntag um zwei Uhr.
Fr. Bergmann:	Nee, um zehn.
Fr. Novak:	Um zehn ja, ist das Basteln. An Weihnachten gehen die Kinder immer Kirche besuchen vor Weihnachten, und vor Weihnachten gibt es ein geübtes Stück, wo sie vielleicht mitmachen. Das hängt von unseren Kinder und von uns ab, machen wir das mit, oder machen wir das nicht. Weil viele kommen nicht hin, einer hat keine Zeit, der andere macht etwas anderes, aber so finde ich es ganz schön.
Fr. Bergmann:	Also ich bin jetzt nicht evan-, also wir sind, ich sage mal so, mein Mann ist aus einem evangelischen Haus, wir sind aber nicht mehr in der Kirche. Mir war es dann aber trotzdem wichtig, dass meine Tochter das kennenlernt. Dass sie die Kirche kennenlernt, und natürlich dann auch am ehesten das Evangelische. Der Austritt hat auch nicht mit Antiglauben zu tun, das ist es gar nicht. Und das finde ich ganz wichtig, dass sie es hier mitkriegt, und das kriegt sie eben hier an Ostern und Weihnachten auch mit Geschichten ganz toll mit. Und eben auch diese Zusammenarbeit mit der Kirche so direkt, mit dem Diakon, das ist echt ganz toll.
Fr. Novak:	Ja.
Fr. Bergmann:	Das finde ich echt spitze. Weil ich eben meiner Tochter das offen halten will, das heißt, sie darf sich taufen lassen, klar, wenn sie das möchte, und so lernt sie das jetzt eben schon von klein auf

---

15 Der Frageimpuls bleibt nach den Regeln des Gruppendiskussionsverfahrens (s.o.) vage. Als eine Teilnehmerin ihn mit ihrer Rückfrage spezifisch erfassen möchte, reagieren die Interviewerinnen „nach Plan" und bleiben bei ihrem vagen Frageimpuls.

	kennen. Ich bin auch dafür, dass sie das kennenlernt. Auch wenn wir jetzt selber nicht immer in die Kirche gehen oder so.
Fr. Novak:	Evangelisch oder katholisch, ich glaube die Kinder können alle dahin kommen, zum Basteln, zum Spielen, und sie kennen Herrn Becker, ganz toll, sie kommen ganz oft: Ist er wieder da? (Lachen) Und beim Ostergarten, unsere Kinder haben gemacht einen Ostergarten. Ja, es war schön. (…) Das ist ganz toll, dass sie sich um unsere Kinder so schön kümmern.
Fr. Koricic:	Ja. Das finde ich auch. Dass sie die Feste richtig feiern, wie Weihnachten, oder die Adventszeit, die Osterzeit. Wir sind orthodox zwar, und das ist ja trotzdem christlich. Und ich finde es wichtig, weil es geht heutzutage echt verloren. (…)
Hr. Schmidt:	Also das weiß ich jetzt auch nicht, also wir haben den Kindergarten von der Nähe einfach ausgewählt. Dass er vielleicht dann mal laufen kann, dass man nicht so viel Angst haben muss. Ich habe auch nie den Eindruck gehabt, dass es hier ganz extrem evangelisch, das habe ich nicht mitgekriegt. Ich weiß nicht, ich denke, dass da im städtischen Kindergarten, obwohl ich keinen Vergleich habe, werden die Feste wahrscheinlich trotzdem so gemacht.
Fr. Koricic:	Nee, ich glaube nicht.
Fr. Bergmann:	Ja richtig gefeiert wird hier auch nicht, oder? Die haben halt einen Spaziergang gemacht und haben Osternestchen gefunden. Aber ich denke halt, dass hier dann einfach noch mehr darauf geachtet wird, auf die Geschichte, den Hintergrund. (alle reden durcheinander)
(Gruppendiskussion Kindergarteneltern)	

Die Wahrnehmung der Kirchengemeinde kreist um die Angebote zu kirchlichen Festen. Während sich eine Befragte, die zu einer orthodoxen Kirche gehört, als engagierte Nutzerin solcher Angebote erweist und der Diakon offenbar sehr gewürdigt wird, bleiben die anderen Eltern mit ihrem Anspruch in einer relativen Distanz: Erwartet wird, dass die Kinder die Kirche und christliche Feste *„von klein auf"* kennen lernen und eine gewisse Vertrautheit mit dem kulturellen Bildungsgut entwickeln. Auch für Konfessionslose oder Christen anderer Denomination scheint diese Möglichkeit attraktiv zu sein. Allerdings, und das scheint mir die wichtigste Beobachtung, sind quer zu diesem doch sehr großen und umfassenden Interesse der Eltern andere Logiken zu beobachten, die eine Nähe zur Gemeindearbeit oder gar ein eigenes Engagement unwahrscheinlich machen. Erstens markieren die Eltern selbst mit Blick auf sich oder andere eine Grenze, die sich dort erhebt, wo das Leben zahlreiche andere Optionen bereithält. Hier ist die Kirche eben nur eine Option neben anderen: „*Viele kommen nicht hin, einer hat keine Zeit, der andere macht etwas anderes*".[16] Zweitens relativiert die eigene Nichtzugehörigkeit zur evangelischen Kirche das Interesse an dieser Option. Was die Kirche vermittelt, wird positiv, jedoch aus einer gewissen inneren Entfernung betrachtet: Es ist gut, dies zu kennen, aber es ist nicht mehr als eine Option, ebenso wie Eltern an anderer Stelle die Relevanz musikalischer Früherziehung betonen und sich wünschen, dass ihr Kind ein Instrument erlernt, ohne selbst einen eigenen Bezug dazu herzustellen.[17] Eine dritte Grenze wird schließlich darin sichtbar, dass sich in diesem Gesprächsgang zwei der sieben Befragten überhaupt nicht äußern, obwohl die Interviewerin zu einem späteren Zeitpunkt nochmals alle dazu auffordert. Nur einer der Befragten äußert dezidiert, wie gering sein Interesse an einem spezifisch evangelischen Kindergarten ist. Die Konfession interessiert ihn nicht, es geht um eine gute Erreichbarkeit und darum, dass keine extremen Ausrichtungen (zum Beispiel „*ganz extrem evangelisch*") die Arbeit stören. Genaue Kenntnisse über die tatsächlichen Leistungsunterschiede zwischen den Kindergärten im Stadtteil, was die Vermittlung kultureller Kompetenzen rund um die Jahresfeste betrifft, hat niemand aus der Runde der Befragten.

2.3 Zusammenschau und Ausblick auf Herausforderungen und Spielräume

Betrachtet man nun die hier dargestellte Mixtur aus Distanzierungsmomenten bei den Kindergarteneltern, deren geringe (wahrgenommene) Spielräume in der zeitlichen Gestaltung, ihre Nichtzugehörigkeit zur evangelischen Kirche sowie das geringe eigene Interesse an religiösen Gehalten oder Angeboten,[18] so wird deutlich, wie groß der Abstand zu den befragten Ehrenamtlichen der gemeindlichen Familienarbeit vermutlich ist. Viele dieser Distanzierungsmomente sind von dieser Gruppe nicht oder nur sehr unscharf wahrgenommen worden, die Wucht der inneren Distanz, die die Kindergarteneltern an den Tag legen, scheint für die Aktiven in der Gemeinde zunächst wenig vorstellbar. Die Befragungs-

---

16 Kurz zuvor hat diese Befragte dies am eigenen Beispiel illustriert: „*Und öfter passiert, dass man absagen muss, dass nicht klappt und keine andere Zeit wird angeboten, keine Zeit, und ich geh montags in Musikschule, Dienstag Tanzschule und dann Mittwoch noch Ergotherapie, und das ist immer so ein bisschen zu viel.*"

17 So betonen Frau Bergmann und Herr Schmidt einige Minuten zuvor: „*Oder auch gerade Musik, also, wenn die Lena hier ist, hat sie sich jetzt unbedingt eine Gitarre gewünscht und eine Flöte, also wir sind völlig unmusikalisch, leider.*" und „*Ja dass man auch andere Sachen kennenlernt, Instrumente spielen fänd ich auch nicht schlecht, obwohl ich nie eines gespielt habe.*"

18 In der Projektarbeit registriert der Diakon tatsächlich eine gewisse Überschneidung der Interessen der Eltern der Kindergartenkinder mit denen der Engagierten in der gemeindlichen Familienarbeit, etwa in Bezug auf den interreligiösen Dialog.

daten zeigen erhebliche Unterschiede in den Relevanzsystemen und vor allem darin, welche Rolle eine Kirchengemeinde darin spielen kann.

Damit erweist sich die Ausgangsfrage im Projekt, wie Angebote stärker auf diese Zielgruppe der Kindergarteneltern hin ausgerichtet und diese sogar zur Mitarbeit gewonnen werden könnten, als wenig zielführend. Mit dieser ersten Erkenntnis aus der Interpretation der Daten hat sich der Diakon der Gemeinde mit der Projektgruppe für einen strategischen Zwischenschritt entschieden: Eine Gruppe von Ehrenamtlichen aus der Gemeinde (teilweise identisch mit der zuerst befragten Gruppe) hat mit Einverständnis der Kindergarteneltern einzelne Teile aus deren Gespräch unmittelbar zur Kenntnis genommen. Von hier aus, mit einem erweiterten Verständnis für die Differenzen in der Wahrnehmung und Logik der Lebensführung, haben die Ehrenamtlichen der Gemeinde ihre Perspektiven auf die Familien erweitert. Denn die Gemeinde leistet ja durchaus etliches von dem, was sich die Eltern für ihre Kinder wünschen. Es lässt sich nur die Erwartung der Ehrenamtlichen an eine „Auffrischung" der bisherigen Familienarbeit mit neuen Familien in dieser Form nicht erfüllen, sondern muss ausgehend von den ja durchaus existierenden Schnittstellen neu formuliert und möglicherweise auch umfassend modifiziert werden. An dieser Stelle ist die Analyse von Zielgruppen oder auch Lebensstilen weiterführend, um Unterschiede und Gemeinsamkeiten im Relevanzsystem auszumachen und zu nutzen.

3.   Die „Öffnung für Hauptschülerinnen und Hauptschüler" –
     das Problem der Kohäsionskraft zwischen „uns" und den „anderen"

In einer Kleinstadt fällt in der evangelischen Kirchengemeinde der selektive Zugang zu Kindern und Jugendlichen am Ort auf, der sich darin äußert, dass nur manche dieser Kinder und Jugendlichen einen Zugang zur kirchlichen Jugendarbeit finden, während andere kaum Berührungsflächen mit kirchlichen Angeboten haben. Diese „nicht erreichten" Zielgruppen werden vor allem mit der Hauptschule identifiziert, darüber hinaus mit Kindern und Jugendlichen „mit geringem Sozialstatus und/oder Migrationshintergrund".[19] Nicht die bloße Beteiligung soll hier gesteigert, sondern zentral der missionarische Zugang zu diesen Zielgruppen geschaffen oder verbessert werden. Angesichts der vermuteten sozialen und schulischen Belastung formulieren die im Projekt Engagierten zu Beginn das Interesse, den Kindern und Jugendlichen, die die Hauptschule besuchen, zu vermitteln, dass „ihr Wert nicht von schulischer Leistung abhängt" und „es auch bei Gott nicht auf Leistung ankommt".[20]

---

[19]   Zitat aus Projektantrag (unveröffentlicht). Zunächst standen hier die „nicht erreichten" Zielgruppen allgemein im Vordergrund, was im Weiteren auf die Zielgruppe der Jugendlichen aus sozial benachteiligten Familien zugespitzt wurde.

[20]   Zitat aus Projektantrag (unveröffentlicht). Hier wird theologisch argumentiert und an den Gedanken der Rechtfertigung angeknüpft. Das Projekt unter der Gesamtüberschrift „Vernet-

Mit der konkreten Zielentwicklung im Projekt ist schließlich das Problem der Exklusion in der kirchlichen Kinder- und Jugendarbeit mit der Konzeption sozialer Milieus erschlossen worden. Eines der zentralen Ziele für das Projekt lautet nun: „Jugendliche aus kirchenfernen Milieus haben im Rahmen der kirchlichen Jugendarbeit Anteil am Evangelium als Zuwendung Gottes zu den Menschen."[21] Die im Projekt tätige Diakonin erarbeitet daraus strategische und operative Ziele: Sie strebt einerseits die „Wahrnehmung" und „Wertschätzung" von Jugendlichen auf der Hauptschule durch das kirchliche Engagement in Schulsozialarbeit und Schulseelsorge mit entsprechenden Angeboten an und andererseits die Entwicklung bzw. Öffnung der bestehenden kirchlichen Kinder- und Jugendarbeit auf diese „neuen" Zielgruppen hin. So eröffnen sich damit zwei Handlungsfelder: die Schule als Ort des kirchlichen Engagements und der CVJM als zentraler Ort christlicher Vergemeinschaftung. Im Sinne des übergeordneten Ziels, Jugendliche aus „kirchenfernen Milieus" sollen an der „kirchlichen Jugendarbeit Anteil" haben, ist schließlich sowohl eine Entwicklung neuer Angebote im Bereich der Schulen als auch eine Beteiligung und Mitarbeit dieser Jugendlichen bei den Angeboten des CVJM und – als Komplement – dessen entsprechende Weiterentwicklung in Angeboten und Teamentwicklung angestrebt. So ergeben sich für das Projekt zwei Zielgruppen des diakonischen Handelns, die Jugendlichen in der Schule und die Mitarbeitenden des CVJM.

An dieser Stelle möchte ich nicht das Gelingen dieses Vorhabens überprüfen, sondern einen analytischen Blick auf diese beiden Zielgruppen der Arbeit werfen, auf deren Selbstverständnis und ihre Perspektiven auf die (meist wenig bekannte) kirchliche Jugendarbeit von Seiten der Hauptschülerinnen und Hauptschüler sowie umgekehrt von Seiten der Aktiven im CVJM auf mögliche neue Teilnehmende und Mitarbeitende. Die Diakonin im Projekt hat bereits zu Anfang ihrer Tätigkeit eine Sozialraum-Analyse angefertigt, die Lebenswelten der Jugendlichen in ihrer Kleinstadt untersucht und im Zuge dieser Arbeit auch eine Bestandsaufnahme der Aktiven in der kirchlichen Jugendarbeit geleistet. Ein wichtiges Ergebnis war, dass sich tatsächlich Jugendliche, die verschiedene Schularten besuchen, sehr unterschiedlich an kirchlichen Angeboten beteiligen. Die Zahl der Jugendlichen auf der Hauptschule, die, abgesehen vom Konfirmandenunterricht, überhaupt einmal in Kontakt mit kirchlichen Angeboten kommen, ist um ein Vielfaches geringer als unter Schülerinnen und Schülern, die andere Schulen besuchen. Entsprechend sind die Kenntnisse über Kirchengemeinde und CVJM geringer und ebenso der Anteil derer, die jemanden kennen, der dort

---

zung von Jugendarbeit und Schule" bietet in seiner Zielsetzung noch weitere Anliegen, etwa die Bewältigung der strukturellen Kollision von Ganztagsschule und Konfirmandenunterricht, das Anliegen von Seelsorge für Schülerinnen und Schüler aller Schularten sowie die Entwicklung von Angeboten des CVJM für unterschiedliche Interessengruppen mitsamt der entsprechenden Weiterentwicklung des Mitarbeitenden-Teams. Hier soll nun die Fokussierung auf „nicht erreichte" Zielgruppen im Vordergrund stehen.

21   Zitat aus der Zielentwicklung des Projekts, Teil des Evaluationsprozesses (unveröffentlicht).

aktiv ist.[22] Dem gegenüber stehen die Angebote des CVJM, in denen als Teilnehmende stark überdurchschnittlich viele Kinder und Jugendliche zu finden sind, die das Gymnasium oder die Realschule besuchen. Unter den Mitarbeitenden finden sich nur sehr wenige (ehemalige) Hauptschülerinnen und Hauptschüler. Als zentrale Berührungsfläche zwischen Jugendlichen in verschiedenen Schularten fällt der Konfirmandenunterricht auf.

3.1   Der Blick von „innen": Die Mitarbeitenden im CVJM

Die Wahrnehmung der so verstandenen „anderen" ist unter den Mitarbeitenden des CVJM in verschiedenen Gruppendiskussionen erhoben worden:[23] In einer ersten Gruppendiskussion wurden Mitarbeitende ganz allgemein nach ihren Perspektiven auf die Aktiven im CVJM und die Offenheit für „andere" befragt. Die Unterschiede zwischen den Jugendlichen in verschiedenen Schularten wurden hier von den Befragten ebenso thematisiert wie mögliche Veränderungen des CVJM und eigene Wünsche an die Zusammenarbeit. In zwei weiteren Gruppendiskussionen griffen die Interviewerinnen auf Aussagen von Jugendlichen zurück, die die Hauptschule besuchen und zuvor in eigenen Gesprächsrunden über sich und ihre Situation sowie ihre Perspektiven auf die kirchliche Jugendarbeit befragt worden waren.[24] Die Befragten sichteten diese Aussagen und formulierten von hier aus ihre Perspektiven auf Jugendliche auf der Hauptschule sowie auf eine mögliche Öffnung der Arbeit des CVJM auf diese Zielgruppe hin. Alle drei Gruppen diskutieren sehr ausführlich die Differenzebenen zwischen unterschiedlichen Jugendlichen und mögliche Passungen zum CVJM. Die Konstruktionen dieser Differenz berücksichtigen im Wesentlichen drei Ebenen, die ich in der Logik der Befragten darstellen möchte:

(1.) Zunächst wird ganz schlicht die Schulform als Differenzebene gezeichnet: Die Hauptschule ist dabei nicht als eigenes Merkmal des „Andersseins" verstanden, deutlich ist jedoch, wie gering die Berührungsflächen sind, die sich aus den verschiedenen Schulformen ergeben. Dort wo die Mitarbeitenden des CVJM direkt auf Aussagen von Jugendlichen, die die Hauptschule besuchen, Bezug

---

[22]   In der Befragung im Rahmen der Sozialraumanalyse wurden 71 Jugendliche befragt. Trotz dieser geringen Fallzahl haben die Ergebnisse eine Aussagekraft, weil sie sich in den Ergebnissen der Befragung der Mitarbeitenden und Teilnehmenden bei Aktivitäten des CVJM widerspiegeln.

[23]   Zur Methodologie der Gruppendiskussion siehe oben unter Abschnitt 2.1. Diese Gruppendiskussionen wurden mit Mitarbeitenden zwischen 16 und 35 Jahren geführt, entweder von externen Interviewerinnen (Studierende der Evangelischen Hochschule Ludwigsburg) oder von Mitarbeitenden der lokalen Steuerungsgruppe des Projekts, die nicht unmittelbar in die Jugendarbeit involviert sind.

[24]   Von diesen Gruppendiskussionen wird im Folgenden noch die Rede sein. Um die Anonymität der Befragten zu wahren, unterscheide ich im Folgenden nicht zwischen den Gruppendiskussionen.

nehmen, vermuten sie einen deutlichen Bedarf auf deren Seite, und zwar an Gemeinschaft, Anerkennung, an Möglichkeiten mitzumachen, sich mit den eigenen Stärken einzubringen und sich beheimatet zu fühlen. Sehr deutlich ist das Bemühen der Befragten, den Hauptschülerinnen und Hauptschülern (wenn auch hier nur in indirektem Kontakt) mit Respekt zu begegnen. Es finden sich immer wieder Gesprächsbeiträge, die das Ziel haben, diese als anderen Jugendlichen gleichwertig darzustellen, etwa indem eine Befragte ausführlich berichtet, wie ihre Schwester zunächst die Hauptschule besucht hat und später einen erheblichen Bildungsaufstieg geschafft hat, oder indem ein anderer Gesprächsteilnehmer es gerade als attraktives Merkmal des CVJM benennt, dass sich hier Jugendliche aus unterschiedlichen Schulformen treffen können. Allerdings spüren die Befragten, dass Jugendliche, die die Hauptschule besuchen, im Alltag von anderen Jugendlichen durchaus mit Geringschätzung betrachtet werden, und sie diskutieren, inwieweit der CVJM diese Dynamik auffangen kann:

Tom:	Was ich halt im CVJM im Prinzip voll gut finde, grade wenn es um den Schulabschluss geht, ich weiß von einigen nicht, wo sie auf der Schule waren, und mich interessiert es ehrlich gesagt auch nicht, weil ich das nicht ausschlaggebend finde. Und klar, mit denen, wo du halt weißt, die siehst du in der Schule oder so, da weißt du schon, wo die sind, ob das jetzt Gymmi ist oder Hauptschule.
Krissi:	Ja, das interessiert nicht, ist ja klar. Aber ich meine, das ist, wie wir vorhin gesagt haben, das sind halt schon die Hauptschüler, die dann schon tatsächlich irgendwie, keine Ahnung, nicht so den Kontakt haben zum CVJM oder Kirche.
Selma:	Klar, ich denke halt, dass es teilweise ist, weil die selber mitkriegen, dass sie meistens, dass halt irgendjemand weiß, dass sie auf der Hauptschule sind. Und dass halt das Vorurteil besteht, dass Hauptschüler dumm sind. Und ich finde halt, dass das allgemein irgendwie
Tom:	Ja, wenn du selber Schüler bist, dann vielleicht schon. Wie gesagt, mir ist das völlig schnurz.
Selma:	Ja. Aber ich könnte mir halt auch vorstellen, dass die denken, ich hocke lieber daheim rum, wie dass ich von anderen dumm angeglotzt werde, weil ich auf der Hauptschule bin. Das könnte ich mir schon auch vorstellen.
Krissi:	Aber das ist ja eigentlich nur dann in so einer Situation so, wenn du irgendwo neu bist. Aber wenn du jetzt schon irgendjemand

	kennen würdest [benennt Diakonin und ihre Kontakte zu Jugendlichen auf der Hauptschule].
Selma:	Klar. Aber ich finde es halt voll schade, wenn sie grad deswegen nicht kommen, weil sie Angst haben, dass sie dumm aufgenommen werden.
Tina:	Ja, klar.
Selma:	Aber die kriegen es ja selber mit, dass sie teilweise von anderen Leuten dumm angekuckt werden.
Krissi:	Was ich vorher noch sagen wollte: Ich finde, grad für die, die eigentlich daheim nicht das Ideale haben und nicht die Eltern die Vorbilder sein können, für die wäre es umso wichtiger, dass sie eigentlich Anschluss finden.
Tom:	Ja! Natürlich! Klar!
Krissi:	Und dass man wiederum auch das sieht, dass die Leute ihre Vorurteile loskriegen. Dass auch der CVJM nichts Spießiges, nichts Langweiliges ist, wo die ganzen Streber hingehen, die ganzen Gymnasiasten oder so. Ich finde, das ist ja andersherum vielleicht auch so. Wenn ich denk, oh da sind nur voll die Streber, ist voll langweilig, da falle ich voll auf. Ist ja logisch, dass ich da nicht hin will.

(Gruppendiskussion Mitarbeitende CVJM)

Die Befragten nehmen mögliche Ängste vor Diskriminierung auf und konstruieren den CVJM als diskriminierungsfreien Raum. Umgekehrt ist es – in den Augen der CVJM-Mitarbeitenden – viel mehr die Perspektive der Jugendlichen aus der Hauptschule gegenüber dem CVJM, es sei dort eine Abwertung zu erfahren, die den Ausschlag dafür gibt, das Angebot nicht zu nutzen. Auf die Frage, wie denn der CVJM mit seinem Angebot auf diese Bedarfe reagieren könnte, sichten die Befragten das Angebot und sehen grundsätzlich zahlreiche Möglichkeiten der Beteiligung, sehen zugleich aber auch die bestehende Schwierigkeit, dass diese Beteiligung selten zustande kommt:

Julia:	Also ist halt für jeden was dabei. Finde ich. (zustimmendes Gemurmel)
Tina:	Ist dann halt die Frage, warum sie halt nicht da sind.

Selma:	Das ist die andere Frage. [Gruppe diskutiert mögliche Zugänge zur christlichen Jugendarbeit, die Bedeutung der sozialen Umgebung]
Larissa:	Vielleicht ist das halt bei den Hauptschülern dann schon eher so, ich mein, keine Ahnung, irgendwie kommst du ja auch auf die Hauptschule, weißt du. Und irgendwie fängt das bei den Eltern dann an, glaube ich halt. Und weißt du, wenn da irgendwie keiner kuckt, und dann passiert das und das, und keiner kuckt halt.
Selma:	Ja, der Freundeskreis macht schon viel aus.
Tina:	Ich denke halt auch, du wirst halt auch am Anfang hingeschickt irgendwo ein Stück weit. Also bei mir war es halt so: Hätten mich meine Eltern nicht in die Jungschar gefahren, ja toll, wäre es ihnen nicht wichtig gewesen, wäre ich nie hingekommen. Und ich denke, das ist halt so, weißt du, hocken die Kids halt vor der Playstation, da spielen sie halt. Und wenn die Eltern nicht danach kucken, dann schicken sie sie auch nicht in die Jungschar oder woanders hin. Das ist ja mal unabhängig, egal wohin. Dann gehen die auch in keinen Sportverein oder sonst was.
Selma:	Obwohl sie es eigentlich gerne machen würden.
Tina:	Aber ich denke, oft braucht ein Kind so einen Anschubser.
Selma:	Ja, es ist halt einfacher, daheim vor dem Fernseher zu hocken, wie jetzt wegzugehen.
Larissa:	Klar.
Tina:	Und du hast immer irgendein Tief halt, weil dich irgendwas ankotzt oder weil du mit irgendjemand Streit hattest. Und deswegen willst du nicht hin, und wenn dann halt die Eltern dich schicken, dann gehst du halt trotzdem oder musst du halt gehen. Und letztendlich ist das ja eigentlich gut.

(Gruppendiskussion Mitarbeitende CVJM)

Nicht die Hauptschule oder wie auch immer geartete Unterschiede in Interessen, Begabungen oder Gewohnheiten schaffen hier in den Augen der Befragten die Differenz, sondern die Zugangsschwierigkeiten für Jugendliche, die die Hauptschule besuchen, zur christlichen Gruppe: Eltern, die sich wenig um die Anliegen ihrer Kinder kümmern, die zwar Unterhaltungsmedien zur Verfügung stellen, die Kinder aber nicht dazu anregen, Angebote von Vereinen wahrzunehmen, sorgen indirekt für die Abkopplung ihrer Kinder vom sozialen Leben. In dieser

Sicht mischt sich die (meist wertfreie) Wahrnehmung einer sozialen Differenz, in der schlicht die soziale Umgebung zu unterschiedlichen Nähen und Distanzen gegenüber dem CVJM führt, mit der Wahrnehmung unterschiedlicher Erziehungsstile, die hier abwertend dargestellt sind: Wo im Elternhaus „keiner kuckt", geschieht in Wahrheit bereits Vernachlässigung der Kinder und Jugendlichen.

(2.) Darin ist aus der Sicht der befragten Mitarbeitenden im CVJM bereits die soziale Benachteiligung mancher Kinder und Jugendlichen als zweite Differenzebene sichtbar: Wo Eltern sich zu wenig um die Belange ihrer Kinder kümmern, kein Vorbild sind, eine wenig förderliche Umgebung für ihre Kinder bieten, wo Jugendliche zu Hause häufig Aggressionen erleben und mit ihren Eltern starke Konflikte durchstehen müssen, entsteht ein Bedarf, den der CVJM mit seinem Angebot teilweise abdecken könnte. Eine Nähe zur christlichen Jugendarbeit ist aber dort erschwert, wo die Kontaktaufnahme und kontinuierliche Teilnahme gerade durch ein Engagement der Eltern („wenn dann halt die Eltern dich schicken") gestützt sein muss. Insofern ist die soziale Lage der Hauptschülerinnen und Hauptschüler in der Konstruktion der Befragten ein doppeltes Problem: zum einen in der (vermuteten) Benachteiligung, zum anderen in der nicht gegebenen Voraussetzung für einen Kontakt zur christlichen Jugendarbeit. Interessant ist, wie stark die Befragten ihr eigenes „Hineinwachsen" in die Arbeit des CVJM als durch Familie und Freundeskreis gestützt erleben. In allen Gruppendiskussionen spiegeln die Vorstellungsrunden diese Sicht der Dinge:

Lisa:	Mein Name ist Lisa. Ich bin fast 21, und ich hab glaube ich so die typische CVJM-Karriere hinter mir. Ich bin zuerst in die Jungschar gegangen, war auf dem Zeltlager und bin dann in Teentreff und Mädchenkreis und ins Jugoteam reingerutscht und hab dann irgendwann angefangen Jungschar zu machen. Also ja, CVJM ist eigentlich nicht mehr wegzudenken.
Doreen:	Ja, ich bin die Doreen, ich bin 20 und mir geht's da so ähnlich wie der Lisa. Ich war zwar nicht auf dem Zeltlager dabei, aber ich war in der Jungschar und irgendwann auch im Mädchenkreis, dann im Teentreff und irgendwann wurde das immer mehr. Und ist jetzt auch fester Bestandteil in meinem Leben.
Interviewerin:	Ganz kurz geschwind. Wenn einer sagt, es ist so das Typische: Wie seid ihr da hingekommen?
Ben:	Ja, also meine Eltern haben gesagt, dass es das gibt, und ich hab dann gesagt: cool. Und ich hab dann halt auch den Rolf und den Tim schon gekannt, weil die in der Paraklasse waren.
Franzi:	Also ich bin mit der Anne in die Jungschar mitgegangen.

Lisa:	Bei mir war es halt auch eine aus unserem Ort, und mit der hab ich immer gespielt. Die hat dann halt immer ganz coole Sachen erzählt, was man da so macht, und dann bin ich da halt auch mitgegangen.
(Gruppendiskussion Mitarbeitende CVJM)	

Hier spielt es dann für das Zustandekommen des Kontakts eine entscheidende Rolle, dass sich in der Umgebung (Eltern, Freundinnen und Freunde) Menschen finden, die die Teilnahme an Veranstaltungen der christlichen Jugendarbeit unterstützen. Das Funktionieren der eigenen Lebensumgebung – wie im Gesprächsausschnitt sichtbar – wird von den Befragten nicht nur als günstig, sondern gewissermaßen als normal angesehen. Wo Eltern nicht in dieser Hinsicht agieren und der Freundeskreis keine Kontaktfläche für die Jugendarbeit bietet, vermuten manche der Befragten eine soziale (und dann auch religiöse) Benachteiligung der Jugendlichen, wie ein Befragter sich im weiteren Gesprächsverlauf äußert: „Ich glaub halt, die Eltern versäumen da was. Weil ich denke schon, dass viele auf der Hauptschule viel besser sein könnten. Und auch vom Familienleben her (…) ist es bei Hauptschülern halt so, dass es eher nicht so harmonisch läuft wie bei anderen, das sind jetzt alles so Thesen. Und dann sind halt auch so Sachen wie Kirche und Glauben, das steht ganz hinten an dann, glaube ich".

(3.) Die dritte Differenzebene wird – quer zu den beiden anderen – dort ausgemacht, wo ein Unterschied im Interesse am christlichen Glauben bzw. den Angeboten der christlichen Jugendarbeit zu beobachten ist. Dabei wird von den Befragten nochmals unterschieden zwischen einem schlichten Desinteresse an Glaubensfragen oder einer christlichen Gruppe einerseits und der weltanschaulichen Distanz aus einer nichtchristlichen Überzeugung heraus andererseits. Letztere Distanz wird als kaum überbrückbar betrachtet. Zwar sind beispielsweise muslimische Kinder explizit zu allen Angeboten eingeladen, die Distanz zu Inhalten des christlichen Glaubens und damit zur Teilnahme an deutlich religiösen Veranstaltungen wie einem Jugendgottesdienst wird jedoch klar respektiert. Sehr viel stärker befassen sich die Befragten jedoch mit der wahrgenommen Distanz vieler Jugendlichen zu den christlichen Inhalten kirchlicher Jugendarbeit. Die bereits zitierte Gruppe von Mitarbeitenden des CVJM, die zu Anfang der Diskussion Aussagen von Jugendlichen, die die Hauptschule besuchen, gesichtet hat, kommt mit der Rückfrage einer Teilnehmerin auf den christlichen Glauben zu sprechen:

Tina:	Sind die [Jugendlichen auf der Hauptschule, deren Zitate hier gesichtet wurden] eigentlich alle gläubig oder haben was mit dem Glauben zu tun?
Interviewerin:	Ich kenne die auch nicht alle.

Selma:	Weil die eine sagt, dass sie sich für Kirche und Glaube interessieren. Und also im CVJM geht es ja schon auch um den Glauben, und wenn es dann das Ausschlusskriterium, also wenn die deswegen nicht kommen würden, weil Tina hat grad gefragt, warum sie nicht kommen.
Interviewerin:	Ja.
Selma:	Weil, ich meine, wenn ich mich jetzt nicht für Glaube interessiere und in den CVJM gehe, und dann kriege ich die ganze Zeit irgendeine Andacht oder kriege vorgehalten, was ich tun soll, um Gott zu gefallen oder so, dann denke ich auch, mh, ok.
Tom:	Naja. Also wo ich selber in die Jungenschaft bin, dann bin ich auch nicht hin wegen dem Glauben zu der Zeit.
Selma:	Ja! Aber ich hab grad an den Seppi gedacht, der sich immer voll genervt hat auf der Freizeit, dass Bibelarbeit dabei ist. Weißt du?
Tom:	Ah ja. Aber er ist trotzdem mit.
Betti:	Ja klar.
Ben:	Weil es halt geile Aktionen waren. (lacht)
Selma:	Und weil seine Kumpels dabei waren.
Ben:	Ha ja. Und weil es sowieso vielleicht doch nicht so schlimm war.
Betti:	(lacht) Ja, es könnte ja auch sein, dass jemand deswegen sagt, er kommt nicht.
Ben:	Ja, klar. Das glaub ich schon, das glaub ich sogar zum großen Teil.
Betti:	Weiß nicht. Ich meine, wir hatten auch eine in der Jungschar, deren Eltern dann gesagt haben, sie soll nicht mehr kommen, weil die halt nicht Christen sind. Und die das nicht so toll fanden, dass wir da Andacht machen. Weil das wäre ja nicht nur bei den Hauptschülern so, dass dann jemand dann nicht kommt, wenn er nicht gläubig ist. Es liegt ja nicht unbedingt daran, dass sie Hauptschüler sind.
Tom:	Ja, weiß ich nicht. Vielleicht, also nicht unbedingt, dass sie Hauptschüler sind, aber wenn du halt in einem Freundeskreis bist, wo irgendwie keiner … zu der, weißt du.

Betti:	Ja.
(Gruppendiskussion Mitarbeitende CVJM)	

Es wird deutlich, dass die Differenzebenen an dieser Stelle einerseits voneinander abgetrennt werden, um verschiedene Dynamiken der Differenz von Jugendlichen, die die Hauptschule besuchen, zur christlichen Jugendarbeit darzustellen, dass aber auf der anderen Seite diese Ebenen durchaus miteinander in Verbindung gebracht werden: Jugendliche, die die Hauptschule besuchen, verfügen oft zugleich (oder auch: darum) nicht über die soziale Umgebung, die eine Nähe zur christlichen Jugendarbeit ermöglicht. Dagegen halten die Befragten eine Differenz gegenüber dem christlichen Glauben nicht zwingend für problematisch. Gute Erfahrungen in der Gruppe und „geile Aktionen" verhelfen dem Angebot in manchen Fällen zu ausreichend Attraktivität, um auch religiös wenig Interessierte anzusprechen. In anderen Passagen in den Gruppendiskussionen mit CVJM-Aktiven wird diese inhaltliche Differenz durchaus als gravierender beurteilt. Junge Erwachsene berichten darüber, wie sie durchaus in ihrer Umgebung so manchen Spott ertragen mussten und wie die Distanz zu christlichen Angeboten teilweise sehr harsch erlebbar wurde:

Juliane:	Wenn du nicht so christlich aufwächst und gewohnt bist, zum Essen zu beten, und du dann hier herkommst, dann wirkt das voll abschreckend, find ich. Also gerade, wenn ich so Jüngere seh, das ist total uncool, wenn ich da in meiner Klasse guck, was die für ein Bild haben vom CVJM, dann ist man voll abgestempelt schon von vornherein. Also ich kenne viele Leute aus meiner Klasse oder aus dem restlichen Umfeld, wo der CVJM voll so abgestempelt ist.
Vivian:	Ja, das ist aber eine grundlegende Sache, also da drauf stützen wir uns ja, den Glauben an Jesus Christus, wo alles einfach drauf hin arbeitet, da gehört das einfach dazu, und ich finde, das dürften die anderen auch sehen. Und ich möchte nicht eine Jungschar oder Gruppe machen und nicht beten, damit mehr kommen. (…) Aber wo kriegen die das mit oder warum wirst du als Freak, weil du betest, abgestempelt.
Juliane:	Ich glaub, das erste Problem ist, dass die gar nicht wissen, was der CVJM tatsächlich ist. Ich habe gestern erst mit einer gechattet, mit der habe ich über den Glauben geschrieben, und dann hat die hat irgendwie gedacht, dass CVJM, was hat sie gesagt, das ist so wie Hitlerjugend bei den Nazis oder so (leises Gelächter im Hintergrund). Und dann hab ich ihr erklärt, dass das wie ein Fußballverein ist, dass der Mittelpunkt nicht der Fußball ist,

	sondern Gott der Mittelpunkt ist vom Verein. Wenn du das nicht kennst, dann denken die echt an die Frauen, die mit Birkenstocklatschen hier rumhocken und mit langen Haaren und Rock. (Lachen)
Vivian:	Böser Verein. (Lachen)
Hanno:	Ich glaube auch, dass ist oft bei den jungen Leuten das Bild vom christlichen Glauben, dass man keinen Spaß hat im Leben und so, und dann hab ich das Unverständnis, dass junge Leute aber doch an Gott glauben. Aber soweit mal reinzukucken, dass der CVJM doch auch cool ist, grad beim Jugendgottesdienst, dass es da auch gute Musik gibt oder dass wir auch mal einen Schluck Alkohol trinken dürfen oder so, soweit sehen die dann gar nicht. Für die ist Glaube was Langweiliges, was Einschränkendes, Beengendes.
Juliane:	Ja, wie die Leute, die herkommen, und dann bestätigt sich im ersten Moment genau das Bild, das sie halt haben von dem Ding.
Hanno:	Finde ich nicht unbedingt.
Juliane:	Ok, ok. Das ist jetzt vielleicht dumm gesagt, aber wenn ich überlege, wo ich am Anfang das erste Mal auf so einer Evangelisation dabei war, da hab ich gedacht, in was für einer Sekte bin ich jetzt (Lachen im Hintergrund) gelandet? Ist halt echt so. Wenn du so was nicht kennst, wenn da so ein Hardcoretypie irgendwas da vorne rumlabert, finde ich das, ich weiß nicht.
Verena:	Wenn man aber schaut, wer bleibt hängen hier, das ist ja die Frage, denke ich, sind es schon so die gleichen Typen oder so. Gut bürgerlich oder wie täte man das ausdrücken, ja wir haben wenig sozial Schwache, würde ich sagen.
Vivian:	Ja, von der Bildung her durchschnittlich
Verena:	Kaum Hauptschüler. (…)
Vivian:	Ja. Mittlerer Bildungsstand auf jeden Fall.
Verena:	Und dann so gut bürgerlich, also jetzt nicht zu extrem reich und auch nicht zu extrem arm.

(Gruppendiskussion Mitarbeitende CVJM)

Zum einen haben die Mitarbeitenden viel Verständnis für die lebensweltliche Differenz zwischen dem CVJM und der Erlebniswelt vieler Jugendlicher. Zum anderen jedoch fällt es ihnen auch schwer, diese Distanz auszuhalten, vor allem, wenn sie nicht nur (wie in der unterhaltsam dargebrachten Geschichte der Chat-Bekanntschaft berichtet) in reinem Unwissen wurzelt, sondern, wie in den Äußerungen anderer Befragter spürbar, in einem Halbwissen, wo sich Unkenntnis mit Klischees und allgemeinen Abneigungen vermischen. Ein Diskurs entspinnt sich dort, wo die Gruppe ihre Wirkung auf „andere" Jugendliche reflektiert, die bisher keine oder wenige Berührungspunkte mit christlichen Angeboten hatten. Hier äußern Mitarbeitende gegenläufige Vermutungen, einerseits wird eine gewisse Abschreckungswirkung nachvollzogen, andererseits wird dies als eine zu vernachlässigende Größe bewertet. Dieser Diskurs wird leider nicht ausgeführt, sondern mit dem Wortbeitrag der hier Verena genannten Mitarbeiterin beendet und in die These überführt, das Angebot spreche allgemein die „Mitte" an, was Bildung und sozialen Status anbetrifft. Sehr eindrücklich ist in diesen Befragungsdaten das Ringen der Mitarbeitenden darum, als „ganz normal" angesehen zu werden und potenziell die Jugendlichen in der Breite ansprechen zu können, während zugleich verschiedene Ausgrenzungsprozesse als wirksam wahrgenommen werden. Eindrücklich ist ebenfalls, wie die drei genannten Differenzebenen stark voneinander unterschieden werden und gleichzeitig immer wieder zu Bündeln der sich verstärkenden Aus- oder auch Abgrenzungsfaktoren werden, wie das vor allem im Miteinander von Hauptschulbesuch der Jugendlichen und sozialer Benachteiligung sichtbar geworden ist. Ganz deutlich wird, wie gewissermaßen über die „Brücke" einer Ausdeutung mit der Differenzebene der sozialen Benachteiligung der Fokus der Befragten weg von inhaltlichen Differenzen (z.B. Desinteresse am christlichen Glauben) oder lebensweltlichen Differenzen (Hauptschule) geschafft wird: Wo Jugendliche auf der Hauptschule (zumindest auch) als bedürftig gesehen werden, weil es ihnen an Kontakten, Vorbildern, Gemeinschaftserlebnissen, Beteiligungsmöglichkeiten und Anerkennung mangelt, sind sie als Zielgruppe interessant.[25]

3.2 Der Blick von „außen": Jugendliche, die die Hauptschule besuchen

Aufschlussreich ist von hier aus ein Blick auf die andere Seite: auf die Gruppendiskussionen, die mit Hauptschülerinnen und Hauptschülern geführt wurden, die teilweise die Angebote der Diakonin im Projekt im Rahmen des kirchlichen Engagements in der Schule mit Schulsozialarbeit und Schulseelsorge wahrgenommen haben oder anderweitig mit dieser Arbeit einmal in Kontakt gekom-

---

[25]   Diese Denkrichtung ist aus der Milieuforschung bereits bekannt, wo sozialkritisch orientierte Menschen zugleich sehr stark soziale Bedürftigkeit fokussieren und Sinnfragen häufig auf dem Hintergrund der Benachteiligung (anderer Menschen) reflektieren. Dies wurde exemplarisch im Bereich der Kirchenmitgliedschaftsforschung sichtbar, wo mehrere stark engagierte Gruppen befragt wurden; vgl. Hermelink/Lukatis/Wohlrab-Sahr 2006 und speziell Sammet 2006: S. 65–78.

men sind.[26] Diese Jugendlichen berichten in den Befragungen immer wieder von heftigen Diskriminierungserfahrungen, auf die sich die oben zitierten Gruppen bezogen hatten. So fragt eine Jugendliche in der Diskussion, ob sie auch einfach sagen dürfe, was sie beschäftigt: *„Ich finde es doof, wenn jetzt einer kommt und fragt, wo gehst du auf die Schule, und man sagt Werkreal oder Hauptschule. Dass die dann gleich denken, ja ok, die schreibt nur Sechser oder so."* Ein anderer Teilnehmer berichtet: *„Ja, der Luca hat halt zu mir mal nach dem Konfi gesagt, ob ich überhaupt schon lesen könnte. Das ist halt wieder so ein typisches Vorurteil gegenüber Hauptschülern. Die haben sowieso nur Zocken, Saufen und Rauchen im Kopf."*[27] Umgekehrt formulieren diese Jugendlichen selbst ebenfalls starke Distanzgefühle vor allem gegenüber Jugendlichen, die das Gymnasium besuchen. Diese finden sich in einer leichten Form, wie eine Gesprächsteilnehmerin formuliert: *„Aber im Gymnasium, die tun auch irgendwie gar nichts. Die sind auch nicht gerade die Besten."* Ebenso finden sich auch teilweise mit großer Heftigkeit vorgetragene Berichte über Jugendliche aus Gymnasialklassen, die Alkohol konsumieren und destruktives Verhalten an den Tag legen, was ein Befragter mit dem Fazit beschließt: *„Weil wenn zum Beispiel manche Eltern wissen würden, was ihre Kinder alles in sich reinziehen. Dann würde es nicht mehr heißen, mein Kind wird Akademiker."*

Aus dieser Perspektive sind die sozialen Ausgrenzungsprozesse, die sich hier zwischen Lebenswelten bemerkbar machen, durchaus aus der Sicht der Jugendlichen, die die Hauptschule besuchen, hochwirksam, und sie entfalten ihre Dynamik beispielhaft dort, wo es um Freundschaften und Kontakte – auch zu kirchlichen Angeboten bzw. Angeboten der christlichen Jugendarbeit – geht. Zunächst äußern die Jugendlichen noch jenseits jeder Bewertung ihre Beobachtung, wie eine Befragte, die wir Melina genannt haben, es zum Ausdruck bringt: *„Ja und ich finde eigentlich, dass so richtig so an Gott glauben, wie ich es in unserer Stadt so mitkriege, eigentlich mehr die Gymnasiasten sind als die Realschüler und die Hauptschüler."* Im Lauf der Diskussion kommen schließlich noch weitere Aspekte dieses Phänomens zum Tragen:

Interviewerin:	Habt ihr Freunde an den anderen Schulen?
Melina:	Ja.
Jasmin:	Ja.
Lisa:	Real halt, aber Gymmi nicht.

---

[26]   Hier beziehe ich mich auf eine von drei Gruppendiskussionen. Sie wurde von Studierenden der Evangelischen Hochschule Ludwigsburg mit Hauptschülerinnen und Hauptschülern der neunten Klasse geführt.

[27]   Diese Zitate stammen aus der Gruppendiskussion mit Hauptschülerinnen und Hauptschülern III. Dieses Gespräch wurde von der Diakonin selbst durchgeführt.

Stefan:	Nicht mehr.
Melina:	Gymmi auch nicht wirklich.
Stefan:	Also ich kannte mal eine von der Realschule. Aber die dreht mir gerade viel zu viel hohl. Mit der will ich nichts mehr zu tun haben.
Interviewerin:	Aber wie hängt das zusammen, wenn das Bild von Hauptschülern so negativ ist, wie ihr erzählt. Das heißt ja nicht, dass sie nicht in der Kirche vorkommen können.
Stefan:	Ja, aber ich finde, manche Leute haben da einfach Angst, dass die Hauptschüler kommen. Wenn die jetzt mit der Jogginghose in die Kirche gehen, das kann ja sein, dann hat die Kirche irgendwann gar nicht mehr so einen guten Ruf. Wenn da die ganzen Asozialen drin sitzen.
Interviewerin:	Seht ihr das ähnlich oder habt ihr andere Erklärungen noch?
Melina:	Ja.
Interviewerin:	Man könnte ja auch sagen, die Hauptschüler, gerade wenn sie so negativ angesehen sind, dann müssten sie erst recht in der Kirche Platz kriegen.
Lisa:	Nein, ich denke, das ist das Risiko für die Kirche für den guten Ruf da. Da kommen auf einmal alle Hauptschüler und so.
Stefan:	Ja, aber ich denke mal, für manche Hauptschüler ist das gar nicht interessant. (…) Ich finde, manche interessiert es eben einfach gar nicht, und die zeigen es schon wieder so sehr den anderen, dass die dann eben sagen, die Hauptschüler, die juckt das halt sowieso nicht. Und dann
Lisa:	Und die können auch nicht ruhig sein.
Stefan:	Und wenn wir uns jetzt aber dafür interessieren, dann, Melina, wie oft haben sie uns an den Kopf geworfen während der Konfizeit, dass wir das alles nur wegen dem Geld machen.
Melina:	Ist ja so.
Stefan:	Oft genug, oder?
Melina:	Obwohl es ja grad die anderen waren, die es nur wegen dem Geld gemacht haben. Weil wir sitzen jetzt hier und nicht die anderen.

(Gruppendiskussion mit Hauptschülerinnen und Hauptschülern III)

Die Interviewerin lenkt hier das Gespräch von der allgemeinen sozialen Differenz (kaum Freundschaften mit Jugendlichen aus Realschule oder Gymnasium) auf die spezielle Differenz innerhalb der Kirche, was sich für die Befragten an Gottesdienstbesuch und Konfirmandenunterricht festmacht. Einerseits vermuten die Befragten eine Abgrenzung von Seiten der „anderen" in der Kirche, die um ihren guten Ruf und das stilistische Erscheinungsbild von Kirche besorgt sind, und fürchten, dass mit ihnen unerwünschte Verhaltensweisen zum Tragen kommen. Andererseits gibt es, das nehmen die Befragten deutlich war, etliche Jugendliche (die möglicherweise die Hauptschule besuchen), die sich nicht für die Inhalte der christlichen Unterweisung interessieren und das deutlich zum Ausdruck bringen. So bewerten die Befragten die Vorurteile der „anderen" einerseits als Klischee, andererseits als teilweise durchaus begründet. Einig sind sich die befragten Jugendlichen jedoch darin, dass insgesamt nach ihren Erfahrungen von heftigen Abstoßungsprozessen die Rede sein kann, in denen sie selbst überdurchschnittlich oft schlechte Bewertung erfahren. Immer wieder betonen sie, dass auch sie wichtige Dinge leisten können, etwa indem sie sich jetzt für die Befragung zur Verfügung stellen: *„Wir sitzen jetzt hier und nicht die anderen."*

Entscheidend im Hinblick auf das Projekt und das Ziel, Jugendliche, die die Hauptschule besuchen, mit dem Angebot der christlichen Jugendarbeit zu erreichen, ist nun die Sicht der befragten Jugendlichen auf ihre eigene Lebenswelt und die Gestaltung ihrer Freizeit einerseits und auf die christliche Jugendarbeit andererseits. Die eigene Freizeit schildern die hier befragten Hauptschülerinnen und Hauptschüler ohne Defizitkonstruktion, wie ich am Beispiel der genannten Gruppendiskussion zeigen möchte: Die Jugendlichen haben nach eigener Schilderung ausreichend Zugang zu Orten, an denen sie sich mit Gleichaltrigen treffen können, ihren Interessen nachgehen, etwas gemeinsam gestalten und auch Probleme gemeinsam besprechen können. Besonders deutlich wird das am Beispiel eines Bauwagens, der von einer Clique gemeinsam eingerichtet wurde und der für die Befragten zum Symbol für eine erfüllende Freizeitgestaltung wird, von dem einer der Jugendlichen plastisch erzählt:

Paul:	Du triffst dich halt mit deinen Freunden, dann tut man halt bisschen was trinken ab und zu, sag ich mal so, dann tut man halt schwätzen, egal über was, Musik hören, einfach mit denen Liedern mitsingen, das sind meistens Lieder, die man halt so kennt, ja sich einfach unterhalten, was man so übers Wochenende macht, was man so gemacht hat oder wenn man jetzt mit den Eltern irgendwie Stress gehabt hat, dann wird das eigentlich auch da besprochen. Das eigentlich mehr wie ein Treffpunkt. (…)
Interviewerin:	Ist der Bauwagen abgeschlossen oder ist der offen? Wer hat da einen Schlüssel?

Paul:	Nein.
Interviewerin:	Und wer bringt die Musik mit?
Paul:	Demjenigen, wo der Bauwagen halt gehört, sprich von allen zusammen, die da kommen, also von uns zehn Stück, gerichtet wurde oder jetzt beim anderen Bauwagen, ich bin bei zwei dabei, den haben wir auch selber gekauft und den haben wir halt selber hergerichtet, also Tapeten rein gemacht, gestrichen und die ganzen Sachen von außen her auch gerichtet. Und dann die Musik, die kann jeder mitbringen, weil wir alle das gleiche hören. Und das macht man auf einen USB-Stick, und das tut man dann an die Anlage anschließen und laufen lassen.

(Gruppendiskussion mit Hauptschülerinnen und Hauptschülern III)

Die Gruppe berichtet noch von weiteren Orten, an denen sich die Jugendlichen nach Belieben treffen und Freizeit miteinander verbringen können, und auch von weiteren für sie relevanten Freizeitbereichen wie Sport, Disko oder Musikveranstaltungen. Insgesamt sind sich die Befragten darin einig, dass sie mit ihrem Leben, vor allem mit der Zeit, die sie außerhalb der Schule verbringen, sehr zufrieden sind. Gefragt nach der Bedeutung der kirchlichen Jugendarbeit, ausgehend vom Angebot direkt an der Hauptschule, äußern sie eine deutliche Wertschätzung, aber ebenso ihren Eindruck, diese Angebote nicht zu brauchen:

Interviewerin:	In eurer Schule, da gibt es ja verschiedene kirchliche Angebote, die Adventsaktion und auch die Bibelstunde und Gitarrenkurs. Was für Gründe gibt es, dahin zu gehen?
Paul:	Also ich denke halt erst mal, so Jugendliche, die halt, ich sag jetzt mal, die daheim nicht so recht wissen, was sie tun sollen und Eltern halt den ganzen Tag schaffen sind, dann können die halt mittags, zum Beispiel bei der Adventszeit, tut man dann zusammen Plätzchen essen, Lieder singen und so. Dann ist das einfach ein bisschen mehr Gemeinschaft und sie sind nicht allein daheim. Und mit dem Gitarrenchor genauso. Da tun die halt Gitarre spielen lernen. Die sich dafür interessieren. Ja, das sind halt so Freizeitangebote, wo sie sich mit anderen treffen und dann miteinander einfach was machen. Und das finde ich auch gut.
Interviewerin.	Was denken die anderen dazu?
Ralf:	Ja eigentlich auch so wie der Paul.
Interviewerin:	Geht irgendjemand von euch dahin?

Paul:	Nein, ich nicht, weil die Angebote, wie jetzt grad die Adventszeit, das ist immer in der großen Pause gewesen, da hat man sich halt im Aufenthaltsraum getroffen und dann hat man Lieder gesungen und da wollte ich meine Zeit eigentlich nicht dazu opfern. Sondern halt mit Freunden draußen sein in der großen Pause und mit denen schwätzen, aus anderen Klassen und so. Und sonst Gitarrenchor, ja, gehe ich auch nicht hin, weil mich das nicht so interessiert. Also ich nutze so Programme eigentlich gar nicht. (Gruppe murmelt)
Interviewerin:	Gibt es Gründe, warum ihr da nicht hingeht?
Paul:	Also ich gehe halt heim mittags, wir haben Landwirtschaft daheim und dann tu ich halt da helfen und lernen und wie gesagt Hobbys nachgehen, und da habe ich halt nicht so viel Zeit, um jetzt irgendwie in der Schule oder mit der Kirche was zu tun.
Ralf:	Man hat halt nicht so viel Interesse daran. (…)
Interviewerin:	Und was für Angebote wären interessant?
Ralf:	Für?
Interviewerin:	Für euch. Was wäre ein Angebot, wo ihr sagt, hey cool, da geh ich hin?
Paul:	Ich weiß nicht, das ist jetzt schwer, ich weiß eigentlich, wenn ich heimkomm, was ich mach, und was ich am Wochenende mache, ist bei mir eigentlich schon alles geplant. Ich wüsste jetzt gar nicht, was da kommen müsste, dass ich da meinen Plan ändern würde. Ist schwierig.
Interviewerin:	Also seid ihr da einstimmig?
Mehrere:	Ja. (Gelächter)
Interviewerin:	Das heißt, man könnte mal eine Bauwagenparty organisieren oder so?
Paul:	Ist ja jeden Samstag. (Gelächter bei den Jungen)

(Gruppendiskussion mit Hauptschülerinnen und Hauptschülern III)

In anderen Gruppendiskussionen mit Jugendlichen, die die Hauptschule besuchen, finden sich durchaus Hinweise auf einige Kontaktflächen, etwa dort, wo ein Angebot wie der Gitarrenkurs bereits genutzt wurde. An keiner Stelle beschreiben jedoch diese Jugendlichen selbst ihre Freizeitgestaltung als defizitär oder äußern den Bedarf an einer stärkeren Begleitung oder weiteren Angeboten.

Die benannten Differenzen in einer sozialen Benachteiligung teilen die befragten Jugendlichen nicht, vielmehr fokussieren sie Vorurteile gegenüber Hauptschülerinnen und Hauptschülern.

Aus diesen Befragungsdaten nun Ergebnisse für die Weiterarbeit zu formulieren, ist besonders anspruchsvoll, weil einige der Erkenntnisse in den Augen der hauptamtlichen Diakonin in der Projektarbeit zwar für diese Gruppen von Befragten zutrifft, nicht aber für die Gesamtzahl der Jugendlichen, die die Hauptschule besuchen. Immer wieder ist in Gesprächen der Diakonin an der Hauptschule davon die Rede, dass Jugendliche beispielsweise in die Betreuungsarbeit für jüngere Geschwister eingebunden sind und wenig Spielraum haben, was eigene Freizeitgestaltung anbelangt, oder dass Jugendliche die Zugehörigkeit zu Vereinen (und so auch kirchlichen Gruppen) von vornherein ausschließen, weil damit Kosten assoziiert werden. So kann es durchaus sein, dass ein Desinteresse an kirchlichen Angeboten schlicht daher rührt, dass diese Jugendlichen aus verschiedenen Gründen über wenig Gestaltungsmöglichkeiten verfügen – oder, dies fällt offenbar bei jüngeren Kindern und Jugendlichen ins Gewicht, daher, dass die Kontaktflächen mit christlicher Jugendarbeit bisher so wenige waren, dass diese Arbeit gar keine Attraktivität entwickeln kann.[28]

Interessant ist aus kirchentheoretischer Sicht, dass dort, wo kirchliche Angebote gewürdigt werden, dies in erster Linie mit dem Hinweis auf die Bedarfe anderer Menschen geschieht: Das Angebot der Kirche ist vor allem als Angebot für Schwächere und Bedürftigere gewertet, und zwar unabhängig von der eigenen Teilnahme oder faktischen (sozialen) Bedürftigkeit. Nicht erhoben wurde an dieser Stelle, inwieweit diese Haltung – sowohl in der grundsätzlichen Wertschätzung gegenüber der christlichen Jugendarbeit als auch in der Haltung einiger der Befragten, die Angebote als wenig nützlich für den eigenen Bedarf zu bewerten – in der Breite von den Jugendlichen am Ort, die die Hauptschule besuchen, geteilt wird.[29] Für die christliche Jugendarbeit vor Ort lassen sich jedoch wichtige Schlüsse ziehen, was die Haltung der Jugendlichen anbetrifft: Die Jugendlichen, die die Hauptschule besuchen, konstruieren immer wieder – mit Ausnahme der Ebene der sozialen Benachteiligung – ganz ähnliche Differenzebenen wie die Mitarbeitenden des CVJM. Es kann tatsächlich von erheblichen (wechselseitigen) Ausschließungsprozessen die Rede sein, und die Kontaktarbeit zwischen der christlichen Jugendarbeit am Ort und den Jugendlichen auf der Hauptschule dürfte eine Herausforderung darstellen. Diese Reflexion ist innerhalb der Projektgemeinde und dem CVJM bereits begonnen, indem die Mitarbeitenden sich in ihren Gruppendiskussionen mit der Sicht der Jugendlichen auf den CVJM bereits befasst haben.

---

[28] Wo in der kirchlichen Arbeit an der Schule Angebote wie das „Junior-Schülermentorenprogramm" stattfinden, zeigen sich durchaus Bedürfnisse der Kinder und Jugendlichen, diese Angebote fortzusetzen bzw. auch selbst als Mitgestaltende tätig sein zu können.

[29] Hierin liegt die natürliche Grenze qualitativer Sozialforschung: Die Erhebung ist nicht repräsentativ und bei Bedarf müsste sie um eine standardisierte Befragung ergänzt werden.

3.3 Der Blick von „innen" nach „außen": Reflexionen im CVJM

Für die Mitarbeitenden des CVJM besteht die Herausforderung nun zunächst darin, die Sicht der Jugendlichen, die die Hauptschule besuchen, aufmerksam zur Kenntnis zu nehmen. Die deutlich geäußerte Zufriedenheit der meisten Befragten – auch ohne christliche Jugendarbeit oder Angebote der Schulseelsorge und -sozialarbeit – ist in den Gruppen der Mitarbeitenden nicht reflektiert worden,[30] sehr wohl aber die Bedarfe und Interessen der Jugendlichen. Zunächst gehen die Mitarbeitenden, wie oben erwähnt, davon aus, dass das Angebot des CVJM insgesamt ausreichend breit ausgebracht ist, so dass für alle Interessen der Jugendlichen Anknüpfungspunkte gegeben sind. Allerdings entwickeln sie zugleich Zweifel an dieser Deutung und nehmen einen Mangel an solchen Angeboten wahr, die niedrigschwelliger gestaltet sind, sowohl was die Kontaktaufnahme angeht als auch was die Anforderungen an ein Interesse an christlichen Inhalten anbetrifft. Darin akzeptieren die Befragten die soziale Differenz (die lebensweltlichen Unterschiede und damit die geringen Möglichkeiten für Jugendliche, die die Hauptschule besuchen, mit dem CVJM in Kontakt zu kommen) sowie die inhaltliche Differenz (Unkenntnis oder Desinteresse) als zentrale Herausforderungen für die Arbeit des Vereins:

Juliane:	Ja, also der Wohnwagen [ein Angebot mehrerer christlicher Jugendarbeiten] ist ja eigentlich genau für solche Jugendlichen. Und da ist es einfach nur, damit sie Gemeinschaft erleben können und da spielen wir mit denen und backen mit ihnen und einfach, dass sie zusammen kommen und irgendwas machen. Ich glaub, was sie da wirklich machen, spielt erst mal nicht so eine große Rolle. (…)
Interviewerin:	Gibt es noch etwas anderes, das man ihnen anbieten könnte?
Hanno:	Gut, erst mal Teilnehmer zu sein, ohne dass sie was machen müssen. Die Möglichkeit gibt es natürlich auch. Ohne dass es gleich Verpflichtung ist oder so. (…) Wobei es da halt wirklich schwierig ist, weil es schon zusammengewachsene Gruppen sind. Und wenn da jemand Neues kommt, dann stehen die erst mal ein bisschen am Rand wahrscheinlich. (…)
Interviewerin:	Gäbe es etwas, das es noch nicht im CVJM gibt?
Hanno:	Café Contact. (lacht) Das es einmal gab. (lacht)

---

[30] Dies liegt darin begründet, dass nicht alle der befragten Mitarbeitenden Texte aus den Gruppendiskussionen mit den Jugendlichen zur Kenntnis genommen haben und diese Texte bereits eine Auswahl darstellten, aus der die Situation der Jugendlichen der Hauptschule wie auch ihre Interessen und ihr Potential als mögliche Mitgestaltende erschlossen werden sollte.

Verena:	Ja, ja. Das ist für viele halt auch so ein Treffpunkt gewesen. Das stimmt schon.
Vivian:	Da kann man auch mal ganz unverbindlich reinkommen und dann halt.
Hanno:	Kuckst du halt rein. Da bist du schon mit vielen anderen in Kontakt gekommen. Auch vom CVJM zu anderen, die nicht grad im CVJM waren. Also da sind schon zu guten Zeiten viele gekommen.
Juliane:	Ich denke halt einfach, die Hemmschwelle ist da einfach mit am geringsten gewesen. Irgendwo bloß mal vorbeizukucken, reinzukucken. Die Hemmschwelle aber abzubauen, die wir ja selber gar nicht so empfinden die wir mehr oder weniger Insider sind, das denke ich, ist irgendwo eine Herausforderung. Das anzugehen oder auch zu schaffen. Aber ich muss ehrlich sagen, ich wüsste nicht wie und wo man da ansetzen soll. Ich denke, man setzt ja damit an eigentlich, dass Petra[31] viel an der Schule ist und trotzdem auch in den Kreisen und Gruppen, und sie sieht dann einfach, denke ich, auch wo, wo man die Kinder einladen kann oder die Jugendlichen, wo sie reinpassen würden oder wo sie grade auch mithelfen können. Das ist, finde ich, für jemand anderes schwierig, der nicht
Hanno:	Der keinen Kontakt zu denen hat.
Juliane:	Der nicht beides hat, Kontakt zum CVJM, aber gleichzeitig in der Schule aktiv ist.
(Gruppendiskussion Mitarbeitende CVJM)	

Die Mitarbeitenden verweisen zunächst auf das Wohnwagen-Projekt, das – von außen betrachtet – durchaus eine Parallele zum bestehenden Bauwagen der befragten Jugendlichen aus der Hauptschule darstellen könnte,[32] mit dem Unterschied, dass die Jugendlichen dort ihren Ort selbst gestalten und „bespielen", während hier von Seiten der ehrenamtlichen Mitarbeitenden „mit denen" gespielt und gebacken wird. Möglicherweise ist in dieser Differenz zwischen einer Aktivität der Jugendlichen selbst und einem Angebot für die Jugendlichen ein wichtiger Unterschied gegeben, der die Attraktivität dieses Angebots für die

---

[31]   Die Diakonin im Projekt.
[32]   Dies ist nicht die Sicht der Mitarbeitenden im CVJM, die den Wohnwagen als Nachfolgeprojekt des Cafés betrachten und dem Bauwagen als Ort des Alkoholkonsums allgemein skeptisch gegenüber stehen.

einen vergrößert und für die anderen schmälert. Die Mitarbeitenden spüren allerdings, dass bestehende Angebote wegen der Eingewöhnungszeit, in der Neue „*am Rand stehen*", einen gewissen Ausgrenzungseffekt haben. Als Alternative greifen sie gedanklich zurück auf ein ehemaliges Angebot, in dem der Kontakt leichter fällt („*kuckst Du halt rein*") und in dem vor allem die Zugehörigkeit zum CVJM und ein Interesse an dessen zentralen Inhalten zunächst keine Rolle spielt. Eine andere Gruppe kommt ebenfalls auf das Café-Angebot zu sprechen und resümiert: „*Da waren abends 40 Junge da. Das war eigentlich das Optimale. Das waren gerade auch die, die aus der Hauptschule waren, wo einfach nur offenes Angebot war, ohne dass irgendwie eine Andacht war, vielleicht hing mal was aus als Impuls, aber niemand ist irgendwie vollgelabert worden.*"[33]

Die zentrale Herausforderung kommt jedoch erst abschließend zur Sprache und führt implizit zu einem Themenwechsel: Die einen Mitarbeitenden arbeiten in Richtung einer Öffnung, während andere die (offenbar real existierenden) Ausgrenzungsprozesse kaum wahrnehmen und selbst mit der Arbeit sehr zufrieden sind. Überdies ist selbst bei einer Niederschwelligkeit der Angebote das zentrale Problem nicht das Angebot selbst, sondern der erste Kontakt zur Zielgruppe. Und diese Problematik können die Befragten nach eigener Einschätzung selbst nicht überwinden. Diese liegt in der geringen Zahl von Freundschaften und Bekanntschaften zwischen den Jugendlichen auf verschiedenen Schulen begründet, darüber hinaus aber in den faktisch sehr unterschiedlichen Tagesabläufen und Aufenthaltsorten der Jugendlichen und jungen Erwachsenen. Hier ist es schwer, überhaupt Schnittstellen für Kontakte zu finden. Es braucht Menschen, die in beiden Welten (CVJM und Hauptschule) präsent sind, und da es solche Menschen im CVJM höchst selten gibt, liegt die Lösung nahe, diesen Mangel über eine professionelle Kraft – die Diakonin im Projekt – zu beheben.

Zunächst möchte ich noch einen Blick auf die Forderung nach einer stärkeren Öffnung des CVJM werfen. Diese Öffnung wird von den Mitarbeitenden als schwierige Gratwanderung beschrieben: Sie ist nötig und wird darin als Norm akzeptiert, weil sie mit dem Ziel der missionarischen Arbeit geboten ist und die bestehende christliche Jugendarbeit einen großen Teil der Jugendlichen am Ort nicht erreicht. Zugleich ist sie jedoch für die jetzigen Mitarbeitenden ebenso unangenehm und bedrohlich, weil die Gemeinschaft im CVJM für viele Beteiligte selbst einen Halt sowie Gelegenheit zur Alltagsseelsorge und die Chance, Freundschaften zu pflegen, bietet. Der folgende Gesprächsausschnitt zeigt das Dilemma, in dem die Mitarbeitenden sich sehen:

---

[33]   Aus der Gruppendiskussion Mitarbeitende CVJM.

Daniel:	Aber ich finde, bei dem ganzen Offenen – ganz klar, das ist echt megawichtig, das ganz Offene und so [berichtet von Inhalten einer Mitarbeiterfortbildung]. Für mich ist der CVJM auch mein Freundeskreis, ich gehe gerne hin, das ist halt irgendwie so eine Gratwanderung, dass man das richtige Maß findet zwischen dem, dass man selber was mitnehmen kann, aber auch nach außen gehen.
Jana:	Also, es ist wichtiger, dass man sich das auch selber immer wieder sagt.
Timo:	Da merke ich vor allem, da ist man irgendwie so zufrieden, und dann passt es so. Aber deswegen ist es auch wichtig, dass man es sich immer wieder sagt. Weiß nicht. Wenn man da in seinem Freundeskreis drin hockt, dann passt da alles so. Aber irgendwie auch nicht.
Daniel:	Für sich passt es dann aber alles.
Timo:	Dass man sich dann auf einer zufriedenen Position ausruht. Oder es verhindert halt das Offensein vielleicht. Und dann will man es vielleicht gar nicht. (leise) Weiß auch nicht.

(Gruppendiskussion Mitarbeitende CVJM)

Kurz darauf im Gesprächsverlauf stellt der Interviewer eine Frage, die als „Wunderfrage" aus der systemischen Beratung und Therapie bekannt geworden ist:[34] *„Einmal angenommen, ihr schickt für ein Angebot eine Einladung raus und ganz viele Jugendliche reagieren darauf und kommen hier her, die normalerweise gar nicht erreicht werden. Was könntet ihr euch vorstellen, was hier sich verändern würde, wenn eine ganze Menge Jugendliche hier einströmt?"* In der darauf folgenden Diskussion bieten die Mitarbeitenden einen Diskurs um die Dynamik von Öffnung und Schließung und stellen Bezüge zu ihren Wünschen, aber auch Befürchtungen her:

Jana:	Ja, die [anderen Mitarbeitenden des CVJM] würden auch erst mal blöd gucken.
Timo:	Ich finde, da müsste man eigentlich fast irgendwie Wege finden, ob der CVJM die Kapazität überhaupt aufbringen kann an ehrenamtlichen Mitarbeitern, um eine Riesengruppe zu betreuen oder ein Angebot zu bieten. Das sie dann auch befriedigt.

---

[34] Nach von Schlippe/Schweitzer 1997. Das Zitat gibt hier die in der Gruppendiskussion vom Moderator gewählte Formulierung wieder.

Daniel:	Es kommt aber auch auf die Gruppe drauf an. (…) Aber es täte wahrscheinlich auch einige ziemlich abschrecken sogar. Weil dann in Gefahr ist, was wir vorher gehabt haben (lacht auf). Weil viele dann so innerlich, jetzt ist mein Privatleben oder mein Freundeskreis in Gefahr, also wenn es zu arg wird. (…)
Simon:	Ich glaube in dem Fall hat irgendwie nichts mit der Kapazität zu tun, von dem Thema kann man echt auf Petra kommen. Wenn das so werden könnte, dann könnte uns eigentlich nix Besseres passieren, und wenn wir hier zehn Petras hätten, weil wir hatten das im Jugendgottesdienst auch, wie man halt auf Leute zugeht, oder ob die Leute vom Team einfach am Eingang rumstehen und dumm glotzen, wenn die Leute reinkommen, oder ob du aktiv auf die zugehst und denen Hallo sagst. Wobei das ist nicht jedem sein Ding und nicht jeder kann auf andere Leute zugehen (…). Ich würde mich selber nicht zu denen zählen, die dann direkt so zu den Leuten hingehen, aber ich finde echt, das beste Beispiel ist die Petra, die einfach so von Person zu Person tänzelt und mit denen rumlabert, einfach so.
Daniel:	Aber ich find auch, das ist in gewisser Weise wieder so über die Freundschaftsebene. Und Petra, die ist halt gerade dadurch, dass sie hauptamtlich ist, echt super. Sie ist in der Schule vertreten und die Jugendlichen kennen Petra und Petra kennt die, und wenn die dann zum Jugendgottesdienst kommen, dann hängen sie sich vielleicht an Petra. (…)
Simon:	Ich würde mich jetzt nicht zu den Personen zählen, die so aktiv auf jemand Neues drauf zu gehen und denen Hallo sagen, weiß nicht warum.
Daniel:	Eins ist klar, da musst du dich erst überwinden. (…)
Jana:	Und das ist halt das, wo die Leute sich dann angenommen oder willkommen fühlen.
Daniel:	Ja genau, aber da tut man sich halt schwer. (…)
Jana:	Aber im Grund wäre es genial, wenn ein Haufen Leute plötzlich kommen würden.
Simon:	Aber glaubst du, dass wir das hinkriegen würden, oder dass wir selber dann erst was für unsere Gruppe verändern müssen? Also, wir jetzt als Gruppe, CVJM. (…)
Jana:	Ja, klar, das stimmt. Bloß ich glaub nicht, ob das so geht, dass wir uns ändern. Wir schwätzen jetzt schon lang drüber, und immer

	wieder, und ändern muss sich aber dadurch, dass man einen kleinen Schritt macht. (…)
Anne:	Ich glaub schon, dass man sich da verändern kann. Aber ich glaub nicht, auf keinen Fall, dass das von jetzt auf nachher ist. (…) Ich glaub auch nicht, dass das jeder kann, ich glaub, ein Stück weit muss man da auch der Typ dazu sein.
Daniel:	Ja schon.
Timo:	Aber es muss ja nicht jeder so sein. Da hat jeder so seine Gabe, wobei es sind eher weniger bei uns, die diese Gabe haben.

(Gruppendiskussion Mitarbeitende CVJM)

Diese (gedachte) Option, mit der Einladung an neue Zielgruppen sehr erfolgreich zu sein und Zulauf von „neuen" Teilnehmenden zu bekommen, fördert zutage, wie die Mitarbeitenden nicht nur um ihr vertrautes Miteinander fürchten, sondern zugleich die Grenzen der Öffnung erkennen, und zwar über den bloßen guten Willen hinaus: Etliche der Befragten sehen es gar nicht im Bereich des Möglichen, eine Offenheit für neue Teilnehmende zu realisieren. Selbst dort, wo um des Erfolges willen eigene Bedürfnisse nach Nähe, Austausch und Geborgenheit (gedanklich) zurückgestellt werden, scheint die Öffnung des Vereins über einen sehr überschaubaren Zuwachs hinaus kaum machbar. So liegt für diese Befragten – wie auch in den anderen Gruppendiskussionen mit Mitarbeitenden immer wieder zu sehen – die Lösung bei der hauptamtlichen Diakonin. Sie ist aus dieser Perspektive *„der Typ"* für das Knüpfen neuer Kontakte, sie hat die *„Gabe"*, fremde Menschen weit über das übliche Maß hinaus anzusprechen und willkommen zu heißen. Vor allem aber hat sie den zeitlichen Spielraum und die institutionellen Zugänge, um an Schulen ebenso präsent zu sein wie im CVJM. Die Erfolge ihrer Arbeit, dass etwa Jugendliche aus der Hauptschule am Gitarrenkurs, dem Adventstreff oder dem Bibellesen mit der Diakonin teilnehmen und mit ihr immer wieder Gespräche führen, lassen darauf ja schließen. Vielleicht ist mit der Wertschätzung für die Diakonin als Hauptamtliche aber auch noch etwas weiteres gemeint, nämlich die Vorstellung, dass eine Professionelle sich deutlich weniger fragt, ob sie die Aufgabe des Kontakteknüpfens gerne übernehmen würde, weil es sich um ihre berufliche Aufgabe handelt und es weniger zur Debatte steht, mit welchen Menschen sie persönlich gern sprechen möchte. Im Ergebnis könnte, zumindest für einen Teil der Befragten, die Lösung darin bestehen, mehr Kapazitäten für diese Aufgabe der Öffnung zu schaffen: *„wenn wir hier zehn Petras hätten"*. Dies würde die ehrenamtlichen Mitarbeitenden nicht nur davon entlasten, selbst über ihre inneren Schranken hinaus offen für neue Teilnehmende zu sein, sondern dies würde auch die faktischen Mängel in den Berührungsflächen zwischen den Lebenswelten beheben.

3.4 Zusammenschau und Ausblick auf Herausforderungen und Spielräume

In der Zusammenschau dieser Reflexionen fallen zunächst die wechselseitigen Zuschreibungen ins Auge sowie die Konstruktionen, wie sie sich in Bezug auf Differenzen und Ausschließungsprozesse finden. Auffällig ist, wie die Hauptschülerinnen und Hauptschüler einerseits und Mitarbeitende in der christlichen Jugendarbeit andererseits die gemeinsame Konstruktion einer erheblichen lebensweltlichen Differenz zwischen Jugendlichen in unterschiedlichen Schulformen teilen. Daraus ziehen beide Parteien jedoch ganz unterschiedliche Schlüsse: Während die Jugendlichen aus der Hauptschule diese Differenz gewissermaßen hinnehmen und sich nur in Bezug auf die Wertschätzung für *„Hauptschüler"* eine Veränderung wünschen, formulieren die Mitarbeitenden des CVJM diese Differenz als problematisch. Aus ihrer Sicht wird die Konstruktion von Differenz um zwei weitere Ebenen erweitert: die der sozialen Benachteiligung und die der inhaltlichen Distanz zum christlichen Glauben. Auf den Schnittstellen zwischen diesen Differenzebenen entsteht die Konstruktion einer komplexen Problematik, die in der Wahrnehmung der Zielgruppe ihren Anfang nimmt und in der Wahrnehmung des internen Dilemmas einer notwendigen, aber unangenehmen – und vielleicht von manchen auch ungewollten – Öffnung des CVJM ihren Höhepunkt erreicht.

Zu überlegen ist angesichts dieser Ergebnisse, wie inmitten dieser wechselseitigen Konstruktionen das christliche Anliegen, alle Jugendlichen und damit explizit auch diejenigen, die die Hauptschule besuchen, zu erreichen, durch den CVJM verfolgt werden kann. Unter den befragten Mitarbeitenden des CVJM kann nicht von einer einheitlichen Positionierung in Bezug auf Öffnung und Veränderung gesprochen werden. So bleibt unklar, ob der Wunsch nach Offenheit für neue Teilnehmende aus bisher wenig erreichten Zielgruppen tatsächlich von der Mehrheit der Mitarbeitenden geteilt wird, und zwar dahingehend, dass tatsächliche Änderungen im Angebot und in der Binnenstruktur der Gruppe der Mitarbeitenden stattfinden.[35] Denkbar wäre auch, dass im Prozess der Wahrnehmung neuer Zielgruppen und eigener Bedürfnisse, wie das etwa mit den Gruppendiskussionen geschehen ist, intern eine neue Klarheit über die Funktion des CVJM nach außen (gegenüber verschiedenen Zielgruppen) und nach innen (gegenüber Mitarbeitenden und Teilnehmenden) gefunden wird. Wenn darin mehr Verständnis entsteht für lebensweltliche Kontexte, die eine soziale Passung zum CVJM erleichtern oder erschweren, dürfte damit schon viel gewonnen sein.

---

[35]   Dies ist im Projekt der nächste geplante Schritt, den nach einer langen Phase der Sichtung und Diskussion nun eine Mehrheit der Mitarbeitenden befürwortet.

4. Rückblick: Was eine milieu- oder zielgruppenspezifische diakonische Arbeit leistet

Am Beispiel von zwei Projekten wurden Lerneffekte in Bezug auf die kirchliche Arbeit mit bestimmten Zielgruppen formuliert. Beide Projekte haben in ihrem Vorhaben nicht dezidiert bestimmte Milieus fokussiert, sondern vor allem lebensweltliche Bezüge ausgewiesen, zu denen sie sich mehr Zugang wünschen, in denen sie zukünftig Menschen gern besser als bisher erreichen möchten. „Milieus" als Ziel einer solchen neuen Ausrichtung sind zwar alltagssprachlich inzwischen gebräuchlich, jedoch trifft der Fachbegriff in vielen Fällen, und auch hier in den beschriebenen Projekten, nicht das, was die Verantwortlichen meinen: Ein Milieu, verstanden als eine Gruppe von Menschen, die eine hohe Übereinstimmung zeigen, was Haltungen, ihre kommunikativen Gewohnheiten und stilistischen Vorlieben anbetrifft,[36] ist ja weder deckungsgleich etwa mit der Gesamtheit der Menschen, die eine Einrichtung wie einen Kindergarten nutzen oder eine bestimmte Schulart, z.B. die Hauptschule, besuchen. Umgekehrt finden sich Kinder und Jugendliche aus unterschiedlichen Milieus in einer Schulform wieder – es finden sich allerdings Kinder und Jugendliche aus manchen Milieus in einer Hauptschule überdurchschnittlich oft, und sie weisen auch überdurchschnittlich oft potenzielle soziale Belastungsfaktoren auf wie etwa einen Migrationshintergrund, einen niedrigen sozialen Status oder einen vergleichsweise geringen formalen Ausbildungsgrad der Eltern. Ebenso sind Menschen aus bestimmten Milieus mit einer höheren Wahrscheinlichkeit mehr oder weniger interessiert an Fragen des christlichen Glaubens oder an Angeboten der Ortsgemeinde oder des CVJM.[37] So ist in beiden Projekten der Begriff des Milieus sachlich richtig in den Hintergrund gerückt zugunsten anderer, konkreter Beschreibungen, die sich auf die Kindergartennutzung oder eine bestimmte Schulform beziehen.

Ein zentrales Ergebnis ist mit der dargestellten Deutlichkeit der Konstruktionen auf den verschiedenen Seiten der Projekte gegeben. Als sehr bestimmend für die Arbeit erweisen sich die Vorstellungen der verschiedenen Gruppen, vor allem der kirchlichen Gruppen, über die jeweils andere Seite. Die größte Herausforderung liegt in beiden Projekten in der aufmerksamen Wahrnehmung der Denkweisen und Bedürfnisse der angestrebten Zielgruppen und einer genauen Reflexion des eigenen Anliegens, sich zu öffnen und auf neue Zielgruppen hin auszurichten. Diese Herausforderung kann in ihrer Bedeutung in meinen Augen kaum überschätzt werden. Und in beiden Projekten liegt bereits in der Auseinandersetzung mit dieser Herausforderung eine erhebliche Chance der Weiterentwicklung von Kirche und Gemeinde.

---

[36] Schulz/Hauschildt/Kohler [3]2010: S. 45.
[37] Benthaus-Apel 2006: S. 217–219.

Zentral ist ebenso in beiden Projekten die Rolle des Diakons bzw. der Diakonin. Diese sind von den befragten Gruppen – innerhalb wie außerhalb der Kirche – sehr geschätzt und offenbar in ihrer Wirkung nach außen und innen hoch effektiv: Von „außen" betrachtet, aus der Perspektive der befragten Personen außerhalb kirchlicher Gruppen, ist kirchliches Handeln mit der Person des Diakons oder der Diakonin in einer überzeugenden und angenehmen Art präsent. Nach „innen", aus der Sicht der Mitarbeitenden, ist die Wirkung ebenso deutlich: Hier wird – in der Person des Diakons und der Diakonin – die Kirche nach außen sichtbar. Und damit wird eine Leistung erbracht, die eigentlich alle Gemeindemitglieder erbringen müssten, aber aus Gründen der lebensweltlichen Differenz nicht oder nur in begrenztem Umfang erbringen können. Im hauptamtlichen Diakonat, bewusst angesiedelt auf lebensweltlichen Schnittstellen, lassen sich Außenkontakte in einer Vielzahl und Intensität erreichen, die ihnen auch nach innen eine erhebliche Bedeutung verleiht. Mit der Hauptamtlichkeit – also einer Freistellung für eine Kontaktarbeit, die für die meisten Kirchenmitglieder eine enorme Herausforderung wäre, sowie einer professionellen Zuständigkeit für derartige Kontakte – scheint ein Zugang geschaffen, der in den Augen der meisten Befragten auf anderem Weg nicht hätte geschaffen werden können. Möglicherweise besteht in der Wirkung dieser Hauptamtlichen nach innen deren eigentliche Bedeutung für die Kirche und ihre Gemeinden, indem hier ein institutionalisierter und effektiver Auftritt einer Gemeinde nach außen eingerichtet wird, der alle anderen spürbar entlastet.

Relevant erscheinen außerdem die Erkenntnisse, die sich in grundsätzlicher Perspektive aus dieser Analyse in Bezug auf eine zielgruppenorientierte Arbeit in Kirche und Gemeinde ergeben: Auch wenn kirchliche Gruppen sehr deutlich das Bedürfnis oder den Auftrag verspüren, sich „nach außen" zu wenden und neue Zielgruppen zu erreichen, so sind doch die Chancen einer solchen Öffnung sehr begrenzt. Aus Theorien sozialer Differenzierung oder Segmentierung, etwa der Milieutheorie, ist bekannt, wie sehr solche Bestrebungen der eigentlichen Dynamik sozialer Gruppenbildung entgegenwirken. Milieus, um im Beispiel zu bleiben, finden einen wesentlichen Zweck ihrer Ausformung darin, Sicherheit und Identifikationsmöglichkeiten nach innen (gegenüber Angehörigen desselben Milieus) zu schaffen und dafür eine gewisse Abschließung nach außen zu bewirken. Es gehört gewissermaßen zur Dynamik jeder sozialen Gruppe, sich in einem gewissen Umfang abzuschließen, damit die Gruppe diese Leistung auch erbringen kann. Die Idee, sich zu öffnen und sich – etwa mit einem Verkündigungsauftrag – ganz auf neue Zielgruppen einzulassen, widerspricht den grundlegenden Dynamiken der Gruppenbildung und ist darum nur in Ansätzen leistbar, etwa um die eigene Gruppe immer wieder neu zu justieren und an die Umgebung anzupassen.[38] Dies spüren die befragten kirchlichen Gruppen sehr genau,

---

[38]   Organisationstheoretisch gesehen gehört ein solches Bestreben nicht auf die Ebene einer überschaubaren Gruppe, wie die Ehrenamtlichen in der Familienarbeit oder die Mitarbeitenden im

wo sie ihre Befangenheit gegenüber Neuen und auch ihren Unwillen zur Veränderung zum Ausdruck bringen. Wo um des Evangeliums willen eine Öffnung und ein Erreichen neuer Zielgruppen angestrebt wird, darf darum nicht außer Acht gelassen werden, dass auch in Gemeinden soziale Gruppen ihre Eigendynamik haben und diese weiterhin brauchen. Hier ist die Diakonin oder der Diakon vermutlich tatsächlich eine wichtige Person, um solche Brückenfunktionen wahrzunehmen – im Interesse, zur Entlastung und zum Schutz bestehender Gruppen. Eine dauerhafte „Milieuüberschreitung" oder „milieuübergreifende Arbeit"[39] innerhalb einer Gruppe erscheint als naive Überforderung, der eine kirchliche Gruppe nicht ausgesetzt werden sollte.[40]

Zuletzt sei noch auf ein Ergebnis aus der Projektarbeit hingewiesen, das ebenso aus Milieutheorie und Kirchentheorie bekannt ist: Ob sich Menschen von der (hier: kirchlichen) Arbeit erreichen lassen, ist immer nur teilweise dadurch steuerbar, dass eine Annäherung an die fremde Lebenswelt, das wenig vertraute Milieu oder die unbekannte Denkwelt gelingt. Viel stärker, das zeigen die Ergebnisse aus den Projekten deutlich, wirkt sich auf einen möglichen Kontakt aus, ob ein grundsätzliches Interesse an Kirche, Glauben oder christlicher Gemeinschaft besteht oder ob persönliche wichtige Beziehungen zu kirchlichen Menschen bestehen oder aufgebaut wurden. Wer hier, wie im Beispiel der Jugendlichen mit ihrem Bauwagen sichtbar wurde, wenig Bedarf verspürt und bisher keine Anknüpfungspunkte an kirchliche Arbeit hatte, kann sich kaum vorstellen, auf die angebotenen Möglichkeiten einzugehen. Hier bleibt es im besten Fall bei positiven Zuschreibungen einer sinnvollen Veranstaltung für andere, die so etwas brauchen.[41] Auch hier ist es in meinen Augen wesentlich, Gemeinden und ihre Gruppen vor Überforderung zu schützen, indem das Ziel, Menschen aus neuen Zielgruppen zu erreichen, realistisch formuliert wird.

CVJM es sind, sondern auf die Ebene der Organisation: der Kirchengemeinde oder des CVJM insgesamt. Von hier aus könnte beispielsweise ein CVJM ein neues Segment für neue Zielgruppen eröffnen, indem sich unter dem „Dach" des Vereins wiederum eine neue Gruppe formiert, etwa ein offener Treff mit neuen Engagierten, der nach den stilistischen Vorlieben ihrer Mitglieder ausgestaltet werden kann. Hier ist dann der Anspruch zurückgestellt, die Teilgruppen müssten in enger Zusammenarbeit miteinander stehen. Es genügen wenige gemeinsame Schnittstellen wie Jahresfeste, um die Zusammengehörigkeit zu verdeutlichen.

[39]   Zu unterschiedlichen Strategien vgl. Schulz/Hauschildt/Kohler [3]2010: S. 219–227 und S. 259–262.

[40]   Vgl. Hauschildt/Kohler/Schulz 2012.

[41]   Solche Lerneffekte sind bei Projekten milieuspezifischer kirchlicher Arbeit bereits erschlossen worden; vgl. beispielhaft Ahrens/Wegner 2008: S. 65–101. Die Vertrautheit der Befragten mit kirchlichen Angeboten hat eine zentrale Bedeutung für die Entscheidung, ein Angebot zu nutzen, nicht die Attraktivität des aktuellen Angebots.

Literatur

Ahrens, Petra-Angela/Wegner, Gerhard (2008): „Hier ist nicht Sklave noch Freier". Erkundungen der Affinität sozialer Milieus zu Kirche und Religion in der Evangelischlutherischen Landeskirche Hannovers. Hannover.

Ahrens, Petra-Angela/Wegner, Gerhard (2013): Soziokulturelle Milieus und Kirche. Lebensstile – Sozialstrukturen – kirchliche Angebote. Stuttgart.

Benthaus-Apel, Friederike (2006): Lebensstilspezifische Zugänge zur Kirchenmitgliedschaft. In: Huber, Wolfgang/Friedrich, Johannes/Steinacker, Peter (Hg.): Kirche in der Vielfalt der Lebensbezüge. Die vierte EKD-Erhebung über Kirchenmitgliedschaft. Gütersloh. S. 205–236.

Bourdieu, Pierre (1982): Die feinen Unterschiede. Kritik der gesellschaftlichen Urteilskraft. Frankfurt a.M.

Hauschildt, Eberhard/Kohler, Eike/Schulz, Claudia (2012): Wider den Unsinn im Umgang mit der Milieuperspektive. In: Wege zum Menschen (WzM) 64. Jg. H. 1/2012. S. 65–82.

Hermelink, Jan/Lukatis, Ingrid/Wohlrab-Sahr, Monika (Hg.): Kirche in der Vielfalt der Lebensbezüge. Die vierte EKD-Erhebung über Kirchenmitgliedschaft. Bd. II: Analysen zu Gruppendiskussionen und Erzählinterviews. Gütersloh.

Luhmann, Niklas (1972): Die Organisierbarkeit von Religionen und Kirchen. In: Jakobus Wössner (Hg.): Religion im Umbruch. Stuttgart. S. 245–285.

Otte, Gunnar (2004): Sozialstrukturanalysen mit Lebensstilen. Eine Studie zur theoretischen und methodischen Neuorientierung der Lebensstilforschung. Wiesbaden.

Przyborski, Aglaja/Wohlrab-Sahr, Monika (³2010): Qualitative Sozialforschung. Ein Arbeitsbuch. München.

Sammet, Kornelia (2006): Vergemeinschaftung in Gruppen: Lebensstile, Gruppenidentität und Abgrenzungen. Analysen der Gruppendiskussionen. In: Hermelink, Jan/Lukatis, Ingrid/Wohlrab-Sahr, Monika (Hg.): Kirche in der Vielfalt der Lebensbezüge. Die vierte EKD-Erhebung über Kirchenmitgliedschaft. Bd. II: Analysen zu Gruppendiskussionen und Erzählinterviews. Gütersloh. S. 59–136.

Schlippe, Arist von/Schweitzer, Jochen (1997): Lehrbuch der systemischen Therapie und Beratung. Göttingen.

Schloz, Rüdiger (2006): Kontinuität und Krise. Stabile Strukturen und gravierende Einschnitte nach 30 Jahren. In: Huber, Wolfgang/Friedrich, Johannes/Steinacker, Peter (Hg.): Kirche in der Vielfalt der Lebensbezüge. Die vierte EKD-Erhebung über Kirchenmitgliedschaft. Gütersloh. S. 51–88.

Schulz, Claudia (2009): Exklusion, Bindung und Beteiligung in der Kirche. Herausforderungen aus Geschlechter- und Milieufragen. In: Karle, Isolde (Hg.): Kirchenreform. Interdisziplinäre Perspektiven. APrTH 41. Leipzig. S. 67–80.

Schulz, Claudia/Hauschildt, Eberhard/Kohler, Eike (³2010): Milieus praktisch. Analyse- und Planungshilfen für Kirche und Gemeinde. Göttingen.

Schulz, Claudia/Hauschildt, Eberhard/Kohler, Eike (2010): Milieus praktisch II. Konkretionen für helfendes Handeln in Kirche und Diakonie. Göttingen.

Schulz, Claudia (2012): Kirchliche und gemeindliche Bildungsarbeit zwischen Milieuorientierung und „Einheitsbildung". In: Bubmann, Peter/Doyé, Götz/Keßler, Hildrun/

Oesselmann, Dirk/Piroth, Nicole/Steinhäuser, Martin (Hg.) (2012): Gemeindepädagogik. Berlin. S. 235–257.

Schulze, Gerhard (1992): Die Erlebnisgesellschaft. Kultursoziologie der Gegenwart. Frankfurt a.M.

Ellen Eidt

Ehrenamtliche in diakonischen Handlungsfeldern

Herausforderungen für das Ehrenamtsmanagement in
Gemeinde- und Gemeinwesendiakonie

Ohne freiwillige Hilfeleistungen im privaten und öffentlichen Bereich wäre das soziale Netz auch in einer modernen Gesellschaft nur wenig tragfähig, und es besteht ein breiter Konsens darüber, dass wechselseitige Hilfeleistung zu den elementaren Grundvollzügen des Menschseins gehört.[1] Im Diskurs um den Stellenwert ehrenamtlichen Handelns für die Weiterentwicklung des Sozialstaates spielt die Frage, welche Aufgaben zukünftig ehrenamtlich wahrgenommen werden können, eine wichtige Rolle, und zu den wichtigsten Erwartungen an freiwilliges Engagement gehört für viele Menschen, dass man damit „anderen Menschen helfen kann"[2]. Sowohl für die Gesellschaft als Ganze als auch für das individuelle Selbstverständnis Einzelner hat freiwilliges soziales Engagement demnach einen hohen Stellenwert.

Entgegen der Erwartung einer Krise des öffentlichen Ehrenamtes,[3] die vor allem im Zuge des Individualisierungsdiskurses[4] in den 1980er und 1990er Jahren prophezeit wurde, stabilisierte sich die Zahl derer, die sich im öffentlichen Bereich freiwillig engagieren, auf hohem Niveau. 23 Millionen Menschen, also 36% der deutschen Bevölkerung über 14 Jahren, zählen sich laut Freiwilligensurvey 2009 zu den öffentlich Aktiven. Das bedeutet eine leichte Steigerung um 2%

---

[1]   Vgl. dazu Christa Schnabel 2010: S. 123, die zusammenfassend schreibt: „Fürsorge, die Menschen einander wechselseitig als Zeichen der Anerkennung, der Verbundenheit, der Wertschätzung oder der Liebe zukommen lassen, gehört zu den Grundvollzügen humanen Umgangs miteinander."

[2]   Bundesministerium 2009: S. 119. Die Bedeutung dieser Erwartung ist im Zehnjahresvergleich zwischen 1999 und 2009 gleich geblieben.

[3]   Ich werde mich in der folgenden Untersuchung auf diesen Bereich des öffentlichen Ehrenamtes begrenzen, da das Projekt „Diakonat – neu gedacht, neu gelebt" vor allem dieses Segment des freiwilligen Engagements im Blick hatte und deshalb die entsprechenden Daten vorliegen. Soziale Hilfeleistung im privaten Bereich bleibt hier also weitgehend unberücksichtigt und muss an anderer Stelle erforscht werden. Zur Diskussion um die sozial diskriminierenden Aspekte einer solchen Perspektivenbegrenzung vgl. Munsch 2011.

[4]   Mit der Individualisierungsthese werden in den Sozialwissenschaften Beobachtungen zu drei miteinander zusammenhängenden gesellschaftlichen Entwicklungstendenzen zusammengefasst: der kulturelle Wertewandel weg von gemeinschaftsförderlichen hin zu selbstverwirklichungsorientierten Werten, die Ablösung einer eher soziostrukturell bestimmten Klasse durch eine soziokulturell bestimmte Milieuorientierung und die Erweiterung individueller Handlungs- und Verantwortungsspielräume in der sogenannten Multioptionsgesellschaft. Vgl. Kron/Horácek 2009: S. 8–11.

seit der ersten Befragung im Jahr 1999. Die Bereiche „Kirche und Religion" und
der Sozialbereich gehören in diesem Zeitraum zu den Segmenten, die einen besonders großen Anteil an diesem Wachstum verbuchen können. Zugleich wuchs
auch die Bereitschaft, bestehendes Engagement auszudehnen, noch leicht an,[5]
und es besteht ein stabiles Potenzial an Menschen, die nach eigener Einschätzung
– obwohl sie bisher selbst noch nicht zivilgesellschaftlich aktiv sind – über eine
nachdrückliche Bereitschaft[6] zu freiwilligem Engagement verfügen. Diese Bereitschaft ist im Hinblick auf den sozialen Bereich sogar grundsätzlich besonders
hoch und in den letzten zehn Jahren noch deutlich gewachsen.[7]

Deshalb lautet auch der Titel und die erfreuliche Botschaft der Sonderauswertung des dritten Freiwilligensurveys[8] für die Evangelische Kirche: „Evangelisch
engagiert – Tendenz steigend".[9] Angesichts sich verändernder Motivationen und
Erwartungen bei den freiwillig Engagierten und bei denjenigen, die grundsätzlich
zum Engagement bereit sind, bedarf es im Hinblick auf die unterschiedlichen
Felder und Formen freiwilligen Engagements in Kirche und Diakonie jeweils
differenzierter Rollenklärungen für das Zusammenwirken von Haupt- und Ehrenamtlichen, wenn diese gesellschaftlich wünschenswerte Tendenz stabilisiert
werden soll. Diese Beobachtung zeigt, dass sich hinter der erfreulichen Tendenz
stabilen oder sogar leicht wachsenden ehrenamtlichen Engagements zugleich
eine erhebliche Gestaltungsaufgabe für die Hauptamtlichen in kirchlich-diakonischen Handlungsfeldern auftut. Denn es sind im Bereich der Gemeinde- und
Gemeinwesendiakonie in der Regel Hauptamtliche, meist Pfarrerinnen und
Pfarrer oder Diakoninnen und Diakone, die für die Gewinnung und Begleitung
Ehrenamtlicher Verantwortung tragen.[10]

Zu einer vertieften Sicht der „Problematik der Relationierung verschiedener
Personalgruppen in den Sozialen Diensten"[11] kann im Rahmen der Evaluation
des Projekts „Diakonat – neu gedacht, neu gelebt" mit Hilfe von drei „Tiefenbohrungen"[12] ein Beitrag geleistet werden. Ich werde dazu drei verschiedene
Typen ehrenamtlichen Engagements in diakonischen Handlungsfeldern unter
die Lupe nehmen: (1.) ehrenamtliche Arbeit im unmittelbaren Klientenkontakt
am Beispiel von Familienpatinnen, die Hilfestellungen für Familien in prekären
Lebenssituationen leisteten, (2.) die Arbeit von Diakoniebeauftragten in einem

---

[5]   Vgl. dazu insgesamt Bundesministerium 2009, hier S. 109.

[6]   Dieses Potenzial liegt zwischen 1999 und 2009 gleichbleibend bei 10–12% der bundesdeutschen
    Bevölkerung über 14 Jahren. Vgl. Bundesministerium 2009: S. 127.

[7]   Vgl. Bundesministerium 2009: S. 136.

[8]   Vgl. Bundesministerium 2009.

[9]   Vgl. Seidelmann 2009.

[10]   Vgl. dazu v.a. das Resümee von Seidelmann 2009: S. 34. Vgl. außerdem Roß 2010.

[11]   Hamburger 2011: S. 325. Bei Hamburger 2011 findet sich auch ein hilfreicher Überblick über
    die Geschichte des Verhältnisses von Haupt- und Ehrenamt in sozialen Handlungsfeldern und
    die mit diesem Verhältnis verbundenen aktuellen Herausforderungen.

[12]   Dieser Begriff wird im Evaluationskonzept des Projekts „Diakonat – neu gedacht, neu gelebt"
    genutzt und im Kapitel I erläutert.

Kirchenbezirk, die dort als Verantwortliche für die Diakonie in Kirchengemeinden verstanden werden, und (3.) die Zusammenarbeit von Ehrenamtlichen mit Klienten des sozialen Hilfesystems in einem gemeinsamen Projekt am Beispiel eines Diakoniekaufhauses. Für jeden dieser drei Typen freiwilligen diakonischen Engagements lassen sich spezifische Aufgabenstellungen für das Ehrenamtlichenmanagement ableiten. In der Zusammenschau wird sich daraus dann (4.) eine Gesamteinschätzung der Herausforderungen für die Zusammenarbeit von Haupt- und Ehrenamtlichen in diakonischen Handlungsfeldern ergeben, in deren Zusammenhang die zentralen Lerneffekte dieser Evaluationsstudie noch einmal akzentuiert werden. In verschiedenen Zusammenhängen werden dabei dann durchaus auch die Mechanismen Beachtung finden, die innerhalb des ehrenamtlichen Engagements dazu beitragen, dass „verdeckt unter dem Anspruch der Solidarität, soziale Ungleichheit und Machtverhältnisse"[13] reproduziert werden. Möglicherweise kann diese Untersuchung damit auch zu einer heilsamen Begrenzung der gesellschaftlichen und kirchlich-diakonischen Erwartung hinsichtlich einer sozial-integrativen Funktion bürgerschaftlichen und ehrenamtlichen Engagements beitragen.

1.   Ehrenamtliches Engagement f ü r Klientinnen und Klienten

Kirche und Diakonie sind traditionell stark im Engagement „für Andere".[14] Innerhalb des Projekts „Diakonat – neu gedacht, neu gelebt" will ich diesen Typus ehrenamtlicher Arbeit exemplarisch an einem Familienpatenmodell untersuchen, das im Rahmen des Teilprojekts „Eine Chance für Kinder" in der württembergischen Stadt Schwenningen entwickelt wurde. Deshalb beginne ich, nach einem knappen Überblick über Patenmodelle im Allgemeinen, mit einer kurzen Darstellung der Praxis dieses Familienpatenmodells (1.1). Als Datengrundlage für die Evaluation dient eine Gruppendiskussion, die ich mit drei Familienpatinnen durchgeführt habe. Darin lassen sich Diskurslinien zeigen (1.2), die auf zentrale Gestaltungsaufgaben für hauptamtliches Ehrenamtsmanagement im Hinblick auf ehrenamtliches Engagement f ü r Klientinnen und Klienten hinweisen (1.3).

1.1 Das Familienpatenmodell in Schwenningen

Patenmodelle erleben gegenwärtig einen allgemeinen Boom im Bereich der Sozialen Arbeit. Bildungspatinnen und Jobpaten, Vorlesepatinnen und Ersatzgroßeltern sind nur einige Beispiele dafür, dass Ehrenamtliche über Ehrenamtsagen-

---

[13]   Munsch 2011: S. 747. Vgl. Gensicke 2012.
[14]   Vgl. dazu Luhmann 2000: S. 305 Anm. 49 mit Verweis auf Baecker 2007 [1994].

turen vermittelt oder unter professioneller Anleitung zu einer Erweiterung individueller sozialer Netzwerke beitragen. Meist übernehmen sie klar abgegrenzte Aufgaben, oft zur Unterstützung professioneller Dienste[15] oder innerhalb bestehender Bildungseinrichtungen[16]. Sie werden aber auch dort aktiv, wo – beispielsweise auf Grund gewachsener Mobilität und veränderter Rollenbilder – auf familiäre Unterstützungsmechanismen nicht zurückgegriffen werden kann oder soll: in der Kinder- und Altenbetreuung. Bereits diese erste Orientierung im Feld der Patenmodelle lässt erahnen, welche Vielzahl unterschiedlicher Zielsetzungen und methodischer Vorgehensweisen sich innerhalb dieser Kategorie auftun. Damit verbindet sich die Frage nach der Trennschärfe des Begriffs „Patenschaft" in diakonischen Zusammenhängen und die Aufgabe, in jedem einzelnen Fall mit dem Begriffsverständnis auch die Rolle der freiwillig Engagierten gegenüber ihren Klientinnen und Klienten sorgfältig zu bestimmen.

Bereits im Projektantrag der Gesamtkirchengemeinde Schwenningen war der „Aufbau eines Ehrenamtlichen-Projekts mit dem Ziel, Familien im häuslichen Umfeld zu unterstützen"[17] geplant, das dann im Zuge der Umsetzung die Überschrift „Familienpatenmodell" bekam und mit hohen Erwartungen aufgeladen wurde. Die Familienpatinnen sollten als Brückenbauerinnen zwischen Familien in prekären Lebenslagen und der örtlichen Kirchengemeinde wahrgenommen werden, den Familien Hilfe zur Selbsthilfe leisten und die Resilienz[18] – vor allem der Kinder – stärken.

Im Laufe weniger Monate wurden insgesamt elf potenzielle Familienpatinnen und Paten gewonnen, neun wurden geschult und acht kamen letztlich in insgesamt elf Familien zum Einsatz. Von diesen elf Familien wurden fünf nur kurz betreut (zwei bis sechs Besuche durch eine Patin), in den übrigen Familien dauerte der Einsatzzeitraum drei bis neun Monate. Als wöchentliche Einsatzzeit waren ein bis zwei Stunden vorgesehen. Während ihrer Einsatzzeit wurden die Ehrenamtlichen von einer Diakonin supervisorisch begleitet und hatten im Rahmen monatlicher Patentreffen Gelegenheit zu fachlichem und persönlichem Austausch. Nach etwa eineinhalb Jahren beendeten die letzten Patinnen ihren Einsatz und wurden in feierlichem Rahmen verabschiedet. Bei dieser Gelegenheit fand auch die gemeinsame Befragung von drei Familienpatinnen statt, die die Grundlage für die folgende Analyse bildet.[19]

---

[15] Z.B. Ausbildungsplatzvermittlung der Agentur für Arbeit.
[16] Z.B. Kindertagesstätten, allgemeines und berufliches Schulwesen.
[17] Zitat aus dem Projektantrag.
[18] Seelische Widerstandskraft.
[19] Diese Befragung wurde von mir selbst durchgeführt. Den Diskussionsbeteiligten wurde ich jedoch von der verantwortlichen Diakonin als Kollegin aus Stuttgart vorgestellt. Eine Beeinflussung des Diskussionsverlaufs durch meine Rolle als Projektverantwortliche ist deshalb auszuschließen.

1.2 „Weil wir nicht die professionellen Helfer sind"[20] – Familienpatinnen zwischen Anspruch und Wirklichkeit

Bereits in einer ausführlichen Vorstellungsrunde zu Beginn des Gesprächs beenden alle befragten Patinnen ihre Ausführungen mit einer zusammenfassenden Bewertung ihres Einsatzes. Darin präsentieren sie (1.) einerseits eine Bündelung der in ihren Augen erfolgreichen Aspekte ihrer Arbeit mit den Familien und bieten (2.) andererseits eine prägnante Analyse der von ihnen als problematisch empfundenen Anteile. In der (3.) Darstellung werde ich jeweils von diesen anfänglichen Zusammenfassungen ausgehen und diesen die darauf aufbauenden Diskurslinien des Gesprächs zuordnen. In der Gegenüberstellung der verschiedenen Bewertungen eigener Arbeit in diesem Familienpatenmodell wird zugleich deutlich, welche entscheidende Rolle ursprüngliche, persönliche Motivation und eigene Zielsetzungen für die individuelle Gestaltung ihres freiwilligen Engagements bei diesen Familienpatinnen spielen.

(1.) In der Rückschau auf die Erfahrungen in den Einsätzen als Familienpatin erfahren – mit jeweils unterschiedlicher Akzentuierung – drei verschiedene Einzelaspekte eine positive Bewertung: Ganz konkrete Hilfestellungen, die den Familien gegeben werden konnten, werden durch alle drei Familienpatinnen positiv bewertet. Dabei unterscheiden sich die in diesem Zusammenhang berichteten Hilfeleistungen erheblich. Sie erstrecken sich von Spaziergängen und Gesellschaftsspielen mit Kindern im Grundschulalter über persönliche Gespräche mit Jugendlichen und Müttern bis hin zur Vermittlung von zwei Kindern in die Ganztagsbetreuung einer Kindertagesstätte und eines ambulanten Therapieplatzes für eine Mutter. Zwei Patinnen berichten hörbar persönlich berührt und in sehr wertschätzender Weise von einem vertrauensvollen Kontakt sowohl zu Müttern als auch zu Kindern und Jugendlichen in den Familien, der Gespräche über persönliche Gedanken und Gefühle ermöglicht hat. In einem Fall rechnet sich eine Patin als einen wichtigen Erfolg ihrer Arbeit an, dass ihrer Meinung nach erst durch ihre vertieften Beobachtungen in herausfordernden Alltagssituationen die ganze Tragweite einer familiären Problematik für die zuständigen Fachleute sichtbar gemacht werden konnte.

Obwohl die Schilderungen der Schwierigkeiten im Rückblick auf die Pateneinsätze den weitaus größten Teil des Gesprächsgeschehens einnehmen, kommen die drei befragten Familienpatinnen ganz am Ende ihrer Ausführungen dennoch zu einer insgesamt positiven Einschätzung des Familienpatenmodells in Schwenningen:

---

[20] Zitat aus der Gruppendiskussion mit Familienpatinnen.

Fr. Rieber:	Also an sich finde ich das Modell gut, die Idee ist gut, die dahinter ist. (…) Wenn man jetzt sagen würde, aufgrund unserer Frustration, wir lassen das, das fände ich auch wieder schade, und dass auch Kirche irgendwie so präsent, sich präsent macht.
Fr. Christ:	Also das Projekt ist auf keinen Fall schlecht, (…) im Gegenteil. Ich bin ja auch schon in meiner zweiten Familie jetzt gewesen. Und in der ersten konnte ich durch Gespräche, einfache Gespräche, viel helfen und konnte das dann auch erfolgreich abschließen. (…) Da war das natürlich einfacher weil von der Problematik her war das gar nicht so tiefgreifend. Dann ist das auch zufriedenstellend für alle Seiten, aber jetzt eben [in] der zweiten Familie war das so heftig, dass es eben nicht zufriedenstellend ist, für keine Seite. (…)
Fr. Igel:	Also ich finde das Projekt auch gut und ich denke es ist auch nötig. (…)

(Gruppendiskussion Familienpatinnen)

In diesen abschließenden, positiven Bewertungen des Familienpatenmodells taucht nun mit dem Stichwort „kirchliche Präsenz" ganz kurz ein ansonsten unerwähnt gebliebener Aspekt dieses Familienpatenmodells auf. In nicht näher ausgeführter Weise scheint zumindest für diese eine Patin im Hintergrund ihrer Arbeit gedanklich mitzulaufen, dass es sich bei diesem Projekt um ein Projekt der Kirche handelt und dass dadurch Kirche in irgendeiner Form „anwesend" ist. Ob damit eher die Gegenwart der Patin im Alltag der Familien in problembelasteten Lebenslagen gemeint ist oder die öffentliche Präsenz des Projekts in den Medien, bleibt hier offen. Zugleich erscheint die Idee eines Patenmodells trotz allem irgendwie gut: Einerseits tritt für diese Familienpatinnen die Notwendigkeit der Hilfeleistung für die betroffenen Familien gerade durch die Erfahrung der kaum oder gar nicht zu bewältigenden Problemstellungen umso deutlicher hervor und andererseits gelingen in ihren Augen im Einzelfall durchaus konkrete Hilfeleistungen, was durch den exemplarischen Verweis auf hilfreiche Gespräche hier noch einmal illustriert wird. Allerdings bindet diese Patin ihr Gefühl des Erfolgs an die als weniger problematisch erlebte Situation in einer der Familien.

(2.) Die - auch innerhalb der positiven Gesamtbewertung des Patenmodells angesprochene - Frustration der Familienpatinnen bezieht sich vor allem auf einen Aspekt sozialer Hilfe, der in den Sozialwissenschaften klassisch als „Technologiedefizit"[21] der Pädagogik und der Sozialen Arbeit bezeichnet wird. Wie sich diese besondere Herausforderung für die befragten Familienpatinnen darstellt und welche Lösungsansätze sie im Verlauf der Diskussion konstruieren, lässt sich an der folgenden Gesprächspassage ablesen, die ich in zwei Abschnitten interpretieren werde:

Fr. Rieber:	(…) Ich weiß nicht ob das so ein gutes Modell ist. Das möchte ich jetzt einfach mal jetzt anfragen, weil wir nicht die professionellen Helfer sind.
Fr. Christ:	So ist es.
Fr. Rieber:	Wir, also ich hab mich da irgendwie, wir sind ja auch nicht ausgewählt, weil die Familien uns mögen, sondern wir werden da hingeschickt, also wenn wir Glück haben, entsteht da eine Sympathie. Bei mir, in meinem Fall war ich immer ganz unsicher, was denkt sie jetzt, wenn ich wieder komme. Sie hat auch ein paar Mal, ich glaub auch zu Frau Miller [Diakonin] gesagt, dass ihr das jetzt wenig hilft, weil da keine Beziehungen wachsen kann, durch diese starke Unregelmäßigkeit, und ich denke wenn so eine Beziehung wächst, weil man sich mal getroffen hat, sagt wir können miteinander, hat das vielleicht mehr Sinn. Also ich denke, man müsste mal die Mutter fragen, was haben sie denn jetzt von dem Einsatz gehabt, hat es ihnen denn was gebracht?
Fr. Christ:	Ja das ist immer die Frage. Weil ich war eigentlich auch immer der seelische Mülleimer. Also ich wurde an manchen Tagen von der Mutter zwei drei Mal angerufen, stell dir vor es ist das wieder passiert, aber nur für die negativen Sachen, also wenn es positiv war, hab ich Monate lang manchmal nichts gehört, aber sobald irgendwas kleines nur, was ihr ganzes Konzept durcheinander bringt, passiert ist, hat sie mit mir telefoniert. Gut ich war natürlich auch dazu bereit, mir das anzuhören klar. Aber es ist halt, aber man ist halt auch nur Laie. Was will man dann raten, bei

---

[21] Erstmals verwendet wurde dieser Begriff 1982 von Niklas Luhmann und Karl Eberhard Schorr. Sie nehmen damit Bezug auf die viel ältere Beobachtung, dass zwar in technischen Systemzusammenhängen kausale Ursache-Wirkungs-Zusammenhänge feststellbar sind, vergleichbar eindeutige Kausalitätszuschreibungen in psychischen und sozialen Systemzusammenhängen jedoch nicht gelingen. Nur auf der Grundlage linearer Kausalität lassen sich jedoch Technologien (Methoden) für eine zuverlässige Zielerreichung konstruieren (Aufgabe A lässt sich mit Methode X so bearbeiten, dass am Ende Zustand B erreicht sein wird). Im Bereich der Pädagogik und der Sozialen Arbeit gibt es deshalb keine Methoden (Technologien), die es erlauben, den Effekt ihres Einsatzes mit Sicherheit vorherzusagen. Stattdessen werden im Rahmen der Hilfeplanung in der Sozialen Arbeit hypothetische Kausalitätsmodelle und rekursive Lernprozesse (Versuch → Auswertung → Weiterarbeit → Auswertung) angewandt. Vgl. dazu grundlegend Luhmann/Schorr 1982: S. 11–40 (Erziehung/Pädagogik) und Spiegel [4]2011: S. 42–43 (Soziale Arbeit).

Problemen wo man vielleicht auch nur so Erfahrungswerte austauschen kann, und dann sagt man, so jetzt weiter weiß ich auch nicht mehr. Und darum find ich es eigentlich wichtig, dass bei so einem Projekt auch irgendwo psychologischer oder pädagogischer Beistand wäre, oder jemand vom Jugendamt. Das ist das was in meiner Hinsicht fehlt. Denn alleine können wir das nicht packen. Niemals.

Fr. Rieber: Also in meinem Fall schon. Also das war jetzt kein differenzierter psychologischer Einsatz, aber eben diese Basis hat irgendwie gefehlt, diese Vertrautheit, dieser Zugang. Das wäre jetzt schon ein Projekt gewesen, also ich denk so eine hemdsärmlige Großmutter, die sagt dann, so jetzt machen wir das Kinder, keine Widerrede. Und dann bin ich eigentlich nicht der Typ, dann wäre das vielleicht gut gegangen. Oder die einen besseren Draht zu der Frau gefunden hätte. Also das war jetzt, mein Einsatz war ja nicht besonders schwierig. Waren ja überhaupt keine Probleme, außer dem kranken Kind, aber das war ja nicht das Thema, wo ich was ändern konnte.

Fr. Christ: Also ich finde halt, man kann die Kinder irgendwie aus dem gröbsten Schlammassel ziehen, in dem man irgendwas veranlasst oder wie auch immer. Und das ist ja Sinn des Projekts, dass es den Kindern wieder gut oder besser geht, und dann sind einem aber auch die Hände gebunden. Also so fand ich, so hab ich es empfunden, weil man weiß dann nicht mehr weiter und wenn dann solche derben Probleme auf einen zukommen. Also dann nützt auch kein Internet mehr, wo man sich schnell überlegt, was könnte das sein, woran kann das liegen also.

Fr. Rieber: Und man hat (…) ja auch gar keine Druckmittel zu sagen und jetzt wird das so gemacht.

Fr. Christ: Genau, eben.

Fr. Igel: Das find ich auch.

Fr. Rieber: Und das müssen sie jetzt so machen. Dazu haben wir keine Legitimation. Das wäre vielleicht notwendig, zu der Mutter zu sagen und heute Mittag muss ein Essen auf dem Tisch stehen.

Fr. Christ: Aber gerade in ihrer Familie, da gehört doch jetzt eine Familienhelferin vom Jugendamt [hin, die wäre da] genau am richtigen Platz.

(Gruppendiskussion Familienpatinnen)

Hier leitet die von einer Patin aufgeworfene grundsätzliche Frage nach der Tauglichkeit eines Modells, das ehrenamtliche Kräfte in sogenannten „Multiproblemfamilien"[22] zum Einsatz bringt, einen längeren Diskurs ein. Die drei Patinnen beschäftigen sich darin mit den Fragen, welche Faktoren ihren Einsatz erschweren und weitreichendere Erfolge verhindert haben und was gegebenenfalls für eine erfolgreiche Arbeit mit solchen Familien notwendig wäre. Den Ausgangspunkt dieser Diskurslinie bildet die grundlegende Unterscheidung zwischen „professionellen Helfern" und „Laien", wobei Laien charakterisiert werden als diejenigen, die im Idealfall aus ihrem Erfahrungsschatz Ratschläge geben können. Dabei teilen die Gesprächsteilnehmerinnen die Vermutung, dass diese Ratschläge dann auf fruchtbaren Boden fallen, wenn zuvor eine gute Beziehung zwischen Patin und Familie gewachsen ist. Diese Familienpatinnen gehen also davon aus, dass ihre Kompetenzen dann ausreichend sein könnten, wenn es zu einer optimalen Passung zwischen Patinnen und Familie käme. Wenn diese – nur schwer herstellbare optimale Passung – fehlt, dann kann in ihren Augen bei gravierenden Problemen nur professionell geholfen werden. Wenn es einfach nur um pragmatische Unterstützung geht, halten sie gegebenenfalls eine gewisse, mit Durchsetzungskraft verknüpfte „Hemdsärmeligkeit" durchaus für erfolgversprechend. Mit Professionalität verbinden die hier befragten Familienpatinnen in diesem ersten Argumentationsgang teilweise explizit, teilweise im Umkehrschluss ableitbar ein – aus professionellem Wissen gespeistes – größeres Beratungs- und Handlungsrepertoire, amtliche Durchsetzungsmacht und eine größere Kontinuität der Hilfe.

Vor allem die Frage nach „amtlichen Druckmitteln" beschäftigt diese drei Familienpatinnen in wechselnden Zusammenhängen immer wieder. So auch im unmittelbar anschließenden Diskurs um die Lethargie in einer der betreuten Familien:

| Fr. Igel: | (…) Es ist jetzt nicht so, dass sie misshandelt werden, also gar nicht, aber sie werden in gewisser Weise vernachlässigt und ihr Leben wird schon jetzt, also die Weichen für das Leben werden gestellt. Also dem Mädchen traue ich jetzt noch zu [, dass sie es] vielleicht irgendwann packt. (…) Der Junge ist aber (…), mittlerweile [sind] beide, in rechtsradikalen Kreisen. Das ist ihr [der Mutter] aber lieber, dass die in rechtsradikalen Kreisen sind als dass die allein zu Hause sitzen. (…) Und der Junge spielt Ballerspiele, die auf jeden Fall für 18-Jährige sind. Das Witzige ist dann, paar Mal ist es passiert, wenn ich da war, dann hat er das |

---

22 Das Label „Multiproblemfamilie" darf weder mit einer klinischen Diagnose noch mit einer soziologischen Kategorie verwechselt werden. Vielmehr handelt es sich um eine Zuschreibung, die eine Zielgruppe zu erfassen versucht, die in fast allen Bereichen des täglichen Lebens mit gravierenden Problemen zu kämpfen hat und nach Einschätzung von Fachleuten nur schwer Zugang zum aktuellen Hilfesystem erlangt. Vgl. Schuster 2004: S. 1.

Spiel gespielt und dann sagt sie, hey was ist da eigentlich für ein Spiel. Sie hat aber ihr Bett im Wohnzimmer. (…) Das heißt sie bekommt das die ganze Zeit, mit und dann bin ich da und dann denkt sie, jetzt muss ich was tun, jetzt muss ich mal Mutter sein. (…) Da will sie dann auf einmal, [da] merkt sie, man könnte das ja auch anders machen. Und dann ist es wieder alles zu viel. Und dann kommt man eine Woche später wieder, und dann liegt sie im Bett (…). Und das zermürbt, weil ich denke, die Frau Maurer, die heute fehlt, war die Lehrerin von den beiden. Sie kennt die von Grundschule auf, und da war die Mutter schon depressiv, hat sich nicht um die Kinder gekümmert. Die Valerie, die Tochter hat sich um den Bruder gekümmert, hat ihm Frühstück gemacht und hat ihn angezogen. Da frag ich mich, wieso? Wieso wird so einer Mutter nicht die Kinder weggenommen, das kann ich nicht begreifen.

Fr. Christ: Ja oder eine Unterstützung einfach mal (…)

Fr. Igel: Oder eine Unterstützung. Sie hat aber selber ein riesiges Problem, sie ist eine Tochter einer Alkoholikerin, die sie abgelehnt hat. Sie ist bei der Oma groß geworden.

Fr. Rieber: Wiederholen sich Muster.

Fr. Christ: Genau.

Fr. Rieber: Ja und das war ja eigentlich der Sinn dieser Patenschaft, dass jemand da ist, der ihr da ein bisschen auf die Sprünge hilft.

Fr. Igel: Ja, aber sie will nicht.

Fr. Rieber: Und da ist, denke ich, so eine Patin überfordert.

Fr. Igel: Ja, auf jeden Fall. Weil sie hat selber gute Ideen und sie ist auch nicht dumm. Sie hat selber gute Ideen und Ansätze und dann ist aber klar, dann schluck ich eine Tablette und dann ist mir alles egal. Vorher war sie aggressiv, früher, bevor sie die Tabletten geschluckt hat. Das verstehe ich nicht, da kann man, wenn man da so zuschauen muss, das find ich so schlimm also. (…)

Fr. Rieber: Ist halt nichts vorgefallen, was ein Einschreiten dann rechtfertigt.

Fr. Igel: Nein.

Fr. Christ: Ja, wenn die Mutter nicht mitmacht, kann man das sowieso vergessen. Dann kann man nichts erreichen. Das ist es halt.

(Gruppendiskussion Familienpatinnen)

Hier gibt eine der Patinnen einen sehr anschaulichen Einblick, wie sie diesen
Schritt in eine ganz andere Lebenswelt erlebt hat. Die hautnahe Konfrontation
mit Rechtsradikalismus, Alkoholmissbrauch, Depression und gewaltverherrli-
chenden Spielen lässt die Beteiligten deshalb in einem Gefühl der Macht- und
Hilflosigkeit zurück, weil die Passivität der Mutter eine Wendung zum Besseren
in unerreichbare Ferne rücken lässt. Der Ruf nach dem Jugendamt erscheint
dann als einziger Ausweg, obwohl die Patinnen selbst zugleich beobachten, dass
das, was in den Familien jeweils vorgefallen ist, ganz offensichtlich für ein Einschreiten des Jugendamtes noch nicht gravierend genug war. Diesen erlebten
Widerspruch zwischen ihrer eigenen Situationseinschätzung und Erwartung und
der tatsächlichen Handlungsweise des Jugendamtes lösen sie in ihrem Diskurs
dahingehend auf, dass sie gemeinsam das Schicksal der Kinder bedauern. Der
kollegiale Austausch mit anderen Patinnen, die inhaltliche Begleitung durch die
Diakonin und weitere Fachleute im Rahmen der monatlichen Patentreffen werden in diesem Zusammenhang zwar sehr wertgeschätzt, aber als – angesichts der
Größe der Herausforderung – nicht ausreichend eingestuft:

Fr. Rieber:	Ja, ich meine das reicht nicht hinten und nicht vorne. Damit stellt man keine Professionalität her. Ich fand es eine gute Be-gleitung und ich fand auch die Zusammenkünfte immer sehr hilfreich, damit man auch mal sagen konnte, was man da jetzt nicht so gut fand, oder einfach darüber reden konnte. Aber letz-ten Endes ist das so nicht zu leisten, denke ich.
(Gruppendiskussion Familienpatinnen)	

Dieses grundlegende Gefühl der Überforderung, das sich angesichts einer als
übergroß erlebten Aufgabenstellung bei den Familienpatinnen einstellt, scheint
in dieser Gruppendiskussion immer wieder alles andere zu überlagern, wirft aber
zugleich die Frage auf, wie es am Ende dennoch zu einer insgesamt positiven
Bewertung des Patenmodells durch diese Ehrenamtlichen kommen kann. Natürlich ist damit zu rechnen, dass die Verbundenheit mit der zuständigen Diakonin
und die allgemeine Tendenz, einem eigenen Engagement positiven Sinn zuzu-
schreiben, hierbei eine nicht zu unterschätzende Rolle spielen. Auf der Suche
nach einer Erklärung für dieses Phänomen bin ich in dieser Gruppendiskussion
auf zwei interessante Zusammenhänge in den Konstruktionen der Familienpatinnen gestoßen.

(3.) Der Überblick über den gesamten Diskussionsverlauf lässt erkennen, dass
die Patinnen immer dann Zufriedenheit zum Ausdruck bringen, wenn sie im
Rückblick für sich feststellen, dass sie klar umrissene Aufgabenstellungen erfolgreich bewältigen konnten, während sie sich als hilflos und machtlos erleben,
wenn sie in die gesamte Familiendynamik hineingezogen wurden. Diese Beobachtung wiegt umso schwerer, wenn man berücksichtigt, dass die Motivation

für den ehrenamtlichen Einsatz in Familien bei allen hier Befragten gerade nicht primär auf einfache und unmittelbare Hilfeleistungen, sondern auf eine umfassende Situationsveränderung in den betroffenen Familien ausgerichtet war:

Fr. Christ:	(…) Da hab ich dann so meinen Enkel vermisst, da hab ich mir gedacht, ja gut, dem kannst du jetzt nicht helfen, dem wird geholfen, aber du kannst bestimmt in irgendeinem Projekt anderen Kindern helfen, die mindestens genauso, wenn nicht noch mehr deine Hilfe benötigen.
Fr. Rieber:	(…) und ich hatte da auch gerade einen sehr großen Konflikt mit meinen Kindern, ich hab sechs Enkelkinder und hab eigentlich auch so ähnlich
Fr. Christ:	Aha.
Fr. Rieber:	bisschen gedacht da liegen bei mir so viele Kapazitäten brach. Ich würde so gern mit Kindern was machen. (…)
Fr. Igel:	Also ich bin dazu gekommen, ich habe von dem Projekt gelesen und dann, das stört mich eigentlich schon lange (…). Es sind jetzt junge Mütter vor allen Dingen muss ich sagen, die in Gruppen dastehen mit anderen Jugendlichen, rauchen und teilweise ist Alkohol im Spiel und die kleinen Kinder sind so drum herum, so nebensächlich (…) einfach so etwas lieblos, also die sind keine richtigen Mütter, richtig ist vielleicht der falsche Ausdruck, (…) Mutter sind sie, aber wollen gleichzeitig noch begehrenswert und jugendlich [sein]. Also dieser Spagat und dabei kommen die Kinder in meinen Augen zu kurz. Man sieht immer mehr vernachlässigte Kinder. Ich hab das auch im Nachbarhaus, wo Kinder also in meinen Augen nicht misshandelt werden, aber sie werden nicht sehr liebevoll behandelt. Und ich hab immer gedacht, ich muss irgendetwas tun. (…) Man ist Laie, man guckt zu, man würde gerne irgendetwas tun, aber man darf ja eigentlich gar nicht. Da hatte ich ein bisschen Hoffnung, dass man vielleicht ja, kleine Impulse geben kann oder so. (…) Ich weiß nicht, Rat geben nicht, weil das nimmt man nicht gerne an als junge Mutter oder so (…), sondern einfach durch Vorleben vielleicht ein bisschen mit den Kindern raus, oder spielen, sich um die kümmern, nicht vorm Fernseher sitzen und so Sachen. (…)
Fr. Christ:	(…) Ich habe im Gegenteil gedacht, ich kann Ratschläge geben, weil im Fernsehen verschlinge ich ja alles, was so mit Kindererziehung [zu tun hat], so Supernanny und all sowas. (…) Das guck ich so gerne an, und dann hab ich immer gedacht, Mensch die Frau, die tut so viel, eigentlich tut die ja wahnsinnig viel

> Gutes da in den Familien, diese Super Nanny. Nachher läuft das immer irgendwie, und dann hab ich gedacht, wenn du das auch könntest irgendwie mal so in eine Familie rein, vielleicht dann auch mal irgendwelche Ratschläge, die man jetzt auch so weiß, durch die eigenen Kinder oder wie auch immer. Und das man so eine Familie vielleicht auch wieder auf den rechten Weg bringen kann. Ja.
>
> (Gruppendiskussion Familienpatinnen)

Hier gewähren uns zunächst zwei Patinnen Einblicke in ihre persönliche Familiensituation: Beide erleben, dass sie ihr Großmuttersein nicht so gestalten können, wie sie es sich eigentlich wünschen, und sie wollen das Engagementpotenzial, das im familiären Kontext nicht zum Zug kommt, für andere einsetzen. Die Art und Weise dieser Schilderung macht deutlich, dass zumindest die Möglichkeit besteht, dass unbearbeitete Konflikte im eigenen familiären Umfeld sich auf die Gestaltung des ehrenamtlichen Engagements in Familienzusammenhängen auswirken. Diese Hypothese wird auch dadurch gestützt, dass im Rahmen der Gruppendiskussion immer dort, wo es um Fragen der Rollenklärung der Patinnen im Familieneinsatz geht, die Rolle der Großmutter (nicht der Patin!) als Folie herangezogen wird. Hinzu kommt, dass sich hier zwei der Patinnen als „gute Mütter" mit viel Erfahrung präsentieren, die zu Beginn ihres Einsatzes eine klare Vorstellung davon hatten, wie „gutes Muttersein" und „richtige Erziehung" zu vermitteln sei, und dass – entweder durch Ratschläge oder durch entsprechendes Vorbild – Gutes bewirkt und die Familien auf den „richtigen Weg" gebracht werden können.

Die Diskursverläufe in dieser Gruppendiskussion legen also die Vermutung nahe, dass die ungünstigen Verläufe der Pateneinsätze nicht einfach auf die übergroßen Probleme und unkalkulierbaren Dynamiken in den betroffenen Familien einerseits und die mangelnde Professionalität – im Sinne nicht ausreichenden Fachwissens, eines eingeschränkten Handlungsrepertoires und mangelnder Durchsetzungsmacht – oder auf fehlende individuelle Passung zurückzuführen sind. Stattdessen deutet vieles darauf hin, dass es zu einem spannungsvollen Verhältnis zwischen persönlich-emotionaler Motivation und unrealistisch hohen Zielsetzungen bei Ehrenamtlichen und im Projektmanagement kam. Diese Problematik lässt sich möglicherweise gerade deshalb auf konzeptionellem Weg bewältigen, weil bei den hier befragten Familienpatinnen durchaus eine grundlegende Bereitschaft zu beobachten ist, auch kleinere Erfolge selbst als solche wertzuschätzen.

1.3 Herausforderungen für das Ehrenamtsmanagement[23]

Aus dieser Beobachtung der – durchaus komplexen – Zusammenhänge zwischen Motivation, Zielsetzung und Bewertung des Einsatzes von Familienpatinnen ergeben sich in meinen Augen folgende vier Herausforderungen für Gewinnung, Einsatz und Begleitung von Ehrenamtlichen, die sich f ü r Menschen mit Hilfebedarf engagieren wollen:

(1.) Die Beobachtung, dass unbearbeitete Konflikte oder Probleme aus der eigenen Lebensgeschichte in einem engen Zusammenhang mit dem von Ehrenamtlichen ausgewählten Handlungsfeld stehen können, regt dazu an, den daraus möglicherweise resultierenden Dynamiken im Kontakt zwischen Ehrenamtlichen und Menschen mit Unterstützungsbedarfen erhöhte Aufmerksamkeit zu schenken. Damit verknüpft sich die Frage danach, wie in verantwortungsvoller Weise fall- oder handlungsfeldspezifische Ausschlusskriterien für ehrenamtliches Engagement formuliert werden können, die verhindern, dass Menschen mit Hilfebedarf dadurch überfordert werden, dass sie zur Lösung unbearbeiteter Konflikte und Lebensthemen von Ehrenamtlichen instrumentalisiert werden.

(2.) In der Gruppendiskussion mit den Familienpatinnen in Schwenningen wurden die besonderen Herausforderungen für Ehrenamtliche deutlich, deren Einsätze im Rahmen öffentlicher Ehrenamtsarbeit in Handlungsfelder führen, in denen die Konfrontation mit nicht alltäglichen Herausforderungen und unkalkulierbaren Dynamiken zu erwarten ist (z.B. Sucht, psychische Krankheit, Missbrauch, Gewalt, Suizidalität, Traumaproblematik). Der Einsatz von Ehrenamtlichen in diesen Aufgabenfeldern birgt in besonderer Weise das Risiko der Überforderung von Ehrenamtlichen. Deshalb geht es in diesem Bereich des Ehrenamtsmanagements um eine besonders sorgfältige Aufgaben- und Einsatzplanung. Klare Vereinbarungen in einem Dreieck zwischen Menschen mit Hilfebedarf, Professionellen und Ehrenamtlichen können weitgehende Rollenklarheit, Erwartungssicherheit und Transparenz hinsichtlich der unterschiedlichen Interessen herstellen, wenn alle relevanten Faktoren (wie etwa Ort, Zeitrahmen, Zielsetzung, Aufgabenbeschreibung, Kosten) berücksichtigt werden. Dabei können ein öffentlicher Ort außerhalb des häuslichen Bereiches der Beteiligten und ein eng begrenztes Zeitfenster vor allem zu Beginn eines Einsatzes durchaus Schutz vor zu viel persönlicher Nähe und Freiraum für gegenseitiges Kennenlernen bieten.

(3.) Die Irritationen der Familienpatinnen, die hinsichtlich der Verantwortlichkeiten des Jugendamtes in der Gruppendiskussion zu beobachten waren, geben Anlass zur Frage, auf welchen Wegen hier für eine ausreichende Transpa-

---

[23] Die von mir an dieser Stelle formulierten Herausforderungen gehen deutlich über das hinaus, was direkt aus einer wissenschaftlichen Evaluation abzuleiten ist. Ich spreche hier auf der Basis der Evaluationsergebnisse Empfehlungen aus, die auf fachlichen und ethischen Grundentscheidungen basieren, deren Ausführung jedoch an dieser Stelle zu weit führen würden.

renz und eine gelingende Zusammenarbeit gesorgt werden könnte. Wenn es –
wie etwa im Rahmen der Kinder- und Jugendhilfe – bereits ein Hilfeplanverfah-
ren gibt oder der Einsatz Ehrenamtlicher innerhalb eines mehrdimensionalen
Hilfegeschehens verortet ist, dann empfiehlt sich möglicherweise eine zumindest
punktuelle Einbeziehung von Ehrenamtlichen in konzeptionelle Überlegungen.
Die Unsicherheit der Familienpatinnen hinsichtlich einer realistischen Zielsetzung für ihren Einsatz in den Familien zeigt, dass insbesondere die Frage nach
der konkreten Zielsetzung einer Hilfeleistung oder eines Hilfeprozesses möglicherweise eine Schlüsselfunktion für das Gelingen ehrenamtlicher Arbeit für
Klientinnen und Klienten haben kann.

(4.) An den Diskursen der Familienpatinnen wurde der Wunsch deutlich, dass
ihr Einsatz auch bei den Betroffenen selbst positive Resonanz findet. Hier liegt –
neben Fragen der Fachlichkeit – vermutlich einer der größten Unterschiede
zwischen hauptamtlichem und ehrenamtlichem Engagement. Hier geht es deshalb darum, Wege zu finden, wie dann, wenn diese positive Resonanz nicht ein-
tritt, eine Beendigung der Zusammenarbeit ohne Gesichtsverlust ermöglicht
werden kann. Vermutlich gelingt dies leichter, wenn Ziele – vor allem am Beginn
eines Einsatzes – klein und überschaubar gestaltet und klar terminiert werden.
Im Rahmen eines auf diese Art und Weise professionell begleiteten Hilfeprozesses können sich im Einzelfall aber auch persönliche Beziehungen zwischen
Ehrenamtlichen und Klientinnen und Klienten entwickeln, die bei allseitigem
Einverständnis eine schrittweise Ausdehnung der Verantwortlichkeit Ehrenamtlicher erlauben. Eine solche Entwicklung kann im Normalfall nicht erwartet
werden, sie wird aber vermutlich durch einen sorgfältigen Planungs- und Be-
gleitungsprozess erleichtert. Erst auf diesem „Umweg" lässt sich dann möglicherweise auch in organisationalem Rahmen die – gerade im Kontext ehrenamtlichen Engagements in sozialarbeiterischen Handlungsfeldern – erwünschte
alltägliche Normalität von zwischenmenschlichen Hilfebeziehungen in verant-
wortbarer Weise herstellen.[24]

In Schwenningen wurde die Arbeit mit ehrenamtlichen Familienpatinnen
und -paten nach eineinhalb Jahren – nicht zuletzt aufgrund der Auswertung
dieser Gruppendiskussion – eingestellt.[25] Angesichts des Missverhältnisses zwischen den hohen Erwartungen, die zu Beginn mit diesem Modell verbunden
waren, und den problematischen Erfahrungen in der Umsetzung war dies eine
verantwortungsvolle Entscheidung sowohl im Hinblick auf die betroffenen Familien als auch mit Blick auf die Belastbarkeit von Ehrenamtlichen in einem
derart komplexen Einsatzbereich. Dennoch konnte im Rahmen der Evaluation in
meinen Augen gezeigt werden, wie ein Familienpatenmodell erfolgversprechend

---

[24]   Vgl. dazu die empirische Studie von Martina Otto-Schindler und ihre theoretischen Grundüber-
       legungen zur Alltagsorientierung von ehrenamtlich Engagierten in Bereichen der Sozialen Ar-
       beit. Otto-Schindler 1995: S. 21–28.
[25]   Vgl. dazu auch den Kurzbericht über dieses Projekt in Band I dieser Publikationsfolge.

weiterentwickelt werden könnte[26] und worauf grundsätzlich bei Gewinnung, Einsatz und Begleitung von Ehrenamtlichen in diakonischen Handlungsfeldern zu achten ist, wenn diese sich in einem engen persönlichen Kontakt f ü r andere Menschen in schwierigen Lebenslagen engagieren wollen.

## 2.	Diakoniebeauftragte als Verantwortliche für die Diakonie in Kirchengemeinden

Im Handbuch für Kirchengemeinderätinnen und Kirchengemeinderäte der Evangelischen Landeskirche in Württemberg findet sich folgende Beschreibung für die Rolle der ehrenamtlichen Diakoniebeauftragten und deren Aufgaben in den Kirchengemeinden:

„In jeder Kirchengemeinde gibt es eine Diakoniebeauftragte oder einen Diakoniebeauftragten. Meist sind es Kirchengemeinderätinnen oder Kirchengemeinderäte oder Personen, denen die Diakonie ein Anliegen ist. Der oder die Diakoniebeauftragte wird vom Kirchengemeinderat für seine Aufgabe berufen. Er oder sie widmet sich dem Thema Diakonie und gibt Anregungen und Impulse, um das diakonische Handeln in der Gemeinde lebendig und im Bewusstsein zu halten. Dies kann geschehen durch das Einbringen von Themen mit diakonischem Schwerpunkt, durch die Weitergabe von Informationen oder die Vermittlung von Kontakten mit Hilfsangeboten. Den Diakoniebeauftragten kommt im Leben der Gemeinde eine wichtige Bedeutung zu, denn sie sorgen dafür, dass diakonisches Handeln als ureigene Lebensäußerung der Gemeinde nicht verloren geht oder bei aller Fülle des Lebens in einer Kirchengemeinde nicht untergeht."[27]

Ergänzend dazu zeigt auch die Handreichung zur „Förderung der Diakonie der Gemeinden"[28] aus dem Diakonischen Werk der Evangelischen Landeskirche in Württemberg das intensive Bestreben, mit Hilfe der Diakoniebeauftragtenarbeit die diakonische Verantwortung von diakonischen Einrichtungen und Diensten auf der Ebene der Kirchenbezirke mit dem diakonischen Handeln in Kirchengemeinden enger zu verknüpfen und auf diesem Weg die Diakonie der Gemeinden zu fördern. Anders als diese wichtigen Verlautbarungen es vermuten lassen, besteht aber in der Evangelischen Landeskirche in Württemberg keinerlei rechtliche Verpflichtung zur Berufung von Diakoniebeauftragten in Kirchengemein-

---

[26]	Weiterführende Evaluationsergebnisse und Handlungsempfehlungen zu dieser speziellen Fragestellung finden sich bei Tierney/Grossman/Resch 2000 und Strobl/Lobermeier 2011.
[27]	Evangelischer Gemeindedienst in Württemberg 2007: S. 192.
[28]	Vgl. Diakonisches Werk der evangelischen Kirche in Württemberg 2007.

den.[29] Die nicht vorhandene explizite rechtliche Verankerung dieser Aufgabe in
der Kirchengemeindeordnung stellt deshalb im Hinblick auf die relativ umfassende Verantwortungszuschreibung an Diakoniebeauftragte bereits eine erste
Problemanzeige dar, die im Rahmen der Projektevaluation mit bedacht werden
musste.

Als wesentliche Voraussetzung für eine gelingende Arbeit von Diakoniebeauftragten wird in der Konzeption des Diakonischen Werkes in Württemberg e.V.
deren gute Verankerung im örtlichen Gemeinwesen und im Kirchengemeinderat
einerseits und eine sorgfältig konzipierte Begleitung der Diakoniebeauftragten
durch die Verantwortlichen des Kirchenbezirks andererseits betrachtet.[30] Auch
diese Herausforderung musste im Rahmen der Projektevaluation sorgfältig beobachtet werden.

Im Kontext des Projekts „Diakonat – neu gedacht, neu gelebt" will ich diesen
Typus ehrenamtlicher Arbeit, in dem Ehrenamtliche als Themenverantwortliche
für die Diakonie in Kirchengemeinden betrachtet werden, exemplarisch im
Rahmen des Teilprojekts „Diakonisch wahrnehmen und handeln – einladendes,
gelebtes Evangelium" im Kirchenbezirk Tübingen evaluieren. Die Tübinger Projektkonzeption lässt eine grundlegende Orientierung an der Handreichung des
Diakonischen Werkes in Württemberg e.V. deutlich erkennen, ohne sie jedoch
in jedem Detail durchzubuchstabieren.

Ich beginne auch hier mit einer kurzen Darstellung der Konzeption, wie sie in
Tübingen in Verantwortung des örtlichen Diakonischen Werkes von insgesamt
vier Diakoninnen und Diakonen praktisch umgesetzt wurde (2.1). Als Datenbasis für die Evaluation liegen für dieses Arbeitsfeld qualitative und quantitative
Daten vor: Die Auswertung einer schriftlichen Befragung aller Kirchenbezirkssynodalen[31] erlaubt eine Außensicht auf die Arbeit der Diakoniebeauftragten.
Innenansichten der Diakoniebeauftragten. Ihre Selbstwahrnehmung und ihre
Sicht auf ihren Verantwortungsbereich lassen sich aus der Analyse einer Gruppendiskussion[32] mit acht Diakoniebeauftragten und einer schriftlichen Befragung
aller Diakoniebeauftragten gewinnen. Aus den darin zu identifizierenden Diskurslinien und Einschätzungen (2.2) werde ich Herausforderungen für haupt-

---

[29] In § 2 Abs. 3 des Diakoniegesetzes werden Diakoniebeauftragte zwar mit Bezug auf die Kirchen-
      gemeindeordnung als mögliche Akteurinnen für die Wahrnehmung diakonischer Aufgaben in
      Kirchengemeinden genannt. Vgl. Diakoniegesetz 2001. In den im Diakoniegesetz genannten
      §§ 24 und 56 der Kirchengemeindeordnung wird jedoch lediglich die Möglichkeit eingeräumt,
      einzelnen Mitgliedern des Kirchengemeinderates bestimmte Geschäftsführungsaufgaben zu
      übertragen (§ 24) und die Einrichtung beschließender Ausschüsse des Kirchengemeinderates
      (§ 56) und deren Arbeitsweise geregelt, ohne dass Diakoniebeauftragte hier benannt werden.
      Vgl. dazu Kirchengemeindeordnung 2005.
[30] Vgl. Diakonisches Werk in Württemberg e.V. (2007): S. 10.
[31] Vgl. zur Methodik der schriftlichen Befragung die Erläuterungen in Kapitel I dieses Bandes.
      Grundlegend vgl. Porst ³2011. Hier (und in zwei weiteren Kirchenbezirken) wurde ein
      standardisierter Fragebogen zum Thema Diakonie im Kirchenbezirk verwendet.
[32] Vgl. zur Methodik der Gruppendiskussion die Ausführungen in der Einleitung dieses Bandes
      und grundlegend Bohnsack ⁷2008: S. 105–121 sowie Przyborski/Wohlrab-Sahr ³2010: S. 271–309.

amtliches Ehrenamtsmanagement im Hinblick auf die Gewinnung, den Einsatz und die Begleitung von ehrenamtlichen Diakoniebeauftragten in Kirchengemeinde und Kirchenbezirk ableiten (2.3).

2.1 Die Arbeit mit ehrenamtlichen Diakoniebeauftragten in Tübingen

Unter dem Projekttitel „Diakonisch wahrnehmen und handeln – einladendes, gelebtes Evangelium" wurde der Duktus, den das Württembergische Diakoniegesetz und die Handreichungen des Diakonischen Werkes in Württemberg e.V. im Hinblick auf die Arbeit von und mit Diakoniebeauftragten vorgeben, vom Evangelischen Kirchenbezirk Tübingen im Rahmen des Projekts „Diakonat – neu gedacht, neu gelebt" aufgenommen. Dort setzte man sich zum Ziel, das diakonische Bewusstsein der Kirchengemeinden unter anderem durch die Arbeit mit Diakoniebeauftragten weiter zu entwickeln.[33] Drei Gemeindediakone und eine Gemeindediakonin sollten im Rahmen ihrer jeweiligen Distriktsverantwortung und im Zusammenwirken mit der Fachbereichsleitung Gemeindediakonat und der Geschäftsführung der Diakonischen Bezirksstelle Schulungsangebote für Diakoniebeauftragte konzipieren, die diesen zu Rollenklarheit und Sicherheit in der Aufgabenwahrnehmung verhelfen. Distrikts- und Bezirkstreffen für Diakoniebeauftragte sollten der Vermittlung von Informationen über Unterstützungsbedarfe und Unterstützungsmöglichkeiten für Menschen in Not dienen und Impulse für die Förderung von Aktivitäten für hilfebedürftige Menschen durch die Diakoniebeauftragten geben. Außerdem sollten die Diakoniebeauftragten dazu ermutigt werden, in ihren Kirchengemeinderatsgremien diakonische Themen einzubringen.[34]

Mit dieser Projektkonzeption nimmt das Tübinger Projekt auch die dreifache Funktionsbeschreibung für Diakoniebeauftragte, wie sie die Handreichung aus dem Diakonischen Werk in Württemberg e.V. vornimmt, unmittelbar auf. Diakoniebeauftragte werden aus konzeptioneller Perspektive verstanden als Themenverantwortliche (in kirchengemeindlichen Gremien und Arbeitskreisen), als Vernetzungsverantwortliche (im Hinblick auf den Informationsfluss zu diakonischen Themen in Kirchengemeinde und Kirchenbezirk) und als Initiatorinnen oder Unterstützer diakonischer Aktivitäten in ihren Kirchengemeinden.[35] Ihnen wird damit eine zentrale Funktion für das diakonische Wahrnehmen und Handeln der Kirchengemeinden zugeschrieben. Wenn mindestens einmal jährlich

---

[33] Diese Idee war bereits im Jahr 2008 im unveröffentlichten Projektantrag des Kirchenbezirkes Tübingen verankert und geht auf ein Vorgängerprojekt in den Jahren 2001 bis 2006 zurück. Vgl. Bauer et al. 2006.

[34] Diese Operationalisierungen wurden im Rahmen des Zielentwicklungsprozesses im ersten Jahr der Projektlaufzeit herausgearbeitet. Sie waren in dieser Deutlichkeit dem ursprünglichen Projektantrag noch nicht zu entnehmen.

[35] Vgl. Diakonisches Werk in Württemberg e.V. (2007): S. 8.

eine Kirchengemeinderatssitzung mit dem Schwerpunkt „Diakonie" stattfindet, Menschen in den Gemeinden sich mit entsprechenden Anliegen an die Diakoniebeauftragten wenden und diese über die notwendigen Informationen verfügen, um einerseits an die entsprechenden Fachstellen im Kirchenbezirk weiterzuvermitteln und andererseits selbst dezentral diakonische Aktivitäten zu fördern, dann sind dies aus der Sicht der Tübinger Projektverantwortlichen Indikatoren für einen Erfolg ihrer Projektarbeit.[36]

2.2 „Schon allein das Gefühl der Verantwortung ist eigentlich zu viel"[37] – Perspektiven auf die Arbeit von ehrenamtlichen Diakoniebeauftragten in Tübingen

Die Arbeit der Diakoniebeauftragten im Evangelischen Kirchenbezirk Tübingen werde ich hier aus drei verschiedenen Perspektiven betrachten. Eine Außensicht (1.) auf deren Arbeit lässt sich aus den Einschätzungen von Kirchenbezirkssynodalen gewinnen. Nach dreieinhalb Jahren Projektlaufzeit wurden im Jahr 2011 am Rande der Herbsttagung der Kirchenbezirkssynode 118 anwesende Kirchenbezirkssynodale schriftlich mit Hilfe eines Fragebogens – der ausschließlich geschlossene Fragen enthielt – nach ihren allgemeinen Einstellungen zu diakonischen Themen und nach Erfahrungen mit der diakonischen Arbeit in ihren Kirchengemeinden und ihrem Kirchenbezirk gefragt.[38] In diesem Fragebogen wurde auch nach der Sicht auf die Zuordnung von diakonischen Aufgabenstellungen zu verschiedenen Berufsgruppen oder Ehrenamtlichen gefragt. In den groben Rahmen der aus der Interpretation der Befragungsdaten gewonnenen Außensicht zeichne ich dann in einem zweiten Schritt die Diskurslinien einer Gruppendiskussion im Frühjahr 2011 ein, in der acht Diakoniebeauftragte von Studierenden der Evangelischen Hochschule Ludwigsburg mit Hilfe von diskursgenerierenden Impulsfragestellungen zu Erfahrungen in ihrer Arbeit befragt wurden. Dabei können Einzelaspekte mit Hilfe der Daten aus einer zusätzlichen schriftlichen Befragung aller Diakoniebeauftragten des Tübinger Kirchenbezirkes im Herbst 2011 auch quantitativ gewichtet werden, so dass für diesen Kirchenbezirk eine differenzierte Innensicht der Diakoniebeauftragten auf ihr freiwilliges Engagement und dessen Rahmenbedingungen dargestellt werden kann.[39] Diese Darstellung der Innensicht der Diakoniebeauftragten umfasst zunächst (2.) typische Zugangswege zum Amt eines oder einer Diakoniebeauftragten, (3.) die eigene Be-

---

[36] Vgl. Diakonisches Werk in Württemberg e.V. (2007): S. 7–9.

[37] Zitat aus der Gruppendiskussion mit Diakoniebeauftragten in Tübingen.

[38] Mit großer Unterstützung des Dekanatamtes konnte hier eine komplette Datenerhebung erreicht werden, so dass die gewonnenen Daten für den befragten Personenkreis in Tübingen aussagekräftig sind.

[39] Von 45 ausgegebenen Fragebogen wurden 36 ausgefüllt zurückgeschickt. Diese Rücklaufquote erfordert angesichts der ohnehin geringen Zahl der Befragten eine gewisse Vorsicht hinsichtlich der Gewichtungen einzelner Aussagen.

deutungszuschreibung und das Grundgefühl der Diakoniebeauftragten, (4.) deren Prozessbeobachtungen innerhalb ihrer Kirchengemeinderatsgremien, (5.) die eigene Konstruktion des Aufgabenfeldes, (6.) die von ihnen erlebten besonderen Herausforderungen im Hinblick auf die Identifikation von und den Umgang mit Hilfebedarf in Kirchengemeinde und Gemeinwesen (7.) sowie am Ende einen Blick auf die Zusammenarbeit zwischen Haupt- und Ehrenamtlichen im Aufgabenfeld der Diakoniebeauftragten.

(1.) Im Evangelischen Kirchenbezirk Tübingen wird dem Amt der Diakoniebeauftragten von den Kirchenbezirkssynodalen[40] insgesamt eine hohe Bedeutung zugemessen: Mehr als drei Viertel der befragten Kirchenbezirkssynodalen geben an, es für wichtig oder sehr wichtig zu halten, dass es in den einzelnen Kirchengemeinden Diakoniebeauftragte gibt. Dabei ist erwartungsgemäß die Einschätzung der Wichtigkeit von Diakoniebeauftragten umso höher, je wichtiger den Befragten insgesamt das Thema Diakonie ist. Es wurde in dieser Befragung nicht direkt danach gefragt, welche Aufgaben Diakoniebeauftragte wahrnehmen sollen. Vielmehr wurde den Kirchenbezirkssynodalen eine Liste von insgesamt 18 diakonischen Aufgabenstellungen vorgelegt, für die sie entscheiden sollten, ob Ehrenamtliche, Sozialarbeiter/-innen, Diakone/Diakoninnen oder Pfarrer/-innen diese Aufgabe im Idealfall hauptsächlich wahrnehmen sollen.

Bezogen auf diejenigen Aufgabenstellungen, die in der Handreichung des Diakonischen Werkes in Württemberg e.V.[41] für Diakoniebeauftragte genannt werden, entnehme ich der schriftlichen Befragung an dieser Stelle nur die am häufigsten genannten Aufgabenstellungen für die genannten Personengruppen. Die Verantwortung für die Sensibilisierung hinsichtlich sozialer Not in Kirchengemeinden wird von den Befragten mehrheitlich (48%) den Pfarrerinnen und Pfarrern zugeordnet, Ehrenamtliche folgen hier mit weniger als halb so vielen Nennungen erst an zweiter Stelle. Die Vermittlung von Hilfebedürftigen an die entsprechenden Fachleute wird von jeweils etwa einem Drittel der Befragten gleichermaßen von Sozialarbeitern und Diakoninnen erwartet. Die Initiierung von diakonischen Projekten und die Durchführung von Veranstaltungen zu diakonischen Themen sollen in den Augen von mehr als der Hälfte der Tübinger Kirchenbezirkssynodalen vor allem Diakoninnen und Diakone übernehmen. Dieselben Befragten erwarten von Ehrenamtlichen vor allem das Sammeln von Spenden für diakonische Zwecke (55%), Hausbesuche bei einsamen Menschen (57%) und den politischen Einsatz für Menschen in Not (28%).[42] In derselben Befragung gibt die große Mehrheit der Kirchenbezirkssynodalen an, dass diakonische Themen einmal (24%) oder sogar mehrmals jährlich (58%)

---

[40]   Die Zusammensetzung dieses Gremiums ist den §§ 3 und 4 der Kirchenbezirksordnung der Evangelischen Landeskirche in Württemberg zu entnehmen. Vgl. Kirchenbezirksordnung 2005.

[41]   Vgl. Diakonisches Werk in Württemberg e.V. 2007.

[42]   Dieser Befund gibt in meinen Augen Anlass zu einer weiteren, qualitativ angelegten Untersuchung hinsichtlich der Gründe, die zu diesen Einschätzungen führen.

auf der Tagesordnung ihrer Kirchengemeinderatssitzungen stehen. Insofern ist zwar ein formales Erfolgskriterium des Tübinger Teilprojekts eindeutig erfüllt, ohne dass diese positive Situationseinschätzung jedoch auf der Basis der vorliegenden Daten eindeutig der Arbeit der Diakoniebeauftragten zugerechnet werden könnte. Diese ersten Beobachtungen aus der schriftlichen Befragung der Kirchenbezirkssynodalen werde ich nachfolgend mit den Selbstzuschreibungen und Praxiswahrnehmungen der Diakoniebeauftragten in Beziehung setzen, um sie dadurch in ihrer Bedeutung besser einordnen zu können.

(2.) Zu Beginn der Gruppendiskussion wurden die acht Tübinger Diakoniebeauftragten, die sich am Ende eines Bezirkstreffens für Diakoniebeauftragte zu dieser Befragung bereitgefunden hatten, danach gefragt, wie sie Diakoniebeauftragte geworden sind. In den Antworten wird sofort deutlich, wie breit das Spektrum möglicher Einstiege in diese Beauftragung ist. Es reicht von einem gezielten persönlichen Bemühen um diese Aufgabe vor dem Hintergrund eines ausgeprägten Interesses für diakonische Fragestellungen bis zu einer fast automatischen Nachfolge, weil mit dem einzigen freigewordenen Platz im Kirchengemeinderat zugleich die Aufgabe der Diakoniebeauftragten bei der Neuwahl besetzt werden musste. Bei der Umfrage unter allen Diakoniebeauftragten im Kirchenbezirk Tübingen zeigt sich dann folgende Tendenz hinsichtlich der Zugangswege in diese Beauftragung: Zwei Drittel der 36 Befragten geben an, schon vor der Übernahme dieser Aufgabe eines oder einer Diakoniebeauftragten in einem sozialen Beruf tätig oder freiwillig im sozialen Bereich engagiert gewesen zu sein. Nur für ein Drittel der Befragten trifft keines von beidem zu. Diese Beobachtungen deuten darauf hin, dass – zumindest im Kirchenbezirk Tübingen – viele Ehrenamtliche, die bereit sind, sich als Themenverantwortliche für die Diakonie der Kirchengemeinden zu engagieren, bereits Erfahrungen mit diakonischem Engagement im öffentlichen Raum mitbringen. Hinsichtlich einer professionellen Begleitung von Diakoniebeauftragten bedeutet dies, dass grundsätzlich mit ganz unterschiedlichen Unterstützungsbedarfen zu rechnen ist.

(3.) Fast drei Viertel der in Tübingen befragten Kirchenbezirkssynodalen halten es für wichtig oder sehr wichtig, dass es in Kirchengemeinden Diakoniebeauftragte gibt. Die Diakoniebeauftragten selbst messen ihrer Aufgabe in den Kirchengemeinden eine weit geringere Bedeutung zu. Nur zwei Befragte geben an, dass sie ihre Aufgabe für sehr wichtig halten, aber immerhin insgesamt die Hälfte der Befragten gibt an, diese Aufgabe für weniger wichtig oder unwichtig zu halten. Diese Beobachtung verwundert, da dieselben Diakoniebeauftragten grundsätzlich mit der Bedeutung, die die Diakonie in ihren Kirchengemeinden hat, recht zufrieden sind.[43] Die gegenüber der Gesamtheit der Kirchenbezirkssynoda-

---

[43]   Mehr als zwei Drittel der befragten Diakoniebeauftragten in Tübingen sind mit der Bedeutung, die die Diakonie in ihren Kirchengemeinden hat, zufrieden (13) oder eher zufrieden (12), nur ein knappes Drittel ist damit eher unzufrieden (10).

len niedrigere Einstufung der Bedeutung der Diakoniebeauftragten in den Kirchengemeinden scheint demnach nicht unmittelbar an eine grundlegende Kritik hinsichtlich der Bedeutung von Diakonie in Kirchengemeinden geknüpft zu sein. Nachfolgend werde ich anhand einer vertieften Analyse der Gruppendiskussion mit Diakoniebeauftragen der Frage nachgehen, welche Erfahrungen möglicherweise mit dieser Einschätzung verbunden sind.

Die relativ schwache Bedeutungszuschreibung, die die Diakoniebeauftragten hinsichtlich ihrer Beauftragung vornehmen, scheint sich in erster Linie aus einem allgemein geteilten Grundgefühl zu speisen, das von den Diakoniebeauftragten mit der konkreten Praxis in ihren Kirchengemeinden in Verbindung gebracht wird. Eine Diakoniebeauftragte fasst ihre Erfahrungen und das damit verbundene Grundgefühl sehr prägnant zusammen:

Fr. Mangels:	Ich wollte das auch mal bestärken, dass sich jahrelang niemand drum gekümmert hat also im Kirchengemeinderat. Also (...) in der letzten Periode [hat] mich niemand eingeführt (...) in diese meine Aufgabe. Niemand [hat] überhaupt gekräht (...) danach, was macht denn die Diakoniebeauftragte. Es war oft eine Leerstelle gewesen, eine ganze Periode lang und eigentlich jetzt erst in der zweiten Periode so seit zwei Jahren ungefähr bewegt sich bei uns was oder überhaupt im letzten Jahr eigentlich überhaupt. Und ich hab immer wieder versucht zu kämpfen, zu strampeln, irgendwas einzubringen. Aber ich hab kein Gegenüber gehabt. Ich wusste auch nicht richtig, wo ich mich hinwenden soll. Ja, der Pfarrer ab und zu. Aber sonst eigentlich waren wir allein gelassen, war ich allein gelassen.

(Gruppendiskussion Diakoniebeauftragte)

Dieses Grundgefühl der Irrelevanz für die anderen und des „Einzelkämpfertums" oder auch einer gewissen „Ratlosigkeit" wird im Verlauf der gesamten Gruppendiskussion von fast allen Beteiligten immer wieder in unterschiedlichen Zusammenhängen explizit aktualisiert, bildet sich aber auch in der Struktur ihres Gespräches ab. Die einzelnen Gesprächsbeiträge wirken weitgehend unverbunden, obwohl von den Studierenden – dem Leitfaden folgend – nur wenige und sehr offene Gesprächsimpulse gesetzt wurden. Normalerweise müsste deshalb – der Methodologie folgend – eine diskursive Gesprächsdynamik entstehen, in der gemeinsame Deutungshorizonte entwickelt werden. Stattdessen lässt sich hier beobachten, dass acht Diakoniebeauftragte im Gespräch viele ähnliche Erfahrungen nebeneinander stellen und immer wieder das Grundgefühl zum Ausdruck bringen, auf sich alleine gestellt zu sein. Aber nur an wenigen Stellen kommt ein vertiefter Erfahrungsaustausch in Gang, es wird bis zum Ende keine Solidarität spürbar und es werden auch keine gemeinsamen Ideen für eine Weiterentwicklung im eigenen Aufgabenbereich entwickelt.

Insgesamt sind es drei thematische Stränge, in denen die befragten Tübinger Diakoniebeauftragten ihr Grundgefühl der weitgehenden Irrelevanz im kirchengemeindlichen Alltag zum Ausdruck bringen. Diese drei Themenfelder sind in den Augen der befragten Diakoniebeauftragten erstens Prozesse im Rahmen der Arbeit in und mit ihrem örtlichen Kirchengemeinderat, zweitens die Schwierigkeiten in der Definition des eigenen Aufgabenfeldes und drittens die Herausforderungen im Umgang mit Menschen mit Hilfebedarf. Die diskursiven Konstruktionen der Diakoniebeauftragten, die diese drei Themenstränge ausmachen, werde ich ausgehend von zentralen Gesprächspassagen nachfolgend darstellen.

(4.) Auch dort, wo die formale Einbringung von diakonischen Themen im Kirchengemeinderat gut geregelt ist, erscheint das Erleben der Diakoniebeauftragten in ihren Gremien wenig ermutigend:

Fr. Maier:	Also mich beschäftigt in den zwei Perioden, wo ich jetzt im Kirchengemeinderat bin, dass ich dort sehr lang allein war und keine Unterstützung bekommen habe. Also … wenig Mitstreiter hatten. Es wurde zwar immer wieder sehr viel theoretisch diskutiert und sehr viel versucht auszutauschen, aber es ist eigentlich nichts konkret entstanden in dieser Zeit, in der ich da jetzt Diakoniebeauftragte bin, und kein konkretes Projekt, das ich so direkt beschreiben könnte, und das liegt mir schon sehr im Magen, dass ich mich so eine lange Zeit um diese Aufgabe da annehme und sich so wenig bewegt grade da in der Gemeinde. Erst in letzter Zeit ist einiges in Gang gekommen dadurch, dass wir jetzt im Kirchengemeinderatswochenende, das hatte ich allerdings auch erreicht, dass wir ein ganzes Wochenende über Diakonie und Mission dann abgehalten haben, (…) und da ist dann tatsächlich jetzt entstanden, dass wir den Besuchsdienst anfangen und zwar ganz konkret nicht nur, dass so was nötig ist in der Gemeinde, was alles und an welchen Stellen es hakt und wo es nicht weiter geht, sondern dass ganz konkret der Besuchsdienst mit vier Vortragsabenden nochmal angefangen wird. (…) Wir sind nur zwei Frauen und sonst Männer, die eigentlich an diesem Thema nicht so sehr interessiert sind.
Hr. Raff:	Eigentlich ein gutes Ergebnis, wie es da zustande gekommen ist.
Fr. Maier:	Ja jetzt find ich das eigentlich auch schön. Es wird allerdings erst im Herbst stattfinden. (…)
Fr. Heidt:	(…) Beim Kirchengemeinderat da hab ich auch, also zuerst geht es irgendwie entweder unter oder ist kein Punkt unter TOP 20 quasi.

Fr. Mangels: Also das kann ich auch bestätigten. (…) Also ich gebe schon vor, ich möchte gerne berichten zum Beispiel jetzt heute von dem Studientag. Dann sag ich: Ich brauch zehn Minuten oder auch ne Viertelstunde. Das wird mir immer genehmigt. Aber großes Feedback kommt meistens auch nicht. Also man hat auch wirklich zu kämpfen.

(Gruppendiskussion Diakoniebeauftragte)

Die Prozesse in Kirchengemeinderatsgremien erscheinen den hier diskutierenden Diakoniebeauftragten – zumindest wenn es um diakonische Themen geht – als langwierig und mühevoll. Sie beobachten auch, dass sich zwar relativ leicht theoretisch Einigkeit über die Notwendigkeit diakonischer Aktivitäten herstellen lässt, dass die konkrete Umsetzung damit aber noch lange nicht gewährleistet ist. So verwundert es nicht, dass das Item „Belastbarkeit" (9 Befragte) bei der Frage nach den Fähigkeiten, die zukünftige Diakoniebeauftragte am dringendsten benötigen – nach dem Item „Einfühlungsvermögen" (19 Befragte) – von der größten Zahl der Befragten als „sehr wichtig" eingestuft wird. Die Wahrnehmungen, die diese Diakoniebeauftragten hier schildern, stehen in einem engen Zusammenhang mit den beiden weiteren Aspekten, die zu ihrem Grundgefühl des „Alleingelassenseins" und einer gewissen „Ratlosigkeit" beitragen.

(5.) Fast die Hälfte (17 Befragte) aller 36 in Tübingen befragten Diakoniebeauftragten gibt im Rahmen der schriftlichen Befragung an, dass sie zu Beginn ihrer Tätigkeit als Diakoniebeauftragte nicht ausführlich über ihre Aufgaben informiert wurden, immerhin ein gutes Drittel (13 Befragte) fühlte sich teilweise informiert, aber nur fünf Diakoniebeauftragte haben den Eindruck, ausführlich informiert worden zu sein. Diese Beobachtung legt den Verdacht nahe, dass auch die örtlichen Kirchengemeinderatsgremien über wenig konkrete Vorstellungen davon verfügen, welche Aufgaben Diakoniebeauftragte wahrnehmen sollen und welche Rolle ihnen innerhalb des kirchengemeindlichen Geschehens theoretisch zugedacht ist. So lag es – in der Wahrnehmung der in der Gruppendiskussion befragten Diakoniebeauftragten – überwiegend an ihnen selbst, diese Aufgabe und die daran geknüpfte Rolle auszufüllen und zu gestalten. Dafür spüren sie tatsächlich einen großen Gestaltungsspielraum,[44] der aber für die meisten unter ihnen mit erheblichen Unsicherheiten und Unklarheiten verbunden ist, wie die folgende (stark gekürzte) Gesprächspassage deutlich zeigt:

---

[44] 30 von 36 Befragten bewerten die Aussage „Ich habe als Diakoniebeauftragte/Diakoniebeauftragter viele Gestaltungsmöglichkeiten und kann eigene Ideen umsetzen" als teilweise zutreffend (14 Befragte), zutreffend (15 Befragte) oder voll und ganz zutreffend (1 Befragte/-r).

Fr. Heidt:	Wie gesagt, für mich war es heut wichtig, einfach darüber nach-zudenken, was gibt es überhaupt an Diakonie. Ist denn nicht jedes Handeln in der Gemeinde diakonisches Handeln, dass man gar nicht so auf bestimmte Projekte jetzt starren muss, und das hab ich jetzt geleistet. (…) die Art wie ich mit den Leuten umgehe (…) das ist ein Stück Diakonie. (…) was in der Kirche geschieht. Es ist halt Diakonie.
Fr. Mangels:	Das ist meine Meinung auch ja, die vertrete ich auch. (…).
Fr. Heidt:	(…) Ich sehe mein Profil schon da drin, immer wieder zu schauen mit diesem diakonischen Blick zum Beispiel mich bei einer (…) Zimmerrenovierung praktisch einzubringen, wenn es darum geht, wie soll das gestaltet werden und immer wieder hin-zuweisen, dass (…) es auch Randgruppen gibt in unserer Gesell-schaft, die vielleicht bei uns überhaupt nicht auftauchen. Und warum tauchen die vielleicht nicht auf und wie müsste man Kir-che gestalten, damit die vielleicht auftauchen und so weiter, wie geht man auf die Leute zu. Also manchmal ist es auch unbequem Fragen zu stellen, weil in der Kirchengemeinde da richtet man sich manchmal ganz nett ein (…) und so gibt's Frieden. (…) Also ich finde grade das Thema Armut extrem schwierig. (…)
Fr. Idler:	Also das haben wir bei der letzten Sitzung auch in den Raum ge-stellt gehabt, und dann hat der Diakon gesagt, dass wir [das nicht alles selbst machen müssen] sondern dass wir schauen wie geht es den einzelnen Leuten, die die Gruppen leiten in der Gemeinde. Zum Beispiel. (…)
Fr. Heidt:	Oder wenn jetzt Not ist. Es kann ja auch sein, da ist jetzt ein Ge-meindemitglied aber kein Kirchengemeindemitglied[45] im Ort, aber dass selbst die dann wissen, da gibt es was, da kann ich an-rufen und dass wir dann auch vermitteln. Also bestimmte Ein-richtungen in dem Bereich oder so. (…)

(Gruppendiskussion Diakoniebeauftragte)

Hier wird sichtbar, wie sehr diese Diakoniebeauftragten darum ringen, ihre Beauftragung zu erfassen und zu konkretisieren. Doch bereits die Bestimmung
dessen, was denn unter diakonischem Handeln oder Diakonie in einer Kirchengemeinde zu verstehen ist, fällt sichtlich schwer. Das Ergebnis des Versuchs,

---

[45]   Diese Differenzierung zwischen „Gemeindemitglied" und „Kirchengemeindemitglied" verstehe
ich dahingehend, dass die Befragte hier einen Unterschied macht zwischen der Zugehörigkeit
zur bürgerlichen Gemeinde und der Kirchenmitgliedschaft, die sie als Zugehörigkeit zur parochialen Kirchengemeinde versteht.

diakonische Handlungsfelder für Kirchengemeinden zu beschreiben, gerät verhältnismäßig vage. Es bleibt letztlich bis zum Ende der Gruppendiskussion offen, ob es darin nun vor allem um das Zugehen auf Andere (Neuzugezogene oder solche, die bisher nicht an den Angeboten der Kirchengemeinde teilnehmen, junge Leute), um Besuche bei Alten und Einsamen (Besuchsdienste) oder um Armut und Not (Schuldnerberatung, Arbeitslosigkeit, Tafelladen) gehen soll.

Auch eine Klärung der Verantwortungsebene ist für diese Diakoniebeauftragten offensichtlich nicht einfach: Geht es in ihrem Verantwortungshorizont um die Durchführung konkreter Projekte und um handfestes Zugreifen (Zimmerrenovierung, Bestücken des Tafelladens), um den „diakonischen Blick", der Not identifiziert und Handlungsnotwendigkeiten thematisiert, oder um Präsenz bei Sitzungen und Initiierung von Veranstaltungen? Und wie verhält sich eigentlich die kirchengemeindliche Verantwortung zur Verantwortung der diakonischen Einrichtungen und welche Rolle spielen Diakoniebeauftragte in diesem Zusammenhang?

Im Verlauf dieser Klärungsversuche zeigt sich, dass die einzelnen Diakoniebeauftragten immer wieder positiv Bezug nehmen auf die Bezirkstreffen der Diakoniebeauftragten. Die Informationen, über die sie hinsichtlich ihrer Beauftragung verfügen, scheinen sich im Wesentlichen aus dieser von ihnen wertgeschätzten Quelle[46] zu speisen. Darüber hinaus äußern in der schriftlichen Befragung 28 von 36 Diakoniebeauftragten, dass sie sicher wissen, wer ihnen im Zweifelsfall rasch Antwort auf Fragen im Zusammenhang mit ihrer ehrenamtlichen Tätigkeit geben kann. Die Informationssituation der Diakoniebeauftragten hat sich demnach nach der Übernahme dieser Aufgabe deutlich verbessert, und die überwiegende Zahl der Diakoniebeauftragten kennt zum Zeitpunkt der Befragung verlässliche Ansprechpartnerinnen und Ansprechpartner für auftretende Fragen und Probleme. Warum bleibt bei den Diskussionsbeteiligten dennoch ein deutlich erkennbares Gefühl der Unsicherheit hinsichtlich des eigenen Aufgabenfeldes und im Hinblick auf die eigene Rolle in diesem Aufgabenfeld bestehen? Der folgende Dialog zwischen zwei Diakoniebeauftragten gibt eine einleuchtende Antwort auf diese Frage:

Fr. Mack:	(…) Das Dilemma bei dem Ganzen, das habe ich auch heute wieder gehört und befürchtet, ist, dass wir uns austauschen und damit hat es sich. Und dann geht man wieder heim. Aber dass man irgendwie jetzt in die Zukunft schaut und konkrete Schritte und konkrete Vorstellungen formuliert und sagt: Wir packen es an und schließen uns zusammen und helfen uns gegenseitig (…)

---

[46] Die Hälfte aller befragten Diakoniebeauftragten hält die Informations- und Fortbildungsveranstaltungen für hilfreich oder sehr hilfreich im Hinblick auf ihre Arbeit, weitere 8 Befragte halten diese Angebote immerhin noch für teilweise hilfreich. Den Austausch mit anderen Diakoniebeauftragten halten immerhin 13 Befragte für sehr wichtig oder wichtig und 18 Befragte halten ihn zumindest für teilweise wichtig.

> und verbinden das miteinander. Da ist wirklich nichts geschehen.
>
> Fr. Maier: (...) Sie können uns Hilfestellungen geben, aber die Gemeinde vor Ort muss selber sich ihr Profil schaffen, selber das wollen. Ich kann nicht dem Bezirk die Verantwortung übergeben, dass er da schauen soll. Die können uns da beraten oder Hilfestellung geben, aber nicht die Verantwortung [übernehmen]. Die haben wir selber.
>
> Fr. Mack: Ja, aber wenn es nicht geschieht? Wohin wende ich mich? Wo kriege ich diese Hilfe her?
>
> (Gruppendiskussion Diakoniebeauftragte)

Eine nicht zu unterschätzende Problematik scheint also darin zu bestehen, dass der Brückenschlag von dem, was auf Bezirksebene besprochen wird, hin zu einer konkreten Umsetzung vor Ort nicht nahtlos gelingt. Für diesen Transfer fehlen offensichtlich einerseits detaillierte Umsetzungsplanungen und andererseits wohl auch die nötigen Durchsetzungsmechanismen, die es erlauben würden, entsprechende Umsetzungs- oder zumindest Profilklärungsprozesse vor Ort zu erreichen. In der Wahrnehmung der Tübinger Diakoniebeauftragten scheint diese strukturelle Lücke ein wesentlicher Aspekt zu sein, aus dem sich das Grundgefühl der Ratlosigkeit trotz guter Begleitung auf Bezirksebene noch immer speist. Möglicherweise handelt es sich hierbei aber auch um eine Art Negativkreislauf: Wer nur wenig Klarheit über seinen Aufgabenbereich und seine konkreten Aufgaben hat, der kann als Diakoniebeauftragter oder Diakoniebeauftragte auch nur schwer ein Kirchengemeinderatsgremium von der Bedeutung dieser Aufgaben überzeugen. Eine immer wieder in Frage gestellte Aufgaben- und Rollenbestimmung nimmt aber zumindest teilweise ihren Anfang genau darin, dass es diesem Gremium selbst an hinreichender Klarheit über das kirchliche Handlungsfeld der „Gemeinde- und Gemeinwesendiakonie" fehlt.[47] Denn es ist kaum anzunehmen, dass ausgerechnet die hier befragten Diakoniebeauftragten am wenigsten Kenntnisse über dieses Handlungsfeld besitzen – zumal die meisten von ihnen außerdem noch einen sozialen Beruf ausüben oder im sozialen Bereich ehrenamtlich aktiv sind. An dieser Problematik ändert ganz offensichtlich auch die grundsätzlich vorhandene Einsicht in den zentralen Stellenwert diakonischer Themen für kirchliches Handeln nicht viel. Warum aber dieser Graben zwischen einer durchaus vorhandenen diakonischen Grundüberzeugung und einer damit verbundenen hohen Wertschätzung diakonischer Themen einerseits und konkreten diakonischen Konzepten in Gemeinde- und Gemeinwesen so schwierig zu überbrücken ist, darüber geben in meinen Augen die Ausführungen der Diakoniebe-

---

[47]   Vgl. den entsprechenden Beitrag von Claudia Schulz (Im Spannungsfeld Gemeindediakonie).

auftragten zum dritten Aspekt ihrer „Ratlosigkeit" zumindest in Ansätzen Auskunft:

(6.) Mehrfach berichten Diakoniebeauftragte im Rahmen der Gruppendiskussion, dass die Kommunikation von Hilfebedarf für alle Beteiligten aus verschiedenen Gründen schwierig ist:

Fr. Mack:	Mich beschäftigt am meisten die Armut unter den Leuten in den Gemeinden, vor allem in den Diasporagemeinden. (…) Hauptsächlich find ich es schwierig überhaupt den Leuten zu sagen: Hier, da gibt es die Diakonie, ihr könnt ja einen Flyer ausgeben mit dem nächsten Gemeindebrief. Den Leuten zu sagen: Ihr könnt euch an die Diakonie wenden, wenn ihr dieses oder jenes Problem habt. Zum Beispiel Schulden oder Armut und so weiter oder bestimmte Sachen wie im Kindergarten und und und. Und das find ich schwierig auf die Leute zuzugehen. Ich versuche das immer wieder. Unser Pfarrer kündigt das auch ab. Da gibt es die Diakonie, da hängt der Flyer aus oder er ist zum Mitnehmen. Aber man findet kaum Leute, die irgendwas annehmen. Auch grad wie sie vorher sagte, die alten Leute sitzen daheim und sind allein. Es ist schwierig. Ich bin auch im Elisabethenverein. Ich bin in einer Gruppe Paten für Jugendliche also [eine] Patenschaft [in dem Projekt] „Jugend hilft". (…) Und auch da ist alles schwierig: Die Jugendarbeit ist schwierig, die Jugendlichen zu etwas motivieren und diakonisch tätig zu sein. Junge Leute insgesamt für die gesamten Aufgaben in der Diakonie zu gewinnen, denke ich, ist sehr schwierig. (…) Das beschäftigt mich schon sehr. Und ich suche alle möglichen Wege. (…) Die arbeiten in Kirchengemeinden mit alten Leuten. Das ist oft gar nicht erwünscht. Die alten Leute wollen sich gar nicht helfen lassen. Wir haben da eine Gruppe Jugendlicher „Jugend hilft." Gibt einen tollen Flyer. Jugendliche würden kommen, würden einkaufen, Zeitung lesen, Straßen kehren, Gesellschaftsspiele machen und und und. Das ist alles aufgeführt, aber wenn man dann Kontakt aufnimmt, das macht auch eine Sozialarbeiterin. Die lehnen das ab zum Teil diese Hilfe. Die können damit nicht umgehen. Also so richtig alte Leute. (…) Alte Leute fangen erst bei 80, 85 Jahren an, denen man eigentlich helfen sollte. Die nehmen das nicht an. Und auch jüngere. [Die sagen:] Oh, wir können unseren Garten nicht mehr, wir können dies nicht mehr, wir können [das nicht mehr]. Da hab ich gesagt: Guck mal da gibt es doch was. Hier melde dich doch. Da kommen zwei Jugendliche und zu den Jugendlichen kommt jeweils auch jemand [Pate/Patin] dabei, der die zwei Jugendlichen betreut. Es ist nicht so, dass wir die Jugendlichen jetzt in die Häuser schicken. Sondern es ist irgendwie immer irgendjemand da, der sagt, ich geh

> mit, wenn ihr da jetzt im Garten Rasen mähen sollt und dies und
> jenes. Aber es sind ganz wenige Fälle. Wenn es jetzt geschneit
> hatte und man musste Schnee schippen, dann waren die Jugend-
> lichen nicht bereit am Samstag (Gelächter) morgen Schnee zu
> schippen. Und so ist das alles mühsam.
>
> (Gruppendiskussion Diakoniebeauftragte)

Diese Beispielerzählung macht nachvollziehbar, warum diese Diakoniebeauftragten Schwierigkeiten haben, andere auf einen vermuteten Hilfebedarf anzusprechen. Die Hilfe ist nach ihrer Erfahrung in vielen Fällen gar nicht wirklich
erwünscht und wird schon gar nicht einfach dankbar angenommen, selbst dann
nicht, wenn die Grenzen der eigenen Kräfte zuvor bereits im Gespräch thematisiert worden sind. Neben milieuspezifischen Unterschieden in der Sicht auf Hilfeleistungen und Hilfeerbringung spielen hier mit großer Wahrscheinlichkeit –
gerade in ländlichen Gemeinden – auch Aspekte der sozialen Kontrolle eine
wichtige Rolle. Zusätzlich erschwert wird eine passgenaue Hilfevermittlung dann
auch noch dadurch, dass in einem akut auftretenden Unterstützungsbedarf die
notwendige Hilfe möglicherweise gerade in diesem Augenblick dann doch nicht
zur Verfügung steht. Die Lebensgewohnheiten von hilfsbereiten Jugendlichen,
aber auch ganz allgemein die Gesetzmäßigkeiten von freiwilligem Engagement,
sind nur bedingt kompatibel mit Hilfeleistungen, deren sachgerechte Erbringung
an eine sofortige, unmittelbare Abrufbarkeit gekoppelt ist. Außerdem kommt
erschwerend hinzu, dass diese Beobachtungen der Diakoniebeauftragten auch
noch die gewohnte Gestaltung des klassischen Arbeitsfeldes „Altenarbeit" in
einer Kirchengemeinde in Frage stellt.[48] Die Komplexität dieser kommunikativen
Herausforderungen wird im Kontext kirchengemeindlichen Handelns für die
Diakoniebeauftragten noch durch drei weitere Beobachtungen gesteigert, die in
der folgenden Gesprächspassage verdichtet kommuniziert werden:

Fr. Mangels:	(…) Speziell in unserer Gemeinde sind jetzt wirklich auch die al-ten Leute, die vielleicht auch Pflege brauchen, die besucht wer-den müssen. Das sind die Themen in der Kirchengemeinde, aber nicht wo ich Stellen finde, wo ich mich hinwende. Diese Aufgabe wird überhaupt nicht beansprucht.
Fr. Mack:	Also ich hab da so was nicht empfunden.
Fr. Mangels:	Im Land, im Land! Da müssen wir unterscheiden zwischen Großstadt und Land.
Fr. Mack:	Ja, aber bei uns wird es ja auch langsam zu schwer, ich habe

---

[48]   Vgl. ausführlich Eidt 2010: S. 197–199.

ihnen ja gesagt unser Gemeindegebiet ist so unübersichtlich, das ist sehr problematisch, um herauszufinden, wo ist jetzt Hilfe notwendig. Ich mache es zum Beispiel so, wenn ich das Kirchenblatt austrage, dann treffe ich mal diesen und treffe dann jenen. Die Leute sprechen mich an und dann heißt es schon: Ach ich kann ja nicht in die Kirche. Weißt du, der Weg zur Kirche ist so weit, das kann ich ja nicht mehr. Obwohl wir immer schreiben, wir machen auch Fahrdienste, um in die Kirche zu kommen. Und dann sage ich: Ach sie brauchen doch nur anzurufen, oder rufen sie Frau Sowieso oder Herrn Sowieso an, der nimmt sie mit in die Kirche. Ja dann war es das aber schon wieder, ja.

Fr. Mangels: Das kann man nicht mit unserer Großstadt vergleichen (…)

Fr. Heidt: Aber vielleicht merkt man an der Diskussion, dass es nicht so ganz klar definiert ist, dass man vielleicht auch spontan schauen muss, wie man durchhalten kann.

Fr. Mangels: Ich finde immer ein zweites oder nächstes spannendes Feld ist auch diese unternehmerische Diakonie. Die Pflegeheime oder, und dann auch [das Verhältnis zur] Gemeindediakonie. Und wenn das eben in einer Gemeinde zusammenkommt, dass da eine Institution da ist, die Altenpflege und Pflege übernimmt, dann wird es noch einmal schwieriger, weil dort ja schon so viel geschieht und so viel abgenommen wird an Themen und Diskussionen. Was und wie viel [muss] dann in der Gemeinde, der Kirchengemeinde daneben [noch sein]. Muss dann nochmal die Kirchengemeinde sich profilieren oder kann sie sich anschließen an die unternehmerische Diakonie. Wäre ja auch denkbar oder müsste noch einmal einen eigenen [Schwerpunkt] haben und das ist noch nicht so richtig geklärt, das muss jeder immer wieder neu in der Gemeinde auch für sich ausmachen.

Fr. Heidt: Klar, irgendwie. Man hat ja dann die [Diskussionen] manchmal so mit dem Tenor: Ha ja, Hartz IV und was weiß ich, die wollen nicht arbeiten und grundschwäbische Vorurteile teilweise. Und da man schon auch überlegt einen Referenten [einzuladen], wo man da so irgendwie versucht Anstöße zu geben, um halt Vorurteilen entgegenzuwirken.

Fr. Mack: Haben wir auch gemacht.

(Gruppendiskussion Diakoniebeauftragte)

Hier wird zunächst erneut die Beobachtung thematisiert, dass Hilfebedarf von außen nur schwer zu erkennen ist. Diese Einsicht verknüpft sich nachfolgend jedoch mit der Wahrnehmung, dass Betroffene soziale Hilfe oder deren Vermittlung nur in geringer Zahl bei den Verantwortlichen der Kirchengemeinden suchen. Angesichts der mit der Professionalisierung und Spezialisierung sozialer Hilfe verbundenen Delegation vieler Aufgabenbereiche an spezielle Einrichtungen und Dienste kann es dann – wie hier im Gespräch deutlich wird – dazu kommen, dass sich die angestrebte Vermittlung diakonischer Hilfeleistungen unter der Hand auf die Koordination von Mitfahrgelegenheiten zu entfernteren Gottesdienstorten reduziert. Diese Form von kirchengemeindlicher Nachbarschaftshilfe hat durchaus ihren eigenen Wert, aber die ungesehene Not bleibt so im Wesentlichen doch verborgen und die Potenziale gemeinde- und gemeinwesendiakonischen Handelns werden auf diese Weise nicht ausgeschöpft. Ein weiterer Faktor fördert vermutlich diese Problematik noch zusätzlich: Die ehrenamtlichen Diakoniebeauftragten haben in dieser Gruppendiskussion offensichtlich nur einen kleinen Ausschnitt möglicher Hilfebedarfe (Alter, Pflege, Armut, Arbeitslosigkeit) vor Augen, und es sind dieselben diakonischen Handlungsfelder, die auch den Kirchenbezirkssynodalen vor allem am Herzen liegen. Bereiche, denen es weniger gelingt, positive emotionale Hinwendung zu generieren, unterliegen dadurch erst recht der Gefahr, quasi automatisch aus dem Blickfeld zu geraten.[49] Das durchaus vorhandene Gespür für diese Dilemmasituationen in ihrem ehrenamtlichen Bemühen nährt bei den befragten Diakoniebeauftragten wiederum das Grundgefühl, dass diese Verantwortung zu groß und eigentlich von Ehrenamtlichen nicht wirklich bewältigbar ist. Ein derartiges Grundgefühl erschwert die Bewältigung komplexer Herausforderungen jedoch zusätzlich.

(7.) Vor diesem Hintergrund interessiert abschließend noch die Frage, welche Rolle die Zusammenarbeit mit Hauptamtlichen für diese Diakoniebeauftragten spielt. Diese Frage nehmen die Diakoniebeauftragten in der vorliegenden Gruppendiskussion auf, indem sie sich zunächst ausführlich darüber austauschen, welche Gemeinde wie viel Anteil an welchen Diakonenstellen innehat und welcher Sinn den dazugehörigen Aufgabenverteilungen abzugewinnen sein könnte.[50] Es entsteht dabei – eher zwischen den Zeilen – der Eindruck, dass Pfarrerinnen und Pfarrer überwiegend näher am unmittelbaren Gemeindegeschehen, aber tendenziell als überlastet wahrgenommen werden. Den Diakoninnen und Diakonen scheint dagegen die Verortung in vielen Einzelgemeinden zu fehlen und für die Diakoniebeauftragten ist im Gesamtkonzept nur schwer nachvollziehbar,

---

[49]　Diese Themen finden, ergänzt durch die Themen „Psychische Probleme" und „Jugendhilfe", auch in der Befragung der Kirchenbezirkssynodalen mit jeweils zwischen 40% und 70% die mit Abstand höchsten Zustimmungswerte bei der Frage „Welche diakonischen Themen liegen Ihnen besonders am Herzen?", während „Behinderung, Sucht, Migration/Sprache, Obdachlosigkeit und Sexualität/Missbrauch" weit dahinter zurück bleiben.

[50]　Vgl. dazu auch ausführlich den Artikel von Claudia Schulz zum Spannungsfeld Gemeindediakonie in diesem Band.

wofür Diakoninnen und Diakone nun eigentlich zuständig sind. Deren Tätigkeitsspektrum ist im Kirchenbezirk Tübingen nach Wahrnehmung der Diakoniebeauftragten geprägt von einer sehr breiten Mischung aus gemeindepädagogischen und gemeindediakonischen Aufgaben, deren Verknüpfung den Diakoniebeauftragten nur dann einleuchtet, wenn sie mit einem wirklich zeitintensiven Einsatz in einer Einzelgemeinde verbunden ist.

Erst in einem abschließenden Statement eröffnet eine Diakoniebeauftragte dann doch noch eine spezifische Sichtweise auf die Interessen und den Bedarf von Ehrenamtlichen in diakonischen Handlungsfeldern:

Fr. Heidt:	Ich glaub das ist ganz wichtig auch um Ehrenamtliche anzuziehen, dass man (…) etwas bietet, und wenn da einer ist, der kennt und weiß und auch etwas vermittelt, so dass man auch richtig etwas lernt. Das macht das schon motivierender wo mitzumachen, als dass man da irgendetwas ausgesetzt ist, wo man nicht weiß wie es geht, wo einem niemand hilft. Wo man dann im Besuchsdienst Situationen ausgesetzt ist, wo man überfordert ist und man hat keine festen Ansprechpersonen. Also ich finde, da muss man schon sehr aufpassen mit Ehrenamtlichen gerade im diakonischen Bereich. Weil es halt wirklich Grenzbereiche gibt, in denen es zur Sache geht.

(Gruppendiskussion Diakoniebeauftragte)

Hier thematisiert eine Diakoniebeauftragte ihr Gefühl der Überforderung und leitet daraus ihren spezifischen Unterstützungsbedarf ab. Die Erfüllung ihrer diesbezüglichen Erwartungen knüpft sie an Kompetenz und verlässliche Präsenz, nicht aber an Hauptamtlichkeit oder an eine bestimmte Berufsgruppe innerhalb der Kirche.

2.3 Herausforderungen für das Ehrenamtsmanagement

Aus der Zusammenschau der Ergebnisse der Auswertung der qualitativen und quantitativen Daten lassen sich spezifische Herausforderungen für das Ehrenamtsmanagement ableiten, insofern es sich auf Diakoniebeauftragte oder andere Themenverantwortliche in diakonischen Handlungsfeldern erstreckt.

(1.) In allen organisationalen Zusammenhangen stellt sich immer wieder die Frage, welches Maß an formalen Regelungen für die sachgerechte und verlässliche Erfüllung einer Aufgabe notwendig ist. Aufgrund der fehlenden rechtlichen Verpflichtung zur Berufung von Diakoniebeauftragten in Kirchengemeinden ist es möglich, dass es nach wie vor in einzelnen Kirchenbezirken gar keine Diakoniebeauftragten gibt.[51] Für die Wahrnehmung des diakonischen Auftrages der Kirche sind viele Wege denkbar. Die Beauftragung von Ehrenamtlichen als Verantwortliche für das diakonische Handeln in Kirchengemeinden ist diesbezüglich nur eine mögliche Strategie. Wenn diese jedoch konsequent verfolgt werden soll, dann ist die Frage nach verbindlichen, rechtlichen und inhaltlichen Regelungen für Berufung, Einsetzung und Begleitung von Diakoniebeauftragten – etwa vergleichbar mit Kirchenpflegerinnen oder Prädikanten – neu zu stellen. Diese wäre ein denkbarer Weg, der zu einer Aufwertung der Diakonie in Kirchengemeinden und Gemeinwesen ebenso beitragen könnte, wie zu einer Stärkung der Funktion von Diakoniebeauftragten.

(2.) Möglicherweise ist dieser Weg aber für Themenverantwortliche im Handlungsfeld der Gemeinde- und Gemeinwesendiakonie gerade deswegen nicht der einzig zielführende, weil die Prozesse in kirchlichen Gremien denjenigen, denen tatsächlich diakonische Herausforderungen am Herzen liegen, zu langwierig und mühevoll erscheinen.[52] Ein zeit- und situationsgemäßer Ausweg könnte sein, was eine Diakoniebeauftragte spürbar begeistert berichtet:

Fr. Heidt:	Da kann ich euch echt die Diakonischen Gruppen empfehlen. (…) weil man da dann wirklich konkret denken kann. Da sitzt dann auch der Pfarrer drin und bei uns (…) der Besuchsdienst und die beiden Diakoniebeauftragten [der örtlichen Kirchengemeinden] und eben Interessierte. Und das ist dann einfach leichter. Auch die Verknüpfung zurück in den Kirchengemeinderat. (…)
(Gruppendiskussion Diakoniebeauftragte)	

Hier scheinen in einer Gruppe von Interessierten Planungen für diakonische Initiativen leichter, und es wurde in den Augen dieser Diakoniebeauftragten ein Weg gefunden, wie auch ein kurzer Draht zu den Entscheidungsgremien gewährleistet werden kann. Diesen Impuls können Kirchengemeinden und Kirchenbezirke aufnehmen, indem sie darüber nachdenken, wie Freiräume für ehrenamtliches diakonisches Engagement geschaffen werden können, die den Beteiligten viel Eigenverantwortung einräumen und dennoch die Verbindung zur Kirche sichtbar und spürbar werden lassen.[53] Mit großer Wahrscheinlichkeit

---

[51]   Etwa im Kirchenbezirk Tuttlingen.

[52]   Das Item „Die vielen Sitzungen sind mir lästig. Ich möchte einfach hilfsbedürftigen Menschen etwas Gutes tun" findet große Zustimmung unter den Tübinger Diakoniebeauftragten: Für 2 Befragte trifft diese Aussage voll und ganz zu, für 10 Befragte trifft sie zu und immerhin für 13 Befragte trifft sie noch teilweise zu. Lediglich 10 Befragte können dieser Aussage nicht zustimmen.

[53]   Vgl. dazu auch meine Ausführungen zu neuen Steuerungsmodellen in der Netzwerkarbeit im Beitrag Eidt (Sozialkapital).

lassen sich für diesen Typus ehrenamtlicher Verantwortungsübernahme auch neue Engagierte gewinnen, die sich durch Freiräume eher angezogen als verunsichert fühlen und die mit großer Wahrscheinlichkeit auch eher die Funktion wahrnehmen können, gerade als Ehrenamtliche neue Hilfebedarfe zu identifizieren.[54]

(3.) Die Gruppendiskussion der acht Diakoniebeauftragten im Kirchenbezirk Tübingen zeigt sehr deutlich deren Schwierigkeiten bei der Identifikation von diakonischen Aufgabenstellungen im Alltag einer Kirchengemeinde. Hier könnte möglicherweise ein Gesamtkonzept diakonischer Arbeit auf Kirchenbezirksebene und/oder Kirchengemeindeebene Unterstützung bieten. Runde Tische und Agendaprozesse, die in vielen Kommunen auch zu sozialen Themen stattfinden, bieten hier mögliche Anknüpfungspunkte über den binnenkirchlichen Raum hinaus.[55] Auch eine solche Weitung der Perspektive könnte das Gefühl der Irrelevanz der eigenen Beauftragung bei Diakoniebeauftragten relativieren und die diakonische Verantwortung der Kirche im Sozialraum deutlicher sichtbar werden lassen.

Auch eine individuelle fachliche Begleitung von Diakoniebeauftragten bei der konkreten Umsetzung gemeinde- und gemeinwesendiakonischer Arbeitsvorhaben in Einzelgemeinden oder Gemeindeverbünden könnte zu motivierenden Relevanzerlebnissen bei Diakoniebeauftragten beitragen. Diese Begleitung kann von einer detaillierten Umsetzungsplanung mit einzelnen Diakoniebeauftragten und der personenbezogenen Supervision von Einzelaktivitäten bis zur Moderation gemeinde- oder gemeinwesendiakonischer Entwicklungsprozesse mit ganzen Kirchengemeinden oder Distrikten reichen und stellt zumindest theoretisch eine typische Aufgabenstellung dar, die der Qualifikation von Diakoninnen und Diakonen entspricht.

(4.) Die Unsicherheit, die die in Tübingen befragten Diakoniebeauftragten hinsichtlich der mit ihrer Beauftragung verbundenen Aufgabenstellungen zum Ausdruck bringen, und die scheinbare Zufälligkeit, mit der sie in vielen Fällen zu ihren Aufgaben kommen, kann unterschiedliche Ursachen haben. Möglicherweise spiegelt sich darin unter anderem der grundlegende Wandel in der Ehrenamtskultur. Die Logik, die davon ausgeht, dass für eine bereits bestehende Aufgabe passende Freiwillige gesucht werden, scheint immer weniger zu funktionieren. Stattdessen wächst die Zahl derjenigen Engagementbereiten, die sich mit eigenen Ideen neue Handlungsfelder erschließen wollen. Neben einer systematischen Begleitung von Diakoniebeauftragten, die nach Möglichkeit schon im Vorfeld von Kirchengemeinderatswahlen beginnen sollte, sind deshalb möglich-

---

[54]   Vgl. dazu Hamburger 2011: S. 325–327.
[55]   Teilweise sind Kreisdiakonieverbände in der Evangelischen Landeskirche in Württemberg
        bereits auf diesem richtungsweisenden Weg.

erweise auch Ehrenamtsbörsen eine Möglichkeit, bei der sich potenzielle Interessentinnen und Interessenten einen Eindruck von den Spielräumen und Gestaltungsmöglichkeiten verschaffen können, die mit der Beauftragung als Diakoniebeauftragte oder Diakoniebeauftragter einer Kirchengemeinde verbunden sind.

(5.) Die Evaluationserfahrung im Projekt „Diakonat – neu gedacht, neu gelebt" zeigt, gerade auch am Beispiel der Gruppendiskussion mit Diakoniebeauftragten in Tübingen, dass mit Hilfe dieser Methode Innensichten erhoben werden können, die in den herkömmlichen Auswertungsgesprächen von Prozessbeteiligten oft nicht sichtbar werden. Eine sorgfältige Auswertung der auf diesem Weg gewonnenen Daten kann wesentlich zu kontinuierlichen Verbesserungsprozessen beitragen, die sich an den tatsächlichen Bedarfen der engagierten Ehrenamtlichen orientieren. Im Idealfall werden diese Evaluationsprozesse zumindest punktuell ergänzt durch entsprechende Befragungen der Klientengruppen, denen die diakonische Arbeit zu Gute kommen soll, und der Kooperationspartnerinnen und Kooperationspartner im Bereich der Gemeinwesendiakonie.

Für den Kirchenbezirk Tübingen und die Arbeit mit Diakoniebeauftragten im Rahmen des Teilprojekts „Diakonisch wahrnehmen und handeln – einladendes, gelebtes Evangelium" konnten erste Erfolge gezeigt und theoretische Weiterentwicklungsmöglichkeiten gewonnen werden. Die konkrete Umsetzung vor Ort wird nur möglich sein, wenn alle Verantwortlichen in den Kirchengemeinden und im Kirchenbezirk stärker als bisher zusammenwirken und das Zeitbudget, das den Diakoninnen und Diakonen für die Begleitung der ehrenamtlichen Diakoniebeauftragten zur Verfügung steht, auch nach dem Projektende zumindest nicht gekürzt wird. Darüber hinaus zeigt die Evaluation dieses Projekts jedoch auch, dass ungelöste konzeptionelle Schwierigkeiten, wie die Frage nach den konkreten Inhalten einer Beauftragung von Ehrenamtlichen, viel Energie binden können, die mit einiger Wahrscheinlichkeit durch strukturelle und programmatische Klärungen freigesetzt und für diakonische Gemeindeentwicklung eingesetzt werden könnte.

3.   Ehrenamtliches Engagement zusammen m i t Klientinnen und
      Klienten des sozialen Hilfesystems

Im Rahmen des Projekts „Diakonat – neu gedacht, neu gelebt" ist ein dritter Typus ehrenamtlichen Engagements zu beobachten: die Zusammenarbeit von Ehrenamtlichen mit Menschen, die zu den Hilfeempfängern nach SGB II (Arbeitslosengeld II) gehören und denen im Rahmen einer Eingliederungsvereinbarung[56] eine Arbeitsgelegenheit mit Mehraufwandsentschädigung[57] (meist „Ein-

---

[56]   Nach SGB II, § 15.
[57]   Nach SGB II, § 16d. Dieses arbeitsmarktpolitische Instrument soll der Förderung von besonders arbeitsmarktfernen Langzeitarbeitslosen dienen. Weitere Informationen dazu im nächsten Abschnitt.

Euro-Job" genannt) zugewiesen wurde. Diese Form gemeinsamer Arbeit von Ehrenamtlichen und Klientinnen und Klienten des sozialen Hilfesystems werde ich im Kontext des Arbeitsbereichs „Diakoniekaufhaus" des Tuttlinger Teilprojekts „Menschen entdecken – gemeindediakonisch handeln" evaluieren. Zunächst stelle ich kurz die konzeptionellen Überlegungen für das Tuttlinger Diakoniekaufhaus und die Rahmenbedingungen für den Einsatz von Arbeitslosengeld-II-Empfangenden in Arbeitsgelegenheiten mit Mehraufwandsentschädigung dar (3.1). Daran schließe ich – ausgehend von einer Gruppendiskussion mit neun ehrenamtlichen Mitarbeiterinnen und Mitarbeitern – einen Überblick über die wesentlichen Diskurslinien an, die die Tuttlinger Ehrenamtlichen hinsichtlich ihrer Zusammenarbeit mit den „Ein-Euro-Jobbern" entwickeln (3.2). Abschließend leite ich daraus einige spezifische Herausforderungen für das Ehrenamtsmanagement im Hinblick auf diesen Typus ehrenamtlicher Arbeit ab (3.3).

3.1 Die Zusammenarbeit von Ehrenamtlichen und „Ein-Euro-Jobbern" am Beispiel des Tuttlinger Diakoniekaufhauses[58]

Das Diakoniekaufhaus „KaufKultur" wird im Rahmen des von der Diakonischen Bezirksstelle Tuttlingen getragenen Teilprojekts „Menschen entdecken – gemeindediakonisch handeln" als Modellprojekt dafür verstanden, dass „die Zusammenarbeit dieser Menschen mit unterschiedlichen sozialen Hintergründen (ehrenamtliche MA[59] aus allen Generationen, Straffällige, Schüler, 1-€-Kräfte ...) [...] eine Plattform gegenseitiger Unterstützung und Bereicherung [bietet], um vorhandene Notlagen zu erkennen und Lösungsansätze zu entwickeln, die sonst so nicht möglich gewesen wären."[60] Damit stellt sich dieses Teilprojekt explizit in die Tradition der Biberacher Erklärung „Gerechtigkeit und Barmherzigkeit" der Württembergischen Evangelischen Landessynode, in der es heißt: „Arme brauchen einen Platz in unseren Kirchengemeinden. Es gehört zum Leben einer christlichen Gemeinde, Arme und Benachteiligte in ihrer Mitte wahrzunehmen und aufzunehmen, sie zu begleiten und in ihren Rechten und Rechtsansprüchen zu unterstützen, sie vor Diskriminierungen und Verdächtigungen zu schützen."[61] Ein Diakon leitet dieses Diakoniekaufhaus als Geschäftsführer und ist zugleich verantwortlich für Gewinnung, Einsatz, Weiterbildung und Supervision aller Mitarbeitenden.

Die Geschichte des Tuttlinger Diakonieladens „KaufKultur", der im Juli 2009 eröffnet wurde, begann 1995 mit einer von Ehrenamtlichen verantworteten Kleiderkammer für Bedürftige, die 2001 zu einem „Diakonielädle" weiterentwickelt

---

[58]   Vgl. dazu auch den Beitrag von Thomas Fliege (Armutsbekämpfung).
[59]   Abkürzung für: Mitarbeitende.
[60]   Aus dem unveröffentlichten Projektantrag des Tuttlinger Projekts.
[61]   Württembergische Evangelische Landessynode 1998: S. 2.

worden war. Mit dem Umzug dieses kleinen Ladens in größere und zentrale Räume veränderten sich auch Konzeption und Arbeitsweise dieser in Tuttlingen gut eingeführten Einrichtung erneut. Aus einer in den Ursprüngen überwiegend ehrenamtlich verwalteten und überschaubaren Initiative wurde ein professionell geführtes Unternehmen. Repräsentative Warenpräsentation mit Warenhauscharakter hielt Einzug, das Warenangebot wurde um Hausrat, Medien, Elektroartikel und Möbel erweitert, ein Café-Bereich bietet seitdem Kommunikationsmöglichkeiten und mit wenig Aufwand lassen sich auch kleinere kulturelle Veranstaltungen an diesem Ort durchführen. Der damit verbundene größere Arbeitsaufwand wäre allein mit Ehrenamtlichen nicht zu bewältigen gewesen, und die Zusammenarbeit von Menschen mit unterschiedlichen sozialen Hintergründen sollte im Rahmen des Diakoniekaufhauses vorangetrieben werden. Die dauerhafte Einstellung hauptamtlicher Kräfte wurde geplant und mit der Einrichtung von Arbeitsgelegenheiten für Arbeitslosengeld-II-Empfängerinnen und -empfängern zunächst angebahnt und dann auch sehr rasch umgesetzt. Inzwischen sind neben den wechselnden „Ein-Euro-Jobbern"[62] auch zwei Personen aus dem Arbeitslosengeld-II-Bezug und einer Arbeitsgelegenheit im Diakonieladen heraus als Teilzeitkräfte im Tuttlinger Diakoniekaufhaus „KaufKultur" mit einem Stellenumfang von 75% fest angestellt. Außerdem gehören zum Team der Mitarbeitenden noch zwei Angestellte, die als geringfügig Beschäftigte auf Minijob-Basis arbeiten. Auf diesem Weg wurde nach und nach eine komplexe Mitarbeiterstruktur geschaffen, die mit der ursprünglich überschaubaren, rein ehrenamtlichen Initiative nicht mehr vergleichbar ist.

Die Zuweisung einer Arbeitsgelegenheit wird im Anschluss an SGB II als arbeitsmarktpolitisches Instrument für diejenigen Arbeitslosengeld-II-Empfängerinnen und -empfänger betrachtet, die als besonders arbeitsmarktfern gelten. Mit Hilfe der staatlichen Fördergelder, die Anbieter solcher Arbeitsgelegenheiten erhalten, soll die Hinführung dieser Zielgruppe an den regulären Arbeitsmarkt unterstützt werden. Die Zuweisung einer Arbeitsgelegenheit dient also dem Ziel, die Fähigkeit der Betroffenen zu einer geregelten Tagesstrukturierung und arbeitsplatzkonformem Sozialverhalten zu stärken.[63] Diese Beschreibung zeigt, dass es sich – zumindest bei sachgerechter Zuweisung von Arbeitsgelegenheiten in der Mehraufwandsvariante – bei dieser Gruppe in der Regel um Menschen handelt, die nicht nur kurzfristig auf Leistungen nach SGB II und flankierende sozialarbeiterische Unterstützung angewiesen sind.

Nachfolgend werde ich zeigen, welche Diskurse bei den ehrenamtlichen Mitarbeiterinnen und Mitarbeitern des Diakonieladens „KaufKultur" in Tuttlingen

---

[62] Die Zahl schwankt, meist sind es etwa zehn Personen.

[63] Vgl. Koch/Fertig 2012. Die dort vorgelegte empirische Untersuchung zu den ambivalenten Wirkeffekten von Arbeitsgelegenheiten ist geeignet, die fachliche und politische Diskussion über Sinn- und Unsinn der Zusatzjobs zu versachlichen, und bietet hilfreiche Hinweise für eine zielführende Zuweisung und Begleitung von Arbeitslosengeld-II-Empfangenden in Arbeitsgelegenheiten mit Mehraufwandsentschädigung.

durch diese – für sie zum Zeitpunkt der Gruppendiskussion noch relativ neue – Zusammenarbeit mit einer größeren Zahl von „Ein-Euro-Jobbern" und verschiedenen Hauptamtlichen ausgelöst werden. In meinen Augen haben die hier beobachtbaren Konfliktlinien weitgehend exemplarischen Charakter für die Herausforderungen, die sich in der Zusammenarbeit von Ehrenamtlichen mit Klientinnen und Klienten der Sozialen Arbeit in diakonischen Handlungsfeldern ergeben. Dies gilt jedoch auf jeden Fall dort, wo die Initiative für diese Zusammenarbeit nicht von den Ehrenamtlichen selbst, sondern von Hauptamtlichen ausgeht.[64]

3.2 „Ich bin freiwillig da – ich mach das aus humaner Tätigkeit"[65] – Ehrenamtliche zwischen den verschiedenen Ansprüchen von Hauptamtlichen und Klienten

Die Idee einer direkten Zusammenarbeit von kirchlich-diakonischen Ehrenamtlichen mit Menschen, die nicht nur anderen Milieus zuzurechnen, sondern in irgendeiner Weise auf soziale Unterstützung oder spezielle Förderung angewiesen sind, geht – soweit dies im Rahmen des Projekts „Diakonat – neu gedacht, neu gelebt" zu beobachten ist – in der Regel eher nicht auf die Initiative ehrenamtlich Engagierter selbst zurück. Vielmehr sind es zumeist konzeptionelle Überlegungen Hauptamtlicher (oft sind es Diakoninnen und Diakone), die dazu führen, dass es zu einer solchen Konstellation der Zusammenarbeit kommt. So erleben es auch die acht langjährigen Ehrenamtlichen,[66] die sich nach etwa 18 Monaten Erfahrung mit diesem Modell an einer Gruppendiskussion im Rahmen der Projektevaluation beteiligen.[67] Die – von ihnen zwar gedanklich nachvollzogene und prinzipiell für richtig gehaltene – Konzeptionsveränderung löst bei ihnen Diskurse auf unterschiedlichen Ebenen aus. Die darin verhandelten Themen werden ganz offensichtlich in dieser Gruppendiskussion nicht zum ersten Mal gemeinsam bearbeitet. An der Gruppendiskussion war auch eine neue Ehrenamtliche beteiligt, die die verschiedenen Entwicklungsschritte des Diakonieladens nicht selbst miterlebt hatte. Oft sind es ihre Impulse und alternativen Einschätzungen, die im Verlauf der Diskussion dazu beitragen, dass deutlich

---

[64] Vgl. dazu den Beitrag von Claudia Schulz (Diakonisches Arbeiten an den Rändern).

[65] Zitat aus der Gruppendiskussion mit Ehrenamtlichen in Tuttlingen.

[66] Zum Team der ehrenamtlich im Diakonieladen KaufKultur Mitarbeitenden gehörte zum Zeitpunkt der Gruppendiskussion nur ein Mann. Im Interesse einer ausreichenden Anonymisierung erhalten in den Auszügen aus der Gruppendiskussion alle Beteiligten die weibliche Form der Anrede.

[67] Auch diese Befragung wurde von mir selbst durchgeführt. Ich wurde zu Beginn vom verantwortlichen Diakon als Kollegin aus Stuttgart vorgestellt. Eine Beeinflussung der Befragten durch meine Rolle als Projektverantwortliche war dadurch auszuschließen.

wird, welche Konfliktlinien den Ehrenamtlichen fundamental erscheinen und welche sich eher auf operationale Prozessgestaltung beziehen.

Im Zentrum der Gruppendiskussion der Tuttlinger Ehrenamtlichen steht der Diskurs um die Bedeutung ihrer persönlichen Identifikation mit dem Projekt „Diakoniekaufhaus". Von diesem Zentrum her erschließen sie alle anderen Themen. Fundamentalen Charakter haben für sie in diesem Zusammenhang zwei Aspekte: (1.) Die Frage nach einer in ihren Augen angemessenen Definition des „Sozialen" in der Arbeit des Diakoniekaufhauses und (2.) ihr persönliches Beheimatungsgefühl im Diakoniekaufhaus. Dabei gehen sie davon aus, dass eine in ihren Augen angemessene soziale Grundhaltung und die Erfüllung ihres Wunsches nach Beheimatung in der Unternehmenskultur des Diakoniekaufhauses die Voraussetzung dafür wäre, dass die Verantwortungsverteilung unter allen Mitarbeitenden pragmatisch gestaltet werden könnte. Die Durchsetzung angemessener Umgangsformen gegenüber Spenderinnen, Kunden und ehrenamtlichen Mitarbeiterinnen und Mitarbeitern wäre in ihrer Logik dann ebenfalls eine Selbstverständlichkeit.

(1.) Schon im Modus ihres Diskutierens präsentieren sich diese Ehrenamtlichen als hoch identifiziert mit „ihrer Sache". Allerdings ist der Gegenstand ihrer Identifikation nicht der Diakonieladen „KaufKultur" an sich. Vielmehr ist es eine Art Idealvorstellung eines diakonischen Ladens, mit der sie sich emotional hoch verbunden fühlen und in der sie ihr persönliches Beheimatungsgefühl verankert sehen. Den wesentlichen Gehalt ihrer Idealvorstellung suchen sie immer wieder in der Vergangenheit des alten, kleinen „Lädles":

| Fr. Gauss: | (…) Also im alten Laden, wo wir im früheren Gebäude waren, da haben wir Ehrenamtlichen viel mehr zu sagen gehabt. Also wir haben alles geleitet, also ehrenamtlich. Wir haben die Kasse gemacht, wir haben alles selber gemacht. Und dann sind wir in den neuen Laden umgezogen, dann sind noch die vielen Ein-Euro-Jobber dazu gekommen. Und dann hat man uns dann ein wenig so in den Hintergrund gedrängt. Man hat eigentlich nicht mehr so viel zu sagen gehabt, und wir durften auch nicht mehr entscheiden über die Preise, und wir dürfen nicht mehr entscheiden, was weggeschmissen wird oder was hergeschenkt wird. Wir dürfen ja gar nichts mehr herschenken, was ich also sehr bemängele. Lieber wird es in den Müll geschmissen, und das ärgert mich also kolossal, das hat mich also total jetzt frustriert. (…) Ich mach das also nicht mehr wegen der Kirche in dem Sinn, sondern nur noch weil ich für die Leute, wo ich Kontakt hab, (…) die kenn ich inzwischen nach zehn Jahren alle, und auch wegen den Mitarbeitern. Aber sonst macht's mir eigentlich nicht mehr so viel Spaß wie früher. Muss ich also auch mal Kritik ansetzen. Wir haben keinen Tisch mehr, wo man einzelne Sachen hinstellen kann und sagen: Nehmen Sie es mit, wir sind froh, dass es weg |

geht, bevor es in den Müll kommt. Und das bemängele ich also saumäßig. Das ist also für mich ein Ärgernis. Das hat also mit dem Sozialen nicht mehr so viel zu tun. Und ich merke es auch an der Kundschaft selber, die hat sich total geändert. Also wir haben, wo wir in dem kleinen Laden waren, da kamen wirklich viele arme Leute, Asylanten und noch ärmere Leute, von denen jetzt die meisten zum Roten Kreuz gehen, weil die sich in unserem Laden nicht mehr so wohl fühlen, wie ich schon gehört hab. Und das auch bemängeln sie auch zum Teil, dass es eben zu vornehm ist für einen Diakonieladen, dass ja, dass man auch nichts mehr mitnehmen kann und nichts geschenkt kriegt, und alles so stur ist (…) das ärgert mich also schon (…). Also, ich weiß nicht, ob da jemand mitzieht.

Fr. Duft: Ja. Wir sind derselben Meinung. Ich bin auch derselben Meinung.

Fr. Arlt Ja, stimmt schon. Aber das Konzept ist ja jetzt total anders jetzt. Also.

Fr. Fass: Ja, ich denk auch. Es wäre, in dem Laden könnte man wahrscheinlich, in dem Laden, könnt man das so einfach nicht mehr machen, dass da jeder kommt und jeder Preise macht, und da muss es ja schon eine Richtlinie geben. (…) Und die Ordnung ist auch da. Aber das find ich eben manchmal auch sehr eng, dass man nicht mal auch eine Kleinigkeit verschenken kann, dass man es immer lieber wegwirft. Da wäre doch mancher auch froh. Und wenn der Kunde einen Fehler findet. Man darf es dann nicht billiger hergeben. Lieber wirft man es weg.

(Gruppendiskussion Diakoniekaufhaus)

Sie beschreiben hier in großer Dichte die frühere Atmosphäre als familiärer und intimer. Der Kontakt zu den Kundinnen und Kunden war in ihren Augen vertrauter und sie selbst hatten als Ehrenamtliche mehr Gestaltungsräume und Verantwortung, die sie dort – jedenfalls in ihren eigenen Augen – besser zum Wohl der wirklich armen Kundinnen und Kunden nutzen konnten. Die Möglichkeit etwas zu verschenken bringt das ihrer Meinung nach am besten zum Ausdruck. Es geht für diese ehrenamtlichen Mitarbeiterinnen und Mitarbeiter darum, dass „ihr Laden" eine Atmosphäre des „Sozialen" verströmt, in der sie sich selbst als diejenigen verstehen, die sich anwaltschaftlich stark machen für ihre armen Kundinnen und Kunden.

(2.) Zugleich thematisieren sie aber durchaus auch, dass sie selbst davon profitieren, weil sie spüren, dass ihr Engagement ihrem Selbstwertgefühl gut tut und dass das Miteinander unter den Ehrenamtlichen ihnen sehr wichtig ist. Zu

dem, wie sie sich ihr soziales Engagement vorstellen, gehören für diese Ehrenamtlichen vor allem zwei zentrale Dimensionen: Sie erwarten Freiräume für eine
eigenverantwortliche Preisgestaltung, zu der auch die Möglichkeit gehört, hin
und wieder etwas zu verschenken. Die Gründe für einen Preisnachlass oder die
kostenlose Abgabe einer Ware können dabei aus ihrer Sicht sowohl in der Qualität der Ware als auch in der Situation des Kunden oder der Kundin begründet
sein. Sie wünschen sich außerdem eine Atmosphäre, in der vor allem diejenigen
sich wohlfühlen, die am wenigsten finanzielle Spielräume haben. Auch deren
persönliche Probleme sollen dort einen Raum haben, in dem aber auch sie selbst
sich wertgeschätzt fühlen und den sozialen Zusammenhalt erleben können. Dabei spielt das persönliche Vertrauen der Kundinnen und Kunden und die von
ihnen zum Ausdruck gebrachte Dankbarkeit eine erhebliche Rolle.

Diese Idealvorstellung umkreisen sie im Laufe der Diskussion immer wieder,
mit ihr verknüpfen sich alle anderen Themen. Anhand dieser Idealvorstellung
beschreiben sie zum Beispiel ihre besondere Motivation, die für sie zugleich den
Maßstab ihres Handelns und des organisatorischen und sozialen Miteinanders
im Diakonieladen ausmacht. Mit Hilfe dieser Konstruktion ihrer hohen, wertorientierten Motivation markieren sie auch den Unterschied zwischen ihrem
ehrenamtlichem Engagement, der Arbeit der „Ein-Euro-Jobber" und der Arbeit
der sozialversicherungspflichtig Angestellten:

Dieses soziale Miteinander, das von wechselseitiger sozialer Anerkennung lebt,
wird aber in ihren Augen durchbrochen, wo Einzelne sich Rechte herausnehmen,
die sie sich noch durch entsprechenden sozialen Einsatz verdient haben:

Fr. Fass:	Und wir machen das gerne. Wir machen das
Fr. Duft:	Ja.
Fr. Fass:	Freiwillig. Das ist etwas anders
Fr. Gauss:	Ja, gut, sie können ja nicht
Fr. Fass:	Das ist was anderes. Wir haben eine andere Einstellung.
Fr. Gauss:	Die zwei Hauptamtlichen, das war halt das Problem, die sind, die kommen ja selber aus dem Milieu.
Fr. Fass:	Ja.
Fr. Gauss:	Waren selber Hartz-IV-Empfänger und so weiter. Und plötzlich sind die in die Position hinein geschoben worden. Ist schon okay, dass sie eine Festanstellung haben; ganz im Gegenteil, ist ja sehr gut. Aber da haben die plötzlich gedacht, jetzt sind sie hier die Herren. Und die haben sich dann auch danach gefühlt. Die müssen wir vielleicht langsamer an die Aufgaben hin führen.

> Oder nicht so schnell. Gell? Und das war jetzt, jetzt waren sie plötzlich die Chefs. Jetzt waren wir plötzlich, wir Ehrenamtliche zum Teil am Anfang, es hat sich gebessert, muss man ja sagen. Hat man zusammengestaucht (…) und wir waren eigentlich ja diejenigen, wo im Hintergrund gestellt worden sind plötzlich. Von denen, wo angestellt worden sind, festangestellt worden sind. Das ist nicht gut gelaufen, gar nicht.
>
> (Gruppendiskussion Diakoniekaufhaus)

Daran wird in gewisser Weise die Erwartung deutlich, dass die neu Hinzuge-kommenen sich in die von den altbewährten Ehrenamtlichen verkörperten Spiel-regeln und Maßstäbe einfügen sollen, um deren Anerkennung und Respekt und damit den Anspruch auf ernsthafte gesellschaftliche Teilhabe zu erwerben. Wer-den diese Erwartungen erfüllt, dann können in den Augen der Ehrenamtlichen die anfallenden Aufgaben gleichberechtigt und unter Berücksichtigung der not-wendigen pragmatischen Gesichtspunkte unter allen Mitarbeitenden verteilt werden – aber auch erst dann!

Welche entscheidende Rolle die differenzierten Verhaltenserwartungen der Ehrenamtlichen für die Gestaltung der Zusammenarbeit der verschiedenen Mit-arbeitergruppen im Diakonieladen „KaufKultur" spielen, zeigt sich noch einmal im Diskurs um ein angemessenes Verhalten gegenüber den verschiedenen Per-sonengruppen, die einander im Diakonieladen „KaufKultur" begegnen. Zugleich wird an der folgenden Gesprächspassage aber auch wieder die Ambivalenz deut-lich, die sich für die Ehrenamtlichen ergibt, wenn sie in ihre Überlegungen die so ganz andere Lebenserfahrung sozial Benachteiligter einbeziehen:

Fr. Gauss:	(…) Also, die Festangestellten, die sollte man noch ein klein we-nig, dass die noch ein wenig humaner werden. Also so der Kund-schaft gegenüber. Ich kann nicht hinter der Kasse stehen und es kommt jemand, und der Kunde fragt vielleicht nach dem Preis. Und dann sagt man halt, na ja, eigentlich man darf nicht mehr handeln.
Fr. Fass:	Ja.
Fr. Gauss:	Und so, und das ist okay. Aber man kann die Leute nicht abferti-gen. Wenn's Dir nicht passt, dann gehst Du halt. Und
Fr. Fass:	Ja. Der Ton. Der Ton ist nicht immer sehr gut.
Fr. Duft:	Ja, ja.
Fr. Arlt:	Das stimmt.

Fr. Gauss:	Nee. ich sage auch zu denen, oh, tut mir leid, ich darf nicht. Da, Sie sehen, das ist so ausgezeichnet, darf ich nicht handeln. Und dann sind die Leute auch zufrieden. Dann sagen sie auch nichts mehr. Aber wenn ich die anfahre – wah und wie und was – jeder versucht zu handeln. Und gerade die sozial Schwachen, die sind das ja gewöhnt, sich durchzusetzen in der Gesellschaft. Die müssen doch viel, in jedem Amt müssen die kämpfen, um jeden Cent müssen die kämpfen. Die sind vielleicht dann ein wenig frecher wie wir.
Fr. Fass:	Ja, ja. Die denken, probieren kostet nichts.
Fr. Gauss:	Ja, natürlich – klar, sie müssen es ja auch. Sie müssen es ja auch, damit sie überleben. Da müssen wir vielleicht ein wenig humaner denken und sagen, gut, Faust im Sack machen und …

(Gruppendiskussion Diakoniekaufhaus)

Auch hier stellen sich die Ehrenamtlichen als Anwältinnen und Anwälte der Kundinnen und Kunden dar, für die sie stellvertretend einen respektvollen Umgang einfordern und für die sie großes Einfühlungsvermögen zeigen, während sie von denjenigen, die aus denselben sozialen Zusammenhängen kommen, nun aber auf der anderen Seite der Ladentheke stehen, ein dieser neuen Rolle entsprechendes Verhalten einfordern. Daran wird zugleich deutlich, wie sehr echte Teilhabe auch im Diakonieladen daran geknüpft wird, dass gesellschaftliche Regeln der Höflichkeit eingehalten werden. Eine fürsorgliche Grundhaltung gegenüber Hilfsbedürftigen dagegen erlaubt es durchaus, auch ein Verhalten zu tolerieren, das von den Normen abweicht, die sie für gesellschaftlichen Konsens halten. Für Mitarbeitende gelten demnach in den Augen der Ehrenamtlichen andere Verhaltensnormen als für hilfebedürftige Kundinnen und Kunden.

Diese Beobachtung wiederholt sich in derselben Grundstruktur dort, wo die Ehrenamtlichen über das Verhalten gegenüber Spenderinnen und Spendern sprechen. Werden die höheren Anforderungen an normkonformes Verhalten von Mitarbeitenden nicht erfüllt, so erwarten die Ehrenamtlichen, dass dies durch eine engere Begrenzung des Verantwortungsbereiches und mit dem entsprechenden Druck des geschäftsführenden Diakons sanktioniert wird. Die Konzeption des Diakonieladens lebt aber gerade davon, dass die Ehrenamtlichen selbst diese Funktion im alltäglichen Miteinander selbstverständlich übernehmen. Diese Erwartung können die Ehrenamtlichen, aufgrund einer sehr persönlich gefärbten Konkurrenzsituation um die Durchsetzung relevanter Werte und Sinnzuschreibungen, nur schwer in der von den Professionellen erwarteten Form erfüllen. Auch die Auseinandersetzungen um die Stellung in der Hierarchie des Diakonieladens sowie um die Reichweite des je eigenen Verantwortungsbereiches setzte der Erfüllung der diesbezüglichen Erwartungen deutliche Grenzen.

3.3 Herausforderungen für das Ehrenamtsmanagement

Auch hier erlaubt die Zusammenschau der Ergebnisse der empirischen Analyse die Formulierung von spezifischen Lerneffekten für das Ehrenamtsmanagement, insofern es sich auf die Zusammenarbeit mit Ehrenamtlichen im Kontext einer Personalmischung aus sozialarbeiterisch qualifizierten Fachkräften, Klientinnen und Klienten des Hilfesystems in verschiedenen Formen abhängiger Beschäftigung und freiwillig Engagierten bezieht:

(1.) Ehrenamtliche haben in der Geschichte des freiwilligen Engagements immer wieder die Funktion wahrgenommen, neue Hilfebedarfe auf- und abzudecken. Oft wurden und werden ursprünglich ehrenamtlich verantwortete Handlungsfelder im Laufe der Zeit professionalisiert.[68] Solche Prozesse bedürfen grundsätzlich einer besonderen Sorgfalt, wenn die Motivation der Ehrenamtlichen darin nicht erheblichen Schaden nehmen soll. Eine ganz besondere Herausforderung entsteht, wenn im Rahmen des Einstiegs von sozialarbeiterisch qualifizierten Hauptamtlichen in ein vorher ehrenamtlich verantwortetes Handlungsfeld die ursprüngliche Differenzierung zwischen ehrenamtlichen Helfern und Hilfebedürftigen relativiert oder aufgelöst werden soll. Die Frage nach den Möglichkeiten einer „Zusammenarbeit auf Augenhöhe" stellt sich hier nicht nur im Hinblick auf das Zusammenwirken von Ehrenamtlichen mit den Nutznießern des Hilfesystems, sondern ebenso im Rahmen der Konzeptionsentwicklung von Hauptamtlichen, in die Ehrenamtliche von Anfang an als gleichberechtigte Partnerinnen und Partner einbezogen werden können.

(2.) Konkurrenzen zwischen allen beteiligten Mitarbeitergruppen sind in Personalmixsituationen dieser Art fast nicht zu verhindern. Das hohe Arbeitsethos im Tuttlinger Diakoniekaufhaus ist bei Ehrenamtlichen häufiger anzutreffen, verbunden mit dem Gefühl, dass ihr Engagement dadurch entwertet würde, dass andere dieselbe Tätigkeit nur als „Job" verstehen und sich deshalb professionell gegen eine Reihe von Ansprüchen abgrenzen. Zeitlich befristet eingesetzte Arbeitskräfte in Arbeitsgelegenheiten mit Aufwandsentschädigung werden mit dem Versprechen motiviert, dass sie bei guter Leistung eine echte Chance zur Integration in die Arbeitswelt erhalten. Mit Ehrenamtlichen, die dieselben Arbeiten ohne Bezahlung erledigen, erscheint ihnen diese Chance kleiner zu werden. Konkurrenzgefühle erscheinen hier verständlich und Konfliktpotenzial ist kaum ganz auszuschließen. Die sorgfältige Moderation einer solchen mehrdimensionalen Konkurrenzsituation erfordert von sozialarbeiterischen und diakonischen Fachkräften deshalb eine umso höhere Rollendistanz, je stärker sie möglicherweise auch selbst in derartige Spannungsfelder hineingeraten. Deshalb kann es an der einen oder anderen Stelle hilfreich sein, professionelles Ehrenamtsmanagement mit seinen Aufgaben des Kontraktmanagements außerhalb des Hand-

---

[68] Vgl. dazu z.B. für das gesamte Feld der Sozialen Arbeit: Hamburger 2011 und speziell für den Diakonat: Eidt 2011: S. 100–133.

lungsfeldes zu lokalisieren, in dem die Konkurrenzpotenziale sich in der unmittelbaren Zusammenarbeit von Haupt- und Ehrenamtlichen mit Klientinnen und Klienten entwickeln könnten.[69]

(3.) Differenzierte Verhaltenserwartungen gegenüber unterschiedlichen Personengruppen – wie sie die Ehrenamtlichen des Tuttlinger Diakoniekaufhauses in ihren Diskursen thematisiert haben – finden sich in einem Personalmix von professionellen Hauptamtlichen, Beschäftigten aus dem Niedriglohnsektor und Ehrenamtlichen mit großer Wahrscheinlichkeit und sind zunächst völlig normal. Um negativen Konfliktdynamiken vorzubeugen, kann dies in teamsupervisorischen Prozessen offengelegt und dadurch möglicherweise sogar für konzeptionelle Prozesse genutzt werden. Dies erfordert vermutlich einen deutlich erhöhten Kommunikationsaufwand und eine überdurchschnittliche kommunikative Kompetenz von allen Beteiligten. Eine entsprechende Qualifikation für die Rolle als Moderatorinnen und Moderatoren solcher Prozesse ist für sozialarbeiterische und diakonische Fachkräfte mit Sicherheit hilfreich.

(4.) Das Engagement von Ehrenamtlichen wird heute zunehmend durch deren Interesse an eigenen Gestaltungsmöglichkeiten und Mitverantwortung motiviert. Herkömmliche, eher materiell orientierte Anreizsysteme[70] eignen sich deshalb kaum, um diese Ehrenamtlichen längerfristig an einen Aufgabenbereich zu binden. An den Diskursen der Ehrenamtlichen des Tuttlinger Diakoniekaufhauses ist zu beobachten, dass dieser Anspruch auf eigene Gestaltungsfreiheit durchaus mit den fachlichen Ansprüchen qualifizierter Fachkräfte kollidieren kann.[71] Dieser Impuls kann in der Praxis dafür genutzt werden, jeweils genau zu prüfen, für welche Lebenslagen und Bedarfe von welchen Klientinnen und Klienten möglicherweise die zunächst häufig impliziten Konzepte der Ehrenamtlichen tatsächlich sinnvoll eingesetzt werden können. Möglicherweise lässt sich so an manchen Stellen die Spannung zwischen Barmherzigkeit, Gerechtigkeit und Teilhabe situationsspezifisch auflösen. Voraussetzung dafür ist, dass diese impliziten Konzepte Ehrenamtlicher sorgfältig erhoben werden.[72]

Im Tuttlinger Diakonieladen „KaufKultur" scheint der Prozess der Zusammenarbeit im Personalmix auf einem guten Weg[73] zu sein. Die Ehrenamtlichen betonen immer wieder, dass sie sich an das neue Konzept gewöhnt hätten, dass

---

[69]   Diese Forderung ist in der Fachdiskussion grundsätzlich nicht neu, erfährt aber angesichts solcher Personalmixsituationen eine besondere Zuspitzung. Vgl. dazu zusammenfassend für sozialarbeiterische Handlungsfelder Hamburger 2011: S. 323–325. Vertiefte Einblicke in diese Problematik im Handlungsfeld der Gemeindediakonie zeigt auch der Beitrag von Claudia Schulz (Im Spannungsfeld Gemeindediakonie).

[70]   Zu denen z.T. auch die üblichen Rituale der Wertschätzung gehören!

[71]   Was in Tuttlingen etwa an der Diskussion um die Definition des „Sozialen" im Diakoniekaufhaus und an der Rolle des „Verschenkens" in diesem Zusammenhang deutlich wurde.

[72]   Etwa durch leitfadengestützte Gruppendiskussionen mit externer Moderation. Vgl. dazu bereits 2.3 Abschnitt (6.).

[73]   Vgl. dazu auch die im Beitrag von Thomas Fliege (Armutsbekämpfung) zitierten Äußerungen von örtlichen Experten zu diesem Arbeitsbereich.

sich durch Gespräche mit dem Diakon das Verhalten der „Ein-Euro-Jobber" und der sozialversicherungspflichtig Angestellten bereits in ihrem Sinne verbessert habe, und sie zeigen durch ihre Äußerungen, dass sie über ein ausgeprägtes Verständnis für die Lebenslagen der verschiedenen Personengruppen verfügen und Veränderungen im positiven Sinne „kritisch" reflektieren können. Die in der empirischen Analyse sichtbar gewordenen Stolpersteine werden vor Ort laufend professionell bearbeitet. Auch wenn die erwarteten Erfolge hinsichtlich wechselseitiger Lernprozesse im Personalmix und im Hinblick auf eine Multiplikation der Erfahrungen in die Kirchengemeinden hinein kleiner ausgefallen sind als erwartet, so bleibt doch festzustellen: Angesichts der Komplexität einer häufig unterschätzten Aufgabenstellung ist schon viel erreicht, wenn auf der bisherigen Wegstrecke des eingeschlagenen Weges nur wenige Weggenossinnen und Weggenossen[74] verloren gegangen sind.

4. Ehrenamtsmanagement in diakonischen Handlungsfeldern

Ein klassisches Modell der Relationierung von Hauptamtlichen, Ehrenamtlichen und Klienten in sozialpädagogischen und sozialarbeiterischen Handlungsfeldern hatte Hildegard Müller-Kohlberg 1993 konstruiert. „In diesem ‚triangulierten Modell' tritt der Hilfesuchende vor allem in Beziehung zu dem kompetenten Laien (...) im Modell des ‚gut informierten Bürgers' (...). Der methodisch bewusste Sozialarbeiter tritt in diesem Dreiecksverhältnis vor allem als Berater des Laienhelfers, als Organisator des Handlungsfeldes, Trainer des Laienhelfers und Vertreter der Einrichtung in der Öffentlichkeit auf."[75] In diesem Modell sollten die Freiwilligen sich vor allem mit ihrem Alltagswissen und ihrer Alltagserfahrung in die Beziehung zu Klientinnen und Klienten einbringen, während die sozialarbeiterischen Fachkräfte ihre wissenschaftliche Reflexionsfähigkeit durch methodische Schulung der Ehrenamtlichen handlungsentlastend einsetzen sollten.[76]

Dieses Modell gerät aktuell von zwei Seiten unter wachsenden Druck: Grundsätzlich immer schon mögliche latente Konkurrenzen zwischen Fachkräften und Ehrenamtlichen werden zunehmend in beiden Richtungen verschärft durch den sich ausdehnenden Niedriglohnsektor und bezahlte Freiwilligendienste. Spätestens dadurch sind die Grenzen zwischen beruflichem und ehrenamtlichem Engagement endgültig unscharf geworden. Ebenso verschwommen ist auch die Zuordnung von Fachwissen und Beruflichkeit. Freiwillig Engagierte sind

---

[74] Nicht alle bezahlten Arbeitskräfte waren den Anforderungen des Arbeitsplatzes im Diakoniekaufhaus auf Dauer gewachsen.

[75] Hamburger 2011: S. 324.

[76] Vgl. Hamburger 2011: S. 324.

oft hochqualifizierte Fachleute auch im Gebiet ihres ehrenamtlichen Engagements.[77]

Auch wenn bisher eine starke Akzentuierung hauptamtlichen Ehrenamtsmanagements vorgenommen wurde, so ist diese Konzeption durchaus nicht zwingend. Bereits am Beginn der neuzeitlichen Gemeinwesendiakonie hatte Theodor Fliedner ein Modell entwickelt, in dem ausgebildete und bezahlte „Hülfs-Diakone" die gemeindediakonische Basisarbeit übernahmen, weil die ehrenamtlichen Diakone, die die Verantwortung für die Diakonie der Gemeinden innehatten, mit der Vielzahl der alltäglichen Basisaufgaben überfordert waren.[78] Möglicherweise werden vergleichbare Modelle im Kontext des demographischen Wandels, der sich dadurch verändernden Bedingungen am Arbeitsmarkt und hinsichtlich der verschiedenen Hilfebedarfe wieder interessant. Dann ist allerdings – im Gegenüber zu Fliedners Modell – noch einmal neu zu bedenken, welche Rolle Professionalität im Ehrenamt in welcher Form spielen kann oder soll und wie sich die Berufung in ein kirchliches Amt und bezahlte Tätigkeit in kirchlichen Handlungsfeldern zueinander verhalten.

Angesicht dieser in jeder Hinsicht unübersichtlichen Verhältnisse gehe ich davon aus, dass eindeutige und allgemeingültige Modelle der Rollenverteilung zwischen Haupt- und Ehrenamtlichen aktuell nicht zur Verfügung stehen. Vielmehr wird es in der Praxis der Zusammenarbeit in unterschiedlichsten Situationen des Personalmixes darum gehen müssen, ein Höchstmaß an Transparenz und Kooperation herzustellen und bei allen Beteiligten die diesbezüglichen kommunikativen Kompetenzen zu schulen und die notwendigen strukturellen Klärungen im Einzelfall bzw. für die verschiedenen Ehrenamtstypen vorzunehmen und diese – soweit dies notwendig ist – rechtlich zu verankern.

Diakonische Handlungsfelder sind durch eine erhebliche Dynamik gekennzeichnet: Das Verhalten von Klientinnen und Klienten ist oft wenig vorhersehbar, Handlungsabläufe sind nur in geringem Umfang standardisierbar und es bestehen – vor allem im kirchlichen Bereich – wenige strukturelle Festlegungen. Dies wirkt sich auf Haupt- und Ehrenamtliche in vergleichbarer Weise aus: Die einen fühlen sich überfordert, während die anderen in ihrer Kreativität angeregt werden und die Freisetzung von Energie für zusätzliches Engagement spüren. Besondere Achtsamkeit sollte in kirchlich-diakonischen Handlungsfeldern denen entgegengebracht werden, die eher das Problem der Überforderung spüren. Das darf aber nicht zu einer vorschnellen Beschneidung kreativer Potenziale führen. Kirche und Diakonie brauchen beides, und eine der wichtigsten Aufgaben wird auch im Kontext des Ehrenamtsmanagements bleiben, beides in einer konstruktiven Weise auszubalancieren.

---

[77]   So ist etwa im Kirchenbezirk Tübingen ein Diakon zugleich ehrenamtlicher Diakoniebeauftragter seiner Wohnortkirchengemeinde.

[78]   Vgl. Fliedner 2007 [1856].

Dabei geht es immer auch – im Hinblick auf freiwilliges Engagement in besonderer Intensität – um einen sorgfältigen Umgang mit persönlichen Motivationen und um eine möglichst genaue Passung zwischen den Anforderungen, die mit einer Tätigkeit verbunden sind, und den dafür vorhandenen und zu erwerbenden Kompetenzen. Es genügt nicht, diese Passung zu Beginn einer Tätigkeit einmalig festzustellen. Auch hier geht es um einen fortdauernden Prozess während der gesamten Dauer des Engagements. Dazu bedarf es in der diakonischen Praxis einer laufenden Fortschreibung von Tätigkeits- und Stellenprofilen.[79] Ein sinnvoller Einsatz aller vorhandenen Potenziale wird aber nur gelingen, wenn diese eingebunden werden in sorgfältige organisationale Zielfindungs- und Planungsprozesse, an denen alle relevanten Gruppen durchgängig beteiligt werden.

Unter rein betriebswirtschaftlichen Aspekten gibt es zwischenzeitlich die These, die durch viele Erfahrungen Hauptamtlicher gestützt zu werden scheint,[80] dass der Aufwand für „Rekrutierung und Betreuung [Ehrenamtlicher] betriebswirtschaftlich als kontraproduktiv bezeichnet werden kann"[81]. Jenseits von rein monetär bestimmten Überlegungen verspricht die Zusammenarbeit in einem Personalmix aus bezahlten und unbezahlten, professionellen und gering qualifizierten Mitarbeitenden bei sorgfältiger Planung und Durchführung auf lange Sicht einen Kompetenzgewinn bei allen Beteiligten und eine Verbesserung der sozialen Netzwerke der Gesellschaft. Kirche und Diakonie tragen in diesem Zusammenhang eine besondere Verantwortung, weil die Übernahme sozialer Verantwortung als Teil des allgemeinen Diakonats aller Getauften und als Lebens- und Wesensäußerung der Kirche verstanden wird.

Literatur

Baecker, Dirk (2007 [1994]): Soziale Hilfe als Funktionssystem der Gesellschaft. Berlin.

Bauer, Joachim et al. (2006): Diakonisches Handeln in Kirchengemeinden und Kirchenbezirk. Praxisimpuls 8. Im Rahmen des Projekts „Notwendiger Wandel" herausgegeben von der Evangelischen Landeskirche in Württemberg. Stuttgart. Verfügbar unter: http://www.gemeindeentwicklung-und-gottesdienst.de/fileadmin/mediapool/einrichtungen/E_gemeindeentwicklung/Notwendiger_Wandel/Praxisimpulse_8.pdf (27.10.2012).

Bohnsack, Ralf (⁷2008): Rekonstruktive Sozialforschung. Einführung in qualitative Methoden. Opladen/Farmington Hills.

Bundesministerium für Familie, Senioren, Frauen und Jugend (Hg.) (2009): Hauptbericht des Freiwilligensurveys 2009. Ergebnisse der repräsentativen Trenderhebung zu Ehrenamt, Freiwilligenarbeit und Bürgerschaftlichem Engagement. Berlin.

---

[79] Vgl. dazu die von der Konferenz der Ausbildungsleiterinnen und Ausbildungsleiter der Diakonenausbildung erarbeiteten und veröffentlichten Tätigkeitsprofile, die sich genauso gut für ehrenamtliche wie für hauptamtliche Aufgabenbeschreibungen nutzen lassen. VEDD 2008.

[80] So etwa durch die Diakonin in Schwenningen, die sich angesichts einer befristeten Projektstelle und den konkreten Erfahrungen in ihrem Familienpatenmodell in Abstimmung mit ihrem Projektteam dafür entschied, ihr Knowhow und ihre Arbeitskraft direkt den Multiproblemfamilien zugutekommen zu lassen.

[81] Hamburger 2011: S. 321.

[Diakoniegesetz 2001] Kirchliches Gesetz über die diakonische Arbeit in der Landeskirche (Diakoniegesetz) vom 26. November 1981. In der Fassung vom 25. Oktober 2001. In: Frisch, Michael (2008): Das Recht der Evangelischen Landeskirche in Württemberg. Ergänzbare Rechtsquellensammlung vom Juli 1996 (Stand Oktober 2012). Neuwied. Verfügbar unter: http://www.kirchenrecht-ekwue.de/showdocument/id/17216 (14.10.2012).

Diakonisches Werk der evangelischen Kirche in Württemberg e.V. (Hg.) (2007): Förderung der Diakonie der Gemeinden. Entwicklung und Unterstützung der Arbeit von Diakoniebeauftragten in den Kirchengemeinden. Eine Handreichung für diakonische Bezirksausschüsse und Verantwortliche der Bezirkskonvente der Diakoniebeauftragten. Stuttgart.

Eidt, Ellen (2010): Begegnungen zwischen Reisefieber und Abstellgleis. Eine Milieubrille für die Altenarbeit. In: Schulz, Claudia/Hauschildt, Eberhard/Kohler, Eike (Hg.): Milieus praktisch II. Konkretionen für helfendes Handeln in Kirche und Diakonie. Göttingen. S. 177–213.

Eidt, Ellen (2011): Der evangelische Diakonat. Entwicklungslinien in Kirche und Diakonie am Beispiel Württembergs. Stuttgart.

Evangelischer Gemeindedienst für Württemberg (Hg. im Auftrag des Oberkirchenrats der Evangelischen Landeskirche in Württemberg) (2007): Handbuch für Kirchengemeinderätinnen und Kirchengemeinderäte. Stuttgart.

Fliedner, Theodor (2007 [1856]): Gutachten, die Diakonie und den Diakonat betreffend, für die Monbijou-Konferenz, Berlin. November 1856. In: Friedrich, Norbert/Müller, Christine-Ruth/Wolff, Martin: Diakonie pragmatisch. Der Kaiserswerther Verband und Theodor Fliedner. Festschrift aus Anlass des 90jährigen Jubiläums des Kaiserswerther Verbandes. Neukirchen. S. 25–54.

Gensicke, Thomas (2012): Armut und freiwilliges Engagement – geht das zusammen? München. Verfügbar unter: http://www.b-b-e.de/fileadmin/inhalte/aktuelles/2012/10/ snl3_gensicke.pdf (30.11.2012).

Hamburger, Franz (2011): Bürgerschaftliches Engagement im sozialen Bereich. In: Olk, Thomas/Hartnuß, Birger (Hg.): Handbuch Bürgerschaftliches Engagement. Weinheim/Basel. S. 317–328.

[Kirchenbezirksordnung 2005] Kirchliches Gesetz über die evangelischen Kirchenbezirke (Kirchenbezirksordnung – KBO). Vom 16. Dezember 1924. In der Fassung vom 9. Juli 2005. In: Frisch, Michael (2008): Das Recht der Evangelischen Landeskirche in Württemberg. Ergänzbare Rechtsquellensammlung vom Juli 1996 (Stand Oktober 2012). Neuwied. Verfügbar unter: http://www.kirchenrecht-ekwue.de/showdocument/id/ 17148 (27.10.2012).

[Kirchengemeindeordnung 2005] Kirchliches Gesetz über die evangelischen Kirchengemeinden (Kirchengemeindeordnung – KGO). Vom 16. Dezember 1924. In der Fassung vom 9. Juli 2005. In: Frisch, Michael (2008): Das Recht der Evangelischen Landeskirche in Württemberg. Ergänzbare Rechtsquellensammlung vom Juli 1996 (Stand Oktober 2012). Neuwied. Verfügbar unter: http://www.kirchenrecht-ekwue.de/show document/id/17141 (14.10.2012).

Koch, Susanne/Fertig, Michael (2012): Evaluation von Arbeitsgelegenheiten in der Mehraufwandsvariante im Jobcenter München. In: Institut für Arbeitsmarkt- und Berufsforschung der Bundesagentur für Arbeit (Hg.): IAB-Forschungsbericht 1/2012. Aktuelle

Berichte aus der Projektarbeit des Instituts für Arbeitsmarkt- und Berufsforschung. Nürnberg. Verfügbar unter: http://doku.iab.de/forschungsbericht/2012/fb0112.pdf (30.10.2012).

Kron, Thomas/Horácek, Martin (2009): Individualisierung. Eine Einführung. Bielefeld.

Luhman, Niklas (2000): Die Religion der Gesellschaft. Frankfurt a.M.

Luhmann, Niklas/Schorr, Karl Eberhard (1982): Das Technologiedefizit der Erziehung und die Pädagogik. In: Luhmann, Niklas/Schorr, Karl Eberhard (Hg.): Zwischen Technologie und Selbstreferenz. Fragen an die Pädagogik. Frankfurt a.M. S. 11–40.

Munsch, Chantal (2011): Engagement und soziale Ungleichheit. In: Olk, Thomas/Hartnuß, Birger (Hg.): Handbuch Bürgerschaftliches Engagement. Weinheim/Basel. S. 747–757.

Otto-Schindler, Martina (1995): Berufliche und ehrenamtliche Hilfe. Perspektiven der Zusammenarbeit. Osnabrück. Verfügbar unter: http://repositorium.uni-osnabrueck.de/bitstream/urn:nbn:de:gbv:700-201001305215/1/ELibD63_otto_schindler.pdf (15.12.2012).

Porst, Rolf (³2011): Fragebogen. Ein Arbeitsbuch. Wiesbaden.

Przyborski, Aglaja/Wohlrab-Sahr, Monika (³2010): Qualitative Sozialforschung. Ein Arbeitsbuch. München.

Roß, Paul-Stefan (2010): Warum freiwilliges Engagement für Kirche (wieder) ein Thema ist. In: Hanusa, Barbara/Hess, Gerhard/Roß, Paul-Stefan: Engagiert in der Kirche. Ehrenamtsförderung durch Freiwilligenmanagement. Stuttgart. S. 10–46.

Schnabel, Christa (2010): Care/Fürsorge: Eine ethisch relevante Kategorie für moderne Gesellschaften? In: Krobath, Thomas/Heller, Andreas (Hg.): Ethik organisieren. Handbuch der Organisationsethik. Freiburg: S. 107–128.

Schuster, Eva Maria (2004): SPFH – Interventionschancen bei Multiproblemfamilien. Vortrag Uni Siegen am 24.06.2004. Verfügbar unter:http://www.uni-siegen.de/fb2/mitarbeiter/wolf/files/download/forschung/spfh_forschung/vortrag_schuster.pdf (27.10.2012).

Seidelmann, Stephan (2009): Evangelisch engagiert – Tendenz steigend. Sonderauswertung des dritten Freiwilligensurveys für die evangelische Kirche. Hannover.

Spiegel, Hiltrud von (⁴2011): Methodisches Handeln in der Sozialen Arbeit. Grundlagen und Arbeitshilfen für die Praxis. Stuttgart.

Strobl, Rainer/Lobermeier, Olaf (2011): Abschlussbericht der wissenschaftlichen Begleitung des Programms „Erziehungslotsen" in Niedersachsen. Herausgegeben vom Niedersächsischen Ministerium für Soziales, Frauen, Familie, Gesundheit und Integration. (Langfassung). Hannover. Verfügbar unter: http://www.proval-services.net/download/Erziehungslotsen_Studie_Langfassung.pdf (27.10.2012).

Tierney, Joseph/Grossman, Jean Baldwin/Resch, Nancy (2000): Making a Difference: An Impact Study of Big Brothers Big Sisters. Philadelphia.

Württembergische Evangelische Landessynode (Hg.) (1998): Gerechtigkeit und Barmherzigkeit. Biberacher Erklärung. Stuttgart. Verfügbar unter: http://www.elk-wue.de/fileadmin/mediapool/elkwue/arbeitslosigkeit_und_armut_99.pdf (30.10.2012).

VEDD (Verband Evangelischer Diakonen-, Diakoninnen- und Diakonatsgemeinschaften in Deutschland e.V.) (Hg.) (2008): Tätigkeitsprofile von Diakoninnen und Diakonen. Ein Arbeitspapier der KAL (Konferenz der Ausbildungsleiterinnen und -leiter der Diakonenausbildung) im VEDD. Stand: Frühjahr 2008. Impuls I/2008. Verfügbar unter: http://www.vedd.de/obj/Bilder_und_Dokumente/pdf-Daten/Impulse/Impuls200801.pdf (14.01.2013).

Thomas Fliege

Armutsbekämpfung als diakonische Herausforderung

Ein Zwischenruf

> „Denn die einen sind im Dunkeln/Und die andern sind im Licht/
> Und man siehet die im Lichte/Die im Dunkeln sieht man nicht."
> Berthold Brecht

Prolog

Seit Jahren führt der ehemalige Obdachlose Frank Eibisch sozial Engagierte und Interessierte auf Stadtführungen der besonderen Art durch Schwäbisch Gmünd. „Ich zeige ihnen alle Stationen, die ein Obdachloser hier in Gmünd regelmäßig ansteuert: den Tafelladen, wo es günstige Lebensmittel gibt, die Diakonie, wo sie kirchliche Beihilfen bekommen, das Rathaus, aber auch das Heim St. Elisabeth und eine ortsansässige Metzgerei in der Innenstadt, die jedes Jahr die Obdachlosen-Weihnachtsfeier ausrichtet."[1] Bewusst oder unbewusst, Eibisch nennt in seiner Aufzählung überwiegend kirchlich-diakonische Einrichtungen. Fallen einem beim Gedanken an Armutsbekämpfung in erster Linie die Kirchen ein? Sind die Kirchen und die Diakonie gerüstet für eine aktive Auseinandersetzung mit Armut und Ausgrenzung?

1. Problemaufriss

Im Herbst 2006 jedenfalls fand die EKD mit ihrer Denkschrift „Gerechte Teilhabe. Befähigung zu Eigenverantwortung und Solidarität" deutliche Worte: Armut müsse wo möglich „vermieden", und dort, wo es sie noch gibt, „gelindert" werden. Diese Grundeinsicht müsse, so weiter, „in konkretes Handeln umgesetzt werden. Die Armutsorientierung des kirchlichen und diakonischen Handelns muss sich angesichts neuer Herausforderungen verstärken."[2] 2010 legten Johannes Eurich, Gerhard Wegner, Florian Barth und Klaus Baumann, also Vertreter wissenschaftlicher Institutionen und Einrichtungen der Armutsarbeit der beiden großen christlichen Kirchen, einen umfangreichen Band zur kirchlichen Armutsbekämpfung nach. Der Band beleuchtet biblische, historische, theologische

---

[1] Zitiert nach Gerner 2012.
[2] Evangelische Kirche in Deutschland ²2006: S. 7.

und praktische Facetten der Armut, kann aber nur wenige aktuelle Beispiele von Armutsbekämpfung aufzeigen.[3]

Armut in Deutschland hat viele Gesichter, geredet wird von relativer und absoluter Armut, von Bildungsarmut, Netzwerkarmut und kultureller Armut, von sozialer Ausgrenzung und von fehlender Teilhabe. Zwar muss in Deutschland niemand verhungern oder verdursten, und doch befand sich in unserem reichen Land nach Zahlen des Deutschen Paritätischen Wohlfahrtsverbandes die Armutsgefährdungsquote 2011 bei 15,1%.[4] Armutsdynamiken verstärken die soziale Ungleichheit, es entwickeln sich neue Formen der Prekarisierung.[5] Der in den Sozialwissenschaften entwickelte Lebenslagenansatz geht dabei über ein ausschließlich an materiellen Ressourcen orientiertes Verständnis von Armut hinaus und nimmt die Mehrdimensionalität von Armut (wie Gesundheitszustand, soziale Netzwerke, Bildung) in den Blick. Armut manifestiert sich inzwischen:

(1.) im räumlichen und sozialen Auseinanderfallen von Lebenslage und Milieu,

(2.) in einer neuen Form von Segregation, die die Beziehungen zwischen mittleren und unteren Klassen immer stärker einschränkt,

(3.) in einer massiven und direkten Abgrenzung der Mittelschichten nach unten,

(4.) in einer Spaltung der Eltern in aktive und überforderte Eltern.[6]

Ohne Frage: Armut bzw. Armutsbekämpfung gehört auch gegenwärtig zu den großen Herausforderungen unserer Gesellschaft. Im Folgenden werden aus dem Projekt „Diakonat – neu gedacht, neu gelebt" zwei Teilprojekte analysiert, die sich explizit mit Armut und Armutsbekämpfung auseinandersetzen. An ihnen können Strukturen und Mechanismen, aber auch die Grenzen kirchlich-diakonischer Armutsbekämpfung aufgezeigt und diskutiert werden. Welche Ansätze gibt es, Armut zu bekämpfen? Welche Rolle kann und muss die Diakonin bzw. der Diakon hier einnehmen? Welche Kompetenzen benötigen Diakonin bzw. Diakon im Feld der Armutsbekämpfung?

---

[3]   Vgl. Eurich/Wegner/Barth/Baumann 2011.
[4]   Vgl. DPWV 2011. Die Armutsgefährdungsquote ist ein Indikator, der relative Einkommensarmut misst. Er wird entsprechend dem EU-Standard als der Anteil der Personen definiert, deren „Äquivalenzeinkommen weniger als 60% des Medians der Äquivalenzeinkommen der Bevölkerung (…) beträgt" (Statistische Ämter des Bundes und der Länder 2010).
[5]   Vgl. Mutz 2009: S. 71–95.
[6]   Vgl. Lutz 2012: S. 18.

2. Erstes Beispiel: Teilprojekt Diakoniekaufhaus „KaufKultur" in Tuttlingen

Im August 2010 öffnete in der Oberen Hauptstraße in Tuttlingen der Diakonieladen „KaufKultur" seine Pforten neu. Produkte des täglichen Bedarfs, Möbel,
Bekleidung, Einrichtungsgegenstände, Medien und Elektrogeräte können hier
günstig gebraucht erworben werden. Der Leiter des Diakonieladens, Diakon
Dennis Kramer, betonte, dass der neue Laden auch als Treffpunkt genutzt werden soll: „Wir haben hier die Möglichkeit, den Verkaufsraum sehr kurzfristig
auch für kulturelle Veranstaltungen umzugestalten und zu nutzen. Dieser Laden
soll ein Ort der Kommunikation werden."[7] Es sei ein zentrales Anliegen, so Kramer weiter, dass der Laden nicht völlig losgelöst vom Gemeinwesen existiere,
sondern das Gemeinwesen aktiv mitgestalte. Darüber hinaus seien es vor allem
die Freiwilligen, die das Vertrauen der Kunden genießen und immer ein offenes
Ohr für die Kundschaft haben.[8] Im Diakonieladen sollen also:

(1.) qualitativ hochwertige Hausratgegenstände zu niedrigen Preisen angeboten werden

(2.) gebrauchte Waren recycelt und damit auch einen Beitrag zum Umwelt-
schutz durch Müllvermeidung geleistet werden

(3.) kurzfristig die Räumlichkeiten auch als Kommunikationsort oder Ort für
kulturelle Veranstaltungen benutzt werden können

(4.) langzeitarbeitslose Menschen längerfristig und sozialversicherungspflichtig beschäftigt werden.

Wie die Interviews mit einem „Stammkunden" und mit den ehrenamtlichen
Mitarbeiterinnen und Mitarbeitern zeigen, wirkt die Arbeit des Kaufladens in
vier Richtungen, die im Folgenden beschrieben werden sollen:

2.1 Das Diakoniekaufhaus und die „Kultur des Helfens"

Die Menschen, die sich von ihren Gegenständen trennen, wissen: Die Gegenstände sind im Kaufladen gut aufgehoben. Sie machen anderen, bedürftigen
Menschen damit eine Freude. So entsteht eine Art „Kultur des Helfens" (ohne
diesen Begriff zu überstrapazieren), angestoßen durch das Diakoniekaufhaus.
Bedürftige Menschen kommen über das Diakoniekaufhaus an günstige Haus-
ratsgegenstände. Sie können ohne viel finanziellen und organisatorischen Aufwand nützliche Gegenstände erwerben. Für einen befragten Kunden macht diese
„Kultur des Helfens", also die Tatsache, Dinge im Diakoniekaufhaus zu erwerben, den Unterschied zu anderen, kommerziellen Anbietern:

---

[7]   Stadt Tuttlingen: 11.08.2009.
[8]   Vgl. Schwäbische Zeitung: 01.07.2009.

> Hr. Schneider: Die Sachen sind in Ordnung, sie sind preiswert (…). Diese Sachen, die *dort* verkauft werden (…) sind irgendwie von irgendjemandem begutachtet worden (…). *Darin* steckt auch noch die Intention, dass die Menschen, die die Sachen zur Diakonie bringen, etwas Gutes tun wollen. So, das ist für mich auch ein Grund. Im Gegensatz zu *anderen* … Second-Hand-Läden, die ich auch aufsuche, … ist dieser *Gedanke*, etwas Gutes zu tun, *nicht* so nah.
>
> (Interview Kunde Diakoniekaufhaus)

2.2 Das Diakoniekaufhaus und das Ehrenamt[9]

Mit dem Slogan „Ehrenamt ist Ehrensache!" wirbt die Schwäbische Tafel Stuttgart um ehrenamtliche Mitarbeiterinnen und Mitarbeiter.[10] Auch das Diakoniekaufhaus in Tuttlingen ist ohne ehrenamtliche Mitarbeiterinnen und Mitarbeiter kaum vorstellbar. Ehrenamtliche Mitarbeiterinnen und Mitarbeiter werden durch den Laden gebraucht, sie können sich einbringen. Der ehrenamtliche Einsatz im Diakoniekaufhaus wird dabei von den Befragten erst in zweiter Linie als Ausdruck des Glaubens oder der religiösen Einstellung bewertet. Den Befragten geht es stärker darum, im Alter bzw. als aus verschiedenen Gründen nicht Erwerbstätige einer sinnvollen Tätigkeit nachzugehen und dabei anderen Menschen helfen zu können. Es ist in der Perspektive derjenigen, die im Rahmen der Projektevaluation befragt wurden, ein gutes Gefühl, gebraucht zu werden, dieses Gefühl gibt einem Selbstbewusstsein und Zufriedenheit. Es geht den Befragten darum, die Gesellschaft etwas mitzugestalten, etwas Gutes, etwas Sinnvolles zu tun, aber eben auch darum, mit anderen Menschen zusammenzukommen und sich austauschen zu können. In der folgenden Passage erzählt eine Mitarbeiterin ihre Begegnung mit dem Diakoniekaufhaus:

> Fr. Gauss: Ich hab angefangen aus Humanität, für die Leute. Ich war ziemlich krank (…) und dann hab ich eben jetzt, als ich wieder einigermaßen fit geworden bin, gebe ich das weiter an die Leute. An Sozialem, an Humanem. Und drum hab ich auch angefangen. Ich war also ganz toll am Anfang, hatte sehr gute Zeit da. Und dann haben wir noch da einen vom Büro gekriegt, vom Diakoniebüro. Da konnte man mit sämtlichen Problemen daherkommen und konnte man einen Kaffee trinken (…) und mal quatschen mit denen. Und das war also toll, das war alles so familiär.
>
> (Gruppendiskussion Diakoniekaufhaus)

---

[9]   Vgl. zur Arbeit der Ehrenamtlichen im Diakonieladen KaufKultur ausführlich den Beitrag von Ellen Eidt (Ehrenamtliche) in diesem Band.

[10] Schwäbische Tafel o.J.

Durch die ehrenamtliche Arbeit kann die Mitarbeiterin „Soziales" an andere weitergeben, sie füllt mit der ehrenamtlichen Arbeit eine wichtige soziale Rolle aus, sie kann mit ihrer Arbeit die Notlagen anderer Menschen mildern. Dies verschafft ihr ein gutes Gefühl, sie kann sich im Rahmen ihrer Möglichkeiten einbringen.

Als die Rede auf die Zusammenarbeit mit „Ein-Euro-Jobbern"[11] zu sprechen kam, wechselt unter den Ehrenamtlichen allerdings der Tenor der Diskussionen:

Fr. Gauss:	Also im alten Laden, wo wir im früheren Gebäude waren, da haben wir Ehrenamtlichen viel mehr zu sagen gehabt. Also wir haben alles geleitet, also ehrenamtlich. Wir haben die Kasse gemacht, wir haben alles selber gemacht. Und dann sind wir in den neuen Laden umgezogen, dann sind noch die vielen Ein-Euro-Jobber dazu gekommen. Und dann hat man uns dann ein wenig so in den Hintergrund gedrängt. Man hat eigentlich nicht mehr so viel zu sagen gehabt, und wir durften auch nicht mehr entscheiden über die Preise, und wir dürfen nicht mehr entscheiden, was weggeschmissen wird oder was hergeschenkt wird.

(Gruppendiskussion Diakoniekaufhaus)

Mit den „Ein-Euro-Jobbern" änderten sich die Aufgaben der Ehrenamtlichen, mit den „Ein-Euro-Jobbern" kommen aber auch andere Lebenskonzepte ins Spiel. Sie, die Ehrenamtlichen, haben ein Leben lang gearbeitet, haben ihre Aufgaben erfüllt und sich jetzt, nach Beendigung der Erwerbsarbeit, eine sinnvolle Tätigkeit gesucht; eine Mitarbeiterin hat bereits parallel zu ihrer Erwerbsarbeit im Diakonieladen gearbeitet. „Ein-Euro-Jobber" aber sind ja eigentlich arbeitslos, finden sich in der Gesellschaft nur schwer zurecht und haben ihre Beschäftigung im Laden nicht von sich aus gewählt, sondern wurden von der Agentur für Arbeit hierher geschickt. Ihnen fehlt möglicherweise die Sinnhaftigkeit der Tätigkeit, sie bringen sich – so der latente Vorwurf – lange nicht so sehr ein wie die ehrenamtlichen Mitarbeiterinnen und Mitarbeiter.[12] Einige der Ehrenamtlichen fühlten sich durch die „Ein-Euro-Jobber" gar an den Rand gedrängt und marginalisiert. Die „Ein-Euro-Jobber" identifizieren sich mit der Arbeit viel weniger (sie sind ja auch von der Agentur für Arbeit dazu „gezwungen" worden), sie bekommen aber im Laden viel Verantwortung, das wiederum fällt den Ehren-

---

[11]   Der Passus „Ein-Euro-Jobber" wurde so aus den Interviews übernommen. Damit sind Menschen gemeint, die in einer Arbeitsgelegenheit mit Mehraufwandsentschädigung nach SGB II §§ 15 u. 16 tätig sind, also einer Maßnahme zur beruflichen Eingliederung von Arbeitslosen. Der Kreis Tuttlingen ist allerdings ein sog. Optionslandkreis, d.h. die Vermittlung der „Ein-Euro-Jobs" wird hier vom Landkreis geleistet.

[12]   Vgl. u.a. Gruppendiskussion mit ehrenamtlichen Mitarbeiter/-innen des Diakoniekaufhauses. Dieser Aspekt ist differenziert dargestellt im Artikel von Ellen Eidt (Ehrenamtliche) in diesem Band.

amtlichen schwer zu verstehen. Offenbar haben sich hier Konkurrenzen entwickelt, die mitunter die tägliche Arbeit behindern und offensichtlich am Selbstwertgefühl einiger Ehrenamtlicher etwas „kratzen". Hier ist der Diakon gefordert, die unterschiedlichen Bedürfnislagen und Stimmungen unter einen Hut zu bekommen; die befragten Expertinnen und Experten sehen gerade hier, im Umgang mit unterschiedlichen Gruppen, im Umgang mit Menschen aus unterschiedlichen Milieus und Lebenslagen eine seiner Stärken.

2.3 Das Diakoniekaufhaus als Arbeitgeber

Trotz der angesprochenen Konflikte zwischen „Ein-Euro-Jobbern" und Ehrenamtlichen: Das Diakoniekaufhaus kann hier auch als Arbeitgeber fungieren. Für „Ein-Euro-Jobber" stellt das Diakoniekaufhaus eine Chance dar, wieder ins Berufsleben zurückzukehren. Das Diakoniekaufhaus unterstützt sie beim Aufbau von Selbstsicherheit, dem Erwerb neuer Fertigkeiten und der Gewöhnung an ein regelmäßiges Arbeiten. Hier zwischen Ehrenamtlichen und „Ein-Euro-Jobbern" zu vermitteln ist nicht einfach. Nach den Angaben der befragten Expertinnen und Experten zählt gerade diese Vermittlung zu den Kernkompetenzen des Diakons. Der Diakon beherrscht es – um in den Worten der Kompetenzmatrix des VEED zu sprechen – die unterschiedlichen „Interessen, Motivationen und Prägungen konstruktiv auf Ziele und Interessen (…) beziehen zu können", er vermag, das „Selbstverständnis der eigenen Berufsrolle als Diakon(in) im Verhältnis zu anderen Berufsrollen innerhalb der jeweiligen Organisation entwickeln und darstellen [zu] können."[13]

| Hr. Michael: | Das Zweite war … was er gemacht hat und konnte, diesen Ehrenamtlichen klar zu machen, wie wichtig sie für die andere Seite sind. Ja. Was sie ihnen mit ihren Fähigkeiten, mit ihren Biographien, was sie der anderen Seite beibringen können. (…) Das heißt, er konnte einmal sozialpädagogisch, aber natürlich auch im Sinne von Diakonie, theologisch, klar machen, wie wichtig … diese Leute, also die Ehrenamtlichen für die „Ein-Euro-Jobber" sind. Da kann ich mich noch an eine Sitzung hier erinnern, wo genau das passiert ist. Und die sind aus der Sitzung raus und zuvor war da ein bisschen Abstand zu denen Leuten, und grad so: Die nehmen uns alles weg. Und dann hat sich das gedreht. Und als man dann zwei von diesen Langzeitarbeitslosen auch noch einen Job für dauerhaft, die bei uns jetzt arbeiten, die da mit Tränen in den Augen einen Arbeitsvertrag bekommen haben, dann … war das im Prinzip das Lob für unsere Ehren- |

---

[13] VEDD 2004.

> amtlichen. Ja. Und das dann auch noch so darzustellen, das ist
> seine Fähigkeit gewesen. Da kann man es gut festmachen.
>
> (Gruppendiskussion/Begleitgremium Diakoniekaufhaus)[14]

Bemängelt wird von der Gesprächsrunde der Ehrenamtlichen auch die zunehmende Professionalität im Laden. Früher hätten die Kunden auch noch handeln
können, früher gab es beim Verkauf (für die Ehrenamtlichen) mehr Ermessensspielraum, heute sei dies nicht mehr möglich.[15]

> Fr. Gauss: [Es kam] eine Frau, und die war wirklich ziemlich arm jetzt hier.
> Also, die hat … die hat fast kein Geld hier. Die hat einen Gut-
> schein dabei gehabt, mit dem Gutschein hat sie dann bezahlt, die
> Ware. Und da hat sie so eine kleine Stoffpuppe gesehen für ihre
> Tochter. (1) So ein kleines Ding. Die war ausgezeichnet mit zwei
> *Euro,* das war ja wirklich billig, aber sie hat nur eins fuffzig wirk-
> lich … dabei gehabt (…) [Sie hat] in der Tasche noch rum ge-
> kramt, (…) und gesucht. Und wo[llte die Puppe] unbedingt für
> ihre Tochter. Dann hab ich gesagt, ja, ist doch kein Problem, hab
> ich gesagt, sonst … in dem Moment kommt der … der … der
> Herr (…) und sagt, ey, (unverständlich) das ist … das ist nicht
> drin. Und und … ich musste der Frau die eins fuffzig wiederge-
> ben, und die Frau war ganz … geschockt. Die hab ich nie wieder
> gesehen in dem Laden. Nie wieder.
>
> (Gruppendiskussion Diakoniekaufhaus)

Ganz offensichtlich geht es den Ehrenamtlichen auch darum, etwas aktiv mitgestalten zu können bzw. darum, einen eigenen Ermessensspielraum zu haben.
Dieser Ermessensspielraum ging in den Augen der Ehrenamtlichen durch die
zunehmende „Professionalisierung" offensichtlich verloren. Damit wird auch
ihre eigene Rolle stärker formalisiert und eingeschränkt.

2.4 Das Diakoniekaufhaus als Ort der Kommunikation

Es sind viele Gründe vorstellbar, warum die Menschen in ein Diakoniekaufhaus
gehen. An erster Stelle steht natürlich die Aussicht, für wenig Geld Dinge des
täglichen Lebens zu erwerben. Für einen Teil der Besucher und Besucherinnen

---

[14]   Bei dieser Befragung handelt es sich um eine Gruppenbefragung/ermittelnde Gruppendiskussion; vgl. die methodischen Hinweise in der Einleitung Eidt/Schulz (Zugänge zur Evaluationsforschung).

[15]   Vgl. zur spezifischen Bedeutung des Verschenkens in dieser Ehrenamtlichengruppe auch Ellen
Eidt (Ehrenamtliche: Abschnitt 3) in diesem Band.

gibt es darüber hinaus aber noch einen zweiten Grund: Sie kommen im „Lädle" mit anderen Menschen in Kontakt. Armut und Bedürftigkeit machen einsam, arme Menschen scheuen oftmals aus Angst vor Zurückweisung den Kontakt mit anderen Menschen.[16] Wie die folgende Interviewpassage eines Kunden des Diakonieladens zeigt, kann der Laden hier auch eine Brückenfunktion zum Austausch mit anderen Menschen bekommen:

Hr. Schneider:	Der Hauptgrund, warum ich dort hingehe, ist, weil ich einen *persönlichen* Kontakt mit so ziemlich allen Mitarbeitern ... habe. Ne? Die sind ... die Mitarbeiter ans <u>Herz</u> gewachsen ... Das Nächste ist, ich bin auch denen ans Herz gewachsen. Und ich war ... ich hab mittlerweile alles ... und war die letzten drei, vier Monate kaum noch gekommen. So. Und ich kam gelegentlich *rein*, da wurde ich gefragt, ja, was ist denn los? Du kommst nicht mehr. Oder teilweise, Sie *kommen* ja gar nicht mehr. Eine sagt, wir haben dich schon *vermisst*, und sowas alles. Also, das ist der *Haupt*grund.
(Interview Kunde Diakoniekaufhaus)	

2.5 Die Vernetzung des Diakoniekaufhauses

Noch nicht abgeschlossen ist die Vernetzungsarbeit mit anderen kirchlich-diakonischen und nicht-kirchlichen Trägern und Einrichtungen. Angedacht ist, dass die Gemeinden, die diakonische Projekte durchführen, diese nicht nur nach innen wirken lassen, sondern von ihren Erfahrungen und Erkenntnissen auch andere Gemeinden bzw. die Diakonische Bezirksstelle profitieren lassen. Gemeinden sollen das Fachwissen der Diakonischen Bezirksstelle in Anspruch nehmen, und Fachdienste vor Ort pflegen die Kooperation über einen gemeinsamen Arbeitskreis.

Vorstellbar wäre hier, weitere Foren zu schaffen, die Raum für fachlichen Austausch bieten. Eines dieser Foren sollte sich in Abgrenzung zum Diakonischen Bezirksausschuss um operative Fragen kümmern. Weitere sinnvolle Möglichkeiten der Vernetzung bieten sich in der Kommunikation mit anderen Trägern der freien Wohlfahrtspflege bzw. im ökumenischen Kontext. Diakonische Projekte im kirchengemeindlichen Umfeld sind Maßnahmen, die so konzipiert sind, dass sie die Lebenssituation von Menschen im Gemeinwesen aufnehmen und den eigenen christlichen Hintergrund reflektieren. Konstitutiv für solch ein Projekt ist ebenfalls die Beteiligung von Ehrenamtlichen. Hier wäre ein stärkerer Erfahrungsaustausch vonnöten, hier gilt es, neue bzw. andere Formen von Vernetzung und Kooperation zu finden.

---

[16] Vgl. Engelhardt 2012: S. 347.

Hr. Michael: Und wenn man jetzt, denke ich mal, in die Zukunft blickt (…), sich fragt welche Kompetenzen, was muss so jemand denn noch haben, dann denk ich bei uns (…) man muss auch einen Blick für das Ökumenische haben. Also ich bin der Meinung (…) die beiden Kirchen müssen enger zusammenarbeiten, weil nur dann können sie bestimmte Machtpositionen ausüben. Das ist das eine. Genauso natürlich die beiden Wohlfahrtsverbände, (…) also wie wir jetzt hier, also Caritas, Diakonie, genauso sagen wir auch sollten auch die Sozialstationen zusammengehen. Da kann man so viel Effekte erzielen, man hat ganz andere Positionen auch gegenüber Leistungsträgern zum Beispiel. Gegenüber Spendern beim Fundraising, weil sie werden natürlich immer, wenn sie bestimmte Dinge machen, heißt es immer ja gut das sind sie, sie sind die evangelische Seite und was sagen die Katholen dazu? Oder umgekehrt natürlich. Wenn sie aber gemeinsam auftreten, dann ist das was ganz anderes. Und diesen Blick dafür zu haben denk ich, das müssen die in Zukunft haben. Denn nur so haben wir überhaupt, also sag ich, überhaupt Perspektiven.

(Gruppendiskussion/Begleitgremium Diakoniekaufhaus)

Trotz der oben geschilderten Schwierigkeiten, an der Notwendigkeit und an der Sinnhaftigkeit des Ladens zweifeln die Befragten nicht. Der Laden komme gut an, es müsse für ihn aber kontinuierlich Werbung gemacht werden. Die Kundinnen und Kunden würden im Laden fair und korrekt behandelt:

Fr. Gauss: (…) dass sich die Kunden merken, sie sind hier keine Armen oder Asozialen – oder wie auch immer, wie manche dazu sagen. Sie sollen nicht als Bittsteller dastehen, sondern als normale Kunden, wo halt nicht so viel Geld haben. Und das ist wichtig, dass ein Laden das ausstrahlt.

(Gruppendiskussion Diakoniekaufhaus)

3. Zweites Beispiel: Schwenningen – Eine Chance für Kinder

Ziel des Projekts ist es, in der Evangelischen Kirchengemeinde Schwenningen die Lebenssituationen von Familien mit Kindern, die in Armut oder prekären Situationen leben, dahingehend zu verändern, dass sie an Leib und Seele Anteil haben an der heilenden Zuwendung Gottes. Die Diakonin analysiert die individuelle Lebenssituation besonders bedürftiger Familien in ihren sozialen, rechtlichen und religiösen Dimensionen mit ihren Bedürfnissen und Chancen und sucht mit ihnen gemeinsam angemessene Formen der Hilfe innerhalb eines funktionierenden Hilfenetzwerkes. Um die biografischen Verästelungen und Verknüpfungen ihrer Klienten und Klientinnen, die Interventionen und ihre Wirkungen auf die Menschen darzustellen, arbeitete eine Diakonin mit Einzelfallbeschreibungen bzw. Einzelfallanalysen. Um die Wechselwirkungen zwischen sozialer Realität (Leben in einem der reichsten Länder der Erde mit einem im internationalen Vergleich äußerst feinmaschigen sozialen Netz) und dem Hineingleiten in die Krise nachzuzeichnen, werden von der Diakonin Falldarstellungen mit betroffenen Männern und Frauen erarbeitet. In diesen Fall-Porträts fragt die Diakonin nach den Zusammenhängen zwischen gesellschaftlichen Strukturen, lebensgeschichtlicher Erfahrung und dem sich daraus entwickelnden Handeln. Das Phänomen Armut wird also nicht als ein singuläres Ereignis im Leben der betroffenen Menschen, sondern als ein in der gesamten Lebensgeschichte eingebetteter Prozess betrachtet. Die Diakonin zeichnet möglichst genau die Abfolge von Ereignissen und Handlungen nach, protokolliert die Hilfsangebote und stellt dar, was während des Hilfebezugs und was danach passiert.

Die Einzelfallanalysen dienen in erster Linie dazu, zu rekonstruieren, unter welchen Benachteiligungen und Gefährdungspotenzialen die betroffenen Menschen leben, über welche individuellen Bedürfnisse und Ressourcen sie verfügen und wie sie die Interventionen durch die Diakonin/den Diakon in ihrem persönlichen Alltag, in ihre Lebenswelt eingebaut und subjektiv verarbeitet haben. In einem zweiten Analyseschritt können sie Grundlage sein, um einen systematischen Vergleich zwischen den Klientinnen und Klienten anzustellen; gegebenenfalls könnte hier mit Typisierungen gearbeitet werden.[17]

Die soziale Situation der Klientinnen und Klienten ist eingebettet in ein Set von sozialen Regeln und gesetzlichen Regelungen, von materiellen Bedingungen, von spezifischen Dynamiken und von daraus abgeleiteten Hilfsangeboten. Als Beispiel möchte ich den Fall von Frau Asil anführen.[18]

Fallbeispiel Frau Asil

Frau Asil ist aus dem Nahen Osten. Sie ist bereits Mitte 50. Sie spricht nur sehr gebrochen Deutsch, dafür aber fließend Französisch und Arabisch. In ihrer Heimat hatte sie eine gute Ausbildung und Anstellung. Sie war mit einem deutschen Mann verheiratet, den sie bereits in Deutschland kennengelernt hatte, ist aber jetzt geschieden. Aus dieser Ehe stammen fünf Kinder. Frau Asil ist sehr traurig, sie wirkt hilflos. Sehr häufig besucht sie, auch ohne Termine, die Diakonische Beratungsstelle und beansprucht die Diakonin dort sehr stark. Die Diakonin im

---

[17] Vgl. Ludwig 1996: S. 102–106 und Noller/Fliege 2013.
[18] Frau Asil hat uns schriftlich ihre Erlaubnis erteilt, ihren Fall weiter zu verwenden. Der Fall in den folgenden Falldarstellungen wurden sowohl von der Diakonin als auch vom Autor (doppelt) maskiert, weitere Angaben so verändert, dass die Besonderheiten des Falls noch erhalten bleiben, aber keine Rückschlüsse mehr auf die Personen gezogen werden können. Der Autor hat die Falldarstellung der Diakonin geringfügig modifiziert und gekürzt.

Projekt wird von der Diakonischen Beratungsstelle eingeschaltet, da Frau Asil bereits alle anderen Hilfen (Schuldnerberatung, Hilfe im ALG II-Bezug, kurzer Einsatz in der Nachbarschaftshilfe usw.) in Anspruch nimmt. Ebenso war sie bereits bei der AWO, dem Mieterschutzbund, der Caritas, der psychologischen Beratungsstelle, diversen anderen Beratungsstellen, Rechtsanwälten usw. Als sich die Diakonin ihrer annimmt, werden folgende Probleme geäußert und auch wahrgenommen:

- Der Sohn ist frech und respektiert sie nicht. Er befindet sich in der Pubertät und kommt mit der sehr hilflosen Mutter nicht zurecht.
- Eine Tochter hat Probleme in Deutsch, scheint aber sonst recht fröhlich und aufgeweckt zu sein.
- Es gibt unklare Regelungen über ALG II und Wohngeld. Es kommt immer wieder zu Rückforderungen seitens des Amtes.
- Sie bekommt eigentlich großzügigen Ehe- und Kindesunterhalt, hat deshalb ihrerseits auf einen Vermögensausgleich verzichtet, was ihr jetzt leidtut. Leider wird dieser großzügige Unterhalt mit dem Eintreten des 12. Lebensjahres der Tochter aufhören, dann ist nur noch der Kindesunterhalt nach der Düsseldorfer Tabelle fällig. Das macht Frau Asil große Angst vor der Zukunft, sie hat aber zu diesem Zeitpunkt noch zwei Jahre Zeit zu reagieren.
- Sie findet allerdings seit längerem keine Arbeit auf Grund ihres Alters und der Sprachprobleme, träumt aber davon, als gehobene Sekretärin in Deutschland tätig zu sein. Diesbezüglich hat sie bereits von der Agentur für Arbeit einige Fortbildungskurse für Bewerbungstraining und Computerwissen gemacht.
- Ein weiteres Problem ist die viel zu teure Wohnung, die aber trotzdem völlig verschimmelt ist. Frau Asil sieht die Wohnung aber als Gebetserhörung, da dort bereits eine Einbauküche und ein paar Möbel vorhanden sind. Außerdem hat sie sich auf Ratenzahlung zwei überteuerte Ledersofas gekauft.
- Der Kontakt der Kinder zu dem leiblichen Vater wird von ihr als sehr problematisch eingestuft. Die Tochter will überhaupt nicht zum Vater. Der Sohn allerdings scheint den Vater zu idealisieren, der Vater wiederum kümmert sich laut der Aussage der Mutter nicht entsprechend um die Kinder. Frau Asil reagiert sehr ängstlich, wenn es um ihre Kinder geht.
- Ein weiteres Problem ist die Unsicherheit von Frau Asil. Sie sucht ständig jemanden, der ihr die Entscheidungen abnehmen möchte und die Verantwortung. Bei allen Fragen braucht sie Rat. Sie traut sich nicht, etwas allein zu entscheiden.
- Frau Asil fühlt sich sehr unsicher in der Erziehung ihrer Kinder. Besonders bei ihrem Sohn hat sie große Schwierigkeiten mit seiner beginnenden Selbstständigkeit. Sie möchte ihn am liebsten nicht unbeaufsichtigt lassen, wogegen dieser sich ausdrücklich wehrt, die Mutter auch sehr zurückstößt und sich verschließt.

Nach dieser Zusammenfassung der von der Diakonin konstatierten Problemlagen zitiere ich im Weiteren aus der Falldarstellung der Diakonin. Auch hier wurden biografische Daten aus Datenschutzgründen maskiert:

Bericht der Diakonin über die Arbeit mit Frau Asil

Nachdem ich einige Zeit Kontakt habe zu Frau Asil, beschließe ich, ihr eine Familienpatin zu vermitteln. Ich wähle in diesem Fall eine pensionierte Lehrerin aus, die sich besonders um die Mädchen und deren Probleme im Deutschunterricht kümmern soll. Außerdem wird sie sehr schnell ebenfalls Ansprechpartnerin der Mutter. (...) [D]iese Patenschaft [braucht] viel Begleitung meinerseits. Der Kontakt der Patin zu dem kleinen Mädchen klappt gut. Besonders, wenn die Mutter bei dem Besuch der Patin die Zeit nutzt, um Einkäufe zu machen, scheint das Mädchen diese Freiheit zu genießen und öffnet sich der Patin sehr vertrauensvoll. Die Patin macht ebenso Ausflüge mit der Familie, nimmt die (...) Kinder zum Beispiel mit zum Skifahren oder zu anderen kulturellen Veranstaltungen. Es kommt allerdings auch anfänglich zu Irritationen, da die Familie anlässlich einer Einladung in das Haus der Patin mit einem eigenen Auto vorfährt. Das verwundert und verärgert die Patin doch sehr, sie hat sich „Arme" ganz anders vorgestellt. Dieser Umstand klärt sich aber auf, als deutlich wird, dass das Auto nur durch geborgtes Geld eines Onkels gekauft werden konnte, der bis heute auf die Rückzahlung wartet. Das Auto wiederum ist in einem fürchterlichen Zustand, da nötige Reparaturen nicht bezahlt werden können und das Geld kaum reicht, um es zu halten.

Die Problematik der Mutter, was die zukünftige Existenzsicherung anbelangt, wird immer prekärer. So begleite ich sie zur zuständigen Berufsberaterin auf der Agentur für Arbeit. Dort bemerke ich, dass Frau Asil eigentlich als Person nicht sehr ernst genommen wird. Mehrfach wird ihr gesagt, dass sie eigentlich nicht mehr berechtigt sei, irgendwelche berufliche Fördermaßnahmen zu bekommen, sie hätte ja aus den bereits geleisteten (Computerkurs, Bewerbungstrainings, ...) nichts abgebracht. Weil ich weiß, dass Frau Asil bereits einige Einsätze in der Nachbarschaftshilfe der Diakoniestation im Haus mit viel Interesse wahrgenommen hat, versuche ich der AA [Arbeitsagentur] den Vorschlag zu machen, ihr doch eine Ausbildung für den Pflegeschein zur Pflegeassistentin zu ermöglichen. In diesem Fall ergeben sich auch für ältere Frauen noch Möglichkeiten, eine Arbeit zu finden. Frau Asil sitzt während des ganzen Gespräches mit der Arbeitsvermittlerin nur schweigend (...) und kämpft ständig mit den Tränen. Außerdem habe ich den Verdacht, dass sie der sehr fachbezogenen Ausdrucksweise der Sachbearbeiterin kaum folgen kann. Auch ich muss dauernd nachfragen, was sie mit den gebrauchten Begriffen genau meint. Es gelingt mir allerdings, mit der AA einen „Deal" auszuhandeln: wenn Frau Asil ein Jahr lang in einem Ein-Euro-Job in einer Pflegeeinrichtung beweisen würde, dass sie dieser Aufgabe gewachsen sei, [wäre] die AA durchaus bereit (...), eine Ausbildung für einen Pflegeschein zu bezahlen.

Ich muss Frau Asil nach dem Gespräch lange erklären, worum es eigentlich geht, und dass das Ergebnis eigentlich gut für sie ist, bietet es doch eine neue Chance für die Zukunft. Erst so nach und nach scheint sie es zu begreifen und fängt langsam an, sich darüber zu freuen.
Mit Hilfe der persönlichen Beziehungen der Patin gelingt es, für Frau Asil einen Platz in einem katholischen Altenpflegeheim zu bekommen, wo sie auf Ein-Euro-

Basis mit den alten Menschen auf Station arbeiten kann. Frau Asil ist auf einmal völlig in ihrem Element. Sie liebt ihre neue Aufgabe, gewinnt deutlich an Struktur und wird auch in der Psyche auffällig stabiler, und so wird auch die Stimmung in der Familie deutlich besser. Auffällig ist auch, dass Frau Asil plötzlich weniger Probleme hat, auch den Ex-Partner wieder deutlich als Sorgeberechtigten zu sehen, und ihn des Öfteren bittet, die Kinder zu beaufsichtigen. Dies normalisiert zusehends auch das Verhältnis der Kinder zum Vater.

Dann erfolgt der Rückschlag. Die AA erkennt bei einer erneuten Berechnung aus einer Mischung aus Wohngeld, Kindergeldzuschlag und Unterhalt, dass Familie Asil zwei Euro (sic!) über dem zulässigen ALG II-Satz liegt. Das führt dazu, dass Frau Asil aus dem ALG II-Bezug herausfällt, und damit auch aus dem Ein-Euro-Job. Dieses wiederum hat zur Folge, dass auch das Abkommen mit der AA für eine berufliche Weiterbildung hinfällig ist und sie auch nicht mehr in dem Pflegeheim beschäftigt sein kann. Diese können keine Kräfte außerhalb der Ein-Euro-Basis beschäftigen. Trotz der engagierten Intervention meinerseits und auch der Leitung der Diakonischen Beratungsstelle sowie auch der Beziehungen der Patin bleiben alle Türen verschlossen. Frau Asil und auch ihre Kinder fallen zurück in alte Verhaltensmuster. Besonders bei Frau Asil entwickelt sich erneut eine massive Depression, was auch äußerlich deutlich wird. Die Patin begleitet Frau Asil zu mehreren Bewerbungsgesprächen, aber immer wird mitgeteilt, dass eine Ausbildung zur Altenpflegerin oder Pflegeassistentin die Grundvoraussetzung für eine Einstellung ist.

Es gelingt mir, tatsächlich eine Pflegeschule zu finden, die bereit wäre, Frau Asil trotz des fortgeschrittenen Alters als Schülerin aufzunehmen. Außerdem gelingt es mir, den Leiter eines Kurses für Pflegeassistenten/Betreuungsassistenten (zwei mal sechs Monate Dauer) für Frau Asil zu interessieren. Er will sich persönlich für sie einsetzten. Der Kurs ist allerdings kostenpflichtig, es würden ca. 1200 Euro fällig, die aber in Raten zu bezahlen wären. Ich setze mich mit Frau Asil zusammen und beauftrage sie nach deutlichem Abwägen des Für und Wider beider Varianten, selbstständig eine Entscheidung für ihre Zukunft zu treffen. Ich nehme ihr diese Entscheidung nicht ab. Frau Asil (…) traut sich die Ausbildung eigentlich nicht mehr zu. Sie hat Angst vor den Kosten, der Dauer, dem Stoff in deutscher Sprache usw. Ich erkläre ihr, dass es zwar eine Hürde ist, aber keine unüberwindliche. Es komme jetzt auf sie selbst an, auf ihren Mut und ihre Kraft, ihre Zukunft anzupacken, auch um ihrer Kinder willen. Frau Asil entscheidet sich für den einjährigen Kurs in zwei Teilen. In der nächsten Zeit kommt sie oft sehr belastet zu mir ins Büro. Sie hat viele Fremdwörter nicht verstanden. So verbringen wir immer wieder Zeit miteinander, um noch einmal nachzuarbeiten. Hierbei kommt mir meine eigene medizinische Ausbildung zugute. Zu meinem Erstaunen baut Frau Asil wieder sichtlich auf. Die Ausbildung scheint ihr zunehmend Freude zu bereiten. Diverse Praktika in verschiedenen Einrichtungen verlaufen positiv, und Frau Asil erfährt viel Zustimmung und Anerkennung.

Aktuell: Sie besteht die Prüfung nach einem Jahr mit der Note 1,7: Sie ist nun eine ausgebildete Pflege- und Betreuungsassistentin. Frau Asil findet eine bezahlte Stelle. Sie findet aus eigener Kraft eine neue Wohnung und zieht selbstständig mit den Kindern um. Sie schafft es sogar, eine eigene Einbauküche auf dem Second-Hand-Markt zu finden. Sie wird künstlerisch tätig. Die neue Wohnung ist bereits mit ihren Bildern geschmückt. Sie braucht meine Hilfe nur noch sporadisch, z.b. wenn es um eine schulische Beratung des Sohnes geht, der nun den Realschulabschluss geschafft hat. Hin und wieder kommt sie zu einem kurzen Besuch im Büro vorbei. Der Kontakt zur Patin ist auch nur noch sporadisch, eher freundschaftlich. Eines der Mädchen ist mittlerweile 17 Jahre alt, auch selbstbewusster und hat vor allem in der neuen Wohnung ein eigenes Zimmer. Der Vater der Kinder ist immer noch in die Betreuung der Kinder involviert, da die Mutter durch die Berufstätigkeit mehr Zeit für sich braucht. Frau Asil ist wieder sehr selbstbewusst, fröhlich, achtet sehr auf ihr Äußeres.

Demnächst werde ich mich mit ihr treffen, um mit ihr ihre neue Zukunft bei einer Tasse Kaffee zu „begießen".

(Fallprotokoll der Diakonin)

Da die Menschen aus prekären Lebenslagen oftmals nicht imstande sind, ihre Bedürfnisse zu formulieren und nach außen zu tragen, erfordert es von Seiten der Diakonin ein hohes Maß an Sensibilität und Einfühlungsvermögen, die Bedürfnisse der Klientin „herauszuhören" und daran die inhaltliche, methodische und organisatorische Gestaltung ihres Hilfsangebots auszurichten. Die Diakonin braucht für ihre Intervention, braucht für ihr Hilfsangebot das Wissen über fallrelevante Regeln (juristische, kulturelle und Alltagsnormen), sie muss unter Berücksichtigung verschiedener Perspektiven ihr Hilfsangebot formulieren. Das Ziel der von der Diakonin angelegten Einzelfallstudien ist eine wohldosierte und bedarfsgerechte, auf den je speziellen Fall zugeschnittene Hilfeleistung. Freilich, Einzelfallstudien können auch „unangenehm" sein, „weil sie auch die Handlungsweisen der Sozialarbeit kritisch in den Blick nehmen und anhand von Daten zu überprüfen versuchen, egal wie sympathisch und auf den ersten Blick vernünftig die Vorgehensweise der Personen auch sein mag. Eine (...) Fallstudie stellt sich außerhalb der Zwänge (zum Beispiel organisatorischer Notwendigkeiten), denen handelnde Personen stets unterworfen sind. Die (...) Fallstudie nimmt eine Position außerhalb und oberhalb der handelnden Personen ein."[19] Fallstudien, so Pantucek weiter, erfordern große Genauigkeit, der Blick richtet sich zuerst auf die betroffenen Personen, andererseits braucht es eine nüchterne Distanz zum Geschehen, um es analysieren zu können.[20] Die Diakonin hat für ihre Fallanalyse zuerst die wesentlichen Daten der Biografie zugeordnet und mit ihrem Kontextwissen in Verbindung gebracht. Bereits in dieser Phase können erste Hypothesen entstehen über Strukturen des Falles und gegebenenfalls erste Hilfsangebote formuliert werden. Sind die Daten des Falles genauer bekannt, lösen sich vorab gewonnene Lesarten auf, einige vorab gewonnene Hypothesen

---

[19]   Pantucek 2006: S. 243; vgl. Nadai 2012: S. 149–163 und Urek 2012: S. 201–216.
[20]   Vgl. Pantucek 2006: S. 244.

werden sich als falsch erweisen, diese sind zu verwerfen. In unserem Beispiel gehen die Falldarstellungen immer von einem konkreten Einzelfall (Familie Asil) aus, doch verweisen sie in der Regel auf allgemeinere, über den Einzelfall hinausgehende Zusammenhänge. Bereits bei der Fallauswahl geht es ja nicht in erster Linie um eine skurrile Geschichte, die erzählt werden muss, sondern um die Vermutung, dass anhand dieses Falles etwas über andere in prekären Lebenslagen lebende Familien, über andere Lebenskontexte und Entwürfe, über andere bedürftige Familien oder Personen erfahren werden kann. Der Fall „Familie Y" ist also eine „Konkretisierung des Allgemeinen, und es ergeben sich aus seiner Analyse zumindest Fragen danach, ob sich Vorgefundenes und Erkanntes als Erkenntnis verallgemeinern lässt"[21].

Diese und viele andere Beispiele zeigen deutlich auf, dass gerade durch die Gehstruktur und die regelmäßigen persönlichen Hausbesuche der Diakonin eine wichtige Lücke im Hilfesystem geschlossen werden konnte. Die Hausbesuche wurden von den Familienmitgliedern als hilfreich erlebt, besonders, wenn nach der Kennenlernphase Vertrauen wachsen konnte. Durch den Besuch bei den Familien vor Ort fiel es leichter, deren vorhandene Ressourcen und Stärken einzuschätzen. Bei den Hausbesuchen, so die Diakonin, „gelingt es viel besser, die Problematiken innerhalb der Familien wahrzunehmen und in ihrer Wichtigkeit einzuschätzen. So ist eine Familie in einer prekären Situation oft sehr überfordert und unfähig, die eigenen Probleme und Bedarfe richtig zu benennen, zu reflektieren und einzusortieren. Ebenso fehlt die Information, wo die richtigen Hilfen zu finden sind und welche Angebote genutzt werden können. Das gilt nicht nur im materiellen und finanziellen Bereich, sondern auch im Bereich der Rollen innerhalb der Familie, des Erziehungsstils, der Ehebeziehung und der physischen und psychischen Gesundheit (…). Dieser Prozess kann bei den persönlichen Besuchen der Diakonin zusammen mit der Familie angestoßen und erarbeitet werden, dabei sind alle Familienmitglieder mit einbezogen. Erst wenn die Reihenfolge und die Wichtigkeit der einzelnen Schritte geklärt ist, wird mit der Familie besprochen, wie man vorgehen kann."[22] Durch die aufsuchende Arbeit finden also verschiedene Aspekte Berücksichtigung, die in anderen Kommstrukturen innerhalb der gängigen Hilfesysteme so nicht gegeben sind. Die im genannten Teilprojekt entstandenen Fallbeispiele zeigen eindrucksvoll die Möglichkeiten und die Grenzen diakonischer Betreuung auf, sie zeigen aber auch auf, welche Fähigkeiten (z.B. Empathie) und Ressourcen (z.B. Kenntnisse des Hilfesystems, Kontextwissen, Kenntnisse der Rechtslage etc.) benötigt werden, um eine solche Arbeit überhaupt leisten zu können, und sie zeigen weiter, in welcher Richtung mit welchem Hilfsangebot (diakonische) Armutsbekämpfung weiter gearbeitet werden könnte, ja müsste. Die Diakonin benennt aber auch die Schwierigkeiten eines solchen Vorgehens: Die aufsuchende Gehstruktur ist enorm zeitaufwändig,

---

[21]   Pantucek 2006: S. 259.
[22]   So formuliert es die Diakonin in ihrem bisher nicht veröffentlichten Abschlussbericht.

die Diakonin spricht hier von einer Ergänzung und nicht von einer Ersetzung herkömmlicher Hilfsdienste.

4. Diakonat und Armutsbekämpfung

Armutsbekämpfung ist in erster Linie eine Aufgabe der Politik. Kirche und Soziale Arbeit können aber dafür sorgen, dass das Thema immer wieder auf die Agenda gesetzt wird. Obwohl die Einzelprojekte im Projekt „Diakonat – neu gedacht, neu gelebt" sich nicht in großem Stil der Armutsthematik und Armutsbekämpfung widmen, lassen sich aus einzelnen Teilprojekten einige Handlungsebenen und Arbeitsfelder herauspräparieren. Kirche und Diakonat sind aufgefordert, im Rahmen ihrer Möglichkeiten das Thema Armut in den Blick zu nehmen und wo möglich armutsorientiertes Handeln zu praktizieren. Heinrich W. Grosse hat aufgezeigt, dass diakonisch-soziales Handeln in unterschiedlichen organisatorischen kirchlichen Kontexten stattfinden kann: „auf der Ebene von Ortsgemeinden, von Parochien, ebenso wie auf der Ebene von Kirchenkreisen oder Kirchenbezirken, in kirchlichen Diensten und Werken ebenso wie in Vereinen und Trägern organisierter Diakonie."[23] Im Folgenden möchte ich fünf Handlungsfelder benennen, in denen kirchlich-diakonische Armutsbekämpfung verortet werden kann.

4.1 Sicherung des Lebensunterhalts

Angesichts immer stärker zunehmender prekärer Lebenslagen ist eine Hilfestellung zur Sicherung des Lebensunterhalts eine der vorrangigsten Aufgaben kirchlich-diakonischer Armutsbekämpfung. Freilich, die direkte Sicherung des Lebensunterhaltes liegt einzig in der Zuständigkeit des Staates. Gleichwohl gibt es zahlreiche Menschen, die nicht zu ihrem Recht kommen, oder es existieren Hindernisse, die die Betroffenen selbst nicht überwinden können, und es ist eine Aufgabe von Kirche und Diakonie, hier zu helfen. Kirche und Diakonie können auf Fehlentwicklungen hinweisen, können darauf hinweisen, dass viele Menschen nicht zu ihrem Recht kommen, bzw. nicht ausreichend gesichert sind. Kirche und Diakonie können auf politische Entscheidungsprozesse einwirken, können darüber hinaus aber die von Armut und Ausgrenzung betroffenen Menschen direkt unterstützen. Kirche und Diakonie helfen den Menschen durch Aufklärung zu ihrem Recht, sie können sich mit kommunalen Einrichtungen vor Ort über armutsgerechte Angebote und Hilfestellungen verständigen und wo nötig diese verbessern. Inwieweit Projekte wie Sozialkaufhäuser oder auch Tafeln zur direkten Unterstützung von Armut betroffener Menschen einen Beitrag

---

[23]	Grosse 2010: S. 21–22.

leisten können, wurde unlängst kontrovers diskutiert.[24] Wie am Beispiel des
Diakonieladens gezeigt werden konnte, bieten niedrigschwellige offene Angebote
den Menschen die Möglichkeiten, zu anderen Personen Kontakt aufzunehmen,
sich auszutauschen, soziale Netzwerke zu bilden und möglicherweise gegenseitige Hilfen und Selbstorganisation zu fördern. Darüber hinaus können neben den
Organen der Sozialen Arbeit auch Kirche und Diakonie dafür Sorge tragen, dass
die Klientinnen und Klienten Zugang erhalten zu den unterschiedlichen Versor-
gungs- und Hilfesystemen.

4.2 Gehstruktur

Wie das Beispiel aus Schwenningen gezeigt hat, kann es in speziellen Fällen
angebracht sein, betroffene Familien direkt vor Ort aufzusuchen. So kann Vertrauen aufgebaut werden. Die Diakonin bekam einen genauen und intensiven
Blick auf die Problematik der Familien, ebenso aber auch auf die noch vorhandenen Ressourcen und Möglichkeiten. Durch diesen aufsuchenden Hilfeansatz
bekommt die Diakonin Zugang zu Familien, die sonst durch die Lücken im Hilfesystem fallen, die über bestimmte Informationen nicht verfügen oder die sich
nicht selbst aufmachen, Hilfe zu suchen. Die Kontaktaufnahme und die Unterstützung der Familien wurden im hier geschilderten Beispiel durch eine enge
Zusammenarbeit mit den kirchlichen Kindergärten unterstützt, in denen besonders Familien aus der Zielgruppe präsent sind. Solche Gehstrukturen auszu-
bauen, die jeweiligen Stellen mit den nötigen finanziellen und zeitlichen
Ressourcen zu versehen, über Kooperationen vor Ort nachzudenken bzw. neue
Kooperationen einzugehen scheint zielführend, gleichwohl sind diese Strukturen
enorm arbeits- und zeitaufwändig.

4.3 Hilfe zur Selbsthilfe

2008 legte Claudia Schulz eine Studie über von Armut betroffenen Menschen
vor, deren Ziel es war, die „Innenansicht" der Armut aufzuzeigen und Vorschläge für eine verbesserte Hilfepraxis zu entwickeln.[25] Die Studie analysierte im
Wesentlichen die Mechanismen der Armut in Bezug auf Gesundheit, Bildung,
Sozialraum und soziale Netzwerke. Am Schluss der Studie diskutierten Expertinnen und Experten über konkrete Mechanismen der Armutsbekämpfung. Sie
zeigten auf, dass es darum geht, den Menschen Erfolgserlebnisse zu verschaffen,
ihnen zu ermöglichen, ihre eigenen Ressourcen zu entdecken und zu nutzen, ihre
Eigenverantwortung zu stärken. Die Studie zeigt aber auch auf, dass diese Hilfe-

---

[24]   Vgl. Lorenz 2012 und Selke 2011: S. 250–258.
[25]   Vgl. Schulz 2008.

stellungen beim Individuum ansetzen müssen, dass also eine individuelle Betreuung und Förderung im Zentrum der Armutsfürsorge stehen muss. Schließlich zeigt die Studie, dass Armut oftmals in der Kirchengemeinde nicht auftaucht, nur selten bitten Gemeindemitglieder aus prekären Milieus um Hilfe. Fast will es scheinen, als ob die Armen sich selber ausgrenzen;[26] dieser (Armuts-)Habitus, diese Armuts-Routinen sind von Fall zu Fall aufzulösen und durch tragfähigere Konstruktionen zu ersetzen. Nach den Ergebnissen der Studie ist es sinnvoll, „entsprechende Hilfe nicht als einseitige Unterstützung zu begreifen, sondern sie in Tauschprozesse umzudefinieren"[27]. Und: es gehe nicht nur darum, *Armut* zu kritisieren, sondern auch – wo nötig – solidarisch und konstruktiv die *Armen* zu kritisieren.[28] Diese Intervention freilich erfordert ein Höchstmaß an Professionalität, erfordert einen ressourcenorientierten Blick und erfordert nicht zuletzt Respekt und Wertschätzung gegenüber den Erfahrungen und Strategien der betroffenen Klientinnen und Klienten.

4.4 Mitgestaltung sozialer Räume

Eine sozialräumlich ausgerichtete Gemeinwesenarbeit liefert vielfältige Ansatzpunkte zur Bekämpfung bzw. Überwindung von Armut.[29] Durch eine stärkere sozialraumbezogene Vernetzung mit anderen armutsbekämpfenden Organisationen vor Ort wird es möglich, frühzeitige Unterstützungs- und Hilfeangebote zu etablieren. Hierzu ist es notwendig, die Angebote mit den Bedarfen vor Ort abzustimmen, zu koordinieren und Konkurrenzen zu vermeiden. Um die Wirkungen der implementierten Unterstützungsangebote und Kooperationen zu überprüfen und gegebenenfalls zu korrigieren, bieten sich kontinuierliche Evaluationsverfahren an. Mittels eines solchen Stadtteilmonitorings können die kommunalen Akteure ihre Potentiale stärken und ihre Hilfsangebote bedarfsgerecht zuspitzen. In Kooperation mit anderen armutsbezogenen Hilfesystemen können dann wirksame und nachhaltige Strukturen der Begleitung entwickelt und verankert werden.

4.5 Sichtbarmachen des Komplexes der Armut

Lange Zeit war Armut ein mediales Tabuthema, doch scheint sich dies in den letzten Jahren geändert zu haben. So konstatierte der Armutsforscher Christoph Butterwegge unlängst, dass (Kinder-)Armut fast zu einem Topthema massenme-

---

[26] Vgl. Schulz 2008: S. 105–116.
[27] Wegner 2007: S. 133.
[28] Vgl. Wegner 2007: S. 133.
[29] Vgl. Stock 2009: S. 153–170 und zur Gemeinwesenarbeit auch die Beiträge von Noller (Diakonat: Kirche im Sozialraum) und Fliege (Diakonat, Sozialraum und Sozialraumanalyse).

dialer Darstellung geworden sei.[30] Freilich die „Interpretationsrahmen, in denen
Armut in der Berichterstattung dargestellt wird, sind (…) eher analytisch als
fallbezogen. Der Großteil der untersuchten Beiträge stellt politische und gesellschaftliche Debatten, Systemmängel mit Armutsfolgen oder die neuen Daten
einer Statistik in den Mittelpunkt der Berichterstattung. Überraschend wenig
werden Probleme der Armut zentral mit einzelnen Schicksalen Betroffener in
Verbindung gebracht."[31] Auch hier können kirchlich-diakonische Organisationen und Projekte den Finger in die Wunde legen, auf Armutskontexte hinweisen
und das Thema in eigenen Veröffentlichungen, Untersuchungen und Projekten
kontinuierlich „am Köcheln" halten. Kirche, Diakonie und Caritas arbeiten wie
kaum eine Organisation direkt an und mit den Menschen und verfügen dadurch
über nicht zu unterschätzenden Einfluss auf die Gesellschaft. „Wenn die Kirchen
auf fragwürdige Konsequenzen politischer Entscheidungen hinweisen, dann sind
diese Aussagen in der Regel von hoher, durch unmittelbare Begegnungen ge-
wonnener Sachkompetenz geprägt und ganz vorrangig an einem ethischen Idealen verpflichteten konkreten Bewertungsmaßstab orientiert. Sie verdienen daher
besondere Aufmerksamkeit."[32]

5. Perspektiven für die (kirchliche) Ausbildung

Über die Vorzüge und den berufspraktischen Nutzen der „Bilingualität" (Annette Noller), der doppelten Qualifikation, ist an anderer Stelle bereits profund
berichtet worden.[33] Professionelles Handeln und Wirken von Diakoninnen und
Diakonen konzentriert sich „im Kontext gesellschaftlicher Institutionen"[34] auf
drei Schwerpunkte:

(1.) Die Analyse der Lebensumstände und Lebenslagen der Klientinnen und
Klienten,

(2.) Wahrnehmung und Förderung bürgerschaftlichen Engagements,

(3.) Vernetzung und Netzwerkbildung unter Einbeziehung diakonisch-theo-
logischer Aspekte.[35]

Gerade die immer stärker spürbare Pluralisierung von Sinnhorizonten, Lebenswelten und Lebenslagen, hohe biografische Unsicherheiten und das Ab-
schmelzen von Milieus mit hoher Kirchennähe erfordern von den Diakoninnen
und Diakonen spezielle sozialwissenschaftliche und theologische Fachkompetenzen. Wie das Beispiel aus Schwenningen gezeigt hat, sind Seelsorgegespräche und

---

[30]   Vgl. Butterwegge 2012: S. 321.
[31]   Malik 2010: S. 43.
[32]   Evangelische Kirche in Deutschland ²2006: S. 71.
[33]   Vgl. den Beitrag von Annette Noller (Diakonat: Kirche im Sozialraum) in diesem Band; grund-
       legend dazu Eidt 2011: v.a. S. 121–133.
[34]   Eidt 2011: S. 130.
[35]   Vgl. Eidt 2011: S. 130–131.

bedarfsgerechte Einzelfallhilfen ohne biografische Dimensionen kaum vorstellbar. Biografiearbeit arbeitet themenorientiert, sie ist gesprächsorientiert, sie ist aktivitätsorientiert, und sie bezieht alle Zeitdimensionen mit ein.[36] Biografiearbeit berge das Potential, so Ingrid Miethe in ihrer jüngsten Veröffentlichung, „sich als konzeptueller Ansatz in vielen Handlungsfeldern"[37] zu etablieren.[38] Die Stärke eines biografischen Ansatzes, die Stärken einer „dichten Beschreibung"[39], die Stärken von bedarfsgerechten Einzelfall-Hilfsangeboten hat die Diakonin in ihrer Arbeit überzeugend aufgezeigt. Dennoch – so konstatierte dies unlängst der Pastoralpsychologe Waldemar Pisarski – bleibe biografisches Arbeiten in der Seelsorge eher im Hintergrund und gewinne „lediglich punktuell Gestalt"[40]. Für die Hochschulen und Ausbildungsstätten ist dies ein Hinweis, rekonstruktiv-qualitative Forschungsmethoden nicht zu vernachlässigen, den Blick auch auf biografische Methoden und Prozesse zu richten und biografische Forschung sowie Biografiearbeit als pädagogisches Verfahren sowie als Grundlage von Seelsorgegesprächen systematisch in Lehr- und Lernprozesse einzubinden. Die Modernisierungs- und Individualisierungsprozesse der letzten Jahrzehnte verlangen vom Individuum eine höhere Steuerungsleistung. Um integrative Deutungsmuster zu finden, muss das Individuum die eigene Biographie zum Gegenstand seiner Reflexion machen, der Lebenslauf wird biografisiert, die individuelle Existenz und Lebensplanung wird selbstreferentiell.[41]

Epilog

Im Jahr 2012 wachsen in den 35 reichsten Staaten der Welt rund 30 Millionen Kinder in relativer Armut, also mit einer Unterversorgung an materiellen und immateriellen Gütern auf, fast 1,2 Millionen dieser Mädchen und Jungen davon leben in Deutschland.[42] Wie in früheren Studien schneidet Deutschland auch in der aktuellen UNICEF-Vergleichsstudie zur Kinderarmut nur mittelmäßig ab: „Es ist enttäuschend, dass Deutschland es nicht schafft, die materiellen Lebensbedingungen für Kinder entscheidend zu verbessern", formulierte angesichts dieser Zahlen Christian Schneider, der Geschäftsführer von UNICEF Deutschland. Eines von 20 Kindern erhält in Deutschland keine tägliche warme Mahlzeit. Am häufigsten mangelt es Kindern hierzulande an regelmäßigen Freizeitaktivitäten (6,7%), 4,4% der Mädchen und Jungen haben keinen Platz, an dem sie ihre Hausaufgaben machen können, 3,7% der Kinder besitzen höchstens ein einziges

36   Vgl. Pisarski 2010: S. 389.
37   Miethe 2011: S. 9.
38   Vgl. UNICEF 2012.
39   Vgl. Geertz 1987.
40   Pisarski 2010: S. 390.
41   Vgl. Gabriel 1992: S. 140–141 und Wohlrab-Sahr 1995.
42   Vgl. UNICEF 2012. Hier sind auch die nachfolgenden Zitate und Zahlen entnommen.

Paar Schuhe, 3,1% der unter 16-Jährigen erhalten nie neue Kleider und 3% leben in einem Haushalt ohne Internetanschluss. Besonders häufig entbehren Kinder in Deutschland wichtige Dinge, wenn die Eltern arbeitslos sind (42,2%) oder wenn sie einen niedrigen Bildungsabschluss haben (35,6%). Nach wie vor herrscht Armut in unserem reichen Land; dass davon auch und gerade Kinder betroffen sind, beschämt.

Wenn Kirche und Diakonie Menschen in ihren Lebenssituationen begleiten wollen, dann müssen wir an ihren Bedürfnissen, ihren Ressourcen, an ihren Wünschen, an ihren Ängsten ansetzen. Dann muss Kirche und Diakonie dort sein, wo der Alltag der Menschen ist. „Selbstkritisch müssen die Kirchen jedoch bekennen, dass Engagement gegen Armut und Ausgrenzung weder früher durchgängig die Regel war, noch heute im Zentrum ihrer Aufmerksamkeit und ihres Engagements steht. Zwar engagieren sich die beiden großen christlichen Kirchen mit ihrer Caritas und Diakonie in zahlreichen Projekten gegen Armut und Marginalisierung. Aber auch in diesen Projekten gelingt eine strukturelle Veränderung der Lebenssituation armer Menschen oft leider nicht in erwünschtem Ausmaß; Abhängigkeitsverhältnisse dauern fort, die Teilhabe am Leben der Gesellschaft bleibt oft übermäßig eingeschränkt."[43] Dass die Armutsthematik auch in dem Projekt „Diakonat – neu gedacht, neu gelebt", welches neue Formen diakonischen Handelns in unterschiedlichen diakonischen und kirchlichen Handlungsfeldern erproben und erforschen möchte, in einigen Teilprojekten thematisiert wird, ist ein Anfang, mehr aber auch nicht. Die Integration von am Rande der Gesellschaft lebenden Menschen, ihnen Wertschätzung, Ermutigung und Aufmerksamkeit entgegenzubringen und ihnen damit auch einen neuen Antrieb für ihr Leben zu geben, ist von all unseren Möglichkeiten die menschlichste. Kirche „ist nur Kirche, wenn sie für andere da ist"[44], bzw. wenn sie mit „anderen" gemeinsam den Menschen zu ihrem Recht verhilft und Strategien aus der Armut entwickelt. „Soziale Gerechtigkeit beinhaltet aus diakonischer Perspektive nicht nur Eigenverantwortung (Leistungsgerechtigkeit), sondern auch Solidarität (solidarische Gerechtigkeit). Verwirklichungschancen hat nur, wer seinen Beitrag zur Verwirklichung von Gerechtigkeit in dieser Gesellschaft effektiv leisten kann bzw. dann aufgefangen wird, wenn es ihm nicht möglich ist, Eigenverantwortung zu übernehmen (...)."[45]

---

[43]   Eurich/Wegner/Barth/Baumann 2011: S. 11.
[44]   Bonhoeffer 1998: S. 560.
[45]   Becker 2011: S. 47.

Literatur

Becker, Uwe (Hg.) (2011): Perspektiven der Diakonie im gesellschaftlichen Wandel. Neukirchen-Vluyn.

Bonhoeffer, Dietrich (1998): Widerstand und Ergebung. Briefe und Aufzeichnungen aus der Haft (Hg. Gremmels, Christian/Bethge, Eberhard/Bethge, Renate, in Zusammenarbeit mit Ilse Tödt). München.

Butterwegge, Christoph (2012): Jugendarmut in einem reichen Land. In: deutsche jugend. Zeitschrift für Jugendarbeit. Heft 7–8. S. 321–328.

(DPWV) Deutscher Paritätischer Wohlfahrtsverband (2011): Der Paritätische Gesamtverband. (Startseite des Internetauftritts). Verfügbar unter: http://www.der-paritaetische.de/242/?tx_ttnews%5Btt_news%5D=7329&cHash=4b84cc5019029c624d7604b1b231c406 (25.12.2012).

Eidt, Ellen (2011): Der Evangelische Diakonat. Entwicklungslinien in Kirche und Diakonie am Beispiel Württembergs. Stuttgart.

Engelhardt, Udo (2012): Zum (Selbst-)Verständnis von Tafeln in Deutschland. In: Theorie und Praxis der Sozialen Arbeit. Heft 5. S. 338–349.

Eurich, Johannes/Wegner, Gerhard/Barth, Florian/Baumann, Klaus (2011): Kirchen aktiv gegen Armut und Ausgrenzung. Einleitende Überlegungen. In: Eurich, Johannes/Wegner, Gerhard/Barth, Florian/Baumann, Klaus (Hg.): Kirchen aktiv gegen Armut und Ausgrenzung. Theologische Grundlagen und praktische Ansätze für Diakonie und Gemeinde. Stuttgart. S. 9–18.

Evangelische Kirche in Deutschland (Hg.) (²2006): Gerechte Teilhabe. Befähigung zu Eigenverantwortung und Solidarität. Eine Denkschrift des Rates der EKD zur Armut in Deutschland. Gütersloh.

Gabriel, Karl (1992): Christentum zwischen Tradition und Postmoderne. Freiburg im Breisgau.

Geertz, Clifford (1987): Dichte Beschreibung. Beiträge zum Verstehen kultureller Systeme. Frankfurt a.M.

Gerner, Sofia (2012): 26 Jahre auf der Straße. Der lange Weg eines Obdachlosen zurück ins Leben. In: FAZ, 26. Juni 2012. Verfügbar unter: http://www.faz.net/aktuell/gesellschaft/jung/jugend-schreibt/obdachlosigkeit-26-jahre-auf-der-strasse-11699436.html (12.11.2012).

Grosse, Heinrich W. (2010): Kirchengemeinden können etwas gegen Armut und Ausgrenzung tun! Ergebnisse einer empirischen Untersuchung. In: Pastoraltheologie 99. Jg. H.1/2010. S. 18–38.

Lorenz, Stephan (2012): Tafeln im flexiblen Überfluss. Ambivalenzen sozialen und ökologischen Engagements. Bielefeld.

Ludwig, Monika (1996): Armutskarrieren. Zwischen Abstieg und Aufstieg im Sozialstaat. Opladen.

Lutz, Ronald (2012): Soziale Erschöpfung – Erschöpfte Familien. In: Lutz, Ronald (unter Mitarbeit von Corinna Frey) (Hg.): Erschöpfte Familien. Wiesbaden. S. 11–67.

Malik, Maja (2010): Armut in den Medien. In: Aus Politik und Zeitgeschichte. Beilage zur Wochenzeitung Das Parlament. Heft 51–52. S. 40–45.

Miethe, Ingrid (2011): Biografiearbeit. Lehr- und Handbuch für Studium und Praxis. Weinheim/München.

Mutz, Gerd (2009): Neue Prozesse der Exklusion und Prekarisierung – Eine Herausforderung für die Soziale Arbeit. In: Maier, Konrad (Hg.): Armut als Thema der Sozialen Arbeit. Freiburg. S. 71–95.

Nadai, Eva (2012): Von Fällen und Formularen: Ethnographie von Sozialarbeitspraxis im institutionellen Kontext. In: Schimpf, Elke/Stehr, Johannes (Hg.): Kritisches Forschen in der Sozialen Arbeit. Gegenstandsbereiche – Kontextbedingungen – Positionierungen – Perspektiven. Wiesbaden. S. 149–163.

Noller, Annette/Fliege, Thomas (2013): Diakonat und doppelte Qualifikation – Drei Typen diakonischen Handelns. Ein Werkstattbericht. In: Noller, Annette/Eidt, Ellen/Schmidt, Heinz (Hg.): Diakonat – theologische und sozialwissenschaftliche Perspektiven auf ein kirchliches Amt. Stuttgart. S. 179–195.

Pantucek, Peter (2006): Fallstudien als „Königsdisziplin" sozialarbeitswissenschaftlichen Forschens. In: Flaker, Vito/Schmid, Tom: Von der Idee zur Forschungsarbeit. Forschen in Sozialarbeit und Sozialwissenschaft. Wien. S. 237–261.

Pisarski, Waldemar (2010): „Ach, ich könnte einen ganzen Roman schreiben". Biografisches Arbeiten in der Seelsorge. In: Pastoraltheologie. 99. Jg. H. 9/2010. S. 386–397.

Schulz, Claudia (2007): Ausgegrenzt und abgefunden. Innenansichten der Armut. Eine empirische Studie. Berlin.

Schulz, Claudia (2008): Vom Lebensgefühl der Armut und der Kunst, diakonische Kirche zu sein. In: Edtbauer, Richard/Köhler-Offierski, Alexa (Hg.): Evangelisch – Diakonisch. Evangelische Hochschulperspektiven. Bd. IV. Freiburg. S. 105–116.

Schwäbische Tafel Stuttgart e.V. (o.J.): Ehrenamt ist Ehrensache. Verfügbar unter: http://www.schwaebische-tafel-stuttgart.de/ (25.12.2012).

Schwäbische Zeitung (01.07.2009): Verfügbar unter: http://www.schwaebische.de/home_artikel,-Diakonielaedle-schliesst-und-zieht-in-neues-Sozialkaufhaus-um-_arid,2885132.html (23.10.2012).

Selke, Stefan (2011): Tafeln als Spiegel der Gesellschaft – Freiwilligkeit zwischen Euphorie und Paradoxie. In: Theorie und Praxis Sozialer Arbeit. 62. Jg. S. 250–258.

Stadt Tuttlingen (11.08.2009): Verfügbar unter: http://www.tuttlingen.de/ceasy/modules/cms/main.php5?cPageId=187&view=publish&item=article&id=931 (23. 10. 2012).

Statistische Ämter des Bundes und der Länder (Hg.) (2010): Sozialberichterstattung. Wiesbaden. Verfügbar unter: http://www.amtliche-sozialberichterstattung.de/A1armutsgefaehrdungsquoten.html (25.12.2012).

Stock, Lothar (2009): Der Beitrag von Gemeinwesenarbeit zur Bewältigung/Überwindung von Armut. In: Maier, Konrad (Hg.): Armut als Thema der Sozialen Arbeit. Freiburg. S. 153–170.

UNICEF (2012): Verfügbar unter: http://www.unicef.de/presse/2012/vergleichsstudie-kinderarmut/ (23.10.2012).

Urek, Mojca (2012): Wie in der Sozialen Arbeit ein Fall gemacht wird: Die Konstruktion einer „schlechten Mutter". In: Schimpf, Elke/Stehr, Johannes (Hg.): Kritisches Forschen in der Sozialen Arbeit. Gegenstandsbereiche – Kontextbedingungen – Positionierungen – Perspektiven. Wiesbaden. S. 201–216.

VEDD (Verband Evangelischer Diakonen- und Diakoninnengemeinschaften in Deutschland e.V.) (Hg.) (2004): Was sollen Diakone und Diakoninnen können? Kompetenzmatrix für die Ausbildung von Diakoninnen und Diakonen im Rahmen der doppelten Qualifikation. Erarbeitet und beschlossen von der „Ständigen Konferenz der Ausbildungsleiter und -leiterinnen im VEDD" im Frühjahr 2004. Impuls III/2004. Berlin. Verfügbar unter: http://www.vedd.de/obj/Bilder_und_Dokumente/pdf-Daten/Impulse/ Impuls200403.pdf (14.01.2013).

Wegner, Gerhard (2007): Gerechte Teilhabe – für wen? Rückfragen an eine Denkschrift. In: Schulz, Claudia: Ausgegrenzt und abgefunden. Innenansichten der Armut. Eine empirische Studie. Berlin. S. 126–135.

Wohlrab-Sahr, Monika (Hg.) (1995): Biographie und Religion. Zwischen Ritual und Selbstsuche. Frankfurt a.M.

Thomas Fliege

Jugendarbeit und Schule

Konfessionelle Angebote an einem wertepluralen Ort. Miteinander oder Konkurrenz?

> „Fantasie haben heißt nicht, sich etwas auszudenken, es heißt,
> sich aus den Dingen etwas zu machen."
> Thomas Mann

> „Die Schwierigkeit liegt nicht darin, die neuen Ideen zu finden,
> sondern darin, die alten loszuwerden."
> John Maynard Keynes

1. Problemaufriss[1]

1.1 Schule und gesellschaftliche Veränderungsprozesse

Die Lebenswelten von Kindern und Jugendlichen werden heute maßgeblich bestimmt durch die vier Lebenswelten Familie, Schule, Gleichaltrigengruppe und Medienlandschaft.[2] Diese vier Lebenswelten sind gekennzeichnet durch eine hohe Komplexität, durch Vielschichtigkeit und einen beständigen Wandel. Drei dieser Lebenswelten (Familie, Clique, Medien) haben sich in den letzten Jahrzehnten enorm verändert. Die Kernfamilie als gesellschaftliche Normalform wird immer mehr durch andere Familienformen wie Lebensgemeinschaften, Einelternfamilien, Patchworkfamilien oder andere Wohngemeinschaften ersetzt.[3] Der mediale Einfluss mit einer unüberschaubarer gewordenen Vielzahl von immer mehr Fernsehkanälen, medialen Netzwerken und einer ganzen Reihe von riskanten Nebenwirkungen (pornografisierte Medien, Onlinesucht, mediale Demenz etc.) ist geradezu sprichwörtlich.[4] Die Lebenswelten von Kindern und Jugendlichen unterliegen großen Veränderungen und diese Veränderungen bieten Entwicklungschancen, stellen aber auch Einschränkungen bzw. Bedrohungen dar. Jugendliche Lebenswelten differenzieren sich vielgestaltig aus und

---

[1] Das Kapitel entstand unter vielfältiger kollegialer Mitwirkung von Prof. Gerhard Hess von der EH Ludwigsburg. Ihm sei hierfür herzlich gedankt.

[2] Vgl. dazu u.a. Schäfers/Scherr [8]2005: S. 101–123.

[3] Vgl. Beck/Beck-Gernsheim 1990 und Beck-Gernsheim 1998.

[4] Vgl. hierzu die verschiedenen Untersuchungen zu Medienwirkungsforschungen des Kriminologischen Forschungsinstitut Niedersachsen e.V. (o.J.).

werden immer schnelllebiger.[5] Auf der Ebene des Individuums setzt als Folge der Ausdifferenzierungsprozesse der Moderne eine weitreichende Individualisierung und Biographisierung des Lebenslaufes ein.[6] Die Menschen werden aus vorgegebenen Fixierungen, aus vorgefundenen und angestammten Herkunftsbedingungen herausgelöst, das „Reservoir von Selbstverständlichkeiten"[7] wird geringer, die Biographien werden „selbstreflexiv", die Konstruktion persönlicher Identität liegt zunehmend in der Hand des Individuums. Nicht selten geraten Jugendliche dabei in eine Individualisierungsfalle. Die Freisetzung der Individuen aus traditionsbestimmten Lebensformen und Lebensentwürfen beinhaltet zwei Qualitäten und Risikovarianten: Zum einen bietet diese Freisetzung neue Möglichkeiten der Gestaltung und Gestaltbarkeit, zum anderen sind mit der Freisetzung aber auch Risiken des Ausgestoßenseins, Risiken der Überforderung verbunden, die Ulrich Beck als „riskante Freiheiten" beschrieben hat.[8] Ein nach Halt suchender Jugendlicher findet diesen nicht mehr in den klassischen traditionellen Bindungen von Familie, Kirche oder Vereinen. Es gibt in jugendlichen Biographien häufig keine wegweisenden Schablonen mehr für die eigene Identitätsfindung, die eigene Biographie muss selbstverantwortlich gestaltet werden. Wer keinen inneren Halt hat und im Zuge der Individualisierung auch keinen äußeren findet, verliert das Gefühl der Sicherheit, ist orientierungslos und überfordert. An die Stelle der alten Sozialmilieus treten verstärkt durch Lebensstile geprägte Milieus, Selbstverwirklichungskonzepte gewinnen an Bedeutung.[9]

Vor unseren Augen ist nun zu beobachten, dass sich auch die vierte Lebenswelt, die Schule, nachhaltig verändert. Schulen wandeln sich vom reinen Lernort zum Lern- und Lebensort für Kinder und Jugendliche, durch die sukzessive Einführung der Ganztagsschulen verbringen Kinder und Jugendliche immer mehr ihrer Lebenszeit an und in der Schule. Schule verändert sich, Schule wird zum Lebensort.

Die gesellschaftlichen Anforderungen und Herausforderungen sind bekannt: Schule soll die Kinder und Jugendlichen fit machen für den wirtschaftlichen Wettbewerb in einer globalisierten Welt. Schule soll einen entscheidenden Beitrag leisten zur besseren Vereinbarkeit von Familie und Beruf und dabei auch pädagogische und soziale Aufgaben übernehmen, die traditionellerweise von der Familie übernommen wurden. Der Lernort Schule wird in Zukunft auch zahlreiche Aufgaben sozialen Lernens übernehmen. Nicht zuletzt soll Schule auch einen Beitrag zur besseren Integration von Kindern und Jugendlichen leisten. Durch diese Herausforderungen wird Schule in noch viel stärkerem Maße zum Lebensraum von Kindern und Jugendlichen. Die Schule als kognitiv-pädagogischer Lernort wird erweitert und ergänzt durch Angebote, die die Schule zu einem

---

5   Vgl. Lüders 2012: S. 12–14. Darin weitere Literatur.
6   Vgl. Beck/Beck-Gernsheim 1990: S. 121–253.
7   Habermas [4]1987: S. 189.
8   Vgl. Beck/Beck-Gernsheim 1994.
9   Vgl. Calmbach/Borchard/Thomas 2012: S. 299–305.

Lebens- und Lernraum für Kinder und Jugendliche umgestalten. Darin besteht die Herausforderung der Gegenwart und Zukunft. Dies gilt umso mehr, als die Umgestaltungsprozesse in Richtung Gemeinschaftsschule voranschreiten. Gerade Gemeinschaftsschulen versuchen die soziale Segregation zu verhindern und müssen hierfür notwendigerweise „Familienzeit" reduzieren. So formuliert einer der Diakone treffend in seinem Evaluationsbericht: „Vereine und Verbände sind hierbei gefordert, sich für diese veränderte Situation neue Konzepte zu überlegen. Durch die Verlagerung von Zeiten hin in die Schule ändert sich auch der zeitliche Anteil für die Familie als einem weiteren wesentlichen Sozialisierungsbestandteil. Eltern müssen sich hierbei auch überlegen, wann und wie qualitative Zeit mit den Kindern verbracht werden kann."[10] Schulen sehen Bildung immer mehr ganzheitlich, sie integrieren informelle Bildungs- und Freizeitaktivitäten in den Schulalltag und versuchen, wichtige Schlüsselqualifikationen wie soziale und emotionale, kommunikative und integrative Kompetenzen zu vermitteln. In der Fachöffentlichkeit besteht weitgehende Einigkeit darüber, dass Ganztagsschulen ein solches Programm nur umsetzen können, wenn sie mit „außerschulischen Agenturen" zusammenarbeiten.[11] Nicht zuletzt sind auch die Kirchen aufgefordert, sich diesen Veränderungen zu stellen und entsprechende, zukunftsfähige Konzepte und Angebote zu formulieren.

1.2 Evangelische Jugendarbeit und Schule in Württemberg

Um die zukünftigen Herausforderungen gestalten zu können, haben sich die Schulen seit Jahren „nach außen" geöffnet. Sie suchten und suchen Kooperationspartner, die sie in diesem pädagogischen und sozialen Veränderungsprozess nachhaltig unterstützen. Die (Evangelische) Jugendarbeit ist bereits seit vielen Jahren eine dieser Partnerinnen. Bereits im Jahr 1989 fand eine erste Kontakttagung des Evangelischen Jugendwerks in Württemberg mit Vertreterinnen und Vertretern des Ministeriums für Kultus, Jugend und Sport statt, bei der erste Modellprojekte beschlossen wurden. Die Auswertung dieser Projekte (1992) führte zu einer weiteren Intensivierung der Zusammenarbeit und zu ersten Veröffentlichungen und Informationsbroschüren. Die „Landesarbeitsstelle Kooperation" beim Oberschulamt Stuttgart wurde eingerichtet. Sieben Leitfäden zur Kooperation von Jugendarbeit und Schule wurden zwischen 1997 und 2004 herausgegeben. Das „Schülermentorenprogramm Soziale Verantwortung lernen" wurde ab 2001 landesweit angeboten. Der Landesjugendring Baden-Württemberg nahm sich verstärkt der Thematik an und verbreitete die Idee in der jugendverbandlichen Landschaft. Die damalige Landesregierung entwickelte das „Jugendbegleiterprogramm" und unterstützte dessen Einführung an den Schulen.

---

[10]   Zitat aus dem noch unveröffentlichten Evaluationsbericht Esslingen.
[11]   Vgl. Steiner/Arnold 2012: S. 22–25. Darin weitere Literatur.

Trotz vieler offener Türen und gebahnter Wege war und ist allerdings die Beteiligung der Jugendverbände (auch der konfessionellen Verbände) und der Jugendhilfeeinrichtungen an Kooperationen mit Schule sehr uneinheitlich und in der Tendenz zurückhaltend. Es dürften unterschiedliche Fragestellungen sein, die hinter dieser Zurückhaltung stehen:

(1.) Passen die Ziele („Strukturprinzipien") von Jugendsozialarbeit und die der Schule überhaupt zusammen?

(2.) Kommt der kleine Partner (Verband/Verein/Jugendhaus, …) nicht „unter die Räder" im großen „Betrieb Schule", bzw. sind die Kooperationspartner möglicherweise nur willkommene „Lückenfüller", damit der „Betrieb Schule" besser funktioniert?

(3.) Mit welchen ehrenamtlichen oder auch hauptamtlichen Personen soll die Kooperation geleistet werden? Die nachgefragten Hauptzeiten für Kooperationsangebote sind tagsüber.

(4.) Wie kann eine kostendeckende Finanzierung gewährleistet werden (die Jugendbegleitersätze sind hier – nach Einschätzung einiger Jugendverbände – noch immer zu niedrig)?

Es gibt aber auch Bedenken auf schulischer Seite:

(1.) Wollen Verbände/Vereine/Jugendhäuser hier überhaupt einen sinnvollen und wichtigen pädagogischen Beitrag zur Entwicklung von Kindern und Jugendlichen einbringen, oder nutzen sie die Schule nur für Eigenwerbung und Nachwuchsrekrutierung?

(2.) Können Vereine und Verbände überhaupt verlässliche langfristige Partner für Schulen sein oder ist die (fragile) Vereins- und Verbandsstruktur dafür eher ungeeignet oder gar hinderlich?

(3.) Wenn konfessionelle Anbieter sich in den Lebensraum Schule einbringen dürfen („missionieren"), ist dann die Konfessions- und Wertpluralität der Schule nicht in Gefahr, bzw. welche konfessionellen Kooperationspartner erhalten die Erlaubnis und welche nicht?

Trotz Reserviertheiten auf beiden Seiten darf konstatiert werden, dass sich vieles in den letzten Jahren positiv entwickelt hat. Viele Rektorinnen und Rektoren, sowie Vertreterinnen und Vertreter von Jugendverbänden und -vereinen berichten von (sehr) guten Erfahrungen und möchten auch künftig gemeinsame Wege gehen. Diese Voten werden auch aus Beobachtungen aus dem Projekt „Diakonat – neu gedacht, neu gelebt" bestätigt. Die Württembergische Landeskirche jedenfalls hat sich mehrfach zum Ausbau der Kooperation und zur Mitverantwortung für den Bildungsauftrag bekannt, so z.B. im Positionspapier zur Ganztagsschule: „Evangelische Kirche als verlässlicher Partner bei Ganztagsschulentwicklungen"[12] vom September 2005 sowie in dem (zusammen mit der Badischen Landes-

---

[12]   Baur 2005.

kirche herausgegebenen) Positionspapier zur Schulpolitik der Evangelischen Landeskirchen in Baden und Württemberg unter dem Titel „Freiheit, Gerechtigkeit und Verantwortung. Perspektiven der Evang. Landeskirchen für die aktuelle Bildungs- und Schulpolitik in Baden-Württemberg"[13] vom September 2008. Wie wichtig die Kooperation zwischen Kirche, Jugendarbeit und Schule in Baden-Württemberg in der Praxis ist, unterstreicht auch die jüngst erschienene Praxishilfe „Lebens-Werte entdecken" der beiden Evangelischen und Katholischen Kirchen in Baden-Württemberg vom September 2012.[14] Die Rahmenbedingungen für gelingende Kooperationen sind durchaus gegeben, bei der (flächendeckenden) Umsetzung braucht es aber noch viel Überzeugungsarbeit, gelungene, vorzeigbare Kooperationsbeispiele und vermutlich auch noch mehr „Geld im System".

2.   Praxisbeispiele

Von den 15 Teilprojekten des landeskirchlichen Gesamtprojekts waren vier Projektstellen für eine Kooperation mit Schulen konzipiert. Um das Nebeneinander, Miteinander oder auch Gegeneinander von Jugendarbeit und Schule darzustellen, werden im Folgenden drei Beispiele aus dem Gesamtprojekt dargestellt und analysiert.[15]

2.1   Zur Anerkennungskultur kirchlicher Jugendarbeit.
Das Beispiel Welzheim

Das Teilprojekt in Welzheim ordnet sich dem Bereich Jugendarbeit und Schule zu und schlägt vor Ort einen Bogen zwischen kirchlicher Jugendarbeit und Schulkontext. Als normatives Ziel der Arbeit werden kirchenferne Jugendliche in den Blick genommen, diese Jugendlichen sollten im Rahmen der kirchlichen Jugendarbeit Anteil am Evangelium als Zuwendung Gottes zu den Menschen erhalten.[16] Mitunter sind es auch zunächst banal scheinende Zusammenhänge wie der Umgang miteinander, wie die Art und Ausgestaltung der sozialen Interaktion, die einen Zugang zu den Lebenswelten der Klientinnen und Klienten ermöglichen. Dies soll nachfolgend an Auszügen aus einer Gruppendiskussion mit Schülerinnen und Schülern gezeigt werden. Die Jugendlichen, von denen

---

[13]   Evangelische Landeskirchen in Baden und Württemberg 2008.
[14]   Baur/Mehlmann/Augustyniak-Dürr/Schneider-Harpprecht 2012.
[15]   Aus Gründen der Anonymität werden alle zitierten Personen mit in Deutschland sehr häufig auftretenden Namen maskiert. Den Jugendlichen werden unabhängig vom Geschlecht männliche bzw. weibliche Vornamen zugeteilt. Aus den Vornamen (Sevim) kann nicht auf die Nationalität geschlossen werden.
[16]   Vgl. Projektbericht Welzheim (unveröffentlicht).

hier die Rede ist, werden seit längerer Zeit durch die Diakonin begleitet. Gitarrenchor oder Konfirmandenfreizeit waren erste Begegnungsorte. Zum Zeitpunkt der Gruppendiskussion[17] nehmen sie am sogenannten Mitarbeiterjahr teil. Die Jugendlichen, die hier zu Wort kommen, gehen in Welzheim auf die Hauptschule und werden von einer Mitarbeiterin des örtlichen CVJM befragt. In Bezug auf ihren Schulalltag erzählen sie unter anderem davon, dass einzelne Jugendliche aus ihrer Klasse durch störendes Verhalten das Klima belasten und ihren Lernerfolg erschweren. Darunter leiden dann kollektiv alle Beteiligten der Klasse.

Die Bezeichnung „Hauptschüler" schildern Jugendliche immer wieder als mit negativen Assoziationen konnotiert, so dass bei ihnen das Gefühl entsteht, nicht angemessen wahrgenommen zu werden. Sie erzählen entsprechende konkrete Situationen, in denen sie diese z.B. durch Jugendliche anderer Schularten wiedergespiegelt bekamen, einzelne schildern dies auch in den Erwartungen und Äußerungen von Eltern. Einige Jugendliche berichten diesbezüglich von Beziehungsabbrüchen im Übergang auf die weiterführenden Schulen, die sie auf diese Bewertungen bzw. Abwertungen zurückführen.

In der folgenden Gesprächspassage geht es um die anstehende Konfirmation:

Fritz:	Also, es war zum Beispiel so. Bei mir in der Familie hieß es halt, du lässt dich konfirmieren und gut ist es. Ähm, weil es einfach so Tradition ist, dass jeder konfirmiert und wenn ich mich nicht konfirmieren lasse, ich glaub dies hätte halt mords den Konflikt gegeben und (…) [Diakonin] hat halt zum Beispiel uns geholfen, das Ganze ein bisschen zu verstehen. Ähm, und …, ähm, einfach, dass wir … ähm, … wie soll ich sagen, hm (4), sie hat uns, finde ich, einfach die Sache ein bisschen schmackhafter gemacht, also dass – indem sie zum Beispiel sagt, komm wir können darüber reden oder wenn ihr etwas nicht wisst, ihr könnt zu mir kommen und das ist so und so und jenes ist soundso. Also, ich glaub durch die Diakonin hat man, meine ich, mit viel mehr Verständnis an die Sache herangegangen, oder?

(Gruppendiskussion Jugendarbeit und Schule I)[18]

In dieser Interviewpassage wird deutlich, dass die wertschätzende, zugewandte und vertrauensvolle Begegnung der Diakonin mit den Schülerinnen und Schülern als eine Voraussetzung eines Gesprächs auf Augenhöhe betrachtet wird. Die Diakonin ist in der Rolle der Hörenden und Erklärenden; zu verstehen, worum

---

[17] Zu Methoden der Datenerhebung und Dateninterpretation vgl. die entsprechenden Ausführungen in Kapitel I dieses Bandes.

[18] Vgl. zur selben Thematik auch den Artikel von Claudia Schulz (Diakonisches Arbeiten „an den Rändern"), die Daten aus einer Gruppendiskussion am selben Ort nutzt, in der Jugendliche diskutieren, die bisher keinen oder wenig Kontakt mit der Diakonin hatten.

es geht, ist für die Schülerinnen und Schüler enorm wichtig für das Gefühl, teilhaben zu können und Anerkennung zu erfahren. Die Diakonin baut Brücken des Verstehens zwischen den diversen und als Ausgrenzung erlebten Bildungserfahrungen.

Die Schülerinnen und Schüler sehen in der Diakonin zunächst keine Vertreterin einer kirchlichen Einrichtung, sie nehmen sie zunächst als eine Person wahr, die ihnen Sachen erklärt und ihnen hilft. Während sie sonst im Schulalltag sich mitunter marginalisiert fühlen, nimmt die Diakonin sie vorurteilsfrei als gleichberechtigte Mitglieder ihrer Schule wahr.

Fritz:	Das war ja so, ich war ja an diesem … Konfiwochenende …, das war ja im November, glaub ich, da war ich ja krank. Und da hab ich am Schluss noch irgendwie so einen Satz irgendwo raussuchen können, ähm, aber ich hab ihn nicht wirklich kapiert. Da hab ich dann einen genommen, der am logischsten geklungen hat und (…) [Diakonin] hat mir dann halt ein bisschen erklärt, das kann man so und so sehen, und ähm wie ich dich kenne, trifft das jetzt auf das und das zu und ja.
Interviewerin:	Was ist der, wenn ich fragen darf?
Fritz:	Matthäus sieben, Vers sieben. Das war (…) Der war: Bittet, so wird euch gegeben, ähm, klopfet an, so wird euch aufgemacht, und … noch mal irgend so was, also irgendwas sonst.
Interviewerin:	Hast du sonst noch irgendwas, was du fest machst? Ein [kirchliches] Angebot, an dem du teilnimmst und das dir etwas gebracht hat?
Claudia:	Wie jetzt?
Interviewerin:	Hat dir irgendein Angebot oder (…) der Kontakt oder sonst was für deinen Glauben, hat der irgendwas gebracht? Hast du da noch ein Beispiel?
Claudia:	Hm (7).
Fritz:	(leise) Tickt. (2) Oder? … Doch! (3) Das ist die Uhr.
Claudia:	Uhh!
Fritz:	(leise) Morgen? (zaghaftes lachen)
Claudia:	Naja.

Interviewerin:	Fällt dir gerade nichts ein. Nein. Ist ok. Ähm, wenn ihr jetzt an die evangelische Kirchengemeinde und an den CVJM denkt, hat sich da irgendwie das Verhältnis dazu verändert?
Fritz:	Ja! Also bei mir halt in dem Sinn, dass mir, (räuspern) da uns die (…) [Diakonin] halt so viel erklärt hat, ähm, viel mehr geschnallt haben eigentlich, und … dass wir da auch nicht ganz so blau-äugig, sag ich mal, jetzt an die Sachen herangegangen sind, son-dern das auch vielleicht bisschen mit ähm Ernst genommen hat und – ja. Zum Beispiel im Reliunterricht. Ich (…) kapier viel mehr.

[Die Jugendlichen berichten vom langweiligen Religionsunterricht und machen sich über den Lehrer lustig, um dann selbst wieder auf die Diakonin zu sprechen zu kommen.]

Fritz:	Ja, ich denk wir nehmen die Sachen dann einfach ernster, weil wir, wenn man es ja vernünftig erklärt bekommt hat und dann sich das nicht einfach zusammenreimt, sondern einfach ähm ir-gendwie so die … ich sag mal die Richtlinien hat, *wie* man das zu verstehen hat und dann halt einfach das Ganze mehr versteht, so denk ich jetzt, so. (ganz leise, unverständlich)
Interviewerin:	Was denkt ihr darüber, hat sich da was bei euch geändert im Be-zug auf Kirchengemeinde oder CVJM oder so, im Gegensatz zu davor, bevor ihr (…) [Diakonin] kennen gelernt habt?
Claudia:	Ja, also man versteht ja, also ich finde, man versteht viel mehr und –
Interviewerin:	Was verstehst du viel mehr?
Claudia:	Ähm …, ja also, bestimmte Themen oder so halt, was, ähm, über was uns die (…) [Diakonin] halt aufgeklärt hat oder halt erzählt hat und ja … (3)
Sevim:	Ja und es ist auch viel interessanter geworden. Weil davor hat man ja nicht wirklich irgendwie … sich dafür, also, ich hab nicht wirklich dafür interessiert gehabt und –
Fritz:	Es war halt da und –
Sevim:	Ja, es war halt da und man hat es halt zwei Stunden in der Woche in Reli gehört. Aber mehr dann auch nicht und … dann mit der, also mit der Konfirmation, am Anfang hat mich der Konfiunter-richt auch gar nicht so wirklich interessiert, so. [bestätigende Äußerungen weiterer Jugendlicher]

Interviewerin:	War das fassbarer für euch?
Alle:	Ja.
	Das war persönlicher, weil …
Fritz:	Genau so, ähm [bestätigende Äußerungen weiterer Jugendlicher]
Sevim:	Und das hat mir dann erst am Ende, wo es zur Konfirmation hin ging, hab ich mir dann, hat der Unterricht mir mehr Spaß …
Fritz:	Vor allem hat man dann gegen Ende hin das auch erst mal zu schätzen gewusst [bestätigende Äußerungen weiterer Jugendlicher] Ähm, ich werd konfirmiert, also ich mach das nicht, weil meine Familie das sagt, sondern ich weiß, ich verstehe jetzt warum so dieses.

(Gruppendiskussion Jugendarbeit und Schule I)

In diesem Gespräch sind es die Sprechakte, die die Situation prägen: Es geht weniger um das, was von der Diakonin gesagt wurde, sondern um das, wie etwas gesagt wurde und was mit dem Sprechen ausgedrückt wurde. Die Diakonin kann die Inhalte, die sie vermitteln möchte, in einer bestimmten Geste – rhetorisch, atmosphärisch oder stilistisch vermitteln. Sie spricht eine Sprache, die die Jugendlichen verstehen, sie geht auf sie ein und überbrückt damit mögliche trennende Milieukonnotationen, mögliche trennende Identitätskonzepte.

Es liegt nahe, bei der Bewertung dieses Interviewbeispiels hier an die Anerkennungsdiskurse zu denken, die der Soziologe Axel Honneth unlängst vorgelegt hat. Unter Bezug auf die Theorien der Philosophen Georg Wilhelm Friedrich Hegel und George Herbert Mead unterscheidet Axel Honneth drei Formen der „wechselseitigen Anerkennung": emotionale Zuwendung, rechtliche Anerkennung und soziale Wertschätzung.[19] Jede dieser Formen von Anerkennung durch Andere wirke sich nach Honneth direkt als positive Beziehung zum eigenen „Ich" aus, während das Ausbleiben jeder dieser Anerkennungsformen negative Folgen für die Selbstbeziehung einer Person nach sich ziehen kann.[20]

In dem hier gezeigten Fall lässt sich vor allem Honneths dritte Kategorie beobachten.

Die „soziale Wertschätzung" bezieht sich nach Honneth weniger auf die Gleichheit der Menschen an sich, sondern meint die individuellen Eigenschaften, die die einzelnen Menschen auszeichnen bzw. voneinander unterscheiden.[21] Das Anerkennungsverhältnis „gegenseitiger Wertschätzung" baue auf einen „inter-

---

[19]   Vgl. Honneth 1994: S. 151.
[20]   Vgl. Honneth 1994: S. 212f.
[21]   Vgl. Honneth 1994: S. 196–201.

subjektiv geteilten Werthorizont"[22] auf, an dem sich der „Wert" der spezifischen Eigenschaften einer Person messen lasse. Soziale Wertschätzung erleben Personen also für Eigenschaften oder Fähigkeiten, die sie besitzen oder zeigen; dies führe zu einen Gefühl des Vertrauens, zu dem Gefühl, ein „wertvoller" Teil der Gesellschaft zu sein. „Wir können eine solche Art der praktischen Selbstbeziehung, für die umgangssprachlich der Ausdruck ‚Selbstwertgefühl' vorherrscht, in kategorialer Parallele zu den bislang verwendeten Begriffen des ‚Selbstvertrauens' und der ‚Selbstachtung' sinnvollerweise ‚Selbstschätzung' nennen."[23] Nach Honneth haben Angehörige gesellschaftlich unterprivilegierter Milieus wenig Möglichkeiten, ihre eigenen Lebensformen als gesellschaftlich wertvoll zu etablieren. Häufig wird den Angehörigen riskanter, sozial benachteiligter Lebenslagen eine geringe Wertschätzung entgegengebracht.

Dieses Vorenthalten sozialer Wertschätzung kann nach Honneth für ein Individuum durchaus zerstörerische Folgen haben: „Die evaluative Degradierung von bestimmten Mustern der Selbstverwirklichung hat für deren Träger zur Folge, dass sie sich auf ihren Lebensvollzug nicht als auf etwas beziehen können, dem innerhalb ihres Gemeinwesens eine positive Bedeutung zukommt; für den Einzelnen geht daher mit der Erfahrung einer solchen sozialen Entwertung typischerweise auch ein Verlust an persönlicher Selbstschätzung einher, der Chance also sich selber als ein in seinen charakteristischen Eigenschaften und Fähigkeiten geschätztes Wesen verstehen zu können."[24] Richard Sennet hat darauf hingewiesen, dass benachteiligte Jugendliche oft selber ihre eigenen Leistungen nach den von außen vorgegebenen Kategorien messen, und durch diese negative Selbsteinschätzung sinke ihr Vertrauen in die eigenen Fähigkeiten und Leistungen, sie hängen nicht selten in einer Abwärtsspirale fest.[25] „Was sie [die Ausgeschlossenen] können, braucht keiner, was sie denken, schätzt keiner und was sie fühlen, kümmert keinen."[26]

Dieser Anerkennungsdiskurs wird von der Diakonin in einem Tagebucheintrag bewusst reflektiert. Sie deutet hier die wertschätzende Zuwendung als eine Form der Nächstenliebe:

> Ein *konkretes* Beispiel im Kontakt mit einem Jugendlichen, der als „schwierig und häufig störend" eingeordnet wird (was auch seine Berechtigung hat):
>
> Anfangs kam er ziemlich grob auf mich zu und hat, so denke ich, gewisse abwehrende Reaktionen von mir als Erwachsener erwartet. Ich habe das als Form von Kontaktaufnahme eingeordnet und bin in diesem Sinne darauf eingegangen, hab nach dem Namen gefragt, das Gespräch in sehr loser Form gesucht. Im Laufe der

---

22 Honneth 1994: S: 196.
23 Honneth 1994: S. 209.
24 Honneth 1994: S. 217.
25 Vgl. Sennett ²2007: S. 126.
26 Bude 2008: S. 15.

Wochen ist daraus dann ein freundlicher Kontakt entstanden. Er grüßt mich mit Hallo und Blickkontakt, wir sind im Gespräch, mal mehr mal weniger.

Ich bin davon ausgegangen, dass hinter diesem ersten Auftreten ein ganz netter Kerl steckt, der seine schönen Seiten hat, Fähigkeiten, die zu entdecken sind ... und habe versucht darauf meinen Blick zu lenken und auf diese Facette (wo etwas davon sichtbar wird).

Als „Testballon" hab ich ihn dann gefragt, ob er nicht Lust hat, bei einer Veranstaltung mitzuhelfen. Er war sofort interessiert und es hat dann auch geklappt; zumal ich wusste, dass die erwachsene Person dort eine Frau ist, die gut und sehr wertschätzend mit ihm umgehen würde. Bei diesem Einsatz konnte er dann aus dieser häufigen Rolle mal rausgehen und eine andere ausfüllen, eine andere Seite von sich zeigen. Natürlich wurden auch Grenzen sichtbar, was Aufmerksamkeit und Durchhaltevermögen angeht. Aber die Stärken eben auch.

Für mich kommt diese Art mit ihm umzugehen aus einer Sicht von Menschen, die auch biblisch geprägt ist. Ich erwarte, dass an irgendeiner Stelle Stärken sichtbar werden, Punkte, an denen jemand zugänglich ist, mitgestalten kann. Ich will ihm als jemandem begegnen, der von Gott geschaffen, geliebt und wertvoll ist. Das Mühen ist auch eine Form von Nächstenliebe.

Inzwischen hat er sich dafür gemeldet mit mir ein Praktikum zu absolvieren, in dem er wieder gefordert ist, in eine gewisse Rolle zu schlüpfen, neue Aufgaben wahrzunehmen, zuverlässig und freundlich im Umgang mit anderen zu sein.

Natürlich verändert sich für ihn durch diese wenigen Zeiten nicht gleich ganz viel. Und doch bin ich davon überzeugt – und da spielt wieder viel von meiner Erwartung an Gott und sein Handeln hinein: Dass diese Punkte wie Samenkörner aufgehen können und ihm erfahrbar machen können, dass in ihm noch ganz anderes schlummert, als er sonst oft zeigt.

(Projekttagebuch II/2)

Die Diakonin deutet in ihrem Projekttagebucheintrag ihr Verhalten, mit dem sie den Schülerinnen und Schülern entgegentritt, als vorurteilsfrei und offen. Mit ihrem Engagement und ihrem Einsatz will sie den Schülerinnen und Schülern die Erfahrung sozialer Zugehörigkeit und die Anerkennung ihrer Person und ihres Tuns vermitteln. Die Gespräche mit den Jugendlichen finden in einem – von den Jugendlichen – als bewertungsfrei erlebten Raum statt, das heißt, das Agieren der Jugendlichen hat nicht den Charakter und die Funktion einer „Leistung" für die Diakonin. Es geht hier vielmehr um informelle Beziehungen und um einen ganzheitlichen Zugang. Die Jugendlichen werden von der Diakonin so angenommen wie sie sind, in der Interviewpassage werten die Jugendlichen genau dieses vorurteilsfreie Zugehen der Diakonin als positiv. Das Ziel dieser empathischen Zuwendung zum Mitmenschen in der konkreten Lebenssituation wird dabei zunächst nicht theologisch begründet. Die Zuwendung scheint die Jugendlichen innerlich zu öffnen, sich selbst anders sehen zu lernen und auch zu motivieren, sich zu engagieren. Sie verstehen nun auch die Bedeutung der Konfirmation, ja, darüber hinaus, lassen sie sich auf diesen kirchlichen Akt bewusst und selbstbewusst ein. Nur in Beziehungen zu anderen und durch deren Anerkennung können junge Menschen sich auch selbst als Person erkennen und Selbstbewusstsein, Selbstachtung und Selbstwertgefühl entwickeln.[27]

Die Jugendlichen erfahren von der Diakonin Anerkennung, sie reagieren mit Offenheit, Interesse, Engagement, mit Selbstentfaltung und Selbstbestimmung. Obwohl es in der geschilderten Situation nicht um eine religiöse Kommunikation oder um eine Kommunikation über Religion im engeren Sinn ging,[28] ist dieser empathische und vorurteilsfreie Zugang den Jugendlichen gegenüber für die Diakonin Teil ihres religiösen Selbstverständnisses und ihres kirchlichen Auftrags. Als kirchliche Amtsträgerin ist die Diakonin dazu berufen, mit ihrem Handeln die Liebe Gottes in Wort und Tat zu bezeugen und den Menschen auf der Grundlage eines biblischen Menschenbildes und einer christlichen Ethik in der Nachfolge Christi vorurteilsfrei entgegenzutreten und an der Verwirklichung der biblischen Verheißungen vom Reich Gottes und seiner Gerechtigkeit im Gemeinwesen mitzuarbeiten. In ihrer Tätigkeit versucht sie, ihren Glaubenshintergrund und ihre ethische Orientierung zu zeigen, die sie zum Wohle der Jugendlichen formuliert und die sich entsprechend manifestiert.

2.2 Die Diakonin als Notfallseelsorgerin in der Schule. Beispiel Creglingen

Im Projekt in Creglingen sollte die bereits bestehende Schulsozialarbeit personell breiter aufgestellt werden, Kirche und Schule sollen weiter verzahnt werden und im Rahmen der Ganztagsbetreuung soll kirchliche Gruppenarbeit am Lebensort Schule angeboten werden.[29] Mitte des Jahres erschütterte ein tragischer Todesfall eines Schülers die Schule in Creglingen. Die Diakonin beschreibt in ihrer Projektreflexion den weiteren Ablauf. Eine gekürzte Fassung ihrer Darstellung wird hier genutzt, um zu illustrieren, wie sich das Geschehen aus ihrer Perspektive darstellt.

---

[27]   Vgl. Honneth 1994.

[28]   Rainer Merz beschreibt in seiner Interpretation einer Denkfigur von Niklas Luhmann verschiedene Facetten religiöser Kommunikation: Sie verwandelt Unvertrautes in Vertrautes, sie stellt schwierigen und negativen Erfahrungen einen positiven Sinn gegenüber und thematisiert eine transzendente Instanz, die von außen an die Welt herantritt. Vgl. Merz 2007: S. 263.

[29]   Vgl. Projektbericht Creglingen (unveröffentlicht).

Die Diakonin war bei einer Einschulungsfeier und wurde von dort weggeholt. Wenige Minuten später saß die Diakonin in der Schulklasse, in der die meisten der Freunde des Toten waren. Manche weinten haltlos, andere saßen stumm da. Behutsames Fragen und Hören gestaltete die ersten Minuten. Die Schüler sprachen über das Unfassbare, sie drückten spontan, oft unter Tränen aus, was sie bewegte.

Nach ca. 45 Minuten waren sie an einem Punkt angekommen, dass sie sich ein wenig beruhigt hatten. Vorsichtig versuchte die Diakonin die Fragen und Kommentare der Schüler zusammenzufassen und stellte die Frage in den Raum, ob es ihnen helfen würde, wenn sie ein Gebet spräche.
Allgemeines Nicken, aber auch Schüler, die vernehmlich „Ja" sagten.

Später ging sie noch einmal in die Klasse, fragte nach, was sie brauchen. Die Frage nach einem Ort des Erinnerns kam zur Sprache, auch wurde geäußert, dass genügend gesprochen sei. Dann wurde gemeinsam über einen Ort des Erinnerns gesprochen: Wo sollte er sein und wie gestaltet werden. Die Schüler wollten, dass es in einem Raum sein sollte, nicht irgendwo im Schulhaus, wo alle vorbeilaufen. Es war der Wunsch nach Diskretion, nach „Privatsphäre". So entschieden sich alle gemeinsam für den neu eingerichteten Seelsorgeraum, der noch nicht offiziell benutzt worden war.

Die Schüler machten sich an die Arbeit, suchten ein Bild ihres Freundes, kauften Kerzen und besprachen ihre Ideen; auch Briefe an die Familie des Toten wurden geschrieben. Als alles „fertig" war, saßen sie gemeinsam da, es war sehr still, wohltuend still und der Wunsch noch einmal zu beten stand im Raum.

Nach ca. vier Wochen fragte die Diakonin die Schüler, ob sie den Raum so belassen möchten, oder ob das wieder weggenommen werden sollte. Sie wollten, dass die Diakonin „aufräumt".

(Zusammengefasste Verlaufsreflexion der Diakonin)

Zwei Monate später sprechen einige Schülerinnen und Schüler in einer Gruppendiskussion über ihre Erlebnisse und die Rolle der Diakonin:

Max:	Ne, also … wir haben schon recht viel mit ihr erlebt. Weil halt Anfang des Jahres halt auch … Ein Vorfall war … wo sie sozusagen einfach helfen musste und da sein musste für manche. Und … Sie widmet sich halt den Problemen zu, die wo halt Probleme haben, wo einfach nicht zurechtkommen mit anderen Schülern und so. Denen widmet sie sich halt zu.
Petra:	Und die Frau … Ist halt, die löst den Fall also. Es gibt den Spruch Frau Loest [Diakonin] löst den Fall und ja irgendwie so war das (…). Ja. Ich weiß nicht. Die Frau Loest [Diakonin] ist einfach speziell, aber wenn man sie wirklich braucht, dann ist sie wirk-

> lich Gold wert (…) also jetzt am Anfang vom [Schul-]Jahr, der
> Raum hier, der war einfach perfekt. Fand ich.
>
> (Gruppendiskussion Schulzentrum)

Der Schüler nimmt mit großer Distanz – ohne die Trauersituation noch einmal direkt zu benennen – fast ein halbes Jahr später noch einmal Bezug auf die gemeinsamen Erfahrungen am Schuljahresbeginn. Er deutet zunächst diese Situation als eine Situation, in der eine „Schuldiakonin" *„einfach helfen musste"*, frei nach dem Motto „wenn nicht hier, wann dann?" Es lässt sich vermuten, dass er hier indirekt oder auch gänzlich unbewusst, eine Verknüpfung zwischen dem Thema „Tod" und der religiösen Orientierung und Beauftragung der Diakonin herstellt. Aber offensichtlich nur, um dabei gedanklich sofort festzustellen, dass die Diakonin sich in ihrem Engagement gerade nicht auf religiös assoziierte Fragestellungen beschränkt, sondern dass sie auch sonst präsent ist, wo immer Hilfe notwendig ist. Die Schülerin nimmt diesen Gedanken auf, indem sie ein unter den Schülerinnen und Schülern geflügeltes Wortspiel mit dem Namen der Diakonin ins Spiel bringt: „Frau Loest löst jeden Fall" und damit zugleich zum Ausdruck bringt: Darauf kann man sich verlassen!

Auch die Lehrerinnen und Lehrer sind voll des Lobes über das Krisenmanagement und die seelsorgerische Qualität der Diakonin.

Fr. Scherer:	Ja also ich fand es auch ganz gut, dass die Diakonin (…) und da hat die Diakonin dann den Gottesdienst umgestaltet. Sie hat nun ganz kurzfristig einen Gottesdienst, der mit Band und mit lustig-netten Liedern gedacht war, den nun umzugestalten in einen Trauergottesdienst … war nicht ganz leicht. Und es war dann doch auch so sagen wir mal … sachlich und traurig und gut, dass auch das Mädchen da teilnehmen konnte. Und da denke ich, ist es schon wichtig, dass man so den … Pfarrer auch unterstützt in so einer Sache. … Wenn so kurzfristig die Sachen, schwere Probleme auftreten.
Hr. Müller:	Und da denke ich ist Schulseelsorge natürlich Gold wert.
Fr. Hildt:	Oder gerade dieser Pausentreff … auch, wo auch die Diakonin erzählt, dass sie ins Gespräch kommt eben mit Schülern auch Einzelgespräche oder mal mit zwei drei Schülern und einfach Dinge des Alltags besprechen, das ist ja schon Seelsorge.

(Gruppendiskussion Lehrkräfte[30])

---

30 Gruppendiskussion mit Lehrerinnen und Lehrern in Creglingen.

In der Situation der Trauer wird die diakonische Kompetenz von den Kolleginnen und Kollegen hervorgehoben und gewürdigt. Die Fähigkeit, in kurzer Zeit eine fachlich, theologisch und menschlich sehr herausfordernde Aufgabenstellung – wie die Neukonzeption eines Schuljahresanfangsgottesdienstes – zu bewältigen, nötigt den Kolleginnen und Kollegen Achtung und Respekt ab. Doch auch die Lehrkräfte vollziehen dieselbe Weitung der Perspektive, wie sie auch schon bei den Schülerinnen und Schülern zu beobachten war: Auch das ganz alltägliche Gespräch wird von ihnen als seelsorgerliche Tätigkeit bewertet. Darin beschreiben die Lehrkräfte in ihrer Sprache so etwas wie eine doppelte Kompetenz der Diakonin: Sie ist in religiös-seelsorglichen Grenzsituationen für die ganze Schulgemeinschaft fachlich und menschlich hilfreich und im Schulalltag ebenso.

2.3   Kirchliche Bildungsangebote an Schulen.
     Beispiel Esslingen

Auch der Diakon in Esslingen bietet an einzelnen Schulen im Kirchenbezirk Projekte kirchlicher Jugendbildungsarbeit an. Primär im außerunterrichtlichen Angebot möchte er den Lebensraum Schule mit persönlichkeits- und gemeinschaftsfördernden Elementen einer christlich orientierten Arbeit füllen. Zur Bewertung der eigenen Arbeit konzipierte der Diakon eine Gruppendiskussion mit Schulleiterinnen und Schulleitern, die dann von einer am Projekt nicht beteiligten Jugendreferentin mit Schulleiterinnen und Schulleitern[31] beteiligter Schulen durchgeführt wurde:

Schulleiter Jürgen: Ich denk, für mich war das Wichtigste, dass die Verabredungen, die man getroffen hat, wirklich absolut zuverlässig und im vollen Umfang durchgeführt werden. (5) Einmal abgesprochen – funktioniert.

Schulleiter Schmitt: Ja, das kann ich bestätigen. Also das ist unheimlich wichtig eben auch im Schulbereich, wenn man solche Sachen macht, gerade zwischen vielen Kooperationspartnern, die Kirche ist ja nur einer davon. Und wenn man dann dauernd irgendwie nachhaken muss und das funktioniert nicht richtig, dann äh macht das keinen Spaß (...) Kann ich unterstreichen und möchte es auch ergänzen auf die angenehme Art des Kontakts. Die Beziehung stimmt. (...). Wir haben ja noch den Kompetenzcheck im Rahmen der Berufsorientierung. Und auch hier ist ähm ne klarere Absprache und dann läuft's.

(Gruppendiskussion Schulleitungen)

---

[31]   Aus Gründen der Anonymisierung wird nachfolgend durchgängig von Schulleitern gesprochen.

Für die beiden Schulleiter steht Verlässlichkeit an erster Stelle. Diese Verlässlichkeit stellt sich nach den Schulleitern über Personen, nicht über Organisation her. Verlässlichkeit ist ihnen offensichtlich wichtiger als eine ethische oder konfessionelle Zuschreibung. Bei der Auswahl von Kooperationen gehen die befragten Schulleiter sehr pragmatisch vor:

Schulleiter Schulz:	Wenn ich an Angebote im Schulalltag bedenke, dann denk ich mir meine Schüler und dann denke ich, welche Person kann das machen – und nicht welche Institution steht da dahinter (…) Also für uns immer wichtig, viele sag ich mal, Personen mit in die Schule zu bekommen, also Externe oder Experten, dass unsere Schüler ein umfangreiches Bild bekommen von dem, was außerhalb der Schule ist. Dass unsere Schüler auch unterschiedliche Personen und deren Wertvorstellungen kennen lernen.
(Gruppendiskussion Schulleitungen)	

Die Schulleiter wünschen sich Kooperationsprogramme, die für alle Schülerinnen und Schüler offen stehen und die nicht aufgrund ihrer ideologischen oder konfessionellen Prägung Schüler und Schülerinnen ausschließen.

Schulleiter Beck:	Ja gut, es dürfte auf keinen Fall passieren, dass eben die muslimischen Kinder völlig vor den Kopf gestoßen werden, ja, oder dass eben der Missionsgedanke vielleicht zu sehr einfach in den Vordergrund gerückt wird.
Schulleiter Baum:	Also es gäbe sicherlich Felder, wo man Kooperationen auch lebt, man lebt sie auch, indem man Schulgottesdienste macht und solche Dinge. Aber es gibt schon auch andere Verknüpfungspunkte, aber das sind dann doch wieder Angebote eher für spezielle Gruppen. Jetzt hier hat man ja ein Angebot, wo eigentlich alle dran teilnehmen – ohne Ansehen der Person sozusagen oder seines Hintergrundes. Und ich denk, das ist eine ganz wichtige Ding-Sache, denke ich, dass man wirklich alle an dieser Ausbildung teilnehmen können, die Interesse haben, und nicht jetzt sortiert wird in evangelisch und katholisch und muslimisch oder sonst irgendwas.
(Gruppendiskussion Schulleitungen)	

Es ist den Schulleitern offensichtlich lieber, wenn sich Schülerinnen und Schüler aufgrund von Interessen für bestimmte Angebote und Kooperationen entscheiden, als dass die religiöse Prägung über die Teilnahme oder Nicht-Teilnahme entscheidet. Die befragten Schulleiter wünschen sich grundsätzlich Angebote, die für ihre Schülerinnen und Schüler interessant und jenseits religiöser Prägung für alle gleichermaßen offen sind. Entscheidend für eine langfristige Kooperation ist darüber hinaus aber die Verlässlichkeit des Angebots und die Verlässlichkeit der Person, die diese Angebote durchführt. Die Person soll gleichermaßen Vorbild für die Schülerinnen und Schüler sein und ihnen einen Schlüssel zur Welt in die Hände geben. Im hier gezeigten Beispiel in Esslingen gelingt es dem Diakon in den Augen der Schulleiter diese Erwartungen in ausgezeichneter Weise zu erfüllen.

3.   Jugendarbeit und Schule. Ein Ausblick

Die ausgewählten Beispiele zeigen ein gut funktionierendes Miteinander von (kirchlicher) Jugendarbeit und Schule. Aus den Ergebnissen der Evaluation möchte ich nun abschließend einige Hinweise auf zentrale Lerneffekte ableiten und einen Ausblick auf wünschenswerte Handlungsoptionen geben.

3.1 Kooperationen und die dafür notwendigen Kompetenzen

Verschiedene inhaltliche Argumente sprechen für eine Kooperation von klassischer, kirchlicher Jugendarbeit und Schule. In diesem Zusammenhang ist aus der Perspektive der Evaluation des Diakonatsprojekts Folgendes zu bedenken: Die von den Schulen geforderte und benötigte Verlässlichkeit scheint in dem für Schulkooperationen benötigten Zeitfenster hauptsächlich durch festangestellte kirchliche Mitarbeiterinnen und Mitarbeiter leistbar zu sein. Dadurch stellt sich jedoch sowohl auf kirchlicher wie auch auf schulischer Seite die Frage nach der Finanzierbarkeit. Aus den dargestellten Beispielen lassen sich Schlussfolgerungen für eine gelingende, kirchlich-diakonische Jugendarbeit ableiten: Auf die Notwendigkeit und den alltagspraktischen Nutzen der doppelten Qualifikation wurde bereits an anderer Stelle hingewiesen.[32] Darüber hinaus verweisen die drei Beispiele aber auch auf spezifische Kontexte und Kompetenzen. Die Pluralisierung von Lebenslagen, die Pluralisierung von Sinnhorizonten und Lebenswelten und die zunehmende Individualisierung von religiöser Praxis erfordern von den Diakoninnen und Diakonen immer speziellere Fachkompetenzen. Besonders die Vernetzung so „unterschiedlicher kultureller Räume"[33] wie Jugendarbeit und Ganztagsschule erfordert ein hohes Niveau in den unterschiedlichsten Kompetenzbereichen, wie ein Verständnis für schulische Curriculumentwicklung, Methoden sozialen Lernens oder sozialer Gruppenarbeit. Diakoninnen und Diakone

---

[32]   Vgl. den Beitrag von Annette Noller in diesem Band (Diakonat: Kirche im Sozialraum).
[33]   Eidt 2011: S. 124.

intervenieren bei Krisen, sie benötigen einen Blick für die konkreten Bedürfnisse und Interessenslagen ihrer Klientinnen und Klienten, verfügen über kommunikative Kompetenzen und Empathie, müssen fähig sein, auf den Einzelfall einzugehen und Beistand und Empowerment auszubalancieren.

3.2 „Herrschaftsfreie" Diskurse und Anerkennungsethik

Zu den Stärken außerschulischer und verbandlicher Bildungsarbeit gehören soziales Lernen und Persönlichkeitsentwicklung. An den gezeigten Beispielen lässt sich erkennen, wie wichtig es ist, Persönlichkeitsentwicklung und Lebensentfaltung in einem „herrschaftsfreien", vulgo: „notenfreien Raum" stattfinden zu lassen. Die Angebote außerschulischer und verbandlicher Bildungsarbeit müssen sich klar von schulischen Angeboten unterscheiden. Die Beispiele lassen sich leicht dahingehend weiterdenken, dass solche Angebote außerschulischer und verbandlicher Bildungsarbeit auf lange Sicht den Jugendlichen bei ihrer Persönlichkeitsentwicklung und -reifung helfen. Sie können Jugendliche inspirieren, Verantwortung für sich, für andere und für die Gesellschaft zu übernehmen.

Aufgrund der ausgewerteten Daten konnte gezeigt werden, dass in den durchgeführten Projekten Schülerinnen und Schüler erreicht werden können, die zuvor mit kirchlicher Jugendarbeit noch keinen oder wenig Kontakt hatten. Es war durch die Programme und durch einen empathischen, respektvollen und vorurteilsfreien Zugang möglich, Beziehungen zu den Jugendlichen aufzubauen.

„Im Zusammenhang mit der grundsätzlichen demographischen Entwicklung und dem seit Jahren anhaltenden Rückgang der Bevölkerung mit Mitgliedschaft in einer christlichen Kirche, könnte den Kooperationen im schulischen Bereich eine zukunftsweisende Bedeutung zukommen."[34] Die neuere Sozialisationsforschung hat gezeigt, dass für die Entwicklung einer eigenständigen, kompetenten und sozial verantwortlichen Persönlichkeit gerade solche Erfahrungen von sozialer Zugehörigkeit und Gemeinschaft, Erfahrungen von Anerkennung und gesicherten Beziehungen grundlegend sind.[35]

Soziale Beziehungen der Anerkennung und Gemeinschaft beeinflussen demzufolge Selbstbild und Verhalten Jugendlicher. Die gezeigten Beispiele legen den Schluss nahe, dass „Werteerziehung" offensichtlich solange wirkungslos bleibt, solange sie die aktive Rolle und die ko-produzierende Rolle der Jugendlichen nicht ernst nimmt. Erst in der wertschätzenden, dialogisch-diskursiven Vermittlung bestimmter Inhalte (hier das Beispiel Konfirmation) bauen die Jugendlichen eigene, autonome, für sie handlungsleitende Kontexte auf. Ganz offensichtlich gelingt ein solches dialogisch-diskursives Vorgehen eher außerhalb von

---

[34]   Zitat aus dem noch unveröffentlichten Evaluationsbericht Esslingen.
[35]   Vgl. Keupp/Ahbe/Gmür 1999.

Schule, ganz offensichtlich sind im Schulalltag solche dialogischen Zugänge nicht die Regel.

Eine wertschätzende Grundhaltung, wie sie die Diakoninnen in Welzheim und Creglingen gezeigt haben, ist gekennzeichnet durch die Bereitschaft, die eigenen Werthaltungen, Verhaltensmuster und Vorbehalte zu hinterfragen und sich ganz und gar auf die Schülerinnen und Schüler einzulassen, d.h. sie kennen zu lernen, sie ernst zu nehmen, ihre Lebensentwürfe zu respektieren, sie zu unterstützen und zu aktivieren. Es geht in den dargestellten Beispielen darum, die Jugendlichen zu aktivieren und zur Teilnahme anzuregen, dabei müssen Cliquenstrukturen zunächst akzeptiert werden (weitgehende Einbindung der Gruppe bei Zurücknahme der Leiterinnen und Leiter, vorurteilsfreies Agieren der Leiterinnen und Leiter, Handlungsorientierung).

Angesichts zunehmender Individualisierungstendenzen unserer Gesellschaft bieten Jugendverbände oder Jugendgruppen, aber auch kirchliche Angebote Heranwachsenden Gelegenheiten und Räume, Erfahrungen von Gemeinschaft, sozialer Zugehörigkeit und Solidarität zu machen. Die Jugendlichen von Welzheim haben beschrieben, dass die Gemeinschaft in der Konfirmandengruppe sowie die Interaktionen mit der Diakonin ihnen Halt und Anerkennung gibt, die sie zu Hause manchmal vermissen und auch in der Schule nicht immer finden. Inwieweit der Erwerb sozialen Kapitals,[36] also der Aufbau neuer persönlicher, möglicherweise milieuübergreifender Kontakte und Beziehungen in diesen Treffen eine Rolle gespielt hat, wäre zu prüfen.

3.3 Konfessionelle Angebote im Sozialraum Schule

Kritisch muss gesehen werden, dass es für die Arbeit eine große Herausforderung darstellt, im schulischen Kontext ausdrücklich als Teil der Kirche erkannt zu werden. Die Durchführung von Programmen mit explizit christlichen bzw. konfessionellen Inhalten scheint bei den befragten Schulleitern auf Skepsis zu stoßen. Ein offenes Programm, das allen Schülerinnen und Schülern die Teilnahme ermöglicht, wird von den Rektoren sehr begrüßt, stellt aber die Herausforderung, trotzdem christliches Profil zu zeigen. Der in den Projekten gewählte Weg scheint diesbezüglich eine gute Balance gefunden zu haben, da er Schülerinnen und Schüler nicht grundsätzlich abschreckt, interessierten Teilnehmerinnen und Teilnehmern jedoch auch die Möglichkeit zu weiteren Schritten in anderen kirchlichen Programmen eröffnet. Um auch kirchenferne Milieus anzusprechen, dürfen die Angebote nicht zu „christlich" sein (Wolfgang Ilg und Martin Weingardt haben auf die möglichen Defizite einer konfessionellen Kinder- und Jugendarbeit „mit ihrer de facto exkludierenden Wirkung aufgrund manifester

---

[36]   Vgl. Bourdieu 1983. Vgl. dazu auch den Artikel von Ellen Eidt (Sozialkapital) in diesem Band.

Mittelschichts- und Bildungsorientierung" hingewiesen[37]), gleichwohl kann eine dialogische Vermittlung von Glaubensinhalten (Beispiel Welzheim) durchaus dem Wertehorizont auch kirchenferner Jugendlicher entsprechen und diese auch erreichen. Wichtig ist eine kontinuierliche Reflexion des eigenen Tuns, eine ständige Überprüfung und ggf. Neuausrichtung eigener Werte, Standpunkte und Alltagspraktiken.[38]

Diakonische Schulsozialarbeit bzw. Jugendarbeit ist Anlaufstelle für alle am Lebensort Schule eingebundenen Personen und bietet Unterstützung und Begleitung. Diese Unterstützung und Begleitung konkretisiert sich in Gesprächen in einem speziell dafür eingerichteten Büro, in kollegialer Beratung, aber auch in Gesprächen/Beratungssituationen zwischen Tür und Angel. Diese Tür-und-Angel-Gespräche dürfen nicht unterbewertet werden, auch hier kann Beratung oder Seelsorge tätig werden. Vernetzte Dienstaufträge bieten eine Chance, um Jugendliche in prekären Situationen professionell zu unterstützen und sie in ihrer Persönlichkeitsentwicklung zu fördern. Dennoch: An den Schnittstellen von (kirchlicher) Jugendarbeit und Schule muss weiter gearbeitet werden.

Betrachtet man abschließend die (kirchlich-diakonische) Kinder- und Jugendarbeit als Institution, „dann kann festgestellt werden, dass sie mit ihren spezifischen Angeboten, Kooperationen und Aktivitäten auf der Ebene des Gemeinwesens, des Sozialraums bzw. des sozialräumlichen Umfelds bestimmte Infrastrukturleistungen erbringt. Insofern ist Kinder- und Jugendarbeit als ein integraler und spezialisierter Bestandteil einer kleinräumigen Inklusionspolitik zu sehen, der aus der Perspektive der Teilnehmer/innen vielfältige Aneignungsprozesse des jeweiligen sozialräumlichen Umfelds befördert und zugleich aus der Perspektive des Gemeinwesens sozialräumliche kind- und jugendgemäße Ausdrucksformen in urbane Strukturen bzw. Lebensräume integriert."[39] Dies gilt nicht zuletzt auch für die spezifisch an christlichen Werten orientierte Jugendarbeit.

Literatur

Baur, Werner (2005): Evangelische Kirche als verlässlicher Partner bei Ganztagsschulentwicklungen. Positionspapier Ganztagsschule (Hg. Evangelische Landeskirche in Württemberg, Dezernat Kirche und Bildung; auch im Auftrag der Evangelischen Landeskirche in Baden und den Diakonischen Werken in Baden und Württemberg). Stuttgart. Verfügbar unter: http://www.kircheundganztagsschule.de/fileadmin/mediapool/einrichtungen/E_Ganztagsschulen/Positionspapier-ELK.pdf (29.12.2012).
Baur, Werner/Mehlmann, Axel/Augustyniak-Dürr, Ute/Schneider-Harpprecht, Christoph (Hg.) (2012): Lebens-Werte entdecken. Praxishilfe für die Kooperation von Kirche, Ju-

---

[37]   Vgl. Wendt 2007.
[38]   Vgl. Wendt 2007.
[39]   Rauschenbach et al. 2010: S. XIII.

gendarbeit und Schule in Baden-Württemberg. (Herausgegeben von der Evangelischen Landeskirche in Württemberg, Erzdiözese Freiburg, Diözese Rottenburg-Stuttgart und der Evangelischen Landeskirche in Baden). Stuttgart. Verfügbar unter: http://www. kirche-jugendarbeit-schule.de/fileadmin/inhalte/Praxishilfe-Lebenswerte-entdecken.pdf (30.10.2012).

Beck, Ulrich/Beck-Gernsheim, Elisabeth (1990): Das ganz normale Chaos der Liebe. Frankfurt a.M.

Beck, Ulrich/Beck-Gernsheim, Elisabeth (Hg.) (1994): Riskante Freiheiten. Individualisierung in modernen Gesellschaften. Frankfurt a.M.

Beck-Gernsheim, Elisabeth (1998): Was kommt nach der Familie? München.

Bourdieu, Pierre (1983): Ökonomisches Kapital, kulturelles Kapital, soziales Kapital. In: Kreckel, Reinhard (Hg.): Soziale Ungleichheiten. Sonderband 2 der Zeitschrift Soziale Welt. Göttingen. S. 183–198.

Bude, Heinz (2008): Die Ausgeschlossenen. Das Ende vom Traum einer gerechten Gesellschaft. München.

Calmbach, Marc/Borchard, Inga/Thomas, Peter Martin (2012): Alles so schön bunt hier: Zur Vielfalt jugendlicher Lebenswelten und ihren Engagementformen. In: deutsche jugend. Heft 7–8. S. 299–305.

Eidt, Ellen (2011): Der evangelische Diakonat. Entwicklungslinien in Kirche und Diakonie am Beispiel Württembergs. Stuttgart.

Evangelische Landeskirchen in Baden und Württemberg (Hg.) (2008): Freiheit, Gerechtigkeit und Verantwortung. Perspektiven der Evang. Landeskirchen für die aktuelle Schulpolitik in Baden und Württemberg. Karlsruhe/Stuttgart. Verfügbar unter: http:// www.bildungsportal-kirche.de/fileadmin/mediapool/bp/img/Meldung_Startseite/Down loads/080926Schulpapier_Endfassung.pdf (29.12.2012).

Habermas, Jürgen ([4]1987): Theorie des Kommunikativen Handelns. Band. II. Zur Kritik der funktionalistischen Vernunft. Frankfurt a.M.

Honneth, Axel (1994): Kampf um Anerkennung. Zur moralischen Grammatik sozialer Konflikte. Mit einem neuen Nachwort. Frankfurt a.M.

Keupp, Heiner/Ahbe, Thomas/Gmür, Wolfgang et. al. (1999): Identitätskonstruktionen: Das Patchwork der Identitäten in der Spätmoderne. Reinbek.

Kriminologisches Forschungsinstitut Niedersachsen e.V. (o.J.): Verfügbar unter: http:// www.kfn.de/Forschungsbereiche_und_Projekte/Medienwirkungsforschung.htm (03.11.2012).

Lüders, Christian (2012): Gleichaltrigengruppen als soziale Lebenswelten. Peer-Beziehungen aus der Sicht der Jugendlichen. In: DJI-Impulse. Das Bulletin des Deutschen Jugendinstituts. Heft 3. S. 12–14.

Merz, Rainer (2007): Diakonische Professionalität. Zur wissenschaftlichen Rekonstruktion des beruflichen Selbstkonzeptes von Diakoninnen und Diakonen. Heidelberg.

Rauschenbach, Thomas/Borrmann, Stefan/Düx, Wiebken/Liebig, Reinhard/Pothmann, Jens/Züchner, Ivo (2010): Lage und Zukunft der Kinder- und Jugendarbeit in Baden-Württemberg. Eine Expertise. Dortmund u.a. Verfügbar unter: www.lsvbw.de/cms/ docs/doc9403.pdf (30.10.2012).

Schäfers, Bernhard/Scherr, Albert ([8]2005): Jugendsoziologie: Einführung in Grundlagen und Theorien. Wiesbaden.

Sennett, Richard ([2]2007): Respekt im Zeitalter der Ungleichheit. Berlin.

Steiner, Christiane/Arnold, Bettina (2012): Mehr als Lernen. Schulen kooperieren mit außerschulischen Partnern, um Ganztagsangebote zu realisieren. Wie verändert sich dadurch das Miteinander in der Schule? In: DJI-Impulse. Das Bulletin des Deutschen Jugendinstituts. Heft 3. S. 22–25.

Wendt, Peter-Ulrich (2007): Rezension zu: Wolfgang Ilg/Martin Weingardt (Hg.): Übergänge in der Bildungsarbeit mit Jugendlichen. Weinheim. Verfügbar unter: http://www.socialnet.de/rezensionen/4824.php (03.11.2012).

IV. Beobachtungen zu Projektprozessen und Rahmenbedingungen für diakonische Arbeit

Ellen Eidt

Diakonisches Handeln unter Projektbedingungen

Eine salutogenetische Analyse der Praxiswahrnehmungen
von Diakoninnen und Diakonen

Eine neue, „gefürchtete, rasch ansteckende und schwer zu bekämpfende Krankheit"[1] wurde in den letzten Jahren häufiger – vor allem in essayistischen Zusammenhängen – diagnostiziert: die „Projektitis".[2] Was mit Hilfe dieses Begriffs ironisch aufs Korn genommen wird, fasst eine empirische Studie unter der Überschrift zusammen: „Projektwirtschaft gewinnt zunehmend an Bedeutung."[3] Dass dieser Entwicklung jedoch aus verschiedenen Richtungen „Krankheitswert" beigemessen wird, lässt aufhorchen. Bisher sind empirische Studien über die Verbreitung betrieblicher Projektwirtschaft, deren Dimensionen und Strukturen, rar[4] und über die quantitative Entwicklung der Projektarbeit in kirchlich-diakonischen Handlungsfeldern liegen keine Daten vor. In Gesprächen über die Bedeutung von Projekten für Kirche und Diakonie wird jedoch neben der subjektiven Einschätzung, dass ihre Zahl in den vergangenen Jahren erheblich zugenommen habe, oft zugleich eine gewisse Skepsis im Hinblick auf diese Form der Arbeitsorganisation spürbar. Gängige Vorbehalte gegenüber der Projektarbeit sind deren fehlende Nachhaltigkeit und die damit verbundene Verdrängung von dauerhaft sicheren Arbeitsverhältnissen, erhöhte Anforderungen für Planung,

---

[1] Oberlin o.J.
[2] So etwa Oberlin o.J. und Zippert 2013: S. 163.
[3] Hönicke 2010: S. 1. Insgesamt 293 sogenannte „Entscheider" vor allem aus deutschen, aber auch aus internationalen Konzernen und mittelständischen Unternehmen wurden im Jahr 2009 im Rahmen dieser Studie, die erstmals Strukturen und Verbreitung von Projektwirtschaft erhob, befragt. Vgl. Rump/Schabel/Alich/Groh 2010: S. 3.
[4] Vgl. Rump/Schabel/Alich/Groh 2010: S. 3. Ähnlich auch schon Gerlmaier/Latniak 2007: S. 132.

Antragstellung und Evaluation, Beschleunigung der Arbeitsprozesse und Verunsicherung von Verantwortlichen und Mitarbeitenden durch die mit der Projektarbeit einhergehende wachsende Flexibilisierung. Demnach scheint die Beobachtung sich ausweitender Projektarbeit zumindest in assoziativer Form relativ eng mit den Themen Arbeitsbelastung und Krankheit verknüpft zu sein. Die essayistischen Verdachtsdiagnose „Projektitis" gibt also zumindest Anlass zu einer differenzierten Untersuchung.

Deshalb werde ich nachfolgend zunächst (1.) bereits vorliegende empirische Daten zum Thema „Arbeiten unter Projektbedingungen" vorstellen und diese mit einer klassischen Charakterisierung von Projektarbeit einerseits und dem Salutogenese-Modell von Aaron Antonovsky[5] verknüpfen, um den aktuellen Forschungsstand zu umreißen. Daran schließe ich (2.) eine Darstellung des spezifischen Forschungsinteresses und des entsprechenden Forschungsweges zum Thema „Diakonisches Handeln unter Projektbedingungen" im Rahmen der Evaluation des Projekts „Diakonat – neu gedacht, neu gelebt" an, um dann (3.) in zwei Schritten die zentralen Evaluationsergebnisse aus dem Diakonatsprojekt zu präsentieren und diese in Anlehnung an das salutogenetische Modell von Aaron Antonovsky zu reflektieren. Abschließend (4.) lassen sich aus den hier gewonnenen Ergebnissen der Evaluationsforschung einige Herausforderungen für entsprechende Aus-, Fort- und Weiterbildungsangebote zu diesem Thema und für die kirchlich-diakonische Projektarbeit als solche ableiten.

1.   Aktueller Forschungsstand zur Projektarbeit im sozialen Bereich

Obwohl vieles dafür spricht, dass der Anteil professioneller Arbeit, die unter Projektbedingungen erbracht wird, in den letzten 30 Jahren erheblich zugenommen hat, gibt es bisher nur wenige repräsentative Erhebungen zu diesem Themenfeld. Am besten untersucht ist die Projektarbeit im Bereich der Informationstechnologie. Hier liegen empirisch begründete Hinweise auf ein erhöhtes Stress- und Burnoutrisiko vor. Verschiedene Studien aus diesem Sektor deuten darauf hin, dass Belastungsfaktoren wie hohes Zeitdruckempfinden, emotionale Belastung durch schwierige Kunden, hohe Selbstregulationserfordernisse und überlange Arbeitszeiten unter Projektbedingungen eine größere Rolle spielen als in traditionellen Arbeitsformen. Kommt außerdem die Verknappung materieller und personeller Ressourcen hinzu, so nimmt scheinbar das Gewicht dieser Belastungsfaktoren in der Wahrnehmung der Betroffenen noch weiter zu. Auch die Wahrscheinlichkeit der Entstehung von Teamkonflikten steigt vermutlich in diesem Zusammenhang weiter an.[6]

---

[5]   Vgl. Antonovsky 1997 [1987].

[6]   Vgl. dazu die Übersicht bei Gerlmaier/Latniak 2007: S. 132–133.

Ausgehend von den Forschungsergebnissen zur Projektarbeit im Bereich der Informationstechnologie kann deshalb vermutet werden, dass auch in sozialen und pflegerischen Arbeitsfeldern Projektarbeit dort als besonders belastend empfunden wird, wo Beschäftigte sich auch unter „normalen" Arbeitsbedingungen schon einem hohen Belastungsdruck ausgesetzt sehen. In einer aktuellen repräsentativen Studie[7] unter Beschäftigten des Gesundheits-, Sozial- und Erziehungswesens wurde bei fast allen Belastungsfaktoren[8] festgestellt, dass diese Beschäftigten ihrem subjektiven Empfinden nach zu den besonders belasteten gehören. Möglicherweise steht die hohe Zahl atypischer Beschäftigungsverhältnisse in diesem Sektor des Arbeitsmarktes in einem engen Zusammenhang mit dem ausgeprägten Belastungsempfinden dieser Beschäftigten.[9] Darüber hinaus spielen vermutlich auch Schicht- und Wochenendarbeit in diesem Zusammenhang eine Rolle.[10]

Zieht man in diesem Zusammenhang die von Hans-Dieter Litke vorgenommene und weitgehend anerkannte Charakterisierung von Projektvorhaben[11] hinzu – die für alle Arbeitsfelder Gültigkeit beansprucht – so erscheint es wenig verwunderlich, dass gerade mit der Arbeit unter Projektbedingungen eine Summierung von beruflichen Belastungsfaktoren assoziiert wird. Denn als Projekte gelten Einzelvorhaben, die neben einem klar definierten Anfang auch ein eindeutiges Ziel und Ende aufweisen, neuartige Problemstellungen bearbeiten, dabei an Grenzen des bisher Machbaren vorstoßen und deshalb sowohl in terminlicher und technisch-methodischer als auch wissenschaftlicher Hinsicht als risikoreich gelten. Durch das Zusammenwirken vieler Beteiligter aus oft mehreren Organisationen entstehen in Projekten nicht standardisierbare Wechselbeziehungen, die häufig mit sich ändernden organisatorischen Bedürfnissen einhergehen. Dabei sind sie in der Regel außerdem von Termindruck geprägt und den zu bearbeitenden Aufgabenstellungen wird eine erhebliche Bedeutung für die den Projektauftrag erteilende Organisation zugeschrieben.[12]

Faktoren wie Zeitdruck, unklare Erfolgsaussichten und Wechselbeziehungen, die nicht voraussagbar sind, gehören demnach per se zur Arbeit in Projekten und

---

[7] Vgl. Scholz 2012.
[8] Gefragt wurden in dieser repräsentativen Untersuchung des Deutschen Gewerkschaftsbundes, die seit 2007 jährlich durchgeführt wird, nach den Faktoren Arbeit unter Zeitdruck, zunehmende Arbeitsverdichtung, Erwartung ständiger Erreichbarkeit, Erledigung beruflicher Aufgaben in der Freizeit, Probleme beim Abschalten nach der Arbeit, Dauerpräsenz beruflicher Probleme, Überstunden, Arbeit trotz Krankheit. Lediglich die Belastung durch den Faktor zunehmender Arbeitsverdichtung liegt in der Wahrnehmung der befragten Beschäftigten aus dem Erziehungs- und Sozialwesen unterhalb des Durchschnitts aller Befragten.
[9] Vgl. Dathe/Paul 2011: Unter der Bezeichnung „atypischen Beschäftigungsverhältnisse" werden in dieser Sekundärauswertung des „DGB-Index Gute Arbeit" aus dem Jahr 2009 befristete Beschäftigung, geringfügig Beschäftigung (auch Mini-Jobs genannt), Leih- bzw. Zeitarbeitnehmer/-innen und Teilzeitbeschäftigung mit weniger als 21 Wochenstunden subsummiert.
[10] Vgl. Dathe/Paul 2011.
[11] Vgl. Litke 2007: S. 19.
[12] Vgl. Litke 2007: S. 19.

gelten zugleich als Faktoren, die Arbeit tendenziell erschweren. Allerdings verbieten sich in diesem Kontext einfache, linear-kausale Ursache-Wirkungs-Kon-
struktionen, wie sie etwa mit einer Frage wie „Macht [Projekt-]Arbeit wieder
krank?"[13] suggeriert werden. Denn in der arbeitsmedizinischen und arbeits-
psychologischen Forschung haben sich zu vergleichbaren Fragestellungen seit
Mitte der 1980er Jahre kognitiv-transaktionale Erklärungsmodelle etabliert, die
von einem Dreieck ausgehen, in dem die Wechselwirkungen von objektiven
Arbeitsbedingungen, deren subjektive Bewertung durch die Person und die individuellen persönlichen Bewältigungsstrategien als entscheidende Faktoren für die
(Arbeits-)Gesundheit betrachtet werden, die sich wechselseitig beeinflussen.
Prägend für diese Erklärungsmodelle war die Entdeckung des „Kognitiv-trans-
aktionalen-Stressmodells" durch den US-Amerikaner Richard Lazarus im Jahr
1979.[14] Für ihn ist Stress nur, was auch von einer Person als solcher bewertet
wird und deshalb „not just an environmental stimulus or a response, but a
troubled relationship between a person and the environment."[15]

Von dem israelischen Gesundheitsforscher Aaron Antonovsky wurde dieses
Stressmodell aufgenommen und zu einem umfassenden, salutogenetischen Ge-
sundheitsmodell weiterentwickelt.[16] Er geht in seinem Modell davon aus, dass
Menschen sich ihr ganzes Leben lang auf einem Kontinuum zwischen den beiden
Polen Krankheit und Gesundheit bewegen. Dabei wird der menschliche Orga-
nismus als ein System betrachtet, das ständig verschiedenen Stimuli ausgesetzt
ist, die Anpassungsleistungen des Systems erfordern. Zu diesen Stimuli gehören
auch alle diejenigen Faktoren, die von einer Person als Stressoren bewertet werden können. Die individuelle Ausprägung des Umgangs mit diesen – subjektiv
als solche bewerteten – Stressoren ist im salutogenetischen Modell von Antonovsky entscheidend für die Lokalisation eines Menschen auf dem Kontinuum
zwischen Krankheit und Gesundheit. Wie sich dieser individuelle Umgang mit
Stressoren gestaltet, ist nach Antonovsky von zwei auf unterschiedlichen Ebenen
angesiedelten Bedingungen abhängig: einerseits vom so genannten Kohärenzgefühl einer Person und andererseits von den Ressourcen, die zur Stressbewältigung genutzt werden können.

Im Modell von Aaron Antonovsky schafft das Kohärenzgefühl die Voraussetzung dafür, wie eine Person die ihr zur Verfügung stehenden Ressourcen aktivieren kann. Ein starkes Kohärenzgefühl ist durch die Vorstellung geprägt, dass
externe Stimuli sinnvoll und verstehbar sind (Verstehbarkeit), dass geeignete
Möglichkeiten zur Bewältigung der damit verbundenen Aufgaben vorhanden
sind (Handhabbarkeit) und dass die Bewältigung der Herausforderung eine
Bedeutung für einen Lebensbereich hat, der als bedeutsam und wichtig empfun-

---

[13]   Brödner 2002: S. 1.
[14]   Vgl. dazu Lazarus/Folkman 2010 [1984].
[15]   Lazarus 1998: S. 168.
[16]   Antonovsky 1997 [1987].

den wird (Bedeutsamkeit). Personen mit einem starken Kohärenzgefühl haben nach Antonovsky gute Chancen, dass es ihnen gelingt, die ihnen zur Verfügung stehenden Ressourcen so zu nutzen, dass die notwendige Anpassungsleistung beim Kontakt mit Stressoren gelingt.

Hinsichtlich der möglichen Ressourcen zur Bewältigung von Stresssituationen unterscheidet Antonovsky zwischen gesellschaftlichen[17] und individuellen Ressourcen, wobei letztere unterteilt werden in physiologische[18], materielle[19], psychische[20] und kognitive[21] Ressourcen. Die individuelle Form der Stressbewältigung nennt Antonovsky dann – wiederum in Anlehnung an das Modell von Lazarus – die persönliche Coping-Strategie. „Ob Stress zu positiven oder negativen gesundheitlichen Konsequenzen führt, hängt u.a. vom Charakter des Stressors und der Art der Bewältigung ab. Erfolgreiche Stressbewältigung kann dazu führen, dass sich eine Person in Richtung auf den positiven Pol des (...) Kontinuums [zwischen Krankheit und Gesundheit] bewegt."[22] Das Kohärenzgefühl einer Person gilt als geeigneter Prädikator dafür, an welcher Stelle auf dem Kontinuum zwischen Gesundheit und Krankheit sich eine Person lokalisiert. Für die Messung des Kohärenzgefühls hat bereits Aaron Antonovsky damit begonnen, standardisierte Instrumente zu konstruieren, deren Valenz inzwischen – zumindest für vergleichbare Bezugsfelder – als erwiesen gelten kann.[23] Diese Instrumente werden auch im Rahmen des Einsatzes von salutogenetischen Konzepten für die Arbeitsgesundheit in Organisationen genutzt.[24]

Sozialwissenschaftliche Forschung, die sich mit der Frage nach möglichen Wechselwirkungen zwischen der Arbeit unter Projektbedingungen und dem Gesundheitsstatus von Mitarbeitenden in Projekten beschäftigt, muss sich demnach sowohl mit der individuellen Bewertung dieser Arbeitsbedingungen als auch mit den individuellen Bewältigungsstrategien beschäftigen und diese nach Möglichkeit in Beziehung zu den konkreten Arbeitsbedingungen und den gesellschaftlichen und individuellen Ressourcen setzen. Vor diesem Hintergrund ist auch im Rahmen eines überschaubaren Forschungshorizontes – wie ihn das Projekt „Diakonat – neu gedacht, neu gelebt" darstellt – mit verhältnismäßig komplexen Erklärungsmodellen zu Fragen der Arbeitsgesundheit unter Projekt-

---

[17] Dazu gehören etwa die politische und ökonomische Stabilität, sozialer und politischer Frieden, funktionierende soziale Netze. Antonovsky 1997 [1987]: S. 200 und Franke ³2012: S. 173.

[18] Z.B. das Immunsystem, ererbte und erworbene körperliche Fähigkeiten, allgemeine Konstitution. Vgl. Antonovsky 1997 [1987]: S. 200 und Franke ³2012: S. 173.

[19] Z.B. Geld, Arbeit, Wohnung, Zugang zu Dienstleistungen. Vgl. Antonovsky 1997 [1987]: S. 200 und Franke ³2012: S. 173.

[20] Z.B. Selbstvertrauen, Ich-Identität als emotionale Sicherheit in Bezug auf die eigene Person. Vgl. Antonovsky 1997 [1987]: S. 200 und Franke ³2012: S. 173.

[21] Z.B. Intelligenz, Wissen, Bildung, Kompetenzen. Vgl. Antonovsky 1997 [1987]: S. 200 und Franke ³2012: S. 173.

[22] Franke ³2012: S. 173.

[23] Vgl. Antonovsky 1997 [1987]: S. 172–177.

[24] Z.B. im BELEV-Konzept, das vom Diakonischen Werk Württemberg e.V. im Rahmen des Chronos-Projekts zum demographischen Wandel entwickelt wurde. Vgl. Knapp 2011.

bedingungen zu rechnen, die Hypothesencharakter haben. Für die Prüfung dieser Hypothesen wären weitergehende, repräsentativ angelegte Untersuchungen wünschenswert.

2.   Anlass, Interesse und Design der Forschung

Etwa in der Mitte der fünfjährigen Laufzeit des Projekts „Diakonat – neu gedacht, neu gelebt" wurden Fragen nach möglichen Wechselwirkungen zwischen den Bedingungen diakonischer Projektarbeit und dem Gesundheitsstatus von Diakoninnen und Diakonen aufgeworfen. Innerhalb eines Jahres erkrankte fast ein Drittel der neunzehn in den verschiedenen Teilprojekten arbeitenden Diakoninnen und Diakone für Zeiträume zwischen sechs Wochen und eineinhalb Jahren. Diese deutliche Häufung längerfristiger Erkrankungssituationen ließ in den Steuerungsgremien des Projekts Phantasien in unterschiedlicher Richtung laut werden. Vor allem Vermutungen wie fehlende Belastbarkeit oder Überforderung durch hohe Erwartungen hinsichtlich der wissenschaftlichen Evaluation waren zu hören. Aber auch die Idee, dass ältere Diakoninnen und Diakone, die ihr Leben lang unter anderen Bedingungen gearbeitet haben, die spezielle Dynamik von Projektarbeit nicht lieben und deshalb zu längerfristigen Erkrankungen neigen könnten, wurde geäußert, während jungen Diakoninnen und Diakonen eher Innovationsfreude und Projektlust zugeschrieben wurde.

Die Forscherinnen, die dieses Projekt evaluativ begleiteten, entwickelten vor diesem Hintergrund zunächst explorativ orientierte Fragestellungen, die darauf abzielten, die spezifischen persönlichen Orientierungen der Projektdiakoninnen und Projektdiakone und deren Bedeutung für das persönliche Erleben von diakonischer Projektarbeit zu untersuchen. Die Forschungsfragen bildeten den Ausgangspunkt zur Generierung der Impulse für den Gruppendiskussionsleitfaden. Dieser wurde für zwei Gruppendiskussionen genutzt:

Eine Diskussion wurde mit fünf Diakoninnen und Diakonen, die aus gesundheitlichen Gründen eine längere Phase der Arbeitsunterbrechung hinter sich hatten, durchgeführt. Ein weiterer Diakon und eine weitere Diakonin, die ebenfalls längerfristig erkrankt waren, hatten zum Zeitpunkt der Gruppendiskussion bereits in neue Arbeitsverhältnisse gewechselt und wollten deshalb nicht mehr befragt werden.

Eine zweite Gruppendiskussion fand mit sechs Diakoninnen und Diakonen ohne krankheitsbedingte Fehlzeiten statt. Ursprünglich war geplant, alle zwölf Diakoninnen und Diakone ohne Erkrankungszeiten in zwei Gruppen ebenfalls zu befragen. Davon wurde abgesehen, um die Qualität der Daten vor negativen Auswirkungen von Befragungsmüdigkeit zu schützen. Angesichts der relativ großen Zahl unterschiedlicher Evaluationsvorhaben und der im Verhältnis dazu kleinen Zahl der Probanden und Probandinnen konnte diese Gefahr in dem verhältnismäßig kurzen Datenerhebungszeitraum auf keinem anderen Weg ausgeschlossen werden. Stattdessen setzte sich die befragte Gruppe aus denjenigen Diakoninnen und Diakonen zusammen, die aufgrund der Thematik ihres Teilprojekts nicht für die parallel stattfindende Gruppendiskussion zum Thema Anstellungsstrukturen im Bereich der Gemeindediakonie[25] in Frage kamen und gleichzeitig bis zum Zeitpunkt der Gruppendiskussion ohne längerfristige Erkrankung in ihren Teilprojekten gearbeitet hatten. Eine befragte Person wurde im weiteren Projektverlauf – nachdem diese Gruppendiskussion bereits stattgefunden hatte – ebenfalls längerfristig[26] arbeitsunfähig.

Hinter diesem Sampling, das eine Aufteilung in zwei kontrastierende Gruppen vorsah, steht die Vermutung, dass sich das subjektive Projekt-Erleben und die Bewertung von Projektarbeit in diesen beiden Gruppen in charakteristischer Weise unterscheiden könnten und dass dies in Gruppen mit ähnlichen Mustern des persönlichen Erlebens und Bewertens differenzierter zu Tage treten würde als in einer gemischten Gruppe. Im Idealfall – so die Hoffnung der Forscherinnen – sollten sich aus den diesbezüglich beobachtbaren Unterschieden erste Hypothesen ableiten lassen, die dabei helfen, die Zusammenhänge von individuellem Stresserleben und typischen Herausforderungen von diakonischer Projektarbeit in der Perspektive der hier befragten Diakoninnen und Diakone besser zu verstehen. Praktischen Nutzen – so war die Hoffnung – könnten die Forschungsergebnisse dahingehend entfalten, dass neue Anhaltspunkte für eine spezifische Förderung der Arbeitsgesundheit im Kontext diakonischer Projektarbeit gewonnen werden könnten.[27]

Für beide Gruppendiskussionen wurde derselbe Leitfaden verwendet. Die Impulsfragen dieses Leitfadens waren im Sinne der dokumentarischen Methode[28] daran orientiert, lediglich die diskursive Bearbeitung des Themas „Arbeit unter Projektbedingungen" durch die Diakoninnen und Diakone zu initiieren. Deshalb wurde kein weitergehender Orientierungsrahmen für die Art und Weise oder Richtung der Bearbeitung vorgegeben, die Fragestellungen wurden möglichst vage gehalten und auch nach Belastungsfaktoren oder spezifisch diakonischen Motivationen wurde nur unter Zuhilfenahme allgemeiner Andeutungen gefragt.[29] Eine Frage, die im Leitfaden für eventuell notwendige Vertiefungen vorgesehen war und die auf arbeitsmedizinische Forschung zum Risiko psychosomatischer Erkrankungen im Bereich der Sozialen Arbeit und zur Burnout-Gefährdung durch Projektarbeit im Bereich der Informationstechnologie Bezug nahm, wurde in der Gruppendiskussion mit Diakoninnen und Diakonen, die

---

[25] Die Auswertung dieser Gruppendiskussion wird voraussichtlich in Band I dieser Publikationsfolge veröffentlicht.

[26] Sechs Wochen.

[27] Die Idee für dieses Forschungsvorhaben und sein Konzept verdanke ich Frau Prof. Dr. Claudia Schulz von der Evangelischen Hochschule Ludwigsburg, die auch die Leitfadenentwicklung intensiv unterstützt hat.

[28] Vgl. Bohnsack [7]2008.

[29] Vgl. Bohnsack [7]2008: S. 208–210.

eine krankheitsbedingte Unterbrechung ihrer Projektarbeit hinter sich hatten, gar nicht gestellt. Die studentische Interviewerin war der Meinung, dass die im Verlauf der Gruppendiskussionen spontan produzierten Diskurse mit Blick auf die Forschungsfragestellung als ausreichend zu bewerten seien.[30]

3.   Grundorientierungen diakonischen Arbeitens und deren Bedeutung für das Stresserleben unter Projektbedingungen

Die hier vorgelegte Untersuchung konzentriert sich auf die explorative Erforschung der Haltungen und Bewertungen in den zwei ausgewählten Kleingruppen innerhalb des Projekts „Diakonat – neu gedacht, neu gelebt". Da die Diakoninnen und Diakone in ihren jeweiligen Teilprojekten einerseits sehr unterschiedliche, aber teilweise eindeutig wiedererkennbare Arbeits- und Rahmenbedingungen vorfinden und andererseits im Kontext einer wissenschaftlichen Veröffentlichung deren Anonymität geschützt werden muss, verbieten sich in diesem Zusammenhang individuelle Detailanalysen, die – dem Erkenntnisinteresse entsprechend – ebenfalls interessante Ergebnisse versprächen. Deshalb beschreibe ich nachfolgend nur diejenigen Rahmendaten, die für das Verständnis der in den Gruppendiskussionen gemachten Aussagen oder als Grundlage für die Hypothesenbildung unverzichtbar sind.

Das Projekt „Diakonat – neu gedacht, neu gelebt" wurde zu Beginn des Jahres 2008 von der Evangelischen Landeskirche in Württemberg mit einer Projektlaufzeit von fünf Jahren ausgeschrieben. Die praxisorientierte Projektaufgabe, diakonisches Handeln in zukunftsweisender Form zu entwickeln, war bereits in der Projektausschreibung für die lokalen Teilprojekte verbunden mit Anforderungen hinsichtlich einer wissenschaftlichen Projektevaluation. In der offiziellen Projektausschreibung findet sich dazu unter der Überschrift „Methodische Anforderungen" folgende Passage:

„Die Projekte sollen mit Hilfe wissenschaftlicher Methoden dargestellt und ausgewertet werden (…). Von den Projektstelleninhabern/-innen und den Projektstellenträgern wird erwartet, sich im Projektantrag und in der Auswertung des Projekts auf methodische Fragestellungen einzulassen. Dazu gehören: Reflexion der fachlichen (…) Methoden und Inhalte zur Gestaltung von Gemeinden und Gemeinwesen (…), diakoniewissenschaftliche, theologische und ethische Theoriebildung (…) mit deren Hilfe die diakonischen und kirchlichen Ziele der

---

[30]   Die Interviewerin der Gruppendiskussion mit Diakoninnen und Diakonen, die eine längere Erkrankungsphase hinter sich hatten, schrieb in ihrer sofort im Anschluss an die Diskussion dokumentierten, unveröffentlichten Reflexion: „Insgesamt schien es mir, als hätten die TN das große Bedürfnis, von sich (ihrem ‚Ausgebranntsein', ihrer persönlichen Betroffenheit in Bezug auf die Problemlagen der KlientInnen, eigener Geschichte, …) zu berichten. Sie fühlten sich zum Teil ‚verheizt' und hatten große Angst, dass dieser Faktor noch stärker werden könnte."

Projektstelle beschrieben und reflektiert werden können."[31] Die Dienstaufträge aller Diakoninnen und Diakone in den Teilprojekten, die der Projektgeschäftsstelle zur Genehmigung vorgelegt werden mussten, enthielten einen entsprechenden Passus, so dass allen Beteiligten von Anfang an klar kommuniziert wurde, dass für eine gründliche Reflexion der Projektprozesse Zeit zu reservieren sei.

Im Projektverlauf hatten alle Diakoninnen und Diakone sowohl ihre konkreten Projektaufgaben vor Ort als auch zusätzliche Aufgabenstellungen im Interesse der wissenschaftlichen Projektbegleitung zu bewältigen. Mit den letztgenannten Aufgaben war eine größere Zahl an zentralen Begleitgruppentreffen und Studientagen verbunden.[32] Diese Verteilung der Aufgabenstellungen auf unterschiedliche Ebenen stellte die verschiedenen Diakoninnen und Diakone jedoch vor unterschiedliche Herausforderungen. Der Beschäftigungsumfang für die wahrzunehmenden Projektaufgaben betrug zwischen 25% und 100%, an den Studientagen und Begleitgruppentreffen mussten aber alle Diakoninnen und Diakone im selben Umfang teilnehmen. Unterschiede hinsichtlich der Arbeitsbedingungen ergaben sich auch dadurch, dass in zwei Projekten jeweils kleine Gruppen von Diakoninnen und Diakonen innerhalb eines Kirchenbezirkes die Projektaufgaben im Rahmen von Teilzeitbeauftragungen gemeinsam wahrnahmen. Fünf weitere Diakoninnen und Diakone arbeiteten in Teilzeitprojekten mit einem Umfang von 25–60% und hatten daneben noch andere Dienstauftragsanteile oder familiäre Aufgaben.

Unterschiede gab es in den verschiedenen Teilprojekten auch im Hinblick auf die Frage nach den weiteren Perspektiven für die Projektaufgabe als solche und die Anstellung der Diakoninnen und Diakone. Einige mussten von Anfang an auch die Herausforderung bewältigen, die Finanzierung ihres Projekts sicherzustellen und sich deshalb mit Fundraising oder entsprechenden betriebswirtschaftlichen Fragestellungen beschäftigen.[33] Neun Diakoninnen und Diakone wurden für die Projektlaufzeit befristet angestellt, zehn Diakoninnen und Diakone erhielten im Rahmen ihres bisherigen Anstellungsverhältnisses für die Zeit der Projektbeteiligung einen veränderten Dienstauftrag und konnten sich ihres Arbeitsplatzes zu jeder Zeit im Projektverlauf sicher sein.

Der Altersdurchschnitt der im Diakonatsprojekt beschäftigten Diakoninnen und Diakone betrug beim Projektstart 41,5 Jahre, der jüngste Diakon war zum Projektbeginn 26 Jahre, die älteste Diakonin 59 Jahre alt. Der Altersdurchschnitt der Befragten betrug 53,6 Jahre in der Gruppe derer, die eine gesundheitsbedingte Unterbrechung ihrer Projektarbeit hatten, 37 Jahre in der Vergleichsgruppe. Die beiden Gruppendiskussionen, die nachfolgend als Datenbasis ge-

---

[31]   Vgl. Evangelische Landeskirche in Württemberg 2007: S. 7.
[32]   Vgl. Schulz 2013 (v.a. S. 205–208). Dort werden die spezifischen Herausforderungen, die sich dadurch im Laufe der Projektarbeit beobachten ließen, im Detail analysiert.
[33]   Diakoniekaufhaus in Tuttlingen.

nutzt werden, fanden nach etwa dreieinhalb Jahren Projektlaufzeit statt, als alle vorher erkrankten Diakoninnen und Diakone, die ihre Tätigkeit im Projekt nicht während der Krankheitsphase beendet hatten, bereits seit längerer Zeit ihre Arbeit wieder aufgenommen hatten.

Vor dem Hintergrund dieser Rahmendaten zum Forschungsfeld werde ich ausgehend von den beiden Gruppendiskussionen mit Diakoninnen und Diakonen zunächst (3.1) die grundlegenden Orientierungen der Diakoninnen und Diakone im Feld ihrer Projektarbeit darstellen. Daran anschließend (3.2) werde ich zeigen, welche Faktoren von den Befragten im Kontext welcher Grundorientierung als Stressoren bewertet und welche Bewältigungs- oder Entlastungsmechanismen im Diskurs präsentiert werden. Abschließend (3.3) setze ich die Interpretationsergebnisse in Beziehung zum Modell der Salutogenese von Aaron Antonovsky.

3.1 Die grundlegenden Orientierungen der Diakoninnen und Diakone im Feld ihrer Projektarbeit

Bereits in der Einstiegsphase der Gruppendiskussionen zeigen sich große Unterschiede zwischen den Äußerungen in den beiden Diskussionsgruppen, die auf verschiedene Grundorientierungen schließen lassen. Deshalb stelle ich zunächst diese beiden – auf die Grundlinien gekürzten – Einstiegspassagen einander gegenüber:

Interviewerin:	Sie sind alle Diakoninnen und Diakone im landeskirchlichen Diakonatsprojekt. Wenn Sie jetzt auf Ihre Arbeit schauen, was beschäftigt Sie da eigentlich im Moment am meisten?
Fr. Feld:	Was mich gerade am meisten beschäftigt, ist dieses Gefühl, dass es mir geht, als müsste ich einen Ozean mit einem Fingerhut auslöffeln. Ich bin immer wieder erstaunt, wenn ich die Menschen, die ich betreue, so vor meinem inneren Auge Revue passieren lasse, in was für Schieflagen Menschen kommen können und wie wenig unsere Hilfesysteme wirklich geeignet sind diese aufzufangen. Und wenn ich jetzt meine Arbeit anschaue, dann ist es wirklich auch oft eine Belastung, zu sehen wie wenig man tun kann. (…)
Fr. Greiner:	Also ich finde, die größte Herausforderung in dem Projekt ist für mich mit mir selber, diesen Weg zu machen, um mich zu entfernen von diesem Satz: Alles, bloß nicht krank werden im Alter. Mein Menschenbild zu überprüfen und auch im Kontakt mit Kirchengemeinden, mit Angehörigen mit ihnen nachzudenken, ob unser Leben wirklich und unsere Bestätigung, unser Wert sich

	über Gesundheit zusammenfassen lässt. (…) Abhängigkeit ist eigentlich ein Lebensthema, aber das sagt sich leichter, als es dann zu leben. Das finde ich eine große Herausforderung.
Fr. Reis:	Was beschäftigt mich am meisten? (…) Wie komme ich an die Jugendlichen ran, die so viele Probleme haben? Und die meinen, es wäre ja alles so okay, aber man merkt, es ist eigentlich nichts okay oder vieles im Argen und sie machen dicht. (…) Wie komm ich ran an die Menschen, die sich verschließen und in ihrem eigenen Saft brodeln und Probleme haben, auch unter den Erwachsenen, aber nicht sich öffnen können oder sich sehr schwer tun. (…)
Hr. Weiß:	Mich beschäftigt sehr zu sehen, einerseits in meiner Arbeit, (…) wie viel Menschen es gibt, die unter prekären Lebensumständen existieren und die jeden Cent umdrehen müssen, wenn sie überhaupt noch einen in der Hand haben zum Ende des Monats. Und andererseits wahrzunehmen, wie kirchenfern viele, viele, viele die allermeisten dieser Menschen sind, weil es ganz schwer zu sein scheint, dass es eine Verbindung gibt zwischen Kirche und Armut. Ich glaube es ist immer noch so, dass die meisten Menschen, die sich zur Kerngemeinde zählen, dass die sind, was man früher mal Mittelschicht nannte. Und dass die wenigsten wissen oder Kontakt haben oder sich einfühlen können in eine Situation, wo es kein ansehnliches Gehalt gibt, Monat für Monat auf dem Konto. (…)

(Gruppendiskussion Projektbedingungen/gesundheitsbedingte Unterbrechungen)

Zunächst fällt auf, wie dominierend in diesem auf den Eröffnungsimpuls folgenden Abschnitt das Grundgefühl der befragten Diakoninnen und Diakone erscheint, sie stünden einer Überfülle an Anforderungen oder beinahe unbewältigbaren Aufgaben gegenüber.[34] Die konkreten Themen (Leid zu sehen, ohnmächtig zu sein, keinen Zugang zu finden, wenig Fortschritte zu sehen), die sie dabei nennen, sind jedoch typisch für Handlungsfelder der Sozialen Arbeit und treten dort auch unabhängig von spezifischen Projektbedingungen auf. Unklar bleibt an dieser Stelle, ob dieser Antwortduktus damit zusammenhängt, dass den Befragten hier (noch) gar nicht klar vor Augen steht, was die Besonderheiten von Projektarbeit sein könnten, oder ob hier greift, was aus Forschungen zur Projektarbeit im Bereich der Informationstechnologie bekannt ist, nämlich dass sich unter Projektbedingungen das Belastungserleben auch im Hinblick auf alltägliche Herausforderungen intensiviert.[35]

---

34 Diesen Aspekt werde ich erst im Abschnitt 3.3 weiter verfolgen.
35 Vgl. Gerlmaier/Latniak 2007.

Auffallend ist jedoch, dass dieses Grundgefühl zum Ausdruck gebracht wird, indem über die Situation der Menschen gesprochen wird, die den Befragten im Projektkontext begegnen. Die Diakoninnen und Diakone nehmen hier also ihre Arbeit in der Form in den Blick, dass sie über Menschen sprechen und nicht über Strukturen oder über theoretische Anforderungen.

Sie nehmen Menschen in den Blick, an deren prekärer Lebenslage die Leistungsfähigkeit des sozialen Hilfesystems fraglich zu werden scheint. Menschen, die sich scheinbar mit ihren Problemen in sich selbst verschließen, und Menschen, die den Eindruck hinterlassen, als seien sie von der Kommunikation des Evangeliums ausgeschlossen, weil Kirche und Gemeinde als Lebensräume erscheinen, zu denen Arme eher keinen Zutritt haben. Die befragten Diakoninnen und Diakone bringen in ihren Äußerungen eine hohe Identifikation mit diesen Menschen zum Ausdruck. Diese Identifikation wird am deutlichsten dort, wo eine Diakonin die persönliche Herausforderung beschreibt – als selbst alternder Mensch – die Furcht vor Krankheit und Abhängigkeit im Alter zu bewältigen und darin zugleich Anteile des eigenen Menschenbildes korrigieren zu müssen. Daran wird deutlich, wie stark bei diesen Diakoninnen und Diakonen diese Orientierung am Menschen – an anderen und am eigenen Menschsein – die Grundwahrnehmung ihrer Arbeit prägt, ohne dass hier schon eindeutig feststellbar ist, welche Rolle in diesem Zusammenhang Spezifika von Projektarbeit spielen.

Völlig anders liest sich die Einstiegspassage der zweiten Gruppendiskussion. Hier sind diejenigen Diakoninnen und Diakone miteinander im Gespräch, die bis zum Zeitpunkt der Gruppendiskussion ohne gesundheitsbedingte Unterbrechungen gearbeitet hatten.

Interviewerin:	Sie sind alle Diakoninnen und Diakone im landeskirchlichen Diakonatsprojekt. Wenn Sie jetzt auf Ihre Arbeit schauen, was beschäftigt Sie da eigentlich im Moment am meisten?
Hr. Held:	(…) Das Thema Milieus ist, wenn ich das so im Überblick sehe, in vielen Projekten irgendwie Thema. Also zum einen erst mal, dass wir als Kirche nur bestimmte Milieus erreichen und dass auch wir Diakone und die Gemeinden sich unglaublich schwer damit tun, nicht nur neue Milieus anzusprechen, sondern sich auch einzugestehen, die gehören zu uns. Die glauben vielleicht genauso an Gott wie ich und die haben dann genauso ein Recht, Teil dieser Gemeinde zu sein, wie ich das habe. Und da muss man sich als Kirche und wir in unserer Arbeit glaube ich auch, ich tu das zumindest jeden Tag, immer wieder die Frage stellen, (…) wie bekomme ich das irgendwie zusammen gebunden, und das ist schwierig und vielleicht auch gar nicht möglich. Ich weiß es noch nicht. Ich habe es noch nicht geschafft.

Fr. Weber:	Also für mich sind es zwei Bereiche, die mich beschäftigen. Einmal ist es die Arbeit an sich, das Ding, was ich gerne umsetzen möchte. Wo ich mich bemühe, also gerade diese Thematik, ich sage mal zu transportieren. Sich mit diesem Milieugedanken einfach auch mal näher zu beschäftigen. Und dann gibt es noch die andere Ebene, das ist eher das, was man so organisatorisch fürs Projekt tun sollte. Die ganze Evaluationsgeschichte, an der wir grad dran sind, beschäftigt mich auch. Aber eher immer wieder punktuell, so an Studientagen oder so, ja. (…)
Fr. Kern:	Mich beschäftigt das auch. Ich hab immer sehr plötzliche Anfragen von Leuten. Da ruft mich jemand an mit einem ganz existenziellen Problem. Da geht es oft um Leben und Tod. Und dann gerät bei mir alles aus den Fugen. Dann muss ich immer neu bewerten, wie wichtig ist Evaluation, wie wichtig ist die Arbeit vor Ort. (…) Die Balance wird dann völlig verändert, von dem einen Tag auf den nächsten und ich bin sehr damit befasst es hinzukriegen. (…) Und dann ist da natürlich auch das Thema: Haben unsere Projekte eine Perspektive über die fünf Jahre hinaus oder sind wir jetzt in der Abschlussphase und was bedeutet das? Das ist sehr widersprüchlich, da immer die Dinge in die entsprechende Balance zu kriegen.
Hr. Walter:	Die letzten eineinhalb Jahre war die Thematik: Wie bekommt man jetzt den Kontakt, zu den Menschen. Reicht es, wenn sie mich und andere kirchliche Mitarbeiter kennengelernt haben? Sie haben was für sich persönlich mitgenommen! Oder gelingt es irgendwo, sie an die bestehende kirchliche Arbeit wieder weiter zu vermitteln? Also die Frage nach den Schnittstellen. Die Frage, wie muss man da bestehende Angebote ein bisschen umstricken oder auch neue Angebote schaffen. Und eben das Nächste: Wie findet man irgendwo Ehrenamtliche, um die Arbeit zu verbreitern. Diese Frage war von Anfang an da und ist immer noch da und wird wahrscheinlich auch so schnell nicht aufhören.
Hr. Maier:	Ich würde mich gerade bei dem ersten Thema sehr anschließen. Es ist mir wichtig und ich möchte es gern und das ist auch mein echtes Interesse: Eine Neugier auf diese anderen Leute. (…) Also das finde ich auch nochmal eine wichtige Sache, was mich sehr beschäftigt, weil ich merke, dass die Offenheit bei den Jugendlichen an der Schule riesig groß ist. Da ist Interesse, Offenheit, Fragen. (…) Und damit verbunden auch so ein bisschen eine strategische Frage: Was ist da ein guter Weg? Also warte ich bis alle Lust drauf haben? Oder starte ich mit den dreien, die Lust drauf haben, die dann aber die Spannung innerhalb von ihrem System tragen müssen? Oder macht man einzelne Projekte nebendran und es ist so, dass es über den Hauptamtlichen läuft?

> Und das ist immer wieder die Frage, wie sieht da eine gute Stra-
> tegie drin aus. (…) Ja das beschäftigt mich sehr.
>
> (Gruppendiskussion Projektbedingungen/ohne gesundheitsbedingte Unterbre-
> chungen)

Auch den hier befragten Diakoninnen und Diakonen geht es um Menschen,
auch hier werden eine ganze Reihe Herausforderungen benannt. Darunter befinden sich durchaus Themen, bei denen sich Einzelne noch nicht sicher sind, ob
ihre Projektziele erreichbar sind und ob die eigenen Möglichkeiten dafür ausrei-
chen. Dennoch bleibt die Grundstimmung in dieser zweiten Befragtengruppe –
im deutlichen Kontrast zur ersten – sehr sachlich und nach vorne orientiert. Die
eigene Projektarbeit kommt hier in den Blick als eine von Themen, Zielen und
Strategien geprägte Arbeit. Der Diskurs ist von dieser sachorientierten Perspektive auch dort geprägt, wo mit großer Empathie von Menschen gesprochen wird.
Wenn die eigene Arbeitsplanung aufgegeben wird, um sich zeitnah Klientinnen
und Klienten in existenziellen Notlagen zuzuwenden, wird auch dies im Diskurs
als sachorientierte Entscheidung kommuniziert.

Die grundlegende Sachorientierung, die diese Diakoninnen und Diakone in
der Einstiegspassage ihrer Gruppendiskussion fast schon programmatisch zum
Ausdruck bringen, durchzieht den gesamten Diskurs dieser Gruppe in unterschiedlichen Akzentuierungen.[36] Innerhalb dieser Sach- oder Themenorientie-
rung wird aber zusätzlich auch eine Entwicklungs- oder Zukunftsorientierung
deutlich. Es wird von Zielen her gedacht, es kommen nächste Schritte in den
Blick, es sind Aufgaben im Visier, deren Bearbeitung noch aussteht. Diese dyna-
mische, an Veränderungen und Weiterentwicklungen orientierte Perspektive,
kommt im nächsten Abschnitt dieser Gruppendiskussion noch deutlicher zum
Ausdruck. In der Beschäftigung mit der Frage „Was bedeutet es für Sie, dass Sie
als Diakonin oder Diakon in einem Projekt tätig sind" entspinnt sich der folgende – wiederum auf die Grundlinien reduzierte – Diskurs:

> Hr. Held: (…) Ich schätze an der Projektarbeit vor allen Dingen, dass man
>   was Neues schaffen kann. (…) Das ist schon auch ein bisschen
>   reformatorisch, also Dinge anzustoßen, die vielleicht auch als
>   Vorbild in anderen Bereichen irgendwie taugen könnten. Damit
>   auch eine gewisse Frische im Tagesablauf. (…) Also das ist
>   gleichzeitig die Herausforderung, aber auch der Genuss irgend-
>   wie tatsächlich so ein bisschen mehr so strategisch konzeptionell
>   irgendwie zu arbeiten, also das genieße ich eigentlich sehr und es
>   bietet für mich auch, sagen wir mal ein Forum, um mich auch
>   ein Stück weit ausleben zu können. (…)

---

[36]   Diese werden im folgenden Abschnitt (3.2) ausführlicher dargestellt und genauer differenziert.

Fr. Kern: (…) Wenn die Frage so gestellt ist, dass es drum geht, in einem Projekt tätig zu sein, dann ist meine Antwort, dass es immer wieder was Erfrischendes ist, in einem Projekt zu sein. Auch diese vielen Ebenen einmal mit der Hochschule und dann wieder quer durch die ganze Hierarchie der Einrichtung irgendwie aufzutauchen und was erfinden zu dürfen, sehr erfrischend. Aber auch endlich und begrenzt und das finde ich dann da ein bisschen schade, insofern dass wir den Arbeitsbereich ja erst aufgebaut haben und an der Stelle, wo er jetzt aufgebaut ist, werden wir ihn wieder zusammenbinden und abschließen vielleicht, und das ist die Begrenztheit eines Projektes und das finde ich dann wiederum bedauerlich. (…)

Fr. Weber: Ich finde es cool an einem Projekt, dass man mal ein bisschen experimentieren kann, dass es nicht unbedingt in eine Verlängerung gehen muss, wobei ich natürlich hoffe, dass manche Erkenntnisse weiter gehen. Aber einen Satz, den ich mal gehört (…) als ich schon mal ein Projekt hatte: Projekte dürfen scheitern. Das finde ich eine sehr spannende Geschichte an sich, wobei ich natürlich schon ganz gerne umsetzen möchte, auch was entwickeln möchte. (…)

Hr. Walter: (…) Und die Arbeit im Projekt das hat seine, wie schon gesagt wurde, seine Vorteile, seine Schattenseiten. Also wirklich das was mir Spaß macht ist, kreativ neue Wege gehen zu können, nicht irgendwie was zu haben, wo ich dann irgendwelche bestehenden Dinge abarbeiten muss, die mein Vorvorgänger irgendwann mal ins Leben gerufen hat. (…) Ja gleichzeitig auch zu merken, das mit dem zeitlichen Ende das beschäftigt mich jetzt ein bisschen, weil ich so den Eindruck habe, ja jetzt muss ich Ergebnisse präsentieren, dabei sind wir jetzt gerade mal ein bisschen über die Hälfte drüber. Das zieht irgendwie dann schon auch den Blick aufs Ende, und das finde ich ein bisschen schade, weil eigentlich gäbe es noch so viel zu machen und zu tun. Trotzdem kommt dir irgendwie so in den Sinn, na jetzt sollst Ergebnisse sichern. Also klar, mit Vor- und Nachteilen. (…)

Hr. Maier: Mich reizt grundsätzlich Projektarbeit glaube ich mehr, als jedes Jahr den gleichen Trott immer im Januar die gleiche Aktion, von daher finde ich die Bewegung, die drin ist, dass an Herausforderung auch Sachen immer wieder neu zu denken, Wege zu suchen, Schritte zu planen. Was sehr reizvoll ist, sind auch Dinge zu verändern und neu aufzustellen. Das ist einfach was, was mir einfach Spaß macht und mehr Spaß macht glaube ich, als so ein gleiches Ding immer abzuarbeiten.

(Gruppendiskussion Projektbedingungen/ohne gesundheitsbedingte Unterbrechungen

Bestehendes reformieren, mit Neuem experimentieren, sich von Zielen auf einem Weg leiten lassen, strategische Planungen entwickeln, mit Überraschungen und immer neuen Herausforderungen umgehen – all das scheint die hier diskutierenden Diakoninnen und Diakone zu motivieren, daran haben sie Spaß, und sie bringen dies im Diskurs immer wieder zum Ausdruck. Diese Orientierung auf Zukunft und Entwicklung hin wird im Projektkontext immer wieder überprüft an der Frage nach der Endlichkeit des jeweiligen Projekts. Was für die einen dann einen Schatten auf ihre Arbeit wirft, weil sie wollen, dass die Sache – mit der sie sich identifizieren – weitergeht, ist für zwei weitere entweder Trost, angesichts der Option des Scheiterns oder – zumindest implizit – mit der Chance verbunden, nach dem Ende des einen auch wieder ein neues Projekt beginnen zu können.[37]

Bereits im Rahmen der Interpretation der Eingangspassagen der beiden Gruppendiskussionen wurde deutlich, dass die Orientierung an Menschen und die Orientierung an Themen einander programmatisch gegenüber gestellt werden können, ohne sich aus sachlichen Gründen wechselseitig auszuschließen.

Angesichts dieser Beobachtung stellt sich mir nun die Frage, ob zur Zukunfts- oder Entwicklungsorientierung, wie sie in der zuletzt bearbeiteten Gesprächspassage aus der Gruppendiskussion mit den Diakoninnen und Diakonen ohne gesundheitsbedingte Unterbrechung der Projektarbeit zu beobachten war, ein vergleichbarer Gegenpol in der anderen Gruppendiskussion auszumachen ist. Dies ist tatsächlich der Fall und lässt sich an einer – wiederum auf die Grundlinien reduzierten – Passage gegen Ende der Gruppendiskussion zeigen. Die Teilnehmenden wurden danach gefragt, was es für sie bedeuten würde, wenn in Zukunft alle Diakoninnen und Diakone zwar eine unbefristete Festanstellung bei ihrer Landeskirche bekämen, aber nur noch in befristeten Projekten arbeiten würden. Auf diese Frage hin entwickeln sie – sogar im virtuellen Diskurs mit dem entgegengesetzten Pol – ihre zweite Grundorientierung:

| Hr. Weiß: | Ich könnte sagen: Ach Gott ist das spannend, da würde ich dann ganz viele Menschen kennenlernen, ganz viele Arbeitsfelder und ganz viele Arbeitsformen und da würde ich ja ständig angeregt sein und ständig herausgefordert und würde meine ganzen Möglichkeiten entfalten können und würde alles Mögliche und würde ganz reich beschenkt in Rente gehen eines Abends. Ich könnte aber auch sagen, ich möchte auch irgendwohin gehören. Also ich habe mich z.B. für die Gemeindediakonie entschieden. Als ich meine Ausbildung anfing, da wollte ich Jugendreferent werden und Jugendreferent hieß damals vor allem Bezirksjugendreferent sein. Montag hier, Dienstag dort, mittwochs am |

---

[37]   Auch dieser Aspekt wird im nächsten Abschnitt noch einmal eine Rolle spielen.

nächsten Ort. Und da habe ich gemerkt, das will ich nicht. Ich möchte irgendwo hin gehören und deshalb wurde ich Gemeindediakon. (…)

Fr. Feld: Also ich kann es ergänzen, weil ich hatte ja so eine ähnliche Situation, dass ich jedes Jahr den Arbeitsplatz wechseln musste. Und am Anfang fand ich das auch ganz spannend, weil ich viele verschiedene Aufgabenbereiche hatte. Immer neue Menschen, immer neue Kolleginnen. Die letzten drei, vier Jahre war es so, dass immer dann, wenn ich merkte, das Jahr ging zu Ende, sich in mir ganz furchtbare traurige und belastende Gefühle breitgemacht haben. (…) Ich habe das einfach nicht mehr ausgehalten, dieses ständige Wechseln, dieses ständige sich neu Einstellen, hatte bestimmt auch mit dem Alter zu tun. (…)

Fr. Reis: Genau. Und für die, die Familien haben, was wahrscheinlich die Mehrzahl der Diakone ist, ist ja die Frage des Umzugs. Muss ich jetzt von A nach B (…) und jetzt sind meine Kinder so und so alt und jetzt wieder weg? Und wieder neuer Freundeskreis? Und wieder neue Schule? Als Erwachsener sagt man gut, um der Aufgabe willen, aber wenn eine Familie dranhängt, sieht es nochmals anders aus.

Fr. Feld: Das geht nur, wenn man nicht gebunden ist.

Fr. Greiner: Auch da kannst du nicht alle fünf Jahre deinen Lebensraum ändern. Weil Alleinlebende genauso ihre festen Bezüge brauchen, sonst kannst du als Alleinlebender nicht leben. (…) Also es gibt sicher Menschen, die sich dafür eignen, aber ich kenne relativ wenige. (…)

Fr. Reis: Und das wäre eigentlich ein Rückschritt. Ich kann das aus der Missionsarbeit sagen, da hat man das früher gemacht und hat Familien und Alleinstehenden diese vielen Wechsel zugemutet. Wir sind für dich da, du gehörst zu uns, du bist angestellt. (…) Es gab in Afrika eine Mission SIM – sure I move – das hieß aber anders … ja, aber das war die Übersetzung. Und da hat man (…) bei den freien Werken gemerkt, das geht nicht. Da verheizen wir unsere Leute. (…) Da wären wir ja auf dem Rückschritt. Da würden wir ja das, was andere schon lange ad acta gelegt haben, als das Neue verkaufen, was Gutes, Zukunftsträchtiges.

Fr. Feld: Dann sind wir kirchliche Montagearbeiter. (…)

Fr. Greiner: Also, meine Erfahrung ist, dass aus Projekten durchaus für eine gewisse Zeit eine unbefristete Arbeit werden kann. Das ist meine Erfahrung. Ich sehe, dass inzwischen sehr viel über Projekt fi-

> nanziert wird, weil man keine Dauerfinanzierung mehr auf die
> Füße [stellen kann] (…) Ich denke Kirche müsste angesichts der
> Finanzlage entscheiden und angesichts der gesellschaftspoliti-
> schen Lage: Welche Aufgaben sind in der Kirche brennend?
> Manchmal entwickelt sich aus einem Projekt ja auch etwas, was
> dann weiterläuft.
>
> (Gruppendiskussion Projektbedingungen/gesundheitsbedingte Unterbrechungen)

Der Wunsch nach Zugehörigkeit, Beheimatung und Kontinuität durchzieht diese
Gesprächspassage. Dabei wird in der Äußerung, die diesen Diskurs einleitet,
durchaus deutlich, dass die Momente, die für Begeisterung im Hinblick auf spezifischen Bedingungen von Projektarbeit sorgen können, bekannt und auch
persönlich reflektiert sind. Möglicherweise schwingt hier sogar die Ahnung oder
Erfahrung mit, dass von einem Diakon oder einer Diakonin auf einer Projektstelle diese Begeisterung für wechselnde Arbeitsfelder und -formen, für immer
neue Anregungen und Herausforderungen eigentlich erwartet wird. Zumindest
scheint aber vor Augen zu stehen, dass es Menschen gibt, die diese Begeisterung
verströmen und für die projektförmige Arbeit keine Belastung sondern Chance
und Bereicherung zugleich darstellt.

Die Orientierung an Menschen und Beziehungen bringt hier scheinbar fast
automatisch mit sich, dass der Gedanke an auf Dauer gestellte Projektförmigkeit
diakonischer Arbeit mit der Sorge um Beziehungsabbrüche privater und beruflicher Natur einhergeht. Es kommt hier gar nicht in den Blick, dass die Verknüpfung von Projektarbeit und Arbeitsplatzwechsel keineswegs zwingend ist. Möglicherweise spiegelt sich in dieser hier alternativlos erscheinenden Verknüpfung
die Erfahrung, dass in den von ihnen überblickten Arbeitsbereichen Projekte
eher als Instrument zur Stellenbefristung und weniger als Methode der In-
formationsgewinnung und zum Zweck der Organisationsentwicklung genutzt
werden.

Als positiven Aspekt an immer wieder neuen Projekten entdecken diese Befragten die Chance, dass zumindest einzelne neu entwickelte Arbeitsfelder, die
aktuelle gesellschaftliche Entwicklungen aufnehmen, nach dem Ende der Projektlaufzeit auf Dauer gestellt werden können. Diese Diakoninnen und Diakone
orientieren sich demnach nicht nur an Menschen und Beziehungen, sondern
auch an der Kontinuität von Aufgaben und Arbeitsbereichen, die jedoch bei
diesen Befragten vor allem als Aufgaben für und mit Menschen verstanden werden.[38] Die verschiedenen Einschätzungen und Bewertungen nehmen in der Ge-
dankenwelt der hier befragten Diakoninnen und Diakone ihren Ausgangspunkt
von diesen beiden Grundorientierungen, die gleichsam als Bewertungsmaßstäbe

---

[38]   Die spezifische Konstellation, in der genau diese enge Verknüpfung eine große Rolle spielt, wird
        nachfolgend noch deutlich werden.

oder Normen der Bewertung fungieren. Die der Projektarbeit innewohnende Herausforderung ist in dieser Perspektive dann gut gelöst, wenn daraus im Anschluss kontinuierliche Arbeit entsteht.

Bisher konnten also anhand des vorliegenden Datenmaterials vier verschiedene Grundorientierungen von Diakoninnen und Diakonen rekonstruiert werden, die als paarweise einander gegenüberliegende Polaritäten eines Kontinuums betrachtet werden können. Daraus lässt sich nun eine Matrix konstruieren: Eine erste Achse verbindet die beiden polaren Orientierungen an Sache und Thema oder Menschen und Beziehungen. Eine zweite Achse erstreckt sich zwischen den Polen, die durch die Orientierung an Kontinuität und Bewahrung bzw. an Innovation und Weiterentwicklung markiert werden. Aus dieser Matrixkonstruktion lassen sich dann – zunächst eher theoretisch – vier verschiedene Grundorientierungskombinationen oder Typen ableiten:

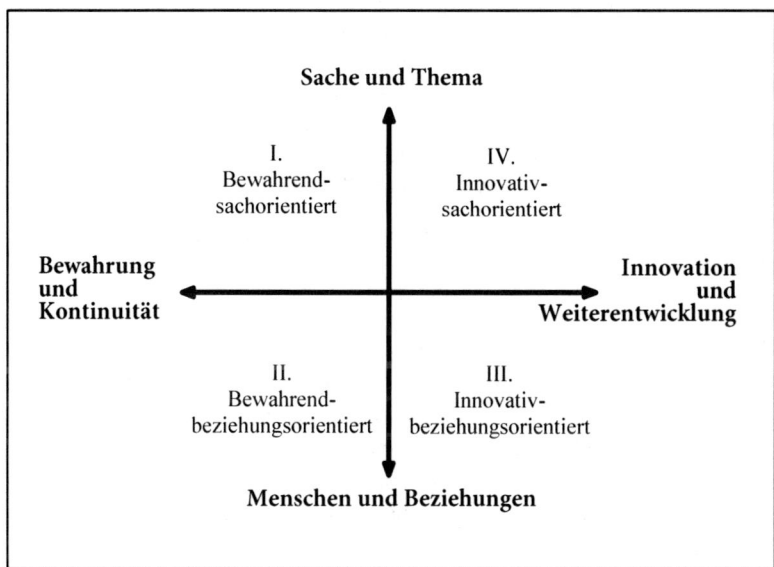

Zwei dieser hier rekonstruierten Typen wurden in der Interpretation der Gruppendiskussionen bereits sehr ausführlich herausgearbeitet, es lassen sich aber auch Ansatzpunkte für die beiden anderen Typen rekonstruieren. Nachfolgend stelle ich in einem kurzen Überblick alle vier Typen dar und illustriere hier deren Charakteristik nur noch jeweils mit einem kurzen Statement.

(I) Der bewahrend-sachorientierte Typus

Haltungen und Bewertungen von Diakoninnen und Diakonen, die dem bewahrend-sachorientierten Typus zuzuordnen sind, lassen sich daran erkennen, dass sie zum einen ihren Ausgangspunkt in als grundlegend, bewährt, erfolgreich oder als gut bewerteten Prinzipien und Entscheidungen nehmen und zum anderen auf Konzepte und Strategien hin orientiert sind. Wichtig ist in dieser Grundorientierung die Dauerhaftigkeit, Wiedererkennbarkeit und Verlässlichkeit der guten Sache. Im Rahmen der Gruppendiskussion tritt dieser Typus noch nicht in aller Deutlichkeit hervor, lässt sich aber dort zeigen, wo in einem an Kontinuität orientierten Diskurs eine gute Sache oder ein wichtiges Thema als grundlegende Motivation wahrgenommen wird, oder wenn innerhalb einer sachorientierten Argumentation auch Argumente zum Tragen kommen, die Kontinuität ins Zentrum stellen, wie im nachfolgenden Beispiel:

Fr. Greiner: Ich denke Kirche müsste angesichts der Finanzlage entscheiden und angesichts der gesellschaftspolitischen Lage, welche Aufgaben sind in der Kirche brennend. Welche von den brennenden Aufgaben, denn es brennen ja mehr als wir finanzieren können, zu welchen Aufgaben sagt die Kirche ja und welche bestmögliche Finanzierung kriegt man hin, wenn man ja sagt zu den Aufgaben. Und wenn wir dann sehen, dass manches am Anfang mal über Projektfinanzierung hinzubekommen wäre, ist dieses kein Anlass zu sagen, nur wenn man es von vornherein für die nächsten 20 Jahre finanzieren kann, darf man starten. Manchmal entwickelt sich aus einem Projekt ja auch etwas, was dann dauerhaft weiterläuft. Darin sehe ich dann eine Chance.

(Gruppendiskussion Projektbedingungen/mit krankheitsbedingten Unterbrechungen)

(II) *Der bewahrend-beziehungsorientierte Typus*

Diskurse, an denen eine Orientierung an Menschen und Kontinuität sichtbar wird, dominieren bei den Diakoninnen und Diakonen, die nach einer gesundheitsbedingten Ausfallzeit an der Gruppendiskussion teilnahmen. Argumentationen, die diesem Typus entsprechen, sind charakterisiert durch eine Logik, in deren Zentrum die Überzeugung steht, dass Beziehungen nur dort gedeihen können, wo über längere Zeiträume hinweg Kontakte gepflegt werden können. Entscheidende Erfolgsfaktoren oder Gütekriterien für kirchlich-diakonische Angebote sind in dieser Logik die Beziehungsfähigkeit der Verantwortlichen sowie Strukturen, die kontinuierliche Beziehungsgestaltung ermöglichen.

Fr. Feld: Am Anfang fand ich das auch ganz spannend, weil ich viele verschiedene Arbeitsfelder gehabt habe, (…) immer neue Kolleginnen und Kollegen, immer neue Klientinnen und Klienten. Die letzten drei, vier Jahre war es dann aber so, dass immer dann, wenn die befristete Vertretungsstelle wieder zu Ende ging, sich in mir wieder ganz furchtbare, traurige, belastende Gefühle breitgemacht haben, weil ich dann dachte: Jetzt habe ich mit diesen Menschen etwas angefangen, ich bin auf dem Weg, da sind auch teilweise sehr wertvolle, auch seelsorgerliche Kontakte entstanden, auch zu Kolleginnen und Kollegen (…) und dann musste man schon wieder gehen.

(Gruppendiskussion Projektbedingungen/mit krankheitsbedingten Unterbrechungen)

(III) *Der innovativ-beziehungsorientierte Typus*
Auch die Grundorientierung, die der Logik des innovativ-beziehungsorientierten Typus folgt, stellt Menschen und Beziehungen in den Mittelpunkt. Diakoninnen und Diakone, die diese Grundhaltung teilen, richten aber ihr Bestreben – gerade im Hinblick auf kirchlich-diakonische Aufgabenstellungen – eher auf die Anbahnung neuer Beziehungen. Eine professionelle Orientierung am kirchlichen Missionsauftrag im weitesten Sinne ist charakteristisch für diesen Typus, und das Erreichen neuer Zielgruppen ist eines der zentralen Ziele, die diese Grundorientierung auszeichnen. Zu dieser Logik gehört es, dass dieses Ziel dann in erster Linie über Beziehungsarbeit erreicht werden soll. Im nachfolgenden Beispiel spricht eine – selbst eher sachorientiert-innovativ argumentierende – Diakonin darüber, wie sie Ehrenamtliche, die eher dem bewahrend-beziehungsorientierten Typus II zuzuordnen sind, für eine Öffnung hin auf neue Menschen gewinnen will. Sie sucht nach einer Strategie, um Mitarbeitende in Richtung auf den hier dargestellten Typus III zu bewegen:

Fr. Maier: Also nochmal die Frage, wie man die Jugendlichen oder auch die Leute in den Gemeinden, die sich da wohl fühlen und das schön finden miteinander und die da auch ganz zufrieden sind, die wirklich innerlich dafür gewinnt, dass sie das wichtig finden, also nicht nur, dass sie das machen, weil man das soll oder weil sich die Möglichkeit bietet, sondern wirklich sagen, es ist mir wichtig und ich möchte es gern, und dass sie auch ein echtes Interesse, eine Neugier auch auf diese anderen Leute und in Anführungsstrichen die „anderen" entwickeln. Also das finde ich auch nochmal eine wichtige Sache, was mich sehr beschäftigt, weil ich merke, dass die Offenheit bei den Jugendlichen an der Schule riesig groß ist, da ist Interesse, Offenheit, Fragen und glaube auch, also das Abschreckende ist, was manchmal Leute aus der Jugendarbeit denken, also die Offenheit ist ja da und wenn man das wirklich hinkriegt, die Christen in den Gemeinden da verinnerlicht wirklich dafür zu gewinnen, und damit verbunden auch so ein bisschen eine strategische Frage, was ist da ein guter Weg? Also warte ich bis alle Lust drauf haben? Oder starte ich mit denen drei, die Lust drauf haben, die dann aber die Spannung innerhalb von ihrem System, also sie tragen müssen oder macht man einzelne Projekte nebendran und es ist so, dass es über den Hauptamtlichen läuft? Und das ist immer wieder die Frage, wie

> sieht da eine gute Strategie drin aus. Was sind die nächsten
> Schritte? Was macht Sinn, was nicht? Ja das beschäftigt mich
> sehr.
>
> (Gruppendiskussion Projektbedingungen/ohne krankheitsbedingte Unterbre-
> chungen)

(IV) *Der innovativ-sachorientierte Typus*

Diskurslinien, die dem an Sachthemen, Innovation und Weiterentwicklung
orientierten Typus IV entsprechen, scheinen die Gruppendiskussion mit den
Diakoninnen und Diakonen zu dominieren, die ohne gesundheitsbedingte Aus-
fälle ihrer Arbeit in den Teilprojekten nachgingen. Die Begeisterung für Weiterentwicklungen einer guten Sache, das Ausprobieren neuer Strategien und die
Orientierung an zukünftigen Herausforderungen prägt die Haltung von Diakoninnen und Diakonen, deren Grundorientierung diesem letzten Typus der Matrix entspricht.

> Fr. Maier: (…) Es kann sein, das da neue Sachen ausprobiert werden, die
>   voll in die Hose gehen. Ja, dann weiß man, ok so funktioniert es
>   nicht, und kann was daraus lernen. Oder es kann sein, weil mal
>   eben an der Stelle was riskiert, dass man wirklich etwas Neues
>   entdeckt und es braucht und dass das erst mal auch wirklich
>   weiter weg ist von den üblichen Wegen. Das fände ich auch cool.
>   (…) Aber da nochmal den Mut zu haben zu sagen, lasst uns
>   einen gewissen Anteil von Projekten oder einen gewissen Anteil
>   von Stellenbereichen oder Unterstützungssachen schaffen, wo
>   wir überhaupt nicht wissen, funktioniert das funktioniert das
>   nicht. Könnte, muss aber nicht. Weil es ja oft so ist, dass Sachen
>   ausgewählt werden, von denen man ziemlich sicher annimmt, ja
>   in irgendeiner Form wird das schon funktionieren, aber da
>   nochmal zu sagen, ok wenn da jemand ist mit einem Team am
>   besten, der sagt, da sehe ich meinen Auftrag darin, das könnte
>   ich mir vorstellen, das würde ich gerne machen. Auch auf solche
>   Sachen zu reagieren. Das fände ich cool.
>
> (Gruppendiskussion Projektbedingungen/ohne krankheitsbedingte Unterbre-
> chungen)

Insgesamt kann als Schlussfolgerung aus der bisherigen Dateninterpretation eine
erste Hypothese festgehalten werden: Eine professionelle Grundorientierung von
Diakoninnen und Diakonen, die auf Sachthemen und Zukunftsorientierung
ausgerichtet ist, steht möglicherweise in einem positiven Zusammenhang zu
deren Arbeitszufriedenheit und damit auch zu ihrer Gesundheit. Eine eher an
Beziehungen und Kontinuität orientierte Grundhaltung scheint dagegen unter

Projektbedingungen tendenziell mit einer geringeren Arbeitszufriedenheit einherzugehen und möglicherweise mit größeren Gefährdungen für die Gesundheit verbunden zu sein.[39] Eine Art Kurzform dieser Hypothese wird interessanterweise von einigen befragten Diakoninnen und Diakonen immer wieder angedeutet. An einer Stelle formulieren zwei Diskutierende dies exemplarisch im Hinblick auf die berufliche Eignung für verschiedene Berufsbilder und Handlungsfelder im Diakonat und sie stellen zugleich einen Bezug her zur Kirche und ihrem grundlegenden Auftrag.

Hr. Maier:	Es gibt Leute, die sind die Typen, die gerne die Projektarbeit machen und es sich gerne immer wieder auf was Neues einlassen, und es gibt Leute, die das super finden, wenn sie schon fünf Jahre im Voraus wissen, was im Januar los ist. Und die würden die Krätze bekommen, bei so einer Funktion.
Fr. Feld:	Aber das ist ja die Frage. Ist das sozusagen nicht eine Kernkompetenz in unserem Beruf, Projektarbeit? Also wenn die wirklich vier oder drei Jahre vorher wissen müssen, was sie im nächsten Jahr im Februar genau tun müssen, würde ich sagen, eigentlich sind sie dann für ihren Job nicht geeignet.
Hr. Maier:	Ich glaube es gibt unterschiedliche Typen.
Fr. Feld:	Ja das glaube ich auch, aber ich finde solche Typen haben hier nichts zu suchen.
Hr. Maier:	Ich glaube die haben andere Stärke nochmal, die sie mit einbringen, die dann so Leute, die vorpreschen oder die gerne neue Sachen anfangen, nicht haben. Also ich glaube man braucht in einer Kirche für das Gesamte braucht man verschiedene Typen, verschiedene Kompetenzen, auch in unterschiedlichen Phasen von Orten und von Entwicklungen.
Fr. Weber:	(…) Ich glaube, dass es Leute gibt, die das [Kontinuierliche] brauchen oder die auch gut sind dann für die kontinuierliche Arbeit, um dies weiter zu führen. Aber vielleicht braucht man mehr Projekte.

---

[39] Dabei bestätigen auch hier Ausnahmen die Regel. In der Gruppendiskussion mit denjenigen Diakoninnen und Diakonen, die eine längere Erkrankungsphase hinter sich hatten, fällt eine Diakonin dadurch auf, dass sie Argumentationsmuster aller Typen nutzt. In der Gruppendiskussion mit denjenigen Diakoninnen und Diakonen, die bis zum Zeitpunkt der Gruppendiskussion ohne krankheitsbedingte Unterbrechungen im Diakonatsprojekt gearbeitet hatten, argumentiert eine Diakonin sehr sachorientiert und auch durchaus innovativ, die später für sechs Wochen arbeitsunfähig wird, ohne dass dies auf ein schädigendes Ereignis von außen zurückzuführen gewesen wäre.

Hr. Maier:	Die Frage ist aus welcher Perspektive man das aufstellt, ob man aus der Perspektive von uns Hauptamtlichen denkt oder aus Perspektive von den Orten oder von Kirche in ihrem Auftrag?
Fr. Weber:	Das ist die Frage, was man erreichen möchte ... als Kirche.
Hr. Maier:	Eben genau. Das ist die Frage, aus welcher Perspektive antwortet man jetzt.
Fr. Weber:	... Ja ist klar.
Hr. Maier:	(...) Und je nach dem wird das unterschiedlich aussehen. Also die Gemeinde wird immer gerne wollen, dass jemand dauerhaft bei ihnen ist, der dafür zuständig ist (...) und dann sind wir gut versorgt und alles ist super. Ich glaube für eine Gemeinde ist es immer, ich sage nicht das Gesündeste, aber das Angenehmste jemand dauerhaft zu haben. Die würden glaube ich sich immer für dauerhaft stark machen wollen. (...)
Hr. Frey:	Also Projekte sind für mich eher was Progressives und dann fehlt das bewahrende Element unserer Kirche mit Sicherheit auch. Von daher denke ich, [dass nicht nur in Projekten gearbeitet werden kann.] (Es folgt eine Aufzählung unterschiedlicher Berufsbilder im Diakonat und Andeutungen dazu, dass sich in den dazugehörigen Handlungsfeldern unterschiedliche Perspektiven auf Projektarbeit ergeben.) Ich glaube, dass man das so vereinheitlicht nicht sagen kann. (...)
Fr. Weber:	Ja das ist eine strategische Frage, finde ich auch spannend. (Zustimmung Hr. Maier)

(Gruppendiskussion Projektbedingungen/ohne gesundheitsbedingte Unterbrechungen)

Zunächst behandeln die Befragten die Frage nach der Bedeutung von Projektarbeit als eine Typfrage, als eine Frage, die mit der Persönlichkeit eines Professionellen (oder auch Ehrenamtlichen) verknüpft ist. In einem zweiten Schritt wird sie dann in eine Kompetenzfrage transformiert, die sehr scharf pointiert vorgetragen und mit der Forderung verbunden wird, dass das eigentlich alle Diakoninnen und Diakone können oder der Typ dafür sein müssten. Diese Scharfstellung zieht eine Erweiterung der Perspektive auf verschiedene Arbeitsfelder und Berufsbilder nach sich. Es folgt damit zugleich ein Perspektivenwechsel. Jetzt denken die Befragten über die Organisation Kirche nach. Dabei gehen sie von der Frage aus, was Gemeinde denn will und was sie tatsächlich braucht. Von dieser Frage ausgehend entwickeln sie ihre Strategie. Grundsätzlich scheint unter den Befragten Einigkeit darüber zu bestehen, dass insbesondere Kirchengemeinden eine große Affinität zu Beziehungspflege und Kontinuitätsorientierung zeigen. Unausgesprochen läuft hier möglicherweise die Theorie mit, dass deshalb Diakoninnen und Diakone, die diese Orientierung teilen, gerade im Handlungsfeld Gemeinde eine hohe Passung vorweisen können. Zugleich wird diese eher implizit gehandhabte Passungshypothese jedoch sofort wieder in Frage gestellt *("ich sage nicht das Gesündeste")*, um dann in einer erneuten Weitung des Blickfeldes die Perspektive der Gesamtkirche einzunehmen und die strategische Bedeutung unterschiedlicher professioneller (und ehrenamtlicher) Typen und Arbeitsformen (Projekte vs. kontinuierliche Arbeit) für die Bewältigung des kirchlichen Gesamtauftrages zu thematisieren.

Diesen von den befragten Diakoninnen und Diakonen eingebrachten Aspekt halte ich sowohl im Hinblick auf Aus- und Weiterbildungskonzeptionen als auch in Bezug auf den strategischen Personaleinsatz für außerordentlich bedenkenswert. Vergleichbare Überlegungen liegen salutogenetisch orientierten Konzepten zur Förderung der Arbeitsgesundheit zugrunde, die darauf abzielen, die Passung zwischen Aufgabenstellung und eingesetztem Personal durch entsprechende Maßnahmen zu erhöhen. Darin werden dann Aspekte wie Unternehmensstrategie, Führungsverhalten, Team- und Arbeitsorganisation sowie die individuelle Verhaltenssteuerung zu einem Gesamtkonzept verdichtet.[40] Im folgenden Abschnitt werde ich die Grundlagen für diesen Denkansatz im Hinblick auf kirchlich-diakonische Arbeitsfelder durch Beobachtungen zu einzelnen Aspekten der Projektarbeit weiter differenzieren.

3.2 Zusammenhänge zwischen den Grundorientierungen der Diakoninnen und Diakone und ihrem Stresserleben in der Projektarbeit

Innerhalb der an den beiden Gruppendiskussionen bereits gezeigten unterschiedlichen Grundorientierungskombinationen lassen sich zugleich verschiedene – vermutlich für die jeweiligen Grundorientierungen charakteristische – Formen des Stresserlebens zeigen. Diese unterschiedlichen Ausprägungen des Belastungserlebens sollen an drei verschiedenen Stimuli gezeigt werden, die jeweils von einigen der befragten Diakoninnen und Diakone in den Gruppendiskussionen als Stressoren bewertet wurden. An dieser Stelle fällt auf, dass die von den Befragten in beiden Gruppendiskussionen markierten Belastungsfaktoren sich in vergleichbaren Formulierungen bereits in Untersuchungen zum Stresserleben in anderen Feldern der Projektarbeit finden lassen.[41] Im Gesamtduktus der beiden Gruppendiskussionen fällt auf, dass die Gruppe der Diako-

---

40 Vgl. BELEV-Konzept des Diakonischen Werkes in Württemberg e.V. Vgl. dazu Knapp 2013.
41 Vgl. dazu die Literaturangaben im ersten Abschnitt dieses Beitrags.

ninnen und Diakone, die bis zum Befragungszeitpunkt ohne gesundheitsbedingte Unterbrechungen im Diakonatsprojekt tätig waren, deutlich mehr Gesprächsanteile auf die aktive Auseinandersetzung mit verschiedenen Stressoren verwendet und dabei fast immer konzeptionelle, strukturelle oder strategische Aspekte
mit bedenkt, während in der anderen Gruppe die Fokussierung auf persönliche
Anteile und Motivationen im Kontext der Beschreibung belastender Faktoren
sehr viel ausgeprägter zu sein scheint.[42]

(1.) Ungewissheit und Erwartungsdruck hinsichtlich der Umsetzung der Projekt-
ziele
In einer ganzen Reihe von Äußerungen der befragten Diakoninnen und Diakone
spielt das Nachdenken über die Arbeit mit Zielen eine Rolle. Als übergreifender
Konsens stellt sich hierbei dar, dass Diakoninnen und Diakone selbstverständlich
auch unabhängig von einem Projektsetting – also etwa unter den Bedingungen
kontinuierlicher Arbeit – in ihrer Arbeit Ziele haben und verfolgen. Als Unterschied im Hinblick auf die Arbeit mit Zielen markieren die Diakoninnen und
Diakone, dass sowohl die Methoden und Wege zur Zielerreichung als auch die
Bewertung des Zielerreichungsgrades unter Projektbedingungen öffentlichen
Charakter erhalten. Das offizielle Berichtsprozedere verleiht diesem Aspekt der
diakonischen Arbeit in ihren Augen größere Bedeutung. Davon nicht zu trennen, aber im Diskurs mit wahrnehmbar größerem Gewicht versehen, ist der
Aspekt, dass sich durch den experimentellen Charakter von Projekten die Unsicherheiten hinsichtlich eines erwartbaren Erfolges vergrößern. Beide Faktoren
(Öffentlichkeit und Erfolgsunsicherheit) werden von beiden Diskussionsgruppen
wahrgenommen und beschrieben. Die Bewertung dieser beiden Faktoren und
der Umgang damit unterscheiden sich jedoch deutlich voneinander, wie sich an
zwei im Folgenden einander gegenübergestellten Aussagen zeigen lässt:

| Fr. Reis: | Also ich finde schon, dass ein Projekt, wenn man etwas entwi-ckelt, das ist schon nochmal anders herausfordernd. Das was ich vorher genannt habe: Dieses mich erfinden müssen. Dass man denkt: Wie wird das? Haut das hin? Habe ich was Wichtiges ver-gessen? Ist das nicht von vornherein zum Scheitern verurteilt? Diese Dinge. (…) Es geht ja nicht um die Bewertung der Arbeit, in der Evaluation, sondern um die Frage: Wie kann was unter welchen Bedingungen gelingen? Aber wir können uns als leis-tungsorientierte, westliche Menschen ganz schwer von einer Be-wertung verabschieden. (…) Weil jetzt habe ich das Gefühl, ob-wohl ich weiß, dass es nicht stimmt, aber das Gefühl ist da: Er- |

---

[42] Es bietet sich an, diesen Aspekt unter salutogenetischer Perspektive weiter zu bedenken.

> folgsdruck! Du musst! Das sollte gelingen! Du willst ja keinen
> Schrott hier liefern.
>
> (Gruppendiskussion Projektbedingungen/gesundheitsbedingte Unterbrechungen)

Diese Diakonin nimmt darauf Bezug, dass die Evaluationskonzeption[43] im Projekt „Diakonat – neu gedacht, neu gelebt" gerade nicht darauf basiert, dass Projekte hinsichtlich eines wie auch immer messbaren Erfolges beurteilt werden sollen, sondern dass es innerhalb dieses Evaluationskonzeptes im Grundsatz darum geht, Projektprozesse besser nachvollziehbar und verstehbar zu machen und daraus Lerneffekte zu gewinnen. Trotz dieses theoretischen Wissens expliziert sie ihr Gefühl des Erfolgsdrucks vor dem Hintergrund von persönlichen Erwartungen an sich selbst und im Kontext der Ungewissheit über den zu erwartenden Projekterfolg. Zwar entschärft sie die persönliche Verantwortungszuschreibung für dieses Gefühl durch eine Einordnung in die dazugehörigen gesellschaftlichen und kulturell bedingten Zusammenhänge, aber diese Relativierung beseitigt für sie ihr Gefühl des persönlichen Erfolgsdrucks nicht. Da sich diese Einzeläußerung in den Gesamtduktus der Gruppengespräche organisch einfügt, schließe ich daraus, dass dieses an der eigenen Person orientierte Belastungserleben in einem Zusammenhang mit der grundlegenden Orientierung am eigenen Menschsein, an Menschen und Beziehungen steht und deshalb als charakteristisches Stresserleben unter Projektbedingungen für Professionelle gelten kann, deren Grundorientierung diese Ausprägung besitzt.

Ganz anders reagiert eine andere Diakonin auf Ungewissheit und Erwartungsdruck hinsichtlich der Umsetzung der Projektziele[44]: *„Ich finde es cool an einem Projekt, dass man mal ein bisschen experimentieren kann, dass es nicht unbedingt in eine Verlängerung gehen muss. Wobei ich natürlich hoffe, dass manche Erkenntnisse weiter gehen. Aber einen Satz, den ich mal gehört habe (...) als ich schon mal ein Projekt hatte: Projekte dürfen scheitern. Das finde ich an sich eine sehr spannende Geschichte. Wobei ich natürlich schon ganz gerne etwas umsetzen möchte. Auch etwas entwickeln möchte."*

Eine vergleichbare Ungewissheit und dasselbe öffentliche Interesse an den Projektergebnissen wird von dieser Diakonin als interessante Herausforderung bewertet, und zusammen mit dem experimentellen Charakter von Projekten wird sofort die in jedem Experiment per se immer schon eingebaute Möglichkeit des Scheiterns bedacht. Dies geschieht nicht in einer Weise, die auf wenig Engagement oder eine geringe Identifikation mit den Projektaufgaben schließen ließe,

---

43 Vgl. dazu Kapitel I in diesem Band. Ausführlich wird diese Konzeption voraussichtlich in Band I dieser Publikationsfolge dargestellt werden.

44 Hier nehme ich ein bereits weiter oben in seinem Diskurszusammenhang interpretiertes Zitat (Gruppendiskussion Projektbedingungen/ohne gesundheitsbedingte Unterbrechungen) noch einmal auf.

sondern quasi auf konzeptioneller Ebene. Das dahinter stehende Konzept könnte lauten: „Wer Projekte initiiert und ein Experimentierfeld eröffnet, der hat damit sein Interesse an neuen und damit unsicheren Wegen bekundet und das Risiko des Scheiterns selbstverständlich bereits einkalkuliert." Damit wird ein auch hier einkalkuliertes Scheitern nicht zum persönlichen Scheitern, sondern zu einem konzeptionell abgefederten Scheitern, was diese Diakonin – wenn man ihrer Darstellung Glauben schenkt – als Entlastung erlebt. Mit der gebotenen Vorsicht lässt sich daraus die Hypothese ableiten, dass der Umgang mit Erfolgsungewissheit und Erfolgsdruck unter Projektbedingungen im Zusammenhang einer Konzeptorientierung eher erleichtert wird, und dass diese Form der Belastungsrelativierung als charakteristisch für die Gruppe der Diakoninnen und Diakone gelten kann, deren Grundorientierung eher thematisch und entwicklungsbezogen geprägt ist.

(2.) Begrenzung der Projektlaufzeit
Die Endlichkeit von Projekten beschäftigt ebenfalls beide Diskussionsgruppen in verschiedenen Zusammenhängen. Dabei fällt auf, dass sich gerade in der Reaktion auf diesen Stimulus ein grundlegender Konsens zwischen beiden Gruppen feststellen lässt, der im folgenden Gesprächsausschnitt von der Gruppe der Diakoninnen und Diakone ohne gesundheitsbedingte Unterbrechungen der Projektarbeit mit Nachdruck zum Ausdruck gebracht wird:

Hr. Maier:	Eine gewisse Gefahr der Projektarbeit ist es, wenn Aufgaben oder Menschen es brauchen, dass da lange Zeit mit ihnen gearbeitet werden muss und wenn da eine Kontinuität aufgrund von verschiedenen Faktoren notwendig ist. Für solche Aufgaben, für solche Menschen ist es natürlich heftig, wenn da mal zwei Jahre plötzlich was ist, was für sie tragend ist (…) und wenn das dann auch plötzlich nicht mehr ist. (…) An der Stelle glaube ich hat Projektarbeit ihre Gefahren.
Fr. Kern:	(…) Das stellt meine eigene Glaubwürdigkeit in Frage, die Glaubwürdigkeit von Kirche und die Glaubwürdigkeit von der Einrichtung. (Zustimmung von Hr. Maier) Das ist sehr dramatisch, darum muss ich auch jetzt gucken, dass ich eigentlich niemand Neues mehr mit rein nehme, weil die Prozesse dauern zwei Jahre und dann bin ich weg, unter Umständen. Also insofern, da muss man wirklich sehr vorsichtig hantieren. Menschliche Beziehungen sind keine Projekte. (Zustimmendes ‚Schnaufen' der anderen).
Hr. Walter:	Das wäre auch mein Votum, zu schauen, wo es sinnvoll ist, mit Projekten zu arbeiten, und wo nicht. Und sobald es auf die Beziehungsebene geht, halte ich Projektarbeit für äußerst bedenklich.

> (…) Also das ist glaube ich weder für die Stelleninhaber dann besonders zuträglich (…) noch für die Beteiligten vor Ort. Da glaube ich nicht, dass man alle kirchliche Arbeit auf Projekte umstellen kann. So sehr es dann auch gut sein kann, (…) wenn man irgendwo angestellt ist und sagt ok, ich mache jetzt hier mal ein Projekt, dann setze ich hier irgendwo den Schwerpunkt, also ich bin da als Person und jetzt setze ich mal den Schwerpunkt im nächsten Jahr hier oder dann bei was anderem. Einfach um zu gucken, was ist grad dringlich, was liegt an? Da halte ich Projektarbeit schon für sinnvoll. Ein bisschen sehe ich auch die Schwierigkeit mit dem ganzen Papierkram, also wie viele Projektanträge ich schon vergeblich geschrieben habe. Also wie viel Zeit ich dafür schon gebraucht habe. (…) Und dann ist es halt nicht genehmigt, also auch ein bisschen nervig und ein bisschen frustrierend. (…) Ich würde dafür plädieren zu schauen, eignet es sich? Da müsste man nochmal nach Kriterien schauen, die sich dann eignen.
>
> (Gruppendiskussion Projektbedingungen/ohne gesundheitsbedingte Unterbrechungen)

Die hier formulierte These, die beide Diskussionsgruppen übereinstimmend teilen, lässt sich etwa so zusammenfassen: Wenn eine diakonische Aufgabe nur in einer engen und langfristigen Beziehung zu Menschen sachgemäß erfüllt werden kann, dann ist sie für projektförmiges Arbeiten in vielen Fällen ganz und gar ungeeignet. Wenn derartige Projekte dennoch durchgeführt werden, dann bedürfen sie in den Augen der Befragten bei ihrer Durchführung einer ganz besonderen Sorgfalt, um nicht das Wohl von Klientinnen und Klienten und darin zugleich die Glaubwürdigkeit von Projektverantwortlichen, diakonischen Einrichtungen und der Kirche zu gefährden.

Jenseits dieser Konsensthese zeigen sich jedoch wiederum charakteristische Unterschiede in den Diskursen der beiden Gruppen zum Thema „Endlichkeit der Projektlaufzeit". Die Gruppe derer, die überwiegend thematisch-entwicklungsorientiert argumentieren, entdeckt auch in der zeitlichen Begrenzung von Projekten durchaus Chancen und entwickelt im Diskurs konzeptionelle Modelle für die Nutzung der Vorteile von Projektarbeit. Dagegen lassen sich bei den eher an Kontinuität orientierten Diakoninnen und Diakonen Denkfiguren identifizieren, die sehr stark an der eigenen Person und dem persönlichen Engagement orientiert sind:

Fr. Greiner: Das Projekt soll gut sein. Natürlich weil ich auch die Anerkennung will. Meine letzte Arbeitsstelle soll auch gut abgeschlossen werden. Aber die verflixte Kombination darin ist, dass ich mich dabei ertappe, dass ich denke: Wenn ich es gut mache, dann hat

> dieses Projekt vielleicht doch eine Fortsetzungschance. Ich will ja auf gar keinen Fall, dass diese Arbeit aufhört. Ich will ja, dass sie weitergeht! Und da ist so eine Versuchung drin, zu denken: Je besser, je mehr – wobei es nicht immer zusammengehört – desto eher geht das Projekt auch weiter. Das finde ich schon eine Forderung, also die kommt gar nicht unbedingt von außen, aber das finde ich eine Belastung.

Fr. Reis: Aber dieses haben wir in uns, dies bringen wir mit.

Fr. Greiner: Ja, und natürlich die Projektarbeit, die nicht gesichert ist. Als ich Jugendreferentin war, da war ich einfach auf einer Stelle, die ist weitergegangen. Da hat kein Mensch davon geredet, dass der Jugendreferent/die Jugendreferentin in der Diskussion steht, oder die Diakonin zur Diskussion steht, oder die Arbeitsstelle zur Diskussion steht. Das ist heute auch anders, aber damals hatte ich das Gefühl, ich könnte bis zu meinem Berufslebensende Jugendreferentin sein. Und jetzt denke ich: Nein, das Oberkirchenratsprojekt ist zu Ende. Wer weiß, wer es dann weiterfinanziert? Da verbindet sich auch bei mir innerlich eine Verantwortung, etwas gut zu machen, weil es dadurch dann auch überzeugend sein könnte.

(Gruppendiskussion Projektbedingungen/gesundheitsbedingte Unterbrechungen)

Angesichts der projektbedingten Zeitbegrenzung wird für diese Diakonin die Bereitschaft zur Weiterfinanzierung ihres Aufgabenbereiches durch mögliche Kostenträger nach dem offiziellen Projektende und ihrem eigenen Ausscheiden aus dem Berufsleben zum Gradmesser für die Qualität und Überzeugungskraft ihrer Arbeit. Diese individuell konstruierte, persönliche Verantwortungsübernahme bewertet sie selbst als eine Belastung.

Die zeitliche Befristung von Projektarbeit erscheint hier demnach ebenfalls als ein Stimulus, der in für die jeweiligen Orientierungstypen charakteristischer Weise unterschiedliche kognitive Bewertungen erfährt und verschiedene Bewältigungsmechanismen sichtbar macht. Im Zusammenhang des immer schon mitgedachten Endes von Projekten präzisiert sich die Einschätzung der sachbezogen und entwicklungsorientiert argumentierenden Diakoninnen und Diakone, dass Projektarbeit und Beziehungsorientierung im Hinblick auf unterschiedliche konzeptionelle Bezugspunkte (Klientinnen und Klienten, Professionelle, Aufgabenstellung, Zielsetzung und Arbeitsmethode) nur selten in einer Art und Weise miteinander kombiniert werden können, dass daraus tatsächlich ein Mehrwert gewonnen werden könnte. Diese gedankliche Herangehensweise an den Stimulus „Begrenzung der Projektlaufzeit" scheint wiederum einen relativ gelassenen Umgang zu ermöglichen, während eine ernsthafte Belastung erneut vor allem dort thematisiert wird, wo ein Konzept konstruiert wird, das die Verantwortung primär in der eigenen Person lokalisiert.

(3.) Widersprüchliche Ansprüche verschiedener Anspruchsgruppen
Neben den missionarisch-diakonischen Aufgaben in den Teilprojekten vor Ort hatten alle Diakoninnen und Diakone im Projekt „Diakonat – neu gedacht, neu gelebt" auch Erwartungen hinsichtlich der wissenschaftlichen Projektevaluation zu erfüllen. Vor allem dort, wo die Projektbeauftragung sich nur auf weniger als 50% des Gesamtumfangs der Anstellung bezog, führte das zu einer Addition der Erwartungen, die aus ganz verschiedenen Richtungen mit sehr unterschiedlichen Ansprüchen an die Projektstelleninhaberinnen und -inhaber gestellt wurden. Auch in dieser zusätzlichen Herausforderung zeigten sich – trotz grundsätzlich vergleichbaren Konstellationen – sehr unterschiedliche Haltungen gegenüber dieser Problematik, wie sich anhand des folgenden Zitates sehen lässt:

Hr. Frey:	Mich bewegt in Bezug auf meine gesamte Anstellung, wie verhält sich auf der einen Seite die normale Anstellung innerhalb der Kirchengemeinde im Verhältnis zur Projektstelle. Und dann im Projekt selber bewegt mich zum einen gerade natürlich die Evaluation, die ansteht. Und vor Ort dann auch nochmal die Begleitung und Schulung der hauptamtlich Mitarbeitenden innerhalb unseres diakonischen Dienstes und parallel dazu haben wir eben auch angefangen Ehrenamtlichengruppen aufzubauen. Da haben wir zwei Schulungseinheiten durchlaufen und jetzt ist ebenso die Anfrage: Wie wird das Hospizangebot abgerufen? Das ist immer wieder so eine Herausforderung. Ist es bei den Menschen auch schon angekommen? Das ist das eine und das andere: Was kann ich von den Ehrenamtlichen wirklich erwarten, was darf ich ihnen zumuten? Und dann sind da noch die Erstanfragen, die immer zuerst über mich laufen. Und dann bin ich herausgefordert, in so einer Situation dann einzugreifen, und mein ganzer Alltag kommt dadurch nochmal durcheinander, und plötzlich müssen die Prioritäten nochmal neu abgecheckt werden.

(Gruppendiskussion Projektbedingungen/ohne gesundheitsbedingte Unterbrechungen)

In der Perspektive dieses Diakons treffen die Logik einer wissenschaftlich begleiteten, zeitlich befristeten, dem Umfang nach kleinen Projektstelle und die Logik eines auf Dauer angelegten, weit umfangreicheren Dienstauftrages aufeinander. Seine Projektstelle war vor allem in der ersten Projektphase geprägt von den Anforderungen durch eine Veränderung der Arbeitsmethoden und der Erwartungen, die durch das Anwachsen nicht planbarer, akuter Einsätze hinzukamen. Dem gegenüber standen seine regulären Stellenanteile, die durch Gemeindeveranstaltungen und schulische Verpflichtungen einen relativ festgelegten zeitlichen Rahmen aufwiesen und mit ihren Anforderungen wenig Spielraum eröffneten. In dieser schon grundsätzlich als komplex erlebten Situation sind es für ihn, in der hier wiedergegebenen Äußerung, die akuten Einsätze, die seine Selbstorganisationsfähigkeit auf die Probe stellen und ihm eine immer wieder unverhofft zu leistende, konzeptionelle Überprüfung seiner Handlungsoptionen abverlangen. Die damit verbundene Herausforderung kommt deutlich zum Ausdruck, von Belastung ist explizit bei ihm nicht die Rede.

Was diesem Diakon demnach als in erster Linie konzeptionell zu lösende Herausforderung und als Aufgabe für seine Selbstorganisation erscheint, evoziert bei einem Kollegen ein Gefühl der Mehrfachbelastung:

Hr. Weiß:	(…) [Charakteristisch für dieses Projekt ist,] dass man an einer Unzahl von Studientagen, Arbeitsgruppen, Arbeitsblättern, Rückmeldungen, korrigierten Arbeitsblättern, Arbeitsgruppen teilnimmt. Und dass es mir manchmal zu viel ist, manchmal verstehe ich auch nicht, warum was oder warum was zuerst so und dann doch anders. Das macht mir ein bisschen Mühe, obwohl ich grundsätzlich verstehen kann, dass man diakonische Arbeit untersuchen muss, damit man sie definieren kann, weiterentwickeln kann und profilieren kann. Dies verstehe ich grundsätzlich. Da würde ich schon gerne daran mitwirken, weil ich ja auch will, dass es gute diakonische Arbeit weiterhin gibt in dieser Kirche. Die braucht sie dringend, dringendst! Aber ich kann im Detail nicht immer alles verstehen. (…) Ich will noch kurz hinzufügen: Es bedeutet in unserem Fall eine zusätzliche Belastung, mit dem was ich schon angedeutet habe, in unserem Fall eine doppelte, dreifache, vierfache Belastung, weil wir als kleines Team eine Stelle teilen. Also da macht immer jeder alles was sonst nur einer macht oder nur eine, und wir müssen uns nochmals vor Ort treffen. Aber es hat natürlich auch was Spannendes und wie gesagt in dem Sinne, dass ich mithelfen will, wenn das denn am Ende rauskommt – das kann ich ja nur hoffen, ich habe da ja meine Zweifel – dass eben was getan wird, wirklich für die diakonische Arbeit in dieser Kirche, dann soll es mir recht sein. Es holpert halt manchmal ein bisschen, finde ich.

(Gruppendiskussion Projektbedingungen/gesundheitsbedingte Unterbrechungen)

Hier beschreibt der befragte Diakon ein Bündel von Stressfaktoren, die er als belastend empfindet: Er soll Aufgaben bewältigen, deren Sinn er nicht versteht, die er als Überforderung empfindet, die viel Zeit in Anspruch nehmen und viel Energieaufwand erfordern. Das bewertet er als erheblichen Stress, der noch dadurch verstärkt wird, dass seine Motivation ins Wanken zu geraten scheint. Er argumentiert hier damit, dass ein sicherer Erfolg des Gesamtprojekts ihn möglicherweise entschädigen könnte für seine Mühe und dass allein positive Aussichten in dieser Hinsicht ihn motivieren könnten. Erfolg des Gesamtprojekts ist für diesen Diakon gleichbedeutend damit, dass gute diakonische Arbeit für die Zukunft kontinuierlich abgesichert wird. Da er sich selbst diesbezüglich jedoch als wenig hoffnungsvoll darstellt, verschwimmt ihm der Hintergrund, vor dem er dem Engagement für Evaluationsfragestellungen positiven Sinn zumessen könnte.

In der Schilderung dieser von ihm rekonstruierten Gemengelage wird implizit die Anstrengung deutlich, die es für ihn bedeutet, unter solchen Bedingungen gute Arbeit auf den unterschiedlichen Ebenen des Diakonatsprojekts zu leisten. In der hier vorgetragenen Argumentation zeigt sich, welche Rolle auch innerhalb einer grundsätzlich an Kontinuität und Beziehungen orientierten Haltung eine Motivation für eine als wichtig erachtete Sache spielen kann und welche Irritation darin ein Gefühl fehlender Verstehbarkeit bedeuten kann. Vermutlich sind auch diese beiden Beispiele charakteristisch für die jeweiligen Ausprägungen des Belastungserlebens und die mehr oder weniger sichtbar werdenden Bewältigungsstrategien.

Darüber hinaus wird gerade an diesem letzten Statement noch einmal eine große Nähe der Argumentation zum salutogenetischen Konzept von Aaron Antonovsky deutlich. Deshalb werde ich an dieser Stelle eine entsprechende Reflexion der Interpretationsergebnisse anschließen.

3.3 Salutogenetische Reflexion der Interpretationsergebnisse

Im Rahmen der interpretatorischen Rekonstruktion der Wahrnehmungen von Projektarbeit durch Diakoninnen und Diakonen wurden verschiedene Grundorientierungen beobachtet und es konnten einige Stimuli identifiziert werden, die bereits in empirischen Studien aus anderen Bereichen der Projektarbeit[45] als typische Belastungsfaktoren benannt wurden. Es wurde darüber hinaus anhand der einzelnen Stimuli differenziert aufgezeigt, dass die in den beiden befragten Gruppen beobachteten, unterschiedlichen Grundorientierungen mit verschiedenen Ausprägungen des Belastungserlebens einhergehen und – zumindest in Ansätzen – auch Unterschiede hinsichtlich der diskursiv erkennbaren Bewältigungsstrategien deutlich werden.

Daraus wurde insgesamt eine zweiteilige Hypothese abgeleitet, die lautet: Möglicherweise steht unter Projektbedingungen eine an Themen und Entwicklungen orientierte Grundhaltung in einem engen Zusammenhang mit einem eher geringen Niveau des Stresserlebens, aktiv-lösungsorientierten Bewältigungs-

---

[45] Vgl. dazu die Literaturangaben im ersten Abschnitt dieses Beitrags.

strategien und einem positiven Gesundheitsstatus, während andererseits eine an Menschen und Kontinuität orientierte Grundhaltung unter Projektbedingungen in einem engen Zusammenhang steht mit einem eher höheren Niveau des Stress-erlebens, kaum diskursiv explizierten Bewältigungsstrategien und einem einge-schränkten Gesundheitsstatus. Ob es sich hier um Ursache-Wirkungs-Zusam-menhänge handelt, muss offen bleiben, weil wir nicht wissen, was genau Ursache und was Wirkung ist.

Auf der Basis dieser Evaluationsergebnisse gibt es Grund zur Annahme, dass das salutogenetische Modell von Aaron Antonovsky auch im Kontext von Frage-stellungen nach Wechselwirkungen zwischen diakonischer Arbeit unter Projekt-bedingungen und dem gesundheitlichen Status von Diakoninnen und Diakonen, die in Projekten arbeiten, Aussagekraft besitzt. Deshalb gehe ich auch weiterge-hend davon aus, dass sich einerseits die aus diesem Kontext vorliegenden analyti-schen Instrumente für weitere Forschungsvorhaben sinnvoll nutzen lassen und dass sich andererseits bereits vorhandene salutogenetisch orientierte Konzepte zur Verbesserung der Arbeitsgesundheit für die diakonische Arbeit unter Pro-jektbedingungen einsetzen lassen.

Allerdings wird in meinen Augen ergänzend deutlich, dass der Grad der Pas-sung zwischen der Grundorientierung von Diakoninnen und Diakonen und der Logik ihres jeweiligen Handlungsfeldes einen nicht zu unterschätzenden Einfluss auf das individuelle Stresserleben ausüben. Anknüpfend an die hier herausgear-beiteten Ergebnisse gehe ich davon aus, dass dort, wo die Grundorientierung von Diakoninnen und Diakonen und die Grundorientierung ihres Handlungsfeldes übereinstimmen, mit einem reduzierten Stressniveau für die Professionellen gerechnet werden kann, während dort, wo unterschiedliche Grundorientierun-gen aufeinander treffen, die Wahrscheinlichkeit steigt, dass vermehrt Situationen eintreten, die von Diakoninnen und Diakonen als belastend empfunden werden, weil entsprechende Erwartungen dann als schwerer verständlich und weniger sinnvoll erlebt werden.

Um bezüglich dieser Fragestellung zu vertieften Ergebnissen zu gelangen, böte sich eine getrennte Untersuchung in verschiedenen Handlungsfeldern und den dort jeweils verorteten Berufsgruppen an. Erste Hinweise in dieser Richtung bieten schon jetzt die Ergebnisse der Untersuchungen von Claudia Schulz, die anhand von Gruppendiskussionen mit Diakoninnen und Diakonen aus unter-schiedlichen Berufsgruppen deren jeweils spezifische Konstruktionen des Diako-nats skizziert und die Besonderheiten im Spannungsfeld Gemeindediakonie herausgearbeitet hat.[46]

---

[46]   Vgl. dazu Schulz (Konstruktion des Diakonats) und Schulz (Im Spannungsfeld Gemeindediako-nie).

4. Herausforderungen für die Zukunft diakonischer Projektarbeit

Angesichts des demographischen Wandels und der in diesem Zusammenhang zu erwartenden Tendenz zur Verlängerung der Lebensarbeitszeit wird in Zukunft für Unternehmen und Organisationen die Herausforderung wachsen, Konzepte zur Gesundheitsförderung von Arbeitnehmerinnen und Arbeitnehmern zu entwickeln. Bisher beschränken sich diese Konzepte häufig weitgehend auf unspezifische, präventiv orientierte Schulungs- und Übungsangebote, die oft auch nur von größeren Unternehmen oder Organisationseinheiten angeboten werden. Es gibt zwar im Fortbildungsprogramm für Diakoninnen und Diakone immer wieder spezifische Angebote zur Vorbereitung auf oder zur Begleitung von Projektarbeit. Diese sind aber – wie auch die Literatur zu diesem Thema – weitgehend an Fragen des Projektmanagements ausgerichtet. Die Verknüpfung der Projektperspektive mit Fragen der Gesundheitsförderung scheint relativ neu zu sein.

Die Beobachtungen im Projekt „Diakonat – neu gedacht, neu gelebt" fordern dazu heraus, bei der Planung von kirchlich-diakonischer Projektarbeit in Zukunft verschiedene Aspekte dieser Thematik zu bedenken:

(1.) Bereits im Kontext der Projektentwicklung und Projektauswahl kann möglicherweise durch eine sorgfältige Zielbeschreibung gewährleistet werden, dass Überforderungen von Projektmitarbeitenden vermieden werden. Unerreichbare Ziele, die möglicherweise auf der Basis des kirchlichen Grundauftrages allen Beteiligten als sehr erstrebenswert erscheinen, müssen fast zwangsläufig zu Überforderungsgefühlen führen und unklare Zielformulierungen tragen zur Verunsicherung derer bei, die sie umsetzen sollen. Überforderungsgefühle und Verunsicherung aber sind auf jeden Fall Stressfaktoren, die durch sorgfältige Zielformulierungen reduziert werden können.[47]

(2.) Im Hinblick auf ein zentrales Projektmanagement empfiehlt es sich, besondere Achtsamkeit darauf zu richten, dass Projektziele für die Mitarbeitenden auch tatsächlich bedeutsam sind und dass diese die einzelnen Schritte innerhalb eines Projektprozesses verstehen. So wird das individuelle Gefühl gestärkt, dass die im Projektprozess gestellten Herausforderungen auch bewältigbar sind. Möglicherweise kann dazu auch eine vertiefte Beschäftigung mit der grundsätzlichen Funktion von Projektarbeit in Organisationen einen Beitrag leisten.[48]

(3.) Wo Projektstellen neu besetzt werden, kann darauf geachtet werden, dass Bewerberinnen und Bewerber ausgewählt werden, deren Grundorientierung zur Logik von Projektarbeit die nötige Passung aufweist. An dieser Stelle zeigt sich die besondere Gefahr, dass in einer Situation, in der vor allem der innerkirchliche Arbeitsmarkt immer weniger Stellen – und darunter immer häufiger solche

---

[47] Vgl. dazu Schulz (Diakonisches Arbeiten an den Rändern). Hier wird diese Herausforderung für das Ziel „Menschen an den Rändern erreichen" detailliert bearbeitet und es werden dort inhaltliche Lösungsperspektiven aufgezeigt.

[48] Vgl. dazu den abschließenden Artikel Eidt (Kirche im Projektstress?).

unter prekären Bedingungen – bietet, von Bewerberinnen und Bewerbern immer öfter Gegebenheiten akzeptiert werden, die nur in begrenztem Umfang zu ihrer persönlichen Orientierung passen. Damit aber scheint ein erhöhtes gesundheitliches Risikopotenzial verknüpft zu sein.

(4.) Für den Übergang von einem dauerhaften Dienstauftrag mit großer Kontinuitätsorientierung zu einem Dienstauftrag mit großen Projektarbeitsanteilen erscheinen individuell angepasste Angebote zur Personalentwicklung sinnvoll, die auch gesundheitliche Aspekte von Projektarbeit berücksichtigen.

(5.) Die besonderen Herausforderungen für Mitarbeitende in kirchlich-diakonischen Projekten sollten nach Möglichkeit vom Projektmanagement von Anfang an mit großer Klarheit kommuniziert werden. Auftretende Schwierigkeiten und Konflikte können konzeptionell eingeordnet werden, um die personenbezogene Verantwortung zu reduzieren.

Insgesamt wurde in dieser Analyse deutlich, dass der Bereich der Gesundheitsförderung für diakonisches Arbeiten unter Projektbedingungen ein Feld darstellt, in dem noch erhebliches Entwicklungspotenzial zu stecken scheint und in dem sowohl auf der Seite der Forschung als auch auf der Seite der Praxis noch deutlicher „Investitionsbedarf" besteht, damit der von einem Diakon formulierte Nachholbedarf aufgeholt werden kann, der vermutlich auch etwas zu tun hat mit der eingangs zitierten, essayistischen „Projektitis-Diagnose":

> (…) Aus meiner Erfahrung hat so ein Projekt auch so ein bisschen die Eigenart, dass man zu bestimmten Zeiten „ranklotzen" muss. (…) Da geht es dann von morgens bis abends und daraus ergibt sich ja dann wieder was, da lernt man dann Menschen kennen, und wenn man ein Diakon von Herzen ist, nehme ich mal für mich in Anspruch, dann bedeutet Menschen kennenlernen immer auch arbeiten. (…) Und ich finde es auch eine Herausforderung, es ist schön, es ist naturgemäß so, es ist aber auch eine Belastung, und dann müsste es gelingen, dass ich – als der für mich Verantwortliche – und diese Kirche – als die für mich auch Verantwortliche – als Arbeitgeber, dafür sorgt, dass ich Mensch bleiben kann. Also hinsichtlich der Stunden, hinsichtlich der Arbeitszeiten, hinsichtlich der Belastung. [Da geht es mir] um Entlastung, um Supervision meinetwegen oder was auch immer, um Dinge, die dann wieder für mich sind, weil ich dann zu Zeiten ganz viel für andere tue. Ich finde, das bringt das Projekt auch mit sich, und diese zweite Seite, da weiß ich nicht, wie soll ich sagen, da gibt es noch Nachholbedarf aus meiner Sicht.
>
> (Gruppendiskussion Projektbedingungen/gesundheitsbedingte Unterbrechungen)

Ein erster Schritt in diese Richtung ist mit den Ergebnissen der Evaluation des Projekts „Diakonat – neu gedacht, neu gelebt" getan und vermutlich gilt auch hier: „Nach dem Projekt ist vor dem Projekt."[49]

---

[49]   Titel einer Kunstausstellung in Berlin im Sommer 2012: http://cont3xt.net/blog/?page_id=217.

Literatur

Antonovsky, Aaron (1997 [1987]): Salutogenese. Zur Entmystifizierung der Gesundheit. Erw. Ausgabe. Übers. u. Hg. von Franke, Alexa. Tübingen.

Bohnsack, Ralf (2008): Rekonstruktive Sozialforschung. Einführung in qualitative Methoden. Opladen.

Brödner, Peter (2002): Macht Arbeit wieder krank? Flexibilität und nachhaltige Gestaltung von Arbeit. Manuskript. Gelsenkirchen. Verfügbar unter: http://www.iat.eu/aktuell/veroeff/ps/broedner02a.pdf (20.08.2012).

Dathe, Dietmar/Paul, Franziska (2011): Arbeitsintensität und gesundheitliche Belastungen aus der Sicht von Beschäftigten im Gesundheits-, Sozial- und Erziehungswesen. Eine Analyse mit dem DGB-Index Gute Arbeit (2009). Berlin. Verfügbar unter: http://www.verdi-gute-arbeit.de/upload/m4d9c622806060_verweis1.pdf (21.10.2012).

Evangelische Landeskirche in Württemberg (Hg.) (2007): Diakonat – neu gedacht, neu gelebt. Das Angebot für Kirchenbezirke, Kirchengemeinden, Diakonische Einrichtungen, Landeskirchliche Werke und Einrichtungen und Freie Träger. Stuttgart. Verfügbar unter: https://www.service.elk-wue.de/download_document.php?f=785&t=2&fhash=43cc86114eb1ee96e616395e8fabe3ce8820d66e (21.10.2012).

Franke, Alexa (³2012): Modelle von Gesundheit und Krankheit. Lehrbuch Gesundheitswissenschaften. Bern.

Gerlmaier, Anja/Latniak, Erich (2007): Zwischen Innovation und alltäglichem Kleinkrieg. Arbeits- und Lernbedingungen bei Projektarbeit im IT-Bereich. In: Moldaschl, Manfred (Hg.): Verwertung immaterieller Ressourcen. Nachhaltigkeit von Unternehmensführung und Arbeit III. München/Mering. S. 131–169.

Hönicke, Ina (2010): Projektarbeit gewinnt zunehmend an Bedeutung. In: HAYS WORLD 1/2010 VIELFALT. (Onlinezeitschrift). Verfügbar unter: http://www.haysworld.de/fileadmin/Websites/Haysworld/pdf/Ausgabe_01_2010/Projektwirtschaft_gewinnt_zunehmend_an_Bedeutung.pdf (15.10.2012).

Knapp, Kornelius (2011): BELEV – Gesundes arbeiten gestalten. Stuttgart. Verfügbar unter: http://www.diakonie-wuerttemberg.de/fileadmin/Medien/pdf/BELEV_-_Das_Konzept.pdf (12.10.2012).

Knapp, Kornelius (2013): Gesundes Arbeiten in der Sozialwirtschaft gestalten. Antworten auf den demographischen Wandel. Stuttgart

Lazarus, Richard S. (1998): The Life and Work of an Eminent Psychologist: Autobiography of Richard S. Lazarus. New York.

Lazarus, Richard S./Folkman, Susan (2010 [1984]): Stress, Appraisal, and Coping. New York.

Litke, Hans Peter (2007): Projektmanagement. Methoden, Techniken, Verhaltensweisen, Evolutionäres Projektmanagement. München.

Oberlin, Urs-Peter (o.J.): Projektitis. Basel. Verfügbar unter: http://www.oberlin.ch/essays/Projektitis.pdf (06.10.2012).

Rump, Julia/Schabel, Frank/Alich, David/Groh, Sybille (2010): Betriebliche Projektwirtschaft. Eine Vermessung. Eine empirische Studie des Instituts für Beschäftigung und Employability (IBE) im Auftrag von HAYS (Personaldienstleistungsunternehmen). Mannheim. Verfügbar unter: http://www.hays.de/mediastore/pressebereich/Studien/pdf/HAYS-Studie_Projektwirtschaft_2010.pdf?nid=40a19bda-f168-4dfe-98f6-9bae22d6977a (27.09.2012).

Scholz Dieter (2012): Arbeitshetze, Arbeitsintensivierung, Entgrenzung. So beurteilen die Beschäftigten die Lage. Ergebnisse der Repräsentativumfrage 2011der DGB-Index Gute Arbeit GmbH. Berlin. Verfügbar unter: http://www.dgb-index-gute-arbeit.de/down loads/publikationen/data/arbeitshetze_arbeitsintensivierung_entgrenzung_-_ergebnis se_der_repraesentativumfrage_2011.pdf (21.10.2012).

Schulz, Claudia (2013): Projektarbeit und Evaluation im kirchlich-diakonischen Kontext. Herausforderungen zwischen Selbstverständlichkeit und Unmöglichkeit. In: Noller, Annette/Eidt, Ellen/Schmidt, Heinz (Hg.): Diakonat – theologische und sozialwissenschaftliche Perspektiven auf ein kirchliches Amt. Stuttgart. S. 196–206.

Zippert, Thomas (2013): Zum Stand der Projektarbeit und weiterer Entwicklungsbedarfe im Diakonat. Einige vorläufige und subjektive Reflexionen. In: Noller, Annette/Eidt, Ellen/Schmidt, Heinz: Diakonat – theologische und sozialwissenschaftliche Perspektiven auf ein kirchliches Amt. Stuttgart. S. 163–180.

Ellen Eidt

Sozialkapital in diakonischen Netzwerken

Praxiskonzepte diakonischer Netzwerkarbeit und wie
Diakoninnen und Diakone sie gestalten und deuten

Mit dem Projekt „Diakonat – neu gedacht, neu gelebt" wollte die Evangelische
Landeskirche in Württemberg einen spezifisch kirchlich-diakonischen Beitrag
zur Mitgestaltung der Gesellschaft leisten. Dabei versteht sie die Zunahme sozialer Risiken und Armut als Herausforderungen, denen sie sich damit stellt. Lokale
Teilprojekte sollten entsprechende Handlungsmodelle entwickeln und durchführen. Im Fokus stand dabei die Frage nach der Rolle von Diakoninnen und Diakonen für eine Kirche, die sich als aktive Mitgestalterin gesellschaftlicher Veränderungsprozesse versteht. Im Hinblick auf das Ziel einer nachhaltigen Verbesserung der Lebensperspektiven benachteiligter Bevölkerungsgruppen spielen
Strategien der Netzwerkbildung aktuell eine wichtige Rolle in der sozialpolitischen und in der sozialwissenschaftlichen Diskussion. Hier knüpfte auch die
Projektskizze[1] des Projekts „Diakonat – neu gedacht, neu gelebt" an, indem sie
diakonischer Netzwerkbildung eine zentrale Stellung einräumt. Diesen Ansatz
aufnehmend finden sich in den Projektkonzeptionen aller fünfzehn ausgewählten Teilprojekte – mehr oder weniger explizit – Vernetzungsperspektiven, die
dann auch während der fünfjährigen Projektlaufzeit von Diakoninnen und Diakonen weiterentwickelt und in die Praxis umgesetzt wurden.

Im Rahmen der Projektevaluation werde ich deshalb (1.) zunächst in aller
Kürze die Netzwerkkonzeptionen in der Projektskizze des Gesamtprojekts und
in den Projektanträgen der lokalen Teilprojekte rekonstruieren und die daraus
gewonnenen Erkenntnisse in den Zusammenhang der laufenden gesellschaftlichen Veränderungsprozesse einordnen. Dabei berücksichtige ich zugleich den
dazugehörigen sozialpolitischen Hintergrund und nehme Bezug auf die aktuelle
wissenschaftliche Diskussion zum Thema „Soziale Netzwerke"[2]. Daran schließe
ich (2.) die Rekonstruktion der Sinnkonstruktionen an, die Diakoninnen und
Diakone im Blick auf ihre Netzwerkarbeit in ausgewählten Teilprojekten entwickelt haben, und ich diskutiere die Ergebnisse dieser explorativen Untersuchung mit Hilfe von Analyseperspektiven, die im Rahmen verschiedener Sozial-

---

[1]   Vgl. Evangelische Landeskirche in Württemberg 2008.
[2]   Weyer ²2010 und Stegbauer/Häußling 2010 bieten einen Überblick über den aktuellen Stand
       von Netzwerkforschung, Netzwerktheorie und Netzwerkpraxis.

kapital-Konzepte[3] zur Verfügung stehen. Daraus gewinne ich (3.) eine Zusammenschau der zentralen Forschungserträge dieser evaluativen Studie, Weiterentwicklungsperspektiven für die kirchlich-diakonische Netzwerkarbeit, für die Profilierung des Diakonats und für die diakoniewissenschaftliche Forschung.

1.   Die Projektkonzeptionen im Horizont von Netzwerkforschung und
     gesellschaftlichen Veränderungsprozessen

Die Konzeption des Projekts „Diakonat – neu gedacht, neu gelebt" zeichnet sich dadurch aus, dass – auf der Basis sehr allgemein formulierter Projektziele – allen an diesem Projekt Teilnehmenden eine große Freiheit für die Entwicklung eigener Zielsetzungen, Umsetzungsstrategien und Arbeitsmethoden eingeräumt wurde. Deshalb frage ich im Zuge der Evaluation der Netzwerkarbeit in diesem Diakonatsprojekt zunächst (1.1) danach, welche Ziele die Projektausschreibung und – daraus abgeleitet – die Konzeptionen der Teilprojekte für die Netzwerkarbeit jeweils formuliert haben, welche Netzwerkstrukturen und welche Strategien des Netzwerkaufbaus geplant wurden und welche Funktion darin für die Diakoninnen und Diakone vorgesehen war. Auf der Grundlage dieser Dokumentenanalyse werde ich dann (1.2) eine Einordnung der Projektkonzeptionen in den Horizont gesellschaftlicher Entwicklungsprozesse und eine Verknüpfung mit einzelnen Themenfeldern der Netzwerkanalyse vornehmen.

1.1   Ziele und Strategien für die Netzwerkarbeit in diakonischen Projekten

Die Projektausschreibung des Projekts „Diakonat – neu gedacht, neu gelebt" geht aus von einer in den Stichworten „demographischer Wandel", „Globalisierung" und „Zunahme sozialer Risiken" zusammengefassten Beschreibung der aktuellen gesellschaftlichen Herausforderungen. Die Neuprofilierung des Diakonats als zentrales Projektziel wird in diesem Zusammenhang verstanden als Teil eines Kirchenentwicklungsprozesses, in dem die Landeskirche auf diese gesellschaftlichen Herausforderungen reagiert und sich als Mitgestalterin gesellschaftlicher Veränderungsprozesse versteht.[4] Die Evangelische Landeskirche in Württemberg stellt dafür einen weit gefassten konzeptionellen Rahmen zur Verfügung, innerhalb dessen die einzelnen Erprobungsprojekte exemplarische Modelle konzipieren, in denen Diakoninnen und Diakone Aufgaben in diesem Horizont wahrnehmen.[5] Dafür werden in der Projektausschreibung mit der Stärkung des diako-

---

[3]   Eine Einführung in die drei zentralen Konzepte und die daraus abgeleiteten Methoden der
       Messung unterschiedlicher Dimensionen des Sozialkapitals findet sich bei Westle/Gabriel 2008.
[4]   Vgl. Evangelische Landeskirche in Württemberg 2008: S. 2.
[5]   Vgl. Evangelische Landeskirche in Württemberg 2008: S. 3.

nischen Bewusstseins und der Entwicklung diakonischer Strukturen zunächst zwei grundlegende Strategien aufgezeigt[6], für die die diakonisch-missionarische Präsenz im Alltag und die Schaffung diakonischer Netzwerke als exemplarische Ansatzpunkte einer Operationalisierung in möglichen Erprobungsprojekten benannt werden.[7]

Die Schaffung diakonisch-missionarischer Netzwerke wird in der Projektausschreibung demnach als Methode zum Aufbau geeigneter Strukturen für diakonische Arbeit in Kirchengemeinden, Kirchenbezirken, bei diakonischen und anderen freien Trägern kirchlicher Arbeit verstanden. Dafür werden – orientiert an den verschiedenen Berufsgruppen im Diakonat der württembergischen Landeskirche – beispielhafte Handlungsfelder benannt: für Religionspädagoginnen und -pädagogen die Verknüpfung von Religionsunterricht und Schulseelsorge, für Jugendreferenten und -referentinnen die Vernetzung von Jugendarbeit, Ganztagsschule und Familienbegleitung, für die Gemeindediakoninnen und -diakone die Integration der Generationen, für die Sozialdiakone und -diakoninnen die Entwicklung von Netzwerkkonzepten für die armutsorientierte Arbeit und im Hinblick auf Diakoninnen und Diakone in diakonischen Einrichtungen die Vernetzung von Kirchengemeinden und Einrichtungsdiakonie.[8] An diesen Beispielen wird deutlich, dass die Projektausschreibung in erster Linie von klassischen kirchlichen und diakonischen Handlungsfeldern ausgeht und mit deren Vernetzung in den umgebenden Sozialraum hinein die Perspektive verbindet, den gesellschaftlichen Herausforderungen gerecht zu werden. Für Diakoninnen und Diakone werden darin verschiedene Aufgabenfelder eröffnet, die in den ausgewählten Teilprojekten inhaltlich und strukturell ausgestaltet werden sollen.

Diese Aufgabenstellung nehmen die Projektkonzeptionen der ausgewählten Erprobungsprojekte[9] durchgehend ernst. Allerdings fällt auf, dass die Projektbeschreibungen in der Antragsphase im Hinblick auf die Fragen nach Zielsetzung und Struktur der geplanten Vernetzungsprozesse relativ vage und offen formuliert werden, dass häufig nicht zwischen Zielsetzung und methodischer Umsetzung unterschieden wird und dass die Rolle der Diakoninnen und Diakone eher unterbestimmt bleibt. Dennoch lässt sich ein Feld abstecken, in dem sich die konzeptionellen Überlegungen der fünfzehn Teilprojekte bewegen:

Als Inhalte und Zielhorizonte von Netzwerkarbeit werden in den Projektbeschreibungen im Wesentlichen vier Aspekte benannt:

(1.) Die bedarfsgerechte Vermittlung von Hilfe und Unterstützung für bestimmte Zielgruppen (demenziell Erkrankte und ihre Angehörigen, benachtei-

---

[6]   Vgl. Evangelische Landeskirche in Württemberg 2008: S. 4.
[7]   Vgl. Evangelische Landeskirche in Württemberg 2008: S. 5.
[8]   Vgl. Evangelische Landeskirche in Württemberg 2008: S. 7.
[9]   Diese Dokumente bleiben unveröffentlicht. Ein kurzer Überblick über die einzelnen Teilprojekte findet sich im Anhang dieses Bandes. Detailliertere Darstellungen sind für Band I dieser Publikationsfolge vorgesehen.

ligte Schülerinnen und Schüler, von Armut betroffene Familien) im organisationalen Zusammenhang,

(2.) eine verbesserte Platzierung kirchlich-diakonischer Angebote außerhalb
der klassischen kirchlichen Orte (außerschulische Bildungsangebote und Seelsorge in der Schule, diakonische Hilfsangebote im Sozialraum),

(3.) Intensivierung von Informationsweitergabe und Informationsaustausch
(Fach- und Organisationswissen, Best-Practice-Erfahrungen) sowie

(4.) der Aufbau von Beziehungsnetzwerken zwischen Menschen, die ohne
professionelle Vermittlung normalerweise wenig oder keine Beziehung zueinander hätten (Menschen aus unterschiedlichen Milieus, Alters- oder Zielgruppen).

Als mögliche Netzwerkpartnerinnen und Netzwerkpartner werden überwiegend innerkirchliche[10], diakonische[11], privatrechtlich organisierte[12] und kommunale[13] Einrichtungen betrachtet, aber es kommen auch verschiedene Handlungsfelder von einzelnen Diakoninnen und Diakonen[14] als Vernetzungsbereiche in
den Blick und es werden Einzelpersonen[15] bzw. Personengruppen[16] als Akteure
in Vernetzungsprozessen angesprochen.

Obwohl in den Projektbeschreibungen keine differenzierten Überlegungen
dazu angestellt werden, welche Strukturen diese Vernetzungsprozesse annehmen
sollen, lässt die Art und Weise der Aufzählungen von zu vernetzenden Personen,
Institutionen und Handlungsfeldern durchaus Rückschlüsse auf implizit mitge-
dachte Netzwerkstrukturen zu. Dabei stehen sich zwei grundsätzlich verschiedene Typen von Vernetzung gegenüber, während der dritte Typ eine Mittelstel-
lung zwischen diesen beiden einnimmt.

(1.) Auf der einen Seite werden Institutionen benannt, die in unterschiedlicher
Intensität Beiträge zum Erreichen der jeweiligen Projektziele beisteuern können.
Die am stärksten strukturierte Form der Vernetzung ergibt sich offenbar dort,
wo die gemeinsame Trägerschaft für das Projekt selbst dies erfordert. Hier ist die
institutionelle Vernetzung häufig auf der Leitungsebene der beteiligten Institutionen angesiedelt und das Maß der Verantwortlichkeit ist vertraglich geregelt.
Diese Form der Vernetzung wird in regelmäßigen Gremiensitzungen organisiert,
in denen alle Netzwerkpartnerinnen und -partner versammelt sind. Entscheidungen, die hier gefällt werden, haben Auswirkungen auf die strategische Entwicklung innerhalb dieses Netzwerkes.

(2.) Auf der anderen Seite steht die – schon in den Projektkonzeptionen – am
wenigsten strukturierte Form der Vernetzung. Sie ergibt sich dort, wo Diakonin-

---

[10]   Vor allem Kirchengemeinden und landeskirchliche Gemeinschaften.
[11]   Stationäre Einrichtungen und ambulante Dienste.
[12]   Vereine.
[13]   Ämter, Beratungsstellen, Kommunalverwaltungen, Arbeitsagentur.
[14]   Altenarbeit, Religionsunterricht, Jugendarbeit.
[15]   Etwa Menschen in der Nachbarschaft oder sogenannte „Patinnen".
[16]   Beispielsweise die Ehrenamtlichen in einem Kirchendistrikt (3–4 Kirchengemeinden) oder alle
        hauptamtlichen Diakoninnen und Diakone in einem Kirchenbezirk.

nen und Diakone Kontakte zu einzelnen Fachleuten in verschiedenen Organisationen aufbauen und pflegen sollen, um diese – abhängig von den jeweiligen Handlungserfordernissen im Sinne der Projektziele – bei Bedarf in unterschiedlichen Kombinationen zu aktivieren, ohne dass dadurch weitergehende Kontakte zwischen den verschiedenen Beteiligten geknüpft werden müssen. Vergleichbar vage und ohne weitergehende strukturelle Verankerung bleibt in der Regel in den Konzeptionen auch die Idee von der Vernetzung verschiedener Handlungsfelder eines Diakons oder einer Diakonin. Hier steht offensichtlich der Gedanke im Hintergrund, dass die Diakoninnen und Diakone in ihren an die Person geknüpften Funktionen eine Brücke bilden können, die es einzelnen Menschen erlaubt, Unterstützung oder Beheimatung nicht nur in einem Handlungsfeld des Diakons oder der Diakonin zu finden, sondern in mehreren. Dazu gehört auch die Vorstellung, dass Informationen aus den unterschiedlichen Handlungsfeldern des Diakons oder der Diakonin miteinander verknüpft werden oder zwischen den Handlungsfeldern leichter hin und her fließen.

(3.) Eine mittlere Stellung zwischen diesen beiden grundverschiedenen Netzwerkformen nehmen diejenigen Vernetzungsprozesse ein, die dort mitgedacht werden, wo es um informationelle Vernetzung von Fachleuten im Haupt- oder Ehrenamt geht, die sich mit einem bestimmten Thema beschäftigen oder für eine konkrete Zielgruppe arbeiten, die wenig echte Entscheidungskompetenz haben, weil sie nicht die Entscheidungsträger in ihren jeweiligen Organisationen sind, die aber als Kristallisationspunkte einzelner gemeinsamer Aktionen in Frage kommen, ohne dass dadurch wechselseitig Verpflichtungen entstehen, die im Zweifelsfall eingefordert werden könnten.

Die Reichweite der in den Projektbeschreibungen konzipierten Netzwerke geht von einer einzelnen Kirchengemeinde oder einer diakonischen Einrichtung, in der interne Vernetzungsprozesse initiiert werden sollen, über sozialraumbezogene Netzwerke bis hin zu informationellen Netzwerken, die in einem Projekt bis in die Baden-Württembergische Landespolitik hineinreichen. Schwerpunktmäßig finden sich Netzwerkreichweiten, die sich an den Lebenswelten der jeweiligen Zielgruppen orientieren oder sich auf die Strukturen eines Kirchenbezirkes beziehen.

Auch über die Rolle der Diakoninnen und Diakone für die Netzwerkbildung und innerhalb der Netzwerkstrukturen wird in den Projektbeschreibungen explizit verhältnismäßig wenig ausgesagt. Am deutlichsten sind die Ausführungen dort, wo die Netzwerke unmittelbar von den Handlungsfeldern der Diakoninnen und Diakone und von deren Brückenfunktion her gedacht werden. Implizit wird jedoch offensichtlich vorausgesetzt, dass sie zu Initiatorinnen und Initiatoren von Vernetzungsprozessen werden. Dies kann einerseits positiv gedeutet werden, als die Eröffnung eines weiten Handlungsspielraumes für die Diakoninnen und Diakone als Projektverantwortliche, erschwert aber andererseits eine systematische Erhebung und Bewertung von Projektergebnissen und lässt diese in gewisser Weise zufällig erscheinen.

1.2 Diakonische Netzwerkarbeit als Teil gesellschaftlicher Entwicklungsprozesse und als Gegenstand von Netzwerkforschung und Netzwerktheorie

Bereits die Analyse dieses – gemessen am Horizont denkbarer Vernetzungsmöglichkeiten – kleinen Ausschnitts von Konzeptionen für Vernetzungsprojekte macht eines deutlich: Unter dem dort und nachfolgend auch hier verwendeten Netzwerkbegriff werden soziale Beziehungen von Akteuren auf allen gesellschaftlichen Ebenen, in unterschiedlichen Strukturen und mit verschiedenen Themen oder Zielsetzungen (manchmal scheinbar auch ganz ohne solche) zusammengefasst, deren Dauerhaftigkeit stark variieren kann.[17] Um dieses wenig übersichtliche Feld sozialer Netzwerkbeziehungen zu strukturieren, hat sich in der Netzwerkforschung die Unterscheidung zwischen einerseits interpersonalen Netzwerken von Individuen, die ursprünglich auf Face-to-Face-Begegnungen (Mikroebene der Gesellschaft) gründeten, und andererseits strategisch operierenden interorganisationalen Netzwerken, die korporative Akteure miteinander verbinden (Mesoebene der Gesellschaft), bewährt, ohne jedoch tatsächlich kategoriale Klarheit zu schaffen. Dies gilt spätestens seit Mischformen zwischen beiden immer häufiger werden und virtuelle Datennetzwerke hinzutreten, die zugleich den Charakter der individuellen und der korporativ organisierten Netzwerke verändern.[18]

Diese empirische Vielfalt von Netzwerkphänomenen, wie sie schon auf der Konzeptionsebene der diakonischen Netzwerkarbeit des Projekts „Diakonat – neu gedacht, neu gelebt" sichtbar wird, erfordert unterschiedliche Analyseebenen und erschwert die Entwicklung einer einheitlichen Netzwerktheorie zu deren Einordnung. Unter dem Begriff der Netzwerkgesellschaft[19] (Makroebene) scheint sich jedoch ein Denkmodell herauszubilden, das es den Sozialwissenschaften erlaubt, die verschiedenen Phänomene „als neuartige Muster zur Bewältigung von Unsicherheit, zur Koordination der Handlungen heterogener Akteure sowie zur Sozialintegration in turbulenten Zeiten [zu] deuten, in denen sich das Alte auflöst und das Neue in Konturen sichtbar wird"[20].

---

[17] Weitgehend außer Acht lasse ich hier und auch im Folgenden alle rein physiologischen oder technischen Formen von Netzwerken.

[18] Vgl. Weyer [2]2010: S. 5. Ähnlich auch schon Holzer 2006: S. 5–7.

[19] Eingeführt wurde dieser Begriff von Manuel Castells im Jahr 1996. Vgl. Castells 2001. Der Begriff der Netzwerkgesellschaft spielt aber in der Akteur-Netzwerk-Theorie von Bruno Latour 2007 und bei Dirk Baecker 2007 in systemtheoretischer Perspektive eine wichtige Rolle. Eine prägnante Zusammenfassung der sechs wichtigsten Merkmale der Netzwerkgesellschaft, wie sie in der sozialwissenschaftlichen Forschung zurzeit diskutiert werden, findet sich bei Schulz 2012: S. 346–350: (1.) Veränderte Bedeutung der Zeit: Analyse, Bewertung und Weiterarbeit fallen in einem Augenblick zusammen. (2.) Größere Bedeutung des Individuums, während Organisationen und Hierarchien zurücktreten. (3.) Flexibilisierung von Strukturen. (4.) Veränderung hin zu dezentralen Steuerungsmechanismen. (5.) Neue Anforderungen an Lebensbewältigung und Planungsprozesse: einzelne Schritte planen ohne das Ganze zu überschauen. (6.) Selbstorganisation auf der Basis von schnellen Rückkopplungsprozessen.

[20] Weyer [2]2010: S. 5.

Was hier ganz allgemein als Bewältigung von Unsicherheit und Sozialintegration in unsicheren Zeiten beschrieben wird, konkretisiert sich beispielsweise in den Herausforderungen, vor die sich der bundesdeutsche Sozialstaat hinsichtlich der sozialen Verantwortungsverteilung in der Gesellschaft gestellt sieht. Die Frage, wie gesellschaftliche Exklusionsprozesse, die ganze Bevölkerungsgruppen von gesellschaftlichen Teilhabemöglichkeiten ausschließen, überwunden oder zumindest abgemildert werden können, erfordert neue Antworten, und die Rolle der Kirche und ihrer haupt- und ehrenamtlich Mitarbeitenden muss in diesem Horizont neu bestimmt werden.[21] Netzwerkbildung gilt aus drei verschiedenen Perspektiven als eine der zentralen Methoden zur Entschärfung oder Beseitigung von Exklusionsproblematiken und ist mit spezifischen Erwartungen auf den jeweils fokussierten Ebenen der Gesellschaft verbunden: (1.) Im Zuge der Professionalisierung der Sozialen Arbeit und durch die differenzierten rechtlichen Grundlagen und Finanzierungsformen ist eine „Versäulung" entstanden, die dazu führt, dass vielen Hilfebedürftigen ohne intensive Zusammenarbeit verschiedener Einrichtungen und Dienste und der dort angesiedelten Fachleute nicht angemessen geholfen werden kann. Den Ausgangspunkt dieser Beobachtung bilden konkrete Einzelfälle (Mikroebene) und die Erwartung einer Optimierung möglicher Hilfeleistungen durch fallbezogene Vernetzungsprozesse.[22] Diese werden (2.) im Rahmen des sozialstaatlichen Paradigmenwechsels vom versorgenden Wohlfahrtsstaat zum aktivierenden Sozialstaat[23] eng verknüpft mit der Idee der Aktivierung von Selbsthilfepotenzialen in der Bürgergesellschaft. Der Auf- und Ausbau von Netzwerken zwischen verschiedenen Akteuren im Gemeinwesen[24] (Mesoebene) spielt in allen Konzepten des Community Organizing oder der Gemeinwesenarbeit[25] eine zentrale Rolle. Eingebunden sind die beiden bisher genannten Perspektiven auch (3.) in die Diskussion um neue wohlfahrtsstaatliche Governance-Konzepte (Makroebene). Mit Hilfe von netzwerkförmigen

---

[21]   Der Soziologe Niklas Luhmann (2002: S. 303) beschreibt diesen Sachverhalt drastisch, aber zutreffend: „Wer keinen Ausweis hat, findet keine Arbeit, wer auf der Straße leben muss, kann seine Kinder nicht zur Schule anmelden (...). Ohne jedes Einkommen kaum Chancen auf gesunde Ernährung, also auch kaum Kraft für regelmäßige Arbeit. Für Analphabeten kaum sinnvolle Möglichkeiten der Ausübung des politischen Wahlrechts. (...) was dem Einzelnen bleibt, ist der eigene Körper, Sorge für dessen Überleben, Hunger, Gewalt, Sexualität." Er schreibt der Kirche und ihrer Diakonie zu, prinzipiell unabhängig von dieser negativen Verkettung der Exklusionsprozesse Inklusion realisieren zu können. In diesem Zusammenhang weist er auf die Fähigkeit religiöser Organisationen hin „Mittel und Motive auf soziale Hilfe zu konzentrieren", stellt aber zugleich die grundlegende Frage „ob und wie Religion die sich daraus ergebenden Chancen nutzen kann".

[22]   Vgl. Bechtel 2010.

[23]   Vgl. Butterwegge/Kutscha/Berghahn 1999; Heinze/Strünk 2001; Galuske 2004 und aktuell Kaufmann 2009.

[24]   Sowohl Einzelpersonen und Initiativen als auch Organisationen aus dem Bereich der Wirtschaft, der Kommunalverwaltung, des Sozialwesens und der Religionen.

[25]   Vgl. Mohrlok 1993 und Penta 2007. Vor diesem Hintergrund fördert das Bund-Länder-Programm „Soziale Stadt" seit 1999 Vernetzung in konkreten Sozialräumen (Quartier, Stadtteil). Vgl. Deutsches Institut für Urbanistik 2012.

Steuerungsmechanismen soll in Wohlfahrtssystemen „weniger regiert und mehr reguliert werden, der Staat soll mehr moderieren und nicht verteilen"[26]. Mit diesen neuen – an Netzwerkprozessen orientierten – Governance-Modellen[27] verbinden sich Erwartungen auf mehr Demokratie und größere Effizienz im Bereich der Daseinsvorsorge.

Stellt man die ursprünglichen Projektkonzeptionen der Teilprojekte in diesen Erwartungshorizont, so wird deutlich, dass Reichweiten, Zielsetzungen und Strategien in erster Linie auf der Mikro- und Mesoebene angesiedelt sind, wobei die Aktivierung von Selbsthilfepotenzialen bei Betroffenen zunächst weitgehend unberücksichtigt blieb und erst im Zuge der Weiterentwicklung der Zielperspektiven im Laufe der ersten Projektphase in einzelnen Teilprojekten an Bedeutung gewann. Die Makroebene politischer Steuerungsverantwortung wurde nur in einem Teilprojekt hinsichtlich der informationellen Vernetzung berücksichtigt, die Beteiligung an neuen Governance-Modellen wurde nicht explizit thematisiert. Die weitgehende Freiheit von strukturellen Festlegungen in den Netzwerkkonzeptionen scheint genau der grundlegenden Entwicklungstendenz hin zu einer Netzwerkgesellschaft zu entsprechen, in der Steuerungsprozesse informelleren Charakter annehmen, als dies in der funktional differenzierten, von organisationalen Gesetzmäßigkeiten bestimmten Gesellschaft der Fall war.

Diakoninnen und Diakone werden in den Projektkonzeptionen offensichtlich als Netzwerkerinnen und Netzwerker verstanden, die sowohl inner- als auch interorganisationale Netzwerkprozesse initiieren und gestalten können, deren Nutzen in erster Linie auf direktem oder indirektem Weg hilfebedürftigen Personen und Personengruppen zu Gute kommen soll. Dafür benötigen sie in Netzwerken jedoch Positionen, die geeignet sind, sowohl Bonding-[28] als auch Bridgingfunktionen[29] wahrzunehmen. Damit rückt bereits die Frage nach den Formen von Sozialkapital ins Blickfeld, die Diakoninnen und Diakone in diakonischen Netzwerken zu generieren und zu aktivieren in der Lage sind. Diesen Impuls werde ich später aufnehmen und das sozialwissenschaftliche Sozialkapitalkonzept als Deutungshorizont nutzen. Dies soll jedoch erst auf der Basis der nachfolgenden qualitativen Exploration zur Netzwerkpraxis der Diakoninnen und Diakone im Projekt „Diakonat – neu gedacht, neu gelebt" geschehen. Auch die diesbezüglich notwendigen Definitionen erfolgen deshalb erst in diesem Zusammenhang.

---

[26]   Bode 2007: S. 401.
[27]   Einen Überblick zur aktuellen Governance-Diskussion, ihren theoretischen Grundlagen und empirischen Anwendungsfeldern bietet Benz/Lütz/Schimank/Simonis 2007.
[28]   Stärkung der Bindungsintensität innerhalb einer Organisation oder eines Netzwerkes.
[29]   Herstellung von Kontakten außerhalb einer Organisation oder zwischen verschiedenen Organisationen, Netzwerken oder Einzelpersonen.

2. Diakonische Netzwerkpraxis aus der Perspektive von Diakoninnen und Diakonen und im Horizont des Sozialkapitalkonzeptes

Die Rekonstruktion der Netzwerkkonzepte der Projektskizze des Gesamtprojekts und der Projektanträge der lokalen Teilprojekte hat gezeigt, dass damit lediglich ein grober Rahmen für die konkrete Projektentwicklung in den Teilprojekten abgesteckt wurde. Mit welcher Perspektive nutzen nun Diakoninnen und Diakone die konzeptionell eröffneten Spielräume? Welche Ziele beschreiben sie selbst für ihre Netzwerkarbeit und welche Strukturen nehmen sie in ihren Netzwerken wahr? Wie verstehen sie ihre eigene Rolle in der Netzwerkarbeit? Wie ist in ihren Augen das diakonische Profil in einem Netzwerk charakterisiert? Welche Netzwerkdynamiken beobachten sie und welche Bedeutung schreiben sie all diesen Aspekten der Netzwerkbeobachtung zu?

Die Antworten auf diese Fragestellungen können einen Beitrag zum besseren Verständnis leisten, wie sich der Weg von der Netzwerkkonzeption zur Netzwerkpraxis gestaltet, wie Steuerungsmechanismen in wertorientierten Netzwerken wahrgenommen und gedeutet werden und wie davon ausgehend Netzwerkkonzepte verfeinert und weiterentwickelt werden können. Auf der Suche nach Antworten auf diese evaluativen Fragestellungen[30] wurden Netzwerkgraphiken und tabellenförmige Netzwerkdarstellungen aus neun Teilprojekten erhoben und eine Gruppendiskussion mit fünf Diakoninnen aus den Projekten durchgeführt, in denen sich Vernetzungsprozesse als ein zentraler Bestandteil der Projektarbeit herauskristallisiert hatten. Diese Datenbasis werde ich im nächsten Schritt (2.1) nutzen, um die Sinnkonstruktionen, die Diakoninnen und Diakone selbst mit ihrer Netzwerkarbeit verknüpfen, zu rekonstruieren und diese im Gegenüber zu den Projektkonzeptionen – soweit dies möglich und sinnvoll erscheint – projektintern zu bewerten. Daran schließt sich (2.2) organisch – in Aufnahme der Eigenkonstruktionslogik der Diakoninnen und Diakone – die Analyse und Diskussion der Rekonstruktionsergebnisse im Horizont verschiedener Aspekte des Sozialkapitalkonzeptes an.

2.1 Wie Diakoninnen und Diakone Nutzen und Ambivalenzen in diakonischen Netzwerken[31] wahrnehmen und deuten

Nach etwa einem Jahr Projektlaufzeit wurden von den verantwortlichen Diakoninnen und Diakonen für diejenigen Projekte Netzwerkdarstellungen erstellt, in denen eine Übersicht über bestehende Vernetzungen für die Weiterarbeit als hilfreich eingestuft wurde. Die Form der Darstellung konnte völlig frei gewählt

---

30   Zur Bedeutung qualitativer Methoden in der Netzwerkforschung vgl. Hollstein/Ullrich 2003 und Hollstein 2010.

31   Die Rekonstruktion dessen, was die befragten Diakoninnen und Diakone unter einem „diakonischen Netzwerk" verstehen, erfolgt im Rahmen der nachfolgenden Dateninterpretation.

werden. Genutzt werden diese Netzwerkdarstellungen im Hinblick auf die Fragen nach Strukturen und Reichweiten der Netzwerke in den Teilprojekten und hierin vor allem im Vergleich und als Ergänzung zu den Ergebnissen, die sich aus der Analyse der Gruppendiskussion ergeben. Die Gruppendiskussion wurde zu Beginn des letzten Drittels der Projektlaufzeit geführt, also zu einem Zeitpunkt, zu dem bereits reichlich konkrete Netzwerkerfahrungen vorlagen, aber auch noch mit Weiterentwicklungsmöglichkeiten innerhalb der einzelnen Projekte gerechnet werden konnte. Ausgewählt wurden für diese Gruppendiskussion die Diakoninnen und Diakone aus den Teilprojekten, in deren Projektkonzeption die Netzwerkarbeit eine herausgehobene Stellung einnahm, ohne zugleich speziell auf eine kirchenbezirkliche Strukturentwicklung zu zielen.[32] Der Blick der Diakoninnen und Diakone auf die harten Fakten ihrer Netzwerkarbeit zeigt in zu erwartender Weise eine weitgehende Übereinstimmung mit den ihnen vorgegebenen konzeptionellen Netzwerkkonstruktionen. Bereits in der Vorstellungsrunde der Gruppendiskussion nennen die Diakoninnen und Diakone die von ihnen als wesentlich für die Projektarbeit erlebten Netzwerkpartnerinnen und -partner in kategorialen Zusammenfassungen (diakonische und kirchliche Einrichtungen, kommunale Dienststellen, privatrechtlich organisierte Träger sozialer und kirchlicher Arbeit) und umreißen damit zugleich die Reichweiten der jeweiligen Netzwerke grob. In beiden Beschreibungsdimensionen unterscheiden sich die Netzwerke im innerkirchlich-diakonischen Raum nur wenig, hinsichtlich der Kooperation mit kommunalen Stellen, Vereinen und anderen Trägern sozialer Arbeit jedoch sehr deutlich voneinander. Diese offensichtliche Übereinstimmung zwischen Planung und Praxiswahrnehmung darf jedoch nicht darüber hinwegtäuschen, dass die Unschärfe der Projektkonzeptionen keine eindeutige Bewertung dessen zulässt, inwieweit die jeweils in den einzelnen Teilprojekten erreichten Netzwerkreichweiten und -intensitäten den ursprünglichen Erwartungen tatsächlich entsprechen. Insgesamt kann lediglich festgehalten werden, dass innerhalb des Gesamtprojekts alle grundsätzlich anvisierten Netzwerkreichweiten auch umgesetzt wurden. Dies kann auch deshalb mit Nachdruck betont werden, weil aus anderen Befragungen im Rahmen der Projektevaluation vergleichbare, insgesamt sehr positive Einschätzungen von Netzwerkpartnerinnen und -partnern vorliegen.[33]

Die Beschreibungsperspektive, die die Diakoninnen und Diakone beim Blick auf ihre Netzwerke und die darin stattfindende Arbeit einnehmen, ist fast durchgängig eine auf ihre Person und Funktion fokussierende und darin zugleich als zentral markierte Perspektive. Dies wird an den graphischen Netzwerkdarstellungen besonders eindrücklich sichtbar, bestätigt sich aber ebenso in den tabellenförmigen Darstellungen und im Rahmen der Gruppendiskussion.

---

[32]   Diese Projekte werden im Kontext ihres spezifischen Arbeitsschwerpunktes gesondert evaluiert. Die Ergebnisse werden in Band I dieser Publikationsfolge veröffentlicht.
[33]   Vgl. z.B. Schulz 2013: S. 110–116.

In einem engen Zusammenhang damit steht die im Konsens aller Beteiligten stattfindende Sinnzuschreibung für diakonische Netzwerkarbeit: Ein Netzwerk ist ein gutes diakonisches Netzwerk, wenn es im Zusammenwirken unterschiedlicher Akteure eine möglichst optimale Hilfe- und Unterstützungsleistung für Einzelne, Familien oder konkrete Zielgruppen ermöglicht. Diakoninnen und Diakone sehen sich selbst als diejenigen, die solche Netzwerke initiieren und am Leben erhalten und die – im Sinne eines erfolgreichen Fallmanagements – ihre Netzwerke für einzelne Klientinnen und Klienten oder bestimmte Klientengruppen jeweils angemessen aktivieren können. Diese zentrale Sinnkonstruktion wird in unterschiedlichen inhaltlichen Zusammenhängen immer wieder von allen an der Diskussion Beteiligten bekräftigt, was in der folgenden Gesprächspassage exemplarisch nachzuvollziehen ist:

Interviewerin:	Es gibt ja ganz unterschiedliche Vorstellungen von Netzwerkarbeit. Gäbe es für Euch so etwas wie ein ideales Netzwerk, und wie könnte das aussehen?
Fr. Graf:	Mein ideales Netzwerk wäre, wenn die Dienste so ausfinanziert wären, dass man einfach nur für die Klienten da sein dürfte.
Hr. Quack:	(…) Nur für die Klienten, das wird dann ja schwierig. Weil Netzwerke müssen ja auch gepflegt werden. Also das merke ich schon auch, es braucht auch Zeit die Netzwerke zu pflegen. Das kommt einem zugute bei der Arbeit mit den Klienten. (…) Aber klar, mit der Finanzierung steht und fällt Vieles, das merken wir auch.
Hr. Vallon:	(…) Es ist so die Frage (…) nach einer goldenen Mitte. (…) Also, wo man sagt, (…) dass es gut ist für die Arbeit und für uns selbst. (…) Also die Frage, wie ist [das Verhältnis von] Aufwand und Nutzen und was ist irgendwie sinnhaft und leistbar und auch vernünftig?
Hr. Quack:	Ich habe gerade noch nach einem Bild gesucht. Ich bin dann darauf gekommen: Es ist definitiv nicht die Hängematte. Die Hängematte ist ja auch ein Netz und ein Netzwerk, aber die Hängematte ist etwas Statisches, wo man hin- und herschaukeln kann. Also ich kann ja nicht meine Klienten da reinlegen. So, und jetzt habe ich das ideale Netzwerk, die ideale Hängematte, und da lege ich jeden rein, und es passt für jeden. Sondern für mich ist das ideale Netzwerk immer auch im Fluss und in Bewegung und passt sich den Bedürfnissen der aktuellen Situation und auch den Bedürfnissen der jeweiligen Klienten an. Und es hängt auch immer von den Personen ab. (…) Also von daher ist das ideale Netzwerk für mich ein Netzwerk, das immer wieder auch in Bewegung und Veränderung ist.

Hr. Vallon:	Das könntest du nochmal weiter zuspitzen! (…) Sagen wir mal, meine Antwort auf diese Frage ist (…): Ich bin handlungsfähig in Bezug auf den Menschen, mit dem ich es zu tun habe.
Fr. Dorst:	(…) Also manchmal ertappe ich mich dabei und denke: Das löse ich jetzt [allein]. Ja, da gehe ich jetzt nicht zu der Sitzung mit fünf Netzwerkpartnern. Die Tagesordnungspunkte sind ja nicht so wichtig. Dabei wäre es eigentlich wichtig, die Beziehungen zu pflegen, weil im übernächsten Fall hätte ich sie mehr parat.
Fr. Graf:	(…) Also im diakonischen Netzwerk ist der Gedanke des Teilens darin. Das tut man bloß mit Bekannten. (…) Also muss man die Beziehungen pflegen, und dann kann man die ganzen guten Informationen für die Klienten zu irgendeinem Thema multiplizieren. (…) Ja, das Netzwerk erfordert, nicht so geizig zu sein mit seiner individuellen Zeit. (…)
Hr. Quack:	Ein ideales Netzwerk, finde ich, bietet auch immer verschiedene Alternativen. (…) So, dass ich nicht immer nur einen Weg habe, sondern dann auch nochmal entsprechend reagieren kann, handlungsfähig bin. (…)
Fr. Ewers:	Ich finde das sehr schwer, das zu beantworten: Was ist ein ideales Netzwerk? Es geht in alle Richtungen. Also: Einmal muss es sicherlich flexibel sein. (…) Dann muss ein Netzwerk eben auch unkompliziert sein, wenn ich es dann brauche. Und niederschwellige Zugänge liefern und mich nicht totschmeißen mit irgendwelchen Anträgen. Deshalb, das ist (…) so etwas Individuelles, und das muss so passen auch für die Situation, dass ich eigentlich gar keine Antwort geben kann, was ist ein ideales Netzwerk. Das ändert sich wahrscheinlich von Familie zu Familie und von Woche zu Woche und je nachdem. (…)

(Gruppendiskussion Netzwerkprojekte)

Eine grundlegende Sinnkonstruktion wird hier ganz offensichtlich mehrdimensional verstanden. Vier wesentliche Verständnisdimensionen, an die sich jeweils andere zentrale Themenfelder anlagern, sind in dieser Gruppendiskussion zu beobachten:

(1.) Zentral und grundlegend für alle weiteren Sinnkonstruktionen ist ein Verständnis, das sich etwa unter der folgenden Überschrift zusammenfassen lässt: Nur unter der Bedingung, dass ein Netzwerk den Zweck der möglichst optimalen Hilfeleistung erfüllt, hat Netzwerkarbeit überhaupt einen Sinn. Davon ausgehend werden dann Netzwerkformen und Netzwerkdynamiken unterschieden, die aus der Perspektive der hier diskutierenden Diakoninnen und Diakone „unsinnig" erscheinen. Darunter fallen etwa Netzwerke, die scheinbar um ihrer selbst oder um bestehender Strukturen willen bestehen (Organisationsstrukturen, *„alte Seilschaften"*) oder Netzwerkdynamiken, in denen die Teilnehmenden nur versuchen, andere *„vor ihren eigenen Karren zu spannen"*. So wird diese Beschreibung eines idealen Netzwerkes zugleich zum Maßstab für alle anderen Netzwerkformen und für alle konkreten Netzwerkpraktiken und darin zugleich zum Kern der Bestimmung des „Diakonischen", wie ich im Folgenden noch zeigen werde. Dieselbe Sinnkonstruktion eines guten, diakonischen Netzwerkes kann aber auch rein funktional verstanden werden, im Sinn von „diese Funktion muss ein gutes Netzwerk erfüllen". So wird sie zugleich zu einer grundlegenden Zielbeschreibung für diakonische Netzwerkarbeit und zum Maßstab für den Grad der Zielerreichung.

(2.) Gleichzeitig kann dieselbe Sinnkonstruktion aber auch einfach eine bestimmte Netzwerkkategorie beschreiben, neben der es noch viele andere Arten von Netzwerken geben kann. Hier geht es dann darum, zu unterscheiden, um welche zentralen Inhalte es in ein und demselben oder eben auch in verschiedenen Netzwerken gehen kann. Als vergleichbare Kategorien tauchen in diesem Zusammenhang auf: Vertrauensbildung und Abmilderung von Konkurrenz, Informationsaustausch, Öffentlichkeitsarbeit, kollegiale Beratung, Durchführung gemeinsamer Veranstaltungen oder Aktionen.

(3.) Zuletzt dient die oben ausformulierte Sinnkonstruktion auch der Charakterisierung des Wesenskerns von Netzwerkarbeit, die von Diakoninnen und Diakonen geleistet wird, etwa unter der Überschrift: „Darum geht es in der Netzwerkarbeit, wenn wir als Diakone sie gestalten". Dies wird in der Gruppendiskussion beispielhaft im Spiegel einer Fremdzuschreibung durch Pfarrerinnen und Pfarrer vorgeführt: *„(...) also das bekomme ich manchmal in unserem Kirchenbezirk gesagt, vor allem von meinen Pfarrern und Pfarrerinnen, mit denen ich relativ viel zu tun habe, die sagen immer: ,Frau Ewers, sie sind so schnell immer wieder beim Thema.' Also beim Thema heißt bei mir, bei dem Menschen und seinem speziellen Bedarf."* In dieser Denkfigur liegt dann zugleich die zentrale Motivation für das Netzwerkhandeln von Diakoninnen und Diakonen, das identisch ist mit einem auch an anderer Stelle beobachtbaren wesentlichen Thema ihrer professionellen Identität.[34]

Immer wieder ringen die Diakoninnen und Diakone im Verlauf der Gruppendiskussion um die Bestimmung des „spezifisch Diakonischen" im Zusammenhang ihrer Netzwerkarbeit. Sie tun dies nicht in der Form eines kontroversen Diskurses, sondern viel eher so, dass sie, um die bereits dargestellte Grundbestimmung eines idealen diakonischen Netzwerkes herum, fünf weitere Charakteristika gruppieren, die eine jeweils unterschiedliche Gewichtung erfahren.

Das alles entscheidende diakonische Moment in einem Netzwerk ist, wie oben bereits dargestellt, die unbedingte Orientierung der Netzwerkaktivitäten an den

---

[34] Vgl. z.B. Eidt (Diakonat in diakonischen Einrichtungen) und Schulz (Konstruktion des Diakonats).

individuellen Bedarfen der einzelnen Klientinnen und Klienten bzw. der fokussierten Klientengruppe.[35] In der folgenden Passage werden von den Diakoninnen und Diakonen in dichter Folge alle fünf hinzutretenden Charakteristika diakonischer Netzwerkarbeit aufgezählt und teilweise mit konkreten Erfahrungen hinterlegt:

Hr. Vallon:	Jetzt müssten wir erst mal klären, was diakonische Netzwerkarbeit ist. (…) Aber ich könnte auch eine Antwort darauf geben, die ich für Diakonie für wesentlich halte und was meine Stelle repräsentiert. Es ist die Vernetzung hin zum kirchlichen Umfeld, zum kirchlichen Raum von Anbietern aus dem Bereich der freien Diakonie, heißt Einrichtungsdiakonie. (…)
Fr. Graf:	Also für uns, für das Netzwerk wäre es ohne diakonischen Ansatz nicht entstanden, weil die anderen in ihrem eigenen Ding schon genug zu tun haben. Also die Stadt hat genügend zu tun mit sich, die Schule hat genügend zu tun mit sich. Und das Diakonische daran ist, dass da einfach übergreifend, egal welches ‚Kleberle' man auf der Stirn hat, die Leute kommen, auch einzelne Leute, die nicht einer Institution angehören, das ist, glaube ich, das Diakonische dabei. Das geht über die anderen Netzwerkgeschichten an dem Punkt raus. Und da hat uns praktisch die Diakonie was zur Verfügung gestellt, dem Allgemeinwohl oder so. Ich glaube, das ist dort in dem Fall der Aspekt, warum das ein diakonisches Netzwerk ist und warum man das dann ganz gut brauchen kann.
Fr. Dorst:	Also das würde ich unterstreichen, Frau Graf. Das habe ich bei uns in der Stadt ähnlich erlebt. Vor allem die Träger, die sich unmittelbar über die Gelder für die betroffenen Menschen finanzieren, für die war es völlig neu (…) dass ich alle eingeladen habe. (…) Also zu sagen: Es steht nicht der Gedanke, wie komme ich zu vielen Aufträgen, sondern was ist das Beste für die betroffenen Menschen, um den es geht? Das war für viele Netzwerkpartner sehr neu und ist sehr lange, lange, lange sehr kritisch beobachtet worden. (…) Ich denke, das kann sich Diakonie leisten, weil sie bei aller Finanzierung, die laufen muss, denke ich nochmal den Betroffenen anders in den Blick nimmt, weil sie nochmals einen anderen Auftrag hat: Also gehet hin in die Welt, schaut nach den Kranken und schaut nicht als Erstes, wo das Geld da ist.
Hr. Quack:	Also ich würde da anknüpfen beim Auftrag. Und es ist unser Auftrag als Kirche sozusagen, nicht nur als Diakonie, sondern als

---

35 Vgl. dazu auch die Interpretation des Diskurses um die Wertorientierung von Sozialarbeitenden unter 2.2.

> Kirche das zu tun. Deshalb gehören für mich da auch die Gemeinden rein. (...) Es wird zunehmend notwendig in Netzwerken zu arbeiten, weil wir es mit einer Gesellschaft zu tun haben, wo immer weniger Leute kirchlich sozialisiert sind, und nicht darauf warten, bis sie zu uns, zur Kirche, zur Diakonie kommen. Und da finde ich ist Netzwerkarbeit auch ein Schlüssel, weil wir uns eben dorthin vernetzen, wo die Menschen auch sind, die unsere Hilfe brauchen. (...)
>
> Fr. Ewers: Es fällt mir dazu eine Begebenheit ein. Ich bin in so einem Netzwerkkreis, der ganz bunt zusammengewürfelt ist, und zwar mit dem Ziel sich kollegial zu beraten. (...) Und da war es jetzt so, dass ich einen Fall vorstelle, der recht kompliziert war. Und die Sozialamtsleiterin recht unverständlich reagierte, weil sie sagte, bei uns läuft das so, dass wenn eine Familie ein Problem XY hat, dann haben wir die Antwort XY. (...) Und das, was Sie, Frau Ewers tun, das geht ja um ein Vielfaches darüber hinaus. Und das konnte sie nicht verstehen, und dann stutzte sie plötzlich und sagte: ‚Ach ja, Sie sind ja Diakonin, Sie haben ja das Ding mit dem guten Hirten.‘ Ich musste da so lachen, aber da war so ein Aha-Erlebnis auch bei den kommunalen Leuten (...), es gibt auch noch ein Nachgehen, auch wenn die Leute nach Paragraph so und so eben nicht in diese Schublade passen, sondern zwischen die Ritzen fallen, dann tut Diakonie oder Kirche eben noch ein Übriges und versucht halt eben trotzdem dran zu bleiben und trotzdem noch einen Weg zu finden. Und sie sagte dann: ‚Ja, ich werde das weiter beobachten.‘ Aber ich denke, da wurde so was ganz deutlich, was auch noch den Unterschied ausmacht.
>
> (Gruppendiskussion Netzwerkprojekte)

Als weitere Charakteristika für spezifisch diakonische Netzwerke werden hier aufgezählt: (1.) die Vernetzung von diakonischen Einrichtungen mit Kirchengemeinden und anderen kirchlichen Anbietern, (2.) der Einsatz für das Allgemeinwohl unabhängig von (finanziellen) Eigeninteressen, (3.) eine Vernetzung, die verschiedene Institutionen, Berufsgruppen und Einzelpersonen übergreift, (4.) Netzwerkarbeit als zeitgemäße Gestaltung des missionarischen Auftrags der Kirche und (5.) Engagement jenseits der sozialstaatlichen Leistungsgrenzen. Diese Charakteristika müssen in den Augen dieser Diakoninnen und Diakone nicht gleichzeitig erfüllt sein, aber ein Verhalten, das diesen Charakteristika zuwiderläuft, lässt das diakonische Profil aus ihrer Perspektive unscharf werden.

Im Gesamtkontext der Gruppendiskussion wird sehr deutlich, dass neben der individuellen Angemessenheit von Hilfeleistungen (die im Sinne des Missionsauftrages die geistliche Dimension einschließen und nicht dort enden, wo die rechtlichen Regelungen des Sozialstaates Grenzen setzen) dem uneigennützigen

Engagement für das Gemeinwohl die größte Bedeutung für ein diakonisch profi-
liertes Netzwerk oder einen diakonischen Beitrag innerhalb eines Netzwerkes
beigemessen wird.

Diese Beobachtung lässt zugleich deutlich werden, warum Diakoninnen und
Diakone genau hier, im Zentrum dessen, was diakonische Netzwerkarbeit in
ihren Augen ausmacht, die beiden größten Stressmomente diakonischer Netzwerkarbeit lokalisieren: einerseits die institutionelle Konkurrenz und andererseits die besonderen Schwierigkeiten von Vernetzungsprozessen, an denen Kirchengemeinden beteiligt sind.

(1.) Die Konkurrenz auf der institutionellen Ebene wird vor dem Hintergrund
dieser spezifisch diakonischen Werthaltung als besonders schwierig und ambi-
valent empfunden, weil sie – entgegen der eigenen Grundüberzeugung – gerade
dazu nötigt, mit besonderer Intensität immer wieder den individuellen Nutzen
von Zusammenarbeit für jedes einzelne Netzwerkmitglied herauszuarbeiten.
Gleich zu Beginn der Gruppendiskussion beschreibt eine Diakonin diese Erfahrung sehr eindrücklich:

Fr. Dorst:	Mich beschäftigt am meisten das Verhältnis zwischen Koopera-tion und Konkurrenz, weil in unserem Bereich (…) gibt es im-mer mehr Anbieter, und man muss dann schauen, ob man sich gegenseitig unterstützt oder ob man schon das Gefühl hat, man nimmt sich was weg. Und dann ist die Zusammenarbeit doppel-bödig: Also es ist nicht nur die reine Freude, sondern es geht im-mer auch stark darum, herauszuarbeiten, dass man immer noch mehr davon hat, zusammenzuarbeiten wie nicht zusammenzu-arbeiten, denn gegeneinander zu arbeiten.
(Gruppendiskussion Netzwerkprojekte)	

Als ganz besonders schmerzlich schildern die Befragten diese Konkurrenz in
Netzwerken, wenn sie zwischen kirchlich-diakonischen Netzwerkpartnerinnen
und -partnern ausagiert wird und mit wechselseitigem Misstrauen verbunden ist.

(2.) Ausgerechnet Kirchengemeinden erscheinen im Rahmen dieser Gruppendiskussion immer wieder als besonders problematische Partnerinnen und Partner in Netzwerkprozessen. In diesem Zusammenhang erzählen die befragten
Diakoninnen und Diakone von Erfahrungen, in denen sie in Kirchengemeinden
wenig Offenheit für die Integration „kirchenferner" Menschen gespürt haben,[36]
und ein Diakon schildert das lange Zeit anhaltende Desinteresse eines Kirchen-
gemeinderates hinsichtlich der Zusammenarbeit mit einer – in der eigenen Paro-
chie gelegenen – diakonischen Einrichtung. Besonders drastisch erscheinen der-
lei Erfahrungen, wenn sie – wie im folgenden Beispiel – als Kontrasterfahrungen
geschildert werden:

---

[36]   Vgl. dazu ausführlich den Beitrag von Claudia Schulz (Diakonisches Arbeiten an den Rändern).

| Hr. Quack: | Aber bei der Kirchengemeinde war es dann eine sinnlose, heftige Diskussion darüber, ob man bereit ist. Es ging eigentlich nur um einen symbolischen Beitrag. Darum, sich mit einem Opfer oder einer Spende zu beteiligen am Mensaessen für bedürftige Jugendliche. Uns ging es eigentlich immer darum einen symbolischen Betrag zu bekommen, damit andere wahrnehmen die Kirchengemeinde tut hier was. Damit dann auch andere mitziehen und sagen: ‚Wir spenden auch was.' Und komischerweise war es für alle anderen, die Fördervereine und Anbieter, kein Thema, dass sie sich beteiligen. Auch bei der Stadt war es kein Thema und bei der Kirchengemeinde haben wir da endlose Diskussionen geführt: ob die Jugendlichen denn überhaupt auch berechtigt dazu sind. Und ja, das wurde dann abgelehnt. Das ist das was mich gerade an dieser Netzwerksache grade am meisten beschäftigt. Also was muss sich da nochmal bewegen, auch in den Köpfen von Menschen? |

(Gruppendiskussion Netzwerkprojekte)

Besonderes Gewicht erhält diese Darstellung eines wesentlichen Stressfaktors in der Netzwerkarbeit auch deshalb, weil der Diakon diese Erfahrung gleich zu Beginn der Gruppendiskussion, also an exponierter und programmatischer Position zum Ausdruck bringt und im Verlauf der Diskussion immer wieder darauf Bezug nimmt.

Demgegenüber treten die unmittelbaren Schwierigkeiten der Netzwerksteuerung eher in den Hintergrund. Sie reduzieren sich im Rahmen dieser Gruppendiskussion weitgehend auf die Problematik der Schwerfälligkeit von Netzwerken:

| Fr. Ewers: | (…) Also ich habe eine Kollegin bei einem andern Sozialen Träger, mit der könnte ich Bäume ausreißen. Wir hätten viele Ideen und wir haben den Menschen mit seinen Bedürfnissen im Blick. Und ich habe meinen Apparat. Und meine Struktur hindert mich, weil alles erst mal durchgenehmigt werden muss. (…) Also bei meinem Träger muss ich meine Sache vertreten durch die Hierarchie, die zum Glück nicht so groß ist. Aber dann merke ich: Auch bei der Kollegin und bei den Kollegen, da ist die Struktur noch größer und bis da dann Begeisterung oben ankommt, ist die Begeisterung wirklich nicht mehr so groß wie bei uns unten an der Basis. Das ist manchmal schwierig. Also die Ursprungsidee, die natürlich auch gut durchdacht ist und konzeptionell festgelegt ist, dann durch diese Hierarchie (…) und die strukturellen Ebenen durchzubringen und dann zu sagen: ‚Es geht immer nur um den Menschen, auch wenn's dadurch die Struktur wie durch die Nudelmaschine durch muss. Das finde ich manchmal langwierig und Geduld erfordernd. Da ist es gut, |

> wenn ein paar Kollegen da sind, die sagen, wir lassen uns den
> Elan nicht abschneiden.
>
> (Gruppendiskussion Netzwerkprojekte)

Beispielhaft wird hier von einer Diakonin geschildert, wie Netzwerkprozesse
funktionieren, wenn die beteiligten Fachleute selbst nur eine sehr eingeschränkte
Entscheidungskompetenz besitzen, so dass jede in den unmittelbaren Netzwerkkontakten entstandene Idee oder Strategie langwierige Entscheidungsprozesse in
den jeweiligen Herkunftsinstitutionen nach sich zieht. Interessant ist, wie Diakoninnen und Diakone in diesem Zusammenhang ihre eigenen Rolle interpretieren: Obwohl sie sich selbst als Initiatorinnen und wesentliche Motoren von diakonischer Netzwerkarbeit beschreiben, ist ihr konkretes Erleben innerhalb ihrer
Netzwerke eher durch die Erfahrung begrenzter Entscheidungskompetenz und
damit von einer gewissen strukturellen Machtlosigkeit geprägt. Genau deshalb
sehen sie sich aber– im Sinne ihrer eigenen Wertmaßstäbe – als gute Netzwerkerinnen und Netzwerker, die nicht versuchen, mit Macht ihre eigenen Interessen
durchzusetzen, sondern sich selbst als teamorientierte Gestalterinnen und Ge-
stalter verstehen. Und sie halten das für *„eine Frage sicherlich auch von Ausbildung und Erfahrungen, auch von der persönlichen Kompetenz, die ein Mensch
mitbringt, die er aber auch vielleicht entwickelt im Laufe seines Berufslebens.“*[37]
Hierin grenzen sich die Diakoninnen und Diakone in dieser Gruppendiskussion
ab von den Pfarrerinnen und Pfarrern, deren Ausbildung sie – zusammen mit
den an sie gerichteten Rollenerwartungen – in den Augen der Diakoninnen und
Diakone eher zum direktiven Steuern prädestiniere. Sie sehen sich selbst als
*„Menschen, die den Menschen zugewandt sind. Die eher was mitbringen als dass
sie etwas haben wollen. Also etwas altruistisch veranlagt. Die wissen, was sie können und möglicherweise auch hoffentlich das, was sie nicht können. Und das abge-
ben können.“*[38]

An diesem kurzen – fast bekenntnishaft wirkenden – Zitat wird noch einmal
deutlich: Diakoninnen und Diakone sehen sich selbst in der Rolle derer, die in
Netzwerke investieren und dabei die Gratwanderung schaffen müssen, weder auf
ihren eigenen Vorteil bedacht zu sein, noch sich in eine unterlegene oder gar
„dienende“ Position zu begeben. Diese Haltung betrachten sie als eine Haltung,
die partizipative Gestaltungsprozesse in Netzwerken fördert.

---

[37]   Aus der Gruppendiskussion mit Diakoninnen und Diakonen aus Netzwerkprojekten.
[38]   Ebd.

2.2 Generierung und Nutzung von Sozialkapital in der Netzwerkpraxis des Projekts

Diakoninnen und Diakone präsentieren sich im Rahmen dieser Gruppendiskussion so, dass die gedankliche Verknüpfung mit der Funktionsweise sozialer Kapitalbildung und -nutzung unmittelbar einleuchtend erscheint. Sie verstehen sich selbst als diejenigen, die soziale Beziehungen sowohl auf individueller, personenbezogener (Mikro-)Ebene als auch auf organisationaler (Meso-)Ebene so knüpfen und pflegen, dass sie in flexibler, bedarfsorientierter Weise, an konkreten Situationen oder Fällen orientiert individuell aktiviert oder auch kollektiv genutzt werden können. Diese Funktionsbeschreibung der eigenen Netzwerkarbeit entspricht genau der Funktion von Sozialkapital, wie sie in den wichtigsten Konzeptionen[39] zum Begriff des Sozialkapitals vertreten wird: „Unter sozialem Kapital versteht man einen vorteilhaften Effekt der Netzwerkstruktur, der darin besteht, individuellen oder korporativen Akteuren breitere Handlungsmöglichkeiten oder Zugang zu Ressourcen zu eröffnen. (…) Der strukturelle Charakter des Sozialkapitals bedingt, dass der Prozess seiner Produktion meist nicht bewusst ist. Es wird eher beiläufig gemeinsam mit anderen Handlungen produziert, auf denen der Fokus der Beteiligten ruht."[40] Es geht also nicht um das rein faktische Vorhandensein von Netzwerkkontakten, sondern stets um deren Effekte, also um die Nutzung der Kontakte für konkrete Nutzeffekte – im Fall der hier befragten Diakoninnen und Diakone also um den Nutzen für Klientinnen und Klienten.

Darüber hinaus stellen die Diakoninnen und Diakone auch verschiedene Qualitätsdimensionen des von ihnen generierten und ihnen zur Verfügung stehenden sozialen Kapitals dar. Sie sprechen sowohl über Systemkapital[41], das sie in den von ihnen geschaffenen Netzwerkstrukturen lokalisieren, als auch über Beziehungskapital[42], das sie aus den persönlich geprägten Beziehungen zu einzelnen Personen ableiten.[43] Dabei beschreiben sie auch, wie eng miteinander verknüpft diese beiden Dimensionen des Sozialkapitals ihnen teilweise erscheinen. Am deutlichsten wird diese, in vielen Äußerungen mitlaufende Wahrnehmung einer engen Verknüpfung zwischen persönlicher Ebene und Systemebene im folgenden Zitat: *„Ich bin dann so vorgegangen, dass ich mit den anderen beiden gleich mal ganz spezielle Kooperationsvereinbarungen abgeschlossen habe, dass man das mal auf eine Schiene kriegt, wo man wirklich miteinander klarkommt. Aber das ging ja auch bloß, weil man sich persönlich gekannt hat."*[44] Diese Beobachtung der Diakoninnen und Diakone wird im Rahmen des Sozialkapital-

---

[39] Vgl. Bourdieu 1983: S. 183–198; Coleman 1988: S. 95–120; Putnam 1993 und 2000.
[40] Jansen/Diaz-Bone 2011: S. 75.
[41] Vgl. Esser 2000: S. 241.
[42] Vgl. Esser 2000: S. 241.
[43] Vgl. Westle/Gabriel 2008: S. 22 und 41–49.
[44] Aus der „Gruppendiskussion Netzwerkprojekte".

konzeptes bestätigt und in ihrer weitergehenden Bedeutung dargestellt: „Darüber hinaus verselbständigt sich das in sozialen Interaktionen angelegte Beziehungskapital zu Systemkapital, das im Einzelfall unabhängig von den Beiträgen einzelner Personen wird, und das als Kollektivgut genutzt werden kann und dabei hilft, die für moderne Gesellschaften typischen Kooperationsdilemmata zu überwinden."[45]

Vor allem aber geben die Diakoninnen und Diakone in verschiedenen Passagen der Gruppendiskussion Einblick in ihre Sicht der eigenen Strategien beim Aufbau von Netzwerken und zeigen damit zugleich, wie sie in diesem Zusammenhang die Entstehung von Sozialkapital konstruieren:

Fr. Ewers:	Und Netzwerk stellt sich für mich oft so dar, dass ich dann plötzlich höre, ach, da ist ja noch jemand, der auch noch in diese Richtung arbeitet, und den könnte man ja auch noch anfragen. Und ich bin dann am Anfang viel „Klinkenputzen" gegangen und hab mich bei vielen Partnern vorgestellt und habe gesagt, was ich mit meinem Projekt vorhabe, und gefragt wo wir uns zusammenschließen könnten. Und machte dann die Erfahrung, dass bei vielen das wie ein Geschenkkarton wirkte, wo sie dann ihre ganzen Wünsche hineingepackt haben. Ach, da kommt jetzt noch jemand und den können wir vor unseren Karren spannen. (…)

Oder in einem anderen Zusammenhang:

Hr. Quack:	Es gibt natürlich Leute, mit denen arbeitet man lieber oder häufiger zusammen und mit anderen Leuten weniger. Ich denke aber, es hat aber nochmal eine andere Komponente, dass man schon auch Netzwerke gezielt angehen und aufbauen kann. Also wir haben das so gemacht, dass wir einfach mal eine Liste gemacht haben, was für Einrichtungen kommen denn bei uns im Sozialraum potenziell noch in Frage, mit denen wir zusammenarbeiten könnten. Und dann haben wir auch gemerkt, dass wir da zum Teil blinde Flecken haben. Und dann sind wir auf die auch nochmal gezielt zugegangen und haben das auch untereinander verteilt, so dass auch andere Kollegen mal Besuche gemacht und geschaut haben: Wo könnte sich was Tragfähiges daraus entwickeln? (…)
Fr. Graf:	Also für mich geht Netzwerkarbeit über diese gute kollegiale Zusammenarbeit eben hinaus, weil es schon auch mal ein wenig Zwangscharakter hat. Also einfach die, die an einem Thema arbeiten, für die ist es offen. (…) Wir haben grundsätzlich alle die

---

[45]   Westle/Gabriel 2008: S. 47.

> eingeladen, die zum Thema so arbeiten. Und da hocken sich
> dann Leute gegenüber an dem Tisch, die sich immer mit großem
> Abstand beäugt haben 30 Jahre lang. (…) Wir haben das dann so
> kombiniert, (…) wir laden mal einen Referenten ein und machen
> Kontaktpflege, halbe-halbe. (…) Und die ersten paar Male habe
> ich das organisiert. Es ist ein wahnsinniger Aufwand an Arbeit,
> Organisation. Und jetzt, das letzte Mal, die letzten beiden Male
> haben wir es geschafft, dass (…) weil ja im Moment alle so
> schrecklich furchtbar motiviert sind (…) macht es jetzt jemand
> anderes. (…) Wir schaffen hauptsächlich mit dem Neugierde-
> Faktor glaube ich, dass die Leute in den [verschiedenen] Ein-
> richtungen [in denen die einzelnen Netzwerktreffen stattfinden]
> gewesen sein wollen, die wollen die gesehen haben und die wol-
> len die sonstigen Strukturen aufknacken.
>
> (Gruppendiskussion Netzwerkprojekte)

Drei wichtige Strategien der Diakoninnen und Diakone zum Aufbau von sozialem Systemkapital werden hier im Kontext des Netzwerkaufbaus deutlich: Persönliche Beziehungen werden zum Aufbau von institutionellen Netzwerkstrukturen genutzt, inhaltliche Motivation wird gezielt geschaffen sowie zur Schaffung
von Strukturen eingesetzt, und Lücken in bestehenden institutionellen Netzwerken werden – nachdem sie bekannt oder gezielt identifiziert wurden – durch
Kontaktaufnahme geschlossen.

Neben diesen strukturellen Aspekten sozialen Kapitals und eng mit diesen
verknüpft stehen die kulturellen Aspekte sozialen Kapitals. Die Wechselwirkung
zwischen diesen beiden Aspekten ist so eng, dass „die Frage, welche dieser Grö-
ßen als Ursache und welche als Wirkung aufzufassen ist,"[46] nicht zu beantworten
ist. Üblicherweise werden grundlegend zwei verschiedene Dimensionen der
kulturellen Aspekte sozialen Kapitals unterschieden: Vertrauen auf der einen
und Normen und Werte auf der anderen Seite. Im Kontext von Beziehungskapital geht es dabei um das konkrete Vertrauen in Mitmenschen und um miteinander geteilte gemeinschaftsförderliche Werte und Normen. Auf der Ebene des
Systemkapitals spielt das generelle Potenzial sozialen Vertrauens in einer Gesellschaft eine wichtige Rolle, und die Verbreitung gemeinschaftsbezogener Werte
und Normen wird unter dieser Kategorie erfasst. Auch für diese beiden Dimensionen des kulturellen Kapitals gilt, dass nicht feststellbar ist, ob dort, wo viel
Vertrauen und ein großes Potenzial gemeinschaftsförderlicher Werte und Normen vorhanden sind, die förderliche Funktion für die Erreichung entsprechender Ziele erst entsteht, oder ob durch gemeinschaftliche Aktionen Vertrauen und
gemeinschaftsförderliche Wert- und Normorientierung entsteht. Vielmehr handelt es sich auch hier im Idealfall jeweils um positive Rückkoppelungsmechanis-

---

46   Westle/Gabriel 2008: S. 47.

men, die zu einer wechselseitigen Verstärkung führen. Dieser Effekt wird häufig als der sogenannte „Matthäuseffekt"[47] des Sozialkapitals beschrieben, der insgesamt für alle seine Formen zu gelten scheint, im Umkehrschluss aber bedeutet, dass dort, wo es an beiden Komponenten sozialen Kapitals mangelt, dieses ungleich schwerer zu generieren ist.

Diese Theorie kann als Ansatzpunkt für ein vertieftes Verständnis der von den Diakoninnen und Diakonen beschriebenen Konkurrenzproblematik in diakonischen Netzwerken genutzt werden. Unter Konkurrenzbedingungen am Sozialmarkt erscheint es auf den ersten Blick wenig zielführend, im Sinne eines wechselseitigen Vertrauensvorschusses auf einen unmittelbaren Nutzen im Hinblick auf eigene Investitionen innerhalb eines Netzwerkes zu verzichten. Direkte Reziprozität ist deshalb eine normale Erwartung innerhalb eines Netzwerkes. Sie spielt deshalb eine große Rolle, weil Netzwerke deutlich weniger Stabilität garantieren als klassische Organisationen. Erwarteter Nutzen sollte also abgeschöpft werden können, bevor sich das Netzwerk möglicherweise wieder auflöst oder anderen Aufgaben zuwendet. Zugleich gilt jedoch die Bereitschaft, einen Vertrauensvorschuss zu gewähren, als Maßstab für das Sozialkapital in einem Netzwerk. Wenn Diakoninnen und Diakone sich selbst als diejenigen schildern, die hier besonders weitreichende Vorschussbereitschaft zeigen, dann markieren sie dadurch auf der einen Seite ihr eigenes Potenzial im Hinblick auf die Generierung von Sozialkapital. Indem sie diese Grundhaltung des Vertrauens jedoch auf der anderen Seite zum Maßstab – vor allem für diakonisches – Netzwerkhandeln erheben, wird zugleich deutlich, dass sie letztlich ohne eine entsprechende Reziprozitätserwartung auch selbst nicht auskommen. Offensichtlich hantieren die Diakoninnen und Diakone in diesem Diskurs eine Wertekonkurrenz zwischen den Werten „Vertrauen" und „Gerechtigkeit".

Anknüpfend an dieses Beispiel, hinter dem also letztlich ein Wertediskurs steht, lässt sich auch zeigen, wie sich in den diakonischen Netzwerkzusammenhängen die Wechselwirkung zwischen geteilten Grundwerten und konkreten Handlungsnormierungen darstellt. Die Erwartung der Diakoninnen und Diakone ist, dass im kirchlich-diakonischen Kontext ein Konsens darüber besteht, dass die Menschen in ihrer jeweiligen Individualität im Mittelpunkt stehen und dass die Orientierung an deren Menschenwürde zum Maßstab für konkrete Hilfeleistungen wird. Im Zweifelsfall, so erwarten sie, muss persönliches, organisationales und finanzielles Kalkül in den Hintergrund treten. Im Vertrauen auf die Gültigkeit und Bedeutung dieses Wertes handeln sie im Einzelfall, und sie meinen oder erleben, dass sie damit ganz offensichtlich nicht in jedem Fall den Konsens innerhalb ihrer Netzwerke treffen.

Der Diskurs um diesen Wert und daraus abgeleitete Verhaltensnormierungen wird in der Gruppendiskussion immer wieder geführt: Einmal im Zusammen-

---

[47]   Seinen Namen erhielt dieser Effekt in Anlehnung an Mt 25,29: „Denn wer da hat, dem wird gegeben, dass er die Fülle habe; wer aber nicht hat, dem wird auch das genommen, was er hat."

hang mit der Frage danach, ob auch Sozialarbeiterinnen und Sozialarbeiter „*den Anderen stehen lassen, wie er ist*".[48] An dieser Stelle wird deutlich, dass der grundlegende Konsens unter Fachkräften in der Sozialen Arbeit größer ist als von einem Teil der Diakoninnen und Diakonen erwartet. Möglicherweise kann sich aus dieser Einsicht in neuen Situationen ein höheres Vertrauenspotenzial der Diakoninnen und Diakone gegenüber Sozialarbeiterinnen und Sozialarbeitern ohne diakoniewissenschaftliche Qualifikation entwickeln.

Die Frage nach der Reichweite der Handlungsorientierung an der Individualität von Hilfebedürftigen wird im Rahmen dieser Gruppendiskussion auch in ökonomischen Bezügen thematisiert. Dann führen Diakoninnen und Diakone Beispiele dafür an, dass sie selbst – und damit auch die Diakonie – auf ökonomischen Nutzen verzichten, wenn dies für einen Klienten oder eine Klientin größeren Nutzen verspricht: „*Ich vermittle dorthin, wo es für den Kranken passt (...) das kann sich die Diakonie leisten.*"[49] Zugleich wird in diesem Kontext auch das Misstrauen der anderen Netzwerkpartnerinnen und -partner illustriert, die – in den Augen der Diakoninnen und Diakone – nicht glauben können, dass so viel postulierter Altruismus in der ökonomisch geprägten Realität auch wirklich durchzuhalten ist. Auf den Punkt bringt diese Skepsis gegenüber so viel sozialer Unterstützungsbereitschaft die Wiedergabe der Äußerung einer Sozialamtsleiterin: „*Sie haben ja das Ding mit dem guten Hirten. (...) Ja, ich werde das weiter beobachten.*"[50] In dem hier beschriebenen Netzwerk wird in den Augen der Diakonin daran ein Unterschied hinsichtlich der Normen im Umgang mit Einzelfällen deutlich: Die kommunal Verantwortlichen orientieren sich an den gesetzlichen Vorgaben, sicher auch in dem Vertrauen darauf, dass diese Gesetze die Menschenwürde achten und schützen. Wer darüber hinaus und dann eben auch auf eigene Rechnung hilft, der muss seine dauerhafte Glaubwürdigkeit unter Beweis stellen. Erst dann entsteht so etwas wie Erwartungssicherheit, die entsprechendes Vertrauen rechtfertigt. Allein das Bekenntnis zu einer „weitreichenderen" Verhaltensnorm, das bisher nur kurzzeitig an dementsprechendem Verhalten überprüft werden konnte, reicht in diesem Netzwerk demnach nicht aus, um jenseits des vermuteten Wertekonsenses einen höheren Vertrauensvorschuss und damit mehr Sozialkapital zu erwerben – auch wenn es durchaus möglich erscheint, dass es nach einer längeren Phase entsprechender Erfahrungen dazu noch kommen könnte.

Das eben gezeigte Beispiel ist in einer weiteren Perspektive interessant: Es geht hier um die Generierung von Sozialkapital in Netzwerken mit verschiedenen Partnerinnen außerhalb des Bereiches von Diakonie und Kirche. Das Sozialkapital, dessen Generierung die Diakoninnen und Diakone sich in der zugrundeliegenden Gruppendiskussion selbst zuschreiben, wird im Sozialkapitalkon-

---

48   Aus der Gruppendiskussion Netzwerkprojekte.
49   Ebd.
50   Ebd.

zept als „bridging"-Sozialkapital[51] bezeichnet, dessen Funktion darin besteht, Vertrauen aus einem Sozialgefüge in ein anderes oder in die Gesellschaft zu übertragen. Diese Funktion kann Sozialkapital übernehmen, wenn es von einer Person aktiviert wird, die auch eine Brückenposition zwischen zwei verschiedenen Netzwerkzusammenhängen einnimmt. Wenn man den Darstellungen der Diakoninnen und Diakonen Glauben schenkt, dann waren ihre dahingehenden Aktivitäten relativ erfolgreich. Dies spiegelt sich vor allem dort, wo die Diakoninnen und Diakone davon berichten, dass sie innerhalb und außerhalb ihres eigenen organisationalen Zusammenhangs mit spezifischen Erwartungen angesprochen werden, die auf persönlichem Vertrauen gründen und mit der Erwartung an Unterstützung beim „Bridging" verbunden sind: Wenn etwa eine Kollegin bittet: *„Frau Ewers, sie schauen doch am meisten über die Grenzen raus. Ich brauche jemanden, der das und das anbietet."* Oder die Leiterin eines Hauses der Arbeiterwohlfahrt bittet: *„Können Sie nicht eine Reihe von Veranstaltungen bei uns im Haus machen?"*[52]

Andere Akzente setzen die Diakoninnen und Diakone innerhalb dieser Gruppendiskussion jedoch dort, wo sie von Vernetzungsaktivitäten in der anderen Richtung berichten, also beispielsweise eine Unterstützungsleistung einer Kirchengemeinde für die Arbeit mit benachteiligten Menschen außerhalb kirchlicher Zusammenhänge anstreben oder wo Menschen neu in den Kontakt mit kirchlichen Angeboten kommen sollen. Davon berichtet ein Diakon:

| Hr. Quack: | Womit ich gerade eher so ringe, oder was mich gerade so beschäftigt, ist das Innerkirchliche, wo ich so merke, ja in der Kirchengemeinde oder in der landeskirchlichen Gemeinschaft muss sich doch noch einiges bewegen. Also man sagt zwar immer, man will die anderen, und man will auch nochmal über den Horizont raus und andere Leute erreichen. Nur wenn die anderen dann kommen, dann ist man ein Stück weit überfordert. (…) Es gibt dann so nette Dinge, dass man auch ja schweinefleischfreie Saitenwürstle her tut, damit auch die Muslime kommen können. Wenn die Muslime dann aber kommen, tut man sich schwer, mit denen dann ins Gespräch zu kommen oder sie überhaupt zu registrieren. Man fühlt sich dann in den eigenen Kreisen eigentlich wohler. Und das ist nicht nur bei Jugendlichen so. Ich erlebe es bei der Kirchengemeinde genauso. Bei der Kirchengemeinde war es dann eine sinnlos heftige Diskussion darüber, ob man bereit ist, es ging eigentlich nur um einen symbolischen Beitrag, sich damit am Mittagessen in der Tagesstätte mit einer Spende zu beteiligen. Uns ging es eigentlich nur darum, einen symbolischen Beitrag zu kriegen, damit die anderen wahrnehmen, die Kir- |

---

51 Vgl. Traunmüller 2008: S. 8–10 mit Bezug auf Putnam 2000.
52 Beide Zitate aus der „Gruppendiskussion Netzwerkprojekte".

> chengemeinde tut hier was. (…) und komischerweise war es für
> die anderen (…) kein Thema, dass sie sich beteiligen. Auch bei
> der Stadt war das kein Thema, und bei der Kirchengemeinde ha-
> ben wir da eine endlose Diskussion geführt. Genau. Ob die denn
> überhaupt auch berechtigt dazu sind, und ja, also wo ich dann
> auch denke: Man hört zwar die anderen, aber man ist sich
> eigentlich selber genug.

(Gruppendiskussion Netzwerkprojekte)

Im Sozialkapitalkonzept geht man davon aus, dass hier starkes „bonding"-Sozial-
kapital seine Wirkung entfaltet. Die Bindungskräfte innerhalb eines relativ ge-
schlossenen Netzwerkes, wie Kirchengemeinden es häufig sind, können mit
deutlichen Ausgrenzungseffekten einhergehen. Die ambivalente Wirkung von
„bonding" Sozialkapital wird am eben gezeigten Beispiel exemplarisch aus der
Perspektive der Diakoninnen und Diakone dargestellt. Wir finden sie aber auch
in anderen Projektzusammenhängen – insbesondere von Ehrenamtlichen – sehr
deutlich, manchmal sogar drastisch dargestellt.[53]

3. Diakoninnen und Diakone gestalten diakonische Netzwerkprozesse – Zusammenschau und Ausblick

Als Ertrag aus dieser Evaluation diakonischer Netzwerkarbeit möchte ich nun
abschließend drei Diskurslinien herausgreifen, um an ihnen Folgerungen für die
diakonische Netzwerkpraxis, für die Profilierung der Berufsbilder im Diakonat
und für die diakoniewissenschaftliche Forschung abzuleiten:

(1.) Engagement „für andere" versus Engagement „mit anderen"
Eine zentrale Erkenntnis aus dieser Projektevaluation zur diakonischen Netzwerkarbeit von Diakoninnen und Diakonen ordnet sich ganz selbstverständlich
ein in das Puzzlebild, das sozialwissenschaftliche Forschung und sensibel wahr-
nehmende Praktikerinnen und Praktiker schon seit einigen Jahren von kirchlich-
diakonischer Arbeit entwickeln: Kirche und Diakonie sind an ihrer Basis wirklich
„stark für andere"[54], aber echte Inklusion durch Beteiligung und Vernetzung, die
Selbsthilfepotenziale stärkt, gelingen – obwohl offiziell gewollt – oft nur sehr
schwer.[55] Ergänzend dazu wird in dieser Studie deutlich: Die Schwierigkeiten in
diesem Bereich beginnen nicht erst in der diakonischen Praxis, sondern sie entstehen bereits auf der konzeptionellen Ebene.[56] Die Diakoninnen und Diakone

---

[53] Vgl. den Beitrag von Claudia Schulz (Diakonisches Arbeiten an den Rändern).
[54] Motto des Diakonischen Werkes Pfalz.
[55] Vgl. dazu etwa Wegner 2011 und Horstmann 2011.
[56] Vgl. dazu auch Claudia Schulz 2013: S. 200–202.

zeigen in ihrer Diskussion in anschaulicher und nachahmenswerter Weise, wie ganz praktische Vernetzungsstrategien aussehen können, die diese „Stärke für andere" weiterentwickeln. Die Frage danach, wie Inklusion durch Beteiligung und Stärkung von Selbsthilfepotenzialen in Netzwerken gestaltet werden kann, muss dagegen in Wissenschaft[57] und Praxis[58] weiter mit Nachdruck verfolgt werden. Zwei Aspekte sollten dabei stärker als bisher berücksichtigt werden: (1.) die Förderung konzeptioneller Kompetenz für inkludierende Netzwerkarbeit bei kirchlichen Praktikerinnen und Praktikern[59] und (2.) die Schaffung von öffentlicher Transparenz und struktureller Klarheit, wo genau im Raum der Kirche offiziell mandatierte Anlaufstellen für Vernetzungsinteressen in Sozialräumen zu finden sind.[60]

(2.) Christlich-diakonische Wertorientierung versus Wirtschaftlichkeit und organisationale Selbstdarstellung

Viele offene Fragen gruppieren sich im Rahmen der Netzwerk- und Sozialkapitalforschung um die Wechselwirkungen zwischen verschiedenen Werten und Normen auf der einen und Vertrauen und Vertrauenswürdigkeit auf der anderen Seite.[61] Für Akteurinnen und Akteure aus dem Bereich von Kirche und Diakonie ist in diesem Zusammenhang von besonderem Interesse, wie spezifisch diakonische Werthaltungen und daraus abgeleitete Verhaltensnormierungen sich in verschiedenen Netzwerkkontexten auf Vertrauensbildung und gemeinsame Zielerreichung auswirken. Die diesbezüglichen Beobachtungen im Rahmen der Projektevaluation machen deutlich, dass die von den beteiligten Diakoninnen und Diakonen dargestellte und mit dem kirchlich-diakonischen Auftrag begründete Orientierung am Wohl der Menschen mit Hilfebedarf und am Gemeinwohl durchaus in der Lage ist, überzeugende Initialzündungen für neue diakonische Netzwerke und damit entsprechendes Sozialkapital zu generieren. Es wurde auch sichtbar, wie sich die entsprechenden Wechselwirkungsprozesse zwischen Wertorientierung, Verhaltensnormierung und Vertrauenswürdigkeit aus der Perspektive von Diakoninnen und Diakonen darstellen. Darin zeigt sich zugleich ein professionelles Selbstverständnis, das eine fachliche Klienten-, Lebenswelt- und

---

[57] Dazu gehört etwa die Entwicklung eines Sozialkapitalkonzeptes, das die Wirkungsmechanismen von Sozialkapital in Kirchengemeinden zu erfassen sucht. Vgl. Horstmann 2011.

[58] Gemeinwesendiakonische Projekte wie etwa das ökumenische Großprojekt „Kirche findet Stadt" tragen dazu bereits wesentlich bei. Vgl. Diakonisches Werk der Evangelischen Kirche in Deutschland 2012.

[59] Die Durchsicht der Fortbildungsprogramme für Hauptamtliche in der Evangelischen Landeskirche in Württemberg lässt diesbezüglich eindeutig eine große Lücke erkennen, die sich möglicherweise auch dadurch erklärt, dass Vernetzungsprozesse sehr komplexe Dynamiken entwickeln, die auch sozialwissenschaftlich erst in Ansätzen ausgeleuchtet sind. Vgl. dazu Baecker 2007; Latour 2007 und Weyer ²2010.

[60] Vgl. Bauch 2013.

[61] Vgl. Westle/Gabriel 2008: S. 175–181.

Gemeinwohlorientierung eng mit einer theologisch fundierten, christlich-diakonischen Handlungsmotivation verknüpft.[62]

Die Nachhaltigkeit und der tatsächliche Output dieses Engagements und die damit assoziierte Vertrauenswürdigkeit von Kirche und Diakonie als Netzwerkakteuren ist aber in den gezeigten Zusammenhängen davon abhängig, wie lange das damit verbundene hohe Engagement an den entsprechenden Stellen durchgehalten werden kann. Diese Fragestellung spielt im bisher ausgewerteten Datenmaterial eine untergeordnete Rolle. Bei Besuchen in Sitzungen von Projektteams, die aus verschiedenen Netzwerkpartnerinnen und -partnern zusammengestellt wurden, stand dieses Thema aber immer wieder zur Debatte. Hier stellt das Ende der landeskirchlichen Projektfinanzierung einen der entscheidenden Prüfsteine dafür dar, welche langfristige betriebswirtschaftliche Bedeutung die von den Diakoninnen und Diakonen vertretenen Wertmaßstäbe und Handlungsnormen in den verschiedenen Hilfekontexten für die Projektträger vor Ort tatsächlich haben. Daran wird deutlich, dass hier längerfristige qualitative und auch quantitative Evaluationsstudien im Kontext der Sozialkapital- und Netzwerkforschung notwendig sind, um zu einer abschließenden Einschätzung der Zusammenhänge zwischen christlich-diakonischer Werthaltung und betriebswirtschaftlichen Rationalitäten und deren Wirkung in Netzwerkzusammenhängen zu gelangen.

(3.) Einzelfallorientierung versus Systemdenken

Die Art und Weise, wie die Diakoninnen und Diakone in dieser Gruppendiskussion ihre Arbeitsweise in Netzwerken darstellen und in welchen Zusammenhängen sie sich als authentisch erleben, zeigt, dass es Aufgaben des Case- und Care-Managements sind, die sie – unabhängig vom konkreten Beruf des Jugendreferenten, der Religionspädagogin, der Gemeinde- oder Sozialdiakonin – als stimmig im Rahmen ihrer professionellen Identität erleben. Deutlich weniger Begeisterung ist zu spüren, wenn es um kybernetische Aufgaben in Netzwerken – also um Netzwerksteuerung – geht. Diese werden wahrgenommen und professionell bewältigt, teilweise werden auch Praxiskonzepte dafür entwickelt, aber deren Bedeutung wird ausschließlich am Output für den Einzelfall gemessen.[63] Darin wird eine – vermutlich für viele Sozialberufe charakteristische – Form der Dilemmabewältigung deutlich, wie sie die Schweizer Soziologin und Sozialarbeitswissenschaftlerin Silvia Staub-Bernasconi für die Soziale Arbeit erklärt: „Dass seitens der Gesellschaft soziale Probleme individualisiert und damit auch (re)privatisiert werden, ist kein neues Phänomen, sondern hat die Soziale Arbeit seit ihrem Beginn begleitet, wobei sich je nach (Sozial-)Politik Verschiebungen

---

62 Vgl. Merz 2008.

63 Hier ergeben sich auffallende Parallelen zu den Ergebnissen hinsichtlich der Perspektiven von Diakoninnen und Diakonen in diakonischen Einrichtungen und Diensten. Vgl. dazu Eidt (Diakonat in diakonischen Einrichtungen).

ergeben können. Zurzeit (…) [werden] sowohl die Probleme als auch die Lösungen auf das Individuum zurückgeführt. Die Abwehr einer Sozialen Arbeit, die über die Arbeit mit dem Individuum hinausgeht, ist auch erklärbar. Denn: Die Anerkennung, dass individuelle Probleme auch strukturbedingt sind (…) wäre ein Eingeständnis, dass sich auch etwas an gesellschaftlichen Machtstrukturen ändern müsste."[64] Ein diakonischer Einsatz für die Veränderung gesellschaftlicher und kirchlicher Machtverhältnisse setzt die Bereitschaft zu „eigenmächtiger", also nicht offiziell mandatierter, Einmischung voraus. Dafür ist das Bewusstsein von Selbstwirksamkeit notwendig – bei den Diakoninnen und Diakonen selbst und bei den Adressatinnen und Adressaten ihrer Arbeit.

Möglicherweise schließt sich hier ein Kreis zur ersten Diskurslinie: Strategieentwicklung hin zu Netzwerkprozessen, die mit Hilfe neuer Steuerungsprozesse echte Inklusion durch Mitgestaltung ermöglichen, ist nicht zuletzt auch ein machtvoller Prozess, der natürlicherweise mit wenig harmonischen Aushandlungsprozessen einhergeht. Hierin die für Diakoninnen und Diakone passende Rolle zu bestimmen, ist eine der wesentlichen Herausforderungen für die Diakoninnen und Diakone selbst, aber auch für Kirche und Diakonie als Akteure mit gesellschaftlichem Mitverantwortungsanspruch.

Literatur

Baecker, Dirk (2007): Studien zur nächsten Gesellschaft. Frankfurt a.M.

Bauch, Martin (2013): Hat das Soziale einen Ort? „Diakonat" im Kontext sozialräumlicher Entwicklungsaufgaben in Kommunen. In: Noller, Annette/Eidt, Ellen/Schmidt, Heinz (Hg.): Diakonat – Theologische und sozialwissenschaftliche Perspektiven auf ein kirchliches Amt. Stuttgart. S. 152–160.

Bechtel, Gerd (2010): Vernetzung diakonischer Arbeitsbereiche im Sozialraum. In: Herrmann, Volker/Horstmann, Martin (Hg.): Wichern drei – gemeinwesendiakonische Impulse. Neukirchen. S. 91–103.

Benz, Arthur/Lütz, Susanne/Schimank, Uwe/Simonis, Georg (Hg.) (2007): Handbuch Governance – Theoretische Grundlagen und empirische Anwendungsfelder. Wiesbaden.

Bode, Ingo (2007): Wohlfahrt. In: Benz, Arthur et al. (Hg.): Handbuch Governance. Theoretische Grundlagen und empirische Anwendungsfelder. Wiesbaden. S. 401–412.

Bourdieu, Pierre (1983): Ökonomisches Kapital, kulturelles Kapital, soziales Kapital. In: Kreckel, Reinhard (Hg.): Soziale Ungleichheiten. Göttingen. S. 183–198.

Butterwegge, Christoph/Kutscha, Martin/Berghahn, Sabine (Hg.) (1999): Herrschaft des Marktes – Abschied vom Staat? Folgen neoliberaler Modernisierung für Gesellschaft, Recht und Politik. Baden-Baden.

Castells, Manuel (2001): Der Aufstieg der Netzwerkgesellschaft. Das Informationszeitalter: Wirtschaft, Gesellschaft, Kultur. Bd. I. Opladen.

---

[64]   Staub-Bernasconi 2006: S. 17.

Coleman, James S. (1988): Social Capital in the Creation of Human Capital. In: American Journal of Sociology. 94. Jg. Supplement. S. 95–120.

Deutsches Institut für Urbanistik (2012) (Hg.): Soziale Stadt. Bundestransferstelle. Berlin. Verfügbar unter: http://www.sozialestadt.de/programm/ (05.09.2012).

Diakonisches Werk der Evangelischen Kirche in Deutschland (Hg.) (2012): Kirche findet Stadt. Stuttgart. Homepage des Projekts unter: http://www.kirche-findet-stadt.de/ (07.10.2012).

Esser, Hartmut (2000): Soziologie. Spezielle Grundlagen. Bd. IV: Opportunitäten und Restriktionen. Frankfurt a.M./New York.

Evangelische Landeskirche in Württemberg (2008): Diakonat – neu gedacht, neu gelebt. Stuttgart. Verfügbar unter: http://service.elk-wue.de/oberkirchenrat/kirche-und-bildung/diakonat/projekt-diakonat-neu-gedacht-neu-gelebt.html (05.09.2012).

Galuske, Michael (2004): Der aktivierende Sozialstaat. Konsequenzen für die Soziale Arbeit. Verfügbar unter: http://www.ehs-dresden.de/fileadmin/hochschule/Veroeffentlichungen/Studientexte/Studientext_2004-04_Galuske.pdf (04.10.2012).

Heinze, Rolf/Strünk, Christoph (2001): Aktivierender Staat III – Politik zur Entfaltung des bürgerschaftlichen Engagements. In: Theorie und Praxis der Sozialen Arbeit. Heft 5. S. 163–166.

Hollstein, Bettina (2010): Qualitative Methoden und Mixed-Method-Designs. In: Stegbauer, Christina/Häußling, Roger (Hg.): Handbuch Netzwerkforschung. Wiesbaden. S. 459–470.

Hollstein, Bettina/Ullrich, Carsten G. (2003): Einheit trotz Vielfalt? Zum konstitutiven Kern qualitativer Sozialforschung. In: Vobruba, Georg (Hg.): Soziologie. Forum der Deutschen Gesellschaft für Soziologie. Wiesbaden. S. 29–44.

Holzer, Boris (2006): Netzwerke. Bielefeld.

Horstmann, Martin (2011): Auf dem Weg zu „Caring Communities"? Kirchengemeinden als sozialkapitalbildende Orte. Ein Werkstadtbericht. Hannover. Verfügbar unter: www.ekd.de/si/download/Horstmann_(8.1.11)_Sozialkapital.pdf (02.10.2012).

Jansen, Dorothea/Diaz-Bone, Rainer (²2010): Netzwerkstrukturen als soziales Kapital. In: Weyer, Johannes (Hg.): Soziale Netzwerke. Konzepte und Methoden der sozialwissenschaftlichen Netzwerkforschung. München. S. 71–108.

Kaufmann, Franz-Xaver (2009): Sozialpolitik und Sozialstaat. Soziologische Analysen. Wiesbaden.

Latour, Bruno (2007): Eine neue Soziologie für eine neue Gesellschaft. Einführung in die Akteur-Netzwerk-Theorie. Frankfurt a.M.

Luhmann, Niklas (2002): Die Religion der Gesellschaft. Herausgegeben von André Kieserling. Frankfurt a.M.

Merz, Reiner (2008): Paradoxien professionellen diakonischen Handelns. In: Merz, Reiner/Schindler, Ulrich/Schmidt, Heinz (Hg.): Dienst und Profession. Diakoninnen und Diakone zwischen Anspruch und Wirklichkeit. Heidelberg. S. 112–133.

Mohrlok, Marion et al. (1993): Let's organize. Gemeinwesenarbeit und Community Organizing im Vergleich. München.

Penta, Leo (Hg.) (2007): Menschen verändern ihre Stadt. Hamburg.

Putnam, Robert D. (1993): Making Democracy Work. Civic Traditions in Modern Italy. Princeton.

Putnam, Robert D. (2000): Bowling alone. The Collapse and Revival of American Community. New York.

Schulz, Claudia (2012): Seelsorge auf dem Weg in die Netzwerkgesellschaft. Rahmenbedingungen und Herausforderungen für das seelsorgerliche Handeln der Kirche angesichts sozialer Wandlungsprozesse im Computerzeitalter. In: Pastoraltheologie. (PTh) 101. Jg. H. 9/2012. S. 341–358.

Schulz, Claudia (2013): Projektarbeit und Evaluation im kirchlich-diakonischen Kontext. Herausforderungen zwischen Selbstverständlichkeit und Unmöglichkeit. In: Noller, Annette/Eidt, Ellen/Schmidt, Heinz (Hg.): Diakonat – theologische und sozialwissenschaftliche Perspektiven auf ein kirchliches Amt. Stuttgart. S. 196–206.

Staub-Bernasconi, Silvia (2006): Die Fast-Food-Variante der Sozialen Arbeit. In: Österreichischer Berufsverband der SozialarbeiterInnen (Hg.): Info. Heft 8. Linz, S. 16–19.

Stegbauer, Christian/Häußling, Roger (Hg.) (2010): Handbuch Netzwerkforschung. Wiesbaden 2010.

Traunmüller, Richard (2008): Religion als Ressource des sozialen Zusammenhalts? Eine empirische Analyse der religiösen Grundlagen sozialen Kapitals in Deutschland. In: Deutsches Institut für Wirtschaftsforschung (Hg.): SOEPpapers on Multidisciplinary Panel Data Research 144/208. Berlin. Verfügbar unter: http://www.diw.de/documents/ publikationen/73/90639/diw_sp0144.pdf (07.10.2012).

Wegner, Gerhard (2011): „Enabling Churches" – Kirchen als Inklusionsagenten. In: Eurich, Johannes et al. (Hg.): Kirchen aktiv gegen Armut und Ausgrenzung. Theologische Grundlagen und praktische Ansätze in Diakonie und Gemeinde. Stuttgart. S. 211–231.

Westle, Bettina/Gabriel, Oscar W. (Hg.) (2008): Sozialkapital. Eine Einführung. Baden-Baden.

Weyer, Johannes (Hg.) (²2010): Soziale Netzwerke. Konzepte und Methoden der sozialwissenschaftlichen Netzwerkforschung. München.

Claudia Schulz

Im Spannungsfeld Gemeindediakonie

Empirische Zugänge zur Vielfalt von Interessen und Optionen

Diakonie in der Parochialgemeinde – dort wo die Kernaufgaben der Kirche häufig angesiedelt werden[1] – erweist sich als ein Spannungsfeld der Ansprüche und Möglichkeiten. Wo im Projekt „Diakonat – neu gedacht, neu gelebt", in dessen Kontext diese Analyse stattgefunden hat, über „den Diakonat" gesprochen wurde, sei es unter den in diesem Amt Tätigen, sei es mit Anstellungsverantwortlichen in unterschiedlichen Feldern – überall war das Handlungsfeld Ortsgemeinde ein Angelpunkt des Nachdenkens.[2] Zum einen erscheint die Gemeinde als Ur-Ort diakonischen Handelns der Kirche, auf den sich in der hier dargestellten Befragung Diakoninnen und Diakone in Einrichtungen ebenso wie deren Leitungspersonen rückbeziehen. Zum anderen erscheint die Gemeindediakonie denen, die im Diakonat mit anderen Schwerpunkten, etwa im Religionsunterricht oder in der Jugendarbeit, tätig sind, als Kernbereich eines explizit diakonischen Handelns – im Gegensatz zum stärker verkündigend-pädagogischen Handeln. Und darüber hinaus ist vielen der im Rahmen der Projekt-Evaluation Befragten, vor allem den Anstellungsverantwortlichen, der Gemeindediakonat als „das" typische Tätigkeitsfeld von Diakoninnen und Diakonen präsent. Ähnliches lässt sich an der Hochschule beobachten. Studierende, die gerne Diakon oder Diakonin werden möchten, streben damit häufig auch gemeindlich-diakonische Aufgaben an, wenn ihnen das Arbeitsfeld aus der eigenen Erfahrung in einer Kirchengemeinde bereits vertraut ist.

Zugleich ist der Diakonat im Raum der kirchlichen Ortsgemeinde aktuell so stark in der Diskussion wie wohl selten zuvor.[3] In der Evangelischen Landeskir-

---

[1] So etwa Verkündigung, Feier des Gottesdienstes, Seelsorge. Entsprechend kreisen ekklesiologische Diskurse häufig um die Parochialgemeinde, auch wenn deutlich ist, dass Kirche grundsätzlich an unterschiedlichen Orten ihre Funktion erfüllen kann. Vgl. beispielhaft Pohl-Patalong 2003, im Kontext der Diskussion um den Kirchenreformprozess der EKD auch Karle 2010 und Hermelink 2011, dessen kirchentheoretisches Modell die Kirche insgesamt fokussiert, von dort aus aber die einzelnen Bestandteile als gemeindliche (und vor allem pastorale) Praxis im konkreten Handeln stark reflektiert.

[2] Die Bedeutung des Gemeindediakonats, auch für Diakoninnen und Diakone in anderen Handlungsfeldern, zeigt sich in den Befragungsdaten, die in mehreren Analysetexten in diesem Band ausgewertet worden sind; vgl. Schulz (Konstruktion des Diakonats) und Schulz (Diakoninnen und Diakone unter Vertrag).

[3] Vgl. etwa Keßler 2012, allerdings mit einem Schwergewicht auf der Gemeindepädagogik mit einer starken religionspädagogischen Ausprägung. Jedoch bietet dieser Beitrag einen guten Überblick über Geschichte, Themenfelder und zentrale Diskussionspunkte auch im Kontext

che in Württemberg haben (auch) nach der Einführung des „Kirchlichen Gesetzes über die Rechtsverhältnisse der Diakoninnen und Diakone" 1995 viele Kirchenbezirke in den Personalkosten für die Berufsgruppe der Gemeindediakoninnen und -diakone eine Möglichkeit für Einsparungen gesehen. Wo einerseits
Studierende nach wie vor die Gemeindediakonie als ein zentrales Tätigkeitsfeld
im Diakonat verstehen und sich zugleich die Berufsaussichten in diesem Bereich
erheblich verschlechtern, formuliert einer der befragten Dekane: *„Ich persönlich
sehe es etwas dramatisch und sage: Wenn wir nichts ändern, ist in 20 Jahren dieser
Beruf kaputt."* Auch von Seiten der Diakoninnen und Diakone wird die Situation
als problematisch beschrieben, etwa in der Beobachtung des Rückbaus des bisherigen, durch Kontinuität und persönliche Bindung gekennzeichneten Einsatz-
profils in der Gemeinde, wie eine Diakonin es ausdrückt: *„Bei uns gibt es diesen
klassischen Gemeindediakon gar nicht mehr. Für meine Stelle gilt: Heute hier,
morgen dort, bin kaum da, muss ich fort."* Oder es steht auf einer abstrakteren
Ebene der Beruf selbst zur Diskussion, wobei dann das Profil als zunehmend
unscharf und damit auch das Selbstverständnis der im Diakonat Tätigen zunehmend schwer zu erfassen ist, wie ein anderer Diakon es ausdrückt: *„Wenn ich so
die klassischen Gemeindediakone anschaue, das franst immer mehr aus. Der Organisierungsgrad unter Gemeindediakonen ist weit nicht so hoch wie unter den
Jugendreferenten, ich denke, das hängt einfach auch damit zusammen, dass sich
die Tätigkeitsfelder so aufsplitten."*

An dieser Stelle soll es zunächst darum gehen, aus der Analyse der Daten der
empirischen Begleitforschung die zentralen Fragen für diejenigen zu ermitteln,
die auf dem Feld der Gemeindediakonie tätig sind oder in den Kirchenbezirken
eine Verantwortung für die Anstellung und Personalentwicklung tragen. Von
hier aus lassen sich dann Ausblicke auf die Berufsperspektive im Gemeindediakonat sowie auf Möglichkeiten der strukturellen Entwicklung des Diakonats
formulieren. Die Materialbasis für diese Darstellung bilden vier Interviews mit
Anstellungsverantwortlichen in Dekanaten sowie Gruppendiskussionen mit
Diakoninnen und Diakonen in der Gemeinde oder auch mit (Teil-)Aufgaben in
Gremienvertretungen und anderen Arbeitsfeldern.[4] Unter den befragten Diakoninnen und Diakonen finden sich unterschiedliche gemeindediakonische Tätigkeitsprofile und Anstellungsmodi, Teilzeitbeschäftigungen wie Vollzeitbeschäfti-

---

Gemeindediakonie. In den evangelischen Landeskirchen in Deutschland wird statt des Begriffs
„Gemeindediakonin/Gemeindediakon" beispielsweise der Begriff „Gemeindepädagogin/
Gemeindepädagoge" verwendet. An dieser Stelle geht es mir nicht um eine trennscharfe Differenzierung zwischen den Berufsgruppen oder um das Verhältnis zwischen Beruf und Amt bzw.
kirchlicher Beauftragung, sondern um den Bezug des Diakonats zur diakonischen Arbeit in der
kirchlichen Ortsgemeinde.

[4]   Ein ausführlicher Hinweis auf methodologische Grundlagen findet sich in der Einleitung bei
Eidt/Schulz (Zugänge der Evaluationsforschung) in diesem Band. Die Interviews wurden als
leitfadengestützte Experteninterviews geführt, die Gruppen wurden mit der Methode des Gruppendiskussionsverfahrens befragt; vgl. Meuser/Nagel [3]2009 (Interview) sowie Loos/Schäffer
2001 und Bohnsack/Przyborski/Schäffer [2]2010 (Gruppendiskussionsverfahren).

gungen, Zuordnung zu einer Gemeinde wie zu einem ganzen Bezirk, Verantwortlichkeiten für Gemeindepädagogik, explizit sozialdiakonische Arbeitsfelder, Begegnungsstätten, Öffentlichkeitsarbeit oder die Mitarbeitervertretung. Einige der Befragten sind in Kirchenbezirken mit Modellprojekten diakonischer Arbeit tätig. Es werden anhand des Materials einerseits Einsichten in spezifische Bedingungen der Gemeindediakonie dargestellt, andererseits kommen typische Verknüpfungen von Motivationen, Arbeitsstrukturen und Visionen in den jeweiligen Argumentationskontexten zur Sprache.

Drei Themenkomplexe haben sich in der Auswertung für die Diskussionen als tragend erwiesen und bilden die Leitlinien dieses Beitrags: Zuerst stehen die Gestaltungsmöglichkeiten im Diakonat zwischen den individuell empfundenen Chancen und Belastungen einerseits und den von Anstellungsträgerseite beschriebenen Rahmenbedingungen und deren Spielräumen und Hinderlichkeiten andererseits zur Diskussion (1.). Dann stelle ich Konstruktionen des Verständnisses eines „diakonischen Ortes" in der Kirchengemeinde dar und frage nach den von Diakoninnen und Diakonen beschriebenen Möglichkeiten, das soziale Handeln der Kirche in professioneller Form zu gestalten (2.). Und schließlich steht die Frage nach adäquaten Ebenen diakonischen Handelns zwischen unmittelbar operativen, koordinativen oder leitenden Tätigkeiten im Mittelpunkt (3.).

1. „Zwischen den ganzen Interessen zerrissen ..." –
    Gestaltungsmöglichkeiten im Gemeindediakonat

In der Arbeit von Diakoninnen und Diakonen in den Tätigkeitsfeldern im Kirchenbezirk oder einer Kirchengemeinde stehen in den Konstruktionen der Beteiligten vor allem der Spielraum für das professionelle Handeln – und damit in gewisser Weise das Handeln selbst und seine Professionalität – zur Diskussion. Dies liest sich aus der Perspektive der Diakoninnen und Diakone selbst ganz anders als aus Sicht der Anstellungsverantwortlichen. Beide stimmen jedoch darin überein, dass es hier um ein Arbeitsfeld geht, in dem diakonisches Handeln konfliktbeladen und spannungsreich ist – unabhängig davon, ob diese Konflikte vor allem die Person oder eher die Strukturen der Arbeit betreffen. Die Tätigkeit im Bereich der Gemeindediakonie ist gegenwärtig offenbar durch eine erhebliche Differenzierung gekennzeichnet, was die Mehrzahl der Einsatzorte, der als Zielgruppen oder Kooperationspartner gesehenen Menschen vor Ort sowie die Anforderungen an das eigene Können anbelangt. Dies wird dann von den Betroffenen sehr unterschiedlich bewertet. Der folgende längere Ausschnitt aus einer Gruppendiskussion im Gemeindediakonat zeigt die Ambivalenz dieser Situation und die Argumentationslinien, auf denen sie ausgehalten wird:

Fr. Berg:	Bei uns in Bezirk N gibt es diesen klassischen Gemeindediakon gar nicht mehr, (…) meine Arbeit ist eher so, dass ich in die Gemeinden komme, Kinderbibelwoche mache, hallo hier bin ich, wo sind eure Ehrenamtlichen, und dann wieder gehe. Das beschäftigt mich sehr, also immer dieses Abgrenzen, immer dieses Nein-Sagen-Müssen. Dann gibt es natürlich bei uns auch viel Fremdfinanzierung *[zählt auf]*, da muss man als Diakon schauen, dass man sich nicht durcheinander bringen lässt, weil die Erwartungen unterschiedlich sind. Also die Vielfältigkeit habe ich gewusst bei meiner Ausbildung, ich habe in Freiburg studiert, das hat mich ja gereizt an dem Beruf, aber das Zerrissensein in den verschiedenen Feldern, das stößt mich schon an die Grenzen.
Hr. Groth:	Ich finde das interessant. Ich bin ja im Prinzip genauso angestellt wie du. Also mit ein paar Prozenten hin und her. (…) Schwerpunktgemeinde, Projekte, Sozial- und Lebensberatung, Ferienwaldheimarbeit und ich erlebe das eher als bereichernd, also nicht nur eine Kirchengemeinde als Schwerpunkt zu haben mit 100 Prozent, hatte ich vorher in B-Stadt, da war die Entwicklungsmöglichkeit und das, was sich gegenseitig befruchtet hat, viel geringer. Dieses organisiert-Sein hat ja auch etwas mit einem Blick über den Tellerrand, (…) man kommt noch mal in andere Kirchengemeinden, in andere Systeme hinein.
Fr. Berg:	Auf jeden Fall. Also ich will das jetzt, vielleicht habe ich es zu negativ dargestellt. Ich mache das schon sehr gerne, auf Distriktebene zu arbeiten oder Kinderbibelwoche dann eben in die eine Gemeinde und in die andere zu bringen und da so fortlaufend etwas machen zu können, aber also zum Beispiel muss ich Familiengottesdienste und dann muss ich immer schauen, welche Gemeinde ist jetzt dran, jetzt an Ostern oder in den Herbstferien könnte ich mich zum Beispiel dritteln, die wollen alle Kinderbibelwoche machen in den Herbstferien, das geht nicht. Dann ist natürlich eine Gemeinde enttäuscht (…).
Fr. Mück:	Also ich kann das ein Stück weit nachvollziehen, in der Gemeinde habe ich mir selber Schwerpunkte gesetzt, weil ich auch merke, ich werde zwischen den ganzen Interessen zerrissen. Oft frage ich mich dann, ab wann ist so ein Maß erfüllt, dass man Interessen bedienen kann, weil jeder schreit gleich. Also die Kirchengemeinde schreit, die Übergeordnete, der Kirchenkreis schreit, die Landeskirche kommt mit Aktionen. Also ein permanentes beschäftigt-Werden (…). Und dann habe ich natürlich so die Vesperkirche, wo ich dann sage, da ist für mich Ausnahmezustand, alles andere muss irgendwie hinten anstehen, oder das, was ich noch mitnehmen muss in diesem ganzen Getriebe, da

> nehme ich eben das Notwendigste noch mit, dass ich ja wieder
> anknüpfen kann. Aber da bleibt dann so und so viel liegen, und
> ich merke auch, wie sich das wie eine Lawine, und dann ver-
> schiebt man das und dann verschiebt man wieder das und so.
> Und es funktioniert, es funktioniert! Aber ich habe bei mir auch
> das Gefühl, es geht sehr viel auf meine Knochen. Und dann
> überlege ich mir schon, wie viel Zerstückelung verkrafte ich.
>
> (Gruppendiskussion Gemeindediakoninnen und Gemeindediakone)

Deutlich ist, dass die hier Befragten das Thema der zunehmenden Vielfalt der
eigenen Aufgaben bereits vor dieser Diskussion ausgiebig reflektiert haben und
dies für sie ein wichtiges Thema darstellt. Deutlich ist ebenso, dass diese Diakoninnen und Diakone ihre Arbeit in der gegenwärtigen Struktur mit vielen unterschiedlichen Aufgaben und Zielgruppen grundsätzlich nicht ablehnen. Die
Gruppe findet darin durchaus einen bedingten Konsens. In der Sichtung der
Vor- und Nachteile lassen sich von hier aus wichtige Erkenntnisse gewinnen: Die
positive Seite der Situation der meisten Befragten (einige halten sich zurück, weil
sie ausschließlich in einer Gemeinde tätig sind) liegt in der Bereicherung durch
die Vielfalt, und zwar auf der inhaltlichen Ebene (*„interessant"*, *„Blick über den
Tellerrand"*, *„in andere Systeme hineinkommen"*), auf der strukturellen Ebene
(*„gegenseitig befruchten"*), auf der persönlichen Ebene (*„Entwicklungsmöglich-
keit"*) und im Bereich des Emotionalen (*„bereichernd"*, *„mache das sehr gerne"*).
Für zwei der drei hier Diskutierenden überwiegt jedoch die problemorientierte
Sicht auf die Situation, und zwar ebenfalls auf der Ebene der Strukturen, wo sich
nun mehrere Faktoren belastend auswirken: einerseits die aus Stellenkürzungen
resultierenden komplexeren Aufgabenbereiche mit mehreren Arbeitsfeldern,
andererseits die mit gemischten Finanzierungen entstandenen Verpflichtungen
gegenüber mehreren Instanzen, die wie unterschiedliche Auftraggeber auftreten
oder zumindest wirken.

Und darin liegt aus Sicht der Befragten auch die zentrale Problematik: Es geht
nicht darum, diese Situation als grundsätzlich unmöglich zu verwerfen. Im Ergebnis heißt es: *„Es funktioniert, es funktioniert!"*, allerdings ist diese Situation
emotional schwer zu bewältigen. Hier finden sich in bildreicher Sprache eindrückliche Beschreibungen, etwa als *„Zerrissensein"* oder *„Zerstückelung"*, als
Befinden im *„Getriebe"* oder in einer *„Lawine"* sowie als eine Belastung, die *„auf
meine Knochen geht"*. Enttäuschungen sind auszuhalten, ebenso wie *„schreiende"*
Gemeinden bzw. andere Auftraggeber, es entsteht das Bild einer Mutter, die von
den vielen, vehement geäußerten Ansprüchen ihrer Kinder überfordert ist. Diese
Schilderungen sind durchaus dramatisch, es werden Grenzen markiert (*„Wann
ist das Maß erfüllt?"* oder *„Wie viel Zerstückelung verkrafte ich?"*) und immer
wieder ist eine Bedrohung der körperlichen Verfassung angedeutet.

Interessant ist dabei, neben der Dramatik und der Klarheit in der Schilderung des Problems, dass die Befragten sich zwar teilweise als Opfer der Verhältnisse sehen, andererseits jedoch auch immer wieder das eigene Gestalten in dieser Situation sehr konstruktiv in den Vordergrund stellen: Es hilft, sich *„Schwerpunkte"* zu setzen, die Aufgaben gut zu organisieren und *„Anknüpfungspunkte"* zu setzen, eigene Ausdeutungen des gelingenden Handelns zu schaffen (etwa ein Angebot zu konzipieren und dann *„fortlaufend etwas machen* zu *können"*). Und dies zeigt das Gespräch dieser Diakoninnen und Diakone insgesamt: Dort, wo etwas gestaltet werden kann, wo eigene Schwerpunktsetzungen möglich sind, finden sich positive Bewertungen, geht es nicht um eine bloße Kritik an der Struktur der Arbeit, sondern da wird aus der veränderten Situation durchaus etwas gewonnen, das sich als Gelingen bewerten lässt. Problematisch ist die emotionale Überlastung einiger der Befragten in dieser Situation – und es ist aus diesem Text nicht unmittelbar zu schließen, ob diese Überlastung von den Verhältnissen selbst verursacht ist, oder ob es vor allem die geringe Wirkkraft des eigenen Gestaltens oder die eher ungünstigen Versuche der Bewältigung sind, die das Gefühl des „Zerreißens" bewirken.

Ein Lerneffekt ließe sich so zusammenfassen: Die Situation der zerteilten Aufträge und komplexen Zuständigkeiten wirkt auf einige der Befragten sehr stark belastend, und zwar in einer dramatischen Form. Dass dies Gefühl von einer durchaus großen Zahl von Gemeindediakoninnen und -diakonen geteilt wird, lässt sich vermuten, wenn man andere Befragungsdaten mitbetrachtet. Der genaue Umfang der Belastung müsste dann mit einer repräsentativen Befragung erfasst werden. Darüber hinaus gibt es eine weitere zentrale Erkenntnis: Das Leiden an dieser Situation wird von den Befragten sehr stark mit den eigenen Handlungsoptionen in Verbindung gebracht. Es ist abhängig davon, ob sich jemand als von unterschiedlichen Ansprüchen getrieben erlebt oder noch eine eigene Logik im diakonischen Handeln entwickeln und umsetzen kann. Möglicherweise gibt es darum erhebliche Chancen für die Verbesserung dieser Situation, wenn die betroffenen Diakoninnen und Diakone stark in diesem eigenen Gestalten unterstützt werden, wenn die Modelle gemeindeübergreifender Arbeit von und mit ihnen selbst entwickelt werden können und sie, im obigen Bild gesprochen, mit den Zielgruppen und verantwortlichen Gremien partnerschaftlich zusammenarbeiten können, statt sich schreienden, fordernden Kindern gegenüber zu sehen. Hier könnten Fortbildungen ebenso helfen wie Supervision oder Intervision, wobei in meinen Augen die subjektive Gestaltungs- und Handlungsfähigkeit im Mittelpunkt steht.[5] Zuerst aber wären die Anstellungs- und Arbeitsstrukturmodelle weiter zu entwickeln, in die die Arbeit der Diako-

---

[5]   Vgl. dazu auch den Beitrag Eidt (Projektbedingungen). An dieser Stelle ist ein Blick auf Forschungen der Arbeitspsychologie lohnend, wo ganz ähnliche Erkenntnisse gewonnen werden. Einen Überblick zur Bedeutung von Selbstkontrolle, Selbstverantwortung und Selbststeuerung in einer flexiblen Arbeitswelt bieten Keupp/Dill 2010.

ninnen und Diakone eingebettet ist. Auch hier gilt: Ob diese Diagnose für die Gesamtzahl der Gemeindediakoninnen und -diakone zutreffend und hilfreich ist, müssten weitere Untersuchungen ergeben. Der eindrückliche Diskurs dieser Gruppe legt jedoch nahe, dass hier zumindest ein hoher Bedarf an Verbesserungen und Weiterentwicklung von Modellen der Zusammenarbeit vorliegt.

Das Gegenstück zu dieser Sicht bilden die Konstruktionen der befragten Anstellungsträger auf der Ebene des Kirchenbezirks, die gleichfalls dramatisch ausfallen, aber auf einer anderen Ebene angesiedelt sind. Auffällig ist hier das erhebliche Gewicht, das strukturelle Rahmenbedingungen für die inhaltliche Arbeit der Diakoninnen und Diakone in den Augen der Befragten bekommen. Mehrere der Dekane erwähnen bereits in der Eingangsphase des Interviews, als Teil ihrer Antwort auf die Eingangsfrage „wo Sie in Ihrer Tätigkeit zu tun haben mit Diakoninnen und Diakonen", die strukturelle Einbettung diakonischer Beruflichkeit und vor allem deren Tücken. Sie erwähnen die geringen Spielräume durch eine schwache Fluktuation im Personalbestand, biographische Notwendigkeiten der Personalentwicklung (wo etwa ein Jugendreferent älter wird) und die vielschichtigen Abstimmungsbedarfe zwischen verschiedenen Gremien. Hier wird aus einem Gestalten von Diakonie im Kirchenbezirk ein mühevolles Changieren, Jonglieren oder Zerren, was schließlich die diakonische Arbeit stark belastet. Verdeutlichen möchte ich das am Beispiel eines Dekans, der seine Gestaltungsspielräume für das diakonische Handlungsfeld im Kirchenbezirk so beschreibt:

Hr. Keppler:	Ich habe es hier angetroffen, dass ich [Anzahl] Gemeindediakone habe (…). Drei davon stammen aus der Jugendarbeit, also waren früher einmal Jugendreferenten. Das Einsatzgebiet dieser Gemeindediakone, die aus der Jugendarbeit kamen, ist in den Kirchengemeinden Jugendarbeit. Aber sie werden älter und das war das Erste, was ich bei meinem ersten PE-Gespräch bei ihm rausspürte, die Zeit der Jugendarbeitsphase, die ist einfach jetzt vorbei. Ich habe mich drauf eingelassen und habe gesagt: „Ich nehme das zur Kenntnis und wir werden in den nächsten Jahren daran arbeiten, wie sich Ihr Berufsfeld ändern kann. Und ich bin dankbar, wenn Sie mir Vorschläge machen, wie das aussehen könnte." Allerdings hatten der Kirchenbezirksausschuss und die Kirchensynode vorher einen Beschluss gefasst: Der Schwerpunkt im Kirchenbezirk ist Jugendarbeit, und die Gemeindediakone haben einen bestimmten Prozentsatz an das Jugendwerk abzuliefern. Da kämpfen wir jetzt, weil es sich einfach abzeichnet, dass es sich auf die Dauer nicht halten lässt, rein von der Mitarbeiterschaft her. Und jetzt gibt es interessante Prozesse. Wir haben es so gemacht, dass schwerpunktmäßig immer in einer Gemeinde die Diakone verankert sind (…). Und dann haben wir ein bestimmtes Teil gut, davon müssen wir einen Teil abgeben an das Jugendwerk, aber wir haben einen Teil, den wir für Projekte

> im Kirchenbezirk nehmen können. Und das ist für uns die Ma-
> növriermasse, wo wir was ausprobieren können, wohin es gehen
> könnte.
>
> (Interview 2 mit Dekan Keppler)

In dieser knappen Darstellung werden bereits die zentralen Akteure für mögliche Steuerung sichtbar: Er, der Dekan, mit seiner Vorstellung von diakonischer Tätigkeit und seinen Wünschen für die kirchliche Arbeit im Bezirk, weiterhin die angestellten Diakoninnen und Diakone mit ihrer persönlichen und professionellen Interessenlage, der Bezirk und seine Entscheidungsorgane, die einzelnen Gemeinden sowie das Jugendwerk als Organisationsinstanz für die zur Jugendarbeit gehörigen Arbeitsanteile. Der befragte Dekan beschreibt sich als Handelnder im Kontext einer „wir"-Gruppe, die er nicht näher definiert, zu der neben ihm selbst jedoch offenbar die Diakoninnen und Diakone gehören. Dieser Gruppe stehen andere Akteure gegenüber, vor allem Gremien. Diese haben deutlich andere Handlungslogiken, treffen eigenständig Entscheidungen und setzen Schwerpunkte, die an Inhalten, aber nicht mit dem verfügbaren Personal entwickelt sind. Um hier diakonisches Handeln nachhaltig gestalten zu können, gilt es für den Dekan zu „kämpfen", kreativ neue Lösungen zu entwickeln und Konsensregelungen zu finden. Hier stehen dann vor allem die Spielräume selbst zur Diskussion, weniger die Inhalte und Ziele diakonischer Arbeit. Die für letzteres zentralen Bezugspunkte der Reflexion wären überdies eine biographisch orientierte Personalentwicklung, Strategien zur Weiterentwicklung von Mitarbeitenden und Methoden der gemeinsamen Strategieentwicklung im Kirchenbezirk. Aus den Interviews mit Anstellungsverantwortlichen lassen sich diese Bedingungen für ein nachhaltiges, diakonisches Arbeiten an zahllosen Details herausarbeiten. Die Beteiligten scheinen jedoch vor allem damit befasst zu sein, in einer sehr ungünstigen Lage noch nach Lösungen zu suchen und sich eine „Manövriermasse" zu bewahren, statt an einer günstigeren Gesamtstruktur zu arbeiten – für die immer wieder Ideen formuliert werden, auch von den hier Befragten. Mit Blick auf die Diakoninnen und Diakone fällt auf, dass die Anstellungsverantwortlichen ganz anders über die Thematik des Gemeindediakonats sprechen, dass allerdings beide Seiten ihre Situation als recht arm an Gestaltungsmöglichkeiten beschreiben. Man möchte sagen: Neue Spielräume, um tatsächlich mit den beteiligten Diakoninnen und Diakonen Inhaltliches zu gestalten, könnten sich auf die Arbeitszufriedenheit und ebenso auf die Wirksamkeit strategischer Planungen im Kirchenbezirk positiv auswirken.

2. „Nicht nur reiche Leute" – Die Suche nach dem Ort und der professionellen Ausgestaltung des Diakonischen in der Gemeinde

Von den allgemeinen Anliegen der Gemeindediakonie aus sind in den Befragungsdaten immer wieder spezifische Themen sichtbar, anhand derer die zentralen Rahmenbedingungen und Spielräume diakonischer Arbeit entwickelt werden. Das am stärksten diskutierte Thema ist das diakonische Handeln – verstanden als sozialdiakonisches Handeln in der Kirchengemeinde am Ort. Dieses Thema wird wiederum von beiden Seiten – von Diakoninnen und Diakonen wie von Anstellungsverantwortlichen – reflektiert und es wird bezogen auf Verhältnisse, wie sie in Ortsgemeinden zu beobachten sind. Dass diakonisches Handeln nicht selbstverständlich ein wesentlicher Bestandteil des „Kerngeschäftes" in der Kirchengemeinde ist, scheint eine Beobachtung zu sein, die zahlreiche Diakoninnen und Diakone machen, ebenso wie Dekaninnen und Dekane und andere, die sich für diakonische Arbeit einsetzen möchten. Im Projekt „Diakonat – neu gedacht, neu gelebt" ist dieser Impuls Gegenstand etlicher Projektanträge und der Arbeit in drei Teilprojekten gewesen.[6] Aus den Befragungsdaten lässt sich erschließen, welche Rahmenbedingungen, Deutungen und Bewertungen sich hier als Hindernisse erweisen:

Zunächst lassen sich im Bemühen um eine (sozial-)diakonische Ausrichtung der Kirchengemeinde zwei Typen von Auffassungen des Diakonischen ausmachen: Während die befragten Anstellungsverantwortlichen des einen Typs ein konkretes und professionell gestaltetes Engagement für Benachteiligte vor Augen haben (Typ 1: Diakonisches Handeln als professionelle Sozialdiakonie), verstehen die des anderen Typs unter diakonischer Arbeit die Verlängerung des familiär-nachbarschaftlichen Handelns in die nächstgrößere soziale Einheit, die religiöse Gemeinschaft hinein (Typ 2: Diakonisches Handeln als religiös-vergemeinschaftetes familiales Hilfehandeln). Von hier aus gelangen dann die Befragten zu unterschiedlichen Sichtweisen darauf, warum es schwer fällt, solch diakonisches Handeln in den Gemeinden zu stärken und mit finanziellen und personellen Ressourcen zu hinterlegen:

So formuliert ein Dekan (Typ 1: Diakonisches Handeln als professionelle Sozialdiakonie) seine Sicht auf sozialdiakonisches Handeln: Ausgehend vom Beispiel des diakonischen Handelns in den „harten" sozialarbeiterischen Arbeitsfeldern (Strafvollzug, Armut) geht es ihm allgemein um ein Wahrnehmen von Menschen und ihrer Lebenssituation in der ganzen Breite der Gesellschaft durch die Kirche und ihre Gemeinden. Wo dies eine Gemeinde mit Hilfestellung einer Diakonin oder eines Diakons leisten kann, ist diakonische Arbeit bereits

---

6   Die Ausgestaltung dieses Impulses in verschiedenen Projektanträgen und die verschiedenen konzeptionellen Wege, Kirchengemeinden und Kirchenbezirke für die Weiterentwicklung gemeindediakonischen Handelns zu gewinnen, werden in Band I dieser Publikationsfolge von Ellen Eidt dargestellt und reflektiert.

gelungen und in zufriedenstellender Weise geleistet: „*Also da muss man sich hineindenken können in die Lebenssituation von Menschen [...]. Und meistens kommen die Leute aus sozial relativ gebrochenen Lebensverhältnissen. Und zu denen muss man einen gewissen Zugang haben.*"[7] Dieser „Zugang" in spezifischen, professionelles Handeln erfordernden Einsatzbereichen, die aus dem Gemeindediakonat heraus gestaltet werden, stellt hier den eigentlichen Gewinn des diakonischen Handelns dar: Die Gemeinde erweitert damit das Feld derer, die sie „erreicht", was manchmal als reine kommunikative Leistung, an anderen Stellen als missionarische Leistung gewürdigt wird.[8]

In diesem Feld, das formulieren die befragten Anstellungsträger recht einheitlich, erscheint dann in den Gemeinden vielleicht noch ein Sonderdienst, wie der im Strafvollzug oder in der Altenheimseelsorge in seiner professionellen Ausgestaltung als plausibel, jedoch nicht mehr die sozialdiakonische Arbeit im unmittelbaren Gemeindekontext, etwa mit Menschen, die von Armut betroffen sind. Dafür lassen sich zwei Gründe ausmachen: Zum einen ist hier das Feld der schlichten Nächstenliebe betreten, auf dem die Notwendigkeit professioneller Arbeit fraglich wird. Hier geht es aus der Sicht der Gemeinden nicht um eine konzeptionelle Entwicklung hin zu einer stärker diakonisch handelnden Gemeinde, sondern um schlichte Tätigkeiten in bestehenden Mustern, die eher in den Bereich des gemeinschaftlichen Hilfehandelns eingeordnet werden. Um bereits klar umrissene Hilfsangebote (wie Tafelläden, Kleiderkammern oder ein günstiges Mittagessen) zu gestalten, braucht es dann zeitliche Ressourcen von engagierten Menschen aus der Gemeinde, aber nicht unbedingt eine (akademisch) ausgebildete Kraft. In Ausnahmefällen können hierfür in geringem Umfang die Aktiven finanziell entschädigt werden. Dass aber eine Diakonin für diese Arbeit eingestellt werden soll, weil diese Arbeit konzeptionelle wie fachspezifische Fähigkeiten erfordert, ist entsprechend oft nicht einleuchtend. Zum anderen geraten personelle Anforderungen in diesem Tätigkeitsfeld der Gemeinde regelmäßig in Konkurrenz zu denen in anderen Feldern. Es steht etwa die Entscheidung an, was denn die letzte verbliebene Diakonin mit ihrer halben Stelle leisten soll: eher die Arbeit mit Benachteiligten (häufig: mit „den anderen") oder doch zuerst die Unterstützung der („eigenen") Gruppen und Kreisen in der Gemeinde. Ein Ausschnitt aus dem Gespräch mit einem Dekan verdeutlicht diese Dynamik:[9]

---

[7]   Vgl. Interview 7 mit Dekan Krüger.
[8]   Vgl. die Analyse zum „Erreichen" neuer Zielgruppen in diesem Band: Schulz (Diakonisches Arbeiten an den Rändern).
[9]   Der hier zitierte Dekan Vogel ist im Text Schulz (Diakoninnen und Diakone unter Vertrag: Abschnitt 3.4) in seiner interessanten Positionierung zu der Frage dargestellt, wer denn letztendlich kirchliches Handeln gestaltet. Wie auch andere zeigt er ein deutliches Profil, indem er wegen der in starker Form geäußerten Anliegen der Gemeinden kaum Spielraum für eigene konzeptionelle Entwicklungen sieht.

Hr. Vogel: Also sie sind sehr bereit, dafür [für die soziale Arbeit der Ge-
               meinden] Geld zu spenden. Wir haben hier zum Beispiel als Kir-
               chenbezirk einen Tafelladen und da haben wir keine Probleme,
               Ehrenamtliche dafür zu gewinnen, haben wir auch wenig Pro-
               bleme, Finanzmittel dafür zu gewinnen, Spenden. Aber es wäre
               eine heiße Diskussion zu entscheiden: Eine dieser raren Dia-
               konenstellen wird für die Leitung dieses Tafelladens eingesetzt.
               Also die brauchen wir doch für anderes und das geht doch auch
               so. Das würde allenfalls einleuchten, wenn einer [der bereits an-
               gestellten Diakoninnen und Diakone] jetzt 50 würde und man
               sagen würde: Mit der Jugendarbeit die letzten fünf Jahre hat es
               schon arg gehinkt, und jetzt sollte man wirklich über was anderes
               nachdenken. Aber es wäre, ich sage es jetzt so offen, es wäre
               dann die Suche nach einem Arbeitsfeld für einen Mitarbeiter,
               den man hat, und nicht nach einer Qualifikation, für die man
               dann gezielt jemanden braucht. (…)
               Gemeindeglieder nehmen sehr stark wahr, dass wir für haupt-
               amtliche Stellen begrenzte Ressourcen haben, und ich glaube, die
               Wahrnehmung ist schon die, dass wir als Kirche diakonisch tätig
               sein wollen, dass das zu uns gehört. (…) Aber die Vorstellung,
               wir brauchen Hauptamtliche als Kirchengemeinden, die uns be-
               fähigen, in der Gemeinde ehrenamtlich sozialdiakonisch tätig zu
               werden, die sehe ich noch nicht. Es wird auf Gemeindeebene so
               in der Form gedacht: Wir haben bestimmte Einrichtungen, die
               wir tragen, und dafür suchen wir dann auch die Mitarbeitenden,
               die wir brauchen. Und da ist nicht das Berufsbild des Diakons
               oder der Diakonin im Blick, sondern speziellere Qualifikationen,
               Krankenpflege oder Altenhilfe oder auch Sozialpädagogen, die
               dann tatsächlich schulische Sozialarbeit machen. Das muss man
               noch mal unterscheiden von der Frage, ob die Gemeinden über-
               haupt diakonisch tätig sein wollen, ob das da im Blick ist, oder
               ob wir als Kirche das im Blick haben, aber die Frage ist immer
               noch, läuft das dann automatisch auf den Diakon oder die Dia-
               konin raus.

(Interview 1 mit Dekan Vogel)

Für diesen Dekan ist die zentrale Ebene der Diskussion, was von Seiten der „Gemeinde" als notwendig erachtet ist und als zum eigenen Handeln passend betrachtet wird. Unklar bleibt zunächst, welche Akteure denn die Steuerung des
Geschehens übernehmen und welche eher das Feedback auf die getroffenen
Entscheidungen geben: einzelne Kirchenmitglieder, Gemeinden, Gremien etc.
Die andere Seite der Medaille besteht in der Qualifikation der potenziellen Mitarbeitenden. Aufregend wird diese Diagnose dort, wo nun tatsächlich aus dem
jeweils geäußerten Bedarf an professioneller Unterstützung der eigenen Arbeit

alle anderen Ebenen der Zusammenarbeit abgeleitet werden, sei es zunächst die Grenzen zum Professionellen (wo manche Gemeinden der Ansicht sind, soziales Handeln könne auf nachbarschaftlicher Ebene ausreichend geleistet werden), sei es die Definition der notwendigen Qualifikationen. Die Reflexion des Diakonats steht dem gegenüber im Hintergrund, der Diakonat erscheint als zusätzliche, zunächst wenig relevante Kategorie. Auf diesem Weg spiegeln die Befragten anhand der an sie herangetragenen Vorstellungen der kirchlich engagierten Menschen im Kirchenbezirk, wie sehr es ihnen immer wieder Mühe macht, nun explizit über Diakoninnen und Diakone zu sprechen, über ihre spezifische Beauftragung und den spezifischen Gewinn, der durch sie für den Bezirk und seine einzelnen Gemeinden gegeben sein könnte.

Es scheint, als ob der Diakonat hier schlicht jenseits der Diskussion um „Professionalität und Nächstenliebe" bzw. jenseits des Diskurses um „fachliche Kompetenz und familial strukturiertes Helfen" steht. Dazu kommt, dass im Kontext des Lebens in der Ortsgemeinde diakonische Professionalität – etwa wegen des Schwerpunktes auf familial-nachbarschaftlichen Strukturen – kaum reflektiert oder fachlich verortet ist. Da wäre es möglicherweise weiterführend, das spezifisch Diakonisch-Professionelle stark zu profilieren und auf der Ebene der Strukturen zu klären, welche Funktion professionelles Handeln bekommen soll. Nebenbei bemerkt zeigt dieser Gesprächsausschnitt einmal mehr, wie stark im Thema Diakonat zugleich die Fragen nach Hauptamtlichkeit („Ressourcen"), nach Handlungsfeldern für Gemeinden und nach Qualifikationen potenzieller Mitarbeitenden angesprochen werden. In der Analyse der Gespräche überrascht einmal mehr, wie deutlich der Diakonat ein Gegenstand ist, in dessen Reflexion immerzu mehr als eine Ebene der Argumentation zugleich bedient wird, eben weil aus verschiedenen Perspektiven quasi zwangsläufig zugleich unterschiedliche Relevanzsysteme angesprochen werden. Der Diakonat erscheint hier zugleich als eine Art Anregung, über die Frage nach der Diakonie der Kirche ganz allgemein zumindest ins Nachdenken zu kommen.

Der zweite Typ von Befragten (Typ 2: Diakonisches Handeln als religiös-vergemeinschaftetes familiales Hilfehandeln) rückt die Diakonie der Gemeinde in den Kontext des allgemeinen Helfens, wie es subsidiär, ausgehend vom kleinräumlichen Kontext Familie und Nachbarschaft gedacht wird. Hier entwirft ein Dekan sein Modell der an die Kranken- und Altenpflege gekoppelten Diakonie und wünscht sich, dass jede Gemeinde „neu entdeckt: Die Diakoniestation ist nicht nur ein Wirtschaftsbetrieb, sondern es ist unsere Diakoniestation, sie betreut unsere Kranken. Und nun schauen wir, wie wir miteinander auch die Seelsorge an diesen kranken Personen machen können."[10] In diesem Gedankenkomplex ist diakonisches Handeln dann die Verlängerung dessen, was eine Familie oder die

---

[10]   Vgl. Interview 2 mit Dekan Keppler; in größerem Umfang zitiert und innerhalb der gemeindetheologischen Gesamtkonzeption dieses Dekans sichtbar im Text Schulz (Diakoninnen und Diakone unter Vertrag: Abschnitt 2.3).

nachbarschaftliche Gemeinschaft nicht mehr leisten kann, in die Kirchengemeinde hinein. Diese leistet etwas für *„unsere Kranken"*. Dabei ist im Weiteren eine gewisse Nähe zur Welt der kerngemeindlichen Gruppen erreicht, die sehr häufig die Angelpunkte einer solchen seelsorgerlichen Arbeit bilden, etwa in Besuchsdiensten und in der Mitarbeit in der Seniorenarbeit. Auch hier, in der Konstruktion des *„wir miteinander"* ist die Einbindung professioneller diakonischer Arbeit nicht unmittelbar plausibel. Es bleibt zu klären, wo nun, von der Gemeinde aus gesehen, der angemessene Ort für diakonisches Handeln ist. Wo Aufgaben von Einrichtungen in Gemeinden verlagert werden sollen, ist zu entscheiden, welche Aspekte diakonischen Handelns mit welchem professionellen Anspruch formuliert sind. Sehr deutlich geht ja in solchen Konzepten das Hilfehandeln mit einer professionell ausgestalteten Pflege überein, worin eine theologisch-seelsorgerliche Kompetenz denkbar wird. So verwundert es nicht, wenn vor allem die Anstellungsträger aus den diakonischen Einrichtungen hier Vorschläge unterbreiten, wie an eben solchen Schnittstellen zwischen Einrichtungen und Gemeinden, in der Pflege oder in der Arbeit mit Menschen mit Behinderung, diakonisches Handeln in professioneller und damit kostenintensiver Form entwickelt wird. Allerdings bleibt auch hier die Frage offen, wie dies denn finanziert werden soll, weil weder die Einrichtungen mit ihrer von Entgelten abhängigen Tätigkeit, noch die Gemeinden mit ihrer geringen personellen *„Manövriermasse"* hier Spielräume sehen.

Die befragten Diakoninnen und Diakone bestätigen in ihren Gruppendiskussionen die hier aufgefächerten Argumentationsmuster – zuweilen aus der Perspektive der am mangelnden Interesse der Gemeinden an diakonischem Handeln Leidenden. Interessanterweise stehen hier neben den konkreten sozialdiakonischen Tätigkeitsbereichen sehr stark die konzeptionellen Dimensionen zur Debatte: Die Diakoninnen und Diakone würden sich zwar wünschen, dass Gemeinden hier mehr Interesse sowie die Bereitschaft zeigten, dafür auch Stellenanteile freizugeben, grundsätzlich sehen sie sich jedoch selbst in der Rolle, die sozialdiakonische Seite der Kirche darzustellen, zu entwickeln und dafür immer wieder Spielräume einzufordern. Möglicherweise teilen viele Diakoninnen und Diakone aus ihren eigenen Erfahrungen in Kirchengemeinden heraus das familial-nachbarschaftliche und auf Gemeinschaft ausgerichtete Verständnis des Diakonats und tun sich schwer, ihre Tätigkeit hier als professionelles Handeln zu begreifen. Eine Diakonin stellt sehr ausführlich ihre Position dar und verknüpft das mit Erfahrungen und Bewertungen ihrer Arbeit:

Fr. Mück:	Ich merke schon, mein Amt kommt für mich da zum Tragen, wo ich irgendwie auch ein Stück Stimme erhebe, wo ich auch merke, da kommen Personengruppen unter die Räder, oder da ist es wichtig, für Schwache einzutreten. (...) Also die Frage ist: Was definiere ich als Diakonin als mein Ziel, wo ich dann das Gefühl habe: Da bin ich jetzt in meinem Amt und als Diakonin ange-

> kommen. Ich habe unterschiedliche Erfahrungen gemacht. Also
> ich habe Erfahrungen gemacht, dass ich sehr glücklich bin, wenn
> Obdachlose, Wohnungslose auch mal ein Buffet betreten konn-
> ten. Also in einem Jahresfest meiner Einrichtung zum Beispiel,
> da war ich sehr glücklich. Dass ich einfach denke, auch Obdach-
> lose, Wohnungslose haben da einmal Zugang zu einem Buffet.
> Also nicht nur reiche Leute. Dann bin ich jetzt sehr glücklich,
> dass meine Kirchengemeinde beziehungsweise die Kirchenmusik
> in ihrem Flyer für Konzerte ausschreibt: Für Menschen mit ge-
> ringem Einkommen gibt es einen günstigeren Eintritt. Da bin ich
> als Diakonin sehr glücklich. Ich bin auch glücklich, dass ich es
> endlich geschafft habe als Diakonin in meine Preisliste einer Be-
> gegnungsstätte zu schreiben, dass Menschen mit geringem Ein-
> kommen zwei Euro zahlen statt vier Euro fünfzig. (…) Das unter
> einen Hut zu bringen, das war viel Arbeit und hat zwei Jahre ge-
> halten, und dann hat jeder Träger wieder seine Interessen ver-
> folgt und dann ging es eben nicht zusammen. Aber das waren so
> Punkte, wo ich das Gefühl habe, da habe ich als Diakonin mei-
> nen Sack so zugebunden, habe ein Stück Meisterwerk gemacht.
> Aber ich fände es interessant auch herauszufinden, wir als Be-
> rufsgruppe von Diakonen, was ist unser, also wo würden wir sa-
> gen: Das ist unser gemeinsamer Erfolg, wenn wir das hinbe-
> kommen haben. Ob es da eine Antwort gibt, weiß ich nicht.
>
> (Gruppendiskussion Gemeindediakonie)

Das „*Amt*" der Diakonin ist in dieser Konstruktion tatsächlich die Beauftragung,
ein Ziel zu verfolgen, ohne auf die Zustimmung von Gemeinden oder anderen
Hauptamtlichen unmittelbar angewiesen zu sein. So kann sich die Befragte nicht
nur als Anwältin der Benachteiligten verstehen, was ja grundsätzlich die Option
mit einbezieht, dass diese Haltung von etlichen Menschen nicht geteilt wird, und
es darum Menschen braucht, die diakonische Anliegen hartnäckig vertreten. Sie
kann und muss sich auch eigenständig sowohl in der konkreten Zielsetzung als
auch in der Auswahl von Indikatoren definieren, anhand derer sie dann überprüfen kann, wie erfolgreich sie war. Alle diese Schritte geht sie in diesem
Textbeispiel – typisch für die befragte Gruppe – ganz eigenständig. Auffällig ist,
dass hier im diakonischen Handeln keine Zusammenarbeit mit anderen Hauptamtlichen erwähnt ist. Vielmehr sieht sich die Diakonin als Gegenüber für diejenigen, die ihre Anliegen hören und umsetzen sollen: der Kirchenmusiker, der
Kirchengemeinderat, die Einrichtung. Dass diese Tätigkeit zwar faktisch viele
operative Anteile hat, gleichzeitig aber erhebliche konzeptionelle Stärke erfordert
und wenig unmittelbare Unterstützung erfahren lässt, wird spürbar im Schluss
dieser komplexen Konstruktion: Weder Ziel noch Kriterien sind in diesem Sinn
objektiv gegeben. Das eigene Gefühl, erfolgreich gewesen und ein „*Meisterwerk*"
vollbracht zu haben, stärkt für die nächsten Schritte – und ist zugleich nicht

wirklich ausreichend, um das Handeln konzeptionell zu fundieren. So ruft diese Diakonin nach ihrer „Berufsgruppe", nach einer gemeinsamen Definition von „Erfolg", nach einem „Wir" in der Arbeit. Sie formuliert ein klares Bedürfnis nach konzeptionellem Rückhalt, nach inhaltlicher Klärung und Stärkung des eigenen Vorgehens. Wie an vielen Stellen in den Befragungen der Diakoninnen und Diakone ist dort, wo es um die Funktion – oder besser: das Funktionieren – der Berufsgruppen geht, eher ein pessimistischer Ton zu hören, ohne dass an dieser Stelle ganz klar wird, ob die Effektivität der Berufsgruppe selbst oder die Möglichkeit, gemeinsame konzeptuelle Linien zu finden, bezweifelt wird: „Ob es da eine Antwort gibt, weiß ich nicht."

3. „Zum Kaffeekochen bin ich zu teuer" –
    Der Diskurs um den Einsatzbereich für Diakoninnen und Diakone

Die Frage nach der adäquaten Ebene diakonischen Handelns zwischen dem unmittelbaren Kontakt mit Menschen und koordinativen oder sogar leitenden Tätigkeiten bildet einen weiteren Themenschwerpunkt in der Befragung, der mit Vehemenz diskutiert wird. Dies ist vor allem deswegen zu betonen, weil die befragten Diakoninnen und Diakone in den verschiedenen Gruppendiskussionen wenig kontrovers miteinander agieren, sondern stark um gemeinsame Sichtweisen bemüht sind. Umso mehr fällt dieser Diskurs ins Gewicht, der während der Gruppendiskussion immer wieder aufgenommen wird. Zunächst ist der Ausgangspunkt bei der Frage nach der Akademisierung bzw. der Professionalisierung des Diakonats festzumachen. Der folgende Beginn eines längeren Zitats aus der Gruppendiskussion mit Diakoninnen und Diakonen zeigt bereits die Argumentationslinien:[11]

| Hr. Weise: | Also ich denke auch beim Diakonsein, kommt vom biblischen Hintergrund her, es gab das Predigtamt, das Pfarramt und es gibt das Diakonenamt. Und die Diakone, wir waren am Anfang immer die Dreckputzer (…), der Diener des Pfarrers gewesen. Man hat die Dreckarbeit der Gemeinde gemacht. Aber was mich immer befriedigt hat, ich habe das von Jesus her gesehen, der hat ja auch die Füße der Leute gewaschen, der hat mit ihnen gegessen und getrunken, hat mit den Leuten am Tisch gesessen, mit denen |

---

[11] Dieser Gesprächsgang entwickelt sich angeregt durch die Frage der Interviewerin: „Was bedeutet das für Euch, dass Ihr Diakoninnen und Diakone seid?" Zuerst sammeln die Gruppenmitglieder ihre Anliegen: den Wunsch, Gemeinden im diakonischen Handeln zu unterstützen, die Zweifel an einem landeskirchlichen „Gewolltsein" der Berufsgruppe im Gemeindediakonat, das Gegenüber zum Pfarramt und die Versuche, Stellen in der Gemeindediakonie über staatliche Leistungen für Soziale Arbeit zu refinanzieren, was jedoch eine entsprechende Qualifikation der Professionellen erfordert. An dieser Stelle setzt das Zitat ein.

der Pfarrer selten am Tisch sitzt und Gemeinschaft hat und ich erlebe es einfach, das große Vertrauen unter den Menschen, weil wir ihnen nahe sind in ihrer Lebenssituation (…). Was ich bedauere ist, dass die Karlshöhe[12] im Prinzip Leute produziert, Entschuldigung, wenn ich das so sage, die irgendwo abgehoben von einer Gemeinderealität leben. Ich denke, mit diesem Abschluss, wer wird da noch eine Gemeindearbeit machen, die einfach ist wie Kaffeekochen und sonst was. Bei dieser Bezahlung und bei diesem Master und Bachelor und so weiter und so fort, (…) muss man sich wirklich fragen: Wo geht das hin? Die Gemeinde braucht eigentlich Leute, die wurzeln und die mit den Leuten arbeiten. Auf der Karlshöhe diese Sozialdiakone, da gibt es doch ein Dipl., bekommen die jetzt. Früher hast du gesagt Bruder oder Schwester auf der Karlshöhe. Dann hat es geheißen: Ich bin der Herr sowieso. Nix da mehr Bruder. Also diese Aufhebung von Standards, wo der Karlshöher Bruder sowieso oder Schwester sowieso zu einem Dipl. Er hat plötzlich einen Gehaltssprung, ein Ansehenssprung, und da wollte man mit dem da unten nichts mehr zu tun haben. Und ich würde heute fragen, wenn ich als Master oder Bachelor in eine Kirchengemeinde gehe, ob ich da noch so bereit bin so zu arbeiten, wie wir jetzt gerade arbeiten.

(Gruppendiskussion Gemeindediakonie)

Dieser gehaltvolle Abschnitt zeigt, welche Aspekte des diakonischen Arbeitens hier zur Debatte stehen: Es geht um einen Unterschied im Rang oder in der Position (der Diakon als *„Dreckputzer"* und *„Diener des Pfarrers"*), woraus sich zugleich bereits eine Dimension des spezifisch diakonischen Arbeitens ergibt: die Parteinahme für Menschen – und dann auch die unmittelbare lebensweltliche Nähe zu Menschen –, die außerhalb des pastoralen Kontaktfeldes stehen. Der Diakon stellt in diesem Verständnis nicht nur Nähe her und erweist Respekt, er wird selbst Teil dieser Lebenswelt, indem er *„wurzelt"* und *„mit den Leuten arbeitet"*. In diesem Modell A ist ein zum Pfarramt in Ansehen und Bezahlung sehr deutlich abgesetzter, Privatleben und Dienst wenig differenzierender Diakon mit einfachen Tätigkeiten betraut, die zumindest den Anschein des Alltagsweltlichen haben und nach außen kein Signal für professionelles Handeln darstellen (*„Kaffeekochen und sonst was"*). Die *„Standards"* diakonischer Arbeit sind charakteri-

---

[12] Hier ist die ehemalige „Evangelische Kinder- und Brüderanstalt Karlshöhe" in Ludwigsburg gemeint, die ehemalige Diakonen-Ausbildungsstätte der Evangelischen Landeskirche in Württemberg. Heute ist die Regelausbildung das Studium an der Evangelischen Hochschule Ludwigsburg, in unmittelbarer räumlicher Nähe zum Diakoniewerk „Stiftung Karlshöhe Ludwigsburg". Allerdings ist die „Stiftung Karlshöhe Ludwigsburg" selbst nach wie vor mit der berufsbegleitenden Diakonenausbildung im Bereich der Pflege- und Sozialdiakonie beauftragt. So werden Diakoninnen und Diakone weiterhin „auf der Karlshöhe" ausgebildet. Der allgemeine Sprachgebrauch berücksichtigt die zwischenzeitlich eingetretenen Veränderungen nicht.

siert durch die große Nähe zu den Menschen in einer Arbeit *„da unten"*, wobei zugleich ein hierarchisches *„Unten"* gemeint ist, etwa in Abgrenzung zum *„Pfarrer"*, der mit diesen Menschen eben nicht *„am Tisch sitzen"* würde.

Mit der *„Aufhebung von Standards"* wird – als Problematisierung gekennzeichnet – ein (Gegen-)Modell B in Ansätzen angedeutet: Es beginnt mit einer Ausbildung, deren Abschluss jetzt deutlich gemacht wird. Während der *„Bruder"* oder die *„Schwester"* die Qualifikation nur indirekt signalisiert haben,[13] lässt ein Diplom-, ein Bachelor- oder Master-Abschluss daran keinen Zweifel. Interessant ist, dass der Sprecher davon ausgeht, dass akademische Abschlüsse in der Arbeit mit Diakoninnen und Diakonen häufig kommuniziert werden oder sogar zum Teil der Anrede werden. Mit dem Modell B geschieht also zumindest ein Zugewinn an professionellem Selbstbewusstsein – hier mehr noch verstanden als Anmaßung und gewollte soziale Distanzierung: *„Ich bin der Herr sowieso. Nix da mehr Bruder"*. Zu dieser sozialen Distanzierung (*„da wollte man mit dem da unten nichts mehr zu tun haben"*) gehören umgekehrt ein Zugewinn an Ansehen und eine Steigerung des Einkommens. Strittig bleibt, welche Auswirkungen die Akademisierung – oder zumindest die deutlich markierte Professionalisierung – innerhalb dieses zweiten Modells bekommen. Dies wird nun im weiteren Gesprächsverlauf diskutiert. Der Sprecher, der hier Herr Weise genannt wird, hat offenbar mit seinem Votum einen empfindlichen Punkt berührt, an dem nahezu alle Gruppenmitglieder aktiv an der Diskussion beteiligt und um eine Klärung bemüht sind:

Fr. Berg:	Also den Studierenden wird da schon noch der Kopf gewaschen, wenn sie dann mal im Berufsalltag sind. Nur also ich will mich deutlich abgrenzen und werde da auch ziemlich empfindlich bei der Zusammenarbeit mit den Pfarrern, wenn ich merke, ich muss nur das Organisatorische machen und die Kopfarbeit oder das Geistige macht der Pfarrer, da (klopft auf den Tisch) werde ich ganz deutlich, dass ich auch anders ausgebildet bin, eine Mischung aus Theologie und Pädagogik und daher auch dann meine Fähigkeiten
Hr. Weise:	zu was führen
Fr. Berg:	ja, zeigen möchte.
Hr. Weise:	Ja, so wirst du es auch nicht gemeint haben. Aber mir ist es dann aufgestoßen und habe dann argumentiert: Zum Kaffeekochen bin ich zu teuer und auch nicht ausgebildet, aber natürlich mit auch das Kaffeekochen. Also dann ist die Frage: Mit wem koche ich Kaffee, mit wem lebe ich da zusammen, mit wem gestalte ich was. Aber das meinte ich, dass ich mit der Ausbildung, die ich habe, und da gehört die Theologie einfach dazu, die möchte ich

---

13   Diese Anrede bietet eine familiale Sichtweise auf den Diakonat im Wichernschen Sinn geradezu an.

> genauso dazu stellen wie die andere Ausbildungsqualifikation,
> die ich habe. Mit den Qualifikationen, die ich habe, und mit dem
> Beruf in Kirche, ob jetzt in der Gemeinde, ob im Arbeitsbereich x
> oder y da tätig sein, das wäre das, was mir wichtig ist und was ich
> hinterfrage: Ist es überhaupt noch gefragt? Oder braucht man da
> letztlich gar keinen Theologen mehr, also jemand theologisch
> ausgebildetes, sondern da hat man ja den Pfarrer, man braucht
> dann bloß noch jemand, der den Frauenkreis managt, der das
> Waldheim managt und wenn man dann den Pfarrer braucht,
> kann man den ja holen. Also anstatt dass man sagt: Da ist je-
> mand, der ist für die Waldheimarbeit zuständig, und zwar die
> Frauen und Männer zu begleiten, die kochen, bis hin zu dem,
> was machen wir für Andachten und wie vermitteln wir das den
> Kindern oder Eltern. So den Bereich abzudecken in Kooperation
> mit dem Gemeindepfarrer.
>
> (Gruppendiskussion Gemeindediakonie)

Sprachlich bietet die auf Herrn Weise antwortende Frau Berg hier eine *„Abgrenzung"* zum Pfarrer, was sich hier im Gesprächsverlauf aber zunächst als Abgrenzung gegen den Vorredner darstellt: Das Modell B wird hier korrigiert und ergänzt. Mit einem akademischen Abschluss geht die Nähe zu den Menschen nicht
verloren – und wenn doch, dann korrigiert sich dies in der Praxis unmittelbar,
indem den Betreffenden *„der Kopf gewaschen wird"*. Nur entwickelt sich aus dem
komplexer gewordenen Kompetenzprofil eine größere Nähe zu dem, was von
Pfarrerinnen und Pfarrern geleistet wird. Es entwickelt sich in der Folge ein
Konfliktpotenzial dort, wo dieses Mehr der diakonischen Arbeit (im Modell B)
nicht gesehen wird: Eine Diakonin kann mehr als *„das Organisatorische"* übernehmen, auch konzeptionelle Anteile der Arbeit (*„die Kopfarbeit oder das
Geistige"*) gehören zu ihrem Tätigkeitsprofil. Der folgende Redebeitrag bietet
dann eine weitere Elaboration für das Modell B und zugleich eine produktive
Abgrenzung zum Modell A: *„Zum Kaffeekochen bin ich zu teuer und auch nicht
ausgebildet, aber natürlich mit auch das Kaffeekochen."* Im Modell B möchte sich
der Diakon keinesfalls von einfachen Tätigkeiten abgrenzen. Über die Nähe zu
den Menschen als zentrales Kennzeichen diakonischer Arbeit scheint unter den
Gruppenmitgliedern ein klarer Konsens zu bestehen. Für den akademisch ausgebildeten, nicht nur für Hilfstätigkeiten bezahlten Diakon gilt es, die Nähe zu den
Menschen gezielt, theologisch fundiert und auf die christliche Gemeinschaft hin
zu entwickeln. Ein „professionell diakonisches Kaffeekochen" nutzt die lebens-
weltnahe Tätigkeit zum Aufbau und zur Vertiefung von Kontakten und gestaltet
diese Kontakte umfassend aus.[14] Das Konfliktfeld, in dem sich der Diakon mit

---

[14]   Vgl. theoretische Entwürfe wie beispielhaft Rainer Merz mit seinem Begriff des „diakonischen
        Kongruierens": Merz 2003 und Merz 2007: S. 27–91 oder Ellen Eidt, die sich mit der hinter die-

dem Modell B unweigerlich bewegt, war oben in der großen fachlichen Nähe zum Pfarramt bereits angedeutet: Während das Modell A (der Pfarrer übernimmt das Inhaltliche/Geistliche, der Diakon „*managt*" die organisatorischen Dinge) allen Beteiligten als „Urform der Gemeindediakonie" lebhaft vor Augen steht, erfordert es ein genaues Hinsehen, um zu durchdringen, wie das praxisnahe Handeln des Diakons ein theologisch und gemeindekonzeptionell hochwertiges Handeln darstellt. So lässt sich vermuten, dass das Modell A als (in Teilen überholte, aber noch stets relevante) Grundlage dient, auf der die Konstruktion von Modell B erfolgen kann. Das Modell A bleibt auf diesem Weg weiter genutzt und wird darin in vielen Aspekten überformt.

Schon allein im Gesprächsverlauf wird hier spürbar, wie sehr eine solche Unterscheidung Anstrengung erfordert und im Gespräch einen erheblichen Raum benötigt, um umfassend dargestellt zu werden. Die Beteiligten beschreiben ihre Sicht immer wieder neu in weiteren Anläufen und an neuen Beispielen. Sie zeichnen darin den durchaus mühsamen Prozess der Professionalisierung diakonischen Arbeitens nach und markieren zugleich die zentralen Konfliktstellen, wo die Grenzen zu anderen Tätigkeiten verwischen und Teile des ursprünglichen Profils verloren zu gehen drohen (wie im Vergleich mit dem Modell A). Interessant ist, dass in der Konstruktion dieser Gruppe die Theologie als Qualifikationsbestandteil auch der Diakoninnen und Diakone erst im Modell B deutlich erkennbar ist, wo es um Konzeptionen der Arbeit geht. Im Modell A war dieser Aspekt auf die Binnendeutung im Diakonat angewiesen, durch die der Dienst und die Gemeinschaft mit Menschen als Taten im Sinne Jesu ausgewiesen werden.[15]

Dieser Diskurs um die Profile diakonischer Arbeit (in ausführender Tätigkeit nach Modell A oder auch als konzeptionelles Handeln nach Modell B) lässt sich sehr häufig in den Befragungsdaten finden. Mit dieser Verschiebung im Niveau scheint ein Konfliktherd in vieler Hinsicht ausgemacht zu sein, wie die Erzählung eines Dekans illustriert:

| Hr. Krüger: | Doch. Wir haben erst gestern im KBA eine heftigste Diskussion gehabt (...). Da gab es einen Stellenwechsel und ein bestimmter Arbeitsbereich, der Leitung der Besuchsdienste, ist aus dem Dienstauftrag heraus gefallen und dann hat die Gemeinde gesagt: Wir suchen uns da jemanden. Die hat das zuerst ehrenamtlich |

---

ser Diskussion stehenden historischen und berufssoziologischen Fragestellung beschäftigt, welche gesellschaftlichen Mandate und Lizenzen den Berufen im Diakonat zugeschrieben werden; vgl. Eidt 2011: S. 103–109.

[15] Implizit legt diese Sicht nahe, dass abgesehen von religiöser Sozialisation und der Bereitschaft, Nächstenliebe zu üben, für den Diakonat keine weitere Qualifikation nötig ist. Hier entsteht eine große Nähe zu dem, was sich als eine der zentralen Deutungen von Anstellungsverantwortlichen gezeigt hat. Vgl. dazu die Texte Schulz (Diakoninnen und Diakone unter Vertrag) und Eidt (Diakonat in diakonischen Einrichtungen: Abschnitt 2.3).

> gemacht und jetzt wollen sie die Frau bezahlen, obwohl sie keine
> Qualifikation mitbringt in diesem Sinne. Und das war einfach
> heftig umstritten, weil einige Mitglieder klar sagten: Das kann
> doch nicht sein. In anderen Gemeinden geschieht genau dasselbe
> ehrenamtlich, warum wollen die jetzt jemand da anstellen und
> bezahlen auf einmal? Und dann hieß es umgekehrt: Das war
> doch seither der Bestandteil des Diakonenauftrages, da hatte
> man doch eine Profi-Frau. Dann ist das doch klar, dass wir jetzt
> wieder jemand da auch anstellen können.

(Interview 7 mit Dekan Krüger)

In diesem Beispiel hat eine Gemeindediakonin eine Tätigkeit erbracht, die von
der Gemeinde (vielleicht auch von der Diakonin selbst) als rein ausführende,
koordinative Tätigkeit verstanden worden war. Bei einer Neubesetzung fiel dies
dem Anliegen der Einsparung zum Opfer. Als eine Tätigkeit im Modell A – in
der hier verwendeten Logik gesprochen – konnte diese Tätigkeit von einer ehrenamtlichen Kraft übernommen werden. Strittig war in der Folge, dass hier eine
einklagbare Zuständigkeit (bezahlte Stelle) durch eine prekäre Zuständigkeit
(freiwilliges Engagement) ersetzt worden war. Nicht ob es für diese Tätigkeit eine
ausgebildete Gemeindediakonin braucht, stand zur Diskussion, sondern die
Frage nach der Relevanz eines Stellenumfangs. Während der Dekan die Qualifikation einfordert, fordern die Aktiven in der betroffenen Gemeinde eine formale
Zuständigkeit. Hier ist ein „Profi" (nach Modell A) jemand, der für die Arbeit
bezahlt wird, während die Leitung und konzeptionelle Ausgestaltung von Besuchsdiensten (nach Modell B) vor allem eine Qualifikation erfordert. Während
im Beispiel des Dekans der Konflikt dadurch entsteht, dass hier unterschiedliche
Ebenen der Diskussion bedient werden, zeigt das Beispiel, wie eine diakonische
Tätigkeit nach dem Modell A ihre typische Bedrohung durch ein nicht-profes-
sionelles, alltagsweltliches Verständnis der diakonischen Tätigkeit erfährt, ob es
sich ums „Kaffeekochen" oder um das Organisieren von Besuchen handelt.

An dieser Stelle ist eine kurze Zwischenreflexion zu unternehmen: Soll der
Diakonat deutlich vom alltäglichen Handeln abgrenzbar sein, empfiehlt es sich,
die Arbeit klar als professionelles und konzeptionelles Handeln (nach Modell B)
darzustellen.[16] Dann steht die Notwendigkeit einer Qualifikation im Diakonat
weniger in Frage, umgekehrt wird jedoch der Sinn und Wert eines „professionell
diakonischen Kaffeekochens" nicht unmittelbar allen einleuchten, sei es, weil
viele Gemeindemitglieder sich im Grunde jemanden wünschen, der gerade (nach
Modell A) die organisatorischen und unterstützenden Tätigkeiten für die Gemeinschaft übernimmt, sei es, weil es gar nicht so einfach ist, diakonische Tätigkeit als professionelles Handeln zwischen Alltagswelt und Pfarramt in ihrer Viel-

---

[16]   Dies geschieht allerdings mit dem Risiko, dass solche Entwürfe dann in Gremien oder bei
       Anstellungsverantwortlichen nicht anschlussfähig sind, wie ich unten noch zeigen werde.

gestaltigkeit von Organisation und Konzeption, Pädagogik und Nächstenliebe, Theologie und sozialarbeiterischer Kompetenz zu profilieren. Im Anspruch an einen solchen Gemeindediakonat liegt unmittelbar die Bedrohung verborgen, dass immer wieder zwar einzelne Bestandteile diakonischer Kompetenz sichtbar werden, selten aber die Gesamtheit ganz deutlich zum Ausdruck kommt. Von hier aus lässt sich der Übergang zu einem weiteren Modell beschreiben, was ich anhand eines weiteren Ausschnittes aus dem bereits zitierten Gesprächsgang der Diakoninnen und Diakone unternehme:

Hr. Weise:	Vielleicht kann man heute sagen: Der Gemeindediakon ist in der Zwischenzeit der Gemeindemanager geworden. Ich denke in vielen Dingen haben wir ja ehrenamtliche Mitarbeiter gewonnen und begleiten ehrenamtliche Mitarbeiter in den verschiedenen Projekten, die wir mal angefangen haben, die das da auch übernehmen sollen. Ich stelle in der Gemeindearbeit fest, dass man auch am Gemeindediakon oder am Diakon vorbeigehen kann, [beschreibt eine Situation, in der der Kontakt der Gemeinde zu pflegerischer Arbeit intensiviert werden soll] dass man jemand Ehrenamtliches beruft als Kontaktperson, und da fragt man jetzt nicht den Diakon, ob er da Interesse hat einzusteigen, sondern beruft jemanden Ehrenamtliches in der Kirchengemeinde, der hat ja Zeit oder so. Und dann geht auch etwas Diakonisches an einem vorbei. Und daraus merke ich immer mehr, dass diese breite Schiene des Ehrenamts, so 55 Plus, die in eine Altersteilzeit oder Vorruhestand gegangen sind, die haben jetzt plötzlich sehr viel Zeit, und davon lebt das Rathaus und davon lebt auch die Kirchengemeinde. Und die sind preiswert, die kosten nämlich nichts und die haben ein großes Knowhow aus ihrer Berufserfahrung, und dann kann man irgendwann sagen: Eigentlich brauche ich den Hauptamtlichen nicht mehr oder nur für gewisse Funktionen. Diese Ehrenamtlichen vielleicht noch zu managen. Ich habe auch die Erfahrung gemacht, dass mancher sich das eigene Grab geschaufelt hat als Gemeindediakon, dass er das immer mehr in die ehrenamtliche Verantwortung gegeben hat, und dann hat man irgendwann gesagt, dich braucht man ja eigentlich nicht mehr, weil das war jetzt Ehrenamt und das ist billiger, dann kannst du ruhig in den Vorruhestand gehen mit 58, das ist für die Gemeinde geschickter und dann brauchen wir keinen neuen Diakon dafür.
Hr. Steiner:	Aber das wäre ja gerade ein Profilierungszugang, zu sagen, dass in einer Kirche, die einfach weniger Geld für Personal hat, braucht man umso mehr, dass qualifiziert ehrenamtlich dort gearbeitet wird, wo qualifiziert hauptamtlich begleitet, betreut, geschult wird (allgemeine Zustimmung). Und ich glaube, wenn wir diese Schiene noch mal deutlicher hervor heben und sagen: Es ist

Ziel der Kirche, dass Ehrenamtliche sich betätigen, das ist ursächlich so, gehört glaube ich zu einer Wesensgestalt von Kirche, dass Menschen sich begeistern lassen und auch etwas tun, auch wenn es nicht ihr Beruf ist, aber das es qualifizierte Hauptangestellte braucht, die diese Menschen neudeutsch wertschätzen oder aufbauen oder berufen oder ins Amt holen oder anziehen, werben, ausrüsten, nachrüsten, schulen und und und. Also, wenn das ein diakonisches Bild wäre, wo ein Diakon in verschiedene Arbeitsfelder die Hauptaufgabe hat, Ehrenamtliche, die Zeit und Kraft der Kirche zur Verfügung stellen oder in dieser Kirche leben, und damit wird Kirche erst überhaupt zu dem, was Kirche wahrscheinlich immer schon war, nämlich Zusammenleben von Menschen, aber dazu braucht es hauptamtliches Personal, und wenn diesen Bereich wir übernehmen könnten als Diakoninnen und Diakone, dann glaube ich, hätten wir eine sehr starke Position.

Fr. Berg: Ja, und vor allem wir kommen ja von auswärts, also wir schauen über den Tellerrand hinweg, wir bringen durch unsere etwas distanzierte hauptamtliche Tätigkeit ja auch einen anderen Blickwinkel hinein, machen auf etwas aufmerksam (allgemeine Zustimmung), was wichtig ist.

Hr. Steiner: Weil natürlich Ehrenamtliche, das ist auch meine Erfahrung, klar, die machen am liebsten das, was sie A entweder gut können oder B wo sie die richtigen Leute drum herum finden oder wo sie Lust dazu haben und können natürlich auch Morgen sagen, sie machen nicht mehr mit. Aber so eine Art Konstanz, das wird ehrenamtlich immer weniger. Also dass wirklich inzwischen die Hauptamtlichen einen Großteil der Konstanz übernehmen oder auch personalmäßig, also dass wir als Personen diese Konstanz übernehmen.

Fr. Mück: Aber ich denke, es dürfte nicht nur an Personen hängen, ich denke die Organisation muss schon auch eine Konstanz stellen. Dass da, wo man arbeitet, dass man sagen kann, da kommt ein Nachfolger rein und die Sache wird weiter verfolgt. Es ist gut, finde ich, wenn Mitarbeiter an einer Stelle bleiben, ich finde das ist sehr wertvoll, wenn jemand lang wirklich an einer Stelle bleibt und die Gemeinden lang dadurch begleiten kann. Aber ich denke, institutionell muss schon auch eine gewisse Konstanz geschaffen werden, also eine bestimmte Diakonenstelle wird so eingerichtet und zwar mit allen Ressourcen, auch mit Computer, mit einem gescheiten Arbeitszimmer und und und.

Fr. Berg: Ab jetzt Laptop.

Fr. Mück:	Mit einem Standort, wirklich ein richtiger Standort, wo man sagt, da arbeitet jetzt der Kollege XY, wenn der aus irgendwelchen Gründen geht, dann da ist eine Konstanz gewährleistet. Also die Ehrenamtlichen verändern sich ja mit den Hauptamtlichen, aber dass dann nicht diskutabel ist, ob diese Stelle da bleibt oder nicht, sondern das die Stelle immer da sein wird.
Hr. Steiner:	Aber das ist ja nicht Realität.
Fr. Berg:	Genau.
Fr. Mück:	Eben und deshalb fühlen wir uns vielleicht auch so.

(Gruppendiskussion Gemeindediakonie)

Der Gesprächsteilnehmer, der bereits im ersten Gesprächsgang die Weiterentwicklung des Diakonats in der Gemeinde thematisiert hatte, greift nun das oben genannte Stichwort „Management" wieder auf. Er hat nach seiner Darstellung der traditionellen Basis des Gemeindediakonats (Modell A) durchaus die diskursive Bewegung der Gruppe zum Modell B nachvollzogen und geht jetzt noch einen Schritt weiter. Anhand eines Erfahrungsberichtes problematisiert er nun die Konsequenzen einer diakonischen Arbeit, die einerseits den Menschen nahe ist, andererseits konzeptionell ausgerichtet ist, damit andere befähigt und begleitet werden. Wo nämlich auch Ehrenamtliche in den Gemeinden nicht nur miteinander leben, sondern ihre zum Teil enormen Kompetenzen einbringen möchten, da rückt der Diakon oder die Diakonin fachlich „auf Augenhöhe". Hier ist dann nicht mehr von selbst gegeben, dass die Leitung oder die konzeptionelle Entwicklung einer Arbeit dort verankert ist. Abgesehen davon, dass der Diakon an dieser Stelle eine (vermeidbare) Kränkung erlebt hat, indem die Verantwortlichen die Veränderungen nicht mit ihm abgesprochen haben, zeigt sich an diesem Beispiel etwas Wesentliches: Der Diakon selbst deutet das Geschehen so, dass er sich durch seine befähigende und Projekte eröffnende Arbeit selbst ins Abseits bugsiert, sich fachlich *„das eigene Grab schaufelt"*, so dass *„etwas Diakonisches"* an ihm *„vorbeigeht"* und langfristig gesehen seine Stelle bedroht ist. Faktisch ist jedoch, wiederum abgesehen von dem kommunikativen Missgeschick, in diesem Geschehen vor allem der zentrale Kern seines Kompetenzprofils übersehen worden, nämlich die spezifische, theologisch fundierte und auf die Entwicklung der Gemeinde hin ausgerichtete Fähigkeit, Aktivitäten nicht nur zu steuern, sondern als Teil des christlichen Handelns zu deuten, nachhaltig zu gestalten, zu sichern und zu fördern.

Was dieser Diakon nun als Bedrohung sieht – vermutlich hat er selbst den beschriebenen diakonischen Kern nicht vor Augen gehabt oder in seiner Deutung auf das familial-nachbarschaftliche Modell A zurückgegriffen – können andere in der Gruppe umgekehrt als Ausgangspunkt für ein spezifisch diakonisches Profil eines dritten Typus (Modell C) beschreiben: Anders als in Modell B geht es im Unterschied zwischen Diakon/Diakonin und Ehrenamtlichen in der Gemeinde nicht um eine Differenz in der Professionalität, sondern um die spezifisch diakonische Professionalität. In diesem Modell wird gerade der Wandel der Kirche – gekennzeichnet durch eine geringer werdende Zahl von Aktiven und einen hohen Anteil durch das Ehrenamt getragener Angebote – im Gemeindediakonat wesentlich mitgestaltet. Anders als Ehrenamtliche verbringt ein derart beschäftigter Diakon nicht sein Privatleben in der Gemeinde, sondern er kommt von außen, betrachtet die Verhältnisse mit der professionellen Distanz und kann so *„auf etwas aufmerksam machen"* und mehr leisten, als ohne diese Distanz möglich gewesen wäre. Aus dieser Sicht wird das Ehrenamt – nicht im Einzelfall, aber als Strukturelement der Kirche – überhaupt erst möglich. Ein so verstandener Gemeindediakonat im Modell C geht dann auf organisationaler Ebene sogar über die Person hinaus und erreicht auf diesem Weg theoretisch eine Absicherung dieses Tätigkeitsfeldes. In diesem Modell C steht also nicht ein Mehr an Qualifikation grundsätzlich im Vordergrund, sondern die Fähigkeit, in der Schnittmenge der zum Diakonat gehörenden Kompetenzen das Handeln der Ortsgemeinde als Handeln der christlichen Kirche zu verstehen und es als solches konzeptionell zu entwickeln und anzuleiten. Hier dürfte dann weder das Engagement von gut qualifizierten Ehrenamtlichen bedrohlich wirken, noch die Tatsache, dass immer wieder Gemeindemitglieder dieses spezifisch diakonische Handeln nicht verstehen und das entsprechende Profil am Ort erst entwickelt werden muss. Was jedoch durchaus bedrohlich ist, und hier schließt sich der Kreis zu bereits zuvor geschilderten Erkenntnissen, ist eine geringe organisationale Absicherung dieser Arbeit, sei es durch konkrete Personalmittel, sei es durch eine nicht weiter zu diskutierende „Installation" des Diakonats und seiner Bedeutungsebenen in Kirche und Gemeinde. Ist dieses nicht gewährleistet, können Gemeindediakoninnen und -diakone gerade diese ihnen eigene Funktion nur sehr schwer, nur fragmentarisch oder nur wenig profiliert unternehmen.

4.   Rückblick: Interessenvielfalt und Spielräume im Spannungsfeld Gemeindediakonie

Der Diakonat im Arbeitsfeld der Parochialgemeinde ist in den Konstruktionen der Befragten als ein Spannungsfeld deutlich geworden, in dem zahlreiche Diskurslinien auszumachen sind, und zwar auf Seiten der Diakoninnen und Diakone ebenso wie auf Seiten der Anstellungsverantwortlichen. Zuerst erweist sich die Struktur der Arbeit selbst auf der Schnittstelle unterschiedlicher Interessen als spannungsreich: Es scheint eine erhebliche Belastung dort zu entstehen, wo unterschiedliche Ansprüche und Zuständigkeiten von den Diakoninnen und Diakonen in der Gemeinde nicht miteinander vereint werden können. Der Eindruck eigener Gestaltung der Tätigkeit tritt in vielen Fällen zurück hinter den Eindruck des Getrieben- oder Zerriebenseins. Das Entwickeln professioneller

Handlungskonzepte ist damit immer wieder bedroht. Hier liegt es nah, erhebliche Chancen dort zu vermuten, wo solche Situationen durch strukturelle Veränderungen im Kirchenbezirk oder fachliche Begleitung der Professionellen entschärft werden können. Die Belastung ist ebenso seitens der Anstellungsverantwortlichen auszumachen, wobei sich die Problematik vor allem dort zeigt, wo fachliche Interessen an einem diakonischen Profil des Kirchenbezirks hinter strukturelle Interessen zurücktreten. Wo im Bezirk diakonische Arbeit in der Vielfalt der Interessen kaum gesteuert werden kann, steht nicht mehr die diakonische Intention im Vordergrund, sondern die Frage nach Spielräumen kirchlicher Arbeit an sich.

Im zweiten Abschnitt stand der Ort des Diakonischen in der Gemeinde zur Diskussion und damit die Verortung diakonischer Arbeit zwischen professioneller Sozialdiakonie (Typ 1) und religiös-vergemeinschaftetem, familial gedeutetem Hilfehandeln (Typ 2). In diesem Spannungsfeld geraten nicht nur die unterschiedlichen Vorstellungen darüber, welche Rolle eine fachliche Qualifikation und Professionalität der Diakoninnen und Diakone spielen soll oder muss, miteinander in Konflikt. Es ist auch ganz prinzipiell die Zuordnung des helfenden Handelns in den Kontext der Familie oder der Nachbarschaft einerseits oder in den Kontext eines professionellen Handelns andererseits strittig. Damit geraten implizit auch die Parameter der Haupt- oder Ehrenamtlichkeit in den Fokus sowie die grundlegende Frage, wofür es eine Beauftragung von spezifisch qualifizierten Menschen im Diakonat braucht. Das Nachdenken über eine Verortung des Diakonischen zeigt eine wechselseitige Durchmischung der einzelnen Fragestellungen, was es für alle Beteiligten schwer macht, einzelne Diskurslinien exakt zu verfolgen. Dies hängt nicht zuletzt damit zusammen, dass kirchen- und gemeindetheoretische Fragen selten thematisiert, sondern implizit etwa in der Frage nach der Verortung des Diakonats mitverhandelt werden. Eine Fachdiskussion, die die einzelnen Diskurslinien getrennt bearbeitet und dazu Konzepte entwickelt, erscheint dringend geboten.

Schließlich wurde im dritten Abschnitt die Frage nach der angemessenen Ebene für diakonisches Handeln in der Kirchengemeinde als relevant für konzeptionelle Arbeit deutlich. Drei Modelle waren in einer Linie der Entwicklung und Überformung zu beobachten: Zunächst spiegelt das Modell A das möglicherweise als traditionell zu bezeichnende diakonische Handeln, wie es in Abgrenzung und Unterordnung gegenüber dem Pfarramt, in der Zuordnung zum operativen Handeln in Unterscheidung vom konzeptionellen Handeln sowie in einer relativen Distanz zu spezifischen (akademischen) Qualifikationen konstruiert wird. Hier ist die Nähe zum familial-gemeinschaftlichen Konzept diakonischen Handelns besonders groß. Dieses Modell erfährt eine Überformung in einem weiteren Modell B, in dem nun die Qualifikation ebenso eine wichtige Rolle spielt wie konzeptionelle Dimensionen der Tätigkeit. Die große Nähe zu den Menschen am Ort, die für das Modell A so bezeichnend war, soll hier, in modifizierter Form, weiterhin kennzeichnend bleiben, aber vor allem in seiner reflexiven Gestalt tragend werden. Daraus wird ein drittes Modell C entwickelt, worin nun die diakonische Professionalität im Spektrum von operativer, konzeptioneller und leitender bzw. koordinativer Tätigkeit gedeutet ist. Dies geschieht so, dass gerade der diakonische Aspekt der Tätigkeit, nicht ein Vorsprung an Wissen oder Können gegenüber anderen Hauptamtlichen und Ehrenamtlichen im Einzelfall, das Besondere diakonischer Professionalität ausmacht. Zentral geht es nun um die Fähigkeit der Diakoninnen und Diakone, auf der Schnittstelle verschiedener Kompetenzen diakonisches kirchliches Handeln in der Gemeinde zu entwerfen und anzuleiten. An diesem dritten Modell, das sich aus diakoniewissenschaftlicher Sicht wie eine Idealform professioneller Arbeit liest, wird zugleich sichtbar, wie schwer ein solches Modell an gängige Diskurse in den Kirchenbezirken und -gemeinden anschlussfähig ist und wie stark seine Umsetzbarkeit davon abhängt, wie der Diakonat insgesamt strukturell verankert und im Gesamtkonzept kirchlichen Handelns in Theorie und Gemeindepraxis verortet ist. Sowohl von Diakoninnen und Diakonen als auch von Anstellungsverantwortlichen und Gemeinden ist die Unterstützung für eine solche Deutung diakonischen Handelns erst noch zu gewinnen.

Literatur

Bohnsack, Ralf/Przyborski, Aglaja/Schäffer, Burkhard (Hg.) ([2]2010): Das Gruppendiskussionsverfahren in der Forschungspraxis. Opladen.

Eidt, Ellen (2011): Der evangelische Diakonat – Entwicklungslinien in Kirche und Diakonie am Beispiel Württembergs. Stuttgart.

Hermelink, Jan (2011): Kirchliche Organisation und das Jenseits des Glaubens. Eine praktisch-theologische Theorie der evangelischen Kirche. Gütersloh.

Karle, Isolde (2010): Kirche im Reformstress. Gütersloh.

Keßler, Hildrun (2012): Gemeindepädagogische Berufstätigkeit zwischen Sozialarbeit und Pfarramt. In: Bubmann, Peter/Doyé, Götz/Keßler, Hildrun/Oesselmann, Dirk/Piroth, Nicole/Steinhäuser, Martin (Hg.) (2012): Gemeindepädagogik. Berlin. S. 265–296.

Keupp, Heiner/Dill, Helga (Hg.): Erschöpfende Arbeit. Gesundheit und Prävention in der flexiblen Arbeitswelt. Bielefeld.

Loos, Peter/Schäffer, Burkhard (2001): Das Gruppendiskussionsverfahren. Opladen.

Merz Rainer (2003): Auf der Suche nach einer spezifischen Professionalität für Diakoninnen und Diakone in der kirchlich-diakonischen Sozialen Arbeit. In: Herrmann, Volker/Merz, Rainer/Schmidt, Heinz (Hg.): Diakonische Konturen. Theologie im Kontext sozialer Arbeit. Heidelberg. S. 304–335.

Merz, Rainer (2007): Diakonische Professionalität. Zur wissenschaftlichen Rekonstruktion des beruflichen Selbstkonzeptes von Diakoninnen und Diakonen. Heidelberg.

Meuser, Michael/Nagel Ulrike ([3]2009): Experteninterview und der Wandel der Wissensproduktion. In: Bogner, Alexander/Littig, Beate/Menz, Wolfgang (Hg.) ([3]2009): Experteninterviews: Theorien, Methoden, Anwendungsfelder. Wiesbaden. S. 35–60.

Pohl-Patalong, Uta (2003): Ortsgemeinde und übergemeindliche Arbeit im Konflikt. Göttingen.

V. Kompetenzen im Diakonat – Positionierungen für das soziale Handeln der Kirche

Annette Noller

Diakonat und Seelsorge

Zur Rekonstruktion seelsorgerlichen Handelns von Diakoninnen und Diakonen

> „Sprache ist mehr als Wort"[1]

> „… das Unausgesprochene soll Platz kriegen, weil im Unausgesprochenen
> sich in der Regel die Not zeigt, … dass ich den Raum einräume und …
> dieses Unausgesprochene anspreche, darin ereignet sich Seelsorge."[2]

Einführung

Die Evaluation des Projektes „Diakonat – neu gedacht, neu gelebt" befasst sich mit dem professionellen diakonischen Handeln aus verschiedenen Forschungsperspektiven. Unter anderem wurde nach der diakonisch-seelsorgerlichen Praxis gefragt: „Wie strukturieren Diakone und Diakoninnen ihr seelsorgerliches Handeln?" und: „Wo hat Seelsorge in der diakonischen Praxis ihren Ort?"

Themen diakonischer Seelsorge werden in der theologischen Literatur wiederholt angesprochen.[3] Sie bewegen sich in der Regel auf der Ebene einer konzeptionellen theologischen Ausarbeitung der relevanten Fragestellungen. Die diakonische Seelsorge wird als eine Ergänzung bzw. Erweiterung der pastoralpsychologischen Seelsorgekonzeptionen gesehen. Diakonische Seelsorge nimmt nach Auffassung ihrer Vertreter/-innen die sozialen Dimensionen seelsorgerlichen

---

[1]   Aus der Gruppendiskussion Seelsorge.
[2]   Aus der Gruppendiskussion Seelsorge.
[3]   Vgl. Luther 1988; Pohl-Patalong 1996; Götzelmann/Drescher-Pfeiffer/Schwartz 2006; Nauer [2]2010: S. 202–223. Weitere Literatur bei Nauer 2001: S. 262–280.

Handelns in den Blick. Jürgen Ziemer konstatierte bereits im Jahr 2000: „Es wird künftig mehr *Aufmerksamkeit für die gesellschaftlichen, politischen und ökonomischen Kontexte* notwendig sein. Nicht nur die Persönlichkeitsfaktoren, sondern auch die soziale Situation eines Menschen muss als Teil des Bedingungsgefüges begriffen werden, das individuelle Leiden und persönliche Problemlagen verursacht."[4]

In der Seelsorgeliteratur wird die diakonische Seelsorge aus einer diakonischen Theologie heraus begründet, die die Versöhnung der Verschiedenen[5] zum Inhalt hat und das diakonische Handeln als „Expertenschaft in Sachen Ausgrenzung und ihrer Überwindung"[6] sieht. Das theologische Profil der diakonischen Seelsorge wird mit Ansätzen der biblischen Diakonie und Prophetie beschrieben. Die politischen Theologien mit ihren anwaltschaftlichen und kontextualisierenden Ethikkonzepten werden zur Begründung angeführt. Auch ein diakonisch-missionarischer Fokus begegnet, der die Ermöglichung von Teilhabe in der Kommunikation des Evangeliums als existenzielle Tiefendimension diakonischer Seelsorge beschreibt.[7]

Mit den Veröffentlichungen von Henning Luther, der den Terminus „diakonische Seelsorge" 1988 aufgriff und prägte, von Uta Pohl-Patalong, Arnd Götzelmann und Doris Nauer ist die diakonische Dimension der Seelsorge als eigenständiges Thema im seelsorgerlichen Diskurs präsent. Die praktische seelsorgerliche Arbeit von Diakoninnen und Diakonen, den „Spezialisten des Ausgleichs von Ungleichheit"[8] ist dagegen noch nicht in den Fokus der Forschung gerückt. Empirische Zugänge zum Thema „Seelsorge" sind selten, sieht man einmal ab von der Verwendung von Verbatims in der pastoralpsychologischen Ausbildungspraxis von Pfarrerinnen und Pfarrern und in der poimenischen Forschung.[9]

Mit der Befragung der Projektstelleninhaber/-innen wurde der Versuch unternommen, Daten zum seelsorgerlichen Handeln zu gewinnen, die die diakonische Praxis aus der Perspektive der Handelnden reflektieren. Dazu wurden verschiedene Instrumente der Erhebung von Daten angewandt: Mit sieben Diakonen und Diakoninnen wurde in der zweiten Hälfte des Projekts eine Gruppendiskussion durchgeführt. Die Diskussion wurde als „ermittelnde Gruppendiskussion"[10]

---

[4]   Ziemer 2000: S. 106.

[5]   Vgl. dazu Bach 1991 und Bach 2006.

[6]   Schibilsky 1991: S. 7, zitiert bei: Nauer 2001: S. 266.

[7]   Vgl. Haslinger 2009; vgl. zum gesamten Zusammenhang Nauer 2001: S. 262–280; Nauer ²2010: S. 202–223.

[8]   Zippert 2008: S. 54.

[9]   Vgl. zur pastoralpsychologischen Ausbildungspraxis Piper ³1980; zur Forschung auf der Basis von Verbatims vgl. z.B. Engelke 1980.

[10] Lamnek ⁴2005: S. 416. In der sozialwissenschaftlichen Forschung wird diese Form der Befragung auch „Gruppenbefragung" genannt und damit von der „Gruppendiskussion" in der Tradition Karl Mannheims und zuletzt Ralf Bohnsacks unterschieden, die in anderen Bereichen der Evaluations- und Begleitforschung in diesem Projekt genutzt wurde. Die Gruppendiskussion wurde von Thomas Fliege und Annette Noller durchgeführt.

angelegt mit dem Ziel, „Meinungen und Einstellungen der Teilnehmer in der Gruppensituation"[11] zu erheben. In der ermittelnden Gruppendiskussion werden nach Siegfried Lamnek nicht nur subjektive Meinungen und Einstellungen sichtbar, sondern auch Erfahrungen und Einstellungen, die von der Gruppe geteilt werden und die als Aktualisierungen von allgemeinen, öffentlichen bzw. kollektiv geteilten Meinungen bzw. als „den Meinungen und Einstellungen zugrunde liegenden Bewusstseinsstrukturen" zu werten sind.[12] Gruppendiskussionen unterliegen nach Ansicht der Sozialforschung zwar einer situativen Konnotation, sie sind nicht beliebig reproduzierbar, dennoch wird davon ausgegangen, dass in den signifikanten Gesprächspassagen nicht nur spontane und zufällige Interaktionen und Meinungen zur Sprache kommen, sondern vielmehr kollektiv geteiltes Orientierungswissen mitgeteilt wird, das in einem Strukturzusammenhang mit dem verinnerlichten Habitus des sozialen Kontextes der Gesprächsteilnehmenden steht. Die Gruppendiskussion lässt bei aller Varianz und „Situationsspezifität"[13] nach Ansicht der Sozialforschung dennoch kollektive „zugrunde liegende Bewusstseinsstrukturen" erkennen.[14] Darüber hinaus wurden in der Auswertung der ermittelnden Gruppendiskussionen auch fokussierende Textpassagen identifiziert, in denen nach Ansicht der Auswertenden[15] verallgemeinerbare Sinnstrukturen erhoben werden konnten. Ralf Bohnsack spricht in der Interpretation einer Gruppendiskussion mit Jugendlichen von einer „Rekonstruktion von […] kollektiven Lebensorientierungen"[16]. Michael Meuser beschreibt im Anschluss an die wissenssoziologische Tradition (Karl Mannheim u.a.) eine „habituelle Übereinstimmung" verschiedener Akteure/Akteurinnen, die einen „objektiv-geistigen Strukturzusammenhang" erkennen lässt. Diese Inkorporierungen von Strukturen im sozialen Feld werden von Meuser als kollektive, objektiv verallgemeinerbare Sinnstrukturen verstanden. Sie lassen sich in den individuellen Äußerungen rekonstruieren und finden sich subjektiv formuliert, insbesondere in den „fokussierenden" Textpassagen wieder.[17]

Die Gruppendiskussion wurde in zwei Seminarsitzungen an der EH Ludwigsburg ausgewertet. Die Situation der Gruppendiskussion selbst, der traditionsreiche Ort des Interviews (Brüderhaus der Karlshöhe), die Dynamik der Gruppe und nicht zuletzt die Rolle und Personen der Gesprächsführenden waren in der Interpretation kritisch zu berücksichtigen.[18]

---

[11]   Lamnek [4]2005: S. 416.
[12]   Lamnek [4]2005: S. 416. Zur Auswertung von Gruppendiskussionen vgl. Lamnek [4]2005: S. 450–463.
[13]   Lamnek [4]2005: S. 416.
[14]   Lamnek [4]2005: S. 416 und 447.
[15]   Die ermittelnde Gruppendiskussion wurde von Thomas Fliege und Annette Noller in mehreren Arbeitssitzungen ausgewertet.
[16]   Bohnsack 1991/[2]1993: S. 34.
[17]   Meuser [2]2007: S. 211; zu den Fokussierungsmetaphern vgl. Bohnsack 1991/[2]1993: S. 233 und Lamnek [4]2005: S. 455–457.
[18]   Zur Gesprächsführung vgl. Lamnek [4]2005: S. 442–450.

Über die Gruppendiskussion hinaus wurde die aus der Pastoralpsychologie bekannte Methode des Verbatims verwendet. Diakone und Diakoninnen, in deren Dienstaufträgen seelsorgerliche Aspekte verankert sind, wurden gebeten, je ein Verbatim (Gedächtnisprotokoll) aufgrund eines seelsorgerlichen Gespräches zu erstellen und zu kommentieren. Der Theologe und Pastoralpsychologe Michael Klessmann schreibt zur Verwendung von Verbatims in Ausbildungssituationen: „Durch die Arbeit mit Gesprächsprotokollen („Verbatim"), Fallberichten und Tonbandmitschnitten wird eine seelsorgerliche Begegnung, vor allem das Verhalten des Seelsorgers/der Seelsorgerin, ansatzweise empirisch überprüfbar. Fehler werden identifizierbar, mögliche Veränderungen für die Zukunft können durchgesprochen und ausprobiert werden."[19] Verbatims geben die Erinnerung und Deutungen der Aufschreibenden wieder. Traugott Roser skizziert die Funktion von Verbatims folgendermaßen: „Das aus der Erinnerung protokollierte Gespräch soll kein Abbild der Realität sein, sondern dem Protokollanten ermöglichen, seiner eigenen Emotionen und ihres Widerhalls in seinen Verhaltensweisen bewusst zu werden, und damit die nicht-verbalen Gesprächsanteile zu Tage zu fördern."[20] Als Methode der Sichtbarmachung von Emotionen, Deutungen und unbewussten Orientierungsmustern, die dem professionellen Handeln zugrunde liegen, wird das Verbatim auch in der Forschung verwendet. Auch im Verbatim werden, wie in den Gruppendiskussionen, in subjektiv wiedergegebenen Gesprächspassagen ein „latenter Sinn"[21] interpretierbar. Wie die „fokussierten Passagen"[22] der Gruppendiskussion weisen auch die hier interpretierten Passagen der Verbatims eine hohe narrative und metaphorische Dichte auf, die auf die Bedeutung und Verallgemeinerbarkeit der Inhalte und zugrundeliegenden Haltungen hinweist.

Der Auswertung liegen sieben Verbatims von fünf Personen zugrunde. In der Interpretation wurden Gemeinsamkeiten und typische Merkmale diakonischer Seelsorge erkennbar. Drei Typen diakonischer Seelsorge konnten unterschieden und beschrieben werden.[23] Als Vergleichsmaterial wurden darüber hinaus Antworten inhaltsanalytisch gelesen,[24] die von Projektstelleninhabern/-inhaberinnen im Rahmen einer Schreibwerkstatt bei einem Studientag im Jahr 2012 anonym zu einer Frage nach der Seelsorge niedergeschrieben wurden. In einer so ge-

---

[19] Vgl. Klessmann 2004: S. 469; vgl. zur Verwendung von Verbatims und weiterer empirischer Methoden Roser 2007, S. 46–55.

[20] Roser 2007: S. 47.

[21] Bohnsack 1991/²1993: S. 76; vgl. Oevermann/Allert/Konau/Krambeck 1979: S. 354. Der Begriff „latent" wird hier im Sinne eines tiefer liegenden, zunächst nicht bewusst reflektierten Sinnkonstruktes verwendet. Dabei wird davon ausgegangen, dass dieser Sinn sich nicht nur den Forschenden erschließt, sondern auch von den Befragten selbst ins Bewusstsein gebracht und interpretiert werden kann.

[22] Bohnsack 1991/²1993: S. 233; zu den Fokussierungsmetaphern und Orientierungsmustern in der Interpretation vgl. auch Lamnek ⁴2005: S. 455–457.

[23] Zur Typenbildung vgl. Bohnsack ²2007. S. 225–255.

[24] Vgl. dazu Lamnek ⁴2005: S. 478–512; hier bes. S. 505–512.

nannten „Schreibwerkstatt" wurden die Diakoninnen und Diakone gebeten, auf neun schriftlich ausgearbeitete Leitfragen spontan und anonym während eines Projekttages in einer begrenzten Zeit von 45 Minuten zu antworten. Die handschriftlich oder direkt als Word-Dateien verfassten Antworten wurden dokumentiert. Die Auswertung erfolgte inhaltsanalytisch. Die Ergebnisse aus der Auswertung der Verbatims, der Schreibwerkstatt und der Gruppendiskussion wurden zuletzt in den Zusammenhang von Äußerungen in den Projektberichten gestellt und mit einzelnen Aussagen aus den Projektanträgen konfrontiert. Da auch das Expertenwissen und die Forschungs- bzw. Vorerfahrung der Auswertenden eine Rolle in der Strukturierung des Materials spielen, werden im Artikel kommentierend Ansätze aus der Seelsorgeliteratur eingefügt. In der Interpretation der erhobenen Daten wurden sechs signifikante Strukturzusammenhänge erkennbar, die im Folgenden dargestellt werden.

1. Orte und Settings der Seelsorge: Aspekte einer diakonischen Haltung

In der Auswertung des Datenmaterials wurde zunächst geprüft, welche Orte und Settings der Seelsorge genannt werden. Diesem Vorgehen liegt die aus der Seelsorge bekannte These zugrunde, dass ein Merkmal der Seelsorge darin besteht, dass sie sich in Alltagssituationen und in einer wenig abgegrenzten Zeit- und Raumstruktur ereignet.[25] Die Sichtung des Materials ergab folgendes Bild:

1.1 Seelsorge geschieht überall

Die Auswertung der Dokumente zur Seelsorge ergab ein übereinstimmendes Bild hinsichtlich der Orte und Settings diakonischer Seelsorge. Ohne Abweichungen äußern die befragten Diakone und Diakoninnen, dass Seelsorge nicht an vorgegebene Settings gebunden ist, sondern sich ohne zeitliche Vereinbarung, spontan und an beliebigen Orten, nicht nur im Gespräch mit Klienten/Klientinnen, sondern auch im Gespräch mit Kollegen/Kolleginnen, Mitarbeitenden oder Gemeindegliedern ereignen kann. Die erste Antwort in der Gruppendiskussion auf die Frage, wo sich im diakonischen Berufsalltag Seelsorge ereignet, lautet: „Dauernd, überall ..."[26].

Zahlreiche Orte und Situationen werden im verfügbaren Datenmaterial genannt, an denen sich Seelsorge ereignet: die Vesperkirche, das Gespräch am Bahnhof, der Hausbesuch im prekären Milieu, der Hausbesuch in Pflege- und Trauersituationen, der Besuch im Seniorenhaus, bei älteren und alleine lebenden Menschen. In der Schule, „zwischen Tür und Angel" im Messebetrieb oder auf

---

[25]   Vgl. Hauschildt 1996 und Hauschildt 1999: S. 8–17.
[26]   Zitat aus der Gruppendiskussion Seelsorge.

Stühlen an der Rolltreppe auf dem Messegelände, im Gemeindehaus oder im Café.

Das „Wo" wird andererseits auch im Sinne von Gesprächssituationen und -inhalten gedeutet: Seelsorge ereignet sich im Telefonat in Situationen der Trauer, im verständnisvollen und wertschätzenden Gespräch mit Diakoniebeauftragten, generell, *„wenn man sich um die Bedürfnisse der Seele kümmert"*[27] und dabei insbesondere im wertschätzenden Gespräch mit Jugendlichen, in einer Gesprächsrunde mit Jugendlichen, in der es um die Angst vor Arbeitslosigkeit geht oder im Gespräch mit einer zerstrittenen Mädchenclique.

Die von den befragten Diakonen/Diakoninnen genannten Gesprächspartner/-innen der Seelsorge sind ebenso vielfältig wie die möglichen Orte der Seelsorge. Nicht nur Klienten/Klientinnen, sondern auch Mitarbeiter, Kolleginnen und Ehrenamtliche werden von den Diakonen/Diakoninnen genannt. Auch mit diesen Personen ergibt sich das Gespräch spontan, *„ganz beiläufig, bloß in einer kurzen Begegnung"*[28], sie kann im Rahmen einer Mitarbeiterschulung Raum haben oder unter Kollegen/Kolleginnen und wiederkehrend: beim Kaffee. Auch die in sozialen Berufen üblichen Beratungssettings werden als Orte der Seelsorge genannt: Der Beratungstermin im Büro bzw. der Beratungsstelle.

Die Ortsungebundenheit, Situationsoffenheit und Zielgruppenvielfalt begegnet in großer Breite in dem hier ausgewerteten Datenmaterial. Seelsorge wird sichtbar als eine professionelle und persönliche Haltung, die in den verschiedensten Lebens- und Alltagssituationen *„abgerufen"* werden kann. Seelsorge ereignet sich, wie von Eberhard Hauschildt beschrieben, nicht nur als professionelles Beratungsgespräch im fest umrissenen Beratungssetting, sondern auch als „Alltagsseelsorge"[29].

1.2 Seelsorge ereignet sich im vertrauten Raum, insbesondere in Verbindung mit Essen und Trinken

Beim Vergleich der Äußerungen, insbesondere in der Gruppendiskussion und in den Verbatims wurde deutlich, dass sich diakonische Seelsorge nach Ansicht der Diakoninnen und Diakone bevorzugt im vertrauten Raum ereignet: im privaten, familiären Bereich, bei Hausbesuchen und in Alltagssituationen, in denen gemeinsam gegessen und getrunken wird. Diese Beobachtung wird durch das nachfolgende Zitat illustriert:[30]

---

[27]   Dieses und die folgenden Zitate stammen aus der Gruppendiskussion Seelsorge.
[28]   Aus der Gruppendiskussion Seelsorge.
[29]   Vgl. Hauschildt 1996 und Hauschildt 1999: S. 8–17; zum gesamten Zusammenhang Nauer 2001: S. 281–288.
[30]   In den hier zitierten Passagen aus den verwendeten Daten wurden Namen, Namenskürzel und das Geschlecht der Redenden bewusst verändert oder unkenntlich gemacht, um die Anonymität

> Diakonin: Weil Du mich direkt anguckst. Das Kaffeetrinken ist ja – sag mal –
>   auch ein Synonym dafür, wo wir sagen, ich hab Zeit und wir müssen
>   keinen Termin unbedingt ausmachen. Ich lad Dich einfach ein und
>   sag: Bei mir gibt's, wir haben Interesse an Dir und es gibt einen
>   Kaffee. Also und und und mit den Leuten im Gespräch und in
>   Kontakt zu sein, das ist wesentlich. Das ist aber auch unspektakulär.
>
> (Gruppendiskussion Seelsorge)

Die Gesprächssituationen im Haus bzw. beim Essen und Trinken werden von
den Diakoninnen und Diakonen im Blick auf ihre seelsorgerliche und theologische Bedeutung hin interpretiert. Ein typisches Strukturprinzip in wiederkehrenden Gesprächspassagen ist die Betonung der Gemeinschaft und der „Augenhöhe", die sich durch die familiäre Atmosphäre und das gemeinsame Essen und
Trinken ergibt, die Tischgemeinschaft wird metaphorisch im Anklang an biblischen Sprachgebrauch (Mk 14,12–26 par. und Apg 6,1–7) gedeutet, wie das folgende Zitat veranschaulicht:

> Diakonin: Ich find, das passt immer gut mit dem Diakonischen, mit der Tisch-
>   gemeinschaft, das wird so irgendwie runtergemacht, aber Tischge-
>   meinschaft ist ja Teilen, d.h. man tut sich auf Augenhöhe treffen da,
>   man sitzt da und man ist bereit füreinander, man öffnet sich einan-
>   der, ohne jetzt schon diesen Plan, Stücke zu haben. Jetzt kriegst Du
>   da Beratung wegen Deiner psychischen Probleme oder wegen Dei-
>   ner juristischen oder so. Man teilt das Stück dieses Lebens mit-
>   einander und dann ist halt das Symbol dafür die Kaffeetasse. Und im
>   Abendmahl ist es das Symbol des Traubensaftes und des Brotes.
>   Aber das ist kein Unterschied für mich.
>
> (Gruppendiskussion Seelsorge)

In dieser Äußerung wird eine symbolische Parallele zwischen *Tischgemeinschaft*
und Abendmahl gezogen, die auch an anderen Stellen in Verbatims so thematisiert wird. Es werden darüber hinaus auch noch drei weitere Bedeutungsebenen
des gemeinsamen Essens und Trinkens am persönlichen oder alltäglichen Ort
thematisiert, die wiederholt auch in der Gruppendiskussion, den Verbatims und
der Schreibwerkstatt genannt werden und die von Diakoninnen und Diakonen
als ein Wesensmerkmal der Seelsorge beschrieben werden. Seelsorge ist nach
dieser Auffassung *erstens* ein Geschehen auf *„Augenhöhe"*. Dies wird nach Auffassung der Projektstelleninhaber/-innen in der Situation außerhalb des Bera-

---

zu wahren. Aus demselben Grund werden die zitierten Diakone und Diakoninnen durchgehend
mit „Diakonin" wiedergegeben, auch dort, wo die redenden Personen Diakone waren.

tungssettings deutlicher als im Beratungssetting einer Beratungsstelle. Die Situation signalisiert *zweitens* die *Zugewandtheit bzw. das Offensein füreinander.* In diesem Gespräch auf Augenhöhe werden *drittens* nicht nur eine professionelle Beratung im Blick auf fachspezifische Fragen der Medizin oder des Sozialrechts erörtert, sondern auch ein Stück des *ganzen Lebens* geteilt und der Mensch ganzheitlich – auch in der Tiefe seiner seelischen Probleme – gesehen und beraten. Das wird auch in der folgenden, sich anschließenden Passage aus der Gruppendiskussion deutlich. Als typisch für die Seelsorge wird deren ganzheitlicher, existenzieller Zugang zu den Tiefendimensionen des Lebens geschildert. Darin wird zugleich die Frage nach dem „Proprium"[31] der diakonischen Seelsorge in Unterscheidung bzw. Ergänzung zum Setting der Sozialberatung thematisiert. Als Beispiel dafür kann die folgende Äußerung gelten:

> Diakonin: Ich würd sogar noch erweitern, also nicht nur auf die Kaffeetasse reduzieren, sondern ich erleb das so, bei uns im Haus ist ja auch die diakonische Beratungsstelle und wenn Menschen sich aufmachen mit einem Problem, das sie jetzt schon mal alleine erkannt haben, das ist schon ganz viel, also, dass sie ein Problem selber identifizieren und dann auch noch wissen, ich habe dort eine Anlaufstelle und sich dann auch noch aufmachen und dort hingehen und sagen und da kommt dann so ein ganz kleiner Ausschnitt von dem Leben, das die Menschen eigentlich haben. Also, da geht es eben nur um einen Hartz IV-Antrag oder eben nur um nicht bezahltes Erziehungsgeld oder Unterhalt und das ist dann eher eine Beratung. Wenn man jetzt aber diesen Gedanken von Wichern im Kopf hat für die Diakone, nämlich hinzugehen, da wo die Leute sind, in ihre Bereiche, in ihre Milieus, in ihre Wohnung, ganz wichtig, in ihre Wohnung, in ihre Familie, dann kommt man viel eher in die Situation der Seelsorge, weil man dann plötzlich das ganze Bild hat. Und auch ganz viele Schwingungen wahrnimmt zwischen den Beziehungen und plötzlich merkt, da knirscht es ja auch und da knirscht es noch viel toller und da ist vielleicht eine der Ursachen, warum die anderen Probleme im Gepäck kommen. Und dann nimmt man nämlich genau das wahr, was Du vorhin gesagt hast, diesen Leib und Seelsorge im Ganzen, den ganzen Menschen, einheitlich in den Blick zu nehmen. Dieses eine Problem, was die Beratung erfordert, ist plötzlich nur noch ein Nebenschauplatz. Also so erleb ich das oft, und was aber das ist, was wir in unseren Kirchen haben, ist genau das andere, nämlich diese Komm-Struktur, dass die Menschen sich aufmachen müssen und in einzelne Büros gehen müssen und dort einen Ausschnitt ihrer Problematik auf den Tisch legen müssen, und dann bleibt es eben in der Beratung stecken. Also da ist es ganz wenig Seelsorge. Wenn ich

---

[31]   Das Eigene bzw. Eigentliche (Proprium) der Seelsorge wurde in der Seelsorgeliteratur insbesondere im Kontext der Verwendung von psychologischen Methoden der Gesprächsführung vielfach diskutiert. Vgl. z.B. Ziemer 2000: S. 142–149.

> aber die Leute wirklich besuche, da wo sie sind, dann kommt Seel-
> sorge viel öfter und viel natürlicher und ganz automatisch, so wie bei
> Dir auch.
>
> (Gruppendiskussion Seelsorge)

In dieser Äußerung wird das diakonische Selbstverständnis der Seelsorge paradigmatisch deutlich. Es geht um *„das ganze Bild"*. Dabei ist der *ganze Mensch
gemeint in seinen seelischen und sozialen Bezügen.* Deshalb sind die Situationen
des Essens und Trinkens und die Beratung im familiären Umfeld (Kaffee, zu
Hause, Alltagsorte) von Bedeutung. In diesen Settings kann sich nach Aussage
der Diakone/Diakoninnen Seelsorge bevorzugt ereignen. Sichtbar wird in dieser
Äußerung eine Abgrenzung zur Beratungsmethode und zum institutionellen
Beratungssetting. In der Gegenüberstellung von Ganzheitlichkeit und Teilwahr-
nehmung wird ein Bild der umfassenden, das ganze spirituelle und materielle
Leben umfassenden Seelsorge gezeichnet.

2.   Diakonische Seelsorge – Sorge für Leib und Seele, oder:
      Es geht um *„das ganze Bild"*[32]

Die Äußerungen der Diakone und Diakoninnen weisen strukturelle Überein-
stimmungen auf, die auf ein kollektives Orientierungswissen der diakonischen
Professionellen schließen lässt. Die befragten Diakone und Diakoninnen sind
erstens der Meinung, dass Seelsorge in *existenziellen oder sozialen Krisen* ausgeübt wird. Gemäß der unterschiedlichen Handlungsfelder wird eine ganze Palette
von Beispielen genannt: in Situationen der Not, in prekären Lebenssituationen,
bei Erkrankung oder sozialen Risiken, bei Arbeitslosigkeit, Schuldenkrisen, psychischen und traumatischen Erkrankungen, in Suchterkrankung, Demenz, in
Situationen der Pflege, des Todes und der Trauer, bei Familien- und Eheproble-
men, in der Kindererziehung und in familiären Gewaltproblematiken, in Situationen der Migration oder bei jugendlichen Problemen in Cliquen und Beziehungen und in Trennungserfahrungen. Strukturell übereinstimmend wird Seelsorge – wie in der Seelsorgeliteratur auch – im Zusammenhang von persönlichen
Lebenskrisen gesehen.[33] Seelsorge ereignet sich also nach Ansicht der befragten
Diakone/Diakoninnen immer dann, wenn es um das Wohl der Seele geht, aber
insbesondere dann, wenn Krisen zu bewältigen sind und der Rahmen des alltäglichen Problemlösens verlassen wird. Dieses Merkmal wird deutlich in der negativen Abgrenzung in dieser Äußerung:

---

[32]   Zitiert aus der Gruppendiskussion Seelsorge.
[33]   Vgl. z.B. Ziemer 2000. Er definiert Seelsorge aus einer pastoralpsychologischen Perspektive als:
        „Realisierung einer helfenden Beziehung zwischen Menschen, die sich im Horizont des Glau-
        bens geschwisterlich verbunden wissen." Ziemer 2000: S. 15.

> Diakonin: [Bei] einem zweitägigen Berufsorientierungsseminar komme ich
> natürlich sehr tief in Gespräche über Interessen und Stärken, über
> Wünsche und Hemmnisse. Weit gefasst kommt jeder Teilnehmer
> mit einer seelsorgerlichen Frage (Kannst du mir bitte helfen, was ich
> später beruflich machen soll), jedoch würde ich dies nicht als eine
> seelsorgerliche Situation im Sinne der Fragestellung sehen.
>
> (Schreibwerkstatt 5)

Vergleicht man die Aussagen der Projektstelleninhaber/-innen in den vorliegenden Dokumenten, so wird als ein weiteres Strukturmerkmal der Seelsorge *zweitens* deutlich, dass in der Seelsorge nicht nur die soziale Not in den Blick genommen wird, sondern auch die *seelische Not* (Leib und Seele). Dieser Zusammenhang von Leib und Seele wird wiederkehrend anschaulich anhand von Fallbeispielen erzählt. Paradigmatisch kommt dieses Selbstverständnis in folgendem
Zitat aus der Schreibwerkstatt zum Ausdruck:

> Diakonin: Eine Frau kommt aus einer städtischen Beratung. Sie fühlte sich gut
> beraten. Sie kam anschließend zu mir mit einer speziellen Frage. Im
> Gespräch kamen wir an heikle zwischenmenschliche Erlebnisse. Sie
> sagt (für mich überraschend) mitten im Gespräch: Hier zeige ich
> sogar meine Scham und dass ich hoffnungslos bin, und Sie beraten
> es nicht weg.
>
> (Schreibwerkstatt 4)

Typisch für diese von der Diakonin/dem Diakon aus dem Gedächtnis zitierte
Gesprächspassage ist, dass in der seelischen Dimension nicht nur psychosoziale
Themen mitschwingen (Scham), sondern auch eine spirituelle Ebene, in dem das
Wort „Hoffnungslosigkeit" gewählt wird. Beide Ebenen des „Seelischen", die
psychosoziale und die spirituelle Ebene werden auch deutlich in der Erläuterung,
die diese Person direkt an die Darstellung des Besuches kommentierend anfügt:

> Diakonin: Seelsorgerlich sind Erfahrungen für mich dann, wenn Menschen
> sich vor allem auch in schwierigen Zusammenhängen ernst genom-
> men fühlen, wo es mir möglich wird tröstenden Raum zu bieten,
> ohne gleich auf Veränderungen hin zu beraten, wo ganz vorsichtig
> formulierbar wird: Leucht uns entgegen mit Deinem Licht, befreie
> unsre dustre Sicht, belebe unsere Welt mit deinen Farben. (Walter
> Jens)
>
> (Schreibwerkstatt 4)

Die soziale Dimension und die seelische Dimension werden in Aussagen von Diakonen/Diakoninnen *drittens* immer wieder voneinander getrennt und den Methoden Beratung und Seelsorge zugeordnet. *Dabei wird der Übergang vom fachspezifischen Beratungsgespräch zu existenziellen Fragen im Horizont religiöser Lebens- und Glaubensfragen als fließend beschrieben.* In zahlreichen zumeist mit Fallbeispielen angereicherten Beispielen in Verbatims und Gruppendiskussionen wird dieser Zusammenhang von den Diakoninnen und Diakonen beschrieben. Paradigmatisch kommt das in dieser aus der Gruppendiskussion entnommenen Äußerung zum Ausdruck:

Diakonin:	Also ich erlebe Beratung und Seelsorge als einen sehr fließenden Prozess. Das kann in einem Gespräch ganz schnell kippen und von der Beratung zur Seelsorge werden und wieder umgekehrt. Ich möchte es mal festmachen z.B. an der Warum-Frage. Also wenn Menschen in schlimmen Situationen mit mir sprechen, kommt ganz oft diese Warum-geht-es-mir-so-Frage auf den Tisch, und natürlich ist da ein ganz großes Feld, das man da mit den Menschen anschaut, dass da sowohl eigene Verhaltensweisen und Umstände und vielleicht fehlenden Informationen, das ist dann alles ein Feld der Beratung. Aber es kommt dann auch ganz schnell dann immer dieses: Bin ich vielleicht auch ausgeliefert? Also ich erleb das ganz oft im Gespräch mit Muslimen, die mich dann fragen: ‚Bin ich von Allah verflucht?‘ Das ist ein ganz spezielles Thema. Oder auch bei christlich geprägten Menschen, dass sie sagen: Warum straft mich Gott? Und dann kippt das sehr schnell in ein seelsorgliches Gespräch, und deshalb finde ich das sehr schwierig, das immer zu sagen, ab jetzt, ist das jetzt Beratung und ab jetzt ist es Seelsorge. Einen Menschen zu motivieren und zu sagen: Du musst einerseits in Deinem Verhalten viele Dinge neu anschauen, neu ändern, Mut fassen, [dann] ist es wieder Beratung. Wenn ich sage: Gott ist dabei und Gott hilft und Gott unterstützt, Gebet kann auch helfen, dann wird es wieder Seelsorge. Also ich erleb das als einen ständigen Fluss in dem Gespräch, auch ganz stark in dem Unterschied, wo ist ein Mensch in einer seelsorglichen Frage nach Gott oder wo ist es z.B. eine psychische Erkrankung?
(Gruppendiskussion Seelsorge)	

In dieser Äußerung wird der theologische Deutungshorizont bzw. Glaubenshintergrund des Diakons/der Diakonin in der seelsorglichen Dimension des Gesprächs sichtbar. Dieses Vorgehen, das seelsorgliche Gespräch theologisch zu deuten, begegnet in den Aussagen der befragten Diakoninnen und Diakone übereinstimmend und wiederholt vor allem in der Gruppendiskussion. Die theologische Deutungskompetenz wird in den hier ausgewerteten Daten als ein

Strukturmerkmal des kollektiv geteilten Orientierungswissens der diakonischen
Professionellen erkennbar, auch wenn die Art und Weise des Thematisierens
und Interpretierens differieren kann.[34]

3. Methodische Beobachtungen: Das „*Vordringen in die Tiefe*"
     der existenziellen Not „*bis zum ‚Du'*"[35]

In den verdichteten Textpassagen der ausgewerteten Dokumente wird eine von
den Diakonen/Diakoninnen gemeinsam geteilte bzw. unwidersprochen akzep-
tierte seelsorgerliche Haltung sichtbar: Dem seelsorgerlichen Gespräch liegt nach
dieser Auffassung eine Methodik und Haltung zugrunde, die darauf abzielt, in
die Tiefen der menschlichen Not vorzudringen bzw. von der Ebene der fachlichen Beratung auf eine emotionale bzw. psychodynamische Ebene zu wechseln,
in der die existenziellen Fragen des Lebens zur Sprache kommen können und
sich gegebenenfalls auch Glaubensfragen eröffnen. Paradigmatisch kommt diese
poimenische Grundhaltung in folgender Passage zur Sprache:

Diakonin:	Und dann erzählen sie und ich versuche einfach, das zu hören, was sie sagen und das zu hören, was sie nicht sagen (…) das nehme ich auf, nehme ich meistens sehr … ja, anerkennend, bestätigend auf, nehme es auf und sag: Ich weiß, dass es eigentlich nicht normal ist, darüber zu reden. Nehm' auch, versuche also auch die Hürde zu nehmen, dass man doch so über schwierige Sachen eigentlich gar nicht redet, eröffnet sich dann wirklich – da drinnen eröffnen sich dann Seelsorgegespräche. Auch sag, diese Ebenen, die dann vielleicht nur noch mit Schweigen möglich sind oder nur noch mit Weinen möglich sind, dann sage: Das ist in Ordnung. Dazu bin ich jetzt da. Wenn Sie jetzt heulen mögen, dann heulen Sie. Und dann sag ich auch nichts mehr, dann lass ich die Menschen einfach erst mal heulen, relativ zeiträumig, auch lang, muss da nichts dazu sagen. … Typisch ist für mich, dass ich einfach sage, das Unausgesprochene soll Platz kriegen, weil im Unausgesprochenen sich in der Regel die Not zeigt. Es ist nicht in der Regel, der [Erkrankte], weil er ins Bett pinkelt, sondern Not ist eigentlich noch mal darunter. Und der muss ich einen Raum geben, und das ist, dass ich den Raum einräume und unter Umständen auch, (…) dieses Unausgesprochene anspreche, da drin ereignet sich dann Seelsorge.

(Gruppendiskussion Seelsorge)

---

[34] Vgl. dazu auch Punkt 4 differenzierter.
[35] Zitat aus der Gruppendiskussion Seelsorge.

Wiederkehrend wird in der Gruppendiskussion in diesem Zusammenhang von verschiedenen „Ebenen" und „Dimensionen" gesprochen, auf die im Gespräch gewechselt wird, wobei die seelsorgerliche Ebene als die unter dem eigentlich geschilderten Problem liegende dargestellt wird, eine Methodik, die aus der klientenzentrierten Beratung nach Carl Rogers bekannt ist (diese wird innerhalb der Gruppendiskussion auch explizit benannt) und die in der Pastoralpsychologie seit den 70er Jahren in der Diakonenausbildung gelehrt wird.[36] Dieser fließende Wechsel auf die Ebene der existenziellen bzw. seelischen Not wird in der Gruppendiskussion auch beschrieben als „Vordringen" zum Eigentlichen bzw. zum „Du":

Diakonin:	Typisch dafür ist, dass eben Seelsorge wirklich bis hin zum intimen Bereich, bis zum wirklichen ‚Du' vordringt. Also, dass man nicht bei der Meinungs-, beim Informationsaustausch bleibt oder wo man eben Meinungen austauscht, sondern wo man weitergeht, wo man dann schon auch über Gefühle spricht, wie geht's einem wirklich und dass es aber auch wahrgenommen wird vom, na ja vom wirklichen, dass der Andere angenommen ist, dass er wirklich als Du erscheinen darf.
(Gruppendiskussion Seelsorge)	

Metaphorisch verdichtet erscheint in dieser Passage die Terminologie des Vordringens zum „Du". Signifikant ist der philosophisch-theologisch gefärbte bzw. geschulte Sprachduktus, der an die beiden jüdischen Philosophen Martin Buber (Vordringen zum „Du") und Emmanuel Levinas erinnert, die sowohl in der Pastoralpsychologie als auch in den Sozialwissenschaften rezipiert wurden.[37]

Betrachtet man die Textpassagen, in denen die Frage der verschiedenen Ebenen des seelsorgerlichen Gesprächs thematisiert werden, stellt man fest, dass die „Ebene darunter", die existenzielle Ebene des Gefühls und der seelischen Not, auch verborgen unter einer theologischen Frage, anklingen kann. In der folgenden Textpassage der Gruppendiskussion wird deutlich, dass das Ziel des seelsorgerlichen Vorgehens nicht primär das Glaubensgespräch an sich sein muss, sondern auch der Trost und die Zuwendung zum Mitmenschen in einer Krise sein kann. Im Gegenüber zur Seelsorgerin/zum Seelsorger kann die seelische Not und die Verzweiflung offen (im Glauben) ausgesprochen werden:

---

[36]   Einschlägig z.B.: Kroeger 1973/³1983; Stollberg 1970; zusammenfassend: Jochheim 1993: S. 221–237. Nauer 2001 widmet den therapeutischen und psychologischen Methoden in der Seelsorge ein ganzes, umfangreiches Kapitel unter der Überschrift „Seelsorgekonzepte mit theologisch-psychologischer Perspektivendominanz". Nauer 2001: S. 127–261.

[37]   Vgl. zur Rezeption z.B. Dörner 2000: S. 128–141.

Diakonin: Ich will es noch mal an einem Beispiel festmachen: Vor kurzem hat
              [eine Person] gesagt: Ich bete jetzt kein Vaterunser mehr. Dann sag
              ich: Ihnen hat es jetzt das Beten verschlagen? Ja, so kann man es
              sagen. Und dann war Ruhe und dann sag ich: Gell, trauen Sie es sich
              jetzt und sagen, (?) Sie haben einen riesigen Hass auf Gott. [Die]
              war, da war nur eine Ruhe, und ich dachte, jetzt hab ich mich zu sehr
              vorgewagt, und da hat [die Person] gesagt: Wie, dass Sie als Diako-
              nin das auch noch sagen. Ja, sag ich: Nur, wenn man es sagt, kann
              man sagen, so ist es, so macht's Hiob auch, lieber Gott – wie kannst
              Du auch, meine große Liebe! Also, und dann war das Gespräch er-
              öffnet. Aber es ist diese Ebene darunter, es ging nicht darum, dass
              [sie] kein Vaterunser betet, soll [sie] es bleiben lassen. Also, es geht
              darunter …

(Gruppendiskussion Seelsorge)

In diesen Passagen der Gruppendiskussion wie auch in der Wortwahl der Verbatims wird das seelsorgerliche Handeln semantisch einheitlich, wiederkehrend
mit Worten beschrieben, denen räumliche Vorstellungen zugrunde liegen: Das
Gespräch wechselt nicht nur „Ebenen", es „eröffnet vor allem Räume", „es öffnet
sich" und „Türen", „Dinge kommen auf den Tisch", man „dringt in die Tiefen
vor" und braucht wieder Zeit zum „Auftauchen". Das gemeinsame Orientierungswissen der Diakoninnen und Diakone wird in einer kollektiven Semantik
von sinnhaft-räumlich gedachten Tiefendimensionen beschrieben.

4.   Theologische Beobachtungen: Diakonische Ethik, Spiritualität und Theologie des seelsorgerlichen Handelns

4.1 Ethik

Die Projektstelleninhaber/-innen beschreiben in den hier ausgewerteten Dokumenten eine diakonisch-seelsorgerliche Haltung, die eingebettet ist in eine theologisch-diakonische Ethik. So ist z.B. die bereits angesprochene Vorstellung von
der „diakonischen Tischgemeinschaft"[38] eingebunden in ein ethisches Konzept
der *inklusiven Gemeinschaft und Gegenseitigkeit* im Gespräch. Wiederkehrend
finden sich Kommentare zu Verbatims, die verdeutlichen: „… beide sind immer
Gebende und Nehmende, ein mit(einander) Teilen"[39]. Zur Methodik und Ethik
des Gesprächs gehört die Vorstellung, dass die Atmosphäre des *Vertrauens* und
der *Zugewandtheit* die Qualität diakonischer Arbeit ausmacht.[40] Der „optimale

---

[38]   Zitat aus Verbatim 2.
[39]   Zitat aus Verbatim 2.
[40]   Zur ethischen Dimension der Seelsorge vgl. Nauer ²2010: S. 116–128.

solidarische Zugang zu den Menschen"[41] wird als methodischer und ethischer Vorzug hervorgehoben gegenüber anderen Beratungskonzepten, die nicht nur fördern, sondern auch fordern und kontrollieren und die nach Aussage der Diakone/Diakoninnen von den Klienten/Klientinnen als Missachtung oder entwürdigend empfunden werden. Demgegenüber zeichnet sich die Qualität diakonischer Seelsorge nach wiederkehrender Ansicht der Diakone/Diakoninnen dadurch aus, dass die Würde der Gesprächspartner/Gesprächspartnerinnen auch in prekären Lebenslagen und psychischen Desorientierungen gewahrt wird und die Ressourcen und Fähigkeiten von Klienten/Klientinnen gefördert und unterstützt werden.

Paradigmatisch kommt dieser Konnex zwischen christlicher Ethik der Menschenwürde, Tischgemeinschaft und Beratungsmethodik in einem Verbatim zum Ausdruck, das eine Gesprächssituation im familiären Kontext einer christlichen Familie mit Migrationshintergrund schildert. Bei der Mutter wird eine post-traumatische Belastungsstörung vermutet. Die Diakonin/der Diakon kommentiert die Gesprächsnotizen mit der Feststellung, dass es wichtig ist, ermutigend zu wirken während der Hausbesuche in der *„alten, heruntergekommenen Wohnung"*[42], in der die Familie in rechtlich ungesichertem Status lebt. Neben den grundlegenden sozialpädagogischen Hilfen, die die Diakonin/der Diakon unterstützend für die Familie initiiert (eine neue, hellere Wohnung wird gefunden, der Mann erhält eine Arbeitserlaubnis und eine Arbeitsstelle, einem Kind wird über eine Stiftung der Schullandheimaufenthalt ermöglicht etc.), schildert diese Person, wie sie die Mutter in ihrer Persönlichkeit wertschätzt, motiviert und unterstützt. Dabei spielen zwei Merkmale eine Rolle: das gemeinsame Essen und das Glaubensgespräch. Dies wird in folgendem Kommentar aus einem Verbatim deutlich:

Diakonin:	Ich nehme regelmäßig wahr, dass ich von Frau. E. zum Teetrinken und Essen eingeladen werde. Wenn sie die Gastgeberin ist, hellt sich ihr Gemüt auf, und sie fühlt sich in ihrem Element.
(Verbatim 3)	

Die Wertschätzung wird als fachliche Qualität des diakonisch-seelsorgerlichen Handelns beschrieben. Die Diakonin/der Diakon würdigt die kulturellen Kompetenzen aus dem Heimatland, will die Kompetenzen stärken und darin die Würde in prekären Lebenssituationen „sichern". Folgende Passage aus dem Verbatim verdeutlicht diese ethisch motivierte Zielsetzung:

---

[41]   Zitat aus Verbatim 2.
[42]   Zitat aus Verbatim 3.

Diakonin:	Es geht mir darum, sie in diesem Bereich auch positiv zu bestärken. Ich will ihr vermitteln, dass sie klug ist und mit anderen ihr Wissen und ihre Erfahrung teilen kann und so auch bereichernd für ihr Umfeld wird. Ich habe bei ihr deutlich das Gefühl, dass sie sehr darunter leidet, hier in Deutschland nur ‚ein geduldeter Ausländer zu sein‘, dem man nicht zutraut, seine Angelegenheiten selbst zu regeln. (…) [Im Heimatland] war die Familie über Generationen sehr angesehen und wohlhabend.

(Verbatim 3)

Auch das Glaubensgespräch dient in der diakonischen Seelsorge dazu, Menschen in prekären Situationen auf Augenhöhe und wertschätzend zu begegnen. Sie sind nach Auffassung der Befragten eingebettet in die diakonische Ethik der Gegenseitigkeit:

Diakonin:	[Person] E. teilt mir gerne ihre Glaubenserfahrungen mit. Auch da erlebt [sie] sich als Christin, die mit einer anderen Christin über den Glauben spricht. [Sie] ist in dieser Rolle nicht der Hilfeempfänger, der bei jeder Kleinigkeit beim Ausländeramt um Hilfe bitten muss. Ich erlebe [sie] in diesen Gesprächen als stark und auch ein bisschen stolz über [ihre] Erfahrungen und ihr Wissen. So teilte [sie] mir unter anderem auch einmal mit, dass [sie] in [ihrem Heimatland] Kinder in biblischer Lehre unterwiesen hat.

(Verbatim 3)

Die ethische und professionelle Qualität diakonischer Seelsorge wird von derselben Diakonin/demselben Diakon für die Forschergruppe in den Kommentaren zu ihrem Verbatim noch einmal verdeutlicht, indem dem ersten Verbatim ein zweites aus dieser Familie an die Seite gestellt wird. Es ist aus einer Phase einige Monate später. Auch in diesem Verbatim wird das Ineinander von sozialen Hilfen und seelsorgender Beziehung deutlich:

Person E:	Du bist wieder da. Das ist so gut …
Diakonin:	Ja, ich freue mich auch. Ich bin gespannt wie es geht. Was haben die Eltern gesagt zu der neuen Wohnung und der Bruder. Freuen sie sich mit Ihnen?
	[Person E bejaht das. Stolz zeigt sie mir alle neuen Errungenschaften, Gardinen, die aufgeräumte und geputzte Wohnung und voller Stolz die von mir angelegten ‚Wichtigkeitsordner‘ im Regal. Sie haben nun

> alle Papiere dort, wie geübt abgeheftet. Sofort beginnt Frau E. den Tisch mit allerlei Nahrungsmitteln aus ihrem Heimatland zu decken.]
>
> Person E: Ich habe nicht vergessen, dass ich und [mein Verwandter einen Abend in der Gemeinde] machen sollen. Wann ist es soweit. Ich kann gar nicht warten.
>
> (Verbatim 5)

Die Menschenwürde und der darin mitschwingende Anerkennungsdiskurs setzen sich auch im weiteren Verlauf des Verbatims fort. Die Mutter spendet der Diakonin/dem Diakon einen Geldbetrag, damit auch andere „traurige" Familien unterstützt werden können. In diesem Verbatim wird narrativ verdichtet die Qualität diakonischer Seelsorge verdeutlicht. Sie basiert auf den Methoden der Sozialen Arbeit (Teilhabe, Empowerment und Ressourcenorientierung). Das diakonische Handeln wird im Kontext eines christlichen Menschenbildes der Wertschätzung und Menschenwürde und des Glaubensgesprächs verortet. Das professionelle Handeln wird *theologisch gedeutet*. Die Diakonin/der Diakon deutet die erfolgreiche Entwicklung als Erhörung der Gebete und als Ausdruck der Gnade Gottes. Die Schilderung weist idealtypische Züge auf. Das Ineinander von biblisch ikonografischen Bildern (Tischgemeinschaft), sozial-professioneller Wahrnehmung (Arbeitssituation, soziale Hilfen für die Familie) und theologischer Deutung (Gnade Gottes) ist auch im folgenden Zitat aus dem Kommentarteil desselben Verbatims paradigmatisch greifbar:

> Diakonin: Alle sind mittlerweile an den Tisch gekommen. Es wird durcheinander geredet. Ich muss viel essen. Es wird viel gelacht. Der Vater erzählt von seiner Arbeit … Irgendwie empfinde ich es in diesem Moment ähnlich wie Person E. Es ist lichter und fröhlicher geworden in der Familie, und das hat sicherlich auch mit der Gnade Gottes zu tun.
>
> (Verbatim 5)

4.2 Die diakonisch-theologischen Grundannahmen

In den hier ausgewerteten Dokumenten wird deutlich, dass die wertschätzende, zugewandte und vertrauensvolle Begegnung von den befragten Diakoninnen und Diakonen als Voraussetzung der gelingenden Seelsorge betrachtet wird. Sie wird als Merkmal ihrer diakonischen Seelsorge interpretiert. Das Ziel dieser seelsorgerlichen Zuwendung zum Nächsten wird redundant und darin strukturell wiederkehrend auf der Grundlage von gemeinsamen, theologischen „Grundannahmen" theologisch begründet. Der Sprachduktus der theologisch deutenden

Beiträge ist häufig erzählend, wobei sowohl Fallbeispiele als auch biblische Geschichten eingeflochten werden. Die Semantik ist aber auch theologisch resümierend. Dabei lassen sich einige theologische Topoi identifizieren, die in den Verbatims und in den Selbstinterpretationen der Diakone/Diakoninnen in der Gruppendiskussion und anderen Dokumenten wiederkehrend herangezogen werden.

Als signifikante Theologumena begegnen z.B. folgende Aussagen: Das Ziel der Seelsorge ist es, die Klage in Hoffnung zu verwandeln[43], Hoffnungsperspektiven zu eröffnen, Menschen Mut zu machen, das Gefühl der *„Sicherheit und des Angenommenseins"*[44] zu vermitteln, das Miteinander in Konflikten zu stärken und Trost zu spenden. Seelsorge geschieht auf der Basis einer *„theologischen Grundannahme"*[45], auf Vertrauen, Zuwendung und Wertschätzung und darin auf der *„Gottebenbildlichkeit"*[46]. Wiederkehrend werden biblische Geschichten von Heilungswundern erwähnt, die Heilung der Seele wird als Metapher verwendet. Von Bedeutung für die Seelsorge ist der theologische Sprachraum der Gnade, Barmherzigkeit und Versöhnung. Gerade diese Barmherzigkeit und Versöhnungsbereitschaft wird als spezifisch christliche Glaubens- und Lebenshaltung wahrgenommen.[47] In den prekären, oftmals durch Konflikte gezeichneten Lebenssituationen wird die Barmherzigkeit und Versöhnungsbereitschaft als seelsorgerliches Leitziel entwickelt.

Die vergleichende Analyse signifikanter Textpassagen zeigt, dass die Diakone/Diakoninnen nicht nur ihr eigenes Handeln situationsbezogen und spontan theologisch deuten. Sie bringen ihre theologischen Kompetenzen auch im Gespräch mit den Klienten/Klientinnen ein: Ausgehend von deren konkreten Lebensfragen werden religiöse Symbole, häufiger noch biblische Geschichten oder christliche Glaubenserfahrungen von Hoffnung, Barmherzigkeit und Gottesliebe angesprochen, um die Klienten/Klientinnen in ihren jeweiligen Lebenssituationen zu motivieren, zu trösten und ihnen neue Lebens- und Glaubensperspektiven zu eröffnen.[48]

5. Das Wort Gottes: Die theologische Ebene im Seelsorgegespräch

Die Diakone/Diakoninnen, die ein Verbatim einreichten, wurden gebeten, zu begründen, warum sie gerade dieses Verbatim ausgewählt hatten. Von allen wird die Auswahl – unter anderem – damit begründet, dass in diesem Gespräch reli-

---

43   Vgl. dazu auch Benedict 2008: S. 134–139.
44   Zitat aus Verbatim 3.
45   Zitat aus der Gruppendiskussion Seelsorge.
46   Ebd.
47   Zu den interkulturellen Aspekten der Seelsorge vgl. Schneider-Harpprecht 2001; Federschmidt et al. 2002.
48   Zur theologischen Dimension der Seelsorge vgl. Nauer ²2010: S. 70–104.

giöse bzw. theologische Fragestellungen eine Rolle spielen: „Als Diakonin/Diakon bekomme ich im Unterschied zur Sozialarbeiterin/zum Sozialarbeiter die Erlaubnis, nach der seelisch-geistlichen Ebene zu fragen."[49] Dabei werden explizit auch die religiösen Spannungsfelder – auch im interreligiösen Gespräch mit Muslimen und Muslimas – genannt. Wie grundsätzlich die theologische Kompetenz das seelsorgerliche Handeln der Diakoninnen und Diakone prägt, wird auch deutlich in dieser Aussage aus einem Verbatim:

Diakonin: Ich setze mich der Not des Anderen ohne Vorbehalte aus und will präsent sein. Dann will ich jedoch die Horizonterweiterung in den Blick nehmen: Welche Hoffnung kann ich vermitteln, wie kann ich eine Einsicht verstärken, welche Perspektive kann aufgenommen werden. (Ziemer: Seelsorge) Ich sehe meine Aufgabe wie J. Scharfenberg: ‚Aufgabe des seelsorgerlichen Gespräches, eine individuelle Problematik des Gegenübers in einen größeren Zusammenhang des Verstehens zu stellen und zu interpretieren' ... Meistens sind es Fragen nach den Bindungen, nach Hoffnungen im Leben, die ich wachen Sinnes aufnehme. Selten habe ich eine biblische Geschichte auf der Zunge, oft aber die Frage nach dem Halt in der Tiefe oder die Aussage über mein Eingebundensein in den Glauben, der Berge versetzen kann.

(Verbatim 6)

Übereinstimmend werden die religiösen bzw. theologischen Dimensionen des Gesprächs als ein Wesensmerkmal der Seelsorge geschildert. Genauso übereinstimmend und unwidersprochen finden sich Aussagen darüber, dass der Glaube nicht zur Sprache kommen muss bzw. nur in angemessener Weise zur Sprache kommen soll. „Also manche Leute könnte man damit in die Flucht schlagen und das wäre schade ...", äußert eine Person in der Gruppendiskussion zum Thema Seelsorge paradigmatisch. Dennoch besteht nach übereinstimmender Auffassung die Qualität des seelsorgerlichen Gesprächs gerade darin, den Glauben und seine Glaubensaussagen über Leben, Sterben und Auferstehen, über Trost in der Trauer, Schuld und Versagen, über die Theodizee, über Heil und Heilung und über Hoffnung und Sinn des Lebens als eine Ressource zu nutzen und das Evangelium im Gespräch zu Wort kommen zu lassen. Über die Art und Weise, wie explizit oder implizit das Evangelium zur Sprache gebracht wird, lassen sich in den zugrunde liegenden Aussagen aber Unterschiede feststellen, die sich *drei verschiedenen Typen* zuordnen ließen.[50]

---

49   Zitat aus Verbatim 2.
50   Vgl. zur Typenbildung und doppelter diakonischer Kompetenz: Noller/Fliege 2013.

5.1 Das Glaubensgespräch im Seelsorgegespräch: Drei Typen

5.1.1 Typ 1: Die Liebe Gottes kann sich auch implizit, ohne Worte mitteilen – oder: Religiöse Toleranz und Zurückhaltung sind Ausdruck der diakonischen Fachlichkeit

Dieser Typus sieht die Bedeutung der Theologie darin, dass sie einerseits den Verstehens- und Deutungshorizont des Gesprächs aufspannt. Dieser muss aber andererseits nicht explizit genannt werden. Die Begegnung in der Tiefe der menschlichen Existenz geschieht im Zusammenhang der Glaubenshaltung der Diakonin/des Diakons. Die theologische Dimension wird nach Auffassung von Vertretern/Vertreterinnen dieses Typs im Gespräch nicht nur explizit sondern auch implizit erfahrbar. Religiöse Toleranz – und Zurückhaltung – ist nach Auffassung dieser Diakone/Diakoninnen fachlich und theologisch in der Seelsorge angemessen. Das wird auch in dieser Aussage deutlich:

> Diakonin: Und ich verlass mich manchmal drauf, dass er [Gott] da ist und sich zur Sprache bringt oder sie, je nachdem was Gott ist, auch ohne, dass ich sie zur Sprache bringe. Gibt es ein ganz schönes Beispiel: Nach acht Jahren Religionsunterricht bei schwer geistig Behinderten kam der Rektor in die Klasse und hat dann die Klasse gefragt: Sagt Euch [die Diakonin] auch was vom Lieben Gott? Worauf die sechs alle aus einem Mund: Nö, überhaupt nicht. (lacht) Dann sagt er: Und warum ist das dann Religion? Ja, da braucht [sie] nicht reden, das sieht man an [ihren] Augen. Der Liebe Gott ist immer in [ihren] Augen. Seitdem – denke ich – Gott bringt sich zur Sprache, auch wenn wir ihn nicht zur Sprache bringen. Das ist eine Frage unserer Haltung.
>
> (Gruppendiskussion Seelsorge)

Auch bei diesem Typus kann in Gesprächen eine biblische Geschichte einfließen als ein Paradigma, in dem eine strukturgleiche Lebenssituation wie die von dem Klient/der Klientin geschilderte erfahrbar wird. So wird z.B. die Heilung der zehn Aussätzigen (Lk 17,11–19) als Paradigma erzählt für die Undankbarkeit gegenüber Helfenden, die auch Jesus schon einmal widerfahren ist.

Diesem Typus lassen sich auch diejenigen Aussagen zuordnen, die eine Zurückhaltung gegenüber Glaubensinhalten signalisieren, aus Sorge, das Gegenüber damit zu überfordern. Dieser Typus zeigt eine Haltung, die dem Gegenüber signalisiert, dass andere Glaubenshaltungen und -überzeugungen grundsätzlich wertgeschätzt werden. Das wird deutlich in der Aussage dieser Person:

> Diakonin: Ich suche immer nach Begriffen, die für den anderen Menschen offen sind, also ich sage z.B. nicht von vorne herein ,Seele', weil ich

> hier schon die Richtung auf ein religiös geprägtes Selbstverständnis voraussetzen würde. Ich will aber eine Situation ermöglichen, in der mein Gegenüber seine eigene Beschreibung hineinsetzen kann in die Begriffe.
>
> (Verbatim 2)

Dieselbe Person betont in ihrem Kommentar zum Verbatim, dass sie von sich aus religiöse Themen nicht zielgerichtet anschneidet, sondern auf Impulse ihrer Gesprächspartner/-innen wartet:

> Diakonin: [Person] S. hat nun schon zum zweiten Mal gesagt, dass [sie] mit Kirche wenig zu tun hat und so denke ich, dass ich [sie] fragen kann, was [sie] so darüber denkt. Diesbezüglich warte ich immer, ob sich eine Gelegenheit ergibt, ich werde nicht selber aktiv. Ich möchte dabei ausdrücken, dass ich jede Haltung toleriere.
>
> (Verbatim 2)

5.1.2 Typ 2: Das gleichwertige Neben- und Ineinander existenzieller und theologischer Gesprächsinhalte ist Ausdruck diakonisch-seelsorgerlicher Fachlichkeit

Für Typ 2 stehen die existenziellen und die theologischen Gesprächsinhalte gleichermaßen nebeneinander. In zahlreichen Beispielen erzählen die Projektstelleninhaber/-innen, wie in konkreten Beratungssituationen von der psychosozialen Ebene des Gesprächs auf die theologische Ebene mit Glaubensinhalten oder ethischen Grundfragen gewechselt wird. Auf die Frage danach, wo sich Seelsorge im diakonischen Berufsalltag ereignet, antworten mehrere Diakone/Diakoninnen, die diesem Typus zuzurechnen sind, indem sie beide Ebenen, die existenzielle (Ratsuche und Lebensfragen) und die theologische (Glaubensfragen, Sinn- und Glaubenshorizont), als gleichwertig und ineinander verwoben nennen. Eine Antwort auf die Frage nach dem Ort der Seelsorge im diakonischen Alltag aus der Schreibwerkstatt kann dies verdeutlichen. Genannt werden gleichwertig: „Persönliche Glaubens- und Lebens-Fragen in Vertraulichkeit" neben „Ratsuche bei einem christlichen Fachmenschen seines Vertrauens" und „Suche nach Lebensorientierung und Glaubenshorizont".[51]

Das Ineinander bzw. der Wechsel der verschiedenen Ebenen, die im Gespräch explizit werden, kommt in verschiedenen, von den Diakoninnen und Diakonen

---

[51] Schreibwerkstatt 3, vgl. auch: Schreibwerkstatt 1 und Schreibwerkstatt 9.

geschilderten Gesprächssituationen zum Ausdruck. Exemplarisch dafür steht diese Äußerung aus der Gruppendiskussion:

Diakonin:	Und wir müssen uns auch dem, was wir haben, nämlich das Evangelium, die Gute Botschaft, nicht schämen. Es ist wirklich so, dass es ein Wort Gottes ist, auch ein heilendes Wort Gottes, und ich denke, das hat ganz elementar was mit Seelsorge zu tun, und ich erlebe in vielen Gesprächen, dass die Leute nicht erschrecken, wenn man darüber spricht, sondern sehr dankbar dafür sind und aufhorchen. Also ich hab ganz konkret ein Beispiel mit einer [Person in schwieriger Situation], die in ganz großer Not ist, mit drei Kindern, der ich einfach sagte: Gott erhört das Gebet der Verlassenen. Und dieses Wort tat [ihr] so gut und [sie] sagte: Wo steht denn das? Und ich hab gesagt: In der Bibel direkt. Und das war für [sie] so ein ganz wichtiger Hinweis, ach so was steht in der Bibel – nein, wirklich. Und ich musste [ihr] das aufschreiben auf eine Karte, dass das in der Bibel steht, das war für [sie] ein ganz wichtiger Hinweis. Also, einfach diesen Mut zu haben, dass wir uns als Christen nicht verstecken müssen mit unserem Wort Gottes.

(Gruppendiskussion Seelsorge)

5.1.3 Typ 3: Das Gespräch aktiv auf religiöse Inhalte zu lenken, ist Aufgabe des seelsorgerlichen Gesprächs – oder: die Chance eröffnen, dem Evangelium zu begegnen

Bei Vertretern/Vertreterinnen dieses Typus' zielt das Gespräch stärker auf die Vermittlung von Glaubensinhalten als bei den Diakonen/Diakoninnen des Typus' 1 und 2. Das Gespräch über den Glauben bzw. die Heilung der Seele durch Gott wird von Befragten dieses Typus' als das eigentliche Proprium des seelsorgerlichen Gesprächs beschrieben. Eine Person äußert, dass sie im Gespräch aktiv auf Glaubensinhalte hinsteuert, wobei die existenziellen Lebensfragen als Anknüpfungspunkt dazu dienen, das Glaubensgespräch zu eröffnen:

Diakonin:	Manchmal gelingt es sehr schnell, das Gespräch auf eine geistlich-theologische Ebene zu lenken, in dem ich oft die drei philosophischen Grundfragen aller Religionen stelle. Ich sollte für mein Leben wissen und geklärt haben: Wo komme ich her? – Warum lebe ich? – Und wo gehe ich hin?

(Verbatim 1)

Dieses Vorgehen wird auch im Folgenden erkennbar, in dem die Diakonin/der Diakon die Bedeutung der Psalmen im Gespräch anspricht und eine Bibel anbietet. Im folgenden Auszug aus einem Verbatim wird deutlich, dass nicht nur die biblische Botschaft, sondern auch das Geschenk der Bibel gezielt und als Ressource bzw. Unterstützung in Lebensfragen ins Gespräch eingebracht wird:

Person K:	Ich habe [Name] schon einmal angesprochen. [Er] hat auch eine Scheidungs-Kiste hinter sich und ist auch so beschissen dran wie ich. [Er] würde mir gefallen, aber [er] hat mir noch kein Signal zurückgegeben. Verzwingen kann man das nicht.
Diakonin:	Nein. Offensichtlich ist dafür die Zeit noch nicht reif.
Person K:	Aber, was kann ich tun? Ich möchte so gerne wieder einen [Menschen], denn wenn man so durchhängt und es einem so beschissen geht, wäre jemanden, an den man sich anlehnen kann, wenn man nach Hause kommt, sicherlich hilfreich
Diakonin:	Das kann ich verstehen. In der Bibel gibt es Psalmen, da schreien und weinen die Psalmbeter auch ihre Not zu Gott. Ob Ihnen ein Lesen oder Beten von Psalmen auch hilfreich sein könnte?
Person K:	Ich habe noch nie in der Bibel gelesen und habe auch keine Bibel.
Diakonin:	Wir haben z.Z. Biker-Bibeln in [Ortsname]. Ich hole Ihnen eine.
Person K:	Ob das mir hilft? Der da oben hat mich eh vergessen und das Glück hat mich verlassen.

(Verbatim 1)

Die Aussagen, die diesem Typus zuordenbar sind, betonen, dass der Sinn der Seelsorge darin besteht, Menschen zu Gott zu bringen. Erinnert wird dabei von einer Person in der Gruppendiskussion an die Erzählung von der Heilung eines Gelähmten (Mk 2,1–12 parr.):

Diakonin:	Wo diese vier Freunde den Gelähmten zu Jesus tragen und ihn durchs Dach lassen. Also, für mich ist eigentlich Seelsorge genau das: Wir nehmen Menschen mit auf den Weg zu Gott, der eigentlich alleine der ist, der wirklich Seelen gesund machen kann.

(Gruppendiskussion Seelsorge)[52]

---

[52] Diese Formulierung erinnert an den Sprachduktus der Seelsorge des Pietismus: Vgl. dazu z.B. Ising 1996: S. 119–136, hier z.B. 122–123.

Die befragten Diakone und Diakoninnen sind sich nicht einig darüber, wie explizit und unter welchen Bedingungen die Bibel und ihre Botschaft im seelsorgerlichen Gespräch eingebracht werden kann und soll. Uneinigkeit besteht darüber, worin ein fachlich angemessener Umgang mit dem eigenen Glauben besteht. Vertreter/-innen des Typ 3 haben hier eine deutlich pointierte Ansicht. Das Anliegen, das Evangelium in der Seelsorge explizit zu Gehör zu bringen, wird im folgenden Zitat aus der Gruppendiskussion thematisiert, wobei die Dringlichkeit des Anliegens m.E. in der Wortwahl „*Grundrecht*" zum Ausdruck gebracht wird:

> Diakonin: … glaube ich schon, dass da vielleicht trotzdem auch manchmal noch öfters ein Raum wäre, um noch ein Wort zu sagen und dass man sich zu oft bedeckt hielt, hält, aber ich will niemandem zu nahe treten, aber ich glaube, dass das vielleicht auch zum Grundrecht eines Menschen gehört, zumindest einmal auch das Evangelium auf eine gute Art und Weise gehört zu haben …
>
> (Gruppendiskussion Seelsorge)

Zusammenfassend kann man zur theologischen Dimension des seelsorgerlichen Gesprächs sagen, dass keine der von uns erhobenen Äußerungen einen missionierenden, primär auf Glaubenskonversion zielenden Ansatz erkennen lässt. Er wurde auch von keiner Person explizit ausgeschlossen. Die Zielrichtung der Aussagen liegt darin, die Seelsorge als ein ganzheitliches Geschehen zu strukturieren, in dem der ganze Mensch geheilt, unterstützt und getröstet wird. Diese Handlungsmaxime gilt auch im interreligiösen Gespräch mit Muslimen und Muslimas. Auch hier wird die christliche Grundhaltung typenspezifisch thematisiert, wobei bei allen Stelleninhabern/-inhaberinnen der eigene christliche Hintergrund offen in die Kommunikation mit den muslimischen Gesprächspartnern/-partnerinnen eingebracht wird.

Alle befragten Diakoninnen und Diakone verstehen ihr seelsorgerliches Handeln als eine Form der Kommunikation des Evangeliums in Wort und Tat. Die Aussagen differieren lediglich in der Frage, wie aktiv bzw. explizit das Evangelium zur Sprache gebracht wird. Eine strukturelle Gemeinsamkeit besteht darin, dass die biblische Botschaft kultur- und religionssensibel behandelt wird und dass sie als unterstützende Glaubens- und Lebensbotschaft in konkreten Lebens- und Sinnkrisen angesehen wird. Sie ist nach Ansicht der befragten Projektstelleninhaber/-innen ein wesentlicher Inhalt und eine grundlegende Ressource der seelsorgerlichen Kommunikation. Es geht im Seelsorgegespräch nach Ansicht der Befragten nicht darum, bestimmte biblische bzw. dogmatische Inhalte zu vermitteln. Die biblischen Erzählungen und Glaubensaussagen dienen vielmehr dazu, in konkrete Lebens- und Krisensituationen hinein zu wirken. Das biblische Thema wird von der Situation her gefunden und soll in die Situation hinein hilfreich, tröstend, unterstützend oder heilend wirken. Das gilt auch für das Gebet mit Klienten/Klientinnen, das als eine Möglichkeit der Krisenintervention in aussichtslos erscheinenden Situationen gesehen wird. Eine Person erzählt aus einem Gespräch folgenden Satz: *„Ich weiß jetzt auch nicht weiter, aber was ich noch kann ist, mit Ihnen oder für Sie beten."*[53]

5.2   Gottespräsenz und Gebet: Etwas ablegen können und selbst Trost finden

Der Glaube spielt in den hier analysierten Aussagen von Diakoninnen und Diakonen nicht nur eine Rolle im Gespräch mit den Klienten/Klientinnen, sondern er erweist sich auch als bedeutsame Ressource für die Stelleninhaberinnen und -inhaber selbst. Das persönliche Gebet und der Glaube helfen nach Aussage der befragten Diakone/Diakoninnen, die schwierigen Aufgaben zu bewältigen. Die Theologie bietet den Deutungshorizont, in dem das professionelle Handeln sich selbst interpretiert. Der Glaube hält für die unterschiedlichsten Beratungssituationen Orientierungswissen bereit.[54] Er eröffnet nach Aussage der Diakone/Diakoninnen Quellen, um auch in Durststrecken Ressourcen zu aktivieren. Dabei wird auch gefragt, wo die Grenzen der Belastung und Zuwendung zum Mitmensch liegen. Vertraut wird darauf, dass im diakonischen Handeln auch Gottes Handeln spürbar wird: *„das mach nicht ich ..."*[55], sagt eine Person in der Gruppendiskussion.

6.   Zur Qualität diakonischer Seelsorge

Die Qualität diakonischer Seelsorge besteht nach Auffassung der befragten Diakone und Diakoninnen in der professionellen Fähigkeit, theologische Kompetenzen mit vertiefender (pastoralpsychologischer) Beratungsmethodik und sozialberuflicher Fachlichkeit zu „kongruieren".[56] In diesem Miteinander der verschiedenen Kompetenzen, der sogenannten doppelten Kompetenz aus einerseits sozialberuflicher und andererseits theologischer Fachlichkeit, wird in den hier ausgewerteten Daten die besondere Qualität diakonischer Seelsorge sichtbar.[57] Die seelsorgliche Kompetenz unterstützt den Beratungsprozess, weil sie auch psycho-dynamische Prozesse und spirituelle Ressourcen in den Blick nimmt. In diesem seelsorgerlichen Handeln wird nach gemeinsamer Auffassung der Projektstelleninhaber/-innen die frohe Botschaft des Evangeliums in Wort

---

[53]   Zitat aus der Gruppendiskussion Seelsorge.
[54]   Zur Spiritualität als „Grundhaltung" bzw. konstituierenden Teilaspekt des professionellen Selbstkonzeptes von Diakoninnen und Diakonen vgl. Merz 2007: S. 260–273.
[55]   Zitat aus der Gruppendiskussion Seelsorge.
[56]   Vgl. Merz 2007: S. 71.
[57]   Vgl. zur doppelten Qualifikation Noller/Fliege 2013.

und Tat kommuniziert, indem Menschen in Lebenskrisen unterstützt und getröstet werden. Die Beobachtungen aus den Materialien zur Seelsorge korrespondieren darin mit bereits publizierten empirischen Forschungen zur diakonischen Professionalität. Das von Rainer Merz erhobene „professionelle Selbstkonzept"[58] von Diakoninnen und Diakonen beinhaltet als eine Dimension die theologisch-spirituelle Fachkompetenz.

Beispielhaft sei hier zum Schluss noch einmal ausführlich ein Beitrag einer Diakonin aus der Gruppendiskussion zitiert, der die seelsorgerliche Qualität der Beratung anhand eines Fallbeispiels metaphorisch verdichtet und erzählend verdeutlicht:

Diakonin:	Mich erinnern meine Seelsorgegespräche oft an den Witz von der Kuh Elsa. Ich weiß nicht, ob Sie den kennen. Die, die ihn kennen, die lachen jetzt. Ich kann es mal festmachen an einer konkreten Geschichte: Ich kam in eine Familie, weil man mir schilderte, dort sei ein Problem mit dem Grundschülerkind. [Dieses Kind] sei verhaltensauffällig und würde gern so eine pädagogische, fördernde Freizeit machen und ich solle doch helfen, diese Freizeit zu finanzieren. Und ich sagte dann, ob ich denn einen Hausbesuch machen könnte, dass wir uns dann über die näheren Sachen unterhalten könnten, und kam dann in diese Familie und erlebte zu allererst, dass [ein Elternteil] sich im Schlafzimmer versteckte. [Dieser] wollte mir gar nicht begegnen und überließ das [dem anderen Elternteil]. Wir haben dann auch uns erst mal in der Küche niedergesetzt zu einer Tasse Kaffee – ist auch immer ganz wichtig, dass sie was anbieten dürfen, und dann hab ich gefragt, weswegen denn das [Kind] so verhaltensauffällig ist. Und dann kam im Folgegepäck, kam dann raus, dass [das Geschwisterkind] mit vier eine ganz schwere Krebsform hat und deshalb eine Chemo brauchte und die ganze Familie mit dieser Situation komplett überfordert war. Das dauerte, das alles zu schildern, etwa eine Dreiviertelstunde, das war dann in etwa der Punkt, wo der [abwesende Elternteil] zum ersten Mal den Kopf in die Tür reinstreckte und […] dann zu mir sagte: Ich wollte mal gucken, ob Sie nett sind. Und [er] setzte sich dann dazu, und dann kam heraus, dass beide Eltern hochverschuldet waren, und dann kam heraus, dass beide Eltern im Hartz IV-Bezug waren, dass Hartz IV-Amt aber überhaupt kein Mehrbedarf anrechnen würde, wegen dem Kind, weil die Krebsform so selten ist, dass das nicht im Katalog steht. Und dann kam heraus, dass der TÜV von dem alten Auto abgelaufen war und sie deshalb nicht nach [Ortsname] in die Kinderklinik kommen konnten, um die Chemo zu machen. Und dann kam als nächstes heraus, dass der [eine Elternteil] fast blind war, weil [er] Grauen Star hatte und das Geld nicht für die OP und eine neue

---

58   Merz 2007. Das Zitat stammt aus dem Untertitel der Publikation.

Brille. Und dann kam heraus, dass das Ehepaar eigentlich bereits in
dritter Beziehung miteinander verheiratet war, und ganz zum
Schluss kam heraus, dass der [eine Elternteil dem anderen und dem
Kind, das] nicht von ihm war, die Schuld gab für die ganze Misere
und diesem Kind ständig sagte: ‚Du bist schuld, du bist nutzlos, du
bist böse, ich wünschte, du wärst nie geboren.' Das meine ich mit
dem Witz mit der Kuh Elsa, also es war nur ein ganz kleiner Ausschnitt, und das erlebe ich ganz oft in den Familien, wenn ich dann
wirklich ein Stück weit so stupfe, was ist denn nun jetzt los, dann ist
es plötzlich ein riesiger Ballon, und es wurde dann eigentlich auch
relativ schnell deutlich in dieser Familie, dass es ganz viel ging um
Schuld und Schuldzuweisung: ‚Du bist schuld, du bist schuld, du bist
schuld.' Und das eskalierte auch in Gewaltexzessen, und da wusste
ich, ich muss jetzt irgendwann von der Beratung – ich hab da ganz
viel initiiert für diese Familie, es ist da jetzt ganz viel am Laufen, aber
von der Seelsorge her das anzustupfen, zu sagen: ‚Es geht nicht nur
um Hilfe, es geht auch um dieses Erkennen, was mache ich denn
jetzt mit meiner Schuld?' Und dabei da beide gar keinen Bezug hatten zur Kirche, hab ich gefragt: Kennen Sie das Vaterunser? Und [ein
Elternteil] sagt: Ja, auf [Muttersprache]. Ich bin in [Geburtsland]
geboren. Und ich sagte: Da gibt es doch so ein Vers, der mit Schuld
zu tun hat. Und beide Eltern kramten in ihrem Gedächtnis und
holten das dann hoch. Und das war wiederum dann dieser, dieser,
dieser Schritt, in den nächsten Gesprächen dann mal wieder darauf
zurückzukommen, also, was macht das mit Ihnen? Jetzt kommen
solche Fragen, dass dann der [eine Elternteil] mich fragt: Dass es mir
jetzt so geht, so schlimm, [er] sieht sich als Opfer in der ganzen
Sache, liegt es daran, dass ich vorher schon [drei Ehegatten] im Stich
gelassen habe? Also, es ist so ein ganzer Bandwurm, der dahinter
herkommt, und so laufen sehr viele typische, wenn man dieses Typische festmachen möchte, seelsorgerliche Gespräche ab. Dass das oft
sich so aufräuffelt wie so ein Knäuel, was man langsam abwickelt,
und es ist sicherlich nicht nur mit einem Mal getan, aber wenn ich
mich jetzt nur auf die Beratung beschränken würde, sagen, sie haben
Anspruch auf Elterngeld, sie haben Anspruch auf 'ne Reha, ich helfe
ihnen beim Hartz IV-Amt, dann wäre dieser Familie trotz allem
nicht richtig geholfen, weil die Problematik immer noch ganz massiv
da wäre. Das ist so ein typisches Seelsorgegespräch.

(Gruppendiskussion Seelsorge)

7. Zusammenfassung

Übereinstimmende Merkmale eines professionellen, diakonisch-seelsorgerlichen Selbstkonzeptes lassen sich in folgenden fünf Punkten aus den hier erhobenen Daten rekonstruieren:

(1.) Diakonische Seelsorge ereignet sich ortsunabhängig, unabhängig von Situationen und Zielgruppen, spontan und auch ohne vorherige terminliche oder terminologisch (als Seelsorge gekennzeichnete) Vereinbarung. Sie ereignet sich bevorzugt im familiären, persönlichen Rahmen, in Situationen des Essens und Trinkens. Seelsorge wird erkennbar als generell abrufbare persönliche und professionelle Haltung der Diakoninnen und Diakone.

(2.) Seelsorge strebt an, den „ganzen Menschen" in seinen sozialen und existenziellen seelischen Krisen zu unterstützen (Leib und Seele). Dabei kommen – in Abgrenzung zur fachlichen Beratung – nicht nur fachspezifische Fragen, sondern auch emotionale, psychodynamische und spirituelle bzw. theologische Fragen und Ressourcen zur Sprache.

(3.) Methodisch wird in der Seelsorge ein Gesprächsverhalten praktiziert, das zu den emotionalen und spirituellen Ebenen, bzw. bis zum „Du" vordringen will.

(4.) Eine bedeutende Rolle für das seelsorgerliche Handeln spielen nach Aussage der Diakoninnen und Diakone die theologische Deutung und der persönliche Glaube.

a. Aus der christlichen Theologie und Ethik gewinnen die Diakone/Diakoninnen ihre theologischen Grundannahmen (z.B. Tischgemeinschaft, Gottebenbildlichkeit, Annahme, Wertschätzung, Barmherzigkeit, Versöhnung, Trost, Hoffnung, Heilung), die die Haltung und die Ziele des seelsorgerlichen Gesprächs motivieren und deuten.

b. Die Ermöglichung von Teilhabe steht im Zentrum des seelsorgerlichen Handelns. Sie wird als „Tischgemeinschaft" in einem biblischen Sinn gedeutet. Der Begriff Tischgemeinschaft steht synonym für eine diakonische Theologie der Inklusion und ein professionelles Selbstkonzept, das sich am letzten Mahl Jesu (Abendmahl) und am Auftrag des Diakonats nach Apostelgeschichte 6,1–7 orientiert.

c. Biblische Geschichten, Bibelworte und Glaubensaussagen werden im Gespräch mit Klienten/Klientinnen (kultursensibel) eingewoben, um den Prozess der Beratung/Seelsorge zu unterstützen und zu deuten.

d. In der Art und Weise, wie dies geschieht lassen sich drei verschiedene Typen identifizieren.

Typ 1: Die Liebe Gottes kann sich auch implizit, ohne Worte mitteilen – oder: Religiöse Toleranz und Zurückhaltung sind Ausdruck der diakonischen Fachlichkeit.

Typ 2: Das gleichwertige Neben- und Ineinander existenzieller und theologischer Gesprächsinhalte ist Ausdruck diakonisch-seelsorgerlicher Fachlichkeit.

Typ 3: Das Gespräch aktiv auf religiöse Inhalte zu lenken, ist Aufgabe des seelsorgerlichen Gesprächs – oder: die Chance eröffnen, dem Evangelium zu begegnen.

e. Der Glaube und das Gebet dienen den Diakoninnen und Diakonen als persönliche Ressource für die diakonische Arbeit. Dabei werden auch Fragen von Grenzerfahrungen und Überforderung (Nähe und Distanz/Burnout) thematisiert.

(5.) Die seelsorgerliche Dimension wird als Qualitätsmerkmal beschrieben, die eine ganzheitliche, wertschätzende, die Ressourcen des Glaubens integrierende Hilfe auf der Basis sozial- bzw. pflegewissenschaftlicher Fachlichkeit und Beratung ermöglicht und die zugleich als eine besondere Weise interpretiert wird, das Evangelium in Wort und Tat in der seelsorgerlichen Beziehung zu kommunizieren.

Literatur

Bach, Ulrich (1991): Getrenntes wird versöhnt. Wieder den Sozialrassismus in Theologie und Kirche. Neukirchen-Vluyn.

Bach, Ulrich (2006): Ohne die Schwächsten ist die Kirche nicht ganz. Bausteine einer Theologie nach Hadamar. Neukirchen-Vluyn.

Benedict, Hans-Jürgen (2008): Klagen, Hoffen, Zagen, Danken. Die religiöse Dimension in der professionellen Begegnungsarbeit des Diakons. In: Merz, Rainer/Schindler, Ulrich/Schmidt, Heinz (Hg.): Dienst und Profession. Diakoninnen und Diakone zwischen Anspruch und Wirklichkeit. Heidelberg. S. 134–139.

Bohnsack, Ralf (1991/²1993): Rekonstruktive Sozialforschung. Einführung in die Methodologie und Praxis qualitativer Forschung. Opladen.

Bohnsack, Ralf (²2007): Typenbildung, Generalisierung und komparative Analyse: Grundprinzipien der dokumentarischen Methode. In: Bohnsack, Ralf/Nentwig-Gesemann, Iris/Nohl, Arnd-Michael (Hg.): Die dokumentarische Methode und ihre Forschungspraxis. Grundlagen qualitativer Sozialforschung. Wiesbaden. S. 225–255.

Dörner, Klaus (2000): Leben als Fragment. Die Politik der Lebensführung vom Anderen her. In: Wege zum Menschen (WzM) 52. Jg. H. 3. S. 128–141.

Engelke, Ernst (1980): Sterbenskranke und Kirche. München/Mainz.

Federschmidt, Karl/Hauschildt, Eberhard/Schneider-Harpprecht, Christoph/Temme, Klaus/Weiß, Helmut (Hg.) (2002): Handbuch interkulturelle Seelsorge. Neukirchen-Vluyn.

Götzelmann, Arnd/Drescher-Pfeiffer, Karl-Heinz/Schwartz, Werner (Hg.) (2006): Diakonische Seelsorge im 21. Jahrhundert. Zur Bedeutung seelsorglicher Aufgaben für die diakonische Praxis. Heidelberg.

Haslinger, Herbert (2009): Diakonie. Grundzüge für die Soziale Arbeit der Kirche. Paderborn/München/Wien/Zürich.

Hauschildt, Eberhard (1996): Alltagsseelsorge. Eine sozio-linguistische Analyse des pastoralen Geburtstagsbesuchs. Göttingen.

Hauschildt, Eberhard (1999): Alltagssorge. Der Alltag der Seelsorge und die Seelsorge im Alltag. In: Pohl-Patalong, Uta/Muchinsky, Frank (Hg.): Seelsorge im Plural. Frankfurt a.M./Hamburg. S. 8–17.

Ising, Dieter (1996): Blumhardt, Johann Christoph. In: Möller, Christian (Hg.): Geschichte der Seelsorge in Einzelporträts. Bd. 3: Von Friedrich Schleiermacher bis Karl Rahner. Göttingen/Zürich. S. 119–136.

Jochheim, Martin (1993): Carl R. Rogers und die Seelsorge. In: Theologia Practica (ThPr) Jg. 28, H.3. S. 221–237.

Klessmann, Michael (2004): Pastoralpsychologie. Neukirchen-Vluyn.

Kroeger, Matthias (1973/³1983): Themenzentrierte Seelsorge. Über die Kombination Klientenzentrierter und Themenzentrierter Arbeit nach Carl R. Rogers und Ruth C. Cohn in der Theologie. Stuttgart.

Lamnek, Siegfried (⁴2005): Qualitative Sozialforschung. Lehrbuch. Weinheim/Basel.

Luther, Henning (1988): Diakonische Seelsorge. In: Wege zum Menschen (WzM) 40. Jg., H.2. S. 475–484.

Merz, Rainer (2007): Diakonische Professionalität. Zur wissenschaftlichen Rekonstruktion des beruflichen Selbstkonzeptes von Diakoninnen und Diakonen. Heidelberg.

Meuser, Michael (²2007): Repräsentation sozialer Strukturen im Wissen. Dokumentarische Methode und Habitusrekonstruktion. In: Bohnsack, Ralf/Nentwig-Gesemann, Iris/Nohl, Arnd-Michael (Hg.): Die dokumentarische Methode und ihre Forschungspraxis. Grundlagen qualitativer Sozialforschung. Wiesbaden. S. 209–224.

Nauer, Doris (2001): Seelsorgekonzepte im Widerstreit. Ein Kompendium (Praktische Theologie heute Bd. 55). Stuttgart/Berlin/Köln.

Nauer, Doris (²2010): Seelsorge. Sorge um die Seele. Stuttgart.

Noller, Annette/Fliege, Thomas (2013): Diakonat und doppelte Qualifikation – Drei Typen diakonischen Handelns. Ein Werkstattbericht. In: Noller, Annette/Eidt, Ellen/Schmidt, Heinz (Hg.): Diakonat – theologische und sozialwissenschaftliche Perspektiven auf ein kirchliches Amt. Stuttgart. S. 179–195.

Oevermann, Ulrich/Allert, Tilman/Kronau, Elisabeth/Krambeck, Jürgen (1979): Die Methodologie einer „objektiven Hermeneutik" und ihre allgemeine forschungslogische Bedeutung in den Sozialwissenschaften. In: Soeffner, Hans-Georg (Hg.): Interpretative Verfahren in den Sozial- und Textwissenschaften. Stuttgart. S. 352–434.

Piper, Hans-Christoph (³1980): Gesprächsanalysen. Göttingen.

Pohl-Patalong, Uta (1996): Seelsorge zwischen Individuum und Gesellschaft. Ansätze zu einer Neukonzeption der Seelsorgetheorie. Stuttgart/Berlin/Köln.

Roser, Traugott (2007): Spiritual Care. Ethische, organisationale und spirituelle Aspekte der Krankenhausseelsorge. Stuttgart.

Schibilsky, Michael (1991): Dialogische Diakonie. In: Schibilsky, Michael (Hg.): Kursbuch Diakonie. Neukirchen-Vluyn. S. 5–24.

Schneider-Harpprecht, Christoph (2001): Interkulturelle Seelsorge. Göttingen.

Stollberg, Dietrich (1970): Seelsorge praktisch. Göttingen.

Winkler, Klaus (1997): Seelsorge. Berlin/New York.

Ziemer, Jürgen (2000): Seelsorgelehre. Eine Einführung für Studium und Praxis. Stuttgart.

Zippert, Thomas (2008): Das Diakonenamt in einer Kirche wachsender Ungleichheit – Neubegründung seiner „Normalität" neben Pfarr- und Lehramt. In: Merz, Rainer/Schindler, Ulrich/Schmidt, Heinz (Hg.): Dienst und Profession. Diakoninnen und Diakone zwischen Anspruch und Wirklichkeit. Heidelberg. S. 46–69.

Annette Noller

Diakonat und theologische Kompetenz

1. Theologische Kompetenz und doppelte Qualifikation

Diakonisches Handeln erfordert theologische Kompetenzen. Ausgehend von dieser These wurden im Projekt „Diakonat – neu gedacht, neu gelebt" Querschnittfragen gestellt, die die homiletischen, seelsorgerlichen[1] und ethischen Wissens- und Handlungslogiken der Projektstelleninhaber/-innen in den Blick nahmen. Die in der Ausbildung zum Diakon/zur Diakonin mittlerweile weitgehend standardisierte[2] doppelte fachliche Qualifikation geht davon aus, dass neben einer ersten sozialwissenschaftlichen, pflegewissenschaftlichen bzw. (früh-) pädagogischen Kompetenz für das professionelle, diakonische Handeln auch eine zweite Qualifikation im Bereich der theologischen bzw. religionspädagogischen Kompetenzen grundlegend ist. Die doppelte Qualifikation gilt als Profilmerkmal gemeindepädagogischer und diakonischer Professionalität.[3] Sie bildet sich ab in den Curricula der Studien- und Ausbildungsgänge zum Diakonat.[4] Ein Teilaspekt in der Evaluation des Projekts „Diakonat – neu gedacht, neu gelebt" widmet sich deshalb der Frage, ob und gegebenenfalls wie theologische Kompetenzen im diakonischen Handeln zu identifizieren sind und welche Bedeutung den theologischen Kenntnissen, Haltungen und Fertigkeiten von den Diakoninnen und Diakonen selbst zugemessen wird.

Um diesen Fragenkomplex zu betrachten, wurden einerseits Daten zur seelsorgerlichen Kompetenz ausgewertet.[5] Es wurden darüber hinaus andererseits Dokumente und Daten zum Thema „Diakonat und Verkündigung", zu „ethischen Aspekten des Diakonats" und zu den „theologisch-diakonischen Professions- und Amtskonzepten" analysiert. Dazu wurden die Projektstelleninhaber/-innen schriftlich anhand von Leitfragen in der Form eines Projekttagebuches

---

[1] Vgl. dazu die Ergebnisse und Beobachtungen: Noller (Diakonat und Seelsorge) in diesem Band.

[2] Vgl. dazu die noch nicht veröffentlichte Umfrage zu den Ausbildungsgängen mit diakonischen und gemeindepädagogischen Berufsprofilen in der EKD.

[3] Vgl. dazu die Kompetenzmatrix der Konferenz der Ausbildungsleiter/-innen (KAL) des Verbandes Evangelischer Diakoninnen-, Diakonen- und Diakonatsgemeinschaften in Deutschland e.V. (VEDD 2004) und die Kompetenzmatrix des Arbeitskreises Gemeindepädagogik (Pieroth 2012).

[4] Zur Ausbildungsentwicklung vgl. Götz 2008: S. 184–199. Zur doppelten Qualifikation: VEDD 2004; Zippert 2008: S. 46–69; Noller/Fliege 2013: S. 179–195. Das Kirchenamt der EKD hat bereits 1996 die doppelte Qualifikation als Ausbildungsstandard für die diakonischen und gemeindepädagogischen Berufsgruppen vorgeschlagen: Kirchenamt der EKD 1996. Vgl. dazu auch Noller 2013: S. 42–84, hier: 72–74.

[5] Vgl. Noller (Diakonat und Seelsorge) in diesem Band.

befragt. Diese wurden in Zusammenarbeit mit Thomas Fliege in mehreren Sitzungen gesichtet und inhaltsanalytisch ausgewertet. In einer anonymen Schreibwerkstatt wurde an einem Projekttag nach dem Verhältnis von Diakonat und Verkündigung und nach dem diakonischen Selbstverständnis gefragt. Die Projektberichte der Projektstelleninhaber/-innen wurden in die Betrachtung mit einbezogen. Diese wurden nach Passagen durchgesehen, in denen die genannten theologischen Inhalte zur Sprache gebracht wurden. Zum Thema Verkündigung wurden sechs Gottesdienste aus verschiedenen Projektstellen anhand der Niederschriften ausgewertet. Die Projektstelleninhaber/-innen wurden gebeten, begleitend acht Leitfragen zu ihrer homiletisch-liturgischen Vorgehensweise zu beantworten. Gebeten wurde auch um protokollierte Kommentare von Teilnehmenden der Gottesdienste. Einer dieser dokumentierten und kommentierten Gottesdienste wurde in einer Gruppensitzung an einem Projekttag ausgewertet.

Der Auswahl und Analyse des Datenmaterials der folgenden Abschnitte liegt die Hypothese zugrunde, dass Diakoninnen und Diakone ihr diakonisches bzw. homiletisches Handeln in einer für ihre Profession spezifischen Weise gestalten.[6] Die verwendete Methode der Erhebung und Auswertung ist an „inhaltsanalytischen Techniken" orientiert.[7] In der Sozialforschung wird die Nähe zwischen der qualitativen Inhaltsanalyse und der theologischen Hermeneutik thematisiert und reflektiert.[8] Text- und Interviewpassagen wurden unter der Fragestellung ausgewertet, welche übereinstimmenden bzw. wiederkehrenden Einstellungen und Handlungslogiken der Diakone und Diakoninnen erkennbar werden. In einem explikativ angelegten Verfahren sollten neben den „manifesten Kommunikationsinhalten" auch „latente Kommunikationsinhalte" erhoben werden.[9]

In der Sozialforschung wird davon ausgegangen, dass auch in den spontanen, subjektiven, kommentierenden Passagen von Texten (hier: Kommentare zu den Gottesdiensten, Schreibwerkstatt, Projekttagebuch) und in den verdichteten Passagen der Gruppendiskussion ein tiefer liegendes, kollektiv geteiltes Wissen über ein gemeinsames professionelles Handlungskonzept kommuniziert wird.[10] Zur Analyse zweier ausgewählter Gottesdienste wurde im Sinne einer paradigmatischen Tiefenbohrung das aus der Homiletik stammende Instrument der Predigtanalyse rezipiert.[11]

Das Verstehen und Analysieren von Texten wird in der Theologie als Aufgabe der Hermeneutik gefasst. Um die theologischen Konstrukte im professionellen

---

[6]   Vgl. dazu Noller 2008: S. 92–94.

[7]   Lamnek [4]2005: S. 500. Zum gesamten Zusammenhang: S. 478–546.

[8]   Vgl. Lamnek [4]2005: S. 513–516.

[9]   Lamnek [4]2005: S. 501. Der Begriff „latent" wird hier nicht im Sinne eines nur den Forschenden bekannten Wissens verwendet, sondern im Sinne von kollektiv geteilten und in den Passagen erhebbaren Bedeutungs- und Inhaltsebenen, die das gemeinsame Professionsverständnis der Befragten erkennbar werden lassen.

[10]   Lamnek [4]2005: S. 431–433.

[11]   Vgl. dazu ausführlicher unter 2.2.

Handeln der Diakoninnen und Diakone darstellen zu können, wurden die relevanten Textpassagen im Zusammenhang einer theologischen Hermeneutik interpretiert. Sie gilt als Methode, um auf einer wissenschaftlich reflektierten Basis die sprachlich verfassten Inhalte und Sinnkonstrukte kollektiver religiöser Kommunikation zu erschließen. Hans-Georg Gadamer stellt für die philosophische und die theologische Hermeneutik übereinstimmend fest: „Das Verstehen ist selber nicht so sehr als eine Handlung der Subjektivität zu denken, sondern als ein Einrücken in ein Überlieferungsgeschehen, in dem sich Vergangenheit und Gegenwart beständig vermitteln."[12] Die theologische Hermeneutik als „Sprachlehre des Glaubens"[13] oder, mit Gerhard Ebeling gesprochen, als „Wortgeschehen"[14] geht davon aus, dass sowohl im Verstehen biblischer Texte als auch in der theologischen Reflexion auf der einen Seite historische und methodologische Distanz zu den biblischen Quellen und Glaubenstraditionen geschaffen wird. Auf der anderen Seite aber ist die hermeneutische Reflexion die Voraussetzung zur Rezeption und eigenständigen Wiedergabe des Wortes Gottes im Kontext der Verkündigung und insofern ein Akt wissenschaftlich reflektierender Aneignung von Glaubensaussagen mit dem Ziel der Kommunikation in den gemeindlichen und gemeinwesenorientierten Praxisfeldern. Befasst sich die qualitative Sozialforschung mit dem „latenten Sinn" bzw. der Tiefendimension[15] von Textpassagen im Sinne von unbewussten oder subjektiven Reformulierungen von kollektiv sich abbildenden sozialen Prozessen, so spannt die theologische Hermeneutik den Horizont des Verstehens noch weiter auf, indem sie den Sinn des Verstehens auf die religiöse Tradition der biblischen Überlieferung und die in ihr tradierten Wahrheitsmomente des Glaubens bzw. der Offenbarung bezieht.[16] Theologische Hermeneutik befasst sich mit dem wissenschaftlich reflektierten Verstehenszirkel zwischen individuellen Glaubenserfahrungen und biblisch-theologischen Glaubensaussagen. Sie intendiert die existenzielle theologische Kommunikation dieser Glaubensinhalte in den aktuellen biografischen und sozialen Kontexten.

---

[12]   Gadamer [6]1990: S. 295.
[13]   Fuchs [4]1970 zitiert bei: Stollberg 2005: S. 67, Anm. 8.
[14]   Ebeling [2]1962: S. 335.
[15]   Zur Unterscheidung des „latenten Sinns" nach Oevermann von weiteren Methoden der Erfassung von Tiefendimensionen vgl. Lamnek [4]2005: S. 211–219 und 220–229.
[16]   Vgl. dazu Cornelius-Bundschuh 2012: S. 77–96.

2.   Verkündigung und Diakonat

2.1 Grundlegende Beobachtungen zum diakonisch-homiletischen Selbstverständnis

Im Abgleich der Aussagen in der Schreibwerkstatt, den Projekttagebüchern und den Daten aus der Dokumentation und Analyse von Gottesdiensten konnten zunächst wiederkehrende Äußerungen der Projektstelleninhaber/-innen zu ihrem Verständnis von Verkündigung erhoben werden. Als ein gemeinsames, immer wiederkehrend geäußertes Selbstverständnis kann man zunächst zusammenfassen: Alle befragten Diakoninnen und Diakone des Projekts verstehen ihr diakonisches Handeln als eine Form der Verkündigung der Liebe Gottes in Wort und Tat, zu der sie durch die Berufung als Diakon/Diakonin beauftragt sind.[17]

Differenzierend stellt sich die Situation dann folgendermaßen dar: Verkündigung wird von den Projektstelleninhabern/-inhaberinnen einerseits weit gefasst als eine Kommunikation des Evangeliums, die nicht an traditionelle, homiletische und gemeindepädagogische Arbeitsfelder und Zielgruppen gebunden sein muss. Das diakonische Handeln als Zuwendung zu Menschen *an sich* ist nach dieser Auffassung Verkündigung. Projektstelleninhaber/-innen, die diese Ansicht vertreten, betonen dass „Verkündigung" über die gottesdienstliche Predigt hinaus breiter zu verstehen ist und dass das Zeugnis von der Liebe Gottes auch implizit – in der Begegnung mit Menschen in prekären Lebenslagen oder in der wertschätzenden Begegnung mit Zielgruppen, mit Jugendlichen, Kindern, Patientinnen und Patienten und deren Angehörigen – geschieht. Eine Diakonin[18] schreibt in der Schreibwerkstatt:

Diakonin:	In meinem Idealmodell mit dem einen Amt und den vielen Diensten wäre jeder, der dieses Amt hat Verkündiger/Kommunikator des Evangeliums und Mitbauer an der Gemeinde, aber eben jeweils in verschiedener Art … Die Diakone, indem sie auf Menschen zugehen und in Kontexten als Kirche aktiv sind (also eine Gehstruktur leben) …
(Schreibwerkstatt 2)	

Das Verhältnis von Verkündigung und Diakonat wird in einzelnen Textpassagen auch emotional als Kern der diakonischen Existenz beschrieben. Auf die Frage

---

[17]   Vgl. zur Berufung von Diakoninnen und Diakonen – auch zur Verkündigung in einem funktional ausdifferenzierten Verständnis July 2011: S. 45. Vgl. dazu auch: Noller/Fliege 2013.

[18]   Um die Anonymität der Projektstelleninhaber/-innen zu wahren wurde das Geschlecht der zitierten Diakone und Diakoninnen wahlweise verändert. Auch die Projektorte wurden ggf. verallgemeinert. Wegen des Bezugs zur homiletischen Situation wurde in den homiletischen Passagen darauf verzichtet, die Projekte zu anonymisieren.

nach dem Verhältnis von Diakonat und Verkündigung schreibt ein Diakon in der Schreibwerkstatt:

Diakon:	Das ist kein „Verhältnis", das ist eine Liebesbeziehung, eine Grundhaltung, es geht nur miteinander, ineinander. Wenn ich als Diakon/-in nicht mehr durchdrungen bin von der Botschaft, aus was heraus soll ich dann handeln?
(Schreibwerkstatt 6)	

Daneben begegnen in der Schreibwerkstatt wiederholt Aussagen von Projektstelleninhabern/-haberinnen, die explizit betonen, dass die Wortverkündigung zum diakonischen Auftrag gehört. Dabei wird ein *„weiterer Sinn"* der Verkündigung von einem engeren Sinn der *„Wortverkündigung"* abgegrenzt. Exemplarisch dafür steht diese Aussage:

Diakonin:	Für mich ist die Verkündigung somit ein zentraler Bestandteil meines Diakonseins. Wenn ich dann manchmal höre, dass nur Pfarrer verkündigen sollen dürfen, geht mir sprichwörtlich „das Messer in der Tasche auf". Natürlich ist auch die christliche Tat „Verkündigung" in einem weiteren Sinn. Zu meinem Berufsverständnis gehört aber auch explizit die Wortverkündigung.
(Schreibwerkstatt 5)	

Der breite Zugang zum Thema Verkündigung, der sich in den Äußerungen der Diakone und Diakoninnen spiegelt, findet sich auch in ihren Angaben zu vielfältigen homiletischen Tätigkeiten wieder. Das zugrunde liegende Datenmaterial wurde daraufhin befragt, welche Gottesdienst-, Andachts- und Verkündigungsformen von den Projektstelleninhabern/-inhaberinnen verwendet werden. Der Fokus der Suche war – entsprechend der Selbstdefinition der Diakone/Diakoninnen – nicht auf den Sonntagsgottesdienst reduziert, sondern breit angelegt.

Zunächst kann man festhalten, dass in allen Projekten bzw. von allen Projektstelleninhabern/-inhaberinnen in unterschiedlicher Weise Andachten, Bibelarbeiten oder Gottesdienste mit diversen Zielgruppen und in vielgestaltigen homiletischen Formen gehalten wurden. Es begegnen Jugendgottesdienste, Schulandachten, Kindergottesdienste, Vesperkirchen, Andachten mit ehrenamtlichen und hauptamtlichen Mitarbeitenden von sozialdiakonischen Projekten (Tafelläden, Kindertagesstätten), Andachten bei diakonischen Trägern (anlässlich der Woche für seelische Gesundheit) und in Pflegestationen oder Demenzgottesdienste in Gemeinden, bei Jugendevents und an Spielshowabenden. Es begegnen unter anderem Bibelarbeiten, Worte zur Nacht im Altenheim, Atem-

pausen auf dem Messegelände. Diakone und Diakoninnen hielten Gemeinde-
gottesdienste im Rahmen ihres Dienstauftrages. Wo der Dienstauftrag die Verkündigung nicht einschließt, haben Diakone und Diakoninnen des landeskirchlichen Projektes auch außerhalb ihres Dienstauftrages Aufgaben der Verkündigung (z.B. in Sonntagsgottesdiensten) oder der biblischen Erwachsenenbildung
(Alpha-Kurs) übernommen. Auch die Öffentlichkeitsarbeit wird als Ort der Verkündigung identifiziert.

2.2 Vertiefende Beobachtungen zur diakonisch-homiletischen Arbeit: Predigtanalytische Beobachtungen anhand von zwei Gottesdiensten

Um die homiletische Arbeit der Diakone/Diakoninnen genauer zu beleuchten,
wurden exemplarisch Predigten und Gottesdienste analysiert. Betrachtet man die
Literatur zur Predigtanalyse, so kann man feststellen, dass das Instrument „Predigtanalyse" zur Reflexion und Weiterentwicklung der praktischen Predigttätig-
keit, insbesondere im Studium der Theologie, verwendet wird.[19] Das gilt auch für
methodologisch breit gefächerte Zugänge zur Predigtanalyse, die Methoden der
Evaluationsforschung, psychotherapeutische und pastoralpsychologische Zugänge sowie semantische und sprachdidaktische Analysen in das Verfahren einbeziehen.[20] Die hier vorgestellte Analyse von Gottesdiensten intendiert eine Erhebung von Typiken und Merkmalen spezifisch diakonischer Verkündigungsarbeit.

Betrachtet man die Gottesdienste und Andachten, die von den Projektstellen-
inhabern/-inhaberinnen unter dieser Fragestellung zur Verfügung gestellt wurden, fällt zunächst auf, dass von den sieben Gottesdiensten nur zwei in einem
regulären Sonntagsgottesdienst zum Perikopentext gehalten wurden. Für diese
beiden Gottesdienste gilt, was für alle hier analysierten Gottesdienste festzustellen ist: Das Thema der Diakonie, die in der Liebe Gottes gründende Hinwendung
zu und Teilhabe von Menschen, ist der „Generalskopos" der diakonischen Verkündigung. Friedrich Bartels hat in seinen „Thesen zum Thema ‚diakonisch
predigen'" dieses Generalthema exemplarisch folgendermaßen gefasst: „Diakonisch predigen bedeutet, die Sorgen der Welt und die Nöte der Menschen an das
Ohr Gottes zu bringen und vom Altar her heilende Kräfte auszuteilen und mit-
zunehmen."[21]

Fünf diakonische Gottesdienste und Andachten sind thematisch orientiert
und spiegeln die diakonischen Kontexte wieder. Sie sind nicht primär an der
Liturgie und dem Kirchenjahreskreis der Parochialgemeinde ausgerichtet, sondern orientieren sich am diakonischen Anlass: Die Woche der seelischen Ge-

---

[19]   Exemplarisch: Bohren/Jörns 1989.
[20]   Vgl. Wöhrle 2006.
[21]   Bartels 2004: S. 195.

sundheit, die Vesperkirche, der Demenzgottesdienst, die Fußwaschung in Pfle-
geteams, die Atempause auf der Messe etc. Die Analyse dieser fünf Gottesdienste
zeigte ein gemeinsames homiletisches Vorgehen: Liturgie und Predigttext werden vom diakonischen Anlass her gewählt. Die frohe Botschaft, das Evangelium,
wird von der homiletischen Situation her bestimmt. Zu nennen sind hier
exemplarisch: die Gemeinschaft der Verschiedenen in der Vesperkirche, die
achtsame Zuwendung zu Demenzerkrankten und ihren Angehörigen, die Fußwaschung zum Thema „Ursprung und Mitte diakonischer Tätigkeit" in der
Pflege. Drei der sieben Gottesdienste wählen bereits in der Liturgie eine Form,
die das diakonische Element zeichenhaft erfahrbar macht: eine Fußwaschung,
eine Salbung der Hände und die Gemeinschaft von Personen aus diversen Milieus in einem Vesperkirchengottesdienst. Alle fünf exemplarisch analysierten
thematischen Gottesdienste sind dem Typus einer „situationsbezogenen Verkündigung"[22] zuzuordnen. Der diakonische Anlass bzw. die homiletisch-diakonische Situation ist der Ausgangspunkt und Bezugspunkt zur Gestaltung des
Gottesdienstes. Nicht zuerst der Perikopentext im Kirchenjahr und seine Verkündigung durch die Predigenden in die Situation der Gemeinde hinein steht im
Zentrum der Reflexion. Vielmehr werden Gottesdienst und Predigt von der diakonischen Situation ausgehend im Dialog mit der biblischen Tradition
gestaltet.[23]

Um die diakonisch-homiletische Verfahrensweise der Diakoninnen und Diakone konkreter wahrnehmen zu können, wurden zwei Gottesdienste vertieft
analysiert. Sie wurden ausgewählt, weil ihre homiletische Reflexion signifikant
auf diakonische Fragen und spezifische Zielgruppen hin ausgerichtet waren.
Einer dieser Gottesdienste wurde zudem in einem Gruppengespräch an einem
Projekttag analysiert. Die Beobachtungen aus dieser Auswertung liegen dieser
Darstellung zugrunde.

2.2.1   Demenzgottesdienst

Die Projektstelleninhaber/-innen wurden gebeten, ihre homiletische Arbeit zu
kommentieren. In dem hier ausgewerteten Gottesdienst für Demenzerkrankte
und ihre Angehörigen wird erkennbar, wie im Gottesdienst explizit und durch
implizite, sinnlich erfahrbare Zeichenhandlungen ein Generalskopos homiletisch
erarbeitet wird. Diesen kann man zusammenfassend charakterisieren als „Begegnung" in der diakonischen Gemeinschaft und als die „diakonische Achtsamkeit"
in der Kommunikation mit den Gottesdienstteilnehmenden. Zum Demenzgottesdienst schreibt die Diakonin in ihrem Kommentar:

---

[22]   Finger 2004: S. 197.
[23]   Zum zirkulären Vorgehen in der homiletischen Arbeit vgl. zuerst Lange 1982.

Diakonin:	[Es wurde] ein Konzept entwickelt, das Menschen einen Zugang zu einem Gottesdienst bietet, der wenig „Schwellen" hat. Denn innere und äußere Schwellen spielen eine Rolle: die Barrieren mit dem Rollstuhl, zuviel Sprache für den Menschen mit Demenz, zu lange Stillsitzzeiten … Ritual und Symbol verwenden wir achtsam, denn Vorsicht bei Doppelbödigem ist angebracht, z.B.: der Regenschirm als Symbol für den Schirm des Höchsten … ist nicht ganz einfach für Menschen, deren Denken eingeschränkt ist … die Kommunikation muss einfach, kurz und klar sein, Sprache auf den „Leib geschnitten", Frau K. Butting sprach auf dem Kirchentag in Dresden von dem oft völlig aus den Augen gekommenen „Leibgedächtnis". Musik, die altbekannte, langsame tröstliche Melodien enthält, ist eine wichtige Grundlage …

(Homiletische Reflexion 1)

Die Auswertung dieses Gottesdienstes für Demenzerkrankte und ihre Angehörigen machte deutlich: Die Salbung der Hände wurde von den Vorbereitenden bewusst als Zeichenhandlung gewählt, um die Inklusion der Kranken und ihrer Angehörigen und die leibhafte Erfahrbarkeit der Barmherzigkeit Gottes erfahrbar zu machen. In diesem Generalskopos, der sich durch Liturgie und Predigt des Gottesdienstes zieht, wird die diakonische Botschaft des Evangeliums homiletisch verdichtet.

Betrachtet man den hier ausgewerteten Gottesdienst vor dem Hintergrund der homiletischen Theoriebildung, dann wird deutlich: In der homiletischen Theorie steht in der Regel noch immer die text- und inhaltsorientierte Verkündigung des biblischen Textes im Vordergrund. Demgegenüber hat sich in den letzten Jahrzehnten durch Impulse der Rezeptionsästhetik und der Kommunikationstheorien die Erkenntnis durchgesetzt, dass der Prozess des Hörens und Verstehens nur teilweise durch Sachaussagen vollzogen wird und dass bei der Rezeption der Inhalte der Verkündigung nicht nur kognitive, sondern auch emotionale, kulturelle, soziale und gesundheitliche Präpositionen eine Rolle spielen.[24] Das Vorgehen des Diakons/der Diakonin und des vorbereitenden Teams knüpft an die fachlichen Kenntnisse der gesundheitlichen Situation der Gottesdienstteilnehmenden und der seelischen Situation ihrer Angehörigen an. Der Gottesdienst richtet sich an eine zahlenmäßig überschaubare, homogene Zielgruppengemeinde. Die überschaubare Größe der Gottesdienstgruppe gehört nach Aussage der Diakonin zum homiletischen Konzept. Liturgie, Predigt und Predigttext sind fachlich reflektiert auf die diakonische Situation hin abgestimmt. In den Kommentaren zum Gottesdienst verdeutlicht die Diakonin, dass bei der Vorbereitung des Gottesdienstes der bei dieser Zielgruppe zu erwartende Verstehenshorizont

---

[24] Vgl. dazu Stollberg 2005: S. 74–75. Er bezieht Erkenntnisse aus der Kommunikationstheorie auf den Dialog der Predigenden mit den Hörenden.

intensiv homiletisch reflektiert wurde. Das wird auch in der Rhetorik und Se-
miotik des Gottesdienstes deutlich: Sprache und Zeichenhandlungen sind an den
Demenzerkrankten und ihren Angehörigen ausgerichtet. Das Evangelium ist
nicht nur kognitiv, sondern vor allem auch leibhaftig konkret erfassbar. Der
diakonische Generalskopos wird in der kurzen Predigt in konkret verständlichen
Worten und auf wenige Aussagen konzentriert kommuniziert: Gott hält in Händen (Jes 49,16) und hilft die Lasten zu tragen. Der diakonische Leitgedanke, die
Kranken und ihre Angehörigen zu trösten und zu stärken, wird implizit in den
liturgischen Formen, in Zeichenhandlungen (Handsalbung) und explizit in Gebeten kommuniziert.

Die homiletische Arbeitsweise der Diakonin kann folgendermaßen charakterisiert werden: Der Skopos des Gottesdienstes wird aus einer biblisch fundamen-
tierten und bereits vorausgesetzten Theologie der Diakonie – nicht durch einen
von der Perikopenordnung vorgegebenen Einzeltext – gewonnen. Darin bleibt
die Projektstelleninhaberin der Grundidee des Projektes treu: Diakonisches Handeln zielt, so ist es im Projektantrag dieses Projektes formuliert, auf die Eröffnung von „Räumen der Barmherzigkeit" für Demenzerkrankte und ihre
Angehörigen. Die homiletische Arbeit der Projektstelleninhaberin, so kann man
zusammenfassend sagen, lässt ein Vorgehen erkennen, in dem, mit Ernst Lange
gesprochen, „Verheißung und Wirklichkeit" homiletisch-diakonisch „miteinander versprochen" wird.[25] Es geht darum, mit dem Hörer bzw. der Hörerin über
sein/ihr Leben im Licht des Evangeliums zu reden. Dieses Leben – das ist die
gemeinsame homiletische Situation der Gottesdienstteilnehmenden und das
Thema des Gottesdienstes – ist durch die Erfahrung einer existenziellen Krise der
unheilbaren Erkrankung und der sozialen Destabilisierung in den Familien
geprägt.

2.2.2   Vesperkirchengottesdienst

Auch der zweite hier vertieft ausgewertete Gottesdienst ist von einem diakonischen Generalskopos geprägt: Der Gedanke der Teilhabe und der Begegnung in
Vielfalt durchzieht den Vesperkirchengottesdienst, der im Rahmen des Projekts
dokumentiert, anhand von Leitfragen kommentiert und in einer Gruppensitzung
an einem Projekttag ausgewertet wurde. Der vorbereitende Diakon kommentiert
das Vorgehen bei der Vorbereitung folgendermaßen:

> Diakon: Dadurch, dass die Vesperkirche von vielen randständigen Menschen
> besucht wird, sah ich die Chance, einige von ihnen dafür zu gewin-
> nen, aktiv sich an der Gestaltung zu beteiligen, was dann auch gelun-
> gen ist. Klassische Gemeinde konnte in diesem Gottesdienst zusam-

---

[25]   Lange 1982: S. 27.

> men sein mit Menschen, die sonst nicht vorkommen im Gemein-
> deleben und schon gar nicht im Gottesdienst. Einmal nicht nur von
> ihnen reden, sondern sie auch erleben, etwas von ihnen spüren, ein
> Gefühl für sie entwickeln, das war mein Ziel. Und umgekehrt konn-
> ten sonst Außenstehende gottesdienstliches Geschehen einmal haut-
> nah erleben und erfahren, wie Kerngemeinde reagiert.

(Homiletische Reflexion 5)

Die vertiefte Analyse dieses Gottesdienstes machte deutlich: Der Gedanke der
Gemeinschaft in Vielfalt ist das Grundthema, das alle Teile des Gottesdienstes
durchzieht. Die Gemeinschaft in Vielfalt wird nicht nur gepredigt, sondern auch
zeichenhaft durch die Beteiligung ganz unterschiedlicher Menschen aus unterschiedlichen Lebenssituationen veranschaulicht. Im Gottesdienst, der in der
Vesperkirche und ihrer Bestuhlung stattfindet, wirken ganz unterschiedliche
Personen aus unterschiedlichen Milieus und Lebenssituationen mit: ein Kirchen-
chor, der von einem Kirchenmusiker geleitet wird, der Diakon selbst, eine leiten-
de Diakonin der Diakonischen Bezirksstelle und eine Pfarrerin gestalten den
Gottesdienst gemeinsam. Persönliche Worte werden von einem suchtkranken
Gemeindeglied und von zwei ehrenamtlichen Mitarbeitenden der Vesperkirche
im Gottesdienst gesprochen, aus dem Gästebuch der Vesperkirche werden Beiträge von einer ehrenamtlichen Jugendlichen vorgetragen. Die Gemeinschaft in
Vielfalt wird im Gottesdienst durch die Mitwirkenden visualisiert und exemplarisch gelebt. Die Predigt des Diakons nimmt das Thema der Vesperkirche anhand von Jer 9,22f. auf: „Gott will, dass allen Menschen Barmherzigkeit, Recht
und Gerechtigkeit widerfahren soll." Auch in diesem Gottesdienst generiert die
homiletisch-diakonische Situation (Vesperkirche) und die inkludierende Intention nicht nur die Auswahl des Predigttextes, sondern insbesondere auch die
exemplarisch organisierte Teilhabe von verschiedenen Personen in der Liturgie
des Gottesdienstes. Der Gedanke der Inklusion bzw. Teilhabe ist für das diakonisch-homiletische Handeln als ein zentraler Gedanke zu identifizieren.

Im Gruppengespräch und in den Kommentaren der Diakone und Diakoninnen wurde deutlich, dass für alle beteiligten Projektstelleninhaber/-innen eine
hohe professionelle Identifikation mit der Erfahrung und Ermöglichung von
Inklusion in Situationen der Verkündigung besteht. Die Analyse des Gottesdienstes ließ nicht nur Schlüsse im Blick auf die homiletische Arbeit der Dia-
kone/Diakoninnen zu, sondern sie ließ auch ein gemeinsames Verständnis der
diakonischen Identität und Profession sichtbar werden. Eine Situation aus dem
Gruppengespräch zum Vesperkirchengottesdienst, der an einem Projekttag ausgewertet wurde, kann das verdeutlichen: Zur Auswertung des Gottesdienstes
wurden Aussagen von Teilnehmenden vorgestellt, die nach dem Gottesdienst
von der Diakonin/dem Diakon dokumentiert worden waren. Eine dieser dokumentierten Aussagen ist die Wiedergabe der Äußerung des erkrankten Gemein-
deglieds, die im Folgenden zitiert wird:

> Gemeindeglied: Nach dem Gottesdienst sagte (…) [Name des erkrankten Ge-
> meindegliedes, das im Gottesdienst gesprochen hat] zu einer
> Mitarbeiterin des Leitungsteams ganz staunend …: Stell dir vor,
> mir haben jetzt mindestens zehn Leute die Hand gegeben! Und
> die haben gesagt, dass ich gut gesprochen habe und haben sich
> bei mir bedankt.
>
> (Protokoll des Auswertungsgesprächs)

Typisch für die hohe berufliche Identifikation mit dem Gedanken der Inklusion ist meines Erachtens die Reaktion eines Projektstelleninhabers auf diese Aussage. In dem auswertenden Gruppengespräch reagiert der Diakon spontan mit den Worten: *„für so einen Satz arbeite ich …“*[26]. In der Reaktion des Diakons wird ein professionelles Selbstkonzept spontan geäußert. Das hier sichtbar werdende professionelle diakonische Professionskonzept ist als das, „was sie da eigentlich alles wissen“[27] sprachlich präsent und Teil der diakonisch-homiletischen Selbstreflexion.

Zusammenfassend kann man festhalten, dass Verkündigung in vielfältigen Formen Teil des professionellen diakonischen Handelns der Diakone und Diakoninnen des Projektes ist und von diesen auch vielfältig ausgeübt wird. Die diakonische Verkündigung ergänzt und bereichert die Gottesdienste der parochialen Kerngemeinde. Sie findet auch an Orten und zu Zeiten außerhalb der Liturgie der sonntäglichen Predigtreihen statt. Die aus der diakonischen Situation motivierten Gottesdienste verdeutlichen und interpretieren das diakonische, auf Teilhabe am Evangelium und an der Gemeinschaft der Gemeinde zielende, verkündigende Handeln auf symbolischen, rituellen und verbalen Ebenen der Kommunikation. Diakone und Diakoninnen wirken in ihrer Verkündigung über die Grenzen der Kerngemeinde hinaus, ins Gemeinwesen und in die Alltagssituationen und Nöte von Menschen hinein im Sinne einer praktisch-diakonischen Hermeneutik des Glaubens. Michael Klessman bezeichnet die praktische Theologie als *Wahrnehmungswissenschaft*. Er führt dazu aus: „Dann tritt neben die traditionell geübte Texthermeneutik so etwas wie eine Lebenshermeneutik, also eine Verstehenslehre, die sich der Vielfalt der Lebensphänomene verstehend zuwendet“[28] und die, so ist aus den im Projekt dokumentierten diakonischen Verkündigungssituationen zu ergänzen, Teilhabe diakonisch in Wort und Tat gestaltet. Die im Handeln der Diakone und Diakoninnen sichtbar gewordenen

---

[26]   Zitat aus dem Protokoll des Auswertungsgesprächs zum Vesperkirchengottesdienst.
[27]   Bohnsack, zitiert bei: Lamnek [4]2005: S. 225. Bohnsack bezieht seine Äußerung auf die Analyse von Gruppendiskussionen. Hier wird sie illustrierend auf die Auswertungssituation angewandt. In dieser singulären, spontanen Reaktion kommt m.E. ein tieferliegendes professionelles Selbstkonzept vordergründig unreflektiert, aber dennoch als Teil eines tiefer liegenden Professions- und Orientierungswissens zur Sprache.
[28]   Klessmann, zitiert bei: Stollberg 2005: S. 71.

diakonischen Verkündigungsformen setzen das methodische und fachliche Wissen der Projektstelleninhaber/-innen im Diakonat voraus. Sie knüpfen an deren professionelle, diakonische Erfahrungshorizonte an.[29]

2.3 Diakonische Ethik und diakonisch-professionelles Selbstkonzept

Die biblisch-theologische Ethik gilt als Grundlage des Orientierungswissens für diakonisches Handeln. Diakonisches Handeln wird in der diakoniewissenschaftlichen Literatur als wertebasiert beschrieben.[30] Die Frage nach der das diakonische Handeln motivierenden Ethik wurde in zweierlei Hinsicht in der Evaluation des Projektes erarbeitet. Zum einen (2.3.1) wurden Selbstaussagen der Projektstelleninhaber/-innen erhoben. Zum zweiten (2.3.2) wurde nach dem „Blick von außen" auf die Arbeit der Diakoninnen und Diakone gefragt. Dazu wurde einerseits Datenmaterial dokumentiert, das Einschätzungen der Diakone und Diakoninnen des fremden Blicks auf ihre Arbeit wiedergibt, und andererseits wurden Äußerungen Dritter über die Arbeit der Diakone und Diakoninnen ausgewertet.

2.3.1 Selbstaussagen von Diakoninnen und Diakonen mit ethischem Bezug. Rekonstruktion ethischer Selbstkonzepte

Die Fragestellung, die im Projekttagebuch an die Diakoninnen und Diakone gerichtet wurde, um (Selbst-)Aussagen mit ethischem Bezug zu generieren, lautete:

> Wo und wie werden in Ihrem Projekt ethische Fragen (z.B. Sinn des Lebens, Gerechtigkeit, Würde, Barmherzigkeit) behandelt und beantwortet?
>
> (Projekttagebuch II/2)[31]

Liest man die Antworten im Horizont der Projektberichte, so verdichtet sich die Wahrnehmung, dass das ethische Konzept des diakonischen Handelns an personalen, ethischen Werten orientiert ist. Der Verantwortungsbereich, der von den Projektstelleninhabern und -inhaberinnen unter ethisch-diakonischem Blickwinkel beschrieben wird, richtet sich am häufigsten auf die wertschätzende und unterstützende Begegnung mit Menschen, auf die Ermöglichung von Gemein-

---

[29]   Zur spezifisch diakonischen Methodologie in Seelsorge und Verkündigung vgl. Noller 2008: S. 93–95.
[30]   Vgl. exemplarisch: Haslinger 2009: S. 205–301; Benedict 2008: S. 9–49 und Rose 2008: S. 183–206.
[31]   Diese und weitere Fragen des Projekttagebuchs wurden von Thomas Fliege und Annette Noller hinsichtlich ihres ethischen Gehalts in mehreren Sitzungen gemeinsam analysiert.

schaft und Teilhabe, zum Beispiel durch seelsorgerliche Zuwendung, durch wertschätzende Zuwendung, durch Akzeptanz von Jugendlichen in der Schule, in der Jugendarbeit und in Events, durch Entdeckung von Ressourcen und Begabungen. Exemplarisch sei diese Äußerung aus einem Projekttagebuch zitiert:

Diakon:	In der persönlichen Begegnung mit den Menschen, die in Not geraten sind, erfahre ich am meisten, dass sie für sich den Sinn des Lebens ganz neu verstehen lernen. Auch ihre Würde, die oft bei ihren Begegnungen mit Behörden mit Füßen getreten wird, erleben sie hier ganz anders, wenn „Gemeinde Jesu Christi" sie auf ihrem schwierigen Weg begleitet. Sie fühlen sich durch die Begegnung mit mir angenommen und können dadurch auch ein Stück Barmherzigkeit und Gerechtigkeit erkennen.

(Projekttagebuch II/2)

Von den Diakoninnen und Diakonen werden entsprechend ihrer Dienstaufträge eine Reihe von wiederkehrenden ethischen Fragen thematisiert, die eine große Nähe zur Seelsorge aufweisen, darunter wiederholt Fragen von Sterben, Trauer und Tod, Fragen von Sexualität (insbesondere in der Jugend) und sensible Wahrnehmungen von Scham, insbesondere in prekären Lebenssituationen.

Die hier dokumentierten Äußerungen der Diakone und Diakoninnen zeigen darüber hinaus, dass der gesellschaftliche Horizont, der die individuellen Lebenssituationen mitkonstituiert, gesehen und thematisiert wird. Fragen der Gerechtigkeit, der Bildungsgerechtigkeit und der sozialen Gerechtigkeit werden in diesem Zusammenhang wiederholt genannt. Es wird darauf hingewiesen, dass in Gesprächen mit kommunalen Vertretern und Vertreterinnen sozialpolitische Themen angesprochen werden, zum Beispiel Herausforderungen der Pflege und Armutsfragen.

Die von den Diakonen und Diakoninnen dokumentierten Fallbeispiele und narrativ wiedergegebenen Praxiseinblicke zielen auf Unterstützungsprozesse, die auch Rechtsberatung beinhalten. In der doppelten Fachlichkeit von sozialarbeiterischen Kompetenzen und theologischer Wertorientierung kommt das zum Ausdruck, was von Hans-Jürgen Benedict exemplarisch am biblischen Begriff der Barmherzigkeit dargestellt wird. Barmherzigkeit intendiert nicht nur personale Zuwendung, sondern vor allem auch die Umsetzung in soziale Rechte.[32] Trotz dieses manifesten Wissens um strukturelle und sozialpolitische Rahmenbedingungen kommt in der Mehrzahl der hier ausgewerteten Äußerungen insbesondere die diakonische Zuwendung und Unterstützung der Zielgruppen in den Blick. Soziale Veränderungsprozesse werden in Kooperation mit Kommunen, Kostenträgern und Betroffenen gesucht. Anwaltschaftlichkeit äußert sich in der

---

[32] Vgl. Benedict 2008: S. 9–41.

Fürsprache für stigmatisierte und ausgegrenzte Menschen bei Behörden und in der Erschließung von Ressourcen des Sozialstaates und Sozialraumes z.B. auch durch Spenden. Fachliche Beratung steht neben wertschätzender Zuwendung. Das Politische wird in der persönlichen Begegnung erfahrbar: Die Vesperkirche intendiert deshalb nicht primär die barmherzige Essenausgabe, sondern vor allem die solidarische Gemeinschaft der diakonischen Gemeinde. Sie soll nach Aussage der Projektstelleninhaber/-innen ein Ort der Bewusstwerdung und der Thematisierung von Fragen der Gerechtigkeit sein.

Die Selbstdarstellungen der Projektstelleninhaber/-innen wurden im Kontext der diakoniewissenschaftlichen Literatur vergleichend gelesen. Dabei fiel eine Diskrepanz ins Auge: In der diakoniewissenschaftlichen Literatur wird mit einer gewissen Emphase die gesellschaftskritische Funktion der Diakonie beschrieben. Der gesellschaftliche Horizont diakonischer Veränderungsprozesse soll in An- knüpfung an die prophetischen Vorbilder der Bibel im diakonischen Handeln präsent sein.[33] Demgegenüber ist die Praxis der Diakone/Diakoninnen stärker an der personalen Beziehungsarbeit und der individuellen Ermöglichung von Teil- habe orientiert. Auch die Kooperation mit kommunalen politischen Repräsen- tanten/Repräsentantinnen und Institutionen ist im Handeln der diakonischen Praktiker/-innen identifizierbar. In den selbstreflexiven Textpassagen wird der sozialpolitische Kontext des diakonischen Handelns auch explizit benannt. Den- noch fehlen in den hier ausgewerteten Dokumenten Hinweise auf politische Aktionen im Sinne politischer Konfrontationen. Sie werden auf die Frage nach der diakonischen Ethik nicht erwähnt und werden auch in den Projektberichten und Projekttagebüchern nicht explizit genannt. Das Fehlen von Hinweisen auf öffentliche, skandalisierende oder informierende, politische Aktionen bedeutet nicht, dass diese in den Projekten nicht vorkamen. Das Fehlen in den hier analy- sierten Textpassagen verdeutlicht lediglich, dass diese Dimension diakonischen Handelns nicht unmittelbar im diakonischen-ethischen Selbstkonzept präsent ist und nicht vorrangig als Proprium diakonischer Ethik genannt wird.

Trotz dieses Befundes lässt sich anhand ausgewählter Textpassagen zeigen, dass von den Diakoninnen und Diakonen des Projektes die Beziehungen zwischen der individuellen Lebenssituation und der sozialpolitischen Gesamt- situation erkannt und differenziert beschrieben wird. Angesichts von prekären finanziellen Familiensituationen in kinderreichen Familien und bei Alleinerzie- henden, angesichts von Gesundheitsrisiken bereits im Kindheitsalter und päda- gogischen Herausforderungen durch familiäre Eskalationsbereitschaft, durch Suchterkrankungen und Medienkonsum schreibt eine Diakonin des Projektes zur Frage nach ihrem diakonischen Blick im Projekt:

---

[33] Vgl. z.B.: Rose 2008: S. 192–194; zur Sozialgesetzgebung: Crüsemann 2006 [1990]: S. 69–77. Haslinger 2009: S. 382–398 setzt sich kritisch mit der Begrifflichkeit der „Option für die Armen" auseinander.

> Diakonin: Und ich finde es betrüblich, dass unsere moderne, hoch differen-
> zierte Mediengesellschaft solche Familien mehr und mehr ausbootet,
> weil sie Termine schwer vereinbaren oder einhalten, weil sie hart-
> näckige Recherche (z.T. übers Internet) nach Rechten und Hilfs-
> optionen nicht durchstehen. Weil sie von Stunde zu Stunde sich
> durchschlagen und kaum mittelfristige Ziele anvisieren, außer eini-
> germaßen glücklich zu sein. Weil sie sich einlullen lassen von einer
> perfekt organisierten Konsum- und Medienwelt, die unmittelbare
> Bedürfnisbefriedigungen verspricht und sogar erfüllt, dabei den
> Menschen aber ein perspektivisches Denken und Eigeninitiative
> latent austreibt.
>
> (Projekttagebuch Teil II/2)

Verdeutlichen kann diese Aussage – wie auch andere Textpassagen – dass ein
kritisches Bewusstsein für die sozialpolitischen und sozialen Bedingungsgefüge
der prekären Lebenslagen bewusst und Teil der professionellen Reflexion ist.

2.3.2 Außenperspektiven auf ethische Dimensionen des Handelns von Diakoninnen und Diakonen

In den Projekten werden die Diakone und Diakoninnen nicht nur als Professionelle erkennbar, die eine eigene ethische Überzeugung besitzen. Die Projektstel-
leinhaber/-innen sind auch der Auffassung, dass ihre Projektpartner/-innen –
auch die nicht kirchlichen – sie als Professionelle bzw. Personen mit besonderer
Kompetenz im Bereich des Menschenbildes und der Ethik wahrnehmen und
diese christliche Ethik auch grundsätzlich bejahen: In einem Projekttagebuch
wurde danach gefragt, ob und gegebenenfalls wo Kooperationspartner/-innen im
Projekt „bei Ihnen diakonisches Handeln wahrnehmen?"[34] Exemplarisch sei hier
folgende Antwort zitiert:

> Diakonin: Schulleiter sehen, dass wir mit unseren Projekten Jugendlichen hel-
> fen, ihre Persönlichkeit zu entwickeln und dass wir Schüler aus unse-
> rem christlichen Menschenbild positiv sehen, mit ihren Stärken und
> Begabungen, mit ihrem Gestaltungspotential.
>
> (Projekttagebuch Teil 1/3)

---

[34]   Projekttagebuch I/3.

Etwas später nimmt diese Diakonin die Frage nochmals auf:

> Diakonin: Es ist herausfordernd, in Kooperationen mit Schulen christliche Impulse zu setzen, da einige Schulleiter auf diesem Gebiet sehr „hellhörig" sind – Stichwort weltanschauliche Neutralität wahren. Schulleiter lassen sich jedoch IMMER davon überzeugen, dass christliche Werte wie Nächstenliebe, Hilfsbereitschaft usw. wichtige Tugenden sind, die ihren Schülern gut tun. Von daher sind sie offen für Kooperationen mit Kirche. Dennoch sind die Projekte nicht in erster Linie „missionarisch".
> Es ergeben sich bei unseren Projekten zur Persönlichkeitsentwicklung immer wieder Gelegenheiten, den Teilnehmern mit einem christlichen Menschenbild zu begegnen und ihnen auf persönlicher Basis zu sagen, was mir persönlich Gott bedeutet und was er zu diesem Thema zu sagen hat. Die Schüler haben das bisher immer offen angenommen.
>
> (Projekttagebuch I/3)

Wiederholt wird von den befragten Diakonen/Diakoninnen gesagt, dass sie der ethisch motivierten Haltung der Wertschätzung gegenüber Schülerinnen und Schülern bzw. Mitarbeitenden oder Klienten/Klientinnen eine zentrale Rolle beimessen. Dieser Gedanke findet sich auch in Äußerungen wieder, in denen eine Außenperspektive auf die Arbeit der Diakone/Diakoninnen dokumentiert wurde. Insbesondere wurden in den Projekten die Verantwortlichen von Schulen in diesem Zusammenhang zitiert.[35] Vielfältige Potenziale bei Kindern zu sehen und zu fördern, die im Schulalltag oder im Familienleben nicht ausgeschöpft werden können, insbesondere bei Schülerinnen und Schülern, die wenig Erfolgserlebnisse und Anerkennung im Schulalltag erleben,[36] gehört – so zeigen es die Selbstdarstellungen und Außenperspektiven – zur christlich motivierten Ressourcenarbeit der Diakoninnen und Diakone. Die Projektberichte und Tagebucheinträge dokumentieren eine annehmende Haltung als professionelle, wertebasierte Selbstdeutung. Diese diakonische Haltung ist nach Auffassung der Diakone/Diakoninnen in vielfältigen diakonischen Arbeitsfeldern professionell grundlegend: In der Wut über Trauer, in der Verzweiflung über die prekäre Lebenssituation oder den Tod eines Angehörigen. Das Spezifische der diakonischen Haltung ist dabei nicht die ressourcenorientierte, wertschätzende Haltung an sich, sondern die dahinterliegende wertebasierte, christliche Deutung. Sie wird von den befragten Diakoninnen und Diakonen wiederholt geschildert. In den hier ausgewerteten Materialien wird vor allem in den Passagen, in denen

---

[35] Vgl. die Zitate bei Noller (Diakonat: Kirche im Sozialraum) in diesem Band und der Artikel von Thomas Fliege (Jugendarbeit und Schule) in diesem Band.
[36] Vgl. Text Fliege (Jugendarbeit und Schule) in diesem Band.

nach den diakonischen Selbstdeutungen (z.B. diakonischer Blick auf die Arbeit) gefragt wurde, das zugrundeliegende christliche Menschenbild und seine Ethik explizit formuliert. Exemplarisch sei hier aus einem Projekt, das in Kooperation mit einer Schule angelegt war, zitiert. Die Diakonin schreibt:

Diakonin:	Ein anderes Themenfeld, das in meinem Blick gerade häufiger vorkommt, ist die Frage, wie ich Menschen ansehen möchte. Im Sinne von: was erwarte ich von ihnen und wie bestimmt das dann auch die Entwicklung mit.
	Anfangs kam er ziemlich grob auf mich zu und hat, so denke ich, gewisse abwehrende Reaktionen von mir als Erwachsener erwartet. Ich habe das als Form von Kontaktaufnahme eingeordnet und bin in diesem Sinne darauf eingegangen, hab nach dem Namen gefragt, das Gespräch in sehr loser Form gesucht. Im Laufe der Wochen ist daraus dann ein freundlicher Kontakt entstanden. Er grüßt mich mit ‚Hallo' und Blickkontakt, wir sind im Gespräch, mal mehr mal weniger.
	Ich bin davon ausgegangen, dass hinter diesem ersten Auftreten ein ganz netter Kerl steckt, der seine schönen Seiten hat, Fähigkeiten, die zu entdecken sind … und habe versucht darauf meinen Blick zu lenken und auf diese Facette (wo etwas davon sichtbar wird).
	Als „Testballon" hab ich ihn dann gefragt, ob er nicht Lust hat, bei einer Veranstaltung mitzuhelfen. Er war sofort interessiert und es hat dann auch geklappt; zumal ich wusste, dass die erwachsene Person dort, eine Frau ist, die gut und sehr wertschätzend mit ihm umgehen würde. Bei diesem Einsatz konnte er dann aus dieser häufigen Rolle mal rausgehen und eine andere ausfüllen, eine andere Seite von sich zeigen. Natürlich wurden auch Grenzen sichtbar, was Aufmerksamkeit und Durchhaltevermögen angeht. aber die Stärken eben auch.
	Für mich kommt diese Art mit ihm umzugehen aus einer Sicht von Menschen, die auch biblisch geprägt ist. Ich erwarte, dass an irgendeiner Stelle Stärken sichtbar werden, Punkte, an denen jemand zugänglich ist, mitgestalten kann. Ich will ihm als jemandem begegnen, der von Gott geschaffen, geliebt und wertvoll ist. Das Mühen ist auch eine Form von Nächstenliebe.
	Inzwischen hat er sich dafür gemeldet mit mir ein Praktikum zu absolvieren, in dem er wieder gefordert ist, in eine gewisse Rolle zu schlüpfen, neue Aufgaben wahrzunehmen, zuverlässig und freundlich im Umgang mit anderen zu sein.
(Projekttagebuch II/2)	

2.4   Theologische Grundannahmen und professionelles Selbstkonzept[37]

2.4.1   Theologische Reflexion des diakonischen Handelns durch Diakoninnen und Diakonen

In der Auswertung des Projektes wurde gefragt, welches theologische Wissen bei den Diakoninnen und Diakonen erkennbar wird. In der Schreibwerkstatt, in den Projekttagebüchern sowie den Projektberichten werden zahlreiche Korrelationen zwischen theologischem Glaubensdiskurs und sozialem Handeln deutlich. Die genannten Dokumente wurden auf Textpassagen hin untersucht, die explizit systematisch-theologische Inhalte benennen. Beobachtet werden konnte dabei, dass die Projektstelleninhaber/-innen durchweg nicht nur sehr engagiert über fachliche Fragen reflektieren, sondern in der Regel ihr diakonisches Handeln auch theologisch basieren und deuten. Die theologische Reflexion findet sich in der Mehrzahl aller Tagebucheinträge und in der Schreibwerkstatt in die Darstellung der sozialwissenschaftlichen, gemeindepädagogischen oder pädagogischen Fachlichkeit hinein verwoben. Die Diakone und Diakoninnen des Projektes reflektieren ihr professionelles Handeln von vielfältigen diakonischen und theologischen Wissensbeständen her. Auch der Bezug zur Bibel und einzelnen Bibelstellen wird regelmäßig – auch spontan und aus dem Kopf[38] – hergestellt. Die theologische Reflexion ist bei allen Projektstelleninhaber/-innen als ein Kontinuum des Arbeitens mit theologischer Reflexionstiefe und -breite festzustellen.

Eine differenzierte Darstellung kann im Rahmen dieses Artikels nicht geleistet werden. Exemplarisch sei eine Frage aus der Schreibwerkstatt hier angeführt: Auf eine Frage nach einer „Lieblingsaussage der Bibel" (Schreibwerkstatt) finden sich nicht nur die einschlägigen Bibelstellen zum Diakonat und zum diakonischen Handeln (z.B. Apg 6,1ff./Mt 25,31ff.), sondern auch eine breite Zitation von Bibelstellen und Theologien, die mit persönlichen Glaubenshaltungen und Erfahrungen eng verbunden sind. Das wird auch deutlich in einem Projekttagebucheintrag zur „spirituellen Tiefe", aber auch – und das ist das Bemerkenswerte, in allen Einträgen zu Fragen des „diakonischen Blicks" oder des diakonischen Handelns. Die Theologie ist situativ, sie wird spontan generiert und reflektiert die aktuellen Erfordernisse der diakonischen Praxisfelder.

Die hier ausgewerteten Daten zeigen, dass im professionellen Selbstkonzept der Diakone und Diakoninnen die doppelte Matrix[39] des Handelns fachlich auch in den theologischen Wissens- und Kompetenzbereichen ausgeschöpft wird. Exemplarisch kann dies gezeigt werden an folgender Äußerung, die das eigene professionelle Handeln in einem Projekttagebucheintrag spontan anhand von Apostelgeschichte 6,1ff.; 3. Mose 25,35 und der biblischen Eliageschichte (1. Kön

---

[37]   Zur Formulierung „berufliches Selbstkonzept" vgl. Merz 2007.
[38]   Z.B. im Rahmen der Schreibwerkstatt.
[39]   Vgl. zur Kompetenzmatrix in doppelter Qualifikation: VEDD 2004.

19,1ff.) deutet. Typisch für die diakonische Selbstreflexion ist an dieser Äußerung das ineinander Verwoben- und Durchdrungensein von narrativen Fallerzählungen, professionell-fachlicher Reflexion und theologisch-biblischer Deutung.

Die Frage des Projekttagebuches lautete: *„Wenn Sie auf die letzten Monate Ihrer Projektarbeit mit dem speziellen ‚Diakonen- oder Diakoninnenblick' zurückschauen: Was beschäftigt Sie dann am meisten?"*[40]

Diakon:	Die Arbeit mit den Familien in prekären Situationen ist zurzeit sehr intensiv und kraftraubend. Egal, in welche Familie ich komme, es sind immer wieder neue Aufgabenfelder, Probleme, persönliche Katastrophen usw. ... Es ist nicht möglich, diese „Zielgruppe" in eine vorgefertigte Schublade zu ordnen. Dabei begegnen mir immer mehr persönliche Schicksale und Familienschicksale, die mich als Mensch, aber auch besonders als Diakon/Diakonin intensiv fordern. In fast allen Einsätzen komme ich an den Punkt, wo unser allgemeines Sozialsystem und Rechtssystem gänzlich versagen, wo eigentlich himmelschreiende Ungerechtigkeit und auch Unmenschlichkeit die Situation beherrschen: z.B. wenn ein schwerkranker Mann, der durch einen Arbeitsunfall und ein dabei erlittenes Schädelhirntrauma zum Pflegefall wurde, von der Arbeitsagentur gezwungen werden soll, dem Arbeitsmarkt zur Verfügung zu stehen, da er sonst keinen Anspruch auf Sozialleistungen hat, dem der Behindertenstatus nicht zuerkannt wurde, da er nur einen unzureichenden Aufenthaltsstatus hat, und dieser auch nicht geändert wird, wenn der Mann nicht Deutsch lernt, dabei kann er kaum noch sprechen: Wenn eine (...) Familie nur „geduldet" wird, obwohl sie als Christen [in ihrem Heimatland] Repressalien ausgesetzt sind, die 4 Kinder der Familie in der Schule durchstarten (das 13-jährige Kind hat so schnell Deutsch gelernt und sich integriert, dass es jetzt innerhalb von drei Jahren aufs Gymnasium kann und sich wünscht zu studieren), aber die ganze Familie von Abschiebung bedroht ist (...) Wenn zum Beispiel Mütter ihre ungeborenen Kinder abtreiben, weil für Hartz 4 Empfänger das Elterngeld gestrichen wurde (...) usw. ... Im Blick auf dieses ganze Erleben in den betreuten Familien, fühle ich mich immer mehr ganz in der Tradition von Apostelgeschichte 6. Dort waren es die Diakone, die berufen wurden, ihr Augenmerk und auch ihre Zuwendung denen zu geben, die Ungerechtigkeiten und Unbarmherzigkeiten auszuhalten hatten. „Wenn dein Bruder neben dir verarmt und sich neben dir nicht halten kann, sollst du ihn, auch einen Fremden oder Halbbürger, unterstützen, damit er neben dir leben kann" (3. Mose 25,35). Das ist unser biblischer Auftrag als Christ, als Diakon, als Auge und Hand der Gemeinde Christi. Das erlebe ich buchstäblich in meinem Dienst. Oftmals bin ich in meiner Person als Diakon und als Ver-

---

treter der Diakonie der Kirche der Letzte und auch der Einzige, der sich der Situation „trotzdem" annimmt und versucht, mit den Familien Wege und Auswege zu finden, auch wenn es auf den ersten Blick hoffnungslos erscheint.

Dabei spielt auch der Aspekt in meinem Projekt eine große Rolle, von einer reinen Kommstruktur in eine Gehstruktur zu finden. Ich bin tatsächlich in den Familien vor Ort, ich „gehe hin" und versuche ein Stück des Weges „mitzugehen und mitzutragen".

Dabei mache ich aber auch als Diakon die Erfahrung, dass bei aller Motivation im Amt und für die Familien, manchmal die Perspektive für die Verantwortlichkeit verrutschen kann. Dabei meine ich nicht die Selbstverantwortung der Menschen nach dem Motto: „Wir wollen Hilfe zur Selbsthilfe geben." Obwohl dies in vielen Familien immer wieder eine Gratwanderung ist, wie viel Hilfe gebe ich, wie viel Aktivität fordere ich ein, ist dies doch mehr eine Frage der sozialen Kompetenz und der Professionalität der Diakonin/des Diakons. Sondern ich meine damit, dass ich nicht versuche, Gelingen, Überwinden der Hoffnungslosigkeit, das Aufzeigen neuer Perspektiven, auf meine eigenen Schultern zu nehmen. Das führt in dieser Arbeit zu einer totalen Überforderung. Mir wird zurzeit die Geschichte von Elia immer wichtiger, der völlig desillusioniert unter einem Wacholderbusch saß und meinte: Es ist zu viel, es ist genug. Ich kann es nicht tragen. Erst bei Gottes bohrender Nachfrage: „Was tust du hier" wird deutlich, dass Elia versucht hatte, die Verantwortung alleine zu schultern und eine total verschobene Perspektive hatte (Ich allein bin übrig …). Ich lerne an dieser Geschichte, dass auch in meinem Handeln an den Familien die letzte Verantwortung für deren „Heil sein und werden" bei Gott liegt. Das ist meine Chance, diesen Dienst als Diakon zu tun und ihn auszuhalten, auch in Enttäuschung und Hoffnungslosigkeit und ich dies auch ganz speziell umsetze, indem ich für die Familien bete …

(Projekttagebuch Teil II/2)

Die Vielfalt an theologischer Reflexion, die von den Diakoninnen und Diakonen herangezogen wird, um ihr professionelles Handeln zu deuten, kann hier nur exemplarisch dargestellt werden. Typisch für die diakonische Selbstreflexion ist wiederkehrend der spontane Wechsel zwischen Fallschilderungen und theologischen Deutungen, die insbesondere auch die diakonische Existenz und Arbeitsweise reflektieren.

Die im Rahmen des Projektes ausgewerteten Dokumente zeigen die Projektstelleninhaber/-innen als kirchliche Amtsträger/-innen, die ein breites Wissen im Blick auf biblische Traditionen und theologische Reflexionsarbeit mitbringen. Dieses ist weniger an dogmatischer Richtigkeit orientiert als daran, Lebenssituationen und professionelle Praxisanforderungen im Licht des Evangeliums zu verstehen und den Glauben als spirituelle Ressource für die Herausforderungen der praktischen diakonischen Arbeit zu nutzen. Michael Klessmann hat die „Theologische Identität als Dialogfähigkeit zwischen Tradition und Situation"[41] beschrieben. Diese Dialogfähigkeit ist in den Äußerungen der Diakoninnen und Diakone in eben dieser Situationsbezogenheit erkennbar. Die Themen einer diakonischen Existenz und Identität generieren die theologischen Fragestellungen. Der Rekurs auf Glaubensinhalte und -traditionen ist ein wesentlicher Bestandteil diakonischer Selbstdeutung, Selbstbedeutsamkeit und damit Teil des professionellen Orientierungswissens, das Sinndeutungen und spirituelle Ressourcen für das professionelle Handeln zur Verfügung stellt.

2.4.2   Diakonisches Amt und diakonisches Selbstkonzept

Ein Beobachtungsstrang im Projekt bezog sich auf Fragen des diakonischen Amtes.[42] Eine Frage der Schreibwerkstatt befasste sich explizit mit dem kirchlichen Amt. Exemplarisch werden hier einige wenige Beobachtungen vorgestellt.

Obwohl sich die Diakone und Diakoninnen nicht darin einig sind, ob und in welcher Weise es notwendig oder hilfreich ist, das diakonische Amt öffentlich und erkennbar zu gestalten,[43] und obwohl auch aus Äußerungen von Kooperationspartnern/-partnerinnen und Mitarbeitenden gelegentlich eine Zurückhaltung bzw. Skepsis gegenüber dem institutionellen und insbesondere dem missionarischen Aspekt des diakonischen Amtes geäußert wird,[44] lässt sich zeigen, dass Diakone und Diakoninnen des Projektes mit Überzeugung davon ausgehen, dass sie nicht nur als sozialwissenschaftlich gebildete Professionelle, sondern auch als theologische Fachkräfte und als Vertreter/-innen des kirchlichen Amts agieren und als solche von ihren Kooperationspartnern/-partnerinnen und Klienten/Klientinnen auch wahrgenommen werden.[45]

Exemplarisch kann das diakonische Selbstverständnis in dem folgenden Passus aus der Schreibwerkstatt verdeutlicht werden. Die Frage, auf die hier geantwortet wird, lautete: *„In welchen Momenten merken Sie in Ihrer Arbeit besonders deutlich, dass Sie als Diakon/-in unterwegs sind?"*

---

[41]   Klessmann 2000: S. 3–19; vgl. dazu Stollberg 2005: S. 64.
[42]   Vgl. zu den Fragen des kirchlichen Amtes ausführlich Noller/Eidt/Schmidt 2013; July 2011.
[43]   Das zeigt die Interpretation der Dokumente aus der Schreibwerkstatt.
[44]   Vgl. Schulz 2013: S. 105–122 und Noller (Diakonat: Kirche im Sozialraum) in diesem Band.
[45]   Vgl. dazu auch Noller (Diakonat und Seelsorge) und ausführlich zu diesem Themenkomplex Noller (Diakonat: Kirche im Sozialraum) in diesem Band.

Diakonin:	Ziemlich oft – eigentlich eine seltsame Frage. Es gibt viele solcher Momente tagaus tagein. Einige Beispiele:

- Im Kindergarten mit den Familien aus verschiedensten Religionen werde ich oft als Diakonin wahrgenommen und erlebe mich so, als eine Vertreterin der Kirche, die sich um Menschen kümmert. Als eine Brückenbauerin. Eltern sprechen mich auf persönliche Fragen an. Kinder sagen beim Auf Wiedersehen „Wo gehst du hin? – Heim? – In deine Kirche? Wohnst du dort?"
- Bei der Schulung ehrenamtlicher Mitarbeiter/-innen, als Fachmensch für viele Fragen rund ums Ehrenamt, um seelsorgerliche und sozialdiakonische Fragen, um Herausforderungen, die schwierige Kinder und Familien an uns stellen.
- Wenn ich in Gremien der Kommune die Evangelische Kirche vertrete, dann werde ich als offizielle Vertreterin wahrgenommen, auch als Sozialpädagogin, die noch einen pfarrersähnlichen Auftrag hat, aber nicht Pfarrer ist, sondern schon Ahnung hat von sozialer Arbeit.
- Bei Hausbesuchen ganz besonders, wenn familiäre, soziale, geistliche Fragen angesprochen werden. Wenn ich der Lebenswelt der Menschen sehr nah bin.
- Wenn ich Familiengottesdienste halte, als liturgische Person, die recht viele aktiv daran beteiligt, zu einem lebendigen Miteinander anregt und den liturgischen Raum dafür bereit hält – und das auch sozusagen von Amts wegen darf (also nicht erst fragen muss, ob man den Altar für ein Anspiel verschieben darf oder wenn ich entscheide, ob jemand den Segen mit sprechen darf, weil er danach fragt und meint, eigentlich dürften das doch nur besondere Amtspersonen).
- Außer im Kindergottesdienst, wo ich alle paar Monate bin, die Kinder mich aber von der Kinderferienwoche kennen. Dort war neulich Apg 6 das Thema und ich fragte, ob sie jemand kennen, der diesen Beruf hat. Sie kamen nicht auf mich, denn für sie bin ich einfach Person.

(Schreibwerkstatt 3)

In den Äußerungen der Diakone/Diakoninnen wird wiederkehrend erkennbar, dass die eigene Deutung und die Außenwahrnehmung nach ihrer Ansicht übereinstimmt. Entsprechend der jeweiligen Frömmigkeitsprofile, diakonischen Professionskonzeptionen und Dienstaufträge wird die theologische Haltung des Handelns expliziter oder impliziter im professionellen Handlungsfeld ausagiert.[46]

---

[46] Vgl. dazu Noller/Fliege 2013.

2.5 Zusammenfassung

Die Fülle der theologischen Kompetenzen, die in den Daten des Projektes erkennbar wird, kann hier nur annähernd dargestellt werden. Zusammenfassend kann man festhalten:

(1.) *Theologisch-diakonische Identität*: Die Diakone und Diakoninnen des Projektes ließen in den hier ausgewerteten Dokumenten ein hohes *theologisches und ethisches Reflexionsniveau* erkennen. Bemerkenswert ist die Vielfalt und Breite der zitierten Bibelstellen und Glaubensaussagen. Das ethische und theologische Denken ist dabei weniger an einer dogmatischen oder ethischen Reflexion *an sich* interessiert, sondern der Profession entsprechend *angewandt*, also an den sozialen und pädagogischen Erfordernissen des jeweiligen Praxisfeldes ausgerichtet.

(2.) Die theologisch-diakonische Identität steht in einem *zirkulären theologischen und sozialwissenschaftlichen Diskurs* mit der sozialen Situation der Zielgruppen und deren sozialpolitischen Rahmenbedingungen. Sie ist bezogen auf die sozialen Lebenssituationen, in denen das berufliche Handeln ausgeübt wird.

(3.) Die theologische Kompetenz dient der *Strukturierung des diakonischen Handelns*, sie generiert die Ziele und Haltungen und vergewissert in krisenhaften professionellen Situationen. Sie basiert auf einem breiten vorhergehenden Wissen über theologische und biblische Inhalte, das situativ und selbstreflexiv spontan abgerufen werden kann. Der persönliche Glaube, insbesondere das Gebet, wird als spirituelle Ressource in belastenden professionellen Situationen gesehen.

(4.) *Homiletik*: Die Verkündigung ist für alle Diakone und Diakoninnen des landeskirchlichen Projektes selbstverständlicher *Bestandteil ihrer diakonischen Profession* und wird – nach Aussage der Projektstelleninhaber/-innen – innerhalb und außerhalb ihrer Dienstaufträge praktiziert. Die Projektstelleninhaber/-innen unterscheiden ein generelles breites Verständnis von Verkündigung des Evangeliums von homiletisch klar abgegrenzten Verkündigungssituationen.

(5.) In der Gottesdienstgestaltung begegnen neben den Predigten im Kirchenjahr der Kerngemeinde insbesondere *situations- und zielgruppenbezogene Gottesdienstformen*, die an den besonderen methodologischen Grundlagen diakonischen Handelns orientiert sind. Die spezifischen Herausforderungen in der Begegnung mit Menschen in vielfältigen, sozialen und gesundheitlichen Krisen wird dabei in Sprach- und Zeichenhandlungen, in Liturgie, Predigt und Abendmahl homiletisch reflektiert und praktisch gestaltet.

(6.) Der Fokus des diakonisch-homiletischen Handelns liegt nach den hier ausgewerteten Selbstzeugnissen und Gottesdienstentwürfen auf *der Ermöglichung von Teilhabe in der Kommunikation des Evangeliums*.

(7.) Theologie und *Ethik* werden insbesondere in einer *wertschätzenden und annehmenden Haltung, basierend auf der Gottebenbildlichkeit und Würde der Menschen*, gesehen. Das diakonische Handeln will nach Aussage der befragten Diakone/Diakoninnen die individuellen Ressourcen und Fähigkeiten der Klien-

ten/Klientinnen, Schüler/-innen oder Gemeindeglieder wahrnehmen und fördern. Teilhabe soll ermöglicht werden. Ein wichtiger Aspekt sind die Begegnung
und die Gemeinschaft neben Fragen der sozialen Gerechtigkeit, der individuellen
und sozialen Hoffnung, der seelischen und körperlichen Heilung und des Tros-
tes.

(8.) *Zur politischen Ethik*: Der gesellschaftliche *Horizont* von individuellen
Lebenssituationen wird gesehen und von den Diakonen/Diakoninnen thematisiert. Sozialpolitisches Denken äußert sich in der bewussten Thematisierung von
Fragen der sozialen *Gerechtigkeit* und der Beratung hinsichtlich der *Rechts-
ansprüche* gegenüber dem Sozialstaat und der Ressourcen des Gemeinwesens.
Fragen der gerechten Teilhabe werden nach Aussage der befragten Diakone/Dia-
koninnen mit Vertreter/-innen öffentlicher Institutionen angesprochen und
theologisch reflektiert. Das fachliche, sozialwissenschaftliche Handeln korres-
pondiert mit der biblischen Vorstellung einer Barmherzigkeit, die auf eine
Etablierung und Einhaltung von sozialen Rechtsansprüchen zielt. Die hier ausgewerteten Daten zeigen, dass das diakonische Handeln wertebasiert an biblischer Ethik orientiert ist. Es zeigt sich aber insbesondere in der wertschätzenden
Haltung in der professionellen Beziehungsarbeit.

(9.) Politische, insbesondere *skandalisierende Aktionen* – im Sinne einer an die
biblische, prophetische Kritik anschließenden Gesellschaftskritik – werden in
den hier ausgewerteten Dokumenten nicht genannt. Das professionelle Selbstkonzept basiert primär auf der professionellen Begegnung mit Menschen in
sozialen Risiken und der Erschließung von Ressourcen im Sozialstaat und im Gemeinwesen.

(10.) In den Selbstaussagen der Diakone/Diakoninnen des Projektes wird
erkennbar, dass die Diakone und Diakoninnen sich selbst als *theologisch kompetente Vertreter/-innen eines kirchlichen Amtes und einer diakonischen Profession*
sehen. Sie sind der Meinung, dass auch ihre Kooperationspartner/-innen, Kolle-
gen/Kolleginnen und Klienten/Klientinnen die ethischen und theologischen
Kompetenzen als hilfreich und bereichernd wahrnehmen und wertschätzen. Dies
wird durch Aussagen von Personen, die die Projektstelleninhaber/-innen aus
ihrem beruflichen Kontext kennen, bestätigt. Die Funktion des Amtes wird dabei
aber weniger im Vordergrund gesehen. Von den Kooperationspartnern/-partne-
rinnen wird insbesondere die individuelle, spirituelle und soziale Kompetenz der
Diakone/Diakoninnen gewürdigt.[47]

(11.) Hinsichtlich der *Sichtbarkeit und des öffentlichen Vollzuges des Amtes in
einem institutionellen Sinn* sind sich die befragten Projektstelleninhaber/-innen
nicht einig. Einigkeit besteht aber darin, dass entsprechend dem *professionellen
Selbstkonzept* die diakonische Kompetenz als eine ethisch-theologische und seelsorgerliche Kompetenz von Klienten/Klientinnen und Kooperationspartnern/

---

[47] Ausführlicher dazu Noller (Diakonat: Kirche im Sozialraum) in diesem Band.

-partnerinnen je nach dienstlicher Situation und diakonischer Konzeption stärker implizit oder stärker explizit wahrgenommen und gewürdigt wird.[48]

Literatur

Bartels, Friedrich (2004): Thesen zum Thema „diakonisch predigen“: In: Gohde, Jürgen (Hg.): Diakonisch predigen. Predigten aus dem Erfahrungsfeld der Diakonie. Stuttgart. S. 195–196.

Benedict, Hans-Jürgen (2008): Barmherzigkeit und Diakonie: Von der rettenden Liebe zum gelingenden Leben. Stuttgart.

Bohren, Rudolf/Jörns, Klaus-Peter (Hg.) (1989): Die Predigtanalyse als Weg zur Predigt. Tübingen.

Cornelius-Bundschuh, Jochen (2012): Verstehen oder Erleben. Predigt als Offenbarung? Überlegungen zu einer homiletischen Hermeneutik. In: Landmesser, Christoph (Hg.): Offenbarung – verstehen oder erleben? Neukirchen-Vluyn. S. 77–96.

Crüsemann, Frank (2006 [1990]): Das Alte Testament als Grundlage der Diakonie. In: Herrmann, Volker/Horstmann, Martin (Hg.): Studienbuch Diakonik Bd.1. Neukirchen-Vluyn. S. 58–87.

Ebeling, Gerhard (1960/²1962): Wort Gottes und Hermeneutik. In: Ebeling, Gerhard: Wort und Glaube. Tübingen. S. 319–349.

Finger, Wolfgang (2004): Diakonischer Gottesdienst. Angebot situationsbezogener Verkündigung. In: Gohde, Jürgen (Hg.): Diakonisch predigen. Predigten aus dem Erfahrungsfeld der Diakonie. Stuttgart. S. 197–198.

Fuchs, Ernst (1954/⁴1970): Hermeneutik. Tübingen.

Gadamer, Hans-Georg (1960/⁶1990): Wahrheit und Methode. Grundzüge einer philosophischen Hermeneutik. (Gesammelte Werke Bd. 1. Hermeneutik 1). Tübingen.

Götz, Wolfgang (2008): Vom „Gutes tun“ zum fachlichen Handeln. Zur Ausbildungsentwicklung von Diakoninnen und Diakonen. In: Merz, Rainer/Schindler, Ulrich/Schmidt, Heinz (Hg.): Dienst und Profession. Diakoninnen und Diakone zwischen Anspruch und Wirklichkeit. Heidelberg. S. 184–199.

Haslinger, Herbert (2009): Diakonie. Grundlagen für die soziale Arbeit der Kirche. Paderborn/München/Wien/Zürich.

July, Frank Otfried (2011): Diakonat und Kirche. In: Friedrich, Norbert/Wolff, Martin (Hg.): Diakonie in Gemeinschaft. Perspektiven gelingender Mutterhaus-Diakonie. Neukirchen-Vluyn. S. 41–52.

Kirchenamt der EKD (Hg.) (1996): Grundsätze einer kirchlichen Bildungsordnung für gemeindebezogene Dienste. EKD Informationen. Hannover.

Klessmann, Michael (2000): Theologische Identität als Dialogfähigkeit zwischen Tradition und Situation. Praktisch-theologische Perspektiven zum Studium der Theologie. In: Praktische Theologie (PrTh) Jg. 35. H.1. S. 3–19.

Lamnek, Siegfried (1988/⁴2005): Qualitative Sozialforschung. Lehrbuch. Weinheim/Basel.

---

[48] Vgl. dazu drei Typen der professionellen Organisation der doppelten Qualifikation in Noller/ Fliege 2013.

Lange, Ernst (1982): Zur Theorie und Praxis der Predigtarbeit. In: Lange, Ernst: Predigen als Beruf. Aufsätze zu Homiletik, Liturgie und Pfarramt (Hg. Schloz, Rüdiger). München. S. 9–51.

Merz, Rainer (2007): Diakonische Professionalität. Zur wissenschaftlichen Rekonstruktion des beruflichen Selbstkonzeptes von Diakoninnen und Diakonen. Heidelberg.

Noller, Annette (2008): Diakonat und Pfarramt – biblische und professionstheoretische Überlegungen. In: Merz, Rainer/Schindler, Ulrich/Schmidt, Heinz (Hg.): Dienst und Profession. Diakoninnen und Diakone zwischen Anspruch und Wirklichkeit. Heidelberg. S. 84–95.

Noller, Annette (2013): Diakonat – historische Entwicklungen und gegenwärtige Herausforderungen. In: Noller, Annette/Eidt, Ellen/Schmidt, Heinz (Hg.): Diakonat – theologische und sozialwissenschaftliche Perspektiven auf ein kirchliches Amt. Stuttgart. S. 42–84.

Noller, Annette/Eidt, Ellen/Schmidt, Heinz (Hg.) (2013): Diakonat – theologische und sozialwissenschaftliche Perspektiven auf ein kirchliches Amt. Stuttgart.

Noller, Annette/Fliege, Thomas (2013): Diakonat und doppelte Qualifikation – Drei Typen diakonischen Handelns. Ein Werkstattbericht. In: Noller, Annette/Eidt, Ellen/Schmidt, Heinz (Hg.): Diakonat – theologische und sozialwissenschaftliche Perspektiven auf ein kirchliches Amt. Stuttgart. S. 179–195.

Pieroth, Nicole (2012): Gemeindepädagogisches Kompetenzprofil. Verfügbar unter: www.ak-gemeindepaedagogik.de/Download/Gemeindepaedagogisches-Kompetenzprofil-Piroth-2012.pdf (18.12.12).

Rose, Christian (2008): „Euer Überfluss diene ihrem Mangel" – Biblisch-theologische Gedanken zu Armut und Solidarität. In: Sanders, Karin/Weth, Hans-Ulrich (Hg.): Armut und Teilhabe. Analysen und Impulse zum Diskurs um Armut und Gerechtigkeit. Wiesbaden. S. 183–206.

Schulz, Claudia (2013): Diakonisches Handeln der Kirche mit gesellschaftlicher Relevanz. Von den Chancen und Begrenzungen der sozialwissenschaftlichen Perspektive. In: Noller, Annette/Eidt, Ellen/Schmidt, Heinz (Hg.): Diakonat – theologische und sozialwissenschaftliche Perspektiven auf ein kirchliches Amt. Stuttgart. S. 105–122.

Stollberg, Dietrich (2005): Die „Wut des Verstehens". Hermeneutik als praktisch-theologische Grundlagendisziplin für Seelsorge und Predigt. In: Kramer, Anja/Schirrmacher, Freimut (Hg.): Seelsorgerliche Kirche im 21. Jahrhundert. Modelle – Konzepte – Perspektiven. Neukirchen-Vluyn. S. 64–78.

VEDD (Hg.) (2004): Was sollen Diakone und Diakoninnen können? Kompetenzmatrix für die Ausbildung von Diakoninnen und Diakonen im Rahmen der doppelten Qualifikation, Impuls Nr. III (www.vedd.de) (18.12.2012).

Wöhrle, Stefanie (2006): Predigtanalyse. Methodische Ansätze – homiletische Prämissen – didaktische Konsequenzen. Münster.

Zippert, Thomas (2008): Das Diakonenamt in einer Kirche wachsender Ungleichheit – Neubegründung seiner Normalität neben Pfarr- und Lehramt. In: Merz, Rainer/Schindler, Ulrich/Schmidt, Heinz (Hg.): Dienst und Profession. Diakoninnen und Diakone zwischen Anspruch und Wirklichkeit. Heidelberg. S. 46–69.

Thomas Fliege

Diakonat, Sozialraum und Sozialraumanalyse

Diakonisches Handeln und sozialwissenschaftliche Reflexion

> „Wir werden das Forschen nie aufgeben,
> und das Ende all unseres Forschens wird dort sein,
> wo wir begonnen haben, und wir sehen den Ort zum ersten Mal."
> T. S. Eliot

1. Problemaufriss: Kirchliches Handeln im Sozialraum

1.1 Die Dimensionen sozialräumlicher Besetzung

Kirchliches Handeln ist unmittelbar mit den Menschen verbunden und mit deren Lebensraum verknüpft. Kirchliches und soziales Handeln muss sich mit Prozessen und Wirkgrößen auseinandersetzen, die „vermittelnd, beeinflussend, kompensierend zwischen die objektive Lage (z.B. Schichtzugehörigkeit), familiäre Erziehungsmilieus und je individuelle und gruppenspezifische Persönlichkeitsausprägungen und Bewusstseinslagen treten."[1] Kirchlich-diakonische Hilfsangebote müssen sich auf das konkrete Umfeld vor Ort einlassen, sich mit den Ressourcen oder Defiziten arrangieren und sie in ihre Hilfeplanung integrieren. Diese „Sozialraumorientierung" kirchlicher und diakonischer Hilfsangebote war auch für das Projekt „Diakonat – neu gedacht, neu gelebt" grundlegend. In der Ausschreibung des Projektes war von vernetzten Dienstaufträgen der Diakoninnen und Diakone die Rede,[2] einige Projekte werden von einer Begleitgruppe aus Vertreter/-innen von kirchlichen und nichtkirchlichen Institutionen unterstützt und beraten. Das Projekt sieht sich damit also auch in der Tradition gemeinwesenorientierter diakonischer Arbeit. Im Folgenden möchte ich die konkrete Arbeit im und am Sozialraum in einigen der 15 Teilprojekte herausarbeiten und analysieren.

Da in der Literatur und in der Praxis der Begriff „Sozialraum" inflationär und uneindeutig verwendet wird, möchte ich zu Beginn zuerst die historische Entwicklung des Begriffs einführen und danach einige konzeptionelle Grundlagen zu Sozialraum und Sozialraumorientierung darlegen. Mein – stärker theorie-

---

[1]   Institut für Soziale Arbeit e.V. 2001.
[2]   Vgl. Evangelische Landeskirche in Württemberg 2007.

orientierter – Beitrag findet seine Fortsetzung in dem Aufsatz von Annette Noller über die Gemeinwesenarbeit in diesem Band.[3]

1.2 Historische Herleitung: Raum, Sozialraum, Sozialraumanalyse

Ende der Achtzigerjahre des letzten Jahrhunderts öffneten sich die Sozialwissenschaften sozialräumlichen Konzepten. Mit dem „Spatial Turn" wurde das soziale Gemachtsein von Räumen betont, nach und nach setzte sich die Erkenntnis durch, dass gebaute Räume „Skripte und Choreografien" des Handelns bereitstellen.[4] Mit dem Begriff des Sozialraums bzw. der „sozialräumlichen Besetzung" verbindet sich die Vorstellung, dass sich das Leben eines einzelnen Menschen in bestimmten Bereichen abspielt, die soziologisch als „Räume" bezeichnet werden. Indem der Mensch sich in diesen Räumen verhält bzw. in diesen lebt, „besetzt" er sie.[5] In komplexen Gesellschaften werden Räume aber nicht mehr nur von einer, sondern von mehreren, durch Interaktionen miteinander verbundenen Personen und von Institutionen besetzt, sodass auch von „sozialen" Räumen gesprochen wird.[6] Das Aneignen von sozialen Räumen stellt nach Helmut Becker und Michael May zugleich eine physische und mentale Tätigkeit dar, die sich auch in Abhängigkeit von gesellschaftlichen Erwartungen und den individuellen Bedürfnissen des Individuums oder der Gruppe vollzieht: „Durch praktisches Handeln in Form eines intervenierenden Prozesses zwischen den Gegebenheiten einer gesellschaftlich konstituierten Raumstruktur und den auf den Raum gerichteten Interessen der Subjekte wird das geschaffen, was wir Sozialraum nennen."[7]

Nach den Untersuchungen des französischen Soziologen Pierre Bourdieu gibt es in einer hierarchisierten Gesellschaft keine Sozialräume, die nicht die gesellschaftlichen Hierarchien und sozialen Distanzen (manchmal indirekt) widerspiegeln. Dementsprechend zeigt und vollzieht sich in angeeigneten Räumen Macht in „ihrer sicher subtilsten Form" als „symbolische und damit nicht-wahrgenommene Gewalt."[8] Besonders in architektonischen Räumen spiegelt sich diese symbolische Macht wider, da „deren stumme Gebote sich unmittelbar an den Körper richten."[9] In Sozialräumen können also auch Konflikte enthalten sein, deren Ursachen ganz woanders begründet liegen.

Der Sozialraum wird von handelnden Individuen konstruiert, er entsteht und wird gestaltet in der Interaktion von Menschen in spezifischen Lebenslagen. In

---

[3] Vgl. dazu Noller (Diakonat: Kirche im Sozialraum). Ihr sei an dieser Stelle für zahlreiche wichtige Hinweise gedankt!

[4] Vgl. Schubert 2012: S. 15–27.

[5] Vgl. Böhnisch/Münchmeier 1993: S. 22.

[6] Vgl. Böhnisch/Münchmeier 1993: S. 22.

[7] Becker/May 1987: S. 36.

[8] Bourdieu 1991: S. 26–27.

[9] Bourdieu 1991: S. 26–27, hier: S. 28.

der Sozialverwaltung fungiert Sozialraum als Steuerungsgröße, bei den Klienten der Sozialen Dienste meint Sozialraum deren alltägliche Lebenswelt, und für Sozialarbeiterinnen und Sozialarbeiter bzw. Diakoninnen und Diakone beschreibt Sozialraum ein Handlungsfeld.

Mit jener Feststellung, dass Sozialräume auch durch objektive Strukturen vordefiniert sind, stellt sich die Frage nach Chancen und Risiken, denen die Menschen im jeweiligen Sozialraum unterliegen. Mit dem Konzept der Lebensweltorientierung entwickelt eine sozialräumlich ausgerichtete Jugendarbeit einen speziellen „sozialräumlichen" Blick, der die Kompetenzen und Kenntnisse über Formen der (Raum-)Aneignung, der Bedürfnisse, der Ausdrucksformen und der Ressourcen im Auge hat. Sozialraumorientierung meint die Berücksichtigung des Raums mit all seinen Ressourcen und Hindernissen und soll in einem zweiten Schritt dazu dienen, dass Menschen und Institutionen Verantwortung für ihren Lebens- und Sozialraum übernehmen, selber aktiv werden und ihn mitgestalten. Dabei verfolgt das Konzept eine doppelte Perspektive: Es fungiert als Rahmenkonzept sozialpädagogischer Theoriebildung sowie sozialpädagogischer Praxis.[10] Dabei sind folgende Prinzipien von Bedeutung:

(1.) „Ausgangspunkt jeglicher Arbeit sind der Wille/die Interessen der leistungsberechtigten Menschen (in Abgrenzung zu Wünschen oder naiv definierten Bedarfen).

(2.) Aktivierende Arbeit hat grundsätzlich Vorrang vor beratender Tätigkeit.

(3.) Bei der Gestaltung von Arrangements spielen personale und sozialräumliche Ressourcen eine wesentliche Rolle.

(4.) Aktivitäten sind immer zielgruppen- und bereichsübergreifend angelegt.

(5.) Vernetzung und Integration der verschiedenen sozialen Dienste sind Grundlage für nachhaltig wirksame soziale Arbeit."[11]

Das Konzept der Sozialraumorientierung darf dabei nicht auf räumliche Aspekte oder Inhalte beschränkt werden, die fachlichen, handlungsmethodischen und personenbezogenen Implikationen dürfen nicht aus dem Blick geraten. Sowohl die objektive Lebenslage wie die subjektiven Lebensempfindungen werden entscheidend vom sozialen Raum geprägt und entfalten sich dort, „soziale Prozesse vollziehen sich in bestimmten sozialräumlichen Zusammenhängen."[12] Beide Dimensionen, die sozialökonomische Lebenslage (materielle Lebensbedingung) und die soziokulturelle Lebenswelt (soziale, kulturelle, psychische Bedingungen), fließen in das Konzept einer Sozialraumorientierung ein.[13]

Nach Thomas Olk werden in der heutigen Diskussion um Sozialraumorientierung in der Sozialen Arbeit die Konzepte der Lebensweltorientierung und der Gemeinwesenarbeit inhaltlich miteinander verknüpft.[14] Für die Zwecke der So-

---

[10]   Vgl. Becker/May 1987: S. 36.
[11]   Hinte 2010: S. 27.
[12]   Schröer 2005: S. 28.
[13]   Vgl. Schröer 2005: S. 27.
[14]   Vgl. Olk 2000: S. 10–27 und Institut für soziale Arbeit e.V. 2001.

zial- und Jugendhilfeplanung sind bei der Sozialraumorientierung empirisch mindestens drei unterschiedliche Ebenen zu differenzieren:

(1.) „die Grobstruktur eines Sozialraumes, die vorwiegend unter administrativen Gesichtspunkten gefasst und deren grundlegende, in quantitativen Werten erfassbare Sozialstruktur – je nach Differenzierungsgrad der in der Administration zugrunde gelegten Erfassungskategorien – analysiert werden kann;

(2.) die soziale Feinstruktur eines Sozialraums, die sich vorwiegend in den Praxiserfahrungen der in dem Sozialraum tätigen Akteure und in den Schwerpunkten ihrer Tätigkeiten abbildet und der man sich unter Beteiligung dieser Akteure am besten annähern kann;

(3.) die Lebenswelt der in dem Sozialraum lebenden Bürger oder bestimmter Zielgruppen, wobei ein Teil von deren Lebenswelt innerhalb des Sozialraums verankert ist und ein anderer Teil ihrer Lebenswelt sich außerhalb dieses Sozialraums befindet."[15] Hier können sowohl quantitative als auch qualitative Daten einbezogen werden. Um bis in die Lebensweltbeschreibungen der Bewohnerinnen und Bewohner eines Sozialraums vorzudringen, empfiehlt sich eine Vielfalt an Methoden (Methodenmix).

Für die konkrete sozialarbeiterische bzw. kirchlich-diakonische Praxis bedeutet dies eine „Orientierung an der menschlichen Erfahrung (…). Der Alltag oder die Lebenswelt der Adressatinnen und Adressaten mit deren subjektiven Deutungen, Schwierigkeiten und Möglichkeiten rückt als zentraler Ort sozialpädagogischen Verstehens und Handelns in den Mittelpunkt und verbindet sich als methodische Haltung mit dem emanzipatorischen Anspruch auf eine gelingendere Lebenswelt."[16]

1.3 Kirchen im Sozialraum

Neben den kommunalen Hilfesystemen sind es nicht zuletzt die (christlichen) Kirchen, die als „Akteure der Nachbarschaft" im Sozialraum präsent und aktiv sind. Die Kirche zeigt sich als ein wesentlicher Teil des Gemeinwesens, „die im Zwischenraum von Sozialem Raum, individuellen Menschen und ihren Problemen und den sozialen Institutionen Profil gewinnt."[17] Kirchen sind ein „natürlicher und organisatorischer Teil der sozialen Lebenswelt von Menschen (…) und bilden einen Aspekt ihrer biographischen Beheimatung."[18] Als eine „Akteurin im Sozialraum" formt die Kirche einen Teil einer lebendiger gewordenen Zivil- und Bürgergesellschaft mit und bietet dabei den Menschen Möglichkeiten zu vielfältigem sozialen Engagement. Dieses Engagement kann neben oder jenseits der

---

[15]   Institut für soziale Arbeit e.V. 2001: S. 17.
[16]   Reinl 2008: S. 113.
[17]   Bestmann 2012; vgl. zudem Roest 2010: S. 151–160.
[18]   Bestmann 2012.

kirchlichen Institutionen vonstattengehen. Bereits durch ihr Vorhandensein im Stadtteil haben Kirchen eine gesellschaftliche Relevanz, sie wirken für viele Menschen als Kristallisationspunkt und fungieren als gesellschaftlicher Stabilisator.[19] Diese Präsenz, diese Feinmaschigkeit von Kirchengemeinden wird im Zuge gesamtgesellschaftlicher Individualisierungs-, Pluralisierungs- und Anonymisierungsprozesse von zentraler Bedeutung sein. „Das Feld der Sozialraumorientierung ist (…) vom Begriff her und der Sache nach mit dem Arbeitsfeld der kirchlichen Gemeinwesenarbeit eng verbunden, denn beide wollen die Lebenssituation des Einzelnen im Gemeinwesen verbessern."[20] Beide Ansätze – Sozialraumorientierung und kirchliche Gemeinwesenarbeit – sind „mitgestaltende Faktoren einer Realität"[21] und müssen eng aufeinander bezogen werden. Freilich, im „Vorfeld einer sozialräumlichen Kooperation sollten Arbeitsformen, Aufgaben und Zuständigkeiten der verschiedenen Arbeitsfelder benannt und festgeschrieben und übersichtliche Kommunikationsstrukturen entwickelt werden."[22] Im kommunalen Kontext ist es die Sozialarbeiterin bzw. der Sozialarbeiter, die/der hier unterstützend tätig wird. Aus kirchlicher Sicht ist es daher unerlässlich, dass sich Diakoninnen und Diakone, Gemeindepädagoginnen und Gemeindepädagogen und andere Berufsgruppen heute mit einer beruflichen „Doppelqualifikation" von Religions-/Gemeindepädagogik und Sozialer Arbeit in beiden Welten (also in einer christlich-diakonischen und einer eher säkular-sozialarbeiterischen Welt) bewegen.

2.   Sozialraumanalysen im Projekt „Diakonat – neu gedacht, neu gelebt"

Im November 2008 wurden die Mitarbeiterinnen und Mitarbeiter der 15 Teilprojekte im Rahmen ihres Projekts „Diakonat – neu gedacht, neu gelebt", im Rahmen der Weiterentwicklung der örtlichen Projektziele, gebeten, eine Sozialraumanalyse in vier Modulen (Bevölkerung, Ort, Menschen, Zielgruppen [Einrichtung/Gemeinde/Angebot]) durchzuführen. Bei der Analyse der eingegange-

---

[19]   Vgl. Zellfelder 2010: S. 66–75.

[20]   Bestmann 2012. Es ist in der Literatur nicht unumstritten, eine so enge Verbindung zwischen Gemeinwesenarbeit (GWA) und Sozialraumorientierung (SRO) zu ziehen. Die GWA wurde als dritte Methode zwischen Einzelfallhilfe und Gruppenarbeit beschrieben (Boulet/Krauß/Oelschlägel 1980), ihre traditionellen Einsatzorte sind soziale Brennpunkte, Neubaugebiete, Sanierungsgebiete. Auch die GWA orientiert sich an den Ressourcen des Stadtteils und versucht, bedarfsgerechte Planung und Beratung zu installieren. Anfang der 1980er Jahre löste die SRO als „unverbrauchter" Begriff die GWA teilweise ab, heute sprechen nicht wenige von der Wiederentdeckung der GWA. In beiden Konzepten wird das Gemeinwesen zum Ort von Teilhabemöglichkeiten und Integrationsbemühungen. Ulrich Deinet bezeichnet die sozialräumliche Jugendarbeit und die GWA als: „Schwestern, aber keine Zwillinge" (Deinet 2011). Vgl. dazu auch den Text „Handlungsoption Gemeinwesendiakonie", der vom Diakonischen Werk der Evangelischen Kirche in Deutschland 2007 herausgegeben wurde (Diakonisches Werk der EKD 2007).

[21]   Bestmann 2012.

[22]   Wittke 2012: S. 206.

nen Materialien werden hinsichtlich methodischem Vorgehen, Umfang und Qualität große Unterschiede deutlich:

(1.) Die Qualität einer Sozialraumanalyse lässt sich wohl kaum an deren Seitenzahl ermessen, und doch soll der erste Blick dem Umfang und dem Aufbau der Sozialraumanalysen gelten: Neun der insgesamt 17 Sozialraumanalysen haben einen Umfang von drei bis zehn Seiten, zwei haben zwischen elf und 15 Seiten, sechs Sozialraumanalysen zeichnen sich durch eine größere Materialfülle (25–58 Seiten) aus.

(2.) Die erwähnten neun sehr kurzen Sozialraumanalysen erfassen vor allem sekundärstatistische Daten, die deskriptiv dargestellt, nicht aber kontextualisiert und analysiert werden. Was diese Zahlen über die tatsächlichen oder potentiellen Zielgruppen aussagen, wie sich diese Zielgruppen zum Sozialraum verhalten, was aus den Zahlen über künftige Konzeptionen herauszulesen ist (und was eben nicht aus diesen Zahlen herausgelesen werden kann), wird von den Diakoninnen und Diakonen nicht dargestellt.

(3.) Die meisten der neun Sozialraumanalysen thematisieren die stadt- bzw. kiezspezifische Darstellung kleinräumiger Strukturen; Probleme und Entwicklungsvorhaben bleiben hierbei aber lediglich an der Oberfläche.

(4.) Auch die Sozialraumanalyse eines weiteren Teilprojektes fasst überwiegend quantitative Daten, kann mit ihnen aber arbeiten und diese in den Projektkontext einfügen. So versucht der Diakon Ressourcen und Potentiale nachbarschaftlicher Hilfen, sozialer Netzwerke und bürgerschaftlichen Engagements in den Quartieren zu ermitteln und zu bewerten; er listet „intensive Kooperationen und Netzwerke" auf und stellt diesen „ausbaufähige Kontakte" gegenüber.

(5.) Die Sozialraumanalyse eines Teilprojektes geht den umgekehrten Weg, sie arbeitet mit qualitativen Daten und versucht, diese in das Teilprojekt hineinzuinterpretieren. Leider wird hier nicht ganz klar, woher die Diakonin ihre Daten hat bzw. mit welchen Daten sie arbeitet. Insgesamt sind die Sozialraumanalysen dieser letztgenannten Teilprojekte am aussagekräftigsten.

(6.) Mehr oder weniger unbelichtet bleibt bei fast allen Sozialraumanalysen die Darstellung von sozialer Ungleichheit und Unterversorgungslagen; spezifische Bedarfsgruppen werden wenn überhaupt nur angerissen. Was aus ihren Bedarfen aber für die konkrete Arbeit erwächst, wird weniger deutlich.

Als Sozialraumanalyse, die in mehreren Modulen den alltäglichen Lebensraum der Menschen, deren sozialstrukturelle Verhältnisse, Wohnumwelt, Bevölkerung, soziale Einrichtungen und Kommunikation sowie die Ressourcen und Schwächen der Zielgruppen auflistet, lassen sich die eingegangenen Materialien nur schwer bezeichnen. Ganz offensichtlich ist es in dieser frühen Phase des Projekts nicht gelungen, den Diakoninnen und Diakonen die Notwendigkeit einer Sozialraumanalyse, die Fragen an den Sozialraum sowie den methodischen Zuschnitt einer Sozialraumanalyse zu verdeutlichen. Die allermeisten Analysen bleiben an der Oberfläche, sie sammeln vereinzelt (sekundäranalytische) sozialstatistische Daten, können diese aber nur schwer kontextualisieren und weiterbearbeiten. Oftmals ist es in den Sozialraumanalysen der Teilprojekte nicht oder nur schwer gelungen, die Bedeutung der Daten für die eigene Arbeit im Sozialraum nutzbar zu machen. An die subjektiven Deutungen der Menschen, an ihre Verbundenheit zum Sozialraum bzw. an dessen Bewertung haben sich die wenigsten Teilprojekte herangewagt. Qualitative Daten, aus denen die subjektiven Sinnkonstruktionen und Sinndeutungen der Menschen ablesbar wären, wurden von den Teilprojekten nur vereinzelt erhoben und kontextualisiert. Empirie bezieht sich aber hier nicht auf eine bloße Anhäufung von Fakten, sondern sie meint einen „vorgängig arrangierten Sinnzusammenhang"[23]; das, was wir gemeinhin als Daten bezeichnen, „sind in Wirklichkeit unsere Auslegungen davon (…), wie andere Menschen ihr eigenes Tun und das ihrer Mitmenschen auslegen."[24] Zwar sind solche offenen, „weichen" Methoden auf den ersten Blick „weniger ‚exakt'; sie sind nicht imstande, präzise abgrenzbare Kategorien und Datenmengen bereitzustellen. Aber sie erweisen sich manchmal auf den zweiten Blick als ‚genauer', als wirklichkeitsadäquater."[25] Erst durch die Anwendung offener, qualitativer Verfahren wird ermöglicht, dass die Befragten selbst ihre Sicht der sozialen Wirklichkeit, ihre Sicht auf den Sozialraum entfalten, ihre subjektiven Werthaltungen, Perspektiven und Wissensvorräte einbringen können. Erst offene, qualitativ-interpretative Techniken eignen sich für die Erfassung komplexer kultureller Strukturen, ermöglichen es, die symbolischen Prozesse der Entstehung kultureller Formen und der in ihnen involvierten Bedeutungs-, Regel- und Sinnzusammenhänge aus der Binnenperspektive der Befragten zu erfassen, zu deuten und zu interpretieren.

Die Diakoninnen und Diakone tun sich offensichtlich schwer, eine Meta-Analyse ihres Sozialraums anzufertigen. Wie Annette Noller im folgenden Artikel zeigt,[26] interagieren sie in der konkreten Arbeit jedoch im Sozialraum sehr professionell. Eine reflexive sozialpädagogische bzw. sozialdiakonische Fachlichkeit umfasst aber immer beide Wissensformen: *Handlungswissen,* also im Handlungsvollzug der sozialpädagogischen bzw. sozialdiakonischen Praxis erworbenes und angewandtes Wissen, und *wissenschaftliches Wissen,* also in der akademischen Aus- und Weiterbildung erworbenes Wissen.[27] Hier brechen Handlungswissen und wissenschaftliches Wissen auseinander. Ob dies auf mögliche Defizite in der Ausbildung der Diakoninnen und Diakone hinweist oder ob die konkreten Bedingungen der Praxis die Arbeit in einer Art und Weise dominieren, dass sich die Schwerpunkte notwendigerweise anders strukturieren, wird zu prüfen sein.

---

[23]   Schindler 1984: S. 20.
[24]   Geertz 1987: S. 14–15. Schütz 1971: S. 68 spricht in diesem Zusammenhang von Konstruktionen ersten und zweiten Grades. Die Konstruktionen der Sozialwissenschaften „sind Konstruktionen zweiten Grades, das heißt Konstruktionen von Konstruktionen jener Handelnden im Sozialfeld, deren Verhalten der Sozialwissenschaftler beobachten und erklären muß".
[25]   Bausinger 1980: S. 18.
[26]   Vgl. dazu Noller (Diakonat: Kirche im Sozialraum) in diesem Band.
[27]   Vgl. Vahsen 2010.

Gleichwohl finden sich – wie oben erwähnt – auch Beispiele einer gelungenen Arbeit im Sozialraum, wie hier am Beispiel von Vernetzungen[28] aufgezeigt wird. Strukturelle Vernetzungen sind eine wichtige Grundlage diakonischer Arbeit, insbesondere wenn es um vielfältige Hilfen für Menschen in ganz unterschiedlichen Nöten geht. Das folgende Beispiel zeigt, wie viele Beziehungen zu Institutionen und Personen im kirchlichen und kommunalen Bereich seit Projektbeginn geknüpft oder erweitert wurden – Hilfesuchende profitieren hiervon erheblich.[29]

Ein anderes Projekt hatte großen Erfolg mit der Vernetzung von Hilfsangeboten. Die vielschichtige Problematik in den Familien erfordert eine sehr individuelle Hilfe und verschiedene Maßnahmen zur Stabilisierung und Unterstützung. Bei 16 Familien konnte die Diakonin durch den Aufbau eines Hilfenetzwerkes zusätzliche Hilfen und Träger einschalten, bei elf Familien konnte zwischen den Familien und den Ämtern vermittelt werden.

Themen/Anliegen in den Beratungen im Projekt Schwenningen		
Finanzen:		
Existenzsicherung	17	Familien
Finanzielle Zuwendungen aus Stiftungen	14	Familien
Vermittlung an Schuldnerberatung	5	Familien
Verbesserung der finanziellen Struktur	11	Familien
Vermittlung an diakonische Beratungsstelle	10	Familien
Vermittlung u. Begleitung bei Ämtern	10	Familien
Beratung:		
Psychosoziale Beratung	25	Familien
Seelsorgerliche Beratung	23	Familien
Rechtliche und sozialrechtliche Beratung	26	Familien
Vermittlung an medizinische Behandlung	7	Eltern
Vermittlung an psych. Behandlung	5	Eltern
Vermittlung an Jugendamt und soz.päd. Betreuung	5	Familien[30]

---

[28]   Vgl. dazu auch Eidt (Sozialkapital) in diesem Band.

[29]   Die Angaben zum Tübinger Teilprojekt sind dem (unveröffentlichten) Projektbericht Tübingen entnommen.

[30]   Die Angaben zum Schwenninger Teilprojekt sind dem (unveröffentlichten) Projektbericht Schwenningen entnommen.

Abbildung 1:   Vernetzung des Evangelischen Diakonats im Distrikt Oberes
               Neckartal

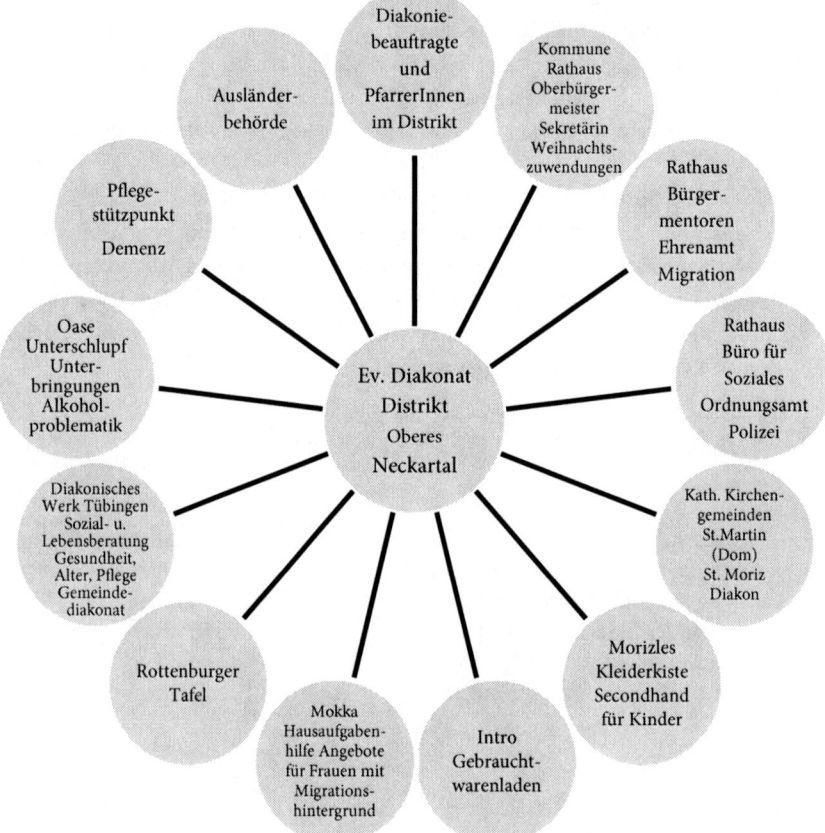

Hier zeigt sich noch einmal das Wirken vor Ort, das Einbeziehen und Nutzen
der unterschiedlichsten Hilfsangebote im Sozialraum. Freilich, aus den Zahlen
lässt sich nur herauslesen, welche Kontakte geknüpft bzw. Netzwerke hergestellt
wurden, die Qualität dieser Vernetzungen, die Problemlagen oder Erfolge lassen
sich aus solchen quantitativen Daten nicht herauspräparieren. Und doch sind die
durch das Netzwerk vermittelten Kontakte ein erster Erfolg eines sozialräumlichen Blicks. Wie Annette Noller in ihrem Aufsatz zeigt, ist die „diakonische
Bilingualität"[31], also die doppelte Qualifikation, eine Grundlage für gelingende
Vernetzungsarbeit im Sozialraum. Die diakonische Arbeit vor Ort in Vesperkirchen, Diakonieläden und Sozialkaufhäusern führt ebenso wie Mehrgenerationenarbeit dazu, dass Menschen, die im Gottesdienst und in der Kerngemeinde

---

[31]   Ein von Annette Noller in diesem Zusammenhang neu eingeführter Begriff.

nicht beheimatet sind, wieder Kontakt zur Institution Kirche und zu ihren persönlichen Glaubensfragen bekommen.[32]

3. Resümierende Aspekte

3.1 Professionelle Reflexionskompetenz

Wie zu Beginn des Aufsatzes gezeigt, besteht (nicht nur am Beispiel Sozialraum)
ein hoher Bedarf an „professioneller Reflexionskompetenz" (auch) in der sozialdiakonischen Theorie und Praxis.[33] „Hierzu sind theoretische Grundlagen eines
reflexiven Verständnisses ebenso wichtig wie die Transformation wissenschaftlicher Reflexion in die berufliche Praxis."[34] Eine solche „professionelle Reflexionskompetenz" wird nicht zuletzt in der „beruflichen Supervision", bei der Hilfeplanung und in der Beratung unabdingbar,[35] aber darüber hinaus eben auch in
wissenschaftlichen (Meta-)Evaluationen. Um diese Schwachstelle zu überbrücken, sollte über das Ausbildungskonzept neu nachgedacht werden. Es geht hierbei meiner Meinung nach aber weniger um curriculare Inhalte, sondern eher um
Vermittlungsformen. Ich kann Studierenden erklären, was ein Sozialraum und
was eine Sozialraumanalyse ist, oder aber ich kann sie eine solche durchführen
lassen. Einen Sozialraum gründlich wahrzunehmen, kann meiner Meinung nach
nur über einen konkreten Feld-Zugang funktionieren. Dabei ist zunächst die
Frage zu beantworten: Was ist der Sozialraum im jeweiligen Feld? Es kann ein
Stadtteil sein, eine Schule und ihre Umgebung, eine Kirchengemeinde oder auch
ein spezifisches Angebot, seine Zielgruppen und deren Lebensräume. Aber auch
hier nützen mir theoretische Wissensbestände weniger als konkretes Handlungswissen, welches vor Ort, in der Diskussion mit Menschen unter der Anwendung bestimmter Methoden generiert wird. Gemeinwesenarbeit müsse – so
Thomas Zippert – „nicht milieuspezifisch, sondern milieubewusst und milieusensibel" gedacht werden. Es gelte, das Gemeinwesen insgesamt in den Blick zu
nehmen und aus den Ressourcen des Gemeinwesens an dessen „Verantwortung"
erinnern zu können. Auch der Sozialraum müsse umfassender, nämlich „poli-
tisch, wirtschaftlich und bürger- und zivilgesellschaftlich" gedacht werden.[36] Um
dies einzulösen muss das Gemeinwesen, muss der Sozialraum in seiner ganzen
Komplexität erfasst und verstanden werden, und dies geht nur im praktischen
Tun. Hier sind grundlegende Fragen des forschenden Lernens aufgerufen, die in
einem Meta-Rahmen zu diskutieren wären. Es hat sich gezeigt, dass „[d]ie
Ubiquität des Wissensbezugs, genauer: des hervortretenden Konnexes zwischen

---

[32]   Vgl. dazu den Aufsatz von Annette Noller (Diakonat: Kirche im Sozialraum) in diesem Band.
[33]   Vgl. Dewe/Otto 2010.
[34]   Dewe/Otto 2010.
[35]   Vgl. Dewe/Otto 2010.
[36]   Zippert 2010: S. 187–188.

Wissensgenerierung einerseits mit Wissensvermittlung und Wissensaneignung andererseits, (…) die Erwachsenenbildung/Weiterbildung zunehmend aus[höhlt] und überführt (…) in das Lebenslange Lernen als die für die Wissensgesellschaft genuine Institutionalisierungsform des Lernens."[37] Unter dieser Prämisse sollten Ausbildungsinhalte und -methoden noch einmal neu diskutiert werden.

3.2 Praxeologisches Handlungswissen

Nachdem die Besetzung von Sozialräumen immer eine soziale Aktivität darstellt, ist die Interaktion und Kommunikation mit den Menschen vor Ort von entscheidender Bedeutung. Hier zeigen die Diakoninnen und Diakone hohe praxeologische Kompetenz: Vor Ort interagieren sie nach meinen Beobachtungen im Sozialraum kompetent und unerschrocken und können Klientinnen und Klienten motivieren, Kirche mitzugestalten und Verantwortung für spezifische Sachverhalte zu übernehmen. Wie am Beispiel Jugendarbeit und Schule gezeigt,[38] darf für bestimmte Milieus der Zugang zunächst kein kirchlicher bzw. missionarischer sein, hier muss sensibel agiert werden. Einen Zugang zu (benachteiligten) Klientinnen und Klienten zu finden, bedeutet zuallererst, ihre spezifischen Bedürfnisse zu berücksichtigen. Ein ressourcenorientierter Blick ist Ausdruck einer wertschätzenden Grundhaltung und ist eine unabdingbare Voraussetzung für alle weiteren Schritte. Eine wertschätzende Grundhaltung ist „gekennzeichnet durch die Bereitschaft, eigene Werthaltungen, Verhaltensmuster und Vorbehalte zu hinterfragen und sich ganz und gar auf die Familien einzulassen, d.h. sie kennen zu lernen, ihre Lebensentwürfe zu respektieren, mitzufühlen, zu unterstützen und zu aktivieren und gleichzeitig die eigene Parteilichkeit für die Interessen der Familien deutlich zu machen."[39] Eine solche „professionelle Nächstenliebe"[40] zu den „Geringsten" (Mt 25,31–46) ist eine Grundhaltung, die in allen konkreten Handlungsebenen und praktischen Handlungsbeispielen der Diakoninnen und Diakone zu entdecken und zu beobachten ist.

3.3 Diakoniewissenschaftliche Professionalität

Gerade die Schwierigkeit bei der Vermittlung von Theorie-Praxisbezügen oder anders ausgedrückt „zwischen der Sinnwelt der Professionellen" und der „Existenzwelt" der Klientel fordert die diakoniewissenschaftliche Ausbildung in besonderer Weise heraus.[41] Ganz offensichtlich hat das diakoniewissenschaftlich-theologisch-ethische Wissen in einer ausdifferenzierten, pluralen, individualisier-

---

[37]   Kade/Seitter/Dinkelaker ³2010: S. 209.
[38]   Vgl. Fliege (Jugendarbeit und Schule) in diesem Band.
[39]   Wittke 2012: S. 198.
[40]   Merz 2007: S. 281 mit Verweis auf Eugen Biser.
[41]   Vgl. Merz 2007: S. 273.

ten und säkularen Lebenswelt kaum professionelle Handlungsrelevanz, „wenn nicht gleichzeitig deren Umsetzung in konkreten Praxissituationen ausführlich trainiert wird"[42]. Theoretische Professionalität und Reflexionskompetenz sowie eine institutionelle Reflexionskultur müssen behutsam, aber kontinuierlich in das professionelle Handeln integriert und einbezogen werden. Zur Herausbildung eines stabilen beruflichen Selbstverständnisses müssen konsistente Problemlösungskompetenzen, die einen breiten Handlungsspielraum zulassen, vermittelt und verarbeitet werden. Zu solchen Kernkompetenzen gehört die Vermittlung zwischen Individuum und Gesellschaft, zwischen System und Lebenswelt, also „eine hohe Spezialisierung in der Sache, eine ausgeprägte Fachlichkeit verbunden mit einem fast unerschütterlichen Hoffnungspotential"[43]. Zu Recht fordert Rainer Merz am Ende seiner Dissertation, dass hier auch die subjektiven berufsbiografischen Konstruktionen, Deutungen und Sinngenerierungen der Diakoninnen und Diakone, also deren berufsbiografische Gestaltungsmodi und Handlungsmuster, weiter durch Forschungsvorhaben erfasst und ausgewertet müssen. Durch solche „abgesicherten Forschungsergebnisse" würde die Ausbildung von Diakoninnen und Diakonen „eine eigenständige Dignität" erhalten, damit könnte die empirische Basis „zur Entwicklung diakonischer Handlungsstandards" geschaffen und dem „Diskurs über die speziellen Aufgaben und Interventionsstrategien" sowie der Reflexionskompetenz von Diakoninnen und Diakonen eine „evaluative Komponente" hinzugefügt werden. Wenn das Projekt „Diakonat – neu gedacht, neu gelebt" dies bewirkt, muss einem um die Professionalisierung von Diakoninnen und Diakonen nicht bange sein.[44]

Literatur

Bausinger, Hermann (1980): Zur Spezifik volkskundlicher Arbeit. In: Zeitschrift für Volkskunde 76. Jg. S. 1–21.

Becker, Helmut/May, Michael (1987): „Die lungern eh' nur da rum". Raumbezogene Interessenorientierungen von Unterschichtsjugendlichen und ihre Realisierung in öffentlichen Räumen. In: Specht, Walter (Hg.): Die gefährliche Straße. Jugendkonflikte und Stadtteilarbeit. Bielefeld. S. 35–46.

Bestmann, Stefan (2012): Die Kirche im Dorf lassen? Verfügbar unter: http://www. sozialraum.de/die-kirche-im-dorf-lassen.php (05.10.2012).

Böhnisch, Lothar/Münchmeier, Richard (1993): Pädagogik des Jugendraums: Zur Begründung und Praxis einer sozialräumlichen Jugendpädagogik. Weinheim/München.

Boulet, Jaak/Krauß, Jürgen E./Oelschlägel, Dieter (1980): Gemeinwesenarbeit als Arbeitsprinzip: eine Grundlegung. Bielefeld.

Bourdieu, Pierre (1991): Physischer, sozialer und angeeigneter physischer Raum. In: Wentz, Martin (Hg.): Stadt-Räume. Frankfurt a.M./New York. S. 25–34.

---

42 Merz 2007: S. 273.
43 Merz 2007: S. 285.
44 Vgl. Merz 2007: S. 287.

Deinet, Ulrich (2011): Sozialräumliche Jugendarbeit und Gemeinwesenarbeit: Schwestern, aber keine Zwillinge! Verfügbar unter: http://www.sozialraum.de/sozialraeumliche-jugendarbeit-und-gemeinwesenarbeit.php (10.12.2012).

Dewe, Bernd/Otto, Hans-Uwe (2010): Reflexive Professionalität. Re-Professionalisierung im Zeitalter des Neoliberalismus. Verfügbar unter: http://www.bernddewe.de/forschungs berichte-im-erscheinen/reflexive-professionalisierung/index.html (05.11.2012).

Diakonisches Werk der Evangelischen Kirche in Deutschland e.V. (2007): Handlungs-option Gemeinwesendiakonie. Verfügbar unter: http://www.diakonie.de/Texte-2007-12-Handlungsoption-Gemeinwesendiakonie.pdf (03.11.2012).

Evangelische Landeskirche in Württemberg (2008): Diakonat – neu gedacht, neu gelebt. Das Angebot für Kirchenbezirke, Kirchengemeinden, Diakonische Einrichtungen, Landeskirchliche Werke und Einrichtungen und Freie Träger. Stuttgart. Verfügbar unter: https://www.service.elk-wue.de/download_document.php?f=785&t=2&fhash=43cc86114eb1ee96e616395e8fabe3ce8820d66e (23.12.2012).

Geertz, Clifford (1987): Dichte Beschreibung. Bemerkung zu einer deutenden Theorie von Kultur. In: Geertz, Clifford: Dichte Beschreibung. Beiträge zum Verstehen kultureller Systeme. Frankfurt a.M. S. 7–43.

Hinte, Wolfgang (2010): Von der Gemeinwesenarbeit zur Sozialraumorientierung. In: Herrmann, Volker/Horstmann, Martin (Hg.): Wichern drei – gemeindediakonische Impulse. Neukirchen-Vluyn. S. 25–30.

Institut für soziale Arbeit e.V. (Hg.) (2001): Expertise Sozialraumorientierte Planung. Begründungen, Konzepte, Beispiele. Verfügbar unter: http://www.eundc.de/pdf/00800. pdf (03.11.2012).

Kade, Jochen/Seitter, Wolfgang/Dinkelaker, Jörg ([3]2010): Wissen(stheorie) der Erwachse-nenbildung. In: Tippelt, Rudolf/Hippel, Aiga von (Hg.): Handbuch Erwachsenenbil-dung/Weiterbildung. Wiesbaden. S. 197–212.

Merz, Rainer (2007): Diakonische Professionalität. Zur wissenschaftlichen Rekonstruktion des beruflichen Selbstkonzeptes von Diakoninnen und Diakonen. Heidelberg.

Olk, Thomas (2000): Strukturelle und fachliche Konsequenzen der Sozialraumorientie-rung in der Jugendhilfe – Auswirkungen auf Träger, Adressaten und das Jugendamt. In: Schröder, Jan (Hg.): Sozialraumorientierung und neue Finanzierungsformen. Bonn. S. 10–27.

Reinl, Heidi (2008): Stationäre Drogentherapie im Spiegel professioneller Arbeitskon-zepte. Eine sozialpädagogische Fallstudie. Dissertation Universität Tübingen. Verfüg-bar unter: http://tobias-lib.ub.uni-tuebingen.de/volltexte/2008/3370 (16.10.2012).

Roest, Henk de (2010): Der diakonische Ort des Dazwischen. In: Herrmann, Volker/ Horstmann, Martin (Hg.): Wichern drei – gemeindediakonische Impulse. Neukir-chen-Vluyn. S. 151–160.

Schindler, Norbert (1984): Spuren in der Geschichte der „anderen" Zivilisation. Probleme und Perspektiven einer historischen Volkskulturforschung. In: Dülmen, Richard van/Schindler, Norbert (Hg.): Volkskultur. Zur Wiederentdeckung des vergessenen All-tags (16.–20. Jahrhundert). Frankfurt a.M. 1984. S. 13–77.

Schröer, Hubertus (2005): Zur Notwendigkeit sozialräumlicher Orientierung in der Kin-der- und Jugendhilfe. Verfügbar unter: http://www.dji.de/bibs/64_4974_Sozialraum orientierung.pdf (03.11. 2012).

Schubert, Herbert (2012): Die Gemeinwesenarbeit im gesellschaftlichen Wandel. In: Blandow, Rolf/Knabe, Judith/Ottersbach, Markus (Hg.): Die Zukunft der Gemeinwesenarbeit. Von der Revolte zur Steuerung und zurück? Wiesbaden. S. 15–27.

Schütz, Alfred (1971): Zur Methodologie der Sozialwissenschaften. In: Schütz, Alfred: Gesammelte Aufsätze I. Das Problem der sozialen Wirklichkeit. Den Haag. S. 3–110.

Vahsen, Friedhelm (2010): Rezension zu: „Bielefelder Arbeitsgruppe 8 (Hg.): Soziale Arbeit in Gesellschaft. Wiesbaden 2008." Verfügbar unter: http://www.socialnet.de/rezensionen/10052.php (05.11.2012).

Wittke, Verena (2012): Familien in benachteiligten Lebenslagen als Adressaten der Familienbildung. In: Lutz, Ronald (unter Mitarbeit von Corinna Frey) (Hg.): Erschöpfte Familien. Wiesbaden. S. 191–207.

Zellfelder, Paul-Hermann (2010): Gesellschaftsdiakonische Bedeutung von Kirchengemeinden. In: Herrmann, Volker/Horstmann, Martin (Hg.): Wichern drei – gemeinwesendiakonische Impulse. Neukirchen-Vluyn. S. 66–75.

Zippert, Thomas (2010): Gemeinwesenarbeit – Arbeit im „Milieu"? Zum Verhältnis von Gemeinwesenarbeit und Milieutheorie. In: Herrmann, Volker/Horstmann, Martin (Hg.): Wichern drei – gemeinwesendiakonische Impulse. Neukirchen-Vluyn. S. 177–190.

Annette Noller

Diakonat: Kirche im Sozialraum

1. Sozialraumorientierung in Diakonie und Kirchen

„Suchet der Stadt Bestes" (Jer 29,7). Dieser Vers aus dem Buch des Propheten Jeremia ist als Motto zu lesen über Artikeln, Predigten und Initiativen von Kirchengemeinden und christlichen Wohlfahrtsverbänden, die seit drei Jahrzehnten auf der Basis sozialwissenschaftlicher Methodologien im Sozialraum agieren.[1] In diesen Initiativen werden soziale Strategien rezipiert, mit deren Hilfe eine gerechte Teilhabe und eine ressourcenorientierte, solidarische Weiterentwicklung von Sozialräumen und Quartieren gestaltet werden soll.

Auch die Dienstaufträge im Projekt „Diakonat, neu gedacht – neu gelebt" wurden im Kontext sozialräumlicher Konzepte entwickelt. In den Projekten wurden gemeindepädagogische und religionspädagogische Arbeitsfelder mit der sozialen Arbeit von öffentlichen und freien Trägern vernetzt. Diakoninnen und Diakone arbeiten in Kooperationen mit öffentlichen und kommunalen Einrichtungen, mit Schulen, mit Vereinen und Selbsthilfegruppen, mit Kirchengemeinden und diakonischen Einrichtungen und auch mit marktorientierten, gewerblichen Anbietern zusammen.

Bereits in der Ausschreibung des Projekts wurde formuliert, dass die Konzeption der geförderten Projekte auf einem vernetzten Dienstauftrag der Diakoninnen und Diakone basieren soll und von einer Begleitgruppe aus Vertretern/Vertreterinnen verschiedener kirchlicher und nichtkirchlicher Institutionen unterstützt und beraten wird. Durch Vernetzung, so die damalige These, werden Kooperationen strukturiert, Hilfen zielgruppenübergreifend angelegt und soziale Räume samt ihrer Ressourcen erschlossen. Das Projekt steht damit im Kontext einer gemeinwesenorientierten diakonischen Arbeit, die in Kirche und Diakonie in den letzten drei Jahrzehnten verstärkt erprobt und erforscht wurde. Unter dem Titel „Wichern drei – gemeinwesendiakonische Impulse" veröffentlichten Volker Herrmann und Martin Horstmann 2010 einen Aufsatzband, in dem Sozialraumorientierung und Gemeinwesenarbeit sowohl methodisch als auch theologisch als Grundlage diakonischen Handelns reflektiert werden.[2] Die Publi-

---

[1]　So z.B. Landesbischof Ulrich Fischer in einer Meditation zum Symposium des Diakoniewissenschaftlichen Instituts der Universität Heidelberg (DWI) anlässlich des 140-jährigen Bestehens der Heidelberger Stadtmission. Vgl. Fischer 2002. Thomas Fliege hat die Bedeutung der Kirchen im Sozialraum aus sozialwissenschaftlicher Perspektive beschrieben. Vgl. Fliege (Diakonat, Sozialraum und Sozialraumanalyse) in diesem Band.

[2]　Herrmann/Horstmann 2010 (1). Zum Verhältnis von Gemeinwesenarbeit und Sozialraumorientierung vgl. Hinte 2010: S. 25–30, der das Konzept Sozialraumorientierung als eine Weiterentwicklung der Gemeinwesenarbeit sieht.

kation knüpft an Studien des Sozialwissenschaftlichen Instituts der EKD und des Diakonischen Werkes der EKD an.[3] Die sozialwissenschaftlichen Methoden werden für die christliche Praxis der Nächstenliebe rezipiert. Sie werden in der diakoniewissenschaftlichen Literatur und in der Diakonen-/Diakoninnenausbildung als fachlich angemessen angesehen und vermittelt.[4] Begründet wird die Anwendung sozialräumlicher Methoden unter anderem aus der Tradition der Diakonie. Demgegenüber hat Hans-Jürgen Benedict kritisch diskutiert, dass die soziale Stadtentwicklung ihren Ursprung nicht in den konservativen Traditionen der konfessionellen sozialen Arbeit hat. Die innovativen, sozialpolitischen Impulse gingen nach Benedict zunächst von der Sozialdemokratie aus.[5] Dennoch kann man sagen, dass bereits die Gründungsväter und -mütter der Diakonie – wenn auch unter konservativen politischen und kirchlichen Vorzeichen – mit ihrem diakonischen Handeln mehr im Sinn hatten als nur individuelle Hilfen zu leisten. Die Idee einer umfassenden, an christlichen Werten orientierten Erneuerung des Gemeinwesens gehört ebenso zu den biblisch fundierten, theologischen Grundannahmen diakonischer Arbeit wie die Hilfe zur Selbsthilfe und die menschengerechte Erneuerung von Quartieren.[6] Peter Neher, der Präsident des Caritasverbandes, sieht die Akteurinnen und Akteure der Freien Wohlfahrtspflege heute als „Teil des Gemeinwesens und der Zivilgesellschaft"[7].

Unter dem Begriff „Sozialraumorientierung" wurden in der Sozialen Arbeit Konzepte und Strategien wissenschaftlich evaluiert und diskutiert. Wolfgang Hinte hat 2010 resümierend fünf Prinzipien der Sozialraumorientierung formuliert,[8] die für die hier vorgelegte Auswertung der Daten aus dem Projekt „Diakonat neu gedacht – neu gelebt" zugrunde gelegt wurden:

(1.) „der Wille / die Interessen der leistungsberechtigten Menschen"[9],

(2.) der Vorrang aktivierender Arbeit vor betreuenden Angeboten,

(3.) „personale und sozialräumliche"[10] Ressourcenorientierung,

(4.) eine Gleichzeitigkeit von zielgruppen- und „bereichsübergreifend(en)"[11] Konzeptionen,

(5.) „Vernetzung und Integration der verschiedenen sozialen Dienste."[12]

---

[3]   Horstmann/Neuhausen 2010 und Diakonisches Werk der EKD 2002. Vgl. z.B. auch Eisert-Bagemihl/Kleinert 2000 und Strohm 1985: S. 401–413.

[4]   Vgl. dazu die Diskurse zur so genannten doppelten Qualifikation und die Kompetenzmatrix des VEDD (www.vedd.de) und Noller/Fliege 2013.

[5]   Benedict 2010: S. 47–48.

[6]   Neher 2011: S. 557–558.; vgl. auch Hermann/Horstmann 2010 (?): S. 9–16.

[7]   Neher 2011: S. 555.

[8]   Hinte 2010: S. 27.

[9]   Ebd.

[10] Ebd.

[11] Ebd.

[12] Ebd.

Diese fünf Prinzipien lassen sich in den Projekten und Projektberichten vielfältig identifizieren. Mit ihrer doppelten Qualifikation[13] sind Diakoninnen und Diakone einerseits auf der sozialwissenschaftlichen Seite methodisch für sozialräumliche Arbeit ausgebildet. Sie kennen und nutzen die Konzepte „Lebensweltorientierung", „Gemeinwesenarbeit" und „Sozialraumorientierung" für die Soziale Arbeit mit Klientinnen und Klienten und zur Gestaltung von sozialen Veränderungsprozessen im Sozialraum.[14] Diakoninnen und Diakone sind aber andererseits auch dazu ausgebildet und berufen, das Evangelium durch ihr soziales Handeln zu verkündigen. Sie sind dazu berufen, mit ihrem Handeln die Liebe Gottes in einem sich verändernden Gemeinwesen in Wort und Tat zu bezeugen und Menschen in sozialen Risiken auf der Grundlage eines biblischen Menschenbildes zu unterstützen und ihnen Hilfe zur Selbsthilfe zu ermöglichen. Sie sind aufgrund ihrer kirchlichen Berufung dazu beauftragt, als Amtsträger/-innen und als diakonische Professionelle an der Verwirklichung der biblischen Verheißungen vom Reich Gottes und seiner Gerechtigkeit im Gemeinwesen mitzuarbeiten.[15]

Diakoninnen und Diakone sind als kirchliche Amtsträger/-innen in sozialen Netzwerken, d.h. über die Strukturen der kirchlichen Parochien hinaus, tätig. Mit ihrem diakonischen Handeln gestalten die von der Kirche berufenen Professionellen nicht nur Sozialräume mit, sondern – so die diesem Artikel zugrunde liegende These – sie repräsentieren auch implizit oder explizit „die Kirche" im Sozialraum und damit an Orten und in Milieus, zu denen die pastorale Arbeit der Parochialgemeinde in der Regel wenig Zugang hat. Ausgehend von dieser These, die bereits wiederholt in der diakoniewissenschaftlichen Literatur formuliert wurde,[16] wurden Daten des Projektes zum Themenkreis Diakonat im Sozialraum erhoben und ausgewertet.

In der folgenden Darstellung der Ergebnisse wird nicht danach gefragt, *ob* das Konzept „Sozialraumorientierung" an sich hilfreich für diakonisches Handeln ist, sondern es wird insbesondere danach gefragt, *wie* sich die Anwendung des Konzeptes „Sozialraumorientierung" im spezifischen Handeln von Diakoninnen und Diakonen darstellt und welche Chancen und Herausforderungen sich für ein diakonisches Handeln von Gemeinden durch den Diakonat im Sozialraum ergeben. Auf der Basis theologisch-ekklesiologischer Literatur wird am Ende des Artikels danach gefragt, welche Perspektiven sichtbar werden für die Gestaltung von diakonischen Gemeinden im Gemeinwesen.

---

[13]   Vgl. Noller/Fliege 2013.

[14]   Dies gilt jedoch nur eingeschränkt für Diakoninnen und Diakone, die ihre Ausbildung vor der Jahrtausendwende an Fachschulen abgeschlossen haben. Zur kritischen Würdigung der sozialräumlichen Arbeit der Projektstelleninhaber/-innen aus der Perspektive der Sozialwissenschaften vgl. Fliege (Diakonat, Sozialraum und Sozialraumanalyse) in diesem Band.

[15]   Zur theologischen und ekklesiologischen Konzeption des Diakonenamtes vgl. July 2011: S. 41–52 und Noller 2013: S. 42–84.

[16]   Vgl. z.B. Götzelmann 2006 [2003]: S. 280–303; Noller 2008: S. 84–95, hier bes.: 92–95; neu dazu auch: Hempelmann 2012 (1) u. (2).

2. Methodisches Vorgehen: Ausgewertete Daten und Dokumente

Als Grundlage für die Evaluation dienten zwei Gruppendiskussionen in zwei Projekten.[17] Beide Teilprojekte erprobten und evaluierten die Vernetzung im Sozialraum mit sozialdiakonischer Intention. Während das eine Teilprojekt in Kooperation einer Schule mit kirchlichen und kommunalen Institutionen angelegt war, wurde das andere spezifisch für ein sozialdiakonisches Projekt (Diakoniekaufhaus/Tafelladen) in Kooperation zwischen Kirchengemeinden, diakonischer Bezirksstelle, Kommune und Gewerbeverband ausgerichtet. Die beiden Gruppendiskussionen, die in der Form einer „ermittelnden Gruppendiskussion" durchgeführt wurden,[18] wurden im zweiten Drittel des Projektes geführt, also in einer Phase des Projektes, in der die diskutierenden Begleitgruppen bereits länger zusammenarbeiteten und die Arbeit der Diakone und Diakoninnen bereits etabliert und bekannt war. Das Gespräch wurde aufgezeichnet und ausgewertet. Im Vordergrund der Befragung stand „die Erlangung von Informationen über die inhaltlichen Ergebnisse oder die gruppenprozessuale Generierung dieser Ergebnisse."[19] Ausgewertet wurden darüber hinaus eine Gruppendiskussion mit Ehrenamtlichen in einem der beiden oben genannten Teilprojekte und ein Interview mit einer Nutzerin desselben Teilprojektes.[20] Bei der Auswertung der ermittelnden Gruppendiskussion wurden sowohl die Meinungen und Einstellungen einzelner Teilnehmender als auch der gesamten Gruppe berücksichtigt. In der Auswertung wurde davon ausgegangen, dass sich in den wiederkehrenden verdichteten Passagen der Gruppendiskussion und des Interviews kollektive Erfahrungen bzw. „kollektive Orientierungsmuster"[21] beobachten lassen. Zugrunde gelegt wurden dieser Darstellung darüber hinaus die Projektberichte der Projektstelleninhaber/-innen der fünfzehn Teilprojekte. Diese wurden nach Textpassagen durchgesehen, die die oben dargestellten fünf Merkmale der Sozialraumorientierung aufwiesen. Sie wurden nach inhaltsanalytischen Methoden ausgewertet[22] und mit den verdichteten Passagen der Gruppendiskussionen abgeglichen. Auszüge aus Textpassagen der Projektberichte werden paradigmatisch zitiert. Es stehen in diesem Artikel also verdichtete Auswertungen von Gruppendiskussionen neben summarischen, stärker inhaltsanalytischen Beobachtungen aus den Gruppendiskussionen und Projektabschlussberichten.

Ein zweiter Auswertungsstrang zur Erhebung von Daten zu der oben genannten These wurde zum Thema „diakonische Gemeinde" verfolgt. Dazu wurde eine

---

17 Die Gruppendiskussionen wurden von Thomas Fliege und Annette Noller durchgeführt.
18 Lamnek ⁴2005: S. 416. Diese Form der Befragung wird auch „Gruppenbefragung" genannt; vgl. die methodologische Übersicht in der Einleitung und dort verwendete Literatur.
19 Lamnek ⁴2005: S. 416.
20 Dieses Interview wurde von dem Diakon des Teilprojektes im Zuge der projektbezogenen sozialwissenschaftlichen Tiefenbohrungen selbst durchgeführt und dokumentiert.
21 Lamnek ⁴2005: S. 413. Zu methodologischen Überlegungen vgl. ausführlicher Noller (Diakonat und Seelsorge) in diesem Band.
22 Zur Inhaltsanalyse vgl. Lamnek ⁴2005: S. 500. Zum gesamten Zusammenhang ebd.: S. 478–546.

Gruppendiskussion unter Diakoninnen und Diakonen ausgewertet.[23] Ausgewertet wurden zum Thema „diakonische Gemeinde" auch die Einträge in das Projekttagebuch zu zwei Fragen, die spezifisch zu diesem Thema gestellt worden waren. Die Einträge zur diakonischen Gemeinde wurden mit den Beobachtungen aus der Analyse zu den sozialräumlichen Strategien verglichen und in einen gedanklich vergleichenden Zusammenhang hinsichtlich ihrer Argumentationsstruktur und hinsichtlich ihrer theologischen Begründungen gebracht.

Das Datenmaterial gibt also einerseits die Selbstdeutungen der Diakoninnen und Diakone mit ihren gemeinsam geteilten Deutungs- und Orientierungsmustern wieder. Es gibt andererseits aber auch die Wahrnehmungen von Begleitgruppen und Kooperationspartnern/-partnerinnen vor Ort wieder, die einen externen Blick auf die Arbeit der Projektstelleninhaber/-innen möglich machen. Außenperspektiven werden auch in den Projektberichten der Projektstelleninhaber/-innen ausgewertet und zitiert.[24]

3.   Beobachtungen zum Thema „Diakonat und Sozialraum"

3.1 Beobachtungen zu Wechselwirkungen und Synergien zwischen dem Arbeitsprinzip Sozialraum und dem diakonischen (Dienst-)Auftrag

Der erste Auswertungsstrang zu dem hier evaluierten Fragenkomplex befasst sich mit dem Thema „Diakonat im Sozialraum". Beobachtet wurde, dass die vernetzte Arbeitsweise in den hier ausgewerteten Daten regelmäßig als sinnvoll und dem diakonischen Auftrag entsprechend dargestellt wurde. Sie wird – z.B. von den Verantwortlichen der kooperierenden Schulen – als fachlich angemessen beschrieben zur Unterstützung und Befähigung der Schülerinnen und Schüler.[25] Die Diakoninnen und Diakone selbst sind der Auffassung, dass sie sich an der Selbstbestimmung bzw. dem Willen und den Ressourcen der Betroffenen orientieren. Sie sehen Klienten/Klientinnen theologisch gesprochen als „Ebenbild Gottes" und wollen den Gesprächspartnern/-partnerinnen „auf Augenhöhe" begegnen.[26] Sie verstehen ihre Funktion als „Brückenbauer/-innen" und „Milieuüberschreiter/-innen"[27], als fachlich kompetente und aktivierende Unterstützungsleistung. Dabei werden z.B. in der Seelsorge nicht nur individuelle seelsorgerliche Fragen auf der Grundlage pastoralpsychologischer Gesprächsführungs-

---

23   Diese Gruppendiskussion wurde bei einem Auswertungstreffen des Projektes 2012 in Beutelsbach im zweiten Drittel der Projektlaufzeit von einer Studentin der Evangelischen Hochschule Ludwigsburg durchgeführt.

24   Darauf verweisen etwa die Projektberichte aus zwei Teilprojekten.

25   Vor allem in den „ermittelnden Gruppendiskussionen" und in Projektberichten.

26   Vgl. dazu auch Beispiele aus der Seelsorge: Noller (Diakonat und Seelsorge) in diesem Band.

27   Vgl. dazu Noller (Diakonat und Seelsorge) in diesem Band und Schulz (Diakonisches Arbeiten an den Rändern) in diesem Band und Schulz/Hauschildt/Kohler 2010. Vgl. auch die in Kooperation mit dem Sinus-Institut durchgeführte Studie von Heinzpeter Hempelmann für Württemberg: Hempelmann 2012 (1) und Hempelmann 2012 (2).

methoden besprochen, sondern es werden auch die Ressourcen aus der Familie, der Nachbarschaft und den vernetzten Institutionen und Initiativen des Sozialraums aktiviert, um Menschen in Krisen und prekären Lebenssituationen zu unterstützen. Auch die Kirchengemeinde ist nach Ansicht der Projektstelleninhaber/-innen Teil dieses professionellen Netzwerkes und wird mit ihren Ressourcen für die Klienten/Klientinnen aktiviert. Wiederholt wird der Vorzug der vernetzten Arbeit von den Diakoninnen und Diakonen geschildert. In den hier gesichteten Dokumenten wird wiederkehrend anhand von Fallbeispielen die Arbeitsweise narrativ erläutert. Drei Beispiele aus den Projektberichten können die Selbstdarstellung und Selbstinterpretation der Projektstelleninhaber/-innen verdeutlichen:

(1.) Eine Vesperkirche vernetzt die Kirchengemeinde und ihren Bezirk hinein in den Sozialraum. In der Vesperkirche begegnen sich Kirchenferne und Kirchenverbundene. Begegnungen über Milieugrenzen hinaus werden möglich und dienen zur sensibleren gegenseitigen Wahrnehmung auf Augenhöhe und zur Erfahrung von Gemeinde in Gemeinschaft – auch für Menschen, die sonst nicht zur Kirche kommen. Das niedrigschwellige Angebot der Vesperkirche eröffnet Wege in die Sozialberatung der Diakone/Diakoninnen in prekären gesundheitlichen, sozialen und seelischen Risiken und damit in die institutionelle Sozialberatung von freien Trägern, Kirchen und Kommunen. Die Klienten/Klientinnen werden in ein Hilfenetz von Selbsthilfegruppen und Beratungsstellen vermittelt. In den Gesprächen mit Vertretern/Vertreterinnen der Kommune werden sozialrechtliche und sozialpolitische Fragen diskutiert. Die sozialdiakonischen Projektorte sind Orte, an denen Menschen ihre eigenen spirituellen und persönlichen Kompetenzen erleben können und zur Gestaltung von Räumen im Gemeinwesen ehrenamtlich und als Nutzer/-innen beitragen.

(2.) Eine christliche Familie aus dem nichtchristlichen Kulturraum erhält nicht nur seelsorgerliche Unterstützung, sondern auch Begleitung in Rechts- und Alltagsfragen: Eine Wohnung wird gefunden, der Aufenthaltsstatus geklärt, eine Arbeitsstelle wird vermittelt und Zuschüsse für Aktivitäten der Kinder werden organisiert. Teilhabe und Gemeinschaft werden in Aktivitäten, in denen die Familie andere an ihrem interkulturellen Wissen teilhaben lassen kann, in einer Kirchengemeinde und in Gottesdiensten gemeinsam gestaltet.

(3.) Ein muslimischer Vater, dessen Frau gestorben ist, verweigert den Erzieher/-innen und dem Jugendamt das Gespräch. Die Diakonin, die im Rahmen des Projekts arbeitet, erhält Zugang zur Familie. Der Vater vertraut der Amtsträgerin, weil sie von der Kirche kommt. Die Diakonin kann in der prekären sozialen und seelischen Situation die Sozialberatung und die Seelsorge aufnehmen und diverse sozialstaatliche Hilfen und auch Unterstützung aus der Kirchengemeinde ermöglichen.[28]

---

[28] Vgl. Noller/Eidt/Schmidt 2013: S. 9.

Die Vernetzung zwischen kirchlichen und sozialstaatlichen Institutionen und die Nutzung des öffentlichen Raumes (z.B. auch Gewerbeverband oder Öffentlichkeitsarbeit, Selbsthilfegruppen und Kirchengemeinden) werden in den Projektberichten und in den Gruppendiskussionen übereinstimmend als fachlich angemessene Methoden eingeschätzt, um Betroffene in der Entwicklung von Lösungswegen und zur Bewältigung von persönlichen Krisen zu unterstützen. Aus den zahlreichen typisch wiederkehrenden Beispielen wird paradigmatisch aus einem Projekt zitiert, das in der Vernetzung einer diakonischen Einrichtung mit Selbsthilfegruppen und Institutionen der Sozialberatung in der persönlichen Seelsorge mit Betroffenen konzipiert ist. In einer Reflexion ihrer Arbeit schreibt die Diakonin:

Diakonin:[29]	Oft gibt es dann erstaunliche Möglichkeiten, die Kirche und Diakonie haben, und seien es zunächst auch nur die Weihnachtsgeschenke, die eine Gemeinde bedürftigen Familien ermöglicht, und zwar genau diesen Lego-Bagger, den sich das Kind wünscht. Oder dass man ein Kind in eine Trauergruppe vermittelt, in der es sich austauschen kann in seiner Art über seinen Schmerz. Besonders die Kinder fühlen unmittelbar, dass „nichts mehr verlässlich" ist, dass der Lebensbezug verschwinden kann, dass der Tod alles zerstört, was einen zentralen Teil ihres Lebens ausgemacht hat. Und schließlich werden die sozialstaatlichen Hilfeangebote einbezogen, z.B. wird eine Familienpflegerin über das Jugendamt organisiert, die Schulsozialarbeit einbezogen, eine Kur beantragt usw. Hier ist das Ziel, Teilhabe zu ermöglichen in der Gesellschaft und möglicherweise auch in der Kirche, die sich unter anderem mit dem demographischem Wandel, Migration und Armut auseinandersetzen. Ein Projekt (…) kann auch Teil der Organisationsentwicklung einer Kirche sein, die von den Menschen lernt.

(Persönliche Reflexion einer Diakonin)

Der diakonische Auftrag wird nach Ansicht der Projektstelleninhaber/-innen durch sozialräumliche Methoden auch dann unterstützt, wenn für Schülerinnen und Schüler aus prekären Lebenssituation Spenden aus einer Kirchengemeinde eingeworben werden, um damit ein Mittagessen unbürokratisch für diejenigen zu finanzieren, deren Eltern den Weg durch die Beantragung bei den Institutionen nicht bewältigen. Von Eltern, die bei Anträgen bei kommunalen Ämtern an Grenzen kommen, wird das niedrigschwellige Beratungsangebot des Diakons/

---

29 Um die Anonymität der Projekte und der Projektstelleninhaber/-innen zu wahren, wird in diesem Artikel unabhängig davon, ob die zitierten Personen Männer oder Frauen sind, die weibliche oder männliche Form für die Diakone/Diakoninnen gewählt. Namen und Geschlecht von den aus den Projekten zitierten Personen wurde aus demselben Grund verändert.

der Diakonin an der Schule geschätzt. Die Vernetzung und Verortung im Gemeinwesen unterstützt nach Darstellung der Projektstelleninhaber/-innen Schüler/-innen in ihrer Persönlichkeitsentwicklung. Von Schulleitern/Schulleiterinnen wird z.b. gewürdigt, dass die Vermittlung von Jugendlichen in ein (kirchliches) Projekt im Rahmen einer Jugendbegleiterausbildung zur Entwicklung des Selbstwertgefühls und zur Selbsterfahrung von Verantwortungsübernahme führt.[30] Die sozialräumliche Arbeitsstrategie fördert nach Aussagen von Verantwortlichen an Schulen nicht nur die Persönlichkeit der Betroffenen, sondern sie nutzt auch die Ressourcen des Gemeinwesens. In diesem Zusammenhang werden in den Projektberichten und Gruppendiskussionen von den Projektstelleninhabern/-inhaberinnen, von den Personen der Begleitgruppen der Projekte, aber auch von externen (Schulleitenden, Vertreter/-innen von Kommunen) wiederholt Kirchengemeinden als unterstützende Kooperationspartner/-innen genannt, die mit ihren Ressourcen (Spenden, Räume, Gruppen und Kreise, Ehrenamtliche, Pfarrer/-innen als Multiplikator/-innen und Ansprechpartner/-innen, kirchliche Öffentlichkeitsarbeit) als hilfreiche Kooperationspartner/-innen gesehen werden.[31]

Paradigmatisch sei hier ein Verantwortlicher einer Schule zitiert, der den Diakon als „*Schulsozialarbeiter*" bezeichnet:[32]

| Verantwortliche einer Schule: | [Das war] der Anlass, diese Kooperation mit dem Kirchenbezirk einzugehen, weil ich da eben auch genau diese Synergieeffekte erwartete. Dass die Schulsozialarbeiter, wenn die jetzt so unterschiedliche Dienstaufträge haben (…) dann auch in anderen Umfeldern, sei es Kirchengemeinde oder später im Street-Work-Bereich dann eben auch dieselben Jugendlichen haben (…) Dass z.B. Schüler die … [der Diakon] hier kennengelernt hat, plötzlich dann durch die Beziehung, die hier in der Schule entstanden ist, dann auch Schüler im Konfirmandenunterricht dann ganz anders wahrgenommen hat. Und auch Schüler dann hier sich wieder ganz anders gezeigt haben wie … [er sie] im Konfirmandenunterricht erlebt hatte. Dass also gerade da auch persönlichkeitsbildende Prozesse stattgefunden haben, die verstärkt wurden durch die Beziehung, die der Schüler in unterschiedlichen Bereichen plötzlich wahrnimmt. |

(Gruppendiskussion/Begleitgremium Schulsozialarbeit)

---

[30]   Vgl. auch den Artikel von Thomas Fliege (Jugendarbeit und Schule) mit Ergebnissen aus dieser Perspektive.

[31]   Kritisch dagegen sieht Bauch die Rolle der Kirchengemeinden als Kooperationspartner der Kommune. Vgl. Bauch 2013.

[32]   Zur Sichtbarkeit der Profession und des Amtes der Diakone/Diakoninnen vgl. Noller/Fliege 2013 und zu den institutionellen Konfliktlinien s. unten.

Die Erschließung von Ressourcen im Sozialraum geschieht auf unterschiedlichen Wegen durch die diakonischen Professionellen. Sie kann auch durch eine Öffentlichkeitsarbeit sowohl in Kirchenbezirken als auch in öffentlichen Medien aufgebaut werden. Ein Teilprojekt hat auch in diesem Bereich Erfahrungen gesammelt.

3.2 Diakonat und „professionelle" Bilingualität: Professionelle Voraussetzungen zur Erschließung von Sozialräumen

Die Arbeit von Diakoninnen und Diakonen im Sozialraum basiert nach deren Selbsteinschätzung und nach Aussage von Personen aus ihren Projektbegleitgruppen auf einer doppelten Sprachkompetenz: Einer theologischen, ethischen Kompetenz und einer sozialwissenschaftlichen Professionalität. Der Diakon/die Diakonin tritt nicht nur auf in der „Rolle des Anwalts für den Schüler"[33], sondern er/sie besitzt auch einen Glaubenshintergrund und eine Wertorientierung, die von den Verantwortlichen und Kooperationspartnern/-partnerinnen der Projektstelle gewürdigt wird. Zitiert wird noch einmal aus der Gruppendiskussion in einem vernetzten Schulprojekt. Wieder bezeichnet der Verantwortliche der Schule den Diakon als Schulsozialarbeiter. Trotz der Vermeidung der kirchlichen Amtsbezeichnung werden der kirchliche Anstellungskontext und die theologische Kompetenz wertschätzend wahrgenommen und beschrieben.

| Verantwortliche einer Schule: | Dann auch gerade der kirchliche Hintergrund als Träger, der Kirchenbezirk und der Glauben, den die Schulsozialarbeiter auch mit in ihr Geschäft hinein tragen, hat dazu geführt, dass zum Beispiel zu Weihnachten, in der Adventszeit, dann auch in den großen Pausen unten, adventliche Besinnung stattfindet. Oder z.B. auch Abschlussgottesdienste zum Ende des Schuljahres oder Anfangsgottesdienste zu Beginn des Schuljahres dann von den Schulsozialarbeitern mit vorbereitet wurden zusammen mit den Religionslehrern. Da haben die sich dann auch eingebracht aufgrund ihres dreißigprozentigen Auftrages von der Kirche her. Wir haben als Schule auch ein Krisenteam, wie es ja allen Schulen aufgegeben ist. Da haben wir auch [Name der Person] mit drin, der dann für diesen seelsorgerischen Bereich … [mitwirkt]. |

(Gruppendiskussion/Begleitgremium Schulsozialarbeit)

---

[33]   Zitat aus der Gruppendiskussion/Begleitgremium Schulsozialarbeit.

Wiederkehrend wurde sowohl in den inhaltsanalytischen Auswertungen der Projektberichte als auch in den rekonstruktiven Auswertungen der Gruppendiskussionen deutlich, dass das professionelle Handeln der Projektstelleninhaber/-innen insbesondere durch ihre „Bilingualität" oder doppelte Qualifikation geprägt wird. Als Diakon/-in im Sozialraum zu arbeiten, setzt die Fähigkeit von kirchlich berufenen Professionellen voraus, sich sowohl in der *„Geheimsprache"*[34] der kirchlichen Gremien, insbesondere der Pfarrer/-innenschaft, auszudrücken und kommunizieren zu können, als auch in den öffentlichen, sozialen, schulischen und privatgewerblichen Gremien, Netzwerken und Orten eines Sozialraumes. Der Diakon/die Diakonin bewegt sich in verschiedenen Milieus und Sprachwelten mit ihren jeweiligen fachlichen Fragestellungen. Er/sie vernetzt Arbeitsfelder der Diakonie und Kirche dadurch professionell im Sozialraum mit den kirchlichen und diakonischen Trägern. Das wird paradigmatisch in dieser Äußerung eines Mitglieds der Begleitgruppe eines sozialdiakonischen Projekts erkennbar:

Mitglied Begleitgremium:	Also es ist jetzt nicht nur das Projekt Diakonie oder diakonische Gemeinde, das mal weiterzuverfolgen im Rahmen wieder dieses Projekts sozusagen, wo es dann um dieses Forum Diakonie gehen soll im Januar, sondern es sind viele und da möchte ich eigentlich auch weg nur von der kirchlichen Gemeinde, sondern die bürgerliche Gemeinde … Wirtschaftsunternehmen und so weiter, die diakonisch mit einzubinden, da Vernetzungen … herbeizuführen, sodass man zum Beispiel eben mit diesem Diakonieladen mittlerweile ganz normal im Gewerbeverein mit drin sind als Mitglied.

(Gruppendiskussion/Begleitgremium Diakoniekaufhaus)

Eine vertiefte Analyse der beiden Gruppendiskussionen zu diesem Themenkomplex ließ erkennen: Die sozialwissenschaftliche Fachlichkeit wird hinsichtlich des Organisationswissens, aber auch hinsichtlich der sozialrechtlichen, arbeitsrechtlichen sowie pädagogischen Kompetenzen der Diakone und Diakoninnen gewürdigt. Durch die Arbeit des Diakons/der Diakonin werden nicht nur Vernetzungen im Sozialraum geschaffen, sondern das Ziel der diakonischen Arbeit ist es auch, an diakonisch-sozialen Veränderungsprozessen im Gemeinwesen mitzuwirken, den sozialen Raum mitzugestalten als Diakonie und Kirche. Eine Verantwortliche aus einer Begleitgruppe äußert sich folgendermaßen dazu:

---

[34]   Gruppendiskussion/Begleitgremium Diakoniekaufhaus.

Verantwortliche Begleitgremium:	Und das Zweite ist einfach, da geht es jetzt weniger um dieses Diakonische, Theologische, sondern einfach auch um dieses wirklich … ja … man muss schon auch … ein gewisses Know-how haben … es ist soweit, dass im Prinzip jetzt der Landkreis auf uns zugeht und fragt: ‚Wie kann man dies oder jenes machen?‘ Und was sein [des Diakons] Vorteil ist einfach, er kann sich da einlesen, er kann sich da einarbeiten. Er hat sich die Kompetenzen aneignen und hat jetzt auch zusammen mit mir so quasi ein Grundlagenpapier geschaffen, für ein Beschäftigungsmodell, wo nicht Arbeitslosigkeit, sondern Arbeit finanziert wird.

(Gruppendiskussion/Begleitgremium Diakoniekaufhaus)

Als bedeutsam wird auch die Fähigkeit eingeschätzt, in der Kommunikation mit unterschiedlichen Kooperationspartnern/-partnerinnen und Zielgruppen jeweils sprachfähig zu sein. Das gilt für die kirchlich sozialisierten ehrenamtlichen Mitarbeitenden ebenso wie für die sozialen und jugendlichen Zielgruppen. Paradigmatisch wird das in diesen Passagen der Gruppendiskussion aus dem sozialdiakonischen Projekt deutlich:

Verantwortliche Begleitgremium:	Egal, ob das Gespräch mit einem Pfarrer, Gespräch mit Ehrenamtlichen, die, weil sie bei uns arbeiten, immer auch dieses Spirituelle suchen … der Kirche. Und da ist er einfach im Vorteil gegenüber mir als … Sozialarbeiter.

Und an anderer Stelle:

Verantwortliche Begleitgremium:	(…) Da möchte ich einhaken. Daran kann man beschreiben, was seine Fähigkeit ist. Er kann einfach … also … die Personen, das sind im Prinzip [Beschäftigte des sozialdiakonischen Projekts], denen wir wieder Strukturarbeitsalltag geben … was er gemacht hat und konnte, diesen Ehrenamtlichen klar machen wie wichtig sie für die andere Seite sind. Ja. Was sie ihnen mit ihren Fähigkeiten, mit ihren Biographien, was sie der anderen Seite beibringen können. Was sie im Prinzip als die Gottes (unverständlich) den anderen dienen können und die davon profitieren können. Das heißt, er konnte einmal sozialpädagogisch, aber natürlich auch im Sinne von Diakonie, theologisch, klarmachen wie wichtig … diese Leute, also die Ehrenamtlichen für die [im sozialdiakonischen Projekt Beschäftigten] sind. Da kann ich mich noch an eine Sitzung hier erinnern, wo genau das passiert ist. Und die sind aus der Sitzung raus, und zuvor war da ein bisschen Abstand zu diesen Leuten und grad so: ‚Die nehmen uns alles

> weg.' Und dann hat sich das gedreht. Und als man dann zwei
> [Personen] auch noch einen Job für dauerhaft, die bei uns
> jetzt arbeiten, die da mit Tränen in den Augen einen Arbeits-
> vertrag bekommen haben, dann ... war das im Prinzip der
> Lob für unsere Ehrenamtlichen. Ja. Und das dann auch noch
> so darzustellen, das ist seine Fähigkeit gewesen. Da kann man
> es gut festmachen.
>
> (Gruppendiskussion/Begleitgremium Diakoniekaufhaus)

Aus der inhaltsanalytischen Auswertung weiterer Dokumente aus den sozialdiakonischen Projekten wurde deutlich, dass die Arbeit für Ehrenamtliche und mit
ihnen, insbesondere die Zusammenarbeit mit Menschen aus den als „randstän-
dig" wahrgenommenen sozialen Milieus, mit Herausforderungen verbunden ist.
Dokumentiert sind auch in den hier nicht vertieft ausgewerteten Gruppendiskussionen und Interviews Äußerungen von ehrenamtlichen Mitarbeitenden über
Erinnerungen an frühere Zeiten, in denen man noch selbstbestimmt nur mit
dem eigenen, vertrauten Mitarbeitendenstamm arbeitete. Dokumentiert wurden
Äußerungen, die zeigen, dass es noch zu bewältigende Aufgaben gibt in der
Schulung und Zusammenarbeit mit Menschen aus den verschiedenen sozialen
Schichten und Milieus. Eine Herausforderung zeigte sich in der Zusammenarbeit
durch Verhaltensweisen und Äußerungen von Mitarbeitenden – insbesondere
von kirchenfernen –, die als nicht mehr konform mit kirchlichen Wertmaß-
stäben empfunden wurden. Trotz dieser Problemanzeigen wird die Arbeit der
Diakone/Diakoninnen im sozialdiakonischen Projekt positiv und als wegwei-
sende Weiterentwicklung der bisherigen sozialdiakonischen Arbeit der Gemeinde gewertet.

Ehrenamtliche sind in den diakonischen Projekten stark herausgefordert. Die
Kommunikation mit Menschen aus sehr unterschiedlichen Milieus wird sowohl
von den hauptamtlichen wie den ehrenamtlichen Mitarbeitenden als auch von
den Kunden/Kundinnen und Nutzern/Nutzerinnen nach deren Eigenaussage als
verbesserungswürdig angesehen.[35] Die ehrenamtlichen Mitarbeitenden im Projekt bringen zugleich einen hohen ethischen Anspruch an ein christliches Projekt
ein. Die Ziele und Konzeptionen eines diakonischen, d.h. christlichen Projektes
werden diskutiert.

Festhalten kann man im Blick auf die zwei ermittelnden Gruppendiskussionen mit Verantwortlichen, die Gruppendiskussion mit Ehrenamtlichen und das
Interview, die teilweise vertieft ausgewertet wurden: Die Diakone/Diakoninnen
werden in ihrem beruflichen Umfeld als Professionelle wahrgenommen, die
aufgrund ihrer doppelten Sprachfähigkeit Projekte initiieren und begleiten kön-

---

[35] Vgl. dazu auch die Ergebnisse der Milieuforschung: Hauschildt/Kohler/Schulz 2012; Zippert
2010.

nen, mit denen Menschen in prekären Lebenssituationen erreicht werden. Diese Beobachtung ist im Kontext aktueller Studien in der Württembergischen und der Badischen Landeskirche aufschlussreich. Nach Aussage von Heinzpeter Hempelmann sind insbesondere Menschen „in den modernen bzw. postmodern geprägten Unterschicht-Milieus" signifikant unterrepräsentiert in kirchlichen Angeboten.[36] Die hier ausgewerteten Dokumente zeigen: Die methodische Bilingualität macht es den diakonischen Professionellen nach Einschätzung ihrer Kollegen/ Kolleginnen und Kooperationspartner/-innen möglich, die unterschiedlichen Erwartungen und den Willen der Akteure und Akteurinnen aus prekären Lebenssituationen einschließlich der Eigenwilligkeiten professionell in den jeweiligen Sprachen und Lebenslagen zu kommunizieren und Menschen milieusensibel anzusprechen und sie gegebenenfalls zu motivieren, sich in den sozialen Schnittfeldern gemeinsam zu bewegen.[37]

Diese „diakonische" Bilingualität führt nach Einschätzung der interviewten Gesprächspartner/-innen nicht nur dazu, dass sich Menschen aus verschiedenen Milieus – mit allen sich daraus ergebenden Fragen und Herausforderungen – begegnen und zusammenarbeiten, sondern auch dazu, dass Menschen, die der Kirche und ihren gemeindlichen Aktivitäten sonst fern stehen, evtl. sogar aus der Kirche ausgetreten sind, sich diakonisch engagieren und über Fragen des Glaubens und der Religion weiter nachdenken. Die diakonische Arbeit in Vesperkirchen, Diakonieläden und Sozialkaufhäusern führt ebenso wie Mehrgenerationenarbeit dazu, dass einzelne Menschen, die im Gottesdienst und in der Kerngemeinde nicht beheimatet sind, wieder Kontakt zur Institution Kirche und zu ihren persönlichen Glaubensfragen bekommen. Paradigmatisch wird das in dieser Äußerung eines Mitgliedes einer Projektbegleitgruppe sichtbar:

| Mitglied Begleitgremium: | Das heißt, ich hab eindeutig einen Schwellenabbau und komm … bekomm Leute hier her und zur Kirche, die zuerst mal vielleicht mit Kirche gar nichts zu tun haben. Und dann über das Arbeiten hier, über das freiwillige Engagement, über das, dass sie vielleicht auch Hilfe bekommen, ja, zuerst mal zum Nachdenken kommen: Ja, Kirche, was ist das? Hat mir doch irgendwas gebracht. Oder sie können bei uns in beiden Läden, in allen Projekten, wo katholische, evangelische und Nichtkirchgänger und Ausgetretene, wo die miteinander in Verbindung kommen, da entsteht was. Und da entstehen auch Diskussionen … Es kann daraus entstehen, dass der eine sagt: Ist nichts, lass ich. Aber es kann auch daraus entstehen, dass jemand sagt: Menschenskinder, jetzt denk ich da zum ersten Mal wirklich drüber nach oder ihr habt mir geholfen oder hier mach ich freiwillig Engagement, bin aber |

---

[36] Hempelmann 2012 (2).Vgl. aber auch: Hempelmann 2012 (1).
[37] Vgl. dazu auch den Artikel von Claudia Schulz (Diakonisches Arbeiten an den Rändern) in diesem Band.

> aus der Kirche ausgetreten, aber könnt es ja eigentlich nur, wenn ich ja wieder in die Kirche eintrete. Wenn ich mein Schärfchen dazu beitrage, also meinen Zehnt gebe, meine Steuer, und wenn ich dies und jenes mach und ... Also da entsteht was und das ist eine riesen Möglichkeit. Dass ich einfach Leute erreich, die ich vorher nicht erreicht habe ... Ich habe es vorher schon angesprochen, weil wenn ich im Gottesdienst meistens die gleichen Leute und sind immer eine Gruppe, die kennt sich, die ist schon gut miteinander. Da funktioniert es, aber es ist was Abgegrenztes und für Leute, das ist man sich gar nicht so bewusst. Es ist nicht anders als in einem Verein. Es ist nicht einfach da rein zu kommen.
>
> (Gruppendiskussion/Begleitgremium Diakoniekaufhaus)

Übereinstimmend wird in den hier ausgewerteten Daten erkennbar, dass die diakonische Vernetzung kirchlicher Arbeit im Sozialraum nach Ansicht der Personen aus dem beruflichen Kontext der Stelleninhaber/-innen und auch nach Ansicht der Diakone und Diakoninnen selbst für die Kirchen Anerkennung und Wertschätzung im Gemeinwesen mit sich bringt. In der Erfüllung ihres diakonischen Auftrages ist Kirche im Sozialraum präsent. Das wird in dieser Äußerung eines Mitgliedes einer Projektbegleitgruppe deutlich. Auf die provozierende Frage, ob und gegebenenfalls worin sich die diakonische Arbeit für die Kirche lohne, antwortet diese Person in einer der Gruppendiskussionen:

> Verantwortliche Begleitgremium: Also abgesehen davon, dass Kirche danach eigentlich nicht fragen sollte: ‚lohnt sich das?', könnte ich Ihnen trotzdem Antwort geben: ‚Die Kirche gewinnt massiv an Ansehen. In [Name der Stadt] hat die Diakonie und in dem Fall auch die Caritas-Diakonie ein völlig anderes Ansehen wie vor acht Jahren. Das hat sich völlig verändert. Das ging los mit [Name des Diakons] Arbeit und hat sich fortgesetzt, ja. Und da hat eine Kirche ein ganz anderes Ansehen in der Stadt, und das Ansehen der Kirche definiert sich über die Diakonie und nicht über die Kirche.
>
> (Gruppendiskussion/Begleitgremium Diakoniekaufhaus)

4. Diakonische Gemeinde im Gemeinwesen oder Diakonisierung der Kerngemeinde?

Die Frage nach der diakonischen Arbeit im Sozialraum wird in diesem Artikel in den Kontext des diakoniewissenschaftlichen Diskurses zur diakonischen Gemeinde gestellt. Dieser Kontextualisierung ekklesiologischer Fragen im Zusammenhang von sozialräumlicher Methodologien liegt die These zugrunde, dass mit dem diakonischen Handeln im Sozialraum zugleich die Praxis der Gemeinde Jesu Christi sowie deren theologische Selbstdeutung auf eine veränderte Basis der Reflexion gestellt wird.

Unter dem Stichwort „diakonische Gemeinde" werden in der diakoniewissenschaftlichen Literatur Prozesse beschrieben, die in der Regel diakonische Aktivitäten der Kern- bzw. Kirchengemeinde zum Inhalt haben, bzw. die eine Überschreitung der Grenzen der Gemeinde hinein ins Gemeinwesen thematisieren.[38] Die hier verfolgte These geht demgegenüber davon aus, dass in der diakonischen Kommunikation des Evangeliums im Sozialraum die im Gemeinwesen verborgene, unsichtbar vorhandene Kirche sichtbar bzw. erfahrbar wird.[39]

Um Beobachtungen zu Fragen der diakonischen Gemeinde zu gewinnen, wurden – wie oben bereits beschrieben – eine Gruppendiskussion zum Thema diakonische Gemeinde, Einträge des Projekttagebuchs und einer Schreibwerkstatt zum selben Thema ausgewertet. Die Projektberichte, Projekttagebuch und Schreibwerkstatt wurden inhaltsanalytisch unter der Frage durchgesehen, ob und gegebenenfalls wie das Thema diakonische Gemeinde explizit kommentiert oder reflektiert wird und ob sich in diesen Argumentationen gemeinsame Muster und Typologien beobachten lassen.

4.1 Beobachtungen zur diakonischen Gemeinde als einer vernetzten Gemeinde

In den ausgewerteten Dokumenten wurde eine Vernetzung mit Kirchengemeinden und Pfarrer/-innen durchgehend als wichtige Ressource zur Organisation von Spenden und zum Transfer von Informationen beschrieben. Auch die gottesdienstliche Arbeit von Diakoninnen und Diakonen in der Kerngemeinde führt dazu, dass die diakonische Arbeit bekannter und sichtbarer wird. Gemeindeblätter, Öffentlichkeitsarbeit im Kirchenbezirk, Gemeindeabende und Pfarrerdienstbesprechungen sind Orte, die für die diakonischen Netzwerke als hilfreich

---

[38] Vgl. z.B. Ruschke 2006 [1999]: S. 242–258; Zellfelder-Held 2001; mit gemeinwesenorientierter Perspektive: vgl. Götzelmann 2006 [2003]: S. 280–303.

[39] Vgl. dazu Noller 2013: S. 42–84, hier: S. 76–77; zur verborgenen bzw. unsichtbaren Kirche vgl. auch Wenz 2005: S. 62–75. Der Terminus wird hier nicht im Sinne einer Unterscheidung der wahren Kirche der Gläubigen verwendet, sondern modifiziert im Sinne einer Sichtbarwerdung der religiösen Kommunikation im Sozialraum durch den Diakonat. Vgl. auch Plüss 2012.

thematisiert werden. Menschen in sozialen und seelischen Notlagen finden einen Zugang zu den diakonischen Angeboten durch Predigten oder Gemeindeabende der Diakoninnen und Diakone. Pfarrerinnen und Pfarrer vermitteln Menschen ihrerseits an die diakonischen Projekte. Pfarrämter sind Anlaufstellen für Menschen mit sozialen Risiken. Pfarrerinnen und Pfarrer begegnen Menschen in der Gemeinde und in der Seelsorge, die unter Armutsrisiken und Schulden leiden. In der pfarramtlichen Tätigkeit begegnen Suchtproblematiken und andere persönliche Krisen. Die Schulung von Diakoniebeauftragten in Kirchengemeinden trägt dazu bei, dass Menschen mit sozialen und seelischen Krisen in die Angebote und Beratungsstellen übermittelt werden. Hospizarbeit wurde in Kooperation mit Kirchengemeinden aufgebaut und Ehrenamtliche aus Kerngemeinden finden in den diakonischen Projekten, z.B. in Vesperkirchen, Sozialkaufhäusern oder Selbsthilfegruppen, neben bisher kirchlich weniger engagierten, neuen Ehrenamtlichen ein Tätigkeitsfeld.

4.2 Beobachtungen zum Thema: Diakonische Gemeinde als diakonisch aktive Gemeinde – oder: Braucht es eine Diakonisierung der Kerngemeinde?

Haupt- und ehrenamtliche Mitarbeitende der Kirchengemeinden wirken in den diakonischen und gemeindepädagogischen Projekten mit. Trotz dieses positiven Befundes zeigt sich bei der Auswertung der hier zugrunde gelegten Dokumente, dass Aufgabenstellungen, die auf eine „Diakonisierung" der Kerngemeinde abzielen, von den Projektstelleninhabern/-inhaberinnen als langwierig und herausfordernd analysiert werden. Übereinstimmend finden sich in den Projektberichten und in den Interviews Aussagen, die die Wahrnehmung wiedergeben: Die Sensibilisierung von bisherigen Mitarbeitenden und Ehrenamtlichen für den Umgang mit Menschen aus unterschiedlichen sozialen Lebenssituationen bedarf der Sensibilisierung, Schulung und Begleitung. Folgt man den Aussagen der Projektberichte, so ist es langwierig, den diakonischen Gedanken und die Sensibilität für soziale Fragen in die Kerngemeinden hineinzutragen. Insbesondere dort, wo es um die gemeinsame Arbeit mit Menschen in existenziellen und sozialen Not- und Risikosituationen geht, fühlen sich Mitglieder der Kirchengemeinde nicht zuständig oder sie fühlen sich mit der an sie herangetragenen Aufgabe überbeansprucht oder unvertraut. Dies entspricht der aus einigen Projekten berichteten Wahrnehmung, dass Ehrenamtliche mit diakonischer Arbeit fachlich und menschlich überfordert sein können. Die professionellen Herausforderungen, die der Umgang mit Menschen mit sozialen Risiken erfordert, führen an Grenzen. Auch die Beheimatung von Jugendlichen, die nicht mit den traditionellen Milieus identifiziert werden und deren Anwesenheit in Räumen der Kirchengemeinde mit Unordnung und unvertrauten Verhaltensweisen einhergeht, stellt die Kirchengemeinden vor Herausforderungen und kommt auch gelegentlich an

Grenzen. Auch Projekte, die an den Alltagserfahrungen von Mitarbeitenden und Ehrenamtlichen von Kerngemeinden anknüpfen, benötigen einen langen Atem und persönliche, gut gelingende Kooperationen, damit diakonische Themen z.B. in gottesdienstlichen Zusammenhängen nachhaltig etabliert und eingebunden sind. Die Bereitschaft zum Engagement von Ehrenamtlichen und Hauptamtlichen ist insbesondere dort groß, wo eigene Fragen und Bedarfe berührt werden.

4.3 Dritte Beobachtung: Diakonischer Gemeindeaufbau geschieht durch diakonische Projektarbeit, die Teilhabe ermöglicht und Begegnungsräume eröffnet

Diakonische Veränderungsprozesse in der Kerngemeinde werden nach Aussage der Projektstelleninhaber/-innen durch diakonische Projekte in der Gemeinde initiiert und nahhaltig gestaltet. Projekte wie z.B. die Vesperkirche, Sozialkaufhäuser, Demenzberatung und Demenzcafés initiieren Begegnungen mit diakonischen Zielgruppen, die zu einer Öffnung und Durchlässigkeit hin zur Kerngemeinde führen. Das beginnt nach Aussage eines Projektstelleninhabers mit der persönlichen Begegnung zunächst im diakonischen Projekt, z.B. der Vesperkirche. In der Gruppendiskussion sagt dieser Diakon:

| Diakon: | Ob sich im Bewusstsein der Kirchengemeinden, die drum herum sind, etwas geändert hat, wage ich nicht zu behaupten. Aber ich bin mir sicher, dass sich im Bewusstsein derer, die sich in der Vesperkirche bewegt haben und dort hingekommen sind, die, ich sag mal, aus der Mitte der klassischen Gemeinde stammen – und da waren schon einige da – die plötzlich an einem Tisch sitzen neben jemandem, der davon weit entfernt ist, der in ganz anderen Verhältnissen lebt und am Ende gar in einer Bruchbude, die er von der Stadt irgendwo gestellt bekommt, weil er ansonsten obdachlos wäre und weil er vielleicht gerade eine schwierige Entziehungskur hinter sich hat oder sonst irgendwelche sehr holprigen Umstände, und wenn die zufällig nebeneinander sitzen und wenn der Kerngemeindler mit dem grauen Anzug und der dunkelblauen Krawatte doch dazu kommt zu fragen: ,Und wie geht es Ihnen?' oder ,Wo kommen Sie her?' oder ,Wo leben Sie?' Und der Mensch dann erzählt, wie er den grauen Anzug einst vielleicht auch getragen hat und durch welche Umstände er ihm abhanden und seine Arbeit, seine Familie, seine Frau, seine Kinder, seine Würde und das Mindeste, was ein Mensch normalerweise hat – ihm das alles abhandengekommen ist, dann wird der Kerngemeindler vielleicht nicht mehr so leicht, wie er es vielleicht vorher getan hat, [sagen]: Hätte er sich vielleicht ein bisschen mehr am Riemen reißen sollen. Er hätte sich vielleicht ein |

> bisschen anstrengen sollen. Man kann doch etwas finden, wenn man
> will. Soweit muss man doch nicht runterkommen ...
>
> (Gruppendiskussion Diakonische Gemeinde)

Im Projekt wird ein gegenseitiger Begegnungs- und Erfahrungskontext eröffnet, der die vertrauten Begegnungsräume der Kirchengemeinde ergänzt. Der Gedanke, dass die Kerngemeinde durch Begegnungen im diakonischen Projekt durchlässiger wird für diakonische Fragen und gegenseitige Wahrnehmung von Menschen, die sich ansonsten nicht begegnen, wird wiederholt formuliert. Milieugrenzen und soziale Schranken werden durchlässiger und das diakonische Bewusstsein der Kerngemeinde wächst, indem durch gezielte Maßnahmen (Essen auf Spendenbasis statt zu zahlende Essenspreise) eine Teilhabe auch für Menschen ermöglicht wird, die sonst nicht dazukommen könnten. Ein Diakon stellt dazu in der Gruppendiskussion fest:

> Diakon: Also ich denke, wir haben ja schon das fünfte Jahr Vesperkirche, und
> wir praktizieren diese, alles rein auf Spendenbasis, schon länger. Ich
> kann sagen, da ändert sich etwas in der Kerngemeinde. Da kommen
> die Leute zum Gemeindefest, und die Leute wissen, ins Spenden-
> körbchen müssen wir nichts reinschmeißen, weil wir nichts rein-
> schmeißen können. Und wir sind trotzdem willkommen. Und da
> kommen plötzlich zum Gemeindefest, wo eigentlich nur die Kernge-
> meinde kommt, auch ganz andere Menschen. Oder während der
> Vesperkirche hatten wir ein Gospelkonzert. Das war auch auf Spen-
> denbasis. Da saßen dann da oben, hat unsere Organistin gesagt, all
> die Leute, die man rein äußerlich auch erkennt, und haben sich ge-
> freut und haben beim Gospelkonzert mitgeshakt oder wie man da
> sagt. Auf jeden Fall haben sie auch über das nochmals etwas anderes
> mitbekommen und haben da ein Stück weit Teilhabe erfahren. Das
> einfach zur Erklärung.
>
> (Gruppendiskussion Diakonische Gemeinde)

Bemerkenswert ist, dass die Projektstelleninhaber/-inhaberinnen unter dem Leitbegriff „diakonische Gemeinde" in der Gruppendiskussion schwerpunktmäßig eine diakonische Bewusstwerdung und Öffnung der Kerngemeinde hin zu den Milieus diskutieren, die sich von den bürgerlichen bzw. angestammten Milieus der Kerngemeinde unterscheiden. Diakonisierung wird unter den Aspekten der Diversität, Durchlässigkeit und der Integration von bisher nicht präsenten Gruppen und Milieus diskutiert:

> Diakon: Also für mich ist diakonische Gemeinde eine Gemeinde, die den
> Blick über den eigenen Kirchturm hinaus wendet, und zwar bewusst,

> und versucht durchlässig zu sein für Menschen aus unterschied-
> lichsten Milieus und unterschiedlichen Hintergründen. Und das
> sozusagen in allen Ebenen irgendwie implementiert ist, also vom
> Kindergottesdienst bis zum Hauptgottesdienst und zum Gemeinde-
> fest, und zu überlegen, wenn wir jetzt so was machen, wie machen
> wir es Menschen leicht dazuzukommen, die sich erst mal nicht zur
> Gemeinde oder zur Kerngemeinde dazugehörig fühlen.
>
> (Gruppendiskussion Diakonische Gemeinde)

Der Gemeinschaftsaspekt spielt in der diakonischen Gemeinde eine Rolle, wobei
implizit und explizit vor allem die Gemeinschaft mit denjenigen gemeint ist, die
in der Gesellschaft ausgegrenzt oder stigmatisiert werden und denen die Mittel
zur Teilhabe und die Anerkennung in Würde fehlen. Es geht um „Begegnungsräume".

> Diakon 1:   Das bedeutet eigentlich, also die Herausforderung ist es, Begeg-
>   nungsräume unterschiedlicher Alters- und Kulturklassen … sag ich
>   mal, zu schaffen, die für beide Seiten – wenn man davon sprechen
>   will, aber mir fällt gerade kein bessern Wort ein – niedrigschwellig
>   sind.
>
> Diakon 2:   … (Zustimmung)
>
> Diakon 3:   Dass sozusagen die Armen kommen können, aber auch die
>   Grauanzügler …
>
> Diakon 4:   … Ja.
>
> Diakon 5:   … und da irgendwie ein Freiraum …
>
> (Gruppendiskussion Diakonische Gemeinde)

Es geht dabei nicht nur um eine soziale Öffnung, sondern – in der Selbstdeutung
der Diakone/Diakoninnen – zugleich auch um eine Öffnung für Menschen, die
dem Glauben und der Kerngemeinde fern stehen, aber im sozialen Engagement
einen Zugang zu einem kirchlichen Angebot und zur Gemeinschaft der diakonischen Gemeinde finden. In der Gruppendiskussion wird von einem Diakon
geäußert:

> Diakon: Sowohl im Laden also auch in anderen Projekten, in denen Ehren-
>   amtliche bei uns mitarbeiten, sind beide Konfessionen vertreten,
>   auch ganz bewusst teilweise. Teilweise sind es Leute, die sagen: ‚Die
>   Kirche, mit der will ich nichts mehr zu tun haben, aber ich möchte

> mich trotzdem engagieren; vor allem auch, auch aus Glaubensmoti-
> vation heraus.'
>
> (Gruppendiskussion Diakonische Gemeinde)

Bemerkenswert ist, dass die Vorstellung von einer diakonischen Gemeinde in der Gruppendiskussion stark von einer Interpretation des „innen" und „außen" geprägt ist. Die Gemeinde soll nicht nur über den eigenen „Kirchturm hinweg nach außen schauen", sondern sich auch „öffnen" bzw. „durchlässig werden". Terminologisch fallen in den verschiedenen Äußerungen der Diakoninnen und Diakone auch Formulierungen auf, die die Kirchengemeinde als eine abgeschlossene Gemeinschaft interpretieren oder wahrnehmen, während die Zielgruppen diakonischen Handelns als „die anderen" bezeichnet werden.

Anders wird die diakonische Gemeinde von Projektstelleninhabern in zwei Fragen des Projekttagebuchs beschrieben.[40] Gestellt wurde die Frage, wo und wie sich diakonische Gemeinde „ereignet". Diakonische Gemeinde wird von den Diakonen/Diakoninnen als Gemeinschaft von Menschen beschrieben, die „*in den Spuren Jesu gehen*", auch über die Gemeinde hinaus, in der Welt, ist Gemeinde etwas „*sich Ereignendes*", das nicht an die Kirchengemeinde und ihre Räume gebunden ist, sondern sich im diakonischen Miteinander, in Netzwerken, Kommunen und Schulen wiederfindet. Als Orte der diakonischen Gemeinde werden die „*Klassiker wie Gottesdienste, Andachten, Bibelgesprächskreise, Rituale*", aber auch die „*diakonische Unternehmenskultur*" eines diakonischen Trägers genannt. Betont wird, dass gerade auch dort, wo diese sichtbaren Zeichen einer christlichen Gemeinde fehlen, diakonische Gemeinde gelebt wird, und zwar indem „*christliche Werte, Verhaltensweisen wie Rücksichtnahme, Toleranz, Akzeptanz und Solidarität*" gelebt werden und Menschen, die gesellschaftlich stigmatisiert sind, Menschen aus allen Schichten der Gesellschaft „*ein bisschen wie im Stall von Bethlehem*" bunt gemischt Gemeinschaft teilen.

Zu beobachten ist, dass die Gemeinde in den Projekttagebucheinträgen unabhängig von der Institution Kirche und auch unabhängig von der Religionszugehörigkeit im diakonischen Handeln identifiziert wird. So wird die Hausaufgabenhilfe, die eine Pfarrerin für eine muslimische Familie organisiert, unter der Frage nach der diakonischen Gemeinde folgendermaßen charakterisiert: „*Es war einfach klar, dass diese Familie in die erweiterte Gemeinde hineingehört.*" Die in der Gesellschaft sich ereignende Gemeinde wird auch als „*Themengemeinde*" (z.B. Suizid) bezeichnet. Sie ereignet sich, wo Menschen in Not durch das Engagement des Diakons/der Diakonin spüren, dass sie ernst genommen werden.

---

[40]   Die folgenden Zitate stammen aus Einträgen der (unveröffentlichten) Projekttagebücher.

4.4 Diakonische Gemeinde im Gemeinwesen – oder:
Im Diakonat ereignet sich Kirche am nicht kirchlichen Ort

Die hier vorgestellten Einblicke in die Projektarbeit motivieren dazu, über den Gemeinde- und Kirchenbegriff nachzudenken. Der evangelische Kirchenbegriff ist nicht abhängig von der Anwesenheit eines Amtsträgers oder einer Amtsträgerin. Er wurzelt vielmehr im Priestertum aller Gläubigen. Dennoch lässt sich zeigen, dass durch das Wirken der Diakone und Diakoninnen über die Grenzen der parochial verfassten Kirchenstrukturen von Kirchengemeinden und -bezirken hinweg Gemeinde Jesu Christi im Gemeinwesen, also am institutionell nicht als kirchlich ausgewiesenen Ort, gelebt und gestaltet wird. Die lutherische Kirchenlehre hat „Gemeinde" als Gemeinschaft des Glaubens in einem funktionalen Sinn gefasst.[41] Gemeinde Jesu Christi ereignet sich dort, wo das Evangelium kommuniziert wird, wo das Wort Gottes in Predigt und Sakrament gehört wird und wo das Evangelium „pure docetur" (rein gepredigt) und die Sakramente nach dem Evangelium gereicht werden (CA VII). Der Gedanke der Glaubensgemeinschaft (communio sanctorum) wird durch die Vorstellung eines „corpus mixtum"[42] (d.h. eines gemischten Körpers im Sinne des Leibes Christi mit vielen Gliedern 1. Kor. 12,12–27) ergänzt. Die Gemeinschaft der Frommen und Heuchler/-innen, die allzumal Sündigenden und Gerechtfertigten sind im Glauben in der Kirche miteinander vereint. Die Gemeindewerdung ist nicht gebunden an Kirchenraum oder parochiale Strukturen. Die Gemeinde Jesu Christi bewegt sich vielmehr als „wanderndes Gottesvolk"[43] in der Nachfolge Jesu durch die Zeit und in der Gesellschaft. Auch die vor allem im 20. Jahrhundert reflektierte Vorstellung der „Volkskirche", die über die einzelnen Gemeinden hinaus das Ganze der Gesellschaft umfasst und zum Aufbau des Gemeinwesens beiträgt, geht von einem Kirchenbegriff aus, der nicht ausschließlich die Einzelgemeinde oder die Gemeinschaft der Ortsgemeinde vor Augen hat. In der funktional differenzierten Gesellschaft – so zeigt das hier vorgestellte Datenmaterial – gilt, dass Gemeinde Jesu Christ nicht an den Grenzen der parochialen Kirchenstrukturen endet. Insofern geht es weniger um ein „Innen und Außen" der diakonischen Gemeinde, sondern es geht um einen diakonischen Gemeindeaufbau über die parochialen, gemeindlichen Strukturen hinaus.

Wenn in der Beratung in den Wohnungen der Familien von Diakonen/Diakoninnen seelsorgerliche Gespräche geführt und Glaubensaspekte kommuniziert werden, dann ist das ebenso Teil des Gemeindelebens wie der Kirchkaffee am Sonntag. Wenn im Diakoniekaufhaus und in den Vesperkirchen „Brot", Lebensmittel, Kleidung, Kultur und gegenseitige Lebenserfahrung geteilt wird, so

---

[41]   Vgl. Wintzer [3]1990: S. 22.

[42]   Wintzer [3]1990: S. 22. Vgl. auch Wenz 2005: S. 62–65.

[43]   Wintzer [3]1990 identifiziert paradigmatisch verschiedene, biblisch begründete ekklesiologische Konzepte: S. 21–22.

ist das ebenso Teil der Kommunikation des Evangeliums und Auferbauung der
Gemeinde wie die Austeilung der Abendmahlsgaben im Gottesdienst. Gemeinde
Jesu Christi ereignet sich im Demenzcafé ebenso wie im Demenzgottesdienst, in
der Hospizarbeit und in der diakonischen Schulseelsorge ebenso wie im Streetwork, in kirchlichen Jugendgruppen und im Konfirmandenunterricht. Diakonische Gemeinde ereignet sich institutionslogisch betrachtet über die Institutionen
und diversen sozialen Segmente eines Sozialraums hinweg. Es geht nicht um ein
„Innen und Außen", sondern darum, die verschiedenen Glieder am Leib Christi
(1.Kor 12,1ff) miteinander ins Gespräch zu bringen und ihnen als Kirche in ihren
jeweiligen Lebenssituationen zu dienen.

Die hier gemachten Beobachtungen wären in einer breiter angelegten Studie
zu vertiefen. Aus diesen ersten Beobachtungen kann an dieser Stelle thesenartig
formuliert werden: Die Diakone und Diakoninnen des Projektes haben mit ihren
sozialwissenschaftlichen, insbesondere sozialräumlichen Kenntnissen und durch
den Zugang zu diversen Institutionen des Sozialraums Kontakt zu Menschen,
Christen wie nicht Getauften, und im interreligiösen Arbeitsfeldern auch zu
Menschen anderer Religionen, zu Menschen in diversen Lebenssituationen, die
über die Kommunikationswege der Ortsgemeinden in der Regel nicht erreicht
werden. Im diakonischen Handeln wird der Leib Christi mit seinen diversen
Gliedern (1. Kor 12,1ff.) auferbaut und das Evangelium in Wort und Tat kommuniziert.[44]

5.   Grenzen und Herausforderungen: Nächstenliebe und Mission

Das diakonische Engagement in nicht kirchlichen Institutionen und in Kooperation mit diversen Zielgruppen und Akteur/-innen im Sozialraum hat Grenzen.
Wiederkehrend wird sowohl von Kooperationspartnern/-partnerinnen wie auch
von Projektstelleninhabern/-inhaberinnen gesagt, dass „missionierende" Aktivitäten der Diakone/Diakoninnen abgelehnt werden. Diese Haltung begegnet
sowohl in den Projekten, die mit Schulen kooperieren, als auch in sozialdiakonischen Projekten. Selbst dort, wo gezielt kirchenferne Jugendliche eingeladen
werden und der verkündigende Charakter des Projektes explizit im Vordergrund
steht, wird eine Haltung abgelehnt, die als „missionarisch" bezeichnet wird. In
der Seelsorge[45] wird von den Projektstelleninhabern/-inhaberinnen gemeinsam

---

[44]   Vgl. dazu Schleiermachers Konzept des Gottesdienstes als „die darstellende Mitteilung des
       stärker erregten religiösen Bewußtseins". In Schleiermachers Homiletik wird die Predigt als ein
       beständiger Prozess (Circulation) der Kommunikation beschrieben, der im Alltag beginnt und
       auf der Kanzel eine spezifische Form – unter anderen Formen – der religiösen Kommunikation
       und Bewusstwerdung von Glaubensinhalten erfährt. Vgl. Schleiermacher 1850: S. 68–82. Zitat:
       S. 75.
[45]   Vgl. Artikel Noller (Diakonat und Seelsorge) und das dort verwendete Datenmaterial.

betont, dass das Glaubensgespräch an der Situation sensibel anknüpfen kann und soll, aber nicht als bedrängend auftreten darf.

Das Wort „missionarisch" oder „missionierend" wird in der Regel nicht näher erläutert. Auffallend ist, dass zugleich geistliche Kompetenzen in der Andacht und Seelsorge der kirchlichen Amtsträger/-innen von Kooperationspartnern/ -partnerinnen und Klienten/Klientinnen in der Regel als fachliche Kompetenzen akzeptiert und auch gewürdigt werden und dass auch die Tatsache, dass es kirchliche Interessen in der Begegnung mit Schülern/Schülerinnen, Jugendlichen, Ehrenamtlichen und Klienten/Klientinnen gibt, nicht an sich kritisiert wird. So wird – wie bereits geschildert – von den Verantwortlichen der Schulen und Kommunen beispielsweise die wertorientierte Pädagogik sowie die auf ihrem Glauben basierende Haltung der Diakone/Diakoninnen positiv gewürdigt, das Spirituelle wird von Ehrenamtlichen gesucht, und auch die Klienten/Klientinnen der Beratung wünschen seelische Unterstützung.

Eine ähnliche Diskrepanz zwischen Wertschätzung und Abgrenzung begegnet in den hier ausgewerteten Dokumenten auch hinsichtlich des institutionellen Aspektes des Diakonenamts und der Kirche. So wird die Präsenz der Kirche (als Institution) an der Schule als „wertneutralem Raum" von Schulleitenden zwar kritisch diskutiert, zugleich wird aber die spezifische wertorientierte Arbeit und die persönliche Kompetenz der Projektstelleninhaber/-innen fachlich geschätzt. Auch die Frage nach dem Diakonenamt bzw. der Profession des Diakons/der Diakonin löst Reaktionen der Unkenntnis bis hin zu abwehrenden Reaktionen aus: „spielt keine Rolle"[46]. Von denselben Gesprächspartnern/-partnerinnen werden andererseits die Kompetenzen, auch die theologischen, als für die Arbeit wertvoll gewürdigt. Das Diakonenamt wiederum kann als Türöffner wirken, z.B. in der Kooperation mit Mitarbeitenden eines Kindergartens, der die Diakonin zur seelsorgerlichen Beratung wegen eines trauernden Kindes einlädt. In einem Predigtgottesdienst hatten die Mitarbeiterinnen die Diakonin erlebt und sie daraufhin eingeladen.

Zusammenfassend kann man zu dieser Frage festhalten, dass eine offensive, primär auf Glaubensvermittlung abzielende Arbeit in den Kooperationen des Sozialraums und ihren unterschiedlichen institutionellen Schnittstellen sich differenzierter darstellt als in der Kerngemeinde. Sie benötigt eine professionelle, auf die Interessen der Kooperationspartner/-innen abgestimmte Gestaltung der Arbeit; das gilt auch dort, wo die Zusammenarbeit von einem kirchlich Verantwortlichen als „glückliche Umstände" bezeichnet wird.[47] Diakonisches Handeln im Gemeinwesen erfordert andere fachliche und theologische Schwerpunktsetzungen als eine gemeindepädagogische Arbeit in der parochialen Kerngemeinde, in der kirchlichen Kinder- und Jugendarbeit und im schulischen Religionsunter-

---

[46]   Vgl. auch Schulz 2013: S. 114.
[47]   Zitat eines kirchlichen Verantwortlichen in der Gruppendiskussion Begleitgremium Schulsozialarbeit.

richt. In den religions- und gemeindepädagogischen Handlungsfeldern stehen der Glaubensdiskurs und die Reflexion von Glaubens- und Lebensfragen im Horizont der biblischen Verkündigung als pädagogisches Ziel der Arbeit im Vordergrund. Im Sozialraum geschieht die Verkündigung des Evangeliums impliziter und nach Aussagen der Projektstelleninhaber/-innen und deren Kooperationspartner/-innen anknüpfend bis nachrangig an die im Vordergrund stehenden sozialen und pädagogischen Aufgabenstellungen. Sie ist Nachfolge Christi im Gemeinwesen und tätige Nächstenliebe „in der Welt". Insofern wird der Diakonat im Sozialraum insbesondere dort akzeptiert und als fachlich angemessen geschildert, wo er erkennbar dem eigenen diakonischen Auftrag zur aktiven Nächstenliebe als einem primären Ziel nachkommt, wo die spezifisch wertgebundenen theologischen Kompetenzen zur Aktivierung und Befähigung von Zielgruppen und zur Aktivierung von Ressourcen eingesetzt werden. Die Gewinnung neuer Kirchenmitglieder oder die Glaubenskonversion dagegen wird – insbesondere in säkularen Zusammenhängen – kritisch gesehen, allenfalls toleriert bzw. als ein nicht hinderlicher Nebenaspekt der Kooperation akzeptiert.

6. Zehn zusammenfassende Thesen zu den Beobachtungen unter der Fragestellung: Diakonat im Sozialraum

Die hier ausgewerteten Dokumente geben Wahrnehmungen von Projektstelleninhabern/-inhaberinnen und von Personen aus deren beruflichen Kontext wieder. Aus diesen Äußerungen lassen sich folgende Beobachtungen zusammenfassend benennen:

(1.) Die *vernetzte Arbeitsweise im Sozialraum* wird von den hier befragten Diakon/-innen und ihren Kooperationspartnern/-partnerinnen regelmäßig als sinnvoll und dem diakonischen Auftrag entsprechend dargestellt. Sie wird als fachlich angemessen beschrieben zur Unterstützung und Befähigung der Klienten/Klientinnen in prekären sozialen Lebenslagen und individuellen Krisensituationen. Insbesondere die fachlich angemessene Nutzung vorhandener Hilfemöglichkeiten durch eine zielgruppenübergreifende sozialräumliche Arbeit wird aufgezeigt und die unterstützende Rolle der Kirchengemeinden/Kirchenbezirke in diesem Netzwerk gewürdigt.

(2.) In allen Projekten wurde sowohl von Kooperationspartnern/-partnerinnen als auch von den Diakonen/Diakoninnen selbst beschrieben, dass die Projektstelleninhaber/-innen mit ihrer doppelten Qualifikation eine Schlüsselrolle in der Initiierung und Begleitung der diakonischen Projektarbeit im Sozialraum haben. Diakonisches Handeln im Sozialraum setzt eine *„professionelle" Bilingualität* der Diakoninnen und Diakone voraus, die sich als Brückenbauer/-innen zwischen Kerngemeinde und weiteren Institutionen im Sozialraum verstehen und mit

Menschen aus verschiedenen Milieus und sozialen Lebenssituationen jeweils angemessen kommunizieren können.

(3.) In der Auswertung der erhobenen Daten wurde deutlich, dass *die Diakonisierung der parochialen Kerngemeinde langfristiger Ressourcen* bedarf. Fragen werden im Projekt aufgeworfen hinsichtlich der Arbeit mit *Ehrenamtlichen.* Zu fragen ist nach den besonderen Erfordernissen der Schulung und Begleitung durch Hauptamtliche und nach den spezifischen fachlichen Herausforderungen und Notwendigkeiten einer diakonischen, an sozialen Risiken orientierten Arbeit. Weiter zu verfolgen ist die Frage, welche hauptamtlichen Ressourcen auf Dauer benötigt werden, um diakonische Veränderungsprozesse fachlich angemessen zu initiieren und Ehrenamtliche in ihrem diakonischen Handeln zu unterstützen. Fragen wurden in den hier ausgewerteten Dokumenten aufgeworfen hinsichtlich der Herausforderungen und Grenzen ehrenamtlichen Engagements in der Unterstützung von Menschen in prekären Lebenslagen.

(4.) Die von diakonischen Professionellen ausgeführte, im Sozialraum vernetzte diakonische Arbeit in Projekten (Vesperkirchen, Diakoniekaufhaus, Streetwork, Demenz- und Trauerarbeit, Arbeit mit Familien mit sozialen Risiken) wird von den hier Befragten als fachlich angemessen und hilfreich zur diakonischen Entwicklung von Sozialräumen, Kirchenbezirken und Kirchengemeinden eingeschätzt. In den Daten, die zur Auswertung konsultiert wurden, wird deutlich, dass diakonische Arbeit Zeit benötigt, um nachhaltig zu wirken und über längere Zeiträume hinweg Beziehungen in sozialen Netzwerken des Sozialraums aufbauen und pflegen zu können. Diakonische Projekte tragen nach Aussage der befragten Diakone/Diakoninnen und deren Kooperationspartner/-innen zur vertieften diakonischen Wahrnehmungsfähigkeit von Menschen auf der Basis von persönlichen Begegnungen und fachlichen Netzwerken bei. Sie wirken in das Gemeinwesen und in die Öffentlichkeit hinein, indem sie Teilhabe jenseits von kulturell und sozial abgegrenzten Lebensräumen ermöglichen. Diese Einschätzung wird nicht nur durch die Diakone/Diakoninnen selbst vermittelt, sondern auch von kirchlichen und nicht kirchlichen Kooperationspartnern/-partnerinnen und Verantwortlichen wiedergegeben. Hier wird meines Erachtens die Frage nach nachhaltigen, längerfristigen Finanzierungen und ihren Erfordernissen für eine kontinuierliche diakonische Praxis der Gemeinden zu stellen sein.

(5.) Diakone und Diakoninnen erreichen nach Aussage der befragten Kooperationspartner/-innen und nach Darstellung in ihren Projektberichten mit ihrem beruflichen Handeln Menschen, insbesondere in *prekären Lebenslagen,* die in den kirchlichen Angeboten in der Regel unterrepräsentiert sind. Das vernetzte diakonische Handeln im Sozialraum ermöglicht die Aktivierung von Ressourcen für eine *zielgruppenübergreifende Arbeit zugunsten von Menschen mit sozialen Risiken.* Im Diakonat werden auch Menschen in kirchlichen Projekten und Netzwerken aktiv, die den tradierten Formen der Gemeindearbeit ansonsten *fern stehen.*

(6.) Aus den ausgewerteten Dokumenten wird deutlich: Durch das sozialräumliche Arbeiten *repräsentieren Diakoninnen und Diakone die Institution Kirche am nicht kirchlichen Ort.* Sie halten die christliche Gemeinde im Gemeinwesen, in zahlreichen Kooperationen und Netzwerken präsent. In diesem Zusammenhang treten allerdings auch *institutionelle Interessen- und Rollenkonflikte* auf, die einer vertieften Reflexion und Analyse bedürfen. Ungeklärt bleibt die Rolle der Diakone und Diakoninnen als Mitarbeitende in nicht kirchlichen Institutionen (Schulen, Kommunen und auch bei diakonischen Trägern). Die Sichtbarkeit bzw. der öffentliche Charakter des kirchlichen Amtes bleibt dort tendenziell informell.

(7.) Die *diakonische Professionalität* wird nach Aussage der befragten Kooperationspartner/-innen primär in der individuellen seelsorgerlichen Begegnung und in den klassischen homiletischen Formen (Andachten) gesehen. Diese Kompetenz wird wiederkehrend als *persönliche Haltung* der Diakone/Diakoninnen interpretiert. Dabei wird von Gesprächspartnern/-partnerinnen zwar die *theologischen Kompetenzen der Diakone/Diakoninnen in spirituellen und ethischen Fragen, insbesondere der Persönlichkeitsbildung und professionellen Beziehungsarbeit,* gewürdigt. Diese Kompetenz wird aber wiederholt als personale und nicht als fachliche Kompetenz geschildert. Sie wird stärker in der Persönlichkeit und Haltung der Diakone/Diakoninnen lokalisiert als in deren theologisch-methodischen Fachwissen.[48] Zu klären ist im Blick auf die Weiterentwicklung des Diakonenamtes, ob und gegebenenfalls wie Diakone/Diakoninnen nicht nur als Professionelle des Sozialen mit individueller, spiritueller Haltung wahrgenommen werden und handeln können, sondern auch über institutionelle Grenzen hinweg als Berufene der Kirche in doppelter professioneller Qualifikation.

(8.) Die Beobachtungen zum Diakonat im Sozialraum motivieren ein Verständnis der *Gemeinde Jesu Christi als einer über das Gemeinwesen und seine diversen Lebensräume hinweg agierenden Gemeinschaft der Glaubenden, die an verschiedenen Orten im Gemeinwesen und in diversen Lebenslagen das Evangelium in Wort und Tat kommuniziert.* Die hier ausgewerteten Dokumente zeigen ein wiederkehrendes diakonisches Gemeindebild: Der Leib Christi (1. Kor 12,1ff.) ist nach dieser Auffassung nicht auf die parochiale Kern- oder Ortsgemeinde beschränkt, sondern reicht mit seinen vielfältigen Gliedern darüber hinaus in das Gemeinweisen hinein. *Kirche ereignet sich institutionslogisch betrachtet auch am nicht kirchlichen Ort im Sozialraum,* funktional ausdifferenziert und differenziert repräsentiert durch eine Vielzahl der getauften Mitglieder und professionellen und ehrenamtlichen Mitarbeitenden, die nicht notwendig in der Kern- und Ortsgemeinde präsent sind. Gemeinde ereignet sich in sozialdiakonischen Projekten (Vesperkirche, Diakoniekaufhaus, Demenzcafé), in familiären

---

[48]   Dies zeigen die Analysen von Ellen Eidt (Diakonat in diakonischen Einrichtungen) und Claudia Schulz (Diakoninnen und Diakone unter Vertrag). Dort finden sich auch umfangreiche Analysen empirischen Materials zu dieser Thematik.

Beratungssettings oder an Schulen. Gemeinde ereignet sich in der Diversität der professionellen Beziehungen der Haupt- und Ehrenamtlichen, die im Gemeinwesen unterwegs sind, in der Nachfolge Christi.

(9.) In den hier ausgewerteten Dokumenten wird deutlich, dass das Thema „Mission" einer differenzierten Betrachtung bedarf. Der Diakonat erweist sich als Brückenpfeiler in die Gesellschaft hinein. In diesen Kooperationen werden Menschen angesprochen und unterstützt, die auf anderen Wegen nicht von kirchlichen Angeboten erreicht werden. Eine missionarische bzw. missionierende, auf Glaubenskonversion oder auf institutionellen Interessen der Akquirierung von Kirchenmitgliedern zielende Kooperation wird sowohl von den Kooperationspartnern/-partnerinnen als auch von den Projektstelleninhabern/-inhaberinnen selbst in der überwiegenden Mehrzahl der Gesprächsbeiträge abgelehnt. Insbesondere der interreligiöse Dialog erfordert nach Aussage der Kooperationspartner/-innen im Sozialraum professionelle Sensibilität. Dabei kann sich gerade das kirchliche Amt nach Aussage der Projektstelleninhaber/-innen über die religiösen Differenzen hinweg als Vertrauen schaffende Institution und unterstützende Ressource erweisen. Unabhängig von der Amtsfrage werden die theologischen Kompetenzen als hilfreich eingeschätzt. Kirchliches Engagement durch Diakone/Diakoninnen wird von Kooperationspartnern/-partnerinnen insbesondere dort wertgeschätzt, wo dieses Engagement dem wertebasierten, kirchlichen Auftrag der Nächstenliebe und selbstlosen Unterstützung von Menschen dient.

(10.) Die sozialpolitische, prophetische oder anwaltschaftliche Dimension diakonischen Handelns, die in der diakoniewissenschaftlichen Literatur als Merkmal des Diakonats dargestellt wird, konnte in den hier ausgewerteten Dokumenten ansatzweise wiedergefunden werden.[49] Betrachtet man die hier ausgewerteten Dokumente, so wird deutlich, dass die Diakone/Diakoninnen zwar professionell Prozesse im Sozialraum im Blick auf Zielgruppen gestalten – und dass dies auch nachhaltig und effektiv geschieht. Eine gesamtgesellschaftliche oder sozialpolitisch kritische Perspektive kommt ebenfalls in den Blick. Der integrative, auf soziale Durchlässigkeit zielende Aspekt der sozialen und seelsorgerlichen Begegnung steht aber im Vordergrund des Handelns. Politischer Protest oder skandalisierende, öffentliche Aktivitäten werden nicht geschildert. Ob und in welcher Weise die sozialräumlichen Strategien mit Öffentlichkeitsarbeit stärker zu unterfüttern wären, ist zu prüfen. Zu klären bleibt die Frage, ob und gegebenenfalls wie die diakonische Arbeit noch stärker im gesellschaftlichen Horizont sozialer Veränderungsprozesse reflektiert werden kann bzw. muss.

---

[49]   Vgl. dazu auch Noller (Diakonat und theologische Kompetenzen) in diesem Band. Dort auch Angaben zur Literatur.

Literatur

Bauch, Martin (2013): Hat das Soziale einen Ort? „Diakonat" im Kontext sozialräumlicher Entwicklungsaufgaben in den Kommunen. In: Noller, Annette/Eidt, Ellen/Schmidt, Heinz (Hg.): Diakonat – theologische und sozialwissenschaftliche Perspektiven auf ein kirchliches Amt. Stuttgart. S. 152–160.

Benedict, Hans-Jürgen (2010): Gemeinwesenorientierte Diakonie. In: Herrmann, Volker/Horstmann, Martin (Hg.): Wichern drei – gemeinwesendiakonische Impulse. Neukirchen-Vluyn. S. 46–58.

Diakonisches Werk der EKD (Hg.) (2002): Soziale Stadt. Entwicklungen und Chancen für Kinder, Jugendliche und Erwachsene in benachteiligten Stadtvierteln. Tagung des Bundesministeriums für Verkehr, Bau- und Wohnungswesens und des Diakonischen Werkes der EKD 6.–7.2.2002 (Diakonie Dokumentation 08/2002). Stuttgart.

Eisert-Bagemihl, Lars/Kleinert, Ulfried (Hg.) (2000): Mandat statt Mission – soziale Arbeit im Kirchenkreis. Leipzig.

Fischer, Ulrich (2002): Schlussmeditation „Suchet der Stadt Bestes". Verfügbar unter: http://www.dwi.uni-heidelberg.de/aktuelles/archiv2002/symposium-meditation.htm (27.12.2012).

Götzelmann, Arndt: (2006 [2003]): Kirche für das Gemeinwesen. Szenarien und theologische Ansätze diakonischer Dimensionen christlicher Gemeinde. In: Herrmann, Volker/Horstmann, Martin (Hg.): Studienbuch Diakonik. Bd. 2: Diakonisches Handeln, diakonisches Profil, diakonische Kirche. Neukirchen-Vluyn. S. 280–303.

Hauschildt, Eberhard/Kohler, Eike/Schulz, Claudia (2012): Wider den Unsinn im Umgang mit der Milieuperspektive. In: Wege zum Menschen (WzM) 64. Jg. H. 1/2012, S. 65–82.

Hempelmann, Heinzpeter (2012) (1): Gott im Milieu. Wie Sinusstudien der Kirche helfen können, Menschen zu erreichen. Gießen.

Hempelmann, Heinzpeter (2012) (2): Bericht vor der Landessynode am 03.09.2012. Verfügbar unter: http://www.elk-wue.de/fileadmin/mediapool/elkwue/dokumente/landessynode/12_fruehjahrstagung/berichte-reden/TOP9_Bericht_Hempelmann_Milieustudie.pdf (16.12.2012).

Herrmann, Volker/Horstmann, Martin (Hg.) (2010) (1): Wichern drei – gemeinwesendiakonische Impulse. Neukirchen-Vluyn.

Herrmann, Volker/Horstmann, Martin (2010) (2): Wichern drei – gemeinwesendiakonische Impulse. In: Herrmann, Volker/Horstmann, Martin (Hg.): Wichern drei – gemeinwesendiakonische Impulse. Neukirchen-Vluyn. S. 9–16.

Hinte, Wolfgang (2010): Von der Gemeinwesenarbeit zur Sozialraumorientierung. In: Herrmann, Volker/Horstmann, Martin (Hg.): Wichern drei – gemeinwesendiakonische Impulse. Neukirchen-Vluyn. S. 25–30.

Horstmann, Martin/Neuhausen, Elke (2010): Mutig mittendrin. Gemeinwesendiakonie in Deutschland. Eine Studie des Sozialwissenschaftlichen Instituts der EKD. Münster.

July, Frank Otfried (2011): Diakonat und Kirche. In: Friedrich, Norbert/Wolff, Martin (Hg.): Diakonie in Gemeinschaft. Perspektiven gelingender Mutterhaus-Diakonie. Neukirchen-Vluyn. S. 41–52.

Lamnek, Siegfried (1988/⁴2005): Qualitative Sozialforschung. Lehrbuch. Weinheim/Basel.

Neher, Peter (2011): Die sozialräumliche Arbeit der Caritas. In: Eurich, Johannes (Hg.): Kirchen aktiv gegen Armut und Ausgrenzung. Theologische Grundlagen und praktische Ansätze für Diakonie und Gemeinde. Stuttgart. S. 555–568.

Noller, Annette (2008): Diakonat und Pfarramt – biblische und professionstheoretische Überlegungen. In: Merz, Rainer/Schindler, Ulrich/Schmidt, Heinz (Hg.): Dienst und Profession. Diakoninnen und Diakone zwischen Anspruch und Wirklichkeit. Heidelberg. S. 84–95.

Noller, Annette (2013): Diakonat – historische Entwicklungen und gegenwärtige Herausforderungen. In: Noller, Annette/Eidt, Ellen/Schmidt, Heinz (Hg.): Diakonat – theologische und sozialwissenschaftliche Perspektiven auf ein kirchliches Amt. Stuttgart. S. 42–84.

Noller, Annette/Fliege, Thomas (2013): Diakonat und doppelte Qualifikation – Drei Typen diakonischen Handelns. Ein Werkstattbericht. In: Noller, Annette/Eidt, Ellen/Schmidt, Heinz (Hg.): Diakonat – theologische und sozialwissenschaftliche Perspektiven auf ein kirchliches Amt. Stuttgart. S. 179–195.

Plüss, David (2012): Sichtbare Religion im öffentlichen Raum. In: Praktische Theologie 47. Jg, H. 4. S. 204–211.

Ruschke, Werner M. (2006 [1999]): „Diakonie erfahren heißt erkennen: Die Kirche lebt!" Eine kirchliche Sicht. In: Herrmann, Volker/Horstmann, Martin (Hg.): Studienbuch Diakonik. Bd. 2: Diakonisches Handeln, diakonisches Profil, diakonische Kirche. Neukirchen-Vluyn. S. 242–258.

Schleiermacher, Friedrich (1850): Die praktische Theologie nach den Grundsätzen der evangelischen Kirche im Zusammenhang dargestellt. Aus Schleiermachers handschriftlichem Nachlass und nachgeschriebenen Vorlesungen hg. v. Frerichs, Jacob (Sämtliche Werke I/13). Berlin.

Schulz, Claudia (2013): Diakonisches Handeln der Kirche mit gesellschaftlicher Relevanz. Von den Chancen und Begrenzungen der sozialwissenschaftlichen Perspektive. In: Noller, Annette/Eidt, Ellen/Schmidt, Heinz (Hg.): Diakonat – theologische und sozialwissenschaftliche Perspektiven auf ein kirchliches Amt. Stuttgart. S. 105–122.

Schulz, Claudia/Hauschild, Eberhard/Kohler, Eike (2010): Milieus praktisch II. Konkretionen für helfendes Handeln in Kirche und Diakonie. Göttingen.

Strohm, Theodor (1985): Aufforderung zur humanen und ökologischen Stadterneuerung. Aufgabe und Funktion der EKD-Studie zur menschengerechten Stadt. In: Strohm, Theodor (Hg.): Diakonie und Sozialethik. Beiträge zur sozialen Verantwortung der Kirche. Heidelberg. S. 401–413.

Wenz, Gunther (2005): Kirche. Perspektiven reformatorischer Ekklesiologie in ökumenischer Absicht. Göttingen.

Wintzer, Friedrich (³1990): Praktische Theologie. Neukirchen-Vluyn.

Zellfelder-Held, Paul (2001): Solidarische Gemeinde. Ein Praxisbuch für diakonische Gemeindeentwicklung. Neuendettelsau.

Zippert, Thomas (2010): Gemeinwesenarbeit – Arbeit im „Milieu"? Zum Verhältnis von Gemeinwesenarbeit und Milieutheorie. In: Herrmann, Volker/Horstmann, Martin (Hg.): Wichern drei – gemeinwesendiakonische Impulse. Neukirchen-Vluyn. S. 177–190.

VI. Zusammenschau und Perspektiven für Diakonat und Kirchenentwicklung

Claudia Schulz

Diakonat evaluieren

Lerneffekte für sozialwissenschaftliche Forschung in diakonischen Handlungsfeldern

Jesus „*hat mit den Leuten am Tisch gesessen, mit denen der Pfarrer selten am Tisch sitzt und Gemeinschaft hat*",[1] so brachte ein Diakon in einer Gruppendiskussion zum Ausdruck, was ihm sein Amt und sein Beruf als Diakon bedeutet. In dieser Äußerung steckt bereits die Vielfalt der Dimensionen in der Evaluation des Projekts „Diakonat – neu gedacht, neu gelebt" und der begleitenden Forschung: Geht es um das Geistliche oder eher um Fragen des Berufs, in dem Hauptamtliche diakonisch handeln, und darin vielleicht auch um das „Was" der Handlung, die konkreten Tätigkeiten? Oder geht es um Fragen von Kompetenzen und lebensweltlichen Überschneidungen? Auf diese Vielfalt der Dimensionen möchte ich hier zurückblicken, Erfahrungen aus der Forschungsarbeit in diesem Themenfeld bündeln und anschließend die Chancen und Herausforderungen einer sozialwissenschaftlichen Annäherung an den Forschungsgegenstand Diakonat zusammenfassen.

1. „Wo fühle ich mich als Amt?" – Lichtungen in einem
    diffusen Forschungsfeld

Zuerst ist da also die geistliche Dimension: Was Jesus für die Menschen tat und was – daran orientiert – nun die zentrale Aufgabe von Diakoninnen und Diakonen sein sollte. Zugleich – zweitens – geht das Geistliche nicht ohne das Berufliche: Die Gemeinschaft mit den Menschen ist für Diakoninnen und Diakone nicht nur gemeines Christenleben, sondern auch berufliche Tätigkeit. Darum

---

[1]   Das Zitat ist abgedruckt in Schulz (Im Spannungsfeld Gemeindediakonie: Abschnitt 3).

wird auch heftig darum gerungen, inwieweit dieses berufliche Handeln das bloße Sitzen und Essen – oder im Diakonenalltag: das Kaffeekochen der Diakonin[2] – sein darf, oder ob es nicht vor allem professionell sein muss, um die hauptamtliche Tätigkeit dauerhaft zu rechtfertigen. Zum Dritten stellt sich darin aber unmittelbar die Frage, ob es nicht vor allem die zeitlichen Ressourcen sind, die den Diakonat so wertvoll machen, also weniger die Professionalität, sondern die Hauptamtlichkeit, die Tatsache, dass da einer für die Menschen Zeit hat. Für alle, die eine fachliche Profilierung des Diakonats fordern,[3] ist dies eine eher unangenehme Option, die alles Ringen um Professionalität in Frage stellen könnte. Zum Vierten ist der Diakonat offenbar vor allem dort gut zu profilieren, wo er eine Lücke füllt, die in der kirchlichen Arbeit bleibt: Die Diakonin kann, was der Pfarrer nicht schafft, wobei sich nun darüber sprechen ließe, ob das an ihren Kompetenzen liegt, an ihrer lebensweltlichen Nähe zu „den anderen" oder an der begrenzten Arbeitszeit des Pfarrers. Und es ließe sich darüber streiten, ob darum das Diakonsein sinnvoll aus dem Gegenüber der Ämter heraus entwickelt werden soll oder doch von einem genuinen diakonischen Auftrag her. Fünftens befindet sich ja der Tisch, um den herum die Gemeinschaft gelebt wird, nicht im organisational undefinierten oder familialen Raum wie bei Jesus, sondern sie ist kirchliches Handeln und damit in eine komplexe Logik eingebunden. Und schließlich – sechstens – kann das „Sitzen und Gemeinschaft Haben" als Ausdruck eines spezifisch-fachlichen Zugangs zu Menschen verstanden werden: Hier wird nicht gezielt gehandelt, geplant, strukturiert, sondern der Raum ist das Wesentliche, in dem die Gemeinschaft ihren Platz findet. Zugleich ist jedoch der kirchlich-diakonische Handlungsraum durchaus hoch strukturiert – und in einem Projektantrag gerät das „diakonische Dasitzen" zum Defizitkonstrukt.

Ein Diakon, tätig als Jugendreferent, fasst einen sehr komplexen, mühsamen Gesprächsgang seiner Diskussionsgruppe zum Diakonat zusammen und seufzt: *„Das ist halt die Frage: Wo fühle ich mich als Amt?"*[4] Was ist nun also zu untersuchen, wenn der Diakonat Gegenstand der Analyse ist: Die Konstruktion des Diakonat als Amt oder Beruf? Die konkreten Bezüge des diakonischen Profils zu einer Tätigkeit – das Wo? Oder viel schlichter das Gefühl, das Selbstverständnis der Befragten? Es wird deutlich: Die Evaluation des Diakonats bedeutet in erster Linie einen Gang durch ein Forschungsfeld, in dem noch kaum Landkarten angelegt und Wege ausgewiesen sind. Und die Frage nach dem einen führt – versehentlich oder absichtlich – wieder zur Antwort auf das andere und zugleich zu

---

[2]   Vgl. den Diskurs einer Gruppe von Gemeindediakoninnen und -diakonen, die schließlich ein Modell der professionellen Tätigkeit in der Gemeindediakonie entwickeln und darin auch das Zubereiten und Trinken von Kaffee als „diakonisches Kaffeekochen" unterbringen; vgl. Schulz (Im Spannungsfeld Gemeindediakonie: Abschnitt 3).

[3]   Besonders profiliert vom VEDD in der Kompetenzmatrix; vgl. VEDD 2008. Dort wird sie in Anlehnung an den EQF (European Qualifications Framework) verknüpft mit Tätigkeitsprofilen auf verschiedenen Kompetenzniveaus.

[4]   Schulz (Konstruktion des Diakonats: Abschnitt 2.1).

wieder neuen Fragen, wie in der Sichtung des eingangs zitierten Satzes des Diakons spürbar war: Unwillkürlich mischen sich die Dimensionen der Beruflichkeit, Kompetenz und Qualifikation, Beauftragung, Hauptamtlichkeit, Persönlichkeit und des organisationalen Kontextes.[5] Das eine ist nicht ohne das andere zu betrachten, aber zahlreiche gleichzeitig bearbeitete Aspekte gehen auf Kosten der analytischen Schärfe. Hier hilft langfristig nur eine verstärkte Forschung im Themenfeld, wenn tatsächlich Einzelfragen umfassend ergründet werden sollen.

Ein weiterer Aspekt dieser Herausforderung ist es, dass auch die Befragten diese Situation des noch kaum begrifflich-kartografisch erfassten Feldes widerspiegeln: Auch hier war die Forschung im Themenfeld ein gänzlich unbekanntes Geschehen. Diejenigen Diakoninnen und Diakone, die bereit waren, sich befragen zu lassen, betrachteten es als politische Tat, sich zu äußern, quasi als Möglichkeit der Einflussnahme auf aktuelle Prozesse der Entwicklung des Diakonats. Was eine Entwicklung von Erkenntnissen nützen soll, wenn diese nicht unmittelbar zu Empfehlungen an die Verantwortlichen werden, war unklar. Auch eine begriffliche Unterscheidung von Amt und Beauftragung, Beruf, Qualifikation und Persönlichkeit war für die Befragten häufig nicht unmittelbar einleuchtend. Möglicherweise ist dies auch in der spezifisch württembergischen Handhabung der Berufung in den Diakonat begründet: Auf der Grundlage des Diakonengesetzes ist der Zugang zum Diakonat so eng an die Doppelqualifikation gebunden, dass der Diakonat unmittelbar mit der entsprechenden Qualifikation (und implizit auch dem Beruf) verknüpft wird.[6] Der Zugang zum Amt dagegen wird strukturell von der Kirche aus gesteuert – und hat prinzipiell zunächst nichts mit der Qualifikation zu tun. Vielmehr liegt die Berufung in kirchliche Ämter – und also auch in den Diakonat – vorrangig in den theologischen und kybernetischen Grundprinzipien kirchlichen Handelns begründet und ist primär an die Person geknüpft.[7] Hier ist eine Vermischung der Dimensionen des Diakonats bereits darin angelegt, welche Erfahrungen die Befragten in ihrer Ausbildung und ihrem Berufsleben machen konnten und welche Überlagerungen von Logiken dadurch „ganz normal" geworden sind.

---

[5] Eine Differenzierung dieser Ebenen findet sich exemplarisch bei Schulz (Konstruktion des Diakonats).

[6] Nachdem in der Präambel die Berufung aller Getauften zur Diakonie ausgeführt und in § 1 der Auftrag berufener Diakoninnen und Diakone im Bezug darauf dargestellt wird, folgen in den §§ 2 und 3 ausbildungsbezogene Bestimmungen, bevor in § 4 die Berufung zum Thema wird. Vgl. Diakonengesetz 1995. Historische und konzeptionelle Hintergründe dieses Diakonengesetzes finden sich bei Eidt 2011,

[7] Dieses Verständnis wird deutlich am Pfarrerdienstrecht der Evangelischen Landeskirche in Württemberg. Dort verweist die Grundbestimmung in § 1 auf das allgemeine Priestertum, um von daher das Pfarramt zu begründen. § 2 enthält Ausführungen über die möglichen Formen des Dienstverhältnisses, um in § 3 das Ordinationsversprechen als Grundlage für die Indienstnahme zu benennen. Erst danach werden ab § 4 Ausbildungsvoraussetzungen für die Aufnahme in den Pfarrdienst ausgeführt. Vgl. Pfarrergesetz 1977.

So wurde die Suche nach Diakoninnen und Diakonen, die bereit waren, sich in einer Gruppe für 90 Minuten miteinander über ihr Diakon/-in-Sein zu unterhalten und damit die Forschung im Diakonat zu unterstützen, für Ellen Eidt, die in der Projektgeschäftsstelle die Befragung koordinierte, zur Knochenarbeit. Hunderte von E-Mails und Telefonaten waren nötig, um zumindest jede Berufsgruppe mit mindestens fünf Personen abzubilden. Außer dem bekannten, rein formalen Hindernis, dass die Evangelische Landeskirche in Württemberg bisher über keine systematische Erfassung ihrer Diakoninnen und Diakone verfügt,[8] wurde auch deutlich, dass nur in wenigen Kirchenbezirken oder diakonischen Einrichtungen und Diensten das Merkmal „Diakon/Diakonin" in Personalakten oder Haushaltsplänen erfasst wird. Neben Terminen und Befragungsorten, die quasi natürliche Hindernisse einer Befragung darstellen, war vor allem der Sinn einer solchen Befragung den Diakoninnen und Diakonen oft nicht einleuchtend. Aus demselben Grund waren auch nicht alle Gemeinschaften im Diakonenamt zur Weitergabe des Aufrufs an ihre Mitglieder zu bewegen. Manche der Angefragten wussten bis zur Kontaktaufnahme gar nicht, dass sie nach dem Diakonengesetz nun Diakonin oder Diakon der Landeskirche waren,[9] andere mochten sich mit der Bezeichnung nicht identifizieren[10] und wieder andere hegten den Verdacht, dass Forschung im Auftrag der Landeskirche doch die „Wahrheit" über die Arbeitsbedingungen im Diakonat sowieso nicht laut sagen dürfe. Es war deutlich: Sicherlich braucht es Erkenntnisse über die grundlegende Konstruktion des Diakonats in den unterschiedlichen Arbeitsbereichen, wie sie in diesem Band vorgelegt sind,[11] ebenso braucht es eine statistische Erfassung von Diakoninnen und Diakonen von Seiten der Landeskirche. Aber ebenso erhellend und für das Verständnis des Diakonats notwendig wäre eine Erhebung über die grundlegende Haltung von Diakoninnen und Diakonen zum Diakonat, zur eigenen Zugehörigkeit zur Gruppe der in diesem Amt Beauftragten und zu den Berufsgruppen im Diakonat. Nur so, von verschiedenen Seiten betrachtet, könnte langfristig eine gute Landkarte vom Forschungsfeld angelegt werden.

---

[8] Diese wird inzwischen von Württembergischen Landessynode angestrebt (Antrag 22/12). Vgl. Württembergische Evangelische Landessynode 2012.

[9] Dies war möglich auf Grund der Übergangsregelung, die unter (4.) folgendes vorsah: „Diakone und Diakoninnen, die am 31. Dezember 1996 in einem Dienstverhältnis zu einem kirchlichen Dienstgeber im Bereich der Evangelischen Landeskirche in Württemberg gestanden haben, das am 1. Januar 1997 fortbesteht, gelten als Diakone und Diakoninnen im Sinne dieses Gesetzes." Diakonengesetz 1995.

[10] Manche Diakoninnen und Diakone gaben persönliche Gründe an, andere fühlten sich angesichts ihrer Berufsgruppenzugehörigkeit (z.B. als Jugendreferentin oder Religionspädagoge) nicht als Diakon/-in.

[11] Vgl. speziell zu Detailfragen diakonischer Arbeit die Texte Schulz (Konstruktion des Diakonats) und Eidt (Diakonat in diakonischen Einrichtungen).

2.   „Das ist die Frage, was man erreichen möchte ... als Kirche."[12]
     Die Analyse des Diakonats im Kontext von Kirchenpolitik
     und Fachdiskursen

Die Analyse in diesem Themenfeld ist eine hochsensible Angelegenheit. Das
Erkenntnisinteresse mag in der Konzeption der Befragung ganz sachlich sein, der
Gegenstand – der Diakonat – ist jedoch für die Befragten selten etwas Sachliches,
sondern eine Frage der Einstellung, der persönlichen Gewichtung von Relevan-
zen, der Sehnsucht oder der Enttäuschung im beruflichen und auch privaten
Feld. Das Arbeitsfeld Kirche ist zugleich der eigene Lebensraum. Außerdem: Die
Kirche, die durch ihre unklaren Handlungen enttäuscht, ist man schließlich
selbst. So finden sich argumentative Zirkel und Verstrickungen, die mit den
üblichen Vorsichtsmaßnahmen und Klärungsvorgängen der empirischen Forschung nicht in den Griff zu bekommen sind.[13] Daneben findet sich die Forschung in einem Themenfeld wieder, das für viele der Befragten gar nicht real zu
sein scheint: Wo ein Anstellungsverantwortlicher kaum über Zugangswege
und -bedingungen zum Diakonat Bescheid weiß, wo es ihm auch nicht wichtig
erscheint, ob nun eine Stelle mit einer Diakonin oder einer anderen kompetenten
Person besetzt wird, ist es gewissermaßen paradox, diese Person nach der spezifischen Kompetenz von Diakoninnen oder der Bedeutung des Diakonenamts zu
fragen.[14] Ähnliches gilt für die Befragung von Jugendreferenten, die sich ungern
als Diakon bezeichnen.[15] Zudem waren die Zuordnungen zu den Berufsgruppen
im Diakonat oft unklar oder unstimmig: Ursprüngliche Zuordnungen werden
überschritten, wo eine Gemeindediakonin auch noch mit einem Teil ihrer Stelle
für die Leitung einer Begegnungsstätte zuständig wird, die eine selbständige
diakonische Einrichtung ist, oder wo eine als Religionspädagogin ausgebildete
Jugendreferentin jetzt als Gemeindepädagogin tätig ist und sozialdiakonisch
arbeitet etc. Immer wieder ist darum eine theoretische Reflexion der Methodologie im Hinblick auf die je unterschiedlichen Forschungsfragestellungen und die
besonderen Prägungen der verschiedenen Befragungssettings nötig, was in den
Analysetexten teilweise bereits geleistet wurde, aber in noch viel größerem Umfang geleistet werden müsste.

---

[12]   Das Zitat stammt aus einer Gruppendiskussion der Projektstelleninhaberinnen und -inhaber
       zum Thema „Arbeiten unter Projektbedingungen". Eine ausführliche Darstellung dieses Diskur-
       ses findet sich bei Eidt (Diakonisches Handeln unter Projektbedingungen).

[13]   Wie dies etwa versucht wird, indem natürliche Gruppen ausgewählt werden, die bereits ein
       relativ einheitliches Verständnis eines Diskussionsgegenstands haben; vgl. Loos/Schäffer 2001:
       S. 44. Przyborski und Wohlrab-Sahr weisen darauf hin, dass eine „Strukturidentität der
       Erfahrungen" notwendig ist; vgl. Przyborski/Wohlrab-Sahr 2008. Aber gerade diese ist im
       Forschungsfeld Diakonat kaum zu erreichen.

[14]   Dies war in den Analysen der Interviews mit Anstellungsverantwortlichen deutlich; vgl. Eidt
       (Diakonat in diakonischen Einrichtungen) und Schulz (Diakoninnen und Diakone unter Ver-
       trag).

[15]   Vgl. Schulz (Konstruktion des Diakonats).

Zugleich ist das Forschungsfeld Diakonat eine hochpolitische Angelegenheit: Mit Blick auf die zukünftige Entwicklung der Volkskirchen, wo sich finanzielle Spielräume ungeheuer verkleinern werden und öffentliches Handeln der Kirche immer besser profiliert und strukturiert werden muss, erhalten Erkenntnisse über hauptamtlich-diakonisches Handeln erhebliches Gewicht.[16] Was Diakoninnen und Diakone leisten können und wie sich diese Leistungen in das Portfolio kirchlichen Handelns einpassen lassen, wird für die Entwicklung des Diakonenamts als – im Vergleich zum Pfarramt kostengünstiges – öffentliches Handeln der Kirche wichtig sein, aber potenziell auch bedrohlich für alle, die in Zeiten der Krise aus welchen Gründen auch immer vor allem das Pfarramt stärken wollen. Sich verstärkende Konkurrenzen stehen bevor, aber ebenso die Angst von Fachleuten der Diakoniewissenschaft, der Diakonat könnte in seiner gegenwärtigen Erscheinungsform noch zu wenig fachlich überzeugen.

In den Befragungen weisen die harten Debatten um die Positionierung des Diakonats im kirchlichen Strukturgefüge darauf hin, wie viel Klärungs- und Verbesserungsbedarf es hier gibt: Zentral für viele Befragte ist, dass sie im Diakonat nah bei den Menschen sind und nicht unter Zeit- und Erfolgsdruck stehen. Der Diakon kann Kaffee kochen und damit verdeutlichen, dass tatsächlich der Mensch im Mittelpunkt steht, dass Zeit ist für Gemeinschaft, Zuhören und gegenseitige Wahrnehmung.[17] Zugleich ist der Diakon „zum Kaffeekochen zu teuer", er soll andere Menschen anleiten, Konzepte machen und damit indirekt stark profiliert handeln. Das Dilemma, schon allein für die Bestätigung des eigenen Selbstverständnisses im Beruf (auch) Kaffee kochen und mit anderen Menschen trinken zu wollen und zugleich die eigentlichen Aufgaben anders – professionsorientiert – entwerfen zu müssen, führt dazu, dass nicht nur die Erhebung im Feld, sondern vor allem die Interpretation der Daten unter erheblichen Druck geraten. Dieser Druck hat persönliche, fachliche wie kirchenpolitische Dimensionen: Diakoninnen und Diakone möchten hier nicht publiziert wissen, dass sie so manches Mal selbst nicht wissen, was nun eigentlich der Kern ihres Handelns ist. Verantwortliche der Landeskirche und der Diakonie sind nicht erfreut, wenn ihnen Ergebnisse präsentiert werden, die daraufhin deuten, dass strukturelle Klärungen dringend nötig sind, wenn die hier in der Forschung entdeckten – oder nun erstmals systematisch beschriebenen – Unklarheiten beseitigt und Rahmenbedingungen für professionelles diakonisches Handeln bereitet werden

---

[16]   Die Synode der Evangelischen Landeskirche in Württemberg hat in ihrer 14. Periode eine umfangreiche Reflexion des Diakonats begonnen und dafür einen „Sonderausschuss Diakonat" eingesetzt. Das hier evaluierte Projekt „Diakonat – neu gedacht, neu gelebt" war noch am Ende der 13. Landessynode beschlossen worden und sollte inhaltliche Aspekte zur Strukturdiskussion des Sonderausschusses beitragen.

[17]   Das Kaffeekochen oder Kaffeetrinken als Bestandteil diakonischer Tätigkeit wird Thema in mehreren Gruppendiskussionen im Prozess der Evaluation und Begleitforschung; vgl. Schulz (Im Spannungsfeld Gemeindediakonie) und Noller (Diakonat und Seelsorge). Hier sind auch die kurzen Zitatausschnitte dieses Textes entnommen.

sollen. Und Ausbildungsverantwortliche sind nicht erfreut, wenn die Befragungen von Anstellungsverantwortlichen zeigt, wie wenig bekannt die Profil-Differenzen zwischen den Ausbildungsstätten sind und wie gering die Bedeutung mancher Qualifikationen eingeschätzt wird, wo viel mehr die „Persönlichkeit" der Diakonin oder des Diakons im Mittelpunkt steht.

Darüber hinaus ist die Forschung im Themenfeld Diakonat immer zugleich eine Parteinahme. Natürlich haben wir den Diakonat erforscht, weil wir in ihm eine Chance für die Kirche und eine wichtige Kapazität im Gefüge sehen. Wo jedoch so vielen Menschen das Amt der Diakonin oder des Diakons sowie die professionelle Dimension der Tätigkeiten im Diakonat wenig vertraut sind, ist bereits das breit angelegte Forschen und Diskutieren über den Diakonat eine kirchenpolitische Handlung. Eine Darstellung der Kompetenzen im Diakonat macht ihn stärker, eine Reflexion seines Profils profiliert ihn langfristig, davon sind wir überzeugt, auch wenn viele der Ergebnisse zunächst vor allem auf Entwicklungsbedarf hinweisen. Wie aus der Vielfalt der in diesem Band gebündelten Analysen deutlich wird, hat die Parteinahme auch die analytische Arbeit stark beeinflusst: Während in manchen Texten die Suche nach den Eigenlogiken der Beteiligten im Vordergrund stand und die Kategorien der Analyse in der Interpretation des Materials entwickelt wurden, war in anderen Arbeiten der Wunsch im Mittelpunkt, zu zeigen, was im Diakonat möglich ist und welche Schätze hier verborgen liegen. Hier sind dann stärker selektiv vor allem solche Materialien ausgewertet worden, die genau für dieses Anliegen weiterführend sind. Der wissenschaftlichen Redlichkeit ist dann damit Genüge getan, dass in den Analysetexten jeweils deutlich gemacht ist, auf welche Weise empirisches Material erhoben und interpretiert wurde.

3. „Eine Unzahl von Studientagen, Arbeitsgruppen,
   Rückmeldungen …"[18]
   Evaluation diakonischer Projekte als Bestandteil
   professioneller Tätigkeit

Im Verlauf des Projekts, also mit der fünf Jahre dauernden Arbeit der Diakoninnen und Diakone in den Teilprojekten, zeigten sich viele, sehr bewegende Momente, in denen Erfolge diakonischen Handelns deutlich wurden. Wo in der – zunächst unstrukturierten – Beobachtung der Atem stockt, ist es nicht leicht, diese auch analytisch zu erfassen, um in der Folge nicht nur staunen, sondern auch grundlegend daraus etwas für die Weiterentwicklung des Diakonats ziehen zu können. Dass Forschung, auch in der praxisbezogenen Form als Evaluation eines Projekts, viel Arbeit bedeutet, leuchtet nicht zu jedem Zeitpunkt allen Be-

---

[18]   Das Zitat stammt aus einer Gruppendiskussion zum Thema „Arbeiten unter Projektbedingungen"; vgl. Eidt (Diakonisches Handeln unter Projektbedingungen: Abschnitt 3.2).

teiligten ein. Wo die konkrete Arbeit im Projekt dann als „eigentliche Arbeit" erschien, eine Dokumentation von Schritten der Projektentwicklung oder eine Sicherung der Ergebnisse dagegen als „zusätzliche Arbeit", war schnell eine Priorität gefunden, in der Evaluation eher als Störfaktor denn als Bereicherung bewertet wird. Die Leiterin der Projektgeschäftsstelle und die in der wissenschaftlichen Begleitung tätigen Wissenschaftlerinnen und Wissenschaftler haben darum viel Energie aufgebracht, um nicht nur die Methodik evaluativer Arbeit, sondern auch die tiefere Bedeutung von Evaluation als Bereicherung schlüssig darzubieten. Dieses Bemühen darum, die Relevanz von Evaluation zu verdeutlichen und die Instrumente konsequent an die Bedarfe und Möglichkeiten der Praxis anzupassen, haben im Gegenzug die Evaluation sicherlich verbessert und vertieft.

Dass Projektarbeit für viele der beteiligten Diakoninnen und Diakone eine reizvolle, aber auch belastende Angelegenheit ist, wurde im Projektverlauf immer wieder deutlich und in einem eigens dafür geschaffenen Teilbereich der Evaluation reflektiert.[19] Aus diesem Grund ist das Konzept der Evaluation rechtzeitig vor Projektbeginn entwickelt worden und wurden die Grundzüge und Ziele dieser Evaluation bereits zum Beginn der Arbeit kommuniziert:[20] Nicht die Überprüfung des Gelingens sollte im Vordergrund stehen, sondern die Tiefendimensionen der Arbeit sollten ausgeleuchtet werden, das Wie des Gelingens und die Rahmenbedingungen, die dafür hilfreich sind. Trotzdem barg auch dieses Vorgehen ein Belastungspotenzial, wie eine Diakonin plastisch zum Ausdruck bringt: *„Es geht ja nicht um die Bewertung der Arbeit, in der Evaluation, sondern um die Frage: ‚Wie kann was unter welchen Bedingungen gelingen?' Aber wir können uns als leistungsorientierte, westliche Menschen ganz schwer von einer Bewertung verabschieden. (…) Weil jetzt habe ich das Gefühl, obwohl ich weiß, dass es nicht stimmt, aber das Gefühl ist da: Erfolgsdruck! Du musst! Das sollte gelingen! Du willst ja keinen Schrott hier liefern."*[21]

So ist rückblickend vor allem von Dankbarkeit die Rede für alle Diakoninnen und Diakone und ihre Begleitgremien, die sich viel Mühe in der Arbeit in der Evaluation gemacht haben und es gewagt haben, immer wieder genau hinzusehen, auch wenn der Erfolg dieses Vorgehens sich erst im Nachhinein und vor allem für die zukünftige Arbeit zeigt.

---

[19]   Siehe Text Eidt (Diakonisches Handeln unter Projektbedingungen).
[20]   Vgl. Schulz 2013.
[21]   Das Zitat findet sich im Text Eidt (Diakonisches Handeln unter Projektbedingungen: Abschnitt 3.2).

4. Der Wert der Evaluation des Diakonats: Rückblick und Weiterarbeit

Auch wenn im evaluativen Gefüge dieses Projekts keine Wirkungsforschung geplant und möglich war, waren heikle Entscheidungen über das zu Messende und zu Beobachtende an der Tagesordnung: Dass Gemeinden, Netzwerke und Einrichtungen dem zugestimmt haben, dass ihre Prozesse an dieser Stelle unter die Lupe genommen wurden, ist bereits ein wichtiger Beitrag für den Erkenntnisgewinn. Dies gilt beispielsweise für Vorhaben wie das „milieuübergreifende" oder „Menschen aus bestimmten Milieus erreichen wollende" diakonische Handeln. Es zeigte sich, wie solche Vorhaben auf kleine Schritte oder beschränkte Aspekte konzentriert werden müssen, um realistisch zu sein. Hier ist es für die theoretische Reflexion zentral, dass anhand von derartigen Projekterfahrungen die Bruchstellen solcher Konzepte genau dargestellt werden konnten, auch wenn die beteiligten Gemeinden sich bessere Ergebnisse gewünscht hätten. Aus Sicht der Forschung sind derartige Einsichten unendlich kostbar – und sie sind nur zu gewinnen, wo Nahaufnahmen gestattet werden und Teams vor Ort sich den Reflexionsprozessen stellen.

Nicht leicht war es an solchen Stellen, das theologisch fundierte und kirchlicherseits für wichtig befundene „Sollen" vom Prozess der Erkenntnisgewinnung abzugrenzen: Dass Daten erhoben und interpretiert wurden, ist noch keine Handlung im Sinne neuer Konzeptentwicklung oder theologischer Schwerpunktsetzungen.[22] Umgekehrt ersetzt dieser empirisch generierte Erkenntnisgewinn nicht das strukturelle Entscheiden und Überarbeiten von Konzepten. Beide Pole der Arbeit müssen miteinander in Bezug gesetzt werden. So ist aus diesem Buch nicht zu lesen, wie es (in jedem Fall) gehen kann oder gar (im Einzelfall) gehen muss, sondern die Evaluation bietet einen Aufschlag zu einer neuen Runde der Reflexion und lebt davon, dass Menschen diesen Aufschlag annehmen und den Ball weiterspielen.

Dafür sind zuweilen die Beobachtungen auf der Meta-Ebene bereits die wichtigsten Erkenntnisse: Dass der Diakonat sich keinesfalls als ein simpel zu handhabender Forschungsgegenstand erweist, war zu Beginn des Projekts schon deutlich. In welchem gravierenden Ausmaß dies jedoch der Fall ist und inwiefern dieser Umstand der unübersichtlichen Vielschichtigkeit quasi alle Diskurse über den Diakonat permanent erschwert und deutliche inhaltliche Klärungen unumgänglich macht, ist in der Evaluation eines der zentralen Ergebnisse. Dieses war nicht allein auf Diskurse bezogen, sondern ebenso auf die Möglichkeit, daraus Strukturen zu entwickeln oder zu überarbeiten: An überraschend vielen Stellen im Evaluationsprozess wurde sichtbar, wie eine fachliche Fragestellung (z.B. eine Zuständigkeit) sowohl in der Perspektive „Beruf" (was fachlich sinnvoll ist) als auch in der kirchentheoretischen Perspektive (was die Kirche denn damit errei-

---

[22] Das Zusammenspiel von empirischer Forschung, Theoriebildung und strategischer Entwicklung findet sich an anderer Stelle reflektiert; vgl. Schulz 2012.

chen soll) zu lesen ist. In der vorliegenden Evaluation war ja die objektive Seite, also der Aspekt des tatsächlichen Handelns der Kirche, etwa in Strukturvorgaben und strategischen Planungen, nicht Gegenstand der Untersuchung. Dennoch war in den Gesprächen der Diakoninnen und Diakone immer wieder die Rede davon, wie kirchliches Handeln, etwa die Steuerung durch Gestaltung von Rahmenbedingungen, bei ihnen ankommt, welcher Wille darin für die Hauptamtlichen im Diakonat, aber auch für Gemeinden und Einrichtungen sichtbar wird. Sehr deutlich war, wie wenig ein solches kirchenleitendes, strategisch ausgerichtetes Handeln für die Befragten erkennbar ist und wie sehr es entweder explizit eingefordert oder vermisst wurde.

Auch wenn auf diesem Weg nicht untersucht wurde, wie sich kirchliches Steuerungshandeln tatsächlich auswirkt, so sind doch aus der Sicht dieser Befragten, aus der Verunsicherung und manchmal auch Resignation über eine als zu gering wahrgenommene Steuerung,[23] Anregungen zu gewinnen für die weitere Arbeit. So können darum die Ergebnisse dieser Evaluationsstudie dazu dienen, kirchenleitendes Handeln in Bezug auf den Diakonat zu überdenken. Und wie eine reine Datenanalyse und -interpretation nicht dafür geeignet ist, unmittelbar ein neues „Sollen" zu entwickeln, ist an dieser Stelle nun Zurückhaltung von Seiten der Wissenschaft geboten: Die Notwendigkeit von (neuen) Strategien ist hier aufgezeigt, entwickelt werden müssen diese Strategien in anderen Zusammenhängen.

Lässt sich nun die Qualität der Arbeit von Diakoninnen und Diakonen wiegen und messen? Ja, in der Tat ist dies möglich, und zwar auf sehr eindrücklich Weise. Die empirische Wahrnehmung des Diakonats verhilft tatsächlich zu neuen Perspektiven auf dessen Weiterentwicklung, Profilierung und nachhaltige Steuerung auf Ebene der Landeskirche, des Kirchenbezirks oder auch einer Gemeinde und Einrichtung. Dass hieraus reichlich Inspiration gezogen werde, sei den Diakoninnen und Diakonen gewünscht, die sich fünf Jahre für dieses Ziel engagiert haben.

Literatur

[Diakonengesetz (1995)] Frisch, Michael (2012): Das Recht der Evangelischen Landeskirche in Württemberg (Hg.). Ergänzbare Rechtsquellensammlung vom 31. Juli 1996 (Stand November 2012). Neuwied. Verfügbar unter: http://www.kirchenrecht-wuerttemberg.de/showdocument/id/17945 (18.12.2012).

---

[23] Beispielhaft aus der Äußerung eines Diakons, die im Text Schulz (Konstruktion des Diakonats: Abschnitt 2.1) dargestellt und im Kontext interpretiert ist: „*Also dieses Gefühl, eigentlich ist man überflüssig, von der Kirche her gesehen.*" In diesen Zusammenhang gehört auch die Beobachtung, dass zuweilen tatsächlich das Steuerungshandeln der Kirche unmittelbar gefragt ist, wenn es darum geht, störende Vielschichtigkeiten abzubauen, durchsichtigere und verlässliche Rahmenbedingungen sowie Klarheit über Beauftragung und Zuständigkeit zu schaffen.

Eidt, Ellen (2011): Der evangelische Diakonat. Entwicklungslinien in Kirche und Diakonie am Beispiel Württembergs. Stuttgart.

Loos, Peter/Schäffer, Burkhard (2001): Das Gruppendiskussionsverfahren. Opladen.

[Pfarrergesetz (1977)] Frisch, Michael (2012): Das Recht der Evangelischen Landeskirche in Württemberg. Ergänzbare Rechtsquellensammlung vom 31. Juli 1996 (Stand November 2012). Neuwied. Verfügbar unter: http://www.kirchenrecht-wuerttemberg.de/showdocument/id/17252 (04.01.2013).

Przyborski, Aglaja/Wohlrab-Sahr, Monika (2008): Qualitative Sozialforschung. Ein Arbeitsbuch. München.

Schulz, Claudia (2012): Mehr „Wirklichkeit" für die Theorie!? Nutzen und Herausforderung der empirischen Sozialforschung für die Praktische Theologie. In: Wegner, Gerhard (Hg.): Gott oder die Gesellschaft? Das Spannungsfeld von Theologie und Soziologie. Würzburg. S. 155–174.

Schulz, Claudia (2013): Diakonisches Handeln der Kirche mit gesellschaftlicher Relevanz. Von den Chancen und Begrenzungen der sozialwissenschaftlichen Perspektive. In: Noller, Annette/Eidt, Ellen/Schmidt, Heinz (Hg.): Diakonat – theologische und sozialwissenschaftliche Perspektiven auf ein kirchliches Amt. Stuttgart. S. 105–122.

VEDD (Verband Evangelischer Diakonen-, Diakoninnen und Diakonatsgemeinschaften in Deutschland) (Hg.) (2008): Tätigkeitsprofile von Diakoninnen und Diakonen. Ein Arbeitspapier der KAL (Konferenz der Ausbildungsleiterinnen und -leiter der Diakonenausbildung) im VEDD. Stand: Frühjahr 2008. Impuls I/2008. Berlin. Verfügbar unter: http://www.vedd.de/obj/Bilder_und_Dokumente/pdf-Daten/Impulse/Impuls200801.pdf (29.12.2012).

Württembergische Evangelische Landessynode (Hg.) (2012): Antrag 22/12. Verfügbar unter: http://www.elk-wue.de/fileadmin/mediapool/elkwue/dokumente/landessynode/12_sommertagung/antraege/Antrag_22-12.pdf (04.01.2013).

Dieter Hödl

„In allem sei der Diakon wie das Auge der Kirche"[1]

Was ein Diakonatsprojekt sichtbar werden lässt

Nur wer die Augen öffnet, kann Wichtiges und Staunenswertes entdecken, aber es werden auch Schattenseiten und Misserfolge in seinem Blickfeld nicht verborgen bleiben. Die Augen bilden – wie alle Sinnesorgane des Menschen – eine Verbindung zwischen einem Menschen und seiner Umwelt. Mit den Augen sieht ein Mensch, was um ihn herum vorgeht, und an den Augen eines Menschen ist oft genug abzulesen, wie es um seinen Gemütszustand gerade bestellt ist. Schon Kirchenordnungen aus den ersten Jahrhunderten der Christenheit bezeichnen (Diakoninnen und) Diakone als Auge und Ohr der Kirche oder des Bischofs, und die neuere Diakoniewissenschaft betont wieder die Brückenfunktion des diakonischen Amtes der Kirche.[2] Diakoninnen und Diakone sollen also diejenigen sein, die eine Verbindung herstellen zwischen denen, die gerade der Hilfe bedürfen, und denen, die die Möglichkeit zu helfen haben. Sie sollen vernetzend wirken zwischen Gemeinde und Gemeinwesen und Ausschau halten nach den Möglichkeiten der Kirche, ihre Weltverantwortung wahrzunehmen und konkret zu handeln. Manche meinen aber auch, im Umkehrschluss könne gelten: Daran, welchen Stellenwert eine Kirche ihrem diakonischen Amt zumisst, lässt sich erkennen, welche Bedeutung diese Kirche ihrer sozialen (diakonischen) Verantwortung einräumt.

Am Projekt „Diakonat – neu gedacht, neu gelebt" waren die verschiedenen Möglichkeiten des Sehens und Gesehen-Werdens zu entdecken:

(1.) Wer die Augen öffnet, kann Wichtiges und Staunenswertes entdecken: Engagierte Diakoninnen und Diakone haben in bisher noch nie dagewesener Weise Einblicke in ihre Arbeit gewährt. Sie haben ihr Nachdenken und Handeln dokumentiert und dadurch eine Fülle beeindruckender Einsichten ermöglicht. Es konnte deshalb vieles – was Praktikerinnen und Praktiker längst erahnten – nun erstmals systematisch untersucht und nachvollziehbar aufgezeigt werden. Allein schon dieser Mut und diese Offenheit verdienen Achtung und Anerkennung. Obwohl der hier vorgelegte Band viel Wichtiges sichtbar macht, ist dies doch kaum mehr als die Spitze eines Eisberges, und es wäre den wertvollen im Projekt erhobenen Daten und zahllosen Materialien zu wünschen, dass daran noch weiter geforscht wird. Immer wieder stellen sich beim Lesen der Gruppendiskussionen und Projekttagebuchblätter Momente großen Staunens ein. Das sind

---

[1]   „Testamentum Domini" zitiert nach der Übersetzung von Plöger/Weber1980: S. 266 (14).
[2]   Benedict 2008: S. 114–137. Auch schon Benedict 2006.

Momente des Staunens darüber, was in allen Widrigkeiten des Lebens an tiefen und darin hilfreichen Begegnungen zwischen Menschen möglich wurde und wo Strukturen sich dahingehend verändert haben, dass Hilfe passgenauer geleistet werden kann. In diesen Momenten entsteht eine Ahnung davon, dass es Augenblicke und Dimensionen diakonischer Arbeit gibt, die sich der wissenschaftlichen Evaluation am Ende doch auch wieder entziehen und die von dem Glauben leben, dass darin mehr als nur menschliche Kompetenzen zum Tragen kommen. Vermutlich trägt beides, die Anerkennung für gute, professionelle Arbeit und der Glaube an geschenkten Segen dazu bei, dass mit wenigen Ausnahmen alle verantwortlichen Projektträger der Meinung sind: „Unser Projekt" war gut und die Arbeit muss weitergehen.

(2.) Dem offenen Blick bleiben auch die Schattenseiten und Abgründe nicht verborgen: Wer genau hinschaut, der sieht, dass so manches Ziel in diesem Projekt zu hoch gesteckt war und aus verschiedensten Gründen nicht im ursprünglichen Umfang erreicht werden konnte. Hier forderten Vernetzungsprozesse viel mehr Zeit als erwartet. Dort legten Krankheitsphasen Projektprozesse auf Eis. Gelegentlich fehlte es an den notwendigen methodischen Kompetenzen bei Diakoninnen und Diakonen, aber auch in den sie begleitenden Gremien. Vieles musste nicht einmal, sondern mehrmals ausprobiert werden, bevor man sich eingestehen konnte: An dieser Stelle und auf diesem Weg kommen wir nicht vorwärts. Manchmal war aber auch einfach die Not von Menschen so groß oder die bürokratischen Verstrickungen so undurchsichtig, dass das Zeitkontingent der Haupt- und Ehrenamtlichen nicht ausreichte, um mehr als ein wenig Linderung der größten Not zu erreichen. Im Hinblick auf die Möglichkeiten und Grenzen milieuverbindenden Arbeitens ergibt sich aus dem genauen Hinschauen die ganz grundsätzliche Notwendigkeit, den kirchlichen Auftrag noch einmal neu zu buchstabieren. In diesem Zusammenhang wurde auch deutlich: Die Rolle von Professionellen in diakonischen Handlungsfeldern lässt sich nur zum Teil durch persönliches Engagement – und sei es auch noch so kompetent – bestimmen. Oft genug sind es strukturelle Unzulänglichkeiten, die Grenzen eines grundsätzlich denkbaren Erfolges markieren. Hier ist – die Projektergebnisse aufnehmend – kirchenleitendes Handeln und Entscheiden erforderlich. Sonst besteht die Gefahr, dass Einzelnen eine überfordernde Verantwortung aufgebürdet wird, die nur alle gemeinsam tragen können.

(3.) Hinsehen verbindet „Innen" und „Außen": Vielleicht gibt es so etwas wie eine Parallele zwischen der Funktion, die altkirchliche Ordnungen den Diakonen – und an manchen Orten wohl auch den Diakoninnen – zugeschrieben haben, und der Funktion, die heute Projekte für Organisationen übernehmen. Projekte erlauben es, an der Schnittstelle zwischen Organisation und Umwelt Erfahrungen zu sammeln, die innerhalb organisationaler Programme und Hierarchien nicht möglich wären. Das Projekt „Diakonat – neu gedacht, neu gelebt" hat an vielen Orten für die beteiligten Diakoninnen und Diakone Handlungsspielräume über den binnenkirchlichen Raum hinaus eröffnet, die sie ohne dieses Projekt

nicht gehabt hätten. In einer ganzen Reihe von Teilprojekten sind neue Vernetzungen und Partnerschaften im Gemeinwesen entstanden, die es vorher in dieser
Form nicht gab. Diese beeindruckende Zusammenarbeit mit Schulen, Kommunen und anderen Trägern beflügelt die Weiterarbeit an derartigem, sozialräumlich orientiertem Handeln der Kirche. Erfahrungen und Erkenntnisse, die in
diesem Zusammenhang gewonnen wurden, Veränderungen, die an einzelnen
Orten erreicht wurden, sind aus dem Gedächtnis der Kirche auch dann nur
schwer zu löschen, wenn es zunächst so aussieht, als ob die gewonnenen Informationen nur als kurzfristig irritierendes Flimmern vorüberziehen, weil die
Sicherheit bestehender Ämterstrukturen und die gewohnte Ressourcenverteilung
sich noch einmal als stärker erweisen. Die Herausforderungen, die der Kirche
durch gesellschaftliche Veränderungsprozesse gestellt sind, wurden in vielen
Teilprojekten klarer wahrgenommen. Oft sind dadurch mehr neue Fragen entstanden als alte Fragen beantwortet werden konnten. Deshalb kann das Ende
dieses Projektes nur ein Doppelpunkt sein. Neue Informationen und neue Fragen wollen weiter bearbeitet werden. Deshalb braucht jedes diakonisch-missionarische Projekt auch die Rückbindung in die Kirche als Organisation. Ein Projekt ist erst dann wirklich abgeschlossen, wenn die Organisation über die Verwendung der – im Kontakt mit ihrer Umwelt gewonnenen – neuen Einsichten
entschieden hat.

(4.) An einem Diakonatsprojekt lässt sich erkennen, welchen Stellenwert die
Kirche ihrem diakonischen Auftrag beimisst: Das Projekt „Diakonat – neu gedacht, neu gelebt" war eines der großen landeskirchlichen Projekte der letzten
Jahre. Vermutlich war es auch eines der Projekte, die zumindest vor Ort in den
Teilprojekten relativ viel öffentliche und mediale Aufmerksamkeit genossen
haben. Immer wieder wurden – vor allem gegen Ende der Projektlaufzeit und
von weniger beteiligten Beobachterinnen und Beobachtern – die respektvolle
Frage laut: Wie lange könnt ihr dieses hohe Engagement durchhalten? Es wurde
demnach durchaus wahrgenommen, dass in die Projektarbeit viel Geld und noch
viel mehr persönliches Engagement geflossen ist. Aber es wurde zugleich bezweifelt, ob der lange Atem vorhanden sei, um mehr als nur ein für kurze Zeit
leuchtendes Strohfeuer zu entfachen. Noch immer wird die Qualität eines Projektes auch und zu Recht an seiner Nachhaltigkeit gemessen. Hier wird viel davon abhängen, ob es tatsächlich gelingt, auf allen Ebenen angemessene Formen
der Weiterarbeit zu finden: vor Ort im unmittelbaren Kontakt mit den Menschen, die diakonische Hilfe benötigen, und in der Zusammenarbeit mit den
Vernetzungspartnerinnen und -partnern, aber auch im Bereich der Aus-, Fort-
und Weiterbildung, in den kirchlichen Regelungen zu Tarif- und Anstellungsfragen für Diakoninnen und Diakone, zu Diakonatsplänen und Stellenbeschreibungen, in der Personalförderung und in Fragen der strukturellen Verankerung des
Diakonats in den kirchlichen Entscheidungsgremien. Viel wird aber auch davon
abhängen, ob es gelingt, dass Diakoninnen und Diakone selbst sich auf den Weg
machen und ihren Blick lösen von vertrauten Vorstellungen liebgewordener

Berufsbilder und einer auf das kirchliche Vereinsleben im Gemeindehaus fokussierten Orientierung.

(5.) Mit der Einsetzung des „Sonderausschuss Diakonat" hat die 14. Württembergische Evangelische Landessynode zwischenzeitlich den inhaltlichen Auftrag des Projekts „Diakonat – neu gedacht, neu gelebt" aufgegriffen und einer strukturbezogenen Weiterbearbeitung zugeführt. Dieser Ausschuss arbeitet lösungsorientiert an strukturellen Fragen und will auf diesem Weg Rahmenbedingungen für den Diakonat in der Evangelischen Landeskirche entwickeln, die eine zukunftsweisende diakonische Arbeit ermöglichen.

„Denn so wie das Auge ist, ist der ganze Mensch. Erst jetzt vermag Güte, Weisheit, Demut und Erfassen des Du aus dem Herzen hervorzuströmen."[3] Das Projekt „Diakonat – neu gedacht, neu gelebt" war so etwas wie eine Sehschule für die Evangelische Landeskirche in Württemberg. Mit der Veröffentlichung der Evaluationsergebnisse wird sichtbar, welche Lerneffekte schon möglich waren und sind, welche Lernerfahrungen noch gewonnen werden könnten. Die Schätze dieses Projektes sind damit noch lange nicht alle gehoben, aber ein guter Anfang ist gemacht für die weitere Schatzsuche einer diakonischen Kirche.

Literatur

Benedict, Hans-Jürgen (2006): Zukünftige Aufgaben der Diakone und Diakoninnen aufgrund veränderter kirchlicher, diakonischer und gesellschaftlicher Rahmenbedingungen. In: Eurich, Johannes (Hg.): Diakonisches Handeln im Horizont gegenwärtiger Herausforderungen. Heidelberg. S. 203–224.

Benedict, Hans-Jürgen (2008): Barmherzigkeit und Diakonie. Von der rettenden Liebe zum gelingenden Leben. Stuttgart.

Evangelische Landeskirche in Württemberg (Hg.) (2007) (2): „Diakonat – neu gedacht, neu gelebt". Das Angebot für Kirchenbezirke, Kirchengemeinden, Diakonische Einrichtungen, Landeskirchliche Werke und Einrichtungen und Freie Träger. Verfügbar unter: https://www.service.elk-wue.de/oberkirchenrat/kirche-und-bildung/diakonat/projekt-diakonat-neu-gedacht-neu-gelebt/wissenschaftliche-projektbegleitung-und-evaluation.html (03.01.2013).

Plöger, Josef G./Weber, Herrmann J. (Hg.) (1980): Der Diakon. Wiederentdeckung und Erneuerung seines Dienstes. Freiburg.

Rosenberg, Alfons (1985): Einführung in das Symbolverständnis. Freiburg.

---

[3]   Rosenberg 1985: S. 122.

Ellen Eidt

Kirche im Projektstress?[1]

Reflexion der Evaluationsergebnisse eines Diakonatsprojekts
für die kirchliche Organisationsentwicklung.

„Ecclesia semper reformanda est!"[2] Dieses Grundprinzip reformatorischen Kirchenverständnisses wird immer wieder gerne herangezogen, wenn Kirchenentwicklung zum Thema wird. Der Ursprung dieser kurzen, griffigen und offensichtlich auch attraktiven Formel ist nur schwer auszumachen[3]:

Sie wurde dem Kirchenvater Augustin[4] ebenso zugeschrieben wie dem Refor-
mator Martin Luther[5], in der Tradition Karl Barths spielte sie eine wichtige
Rolle[6] und das Zweite Vatikanische Konzil nahm darauf Bezug.[7] Reformfähigkeit
und Reformbereitschaft scheinen demnach in ökumenischer Weite nicht nur als
wichtige Kennzeichen der Kirche zu fungieren, sondern gerinnen in dieser Formel zu einem Imperativ oder zum Kern eines Programms: Die Kirche ist ständig
zu reformieren! Die Attraktivität genau dieser Programmformulierung speist
sich vermutlich nicht zuletzt daher, dass sie an das allgemeine Identitätspara-
doxon[8] „was bleiben will, muss sich ändern"[9] anschließt, in einer auf die Kirche
zugeschnittenen Akzentuierung.

---

[1]   Dieser Titel ist formuliert in Anlehnung an den Buchtitel „Kirche im Reformstress" von Isolde
    Karle. Vgl. Karle 2010.
[2]   Übersetzung: Die Kirche ist ständig zu reformieren.
[3]   Vermutlich geht sie zurück auf den reformierten niederländischen Theologen Jodocus van
    Lodenstein (1620–1677). Vgl. Schmid 2012.
[4]   Vgl. Deneke 2012.
[5]   Vgl. Knuth 2004.
[6]   Bernd Oberdorfer geht sogar – mit Verweis auf den Titel eines Sonderheftes der Zeitschrift
    „Evangelische Theologie" zu Ehren von Ernst Wolf im Jahr 1952 – davon aus, dass die Formu-
    lierung als solche erst in der Mitte des 20. Jahrhunderts und im Umkreis des Barthianismus ent-
    standen sei. Vgl. Oberdorfer 2009: S. 418.
[7]   Vgl. Zweites Vatikanisches Konzil 1964: LG Nr. 9.
[8]   Fritz B. Simon formuliert mit Bezug auf Gregory Bateson (1981): „Wer derselbe bleiben will,
    muss sich verändern! Dieses Paradox der Identität gilt auch für Organisationen. Der Grund da-
    für ist, dass die Überlebenseinheit nie ein isoliertes System allein ist, sondern immer die Einheit
    aus System und relevanten Umwelten." Simon ³2011: S. 102. Wenn also Umwelten sich ver-
    ändern, so die Annahme, können weder Lebewesen und Personen noch Organisationen unver-
    ändert bleiben. Wenn sie gleich blieben, würde sich entweder ihr Verhältnis zur Umwelt ver-
    ändern oder sie könnten nicht weiter existieren.
[9]   Diese Formulierung ist Titel und Refrain eines Gedichtes der DDR-Lyrikerin Inge Müller
    (1925–1966), die darin Bilder aus der Natur, Stationen eines Lebenslaufes, menschliche Bezie-
    hungen und Gottesbilder bedenkt.

Nach kirchlichem Selbstverständnis bleibt die Verpflichtung gegenüber dem ursprünglichen Auftrag zur Kommunikation des Evangeliums an allen Orten, zu allen Zeiten und mit allen Menschen unverändert. Angesichts sprachlicher, kultureller, sozialer und historischer Unterschiede leuchtet jedoch unmittelbar ein, dass die konkreten Formen – in denen diese Kommunikation des Evangeliums stattfindet – vielgestaltig sein müssen, um in verschiedenen und veränderlichen Umwelten anschlussfähig zu sein. Alle Versuche, den kirchlichen Grundauftrag angemessen und glaubwürdig zu erfüllen, müssen aus diesem kirchlichen Selbstverständnis heraus deshalb immer als „Re-formatio" – als eine am Ursprung orientierte Erneuerung im Sinne der „Wiederherstellung" – gedeutet werden. Dieser Ursprung, die Offenbarung der Liebe Gottes zu seiner ganzen Schöpfung in der Menschwerdung Gottes in Jesus Christus zur Erlösung der Welt, wird in der Kirche zugleich als Kern und Anfang ihrer Zielperspektive verstanden. Insofern implizieren kirchliche Reformbemühungen – zumindest dem theologischen Anspruch nach – zugleich auch eine Neuausrichtung kirchlichen Denkens und Handelns im Duktus der Vision des Reiches Gottes. Deshalb darf „Reform" in der Kirche nie als ein ausschließlich rückwärtsgewandter Prozess missverstanden werden. Vielmehr gewinnt Kirchenentwicklung ihre Energie immer auch von einer erhofften und geglaubten Zukunft her, die in der Gegenwart schon jetzt Gestalt gewinnen soll.

Die Evangelische Landeskirche in Württemberg hat im Jahr 2008 das Projekt „Diakonat – neu gedacht, neu gelebt" initiiert, um angesichts gesellschaftlicher Wandlungsprozesse Informationen und Erfahrungen zu sammeln, wie Diakoninnen und Diakone dazu beitragen können, dass die Kirche auch zukünftig ihrem Auftrag zur Kommunikation des Evangeliums und darin ihrem diakonischen Auftrag nachkommen kann.[10] Eine derartige Zielbeschreibung spricht dafür, dass dieses Projekt sich an der Tradition des reformatorischen Grundprinzips orientiert und eine Neuausrichtung des diakonischen Auftrags an dessen Ursprung und Ziel anstrebt. Vor diesem Hintergrund werde ich nachfolgend die Evaluationsergebnisse dieses Diakonatsprojekts reflektieren.

Beginnen werde ich dieses Vorhaben mit (1.) einigen grundlegenden Überlegungen zur Funktion von Projekten für Organisationen[11] und der Beschreibung von Herausforderungen, die mit der Evaluation diakonischer Projektarbeit für die Kirche verbunden sind. Daran schließe ich (2.) eine Sichtung und Bündelung der Evaluationsergebnisse an, die sich an den vier organisationalen Entwicklungsfeldern Struktur, Personal, Programme und Kultur[12] orientiert und darin

---

[10] Vgl. Evangelische Landeskirche in Württemberg 2007 (?): S. 5–6.

[11] Dabei orientiere ich mich im Wesentlichen an einem systemtheoretischen Organisationsverständnis, wie es sich im Zusammenhang des Nachdenkens über Projektmanagement und Organisationsentwicklung vor allem bei Heintel/Krainz ⁵2011 und Wetzel/Aderhold/Rückert-John 2009 findet. Hermelink/Wegner 2008 und Karle 2009 und 2010 schließen in ihren Überlegungen zur Kirchenentwicklung an diese systemtheoretische Perspektive an.

[12] Vgl. Simon ³2011: S. 106.

skizzenhaft auch verschiedene Ebenen möglichen organisationalen Lernens thematisiert.[13] Abschließen (3.) werde ich meine Bündelung und Reflexion der Evaluationsergebnisse im Hinblick auf Kirchenentwicklungsprozesse mit dem Versuch, eine veränderte Perspektive auf Lernen, Nicht-Lernen und Verlernen im
Kontext diakonischer Kirchenentwicklung zu eröffnen.

1. Projektarbeit als Methode der Organisationsentwicklung – auch in kirchlich-diakonischen Kontexten

Als Grundlage für meine perspektivische Sortierung der Evaluationsergebnisse
des Projekts „Diakonat – neu gedacht, neu gelebt" stelle ich hier zunächst mein –
den nachfolgenden Überlegungen zugrunde liegendes – Verständnis der Kirche
als Organisation dar. Damit reihe ich mich ein in den Konsens derer, die davon
ausgehen, dass Kirche auch als Organisation – genauer als „mitgliederorientierte
Organisation mit Wertebezug"[14] – zu verstehen ist[15] und deshalb organisations-
soziologische Modelle herangezogen werden können, um einzelne Prozesse in
der Kirche und die Rolle der Kirche in der Gesellschaft besser zu verstehen.
Grundlage für diese Einschätzung ist, dass Kirche die fünf wesentlichen Merkmale einer Organisation aufweist, die jeweils zugleich funktionale Einheiten
innerhalb einer Organisation beschreiben.[16] An erster Stelle zu nennen ist hier,
dass Kirche durch ihre *Kernaufgabe* zu charakterisieren ist, die von einem zentralen Ziel her bestimmt wird und einer großen *Vision* folgt: Es geht in der Kirche um die Kommunikation des Evangeliums im Horizont des Reiches Gottes.
Daran sind alle organisationalen Prozesse und Strukturen zu messen. Die
aktuelle Organisationsgestalt der Evangelischen Kirche in Deutschland mit ihren
Gliedkirchen, Kirchenkreisen, Kirchengemeinden und Diakonischen Werken ist
historisch gewachsen. Sie zeichnet sich aus durch eine relativ einheitliche, hierar-
chische Struktur, die eindeutig festlegt, welche Stellen wofür zuständig sind und
die entsprechenden Entscheidungskompetenzen für sich in Anspruch nehmen
dürfen. Mit *Hierarchie und Strukturen* ist bereits eine zweite Charakterisierung

---

[13] Chris Argyris und Donald A. Schön wendeten 1978 die von Gregory Bateson (1972) herausge-
      arbeiteten vier Lerntypen von lebenden Organismen und Menschen in akteurstheoretischer
      Perspektive auf Organisationen an (vgl. Bateson 1981: S. 362–399 und Argyris/Schön [3]2006: v.a.
      S. 9–16). Sie gelten deshalb zusammen mit Peter Senge („Die fünfte Disziplin", Erstauflage 1990)
      als Pioniere des Leitbildes einer „Lernenden Organisation". Dieses theoretische Denkmodell
      versucht die Anforderungen an Organisationen angesichts der Herausbildung der Wissensge-
      sellschaft zu erfassen. Die systemtheoretische Perspektive zu den damit verbundenen Frage-
      stellungen findet sich vor allem bei Baecker 1999 und 2003 sowie Luhmann [2]2006 und Kühl
      2000 aber auch bei Willke [3]2001: S. 247–359. Auf diese systemtheoretische Perspektive werde
      ich mich nachfolgend immer wieder beziehen.
[14] Hauschildt 2006: 3. Abschnitt.
[15] Vgl. dazu insgesamt Layendecker 2000: S. 203–205 und Hauschildt 2007.
[16] Vgl. speziell Kühl 2011: S. 16–22.

von Organisationen benannt, die eng mit einem dritten Aspekt verknüpft ist: Weil Verantwortung für Entscheidungen konkret adressierbar sein soll, sind entsprechende *Personalstellen* ausgewiesen, die mit Personen besetzt sind. Wie jede Organisation verfügt auch die Kirche über Personal, dem Aufgaben durch Stellenbeschreibungen zugewiesen werden und das zur Aufgabenerfüllung festgelegten *Programmen* zu folgen hat. Denn diese Programme gewährleisten, dass Entscheidungen in erwartbarer und vergleichbarer Form getroffen werden, und tragen damit dazu bei, dass die Kernaufgabe der Organisation auf Dauer zuverlässig erfüllt werden kann. Die Orientierung an Programmen ist das vierte Kennzeichen, das allen Organisationen gemeinsam ist. Im Hinblick auf die Diakonie der Kirche bedeutet dies zum Beispiel, dass es einen dogmatischen Konsens darüber gibt, dass die Verkündigung der Liebe Gottes in Wort und Tat ein Grundauftrag der Kirche und aller ihrer Glieder ist,[17] aus dem dann kirchenrechtliche Bestimmungen für die Wahrnehmung dieser diakonischen Verantwortung abgeleitet werden.[18] Sie regeln die Zuständigkeiten für entsprechende Aufgabenstellungen und die Mitgliedschaft in den entsprechenden Verbänden und deren Organen.

Diese vier bisher genannten Kennzeichen einer Organisation und deren Funktionsweisen oder Gestaltungsprinzipien werden in der Regel innerhalb einer Organisation und auch nach außen kommuniziert. Sie gehören zum sicheren Bestand des organisationalen Wissens, das auch unabhängig von konkreten Personen verfügbar ist. Für die Kirche heißt das, die konkreten Ausprägungen dieser Merkmale und Funktionsbereiche sind in Kirchengesetzen und Verordnungen, in Amtsblättern und Rundschreiben explizit festgehalten, jederzeit nachlesbar und öffentlich zugänglich. Sie gelten für alle Entscheidungen des Personals der Organisation. Diese Verbindlichkeit gilt auch dann, wenn nicht jedes Gesetz und jede Verordnung im Einzelfall präsent ist und wenn hin und wieder anders entschieden wird. Denn im Zweifelsfall bleibt dennoch eindeutig feststellbar, von welcher Norm her diese Ausnahme als solche zu qualifizieren oder zu disqualifizieren ist.

Neben diesen „harten" Kennzeichen, die eine Organisation eindeutig identifizierbar machen, wird in neuerer Zeit der *Organisationskultur* – als einem eher „weichen" Merkmal – ein ebenso zentraler Stellenwert für das Verständnis einer Organisation beigemessen.[19] Jede Organisationskultur wird vor allem durch unausgesprochene Kommunikations- und Verhaltensregeln geprägt, die eher selten Gegenstand expliziter Entscheidungen sind. Sie werden innerhalb einer Organisation gelernt, wie ein Kind die Grammatik seiner Muttersprache lernt. Die Organisationskultur entwickelt sich – vergleichbar mit der Entwicklung von

---

[17]   Vgl. Grundordnung 1948: Artikel 15.
[18]   Vgl. Kirchengesetz 1975.
[19]   Vgl. grundlegend Luhmann ²2006: S. 243.

Sprache – nicht so sehr durch bewusste Entscheidungen von Personen oder Gremien, sondern ist selbstverständlicher Teil der alltäglichen Praxis und bleibt im Wesentlichen informell. Zum Gegenstand organisationaler Kommunikation wird die Organisationskultur, wenn überraschende Überlegungen oder Entscheidungen im Raum stehen, die dann im Hinblick auf die Frage geprüft werden, ob sie denn zur Organisation „passen". Am sensibelsten wahrgenommen wird die jeweilige Organisationskultur in der Regel von neuen Mitarbeitenden, wenn sie durch unverhoffte informelle Sanktionierungen mit den ungeschriebenen Gesetzen der Organisation in Berührung kommen.[20]

Die verschiedenen Merkmale von Organisationen, deren Funktionsweisen und Gestaltungsprinzipien können für analytische Zwecke zunächst getrennt betrachtet werden. Diese Möglichkeit der analytischen Einzelbetrachtung werde ich nachfolgend für den Versuch nutzen, die verschiedenartigen Evaluationsergebnisse aus dem Diakonatsprojekt so zu sortieren und zusammenzufassen, dass sie den verschiedenen organisationalen Funktionsbereichen zugeordnet werden können. Für das Funktionieren einer Organisation und damit für die Erfüllung des jeweiligen Organisationszweckes greifen die entsprechenden Sachverhalte und Funktionsbereiche aber so eng ineinander, dass sie letztlich nur zusammen mit den entsprechenden Wechselwirkungen zu erfassen sind. Diese Beobachtung wird mit dem Begriff der „Ganzheitlichkeit" von Organisationen beschrieben und oft auch unter der Überschrift „das Ganze ist mehr als die Summe seiner Teile" zusammengefasst.[21]

Es gehört zu den wesentlichen Eigenarten von Organisationen, dass sie Standardisierungen entwickeln, die organisationale Entscheidungen erleichtern und sich günstig auf die Erwartungssicherheit im Hinblick auf die Aufgabenerfüllung auswirken. Als Kehrseite bringen diese Standardisierungen aber auch eine gewisse Schwerfälligkeit mit sich. Diese aus erfolgreichen Strukturen und Programmen resultierende verminderte Flexibilität kann als Ergebnis gelungener organisationaler Lernprozesse – im Sinne der zuverlässigen Erfüllung der Kernaufgaben der Organisation – verstanden werden[22] und darf deshalb in ihrer positiven Bedeutung nicht unterschätzt werden. Zum Problem kann diese relative Trägheit von Organisationen jedoch dann werden, wenn bestehende Strukturen und Programme angesichts neuer Herausforderungen die Erfüllung der Kernaufgabe nicht mehr in zufriedenstellender Weise gewährleisten können.

---

[20]   Vgl. Simon [3]2011: S. 96–101.

[21]   Diese Sentenz wird Aristoteles zugeschrieben, stellt aber lediglich eine verkürzte Wiedergabe der folgenden Ausführung dar: „Da nun dasjenige, was aus etwas in der Weise zusammengesetzt ist, daß das Ganze Eines ist, sich nicht wie ein Haufen verhält, sondern wie die Silbe – die Silbe aber ist nicht identisch mit ihren Buchstaben, und die Silbe ‚BA' ist auch nicht identisch mit dem ‚B' und ‚A'." Vgl. Aristoteles: Metaphysik 1041 b 10 (VII. Buch) in der Übersetzung von Detel 2009: S. 107.

[22]   Vgl. Kühl 2000: S. 146. Ausführlicher dazu auch Abschnitt 3 am Ende dieses Artikels.

Auch zu einem besseren Verständnis von Veränderungsprozessen in Organisationen bietet sich der analytische Blick auf die einzelnen Funktionsbereiche von Organisationen an. Betrachtet man deren Funktionsweisen und Zusammenspiel im Detail, so wird schnell deutlich, dass Organisationen keine starren, unveränderlichen Gebilde darstellen, sondern – wie alle sozialen und lebenden Systeme – andauernden Veränderungsprozessen unterworfen sind. Vor diesem Hintergrund gehe ich davon aus, dass mit Hilfe dieses analytischen Blickes auch ein differenziertes Bild von möglichen Ansatzpunkten für organisationale Lernprozesse entwickelt werden kann, das für die Implementierung von Evaluationsergebnissen aus Projektprozessen in die organisationalen Strukturen hilfreich ist.

Denn Projekte gelten üblicherweise als Mittel der Wahl zur Organisationsentwicklung. Dieser methodische Weg wird eingeschlagen, wenn die Organisationsumwelt sich rasch verändert[23] oder wenn sich innerhalb der Organisation Aufgabenstellungen ergeben, die mit den herkömmlichen organisationalen Mitteln nicht oder nicht rasch genug zu lösen sind, oder wenn beide Herausforderungen gleichzeitig bestehen.[24] Projekte zeichnen sich dadurch aus, dass sie jenseits bestehender Hierarchien, unabhängig von verbindlichen Programmen, meist abteilungs- oder sogar organisationsübergreifend nach Problemlösungen suchen können. Insofern Projekte jedoch ihren Auftrag und ihre Ressourcen in der Regel aus bestehenden Organisationen beziehen, sind sie keine eigenständigen sozialen Systeme, sondern „Parasiten" von Organisationen. Die auftraggebende Organisation behält die volle Souveränität der Entscheidung hinsichtlich der Integration von Projektergebnissen. Vermehrte Projektarbeit kann demnach verstanden werden als der Versuch einer Organisation, in dynamischen Veränderungsprozessen anschlussfähig zu bleiben und gleichzeitig die Kontinuität der Aufgabenerfüllung in ihrem Kern zu erhalten.

Projektevaluation ist in diesem Zusammenhang also kein Selbstzweck. Sie gewinnt ihre organisationale Bedeutung durch die Suche nach möglichen Lerneffekten für die Weiterentwicklung der auftraggebenden Organisation. Wenn demnach eine Organisation wie die Evangelische Landeskirche in Württemberg das Projekt „Diakonat – neu gedacht, neu gelebt" initiiert und zugleich einen Auftrag zur Projektevaluation erteilt, dann kann unterstellt werden, dass spätestens nach Abschluss der Projektarbeit die Projektergebnisse von den zuständigen kirchlichen Gremien daraufhin geprüft werden, welche expliziten organisationalen Lernprozesse angestoßen werden sollen. Aufgabe der Projektevaluation ist es deshalb, die Evaluationsergebnisse so aufzubereiten, dass die im Laufe der Projektarbeit generierten Informationen als Basis für die organisationale Entscheidungsfindung nutzbar werden.

Dabei ist allerdings zu bedenken, dass die primäre Orientierung der Kirchen nicht einem sich ständig wandelnden ökonomischen Markt gilt, sondern von

---

[23] Vgl. dazu Litke 2007: S. 17ff. und Eidt 2013: S. 212.
[24] Vgl. Heintel/Krainz [5]2011: S. 36–41.

dem transzendent begründeten Auftrag zur Kommunikation des Evangeliums und der Vision vom Reich Gottes abgeleitet wird. Das bedeutet einerseits, dass hinsichtlich kirchlicher Wandlungsprozesse von einer geringeren Dynamik ausgegangen werden kann als bei marktorientierten Unternehmen.[25] Das bringt aber andererseits immer neu die Herausforderung mit sich, dass zunächst geklärt werden muss, welche Veränderungen in der Umwelt der Kirche oder innerhalb der Kirche selbst als so gravierend bewertet werden sollen, dass sich daraus organisationsinterner Veränderungsbedarf ableiten lässt. In Anlehnung an Überlegungen von Thomas Zippert[26] halte ich im Rahmen der diakonischen Verantwortung der Kirche das folgende Kriterium für wegweisend: Immer dann, wenn innerhalb bestehender Strukturen und Programme, angesichts aktueller Kompetenzen des kirchlichen Personals oder im Rahmen der gegenwärtigen kirchlichen Organisationskultur soziale Ungleichheit dazu führt, dass Menschen von der Kommunikation des Evangeliums ausgeschlossen werden, dann entsteht für die Kirche in diakonischer Hinsicht Handlungsbedarf. Die Initiierung des Projekts „Diakonat – neu gedacht, neu gelebt" durch die Evangelische Landeskirche in Württemberg deute ich vor diesem Hintergrund als ein Indiz dafür, dass zum Zeitpunkt der Projektentwicklung ein synodaler Konsens hinsichtlich eines derartigen Handlungsbedarfes bestand, der seinen Ausdruck im Projektauftrag und den entsprechenden Projektzielen gefunden hat.

2. Bündelung der Evaluationsergebnisse im Hinblick auf organisationale Entwicklungsfelder

Im Folgenden werde ich nun die einzelnen Teilergebnisse des Projekts „Diakonat – neu gedacht, neu gelebt" dahingehend betrachten, in welchen Funktionsbereiche sie möglicherweise für organisationales Lernen nutzbar sind. Dabei werde ich aus den Evaluationsergebnissen Fragestellungen und Vorschläge entwickeln, die zum Ausgangspunkt für organisationale Entscheidungsprozesse werden können.[27] Als zentrale Felder und Ansatzpunkte organisationalen Wandels gelten im Allgemeinen (2.1) Personalfragen, (2.2) Strukturentwicklung, (2.3)

---

[25] Vgl. Simon [3]2011: S. 103.

[26] Vgl. Zippert 2008: S. 54, der dieses Kriterium als ein Kriterium für die Notwendigkeit des Diakonenamts entwickelt.

[27] Dieses Wagnis gehe ich ein in dem Wissen, dass es innerhalb komplexer Organisationen wie der Kirche und in Handlungsfeldern, die es unmittelbar mit dem „Eigensinn" von Menschen zu tun haben, keine lineare Verbindung zwischen Problemwahrnehmung und Problemlösung gibt und dass jede noch so gut gemeinte Problemlösung in der Regel Nebenwirkungen mit sich führt, die vorher nicht einkalkuliert werden konnten. Insofern ist der Versuch, auf diesem Weg organisationale Wandlungsprozesse anzuregen, immer sowohl subjektiv als auch riskant. Angesichts der Tatsache, dass „das Risiko der Beibehaltung der ‚bewährten' Strukturen (…) oft nicht gesehen oder unterschätzt" wird (Luhmann [2]2006: S. 333), gibt es offensichtlich keinen Weg ohne Risiko.

Programmgestaltung und (2.4) Organisationskultur. Diese vier Aspekte werden mir als Orientierungs- und Ankerpunkte dienen, um die Evaluationsergebnisse des Diakonatsprojekts als Hilfsmittel für das „Navigieren beim Driften"[28] der Kirche im Meer sich wandelnder sozialer Herausforderungen leichter zugänglich zu machen.

2.1 Personalfragen als Kernthema des Projekts „Diakonat – neu gedacht, neu gelebt"

Ausgangspunkt und zentraler Inhalt des hier evaluierten Projekts war die Frage danach, wie Diakoninnen und Diakone dazu beitragen können, dass die Kirche auch zukünftig ihrem Auftrag zur Kommunikation des Evangeliums und darin ihrem diakonischen Auftrag nachkommen kann.[29] Deshalb sollen Personalfragen auch im Rahmen der Aufarbeitung der Evaluationsergebnisse an erster Stelle stehen.

Zu den Aufgaben des Personalmanagements in einer Organisation gehört es, Kriterien zu entwickeln für die Zuordnung von Personen auf Stellen, wobei sich die Stellenbeschreibungen prinzipiell aus der hierarchischen Struktur der Organisation und den organisationalen Programmen ableiten. Im Hinblick auf Personen kommen in erster Linie deren Kompetenzen in den Blick und damit das gesamte Feld der Qualifikationen durch Maßnahmen der formalen Aus-, Fort- und Weiterbildung sowie der Bereich der informellen Bildungsprozesse. In der Projektskizze des Diakonatsprojekts wurde diese Thematik – in der Zuspitzung auf die Schärfung der Berufsprofile im Diakonat – in den Zielhorizont aufgenommen und mit Beispielen aus den unterschiedlichen Handlungsfeldern hinterlegt.[30] Als Kriterium für die Besetzung der Stellen in den lokalen Teilprojekten wurde in Entsprechung zur landeskirchlichen Gesetzgebung die sogenannte „Doppelqualifikation" angegeben,[31] und zum Aufgabenbereich des Projekts gehörte auch die Sammlung von Informationen im Hinblick auf die Weiterentwicklung der dazugehörigen Aus-, Fort und Weiterbildungskonzeptionen für die Berufe im Diakonat.[32] Über den ursprünglichen Projektauftrag hinaus wurden im Rahmen der Projektevaluation auch Einsichten zu Fragen der Arbeitsgesundheit gewonnen, die sich vor allem auf Aspekte der „Passung" zwischen Person und Stellenprofil beziehen.[33] Insgesamt werde ich die Ergebnisse der systemati-

---

[28]   Simon/Weber [4]2012.
[29]   Vgl. Evangelische Landeskirche in Württemberg 2007 (2): S. 5
[30]   Vgl. Evangelische Landeskirche in Württemberg 2007 (2): S. 6.
[31]   Vgl. Evangelische Landeskirche in Württemberg 2007 (2): S. 7: „sozialarbeiterische, heilpädagogische, pflegerische Kenntnisse und theologisch-diakonische Qualifikation, entsprechend dem Diakonen- und Diakoninnengesetz der Württembergischen Landeskirche."
[32]   Vgl. Evangelische Landeskirche in Württemberg 2007 (1).
[33]   Vgl. den Beitrag Eidt (Diakonisches Handeln unter Projektbedingungen) in diesem Band.

schen Projektevaluation und der zum Gesamtprojekt gehörenden Begleitforschung zu Fragen der organisationalen Personalpolitik nachfolgend in drei
Strängen zusammenfassen und daraus jeweils Fragestellungen für entsprechende
organisationale Entscheidungsprozesse entwickeln:

(1.) *Profilierung der Berufe im Diakonat durch Stellenbeschreibungen*
In einer Zusammenschau der einzelnen Evaluationsergebnisse fällt sehr deutlich
ins Auge, dass der Interaktionsbezug der Arbeit von Diakoninnen und Diakonen
im Zentrum der Beobachtungen steht. Die Geschichten von heilsamen Beziehungen in Projekttagebuchblättern, Gruppendiskussionen und Falldokumenta-
tionen hinterlassen bei den Leserinnen und Lesern oft einen tiefen Eindruck.
Interviews und Gruppendiskussionen mit Klientinnen und Klienten zeigen deren
dankbare Reaktion auf erfahrene Zuwendung. Diakoninnen und Diakone aus
verschiedenen Berufsgruppen bringen zum Ausdruck, dass sie sich in ihrem
Diakonsein authentisch fühlen, wenn sie *„nahe bei den Menschen"* sind.[34] Ehrenamtliche und Anstellungsverantwortliche nehmen die Kontaktfähigkeit und
Kontaktfreude von Diakoninnen und Diakonen als deren große Stärke wahr.[35]
Aufsuchende Arbeit gilt als besonders wirkungsvolle Zugangsmöglichkeit, wenn
die Lebenslage von Menschen durch besondere soziale Risiken geprägt ist, und
erlaubt sowohl in der Familienhilfe als auch in der Alten- und Behindertenhilfe
ein hohes Maß an Autonomie der Hilfeempfängerinnen und -empfänger.[36] Diakonische Seelsorge erscheint als ein wichtiger Aspekt evangelisch profilierter
Sozialarbeit.[37]
    Stelleneinsparungen im Bereich der Gemeindediakonie und Stellenverlage-
rung aus den Einzelgemeinden auf die Ebene der Kirchenbezirke stellen sich
häufig zugleich als ein Verzicht auf gerade diese Formen des unmittelbaren In-
teraktionsbezugs von Diakonenstellen dar. Diese Strategie trägt die Gefahr in
sich, dass die Menschen, die sich in Notlagen extrem zurückziehen und ver-
wahrlosen, spätestens dann auch aus dem Blickfeld der Kirche geraten. Ausgehend vom Europäischen Qualifikationsrahmen könnten meiner Meinung nach
auch für dieses Handlungsfeld diakonische Tätigkeitsprofile[38] entwickelt werden.
Da die hier notwendige Form aufsuchender Arbeit im unmittelbaren Interaktionsbezug stattfindet und wenig Konzept- oder Leitungskompetenz erfordert,
wäre dafür eine entsprechende Fachschulqualifikation vollkommen ausreichend

---

[34] Vgl. die Beiträge Schulz (Konstruktion des Diakonats) und Eidt (Diakonat in diakonischen
        Einrichtungen) im vorliegenden Band.
[35] Vgl. dazu im selben Band die Beiträge von Eidt (Diakonat in diakonischen Einrichtungen) und
        (Ehrenamtliche) sowie Schulz (Diakoninnen und Diakone unter Vertrag).
[36] Beispiele dafür sind Modelle wie etwa „Frühe Hilfen" für sogenannte Risikofamilien mit Klein-
        kindern (Buschhorn 2012) oder das Persönliche Budget für Menschen mit Behinderung (Ro-
        thenberg 2009). Ein Überblick dazu findet sich bei Galuske ⁹2011.
[37] Vgl. dazu den Beitrag Noller (Diakonat und Seelsorge) in diesem Band.
[38] Vgl. VEDD 2008. Das hier nur grob skizzierte Tätigkeitsprofil entspräche etwa der Stufe 4 des
        European Qualifications Framework (EQF).

und deshalb auch unter ökonomischen Aspekten für Anstellungsträger möglicherweise wieder interessant. Die aktuelle Tendenz zu einem breiten Tätigkeitsmix in den Bereichen Pflege und Soziale Arbeit[39] erfordert deshalb möglicherweise eine teilweise Abkehr von der lange Zeit für die Berufe im Diakonat verfolgten Professionalisierungsstrategie.[40]

In diakonischen Einrichtungen und Diensten könnten Stellenbeschreibungen, die einen expliziten Seelsorgeauftrag beinhalten, für mehr Rollenklarheit bei Diakoninnen und Diakonen sorgen und zur Stärkung des diakonischen Profils in diakonischen Unternehmen beitragen.

In den Einzelevaluationen wird wiederholt Kritik daran laut, dass der Sozialraum- und Gemeinwesenbezug der Arbeit von Diakoninnen und Diakonen noch zu wenig ausgeprägt,[41] deren diesbezügliche konzeptionelle Kompetenz ausbaufähig und die anwaltschaftlich-politische Dimension diakonischen Handelns in der Arbeit der Teilprojekte manchmal kaum wahrnehmbar sei.[42] In diesem Zusammenhang stellt sich die Frage, in welchem Umfang ein entsprechendes Mandat für kommunales Engagement oder die Vertretung kirchlich-diakonischer Interessen in politischen Aktionsbündnissen und Gremien in Dienstordnungen und Stellenbeschreibungen von Diakoninnen und Diakonen bereits verankert ist. Die Dienstordnungen der Diakoninnen und Diakone im Diakonatsprojekt zeigen jedenfalls deutlich, dass hier noch Weiterentwicklungsmöglichkeiten bestehen. Eine Profilierung des Diakonats durch eine gemeinwesenorientierte Beauftragung könnte einen Beitrag dazu leisten, dass Kirche deutlicher als bisher als Ansprechpartnerin in kommunalen Entwicklungszusammenhängen wahrgenommen wird.[43] Eine Stärkung des diakonischen Engagements der Kirche im Gemeinwesen stellt jedoch, nach den Beobachtungen der Diakoninnen und Diakone in den vernetzungsorientierten Teilprojekten, hohe Anforderungen an kommunikative und konzeptionelle Kompetenzen, an die Einbindung in organisationale Strukturen und hinsichtlich der zeitlichen Beanspruchung von Hauptamtlichen.[44] Deshalb kann gemeinwesendiakonisches Engagement nicht in die Verantwortung von Einzelnen gelegt werden, sondern erfordert eine klare Positionierung der Kirchenleitung und die entsprechend nachdrücklichen, strukturellen Weichenstellungen.

(2.) Profilierung des Diakonats durch Kompetenzentwicklung

Eine Organisation, die sich flexibel und anpassungsfähig halten will, wird „lebenslanges Lernen" von ihrem Personal erwarten, und sowohl die Zielsetzung

---

[39]   Vgl. Roß 2011.

[40]   Vgl. Horstmann 2008.

[41]   Vgl. den Beitrag von Thomas Fliege (Diakonat, Sozialraum und Sozialraumanalyse) in diesem Band.

[42]   Vgl. den Beitrag Fliege (Armutsbekämpfung) in diesem Band.

[43]   Vgl. Bauch 2013.

[44]   Vgl. dazu den Beitrag Eidt (Sozialkapital).

des Projekts „Diakonat – neu gedacht, neu gelebt" als auch die damit verbundene Aufgabenstellung für die Evaluation knüpfen an dieses landeskirchliche Interesse an.[45] In den Gruppendiskussionen mit Diakoninnen und Diakonen aus den verschiedenen Berufsgruppen wurde deutlich, dass mangelnde Passung zwischen persönlichem Kompetenzprofil oder professionellem Selbstverständnis und Stellenprofil zu Verunsicherung oder Unzufriedenheit führen kann.[46] In den Interviews mit Anstellungsverantwortlichen zeigt sich, dass diese, vor allem im Bereich der diakonischen Einrichtungen, großen Wert auf ein zur Stellenbeschreibung passendes Persönlichkeits- und Kompetenzprofil legen.[47] Wenn in diesem Feld grundsätzlich ein besseres Gleichgewicht zwischen den organisationalen Zielsetzungen und den Kompetenzprofilen des diakonischen Personals angestrebt wird, dann könnten intensivere Kommunikationsprozesse zwischen Anstellungsverantwortlichen und Aus- und Weiterbildungseinrichtungen einerseits und gezieltere Personalentwicklungsmaßnahmen andererseits dazu sicherlich beitragen. Auf der Basis der Begleitforschung des Projekts „Diakonat – neu gedacht, neu gelebt" gehe ich davon aus, dass das hohe Interesse von Anstellungsverantwortlichen an „diakonischen Persönlichkeiten" dazu anregen kann, über Ausbildungsformen nachzudenken, die dieses Interesse nachhaltiger als bisher aufnehmen. Andererseits wären in meinen Augen Möglichkeiten auszuloten, wie Informationen über die Kompetenzprofile neuer Hochschulstudiengänge den Anstellungsverantwortlichen nahegebracht werden können.[48] Als besondere Schwerpunkte innerhalb solcher Abstimmungsprozesse sind hier aus der Perspektive von Projektevaluation und Begleitforschung neben dem Aspekt der Führungskräfteentwicklung vor allem die Themen Gemeinwesen- und Sozialraumorientierung zu benennen.

(3.) *Gesundheitsbewusste Personalpolitik*
Im Zuge des demographischen Wandels ist mit erheblicher Personalverknappung im sozialen Bereich und mit einer deutlich verlängerten Lebensarbeitszeit zu rechnen. Neben den damit verbundenen Herausforderungen für lebenslanges Lernen werden zukünftig auch Fragen der Gesundheitsfürsorge eine wachsende Rolle spielen. Eine Beobachtung hierzu konnte im Rahmen des Projekts „Diakonat – neu gedacht, neu gelebt" gemacht werden: Wenn die persönliche Grundorientierung eines Diakons oder einer Diakonin in professionellen Fragen zum Profil der Stelle passt, dann werden allgemeine Stressoren als weniger belastend empfunden.[49] Insbesondere dort, wo Projektarbeit – die nach bisher vorliegen-

---

[45]   Vgl. Evangelische Landeskirche in Württemberg 2007 (1): S. 2.
[46]   Vgl. die Beiträge Eidt (Diakonat in diakonischen Einrichtungen) und Schulz (Konstruktion des Diakonats).
[47]   Vgl. den Beitrag Eidt (Diakonat in diakonischen Einrichtungen).
[48]   Vgl. dazu die Beiträge Schulz (Diakoninnen und Diakone unter Vertrag) und Eidt (Diakonat in diakonischen Einrichtungen).
[49]   Vgl. den Beitrag Eidt (Diakonisches Handeln unter Projektbedingungen).

den, wissenschaftlichen Erkenntnissen stets mit verschärften Belastungsempfin-
dungen einhergeht – in größerem Umfang zu erwarten ist, kann es sinnvoll sein,
darauf zu achten, dafür in erster Linie Diakoninnen und Diakone in Betracht zu
ziehen, deren professionelle und persönliche Grundorientierung auf Sachthemen
und Innovation ausgerichtet ist, während in gemeindediakonisch orientierten
oder stark organisational eingebundenen Handlungsfeldern eine Grundorientierung an Kontinuität und Beziehung die Arbeitszufriedenheit in der Regel begünstigen wird. Eine sorgfältige Personal- bzw. Stellenauswahl kann deshalb mit
einiger Wahrscheinlichkeit zum längerfristigen Erhalt der Gesundheit von Diakoninnen und Diakonen beitragen. Da längere krankheitsbedingte Ausfallzeiten
zugleich einen erheblichen betriebs- und volkswirtschaftlichen Kostenfaktor
darstellen, kann vermutet werden, dass eine entsprechend sorgfältige Personalpolitik und Investitionen in flankierende Personalentwicklungsmaßnahmen sich
langfristig in jeder Hinsicht auszahlen.

2.2 Aspekte der Strukturentwicklung im Hinblick auf den Diakonat

Die organisationalen Strukturen von verfasster Kirche und diakonischen Unternehmen unterscheiden sich im Hinblick auf die Einbindung von Diakoninnen
und Diakonen in organisationale Leitungsgremien und in Bezug auf ihre formalen Mitgestaltungsmöglichkeiten erheblich.

Als kirchliche Angestellte sind Diakoninnen und Diakone in der Evangelischen Landeskirche in Württemberg in kirchenleitenden Gremien auf ihrer jeweiligen Anstellungsebene oder in ihrem jeweiligen Beschäftigungsbereich nicht
kraft Amtes Mitglied. Auch durch Wahl können sie nur bedingt Vollmitglieder
der entsprechenden Gremien werden. Vielmehr haben sie dort meist lediglich
beratenden Status.[50] Das hat zur Folge, dass sie formal in diesen Gremien oft
nicht antragsberechtigt sind und ihrer Stimme in Entscheidungssituationen dann
lediglich informelles Gewicht zukommen kann. Kirchliche Stellen, die Kraft
Amtes Sitz und Stimme in den kirchlichen Leitungsgremien haben, sind in aller
Regel Pfarr- oder Kirchenbeamtenstellen und deshalb – unabhängig von formalen Qualifikationsfragen – nicht mit Diakoninnen und Diakonen besetzbar.[51]

---

[50]   Vgl. § 3 der Kirchenbezirksordnung 2005 und § 11 der Kirchengemeindeordnung 2005. Diese
       Regelung betrifft in erster Linie Diakoninnen und Diakone aus dem Bereich der Gemeinde-
       diakonie. Diakoninnen und Diakone in Bezirksjugendwerken können unter bestimmten Bedin-
       gungen in den Kirchengemeinderat ihrer Wohnortgemeinde gewählt werden. Religionspädago-
       ginnen und Religionspädagogen im Schuldienst sind in örtliche Gremien in der Regel wählbar,
       weil sie zentral bei der Landeskirche angestellt sind. Eine Ausnahme bildet die Landessynode: In
       dieses Gremium sind in der Evangelischen Landeskirche in Württemberg auch Diakoninnen
       und Diakone aller Berufsgruppen ohne Einschränkungen wählbar.
[51]   Eine erste Ausnahme bildet in der Evangelischen Landeskirche in Württemberg eine Schul-
       dekansstelle, die mit einem Diakon besetzt wurde, der ein Masterstudium in Religionspädagogik
       absolviert hatte.

Im Bereich der Unternehmensdiakonie können Diakoninnen und Diakone theoretisch Stellen auf allen Hierarchieebenen erreichen, die ihrer formalen Qualifikation entsprechen, und dann jeweils die mit den Stellen verknüpften Mandate entsprechend wahrnehmen. Im Bereich diakonischer Einrichtungen und Dienste sind nur wenige Leitungsstellen explizit als Pfarrstellen konzipiert, und es zeigt sich auch in diesem Bereich eine zunehmende Flexibilisierung bei den Stellenbesetzungen, so dass Diakoninnen und Diakone vermutlich in Zukunft bei entsprechender Qualifikation mit verbesserten Anstellungschancen in diesem Bereich rechnen können. Während also im Bereich der verfassten Kirche rechtliche Strukturen die Einbindung von Diakoninnen und Diakonen in organisationale Entscheidungsprozesse an zentralen Stellen verhindern, kann dies für die Unternehmensdiakonie so nicht festgestellt werden.

Diese grundlegenden organisationalen Strukturen spielten im Zusammenhang der Arbeit der verschiedenen örtlichen Teilprojekte in zweierlei Hinsicht eine Rolle:

(1.) Verschiedene Projektziele und Projektaufgaben konnten nur in einer unmittelbaren Zusammenarbeit mit den regulären Strukturen der zuständigen kirchlichen Organisationsebene erreicht oder bewältigt werden. Dies galt insbesondere für die Arbeit mit ehrenamtlichen Diakoniebeauftragten[52] und dort, wo es um Aufgabenstellungen ging, die auf die diakonische Sensibilisierung von Parochialgemeinden ausgerichtet waren. In diesen Zusammenhängen stimmen die Einschätzungen der im Projektkontext befragten ehrenamtlichen Diakoniebeauftragten und professionellen Diakoninnen und Diakonen darin überein, dass die kirchlichen Gremien in Kirchengemeinden und Kirchenbezirken diakonischen Themen selten Priorität einräumen. Daraus lässt sich die Frage ableiten, ob hier möglicherweise auch die strukturell eher schwache Verankerung von Diakoninnen und Diakonen (aber auch von ehrenamtlichen Diakoniebeauftragten) in kirchenleitenden Gremien dazu beiträgt, dass diakonische Aufgabenstellungen in der Prioritätensetzung dieser Entscheidungsorgane häufig keine vorrangige Rolle spielen. Diese Fragestellung wird als Programmfrage im folgenden Abschnitt noch einmal aufzunehmen sein.

(2.) Vor allem im Zusammenhang von vernetzungsorientierten Projekten berichteten einige Diakoninnen und Diakone von schwerfälligen Entscheidungsprozessen in den beteiligten Organisationen, die in ihren Augen die Effektivität der Netzwerkarbeit in Frage stellen.[53] Wenn Diakoninnen und Diakone als Fachleute für Netzwerkarbeit betrachtet werden und diese Rolle effektiv ausfüllen sollen, dann erscheint es sinnvoll, dass sowohl innerhalb kirchlicher Strukturen als auch in der Hierarchie diakonischer Unternehmen deren Beauftragung und Entscheidungsbefugnis daraufhin überprüft werden, ob sie in einem angemessenen Verhältnis zur Tragweite der Netzwerkaufgaben stehen.

---

52   Vgl. den Beitrag Eidt (Ehrenamtliche: Abschnitt 2).
53   Vgl. dazu den Beitrag Eidt (Sozialkapital: Abschnitt 2.1).

Neben den Strukturfragen hinsichtlich der Verortung von Diakoninnen und Diakonen in kirchenleitenden Gremien und Unternehmenshierarchien spielten in Projektzusammenhängen auch Strukturen der Informationsweitergabe und -gewinnung eine wichtige Rolle. In untypischen Anstellungsverhältnissen und mit bereichsübergreifenden Dienstaufträgen hatten die einzelnen Diakoninnen und Diakone einen erheblichen zusätzlichen Aufwand für die Beschaffung relevanter Informationen etwa im Hinblick auf staatliche Fördermöglichkeiten oder in Bezug auf fachliche Unterstützungsnetzwerke. Teilweise fielen diese Diakoninnen und Diakone aus den herkömmlichen informationellen Rastern, weil sie nicht eindeutig einer bestimmten Berufsgruppe zugeordnet werden konnten oder sich in außerkirchlichen Anstellungsverhältnissen befanden. Ein Diakon war bei einer diakonischen Bezirksstelle als Sozialdiakon angestellt, sollte aber von dort ausgehend gemeindediakonische Aufgaben wahrnehmen. Eine andere Diakonin wurde zwar als Jugendreferentin angestellt, aber nicht bei einem Bezirksjugendwerk sondern bei einem lokalen Verband angesiedelt und in der Schulsozialarbeit tätig, während eine weitere Diakonin bei einer Kommune als Schuldiakonin angestellt wurde.

Offensichtlich entstehen durch neue Berufsbilder und Anstellungsverhältnisse auch neue Notwendigkeiten im Hinblick auf Strukturen der Informationsweitergabe. Dafür sind unterstützende Stellen notwendig, die diesen Informationstransfer zwischen verschiedenen Fachbereichen und Anstellungsstrukturen leisten können. Diese Funktion können beispielsweise die landeskirchlichen Beauftragten für die einzelnen Berufsgruppen oder auch die Verbände im Diakonat wahrnehmen. Auch die Bildung handlungsfeldspezifischer Arbeitsgruppen von Diakoninnen und Diakonen[54] oder geeignete Vernetzungsstrukturen für Diakoninnen und Diakone außerhalb kirchlicher Anstellungsverhältnisse könnte diesbezüglich unterstützende Wirkung entfalten. Möglicherweise wäre auch eine verstärkte Zusammenarbeit von Diakoninnen und Diakonen in regionalen Zusammenhängen hilfreich, um für übergreifende Aufgabenbereiche die notwendige fachliche und informationelle Einbindung Einzelner zu erleichtern.

2.3 Beobachtungen zu Fragen diakonischer Programmgestaltung

Fragen der Programmgestaltung haben eine entscheidende Vermittlungsfunktion zwischen dem Grundauftrag einer Organisation und dessen konkreter Umsetzung in einzelnen Entscheidungen oder Tätigkeiten. Im Hinblick auf den Diakonat scheinen hier vor allem zwei Aspekte von entscheidender Bedeutung zu sein: Einerseits spielt die theologisch-ekklesiologische Bestimmung des diakonischen Amtes (1.) in diesem Zusammenhang eine wichtige Rolle. Andererseits geht es um die diakonische Programmgestaltung im engeren Sinne einer Veror-

---

54 Z.B. Schulsozialarbeit oder Gemeinwesendiakonie.

tung diakonischer Aufgabenstellungen auf den unterschiedlichen organisationalen Strukturebenen (2.). Beide müssen sich nach evangelischem Selbstverständnis grundsätzlich an ihrer Funktionalität im Hinblick auf die Umsetzung des Auftrags zur Kommunikation des Evangeliums messen lassen.

(1.) Die Frage nach der theologischen Profilierung des diakonischen Amtes der Kirche wurde im Rahmen der theologischen Begleitforschung des Diakonatsprojekts ausführlich bearbeitet[55] und von synodalen Gremien und in der Kirchenleitung in Ansätzen bereits weitergehend bearbeitet. Meiner Einschätzung nach haben sich in dieser aktuellen Debatte – stark vereinfacht – drei Begründungsmodelle des diakonischen Amtes herauskristallisiert: Erstens kann das diakonische Amt in reformierter Tradition schöpfungstheologisch – von Gottes liebender Zuwendung zu seiner ganzen Schöpfung ausgehend – begründet werden. Zweitens ist es möglich, dieses Amt einer kommunikationstheoretischen Begründungfigur folgend zu bestimmen, die davon ausgeht, dass das Evangelium nur dann von allen Menschen gehört werden kann, wenn alle kommunikativen Möglichkeiten ausgeschöpft werden.[56] Drittens kann die Begründung des Diakonenamts in lutherischer Tradition eine soteriologische Denkfigur aufnehmen, die diakonisches Handeln als Frucht des Glaubens und Teil der auf die Rechtfertigung folgenden Heiligung begreift. Während die Modelle eins und zwei eine hierarchiefreie Zuordnung der Ämter und Dienste in der Kirche theoretisch erlauben, ist eine soteriologische Begründung in der Regel eher mit einer deutlicheren Hervorhebung des priesterlich-wortorientierten Amtes oder Dienstes verbunden.[57]

Die Herausforderung für kirchenleitendes Handeln besteht nun – wenn man an dieser Stelle dem kirchlichen Selbstverständnis folgen will – darin, die programmatische Verankerung des Diakonenamts in Übereinstimmung mit den theologischen Grundlagen und den aktuellen gesellschaftlichen Herausforderungen vorzunehmen. Die diesbezüglichen Diskussionsprozesse haben – zumindest in der Evangelischen Landeskirche in Württemberg – im Rahmen des Projekts „Diakonat – neu gedacht, neu gelebt" neue Impulse erhalten, sind aber noch nicht abgeschlossen. Diesbezügliche (Zwischen-)Ergebnisse dürfen mit Spannung erwartet werden.

(2.) Zentrale Aufgabe der Programmgestaltung ist es, die Ebenen der Zuständigkeit für operationalisierte Teilaufgaben festzulegen. Für Fragen diakonischer Programmgestaltung bedeutet dies die Klärung der Frage: Auf welcher Ebene oder in welchem Teilbereich der Organisation Kirche sollen welche diakonischen Aufgaben verortet werden? Wie sind die Zuständigkeiten für christlich motiviertes Hilfehandeln verteilt?

---

[55]   Vgl. dazu v.a. Band III der Publikationsfolge zum Projekt unter dem Titel: „Diakonat – theologische und sozialwissenschaftliche Perspektiven auf ein kirchliches Amt"; vgl. Noller/Eidt/Schmidt 2013.

[56]   Vgl. Bubmann 2013.

[57]   Vgl. Noller 2013: S. 74.

Im Horizont dieser Fragestellungen fiel in verschiedenen Zusammenhängen des Projekts „Diakonat – neu gedacht, neu gelebt" auf, dass der diakonische Auftrag der Kirche grundsätzlich überall breite Zustimmung findet und in seiner Bedeutung nicht weiter hinterfragt wird.[58] Werden jedoch die drei verschiedenen Ebenen einer möglichen Umsetzung dieses diakonischen Auftrages im Sinne analytischer Schärfe getrennt betrachtet, so ergibt sich hinsichtlich der konkreten Umsetzung ein differenziertes Bild, das Anlass zu programmatischen Überprüfungen bietet.

Die *interaktionale Ebene* diakonischer Verantwortung, das helfende Handeln in Familie und Nachbarschaft, zwischen einzelnen Gemeindegliedern in einer Kirchengemeinde[59] oder auch elementare Formen der Gemeinschaftspflege beim gemeinschaftlichen Kaffeetrinken oder Essen[60] spielen in den Überlegungen von Haupt- und Ehrenamtlichen immer wieder eine zentrale Rolle. Die unmittelbare, wenig oder gar nicht professionalisierte, gleichsam „natürliche" Begegnung zwischen Menschen scheint in den Konstruktionen der Befragten als der eigentliche und ursprüngliche Ort der Verwirklichung christlicher Diakonie. Auch hinter der Projektausschreibung des Projekts „Diakonat – neu gedacht, neu gelebt" und so manchen in den Teilprojekten formulierten Zielen[61] lassen sich Anteile dieser Diakoniekonstruktion vermuten, wenn es immer wieder darum geht, die Kirchengemeinden in ihrer diakonischen Verantwortung zu stärken. Hier scheinen sich zwei Aspekte zu mischen, die für programmatische Klärungen sinnvollerweise getrennt bearbeitet werden sollten. Es geht hier zum einen um die Frage danach, welche Bedeutung dem „Diakonentum aller Glaubenden" zukommt und welche Rolle darin die Spontanität christlicher Liebestätigkeit spielen kann und soll. Zum anderen stellt sich darin die Frage nach dem Stellenwert von Professionalität in interaktionalen Hilfeprozessen. Diese letztgenannte Frage ist heute vor allem mit der Frage danach verknüpft, welche Rolle in Hilfebeziehungen Themen wie gesellschaftliche Teilhabe und individuelle Befähigung spielen sollen.[62] Je stärker das Gewicht auf diese Aspekte gelegt werden soll, desto höher ist

---

[58] Vgl. dazu exemplarisch die Ergebnisse der Befragung der Kirchenbezirkssynodalen in Tübingen im Text Eidt (Ehrenamtliche: Abschnitt 2) aber auch die Haltung der Anstellungsverantwortlichen, wie sie in den Beiträgen von Claudia Schulz (Diakoninnen und Diakone unter Vertrag) und Ellen Eidt (Diakonat in diakonischen Einrichtungen: Abschnitt 2) deutlich wird. Dies entspricht Ergebnissen, wie sie aus Mitgliederbefragungen der EKD bekannt sind: Die Mehrheit der evangelischen Kirchenmitglieder betrachtet die Hinwendung der Kirche zu hilfsbedürftigen Menschen als eine ihrer Kernaufgaben. Vgl. dazu Schloz 2006: S. 58ff.

[59] Vgl. den Beitrag Eidt (Ehrenamtliche).

[60] Vgl. die Beiträge Schulz (Konstruktion des Diakonats) oder Noller (Diakonat und Seelsorge: Abschnitt 1.2).

[61] Vgl. im Beitrag Eidt (Ehrenamtliche) die Darstellung der Ziele für die ehrenamtsorientierten Teilprojekte.

[62] Vgl. dazu die differenzierte Darstellung der Hilfemotivationen der ehrenamtlichen Familienpatinnen und der Mitarbeitenden eines Diakoniekaufhauses im Beitrag Eidt (Ehrenamtliche: die Abschnitte 1 und 3).

in meinen Augen die Anforderung an eine professionelle Gestaltung von Hilfeprozessen. Je mehr Aspekte der Barmherzigkeit ins Spiel kommen, desto eher
könnten Aufgaben möglicherweise auch ohne entsprechende Schulung wahrgenommen werden. Um diese Fragestellung jedoch abschließend beurteilen zu
können, fehlt es noch an empirischen Untersuchungen zu den Dynamiken in
nicht-professionellen, diakonischen Hilfeprozessen.

Die *organisationale Differenzierung* zwischen Kirche und Diakonie und die damit
eng verknüpfte Professionalisierung sozialen Hilfehandelns ist in den letzten 200
Jahren weit vorangeschritten und erlebte ihre größte Dynamik seit den Sechzi-
gerjahren des letzten Jahrhunderts. Dieser Prozess wird nach wie vor sehr unterschiedlich beurteilt. Während die einen in diesem Zusammenhang von einer
„diakonischen Entmündigung der Gemeinde"[63] sprechen, betonen andere die
Funktionalität und wechselseitige Entlastungswirkung dieser Differenzierung.[64]
Die Ergebnisse der Evaluationsforschung im Projekt „Diakonat – neu gedacht,
neu gelebt" weisen sehr deutlich darauf hin, dass diesbezüglich programmatischer Klärungsbedarf besteht, der die Gefahr der Überforderung der Einzelgemeinde und ihrer verschiedenen Gruppen und Kreise durch diakonische Aufgabenstellungen deutlicher als bisher berücksichtigen sollte.[65] Insbesondere legen
die im Evaluationsprozess gewonnenen Einzelbeobachtungen eine Reflexion der
Hilfe- und Öffnungsmotivationen und deren Bedeutung für zu erwartende Effekte im gemeindlichen Geschehen nahe.[66] Der aktuelle Diskurs um milieusen-
sibles Arbeiten in der Kirche könnte dafür eine geeignete Plattform darstellen
und erfährt durch die Evaluationsergebnisse des Diakonatsprojekts eine Differenzierung und Präzisierung, die zu einer heilsamen Begrenzung hoher Erwartungen beiträgt.[67]

Die Beobachtung der Evaluatorinnen und Evaluatoren, dass weder in den Projektanträgen, noch in den Dienstaufträgen der Diakoninnen und Diakone[68],
noch   in   deren   individuellen   konzeptionsbezogenen   Äußerungen[69]   die

---

[63]   Gramzow 2010: S. 39.
[64]   Vgl. Hauschildt 2000.
[65]   Vgl. dazu Schulz (Im Spannungsfeld Gemeindediakonie: 4. Abschnitt); Schulz (Diakonisches
       Arbeiten an den Rändern: 4. Abschnitt) und Eidt (Ehrenamtlich: die Abschnitte 1.3, 2.3, 3.3 und 4).
[66]   Vor allem das an allen Orten in den Gruppendiskussionen mit Ehrenamtlichen zu beobach-
       tende Erschrecken auf die Frage hin, was denn geschehen würde, wenn alle diejenigen, die „er-
       reicht werden sollen" auch tatsächlich kämen, macht diese Notwendigkeit sehr deutlich. Vgl.
       Schulz (Diakonisches Arbeiten an den Rändern).
[67]   So werden bei Hempelmann 2012 (1) u. (2) die Chancen sehr betont, während Schulz/Hau-
       schildt/Kohler ³2010: S. 219–227 und 242–271 sowie Hauschildt/Kohler/Schulz 2012 zugleich
       Chancen und Begrenzungen der Milieuperspektive reflektieren. Eine explizite Analyse verschie-
       dener diakonischer Fragestellungen und Handlungsfelder findet sich bisher nur bei Schulz/Hau-
       schild/Kohler 2010.
[68]   Vgl. den Beitrag Eidt (Sozialkapital).
[69]   Vgl. die Beiträge Noller (Diakonat: Kirche im Sozialraum) und Fliege (Armutsbekämpfung).

anwaltschaftliche und *gesellschaftspolitische Dimension* diakonischen Handelns
eine in ihren Augen angemessene Rolle spielt, wirft die Frage nach den
programmatischen Hintergründen dieser Feststellung auf. Steht dahinter die
programmatische Überzeugung, dass gesellschaftspolitisch relevantes Handeln in
den konkreten Handlungsfeldern eher implizit stattfinden kann oder soll,
während es auf der Ebene der Kirchenleitungen und Verbände in offiziellen
Denkschriften und Verlautbarungen öffentlichkeitswirksam zu inszenieren ist?[70]
Wenn es um eine programmatische Klärung der zukünftigen Rolle der Kirche
in der Gesellschaft geht, dann ist aus der Perspektive der Projektevaluation zum
einen vor dieser grundsätzlichen Ebenendifferenzierung zu warnen, weil sie die
Glaubwürdigkeit diakonischen Handelns erheblich gefährden kann.[71] Zum anderen erscheint aber auch die Verlagerung dieser Thematik in das individuelle
Engagement einzelner Diakoninnen und Diakone mit deutlichen Überforde-
rungsempfindungen einher zu gehen.[72] Eindeutige programmatische Festlegungen, die ihren Ausdruck dann auch in entsprechenden Stellenbeschreibungen
und Dienstordnungen finden, könnten hier möglicherweise klärende und ent-
lastende Funktion entfalten und die Glaubwürdigkeit diakonischer Verlautbarungen untermauern.

2.4 Organisationale Kulturfragen – ein Aufgabenbereich für Diakoninnen und Diakone?

In diakonischen Handlungsfeldern spielen Fragen der kirchlichen Organisationskultur oder der diakonischen Unternehmenskultur eine wichtige Rolle. Der
diakonische Auftrag der Kirche ist, ähnlich wie ihr missionarischer Auftrag, in
besonderer Weise daraufhin ausgerichtet, Menschen mit Hilfe- und Kommuni-
kationsangeboten zu erreichen, die aus der Innenperspektive der Organisation
als eher fernstehend beobachtet werden. Menschen, deren Lebenslage durch
besondere soziale Risiken geprägt ist, zeigen häufig Haltungen, kommunikative
Gewohnheiten und stilistische Vorlieben,[73] die tendenziell geringe Übereinstimmung mit den entsprechenden Prägungen kirchlich orientierter Gruppen oder
Einrichtungen aufweisen. Zugleich gibt es über diese Menschen, ihre Bedarfe
und ihre Verhaltensweisen, in kirchlichen Gruppen und bei diakonisch engagierten Ehrenamtlichen – zumindest dort, wo dies im Rahmen des Projekts untersucht wurde – häufig sehr genaue Vorstellungen, die sich auf die Strukturie-

---

[70]   Vgl. Eurich 2005.

[71]   Vgl. die Interpretation der Gruppendiskussion „Netzwerkprojekte" im Beitrag von Ellen Eidt
       (Sozialkapital).

[72]   Vgl. die Interpretation der Gruppendiskussion „Diakoninnen und Diakone/Diakonie" im
       Beitrag von Ellen Eidt (Diakonat in diakonischen Einrichtungen).

[73]   Vgl. zu diesem Abschnitt vor allem den Beitrag Schulz (Diakonisches Arbeiten an den Rändern)
       und grundlegend Schulz/Hauschild/Kohler ³2010 und 2010.

rung entsprechender Angebote auswirken. Diese Beobachtungen weisen auf
einen – heute nachdrücklich als zentrales Hindernis für die Kommunikation des
Evangeliums in diakonischen Handlungsfeldern wahrgenommenen – Sachverhalt hin. Die damit verbundenen Herausforderungen stehen im Zentrum der
kirchlich-diakonischen Bemühungen um neue Möglichkeiten des Umgangs mit
der wachsenden Diversität innerhalb der Gesellschaft. Diese Herausforderungen
wurden innerhalb des Projekts „Diakonat – neu gedacht, neu gelebt" in zwei
unterschiedlichen Bereichen sichtbar.

(1.) Von Ehrenamtlichen und Hauptamtlichen aus verschiedenen Teilprojekten wurden Diakoninnen und Diakone im Kontext kirchlicher Zielgruppenarbeit
und in ambulanten, diakonischen Arbeitsfeldern an der Schnittstelle zwischen
unterschiedlichen Lebenswelten als professionelle Kommunikatoren wahrgenommen, denen etwas gelingt, was viele kirchliche Gruppen und Kreise, aber
ebenso auch kirchliche und diakonische Ehrenamtliche, eher als Überforderung
wahrnehmen.[74] Dadurch wird die „Diakonin oder der Diakon vermutlich tatsächlich (…) [zu einer wichtigen] Person, um solche Brückenfunktionen wahrzunehmen – im Interesse, zur Entlastung und zum Schutz bestehender Gruppen."[75]

(2.) Die im Rahmen der Begleitforschung interviewten Anstellungsverantwortlichen, die eher den stationären Bereich diakonischer Arbeit im Blick haben,
beschreiben verschiedentlich Diakoninnen und Diakone als Professionelle, die in
der Lage sind, durch kleine und größere gestalterische Impulse und durch ihre
Art, mit Menschen umzugehen, eine „diakonische Atmosphäre" herzustellen, die
in den Augen der Interviewten nicht aufdringlich und gerade deshalb überzeugend wirkt.[76]

Nimmt man die aus unterschiedlichen Perspektiven zum Ausdruck gebrach-
ten Kompetenzbeschreibungen ernst und setzt sie in Beziehung zu den theoretischen Beschreibungen der Kompetenzmatrix für die Ausbildung von Diakoninnen und Diakonen,[77] dann wird daran eine Übereinstimmung deutlich, die als
Hinweis darauf gewertet werden kann, dass die Arbeit an organisationalen Kul-
turfragen zu den Aufgabenbereichen gehört, die der Professionalität von Diakoninnen und Diakonen in besonderer Weise entsprechen. Wo also an der kirchlich-diakonischen Unternehmenskultur nach innen und/oder außen gearbeitet
werden soll, dort kann der professionelle Einsatz von Diakoninnen und Diakonen eine entsprechende Möglichkeit darstellen, die der Außendarstellung und
Außenwirkung von Kirche und Diakonie zu Gute kommen kann und zugleich
nach innen positive Wirkungen zu entfalten vermag.

---

[74]   Vgl. Schulz (Diakonisches Arbeiten an den Rändern: 4. Abschnitt) und Eidt (Ehrenamtliche: v.a.
       2. und 3. Abschnitt).
[75]   Vgl. den Beitrag Schulz (Diakonisches Arbeiten an den Rändern: letzte Seite).
[76]   Vgl. Eidt (Diakonat in diakonischen Einrichtungen: 1. Abschnitt).
[77]   Vgl. VEDD 2004.

3. Organisationale Lernprozesse in Kirche und Diakonie

Das Leitbild einer lernenden Organisation basiert auf der Überzeugung, dass organisationale Lernprozesse das erfolgreiche Überleben einer Organisation in einer veränderlichen Organisationsumwelt ermöglichen. „Das Ergebnis von Lern- und Wissensprozessen sind (…) verfestigte Strukturen, Regeln und Kulturen. Erfolg im Lernen und Erfolg im Verändern führt dazu, dass die durch Erfolg passiv sanktionierten Strukturen festgeschrieben, auf Dauer eingerichtet werden."[78] Strukturen, Stellenbeschreibungen und routinierte Abläufe werden demnach als „Gedächtnis" einer Organisation betrachtet und sie bilden damit den Rahmen und die Voraussetzung für nachfolgende Lernprozesse.

In dieser Reflexion der Evaluationsergebnisse des landeskirchlichen Projekts „Diakonat – neu gedacht, neu gelebt" ging es um mögliche Lerneffekte für die Kirche hinsichtlich ihres Diakonats. Es ging also um diejenigen kirchlichen Strukturen und Abläufe, die die Kirche einsetzt, um den Diakonat zu organisieren, und die Frage nach diesbezüglichen Entwicklungsperspektiven, die die Ergebnisse der Projektarbeit in der Organisation selbst verankern. Denn solange die Informationen und Erfahrungen, die in der Projektarbeit erworben wurden, nur in den Gedächtnissen der Projektbeteiligten verbleiben, wurde zwar Wissen in der Kirche generiert, nicht aber Wissen im Gedächtnis der Kirche gespeichert. Von organisationalen Lernprozessen kann demnach nur gesprochen werden, wenn generiertes Wissen auch eine strukturelle Verortung findet.

Darin liegt aber zugleich eine Paradoxie: Indem eine Organisation lernt, sich an ihre Umweltbedingungen anzupassen, verlernt sie zugleich einen Teil ihrer zukünftigen Anpassungsfähigkeit. Jede strukturelle Entscheidung, die auf der Basis der Evaluationsergebnisse des Projekts „Diakonat – neu gedacht, neu gelebt" getroffen wird, prädisponiert demnach spätere Lern- und Veränderungsmöglichkeiten in Kirche und Diakonie. Das erlaubt durchaus auch den logischen Schluss, dass auch das Vermeiden von entsprechenden Lernprozessen eine sinnvolle Strategie einer Organisation sein kann, um sich zukünftige Lern- und damit Anpassungs- und Wandlungsfähigkeit zu erhalten.[79] Denn was jetzt nicht gelernt wird, muss nicht bei nächster Gelegenheit wieder verlernt werden, um den dann möglicherweise wieder ganz anderen Herausforderungen durch wieder neuartige Lernanreize gerecht zu werden. Andererseits könnte aber auch gelten: Eine Organisation, die gelernt hat, wie organisationale Lernprozesse zu gestalten sind, verbessert ihre grundsätzliche Lernfähigkeit und wird dadurch zu einer „kompetenten Organisation", dass sie gelernt hat zu unterscheiden, wann gelernt werden muss und wann besser nicht gelernt werden sollte.[80]

---

[78] Kühl 2000: S. 146.
[79] Vgl. Kühl 2000: S. 154.
[80] Vgl. Baecker 2003: S. 185–191.

Diese Beobachtung erleichtert die Erklärung organisationaler Trägheit in Bezug auf Lernprozesse. Lern- und Veränderungswiderstände in Organisationen sollten demnach nicht nur als Probleme, sondern als grundlegendes Differenzierungsmerkmal von Organisationen betrachtet werden. Denn Organisationen müssen ja gleichsam gegen Umwelteinflüsse in gewisser Weise „abgedichtet" werden, um die Verlässlichkeit der Organisation auch unter sich verändernden Bedingungen sicherzustellen. Diese „Abdichtungsfunktion" wird im organisationalen Widerstand wahrnehmbar. Demgegenüber erfüllt das Leitbild einer „lernenden Organisation" (ecclesia semper reformanda!) die Funktion, Unsicherheiten abzumildern, wenn unter Bedingungen hoher Ungewissheit hinsichtlich möglicher Auswirkungen von Entscheidungen dennoch Entscheidungen getroffen werden müssen. Lernen, Nichtlernen und Verlernen können demnach als zirkulärer Prozess aus organisationalen Öffnungs- und Abschließungsvorgängen verstanden werden und relativieren die Illusion von rationalen Steuerungsprozessen in Organisationen.

Diese Desillusionierung im Hinblick auf die strukturelle Implementierung von Evaluationsergebnissen aus Projektprozessen spielt nun scheinbar denjenigen Kritikerinnen und Kritikern in die Hände, die zielorientiertes Handeln in Projekten und Organisationen als moderne Form des Sündenfalls betrachten, weil sie dahinter die alte Sehnsucht nach der absoluten Machbarkeit vermuten. Eine Möglichkeit, auf diese Kritik zu antworten, ist der Hinweis darauf, dass Luthers Aufforderung an Melanchthon „Sei ein Sünder und sündige kräftig, aber vertraue noch stärker und freue dich in Christus, welcher der Sieger ist über die Sünde, den Tod und die Welt"[81] als eine hervorragende Grundlage dafür gelten kann, sich in großer Gelassenheit auf organisationale Lernprozesse einzulassen, gerade wenn deren Nutzen, Reichweite und Nebenwirkungen im Moment der Entscheidung noch nicht absehbar sind. Elementares Gottvertrauen ermöglicht es der Organisation Kirche, sich als wandelbare Organisation zu betrachten, ohne an den damit verbundenen Paradoxien und Unsicherheiten zu verzweifeln, weil sie darauf vertraut, dass in allem menschlichen Planen und Handeln letztlich doch die Wirkung des Heiligen Geistes zum Tragen kommt.

Literatur

Argyris, Chris/Schön, Donald A. (^{3}2006): Die Lernende Organisation. Grundlagen, Methoden, Praxis. Stuttgart.
Baecker, Dirk (1999): Organisation als System. Frankfurt a.M.
Baecker, Dirk (2003): Organisation und Management. Frankfurt a.M.
Bateson, Gregory (1981): Ökologie des Geistes. Anthropologische, psychologische, biologische und epistemologische Perspektiven. Frankfurt a.M.

---

[81]   So Martin Luther in seinem Brief an Philipp Melanchthon vom 01.08.1521 (WA BR II: 424).

Bauch, Martin (2013): Hat das Soziale einen Ort? „Diakonat" im Kontext sozialräumlicher Entwicklungsaufgaben. In: Noller, Annette/Eidt, Ellen/Schmidt, Heinz (Hg.): Diakonat – theologische und sozialwissenschaftliche Perspektiven auf ein kirchliches Amt. Stuttgart. S. 152–160.

Bubmann, Peter (2013): Amt, Ämter und Dienste der Kommunikation des Evangeliums – aktuelle Herausforderungen in der Ämterfrage. In: Noller, Annette/Eidt, Ellen/ Schmidt, Heinz (Hg.): Diakonat – theologische und sozialwissenschaftliche Perspektiven auf ein kirchliches Amt. Stuttgart. S. 85–104.

Buschhorn, Claudia (2012): Frühe Hilfen: Versorgungskompetenz und Kompetenzüberzeugung von Eltern. Wiesbaden.

Deneke, Bernward (2012): „Ecclesia semper reformanda". Verfügbar unter: http:// frischer-wind.blogspot.de/2012/01/ecclesia-semper-reformanda.html (15.12.2012).

Detel, Wolfgang (2009): Aristoteles Metaphysik. Bücher VII und VIII. Aus dem Griechischen von Wolfgang Detel unter Mitarbeit von Julia Wildberger. Kommentar von Wolfgang Detel. Berlin.

Eidt, Ellen (2013): Wie kann ein geistliches Amt zum Projektthema werden? Diakonat zwischen Ämterfragen und Projekterfordernissen. In: Noller, Annette/Eidt, Ellen/ Schmidt, Heinz (Hg.): Diakonat – theologische und sozialwissenschaftliche Perspektiven auf ein kirchliches Amt. Stuttgart. S. 207–225.

Eurich, Johannes (2005): Nächstenliebe als berechenbare Dienstleistung. Zur Situation der Diakonie zwischen Ökonomisierung, theologischem Selbstverständnis und Restrukturierung. In: Zeitschrift für Evangelische Ethik. 49. Jg. S. 58–70.

Evangelische Landeskirche in Württemberg (Hg.) (2007) (1): Projektskizze „Diakonat – neu gedacht, neu gelebt". Weiterentwicklung des Diakonen- und Diakoninnenamts in der Evangelischen Landeskirche in Württemberg zur Stärkung der Kirchengemeinden und Kirchenbezirke in der Wahrnehmung ihrer diakonischen Verantwortung. Stuttgart. Verfügbar unter: https://www.service.elk-wue.de/fileadmin/dezernate/dezernat2/ Ref.2.3_-_Projekt_Diakonat/Projektskizze_Diakonat_Stand_Juli_2007_Beschluss_FA. pdf (29.12.2012).

Evangelische Landeskirche in Württemberg (Hg.) (2007) (2): Diakonat – neu gedacht, neu gelebt. Das Angebot für Kirchenbezirke, Kirchengemeinden, Landeskirchliche Werke und Einrichtungen und Freie Träger. Stuttgart. Verfügbar unter: https://service.elk-wue.de/oberkirchenrat/kirche-und-bildung/diakonat/projekt-diakonat-neu-gedacht-neu-gelebt.html (07.12.2012).

Galuske, Michael (⁹2011): Methoden der Sozialen Arbeit. Eine Einführung. Weinheim.

Gramzow, Christoph (2010): Diakonie in der Schule. Theoretische Einordnung und praktische Konsequenzen auf der Grundlage einer Evaluationsstudie. Leipzig.

[Grundordnung 1948] Evangelische Kirche in Deutschland (Hg.) (2013): Rechtssammlung der Evangelischen Kirche in Deutschland. Hannover. Verfügbar unter: http:// www.kirchenrecht-ekd.de/showdocument/id/3435# (07.01.2013).

Hauschildt, Eberhard (2006): Kirche, Diakonie, Universitätstheologie – drei Gestalten des Dritten Sektors. Semestereröffnungsvortrag am 16.10.2006. Bonn. Verfügbar unter: http://www.ev-theol.uni-bonn.de/fakultaet/dekanat/dekansreden/dekanatsrede-ws-2006-2007 (09.01.2013).

Hauschildt, Eberhard (2007): Hybrid evangelische Großkirche vor einem Schub an Organisationswerdung. Anmerkungen zum Impulspapier „Kirche der Freiheit" des Rates der EKD und zur Zukunft der evangelischen Kirche zwischen Kongregationalisierung, Filialisierung und Regionalisierung. In: Pastoraltheologie (PTh) 96. Jg. H. 1/2007. S. 56–66.

Hauschildt, Eberhard (2000): Wider die Identifikation von Diakonie und Kirche. Skizze vom Nutzen einer veränderten Verhältnisbestimmung. In: Pastoraltheologie (PTh) 89. Jg. H. 7/2000. S. 411–415.

Hauschild, Eberhard/Kohler, Eike/Schulz, Claudia (2012): Wider den Unsinn im Umgang mit der Milieuperspektive. In: Wege zum Menschen (WzM) 64. Jg. H.1/2012. S. 65–82.

Heintel, Peter/Krainz, Ewald E. (^{5}2011): Projektmanagement. Hierarchiekrise. Systemabwehr. Komplexitätsbewältigung. Wiesbaden.

Hempelmann, Heinzpeter (2012) (1): Gott im Milieu. Wie Sinusstudien der Kirche helfen können, Menschen zu erreichen. Gießen.

Hempelmann, Heinzpeter (2012) (2): Bericht vor der Landessynode am 03.09.2012. Verfügbar unter: http://www.elk-wue.de/fileadmin/mediapool/elkwue/dokumente/landessynode/12_fruehjahrstagung/berichte-reden/TOP9_Bericht_Hempelmann_Milieustudie.pdf (16.12.12).

Hermelink, Jan/Wegner, Gerhard (Hg.) (2008): Paradoxien kirchlicher Organisation. Niklas Luhmanns frühe Kirchensoziologie und die aktuelle Reform der evangelischen Kirche. Würzburg.

Horstmann, Martin (2008): Professionalisierungsstrategien des Diakonenberufs. In: Merz, Rainer/Schindler, Ulrich/Schmidt, Heinz: Dienst und Profession. Diakoninnen und Diakone zwischen Anspruch und Wirklichkeit. Heidelberg. S. 140–156.

Karle, Isolde (Hg.) (2009): Kirchenreform. Interdisziplinäre Perspektiven. Leipzig.

Karle, Isolde (2010): Kirche im Reformstress. Gütersloh.

[Kirchenbezirksordnung 2005] Kirchliches Gesetz über die evangelischen Kirchenbezirke (Kirchenbezirksordnung – KBO). Vom 16. Dezember 1924. In der Fassung vom 9. Juli 2005. In: Frisch, Michael (2008): Das Recht der Evangelischen Landeskirche in Württemberg. Ergänzbare Rechtsquellensammlung vom Juli 1996 (Stand Oktober 2012). Neuwied. Verfügbar unter: http://www.kirchenrecht-ekwue.de/showdocument/id/17148 (27.10.2012).

[Kirchengemeindeordnung 2005] Kirchliches Gesetz über die evangelischen Kirchengemeinden (Kirchengemeindeordnung – KGO). Vom 16. Dezember 1924. In der Fassung vom 9. Juli 2005. In: Frisch, Michael (2008): Das Recht der Evangelischen Landeskirche in Württemberg. Ergänzbare Rechtsquellensammlung vom Juli 1996 (Stand Oktober 2012). Neuwied. Verfügbar unter: http://www.kirchenrecht-ekwue.de/showdocument/id/17141 (14.10.2012).

[Kirchengesetz 1975] Evangelische Kirche in Deutschland (Hg.) (2013): Rechtssammlung der Evangelischen Kirche in Deutschland. Hannover. Verfügbar unter: http://www.kirchenrecht-ekd.de/showdocument/id/3094 (07.01.2013).

Knuth, Hans Christian (2004): Semper reformanda? In: Zeitzeichen. Evangelische Kommentare zu Religion und Gesellschaft. 10/2004. S. 25. Verfügbar unter: http://www.dekanat-hof.de/meinungdesmonats/meinungfeb05.htm (15.12.2012).

Kühl, Stefan (2000): Das Regenmacher-Phänomen. Widersprüche und Aberglaube im Konzept der lernenden Organisation. Frankfurt a.M./New York.

Kühl, Stefan (2011): Organisationen. Eine sehr kurze Einführung. Wiesbaden.

Layendecker, Leo (2000): Was beschränkt und was fördert das Lernen der Kirche – heute und morgen? In: Thomas-Morus-Akademie (Hg.): Kirche als lernende Organisation. Supervision in einem von Tradition und Entwicklung geprägten System. Bensberg. S. 201–213.

Litke, Hans Dieter (2007): Projektmanagement. Methoden, Techniken, Verhaltensweisen, Evolutionäres Projektmanagement. München.

Luhmann, Niklas (^{2}2006): Organisation und Entscheidung. Frankfurt a.M.

Luther, Martin (1521): Brief an Philipp Melanchthon vom 01.08.1521. In: D. Martin Luthers Werke. Kritische Gesamtausgabe. (1883 ff.). Weimar. WA BR II: 424.

Noller, Annette (2013): Der Diakonat – historische Entwicklungen und gegenwärtige Herausforderungen. In: Noller, Annette/Eidt, Ellen/Schmidt, Heinz (Hg.): Diakonat – theologische und sozialwissenschaftliche Perspektiven auf ein kirchliches Amt. Stuttgart. S. 42–84.

Noller, Annette/Eidt, Ellen/Schmidt, Heinz (Hg.) (2013): Diakonat – theologische und sozialwissenschaftliche Perspektiven auf ein kirchliches Amt. Stuttgart.

Oberdorfer, Bernd (2009): Die empirische und die geglaubte Kirche. Systematisch-theologische Überlegungen aus Anlass des EKD-Kirchenreformprozesses. In: Evangelische Theologie (EvTh) 69. Jg. Heft 6/2009. S. 417–431.

Roß, Paul-Stefan (2011): Alles Arbeit, oder was?! Bezahlte Arbeit und freiwilliges Engagement im Tätigkeitsmix. Vortrag beim Fachtag Bürgerengagement in Heidenheim. Verfügbar unter: http://www.heidenheim.de/fileadmin/ichfueruns/Protokolle/Downloads/Vortrag_Ross_Fachtag_2011.pdf (14.01.2013).

Rothenberg, Eva-Maria (2009): Das Persönliche Budget: Eine Einführung in Grundlagen, Verfahren und Leistungserbringung. Weinheim.

Schloz, Rüdiger (2006): Kontinuität und Krise. Stabile Strukturen und gravierende Einschnitte nach 30 Jahren. In: Huber, Wolfgang/Friedrich, Johannes/Steinacker, Peter (Hg.): Kirche in der Vielfalt der Lebensbezüge. Die vierte EKD-Erhebung über Kirchenmitgliedschaft. Gütersloh. S. 51–88.

Schmid, Peter (Hg.) (2012): Ecclesia semper reformanda. In: Landeskirchen-Forum. Verfügbar unter: http://www.landeskirchenforum.ch/semper-reformanda (07.12.2012).

Schulz, Claudia/Hauschildt, Eberhard/Kohler, Eike (^{3}2010): Milieus praktisch. Analyse- und Planungshilfen für Kirche und Gemeinde. Göttingen.

Schulz, Claudia/Hauschildt, Eberhard/Kohler, Eike (2010): Milieus praktisch II. Konkretionen helfenden Handelns in Kirche und Diakonie. Göttingen.

Senge, Peter M. (^{10}2006 [1990]): Die Fünfte Disziplin. Kunst und Praxis der lernenden Organisation. Stuttgart.

Simon, Fritz B. (^{3}2011): Einführung in die systemische Organisationstheorie. Heidelberg.

Simon, Fritz B./Weber, Gunthard (^{4}2012): Vom Navigieren beim Driften: „Post aus der Werkstatt" der systemischen Therapie. Heidelberg.

VEDD (Verband Evangelischer Diakonen- und Diakoninnengemeinschaften in Deutschland e.V.) (Hg.) (2004): Was sollen Diakone und Diakoninnen können? Kompetenzmatrix für die Ausbildung von Diakoninnen und Diakonen im Rahmen der doppelten Qualifikation. Erarbeitet und beschlossen von der „Ständigen Konferenz der Ausbildungsleiter und -leiterinnen im VEDD" im Frühjahr 2004. Impuls III/2004. Berlin. Verfügbar unter: http://www.vedd.de/obj/Bilder_und_Dokumente/pdf-Daten/Impulse/Impuls200403.pdf (14.01.2013).

VEDD (Verband Evangelischer Diakonen- und Diakoninnengemeinschaften in Deutschland e.V.) (Hg.) (2008): Tätigkeitsprofile von Diakoninnen und Diakonen. Ein Arbeitspapier der KAL (Konferenz der Ausbildungsleiterinnen und Ausbildungsleiter der Diakonenausbildung) im VEDD. Stand Frühjahr 2008. Impuls I/2008. Berlin. Verfügbar unter: www.vedd.de/.cms/111 (28.03.2013).

Wetzel, Ralf/Aderhold, Jens/Rückert-John, Jana (Hg.) (2009): Die Organisation in unruhigen Zeiten. Über die Folgen von Strukturwandel, Veränderungsdruck und Funktionsverschiebung. Heidelberg.

Willke, Helmut (^{3}2001): Systemtheorie III: Steuerungstheorie. Stuttgart.

Zippert, Thomas (2008): Das Diakonenamt in einer Kirche wachsender Ungleichheit – Neubegründung seiner „Normalität" neben Pfarr- und Lehramt. In: Merz, Rainer/Schindler, Ulrich/Schmidt, Heinz (Hg.): Dienst und Profession. Diakoninnen und Diakone zwischen Anspruch und Wirklichkeit. Heidelberg. S. 46–69.

Zweites Vatikanisches Konzil (Hg.) (1964): Die Dogmatische Konstitution über die Kirche „Lumen gentium". Rom.

Thomas Fliege

Da Capo!

Das Ende eines Projekts ist ein Anfang

> „alles ist weniger, als
> es ist,
> alles ist mehr."
> Paul Celan

> „Fehler vermeidet man,
> indem man Erfahrung sammelt.
> Erfahrungen sammelt man,
> indem man Fehler macht."
> Laurence J. Peter

Italo Calvino hat kurz vor seinem Tod in seinen famosen Harvard-Vorlesungen[1] noch sechs Werte für den Diskurs der Zukunft anempfohlen, in substantivischer Knappheit und abstrakter Offenheit betitelt: Leichtigkeit, Schnelligkeit, Genauigkeit, Anschaulichkeit, Vielschichtigkeit und: Konsistenz. Calvinos Anregungen für den ästhetischen Diskurs der Moderne haben auch und besonders für Projektbeantragungen, Projektdurchführung und Projektevaluationen Gültigkeit. Konzeptuelle Leichtigkeit statt überbordender Trägheit, Schnelligkeit als (ästhetisches) Konzept im Sinne von Walter Benjamins blitzhafter und bildhafter Wahrnehmung und einem „langnachrollende[n] Donner"[2], Genauigkeit, Anschaulichkeit und Vielschichtigkeit als Grundlage jedes sozialdiakonischen Schaffens, dazu dann vielleicht noch Schöpfungsverantwortung (vulgo: Nachhaltigkeit) und schließlich: Konsistenz.

Theorie und Praxis müssen in einer Wechselbeziehung stehen; an Erkenntnisinteresse, vermutete Zusammenhänge und vorgängige Theorien werden kritische Fragen gestellt, kritisches *Hinschauen* und *Hinhören* mit Interesse am Menschen und am Projekt ist unabdingbar, um mehr und genauer wissen und besser verstehen zu wollen. Reflektiertes Wissen muss zur Verbesserung des Verhaltens und der Verhältnisse eigenständig, kontextangemessen und kreativ in berufliches Handeln umgesetzt werden: Professionalität setzt voraus, dass Praktikerinnen und Praktiker ihr Handeln „theoretisch" reflektieren und Theorien „praktisch" nutzen. Die Konzeption, Durchführung und Evaluation von Projekten sind die

---

[1]   Vgl. Calvino 1991.
[2]   Benjamin 1982: S. 570.

Module, in denen sich moderne Gesellschaften ein Wissen von sich selbst in Wissenschaftsform verschaffen, dazu gehören auch das ständige Überprüfen und kritische Kommentieren von Zielformulierungen, Arbeitspaketen, Meilensteinen und präsentierten Ergebnissen.

Auch ich habe an den Teilprojekten mal dies und mal das angemahnt, hier waren die Sozialraumanalysen zu stark quantitativ ausgerichtet, da wurden Daten nicht in Projektzusammenhänge integriert und dort wurden Daten nur deskriptiv wiedergeben und die Interpretation blieb auf der Strecke. Die Kritikpunkte waren (hoffentlich) wohlwollend und lösungsorientiert formuliert, mir ist es wichtig, auf das Wandelbare und Veränderbare zu fokussieren und nicht den Fokus auf Unveränderbares zu richten; die Kritikpunkte verstehen sich als Impulse für die weitere Arbeit.

Doch unabhängig davon bleibt ein Ergebnis über die Evaluation hinaus bestehen: Angesichts der einfühlsamen und zärtlichen Menschenfreundlichkeit der Diakoninnen und Diakone, angesichts der Wirkmächtigkeit der Projekte, angesichts dessen, was man aus den Projekten und Arbeitsfeldern lernen kann, angesichts all dessen sind die (wenigen) geäußerten Einwände und Kritikpunkte aus methodologischer Sicht möglicherweise nachvollziehbar, doch mit Blick auf das große Ganze marginal und: geschenkt. Kirche und Diakonie sind noch viele solcher Projekte zu wünschen, sie sind kein Luxus, sondern – angesichts der auf uns zukommenden Herausforderungen – pure Notwendigkeit.

Literatur

Benjamin, Walter (1982): Das Passagen-Werk. Bd. I. Frankfurt a.M.
Calvino, Italo (1991): Sechs Vorschläge für das nächste Jahrtausend. Harvard-Vorlesungen. München.

VII. Anhang

Autorinnen und Autoren

Eidt, Ellen, Diakonin, Diakoniewissenschaftlerin M.A., Projektgeschäftsstelle „Diakonat – neu gedacht, neu gelebt" der Evangelischen Landeskirche in Württemberg, Stuttgart.

Fliege, Thomas, Dr., Kulturwissenschaftler, Forschungsreferent am Institut für Angewandte Forschung (IAF) der Evangelischen Hochschule Ludwigsburg.

Hödl, Dieter, Diakon, Kirchenrat und Leiter des Referats Diakonat im Dezernat 2 „Kirche und Bildung" des Oberkirchenrats der Evangelischen Landeskirche in Württemberg, Stuttgart.

Noller, Annette, Dr., Pfarrerin, Professorin für Diakoniewissenschaft/Theologie und Ethik in der Sozialen Arbeit an der Evangelischen Hochschule Ludwigsburg.

Schulz, Claudia, Dr. habil., Sozialwissenschaftlerin und Theologin, Professorin für Soziale Arbeit und Diakoniewissenschaft an der Evangelischen Hochschule Ludwigsburg.

Liste der Teilprojekte

Sozialdiakonie und Seelsorge am Krankenbett
Diakoniestation Altensteig, Diakon Gerd Gauß
Durch ein Qualifizierungsangebot für Pflegekräfte hinsichtlich der geistlichen Kompetenzen in Verbindung mit dem Angebot einer nachgehenden Seelsorge und Sozialberatung wird die christliche Profilierung einer Diakoniestation vertieft und eine Verbesserung der Situation von Pflegebedürftigen und ihren Angehörigen angestrebt.

Netzwerk Schulsozialarbeit-Gemeindejugendarbeit-Streetwork
Evangelischer Kirchenbezirk Bernhausen, Diakon Oliver Pum
Durch Beziehungsarbeit im Gemeinwesen entstehen für sozial benachteiligte Jugendliche und ihre Familien tragfähige Netzwerke in ihren Lebensräumen. Kirchengemeinde, Diakonische Einrichtungen und kommunales Hilfesystem arbeiten zusammen und der Diakon agiert als Brückenbauer.

Diakonische Schulsozialarbeit
Stadt Creglingen, Diakonin Elsbeth Loest
Kinder und Jugendliche erfahren in ihrer sozialen Entwicklung diakonische Unterstützung. Eltern und Lehrer/-innen werden in ihrer erzieherischen Arbeit kirchlich begleitet. Situationsorientierte Impulse und Angebote christlicher Lebensdeutung sind integrale Bestandteile aller Angebote der Schulsozialarbeit, die so Kirche an der Schule gestaltet.

Diakonische Jugendarbeit als Mitgestalterin der Schule
Evangelischer Kirchenbezirk Esslingen, Diakon Michael Pross
Den Schulen im Kirchenbezirk Esslingen werden Projekte kirchlicher Jugendbildungsarbeit angeboten. Basierend auf dem christlichen Menschenbild dienen diese Projekte der Persönlichkeitsentwicklung. Sie helfen jungen Menschen, Verantwortung für sich, für andere und für die Gesellschaft zu übernehmen.

Brückenschlag – Milieuübergreifend den Glauben befragen
Evangelisches Landesjugendwerk in Württemberg, Diakon Tobias Becker
Jugendlichen aus bisher nicht erreichten Milieus und Lebenswelten wird das Evangelium von der Liebe Gottes verkündigt. Nach dem Auftakt mit einer Spielshow werden an verschiedenen Orten zusammen mit den lokalen Verantwortlichen Formen milieuübergreifender Jugendarbeit mit dem Ziel geistlicher Beheimatung entwickelt.

Diakonische Gemeinde gestalten

Stiftung Karlshöhe Ludwigsburg, Diakon Thomas Hofmann

Die Formen geistlichen Lebens werden im Kontext einer diakonischen Einrichtung weiterentwickelt und die Integration der Einrichtungsgemeinde in den Kirchenbezirk wird intensiviert. Ein Diakon übernimmt die Aufgabe der Gemeindeleitung.

Gemeinsam können wir mehr – Diakonisches Profil im Kirchenbezirk

Evangelischer Kirchenbezirk Mühlacker, Diakone Peter Feldtkeller u. Michael Gutekunst

Die diakonische Arbeit im Kirchenbezirk wird mit den Schwerpunkten Vernetzung und Öffentlichkeitsarbeit so intensiviert und neu organisiert, dass Kirche in der Lebenswelt der Menschen erfahrbar wird. Dezentral entstehen gemeindeorientierte Angebote wie Hausaufgabenhilfe, Aktivspielhaus, Jugendgottesdienste oder Ehrenamtlichenbegleitung.

Familienfreundliche Gemeinde

Evangelische Gesamtkirchengemeinde Reutlingen, Diakon Achim Wurst

Ein multireligiös und sozial heterogen geprägter Kindergarten und eine volkskirchlich geprägte Kirchengemeinde erkunden Begegnungsmöglichkeiten in bildungsorientierten Aktivitäten, im interreligiösen Dialog, beim gemeinsamen Feiern und in der Beratung. Sie gestalten so miteinander diakonische Gemeinde und einen familienfreundlichen Stadtteil.

Trauerdiakonat

Bruderhausdiakonie Reutlingen, Diakonin Eva Glonnegger

Familien, in denen ein Elternteil oder Geschwisterkind stirbt oder verstorben ist, werden unterstützt. Die Diakonin begleitet diese Familien seelsorgerlich und sozialarbeiterisch in Kooperation mit Kirchengemeinden und allen verfügbaren sozialen Diensten.

Diakonisch wahrnehmen und handeln – einladendes, gelebtes Evangelium

Evangelischer Kirchenbezirk Tübingen, Diakonin Gudrun Keller-Fahlbusch und Diakone Peter Heilemann, Joachim Pfeifer, Fritz Steinhilber

In den vier Distrikten des Kirchenbezirkes werden sozialraumnah einerseits ehrenamtliche Diakoniebeauftragte begleitet, geschult und unterstützt und andererseits alltagsunterstützende Hilfsangebote initiiert, verantwortet oder begleitet.

Menschen entdecken – gemeindediakonisch handeln

Evangelischer Kirchenbezirk Tuttlingen, Diakon Dennis Kramer

Ein Diakoniekaufhaus wird zur zentralen Drehscheibe diakonischer Vernetzungsaufgaben im Kirchenbezirk. Ehrenamtliche engagieren sich dort, Möglichkeiten der Selbsthilfe für Betroffene werden weiterentwickelt. Das Diakoniekaufhaus wird als Teil der Kirche wahrgenommen.

Kirchliche Dienste auf der Landesmesse — R?r .

Missionarische Dienste im Evangelischen Bildungszentrum, Diakon Martin Heubach
Diakonisch-missionarische Präsenz auf der Landesmesse wird mit Hilfe von Ehrenamtlichen, durch geistliche und seelsorgerliche Angebote aufgebaut und mit entsprechenden Angeboten auf dem nahegelegenen Flughafen vernetzt.

Eine Chance für Kinder – Hilfe für Familien in Not

Gesamtkirchengemeinde Schwenningen, Barbara Kuchel-Müller
Orientiert an der Vision vom Reich Gottes werden Familien in prekären Lebenslagen in ihren Lebensräumen aufgesucht und in der Nutzung eigener Ressourcen unterstützt. Diakonische Hilfenetzwerke ermöglichen Beratung, Begleitung und Unterstützung und machen die heilsame Zuwendung Gottes im Alltag der Menschen erfahrbar.

Herausforderung Demenz in Kirchengemeinden

Evangelischer Diakonieverband Ulm/Alb-Donau, Diakonin Barbara Eberle
Für Menschen mit demenziellen Erkrankungen und ihre pflegenden Angehörigen werden Räume der Barmherzigkeit eröffnet, in denen sie seelsorgerliche Begleitung, Beratung und Unterstützung erfahren. Gottesdienste und Besuchsdienstschulungen werden in einzelnen Kirchengemeinden angeboten und die Öffentlichkeit wird zum Thema Demenz informiert.

Jugendarbeit und Schule

Evangelischer Kirchenbezirk Schorndorf, Diakonin Nicole Heß
Außerschulische Jugendarbeit engagiert sich im Bereich der Schule, so dass Kontakte und Verknüpfungen zwischen kirchlicher Jugendarbeit und Schule entstehen. Dadurch erhalten Jugendliche aus kirchenfernen Milieus Anteil am Evangelium und erfahren Gottes liebevolle Zuwendung. Ein örtlicher CVJM öffnet sich für bisher nicht erreichte Jugendliche.

Ellen Eidt
Der evangelische Diakonat
Entwicklungslinien in Kirche und
Diakonie am Beispiel Württembergs

2011. 152 Seiten. Kart.
€ 19,90
ISBN 978-3-17-021821-5
Diakonat – Theoriekonzepte und
Praxisentwicklung, Band 2

Ellen Eidt

Der evangelische Diakonat

Entwicklungslinien in Kirche und Diakonie am Beispiel Württembergs

Den Diakonat der Kirche bilden alle Christen, die in spontaner Hilfeleistung oder in professioneller Verantwortungsübernahme für das
Soziale zum kirchlichen Auftrag der ganzheitlichen Kommunikation
des Evangeliums beitragen. Ellen Eidt analysiert exemplarisch den
württembergischen Diakonat der letzten zwei Jahrhunderte, indem
sie ihn im Dreieck zwischen gesellschaftlicher Aufgabenverteilung,
beruflichen Professionalisierungstendenzen und der Entwicklung zu
einem kirchlich geordneten Amt darstellt. In den aktuellen Kirchenentwicklungsprozessen der EKD wird diskutiert, welches Gewicht diakonisches Handeln in Gegenwart und Zukunft haben soll und ob bzw.
wie der Diakonat als kirchlich geordnetes Amt dafür wichtig ist. Auf
dem Weg in eine Netzwerkgesellschaft stellen sich für die Beantwor-
tung dieser Fragen vielfältige Herausforderungen.

Kohlhammer

W. Kohlhammer GmbH · 70549 Stuttgart
Tel. 0711/7863 - 7280 · Fax 0711/7863 - 8430

2013. 346 Seiten mit 5 Abb. Kart.
€ 24,90
ISBN 978-3-17-022338-7
Diakonat – Theoriekonzepte und
Praxisentwicklung, Band 3

Annette Noller/Ellen Eidt/Heinz Schmidt (Hrsg.)

Diakonat –
theologische und sozialwissenschaftliche Perspektiven auf ein kirchliches Amt

Diakonische Praxis und diakonische Professionalität finden derzeit großes Interesse. Welche Bedeutung hat das diakonische Amt in diesem Kontext? Theologische und professionstheoretische Betrachtungen werden im vorliegenden Band ergänzt durch die Präsentation erster Erkenntnisse aus dem Projekt „Diakonat - neu gedacht, neu gelebt" der Württembergischen Landeskirche. Der Diakonat wird aus biblischer, historischer und sozialwissenschaftlicher Perspektive beleuchtet und in ökumenischer und internationaler Weite diskutiert. Der Band versammelt Impulse zur Profilierung des Diakonats aus kirchlich-diakonischer Praxis, Kirchenleitung, Theologie und Diakoniewissenschaft.

W. Kohlhammer GmbH · 70549 Stuttgart
Tel. 0711/7863 - 7280 · Fax 0711/7863 - 8430

2013. 368 Seiten mit 79 Abb.
und 17 Tab. Kart.
€ 32,90
ISBN 978-3-17-022646-3
Arbeitsplatz Diakonie, Band 1

Dieter Kaufmann/Kornelius Knapp (Hrsg.)

Demografischer Wandel in der Sozialwirtschaft

Herausforderungen, Ansatzpunkte, Lösungsstrategien

Die Auswirkungen des demografischen Wandels machen sich in den Einrichtungen der Sozialwirtschaft bemerkbar. Hohe Arbeitsanforderungen und stark verdichtete Arbeit treffen auf Mitarbeitende, deren Durchschnittsalter kontinuierlich steigt. Damit sind an die Einrichtungen Anforderungen gestellt, denen sich Leitungs- und Führungskräfte, Mitarbeitende sowie deren Vertretungen stellen müssen. Verschiedene Artikel zeigen thematisch fokussiert auf, wie der demografische Wandel gestaltet werden kann. Der Sammelband bringt die Hintergrundinformationen zu den aktuellen und künftigen Herausforderungen, zeigt Ansatzpunkte auf und weist Lösungsstrategien aus.

Kohlhammer

W. Kohlhammer GmbH · 70549 Stuttgart
Tel. 0711/7863 - 7280 · Fax 0711/7863 - 8430